엔리코 페르미,
모든 것을 알았던
마지막 사람

엔리코 페르미,
모든 것을 알았던
마지막 사람

1판 1쇄 인쇄 2020. 7. 3.
1판 1쇄 발행 2020. 7. 9.

지은이 데이비드 N. 슈워츠
옮긴이 김희봉

발행인 고세규
편집 이승환 디자인 조은아 마케팅 윤준원 홍보 박은경
발행처 김영사
등록 1979년 5월 17일 (제406-2003-036호)
주소 경기도 파주시 문발로 197(문발동) 우편번호 10881
전화 마케팅부 031)955-3100, 편집부 031)955-3200 | 팩스 031)955-3111

값은 뒤표지에 있습니다.
ISBN 978-89-349-9276-9 03990

홈페이지 www.gimmyoung.com   블로그 blog.naver.com/gybook
페이스북 facebook.com/gybooks   이메일 bestbook@gimmyoung.com

좋은 독자가 좋은 책을 만듭니다.
김영사는 독자 여러분의 의견에 항상 귀 기울이고 있습니다.

이 도서의 국립중앙도서관 출판예정도서목록(CIP)은 서지정보유통지원시스템 홈페이지
(http://seoji.nl.go.kr)와 국가자료공동목록시스템(http://www.nl.go.kr/kolisnet)에서
이용하실 수 있습니다.(CIP제어번호 : CIP2020026828)

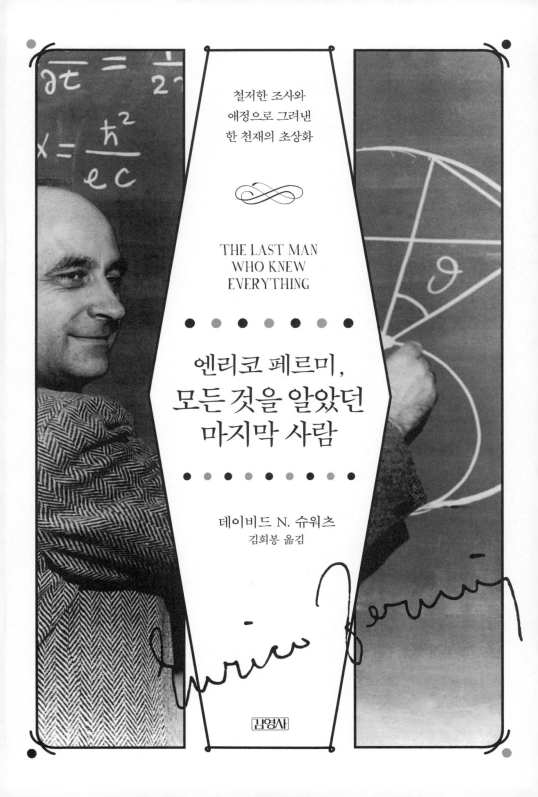

철저한 조사와
애정으로 그려낸
한 천재의 초상화

THE LAST MAN
WHO KNEW
EVERYTHING

엔리코 페르미,
모든 것을 알았던
마지막 사람

데이비드 N. 슈워츠

김희봉 옮김

김영사

수전에게, 사랑과 애정, 감사를 담아

이 책에 쏟아진 찬사

페르미의 삶에 대한 다른 설명들이 있지만, 데이비드 N. 슈워츠가 그려낸 이 새로운 초상화는 1954년 페르미가 사망한 이후 출간된 전기 중에서 가장 철저하다. _〈뉴욕타임스〉

개인적인 생각을 거의 남기지 않았던 페르미라는 거인의 좀 더 일상적인 면들, 다시 말해 그의 두려움, 자만심, 인간적인 실수들을 잘 보여준다. _〈피직스 월드〉

페르미의 통찰력이 지닌 미적 아름다움을 세부 사항의 수렁에 빠지지 않고 솜씨 좋게 전달한다. _〈이코노미스트〉

초기 원자 시대의 가장 수수께끼 같은 물리학자 엔리코 페르미에게 밝은 빛을 비추는 이 우아한 서사에 경외심이 든다. 기록 보관소를 모두 뒤져서 만든, 뛰어난 과학자의 비극적으로 짧은 생애에 대한 가장 깊은 전기적 설명. _카이 버드(작가, 《아메리칸 프로메테우스》 공저자)

엔리코 페르미보다 더 많은 장소와 개념에 이름이 붙은 물리학자는 없다. 거기에는 그럴 만한 이유가 있다. 20세기 물리학의 중심인물인 페르미는 상상력, 탁월함, 자신만의 스타일로 유명했다. 이 포괄적인 전기는 독특한 과학 인물에 대한 통찰력을 보여주는 세부 사항의 보물창고다. _션 캐럴(이론물리학자, 《빅 픽처》 저자)

올해 읽은 가장 훌륭한 전기. 과학, 역사, 인물을 힘들이지 않고 능수능란하게 결합한다. 엔리코 페르미는 20세기의 가장 매혹적인 인물 중 하나로, 지적 총명함이 너무나 인간적인 껍데기에 갇혀 있는 사람이었다. 데이비드 N. 슈워츠의 이 해석에서, 페르미는 완전히 우리의 마음을 사로잡는다. _게리 슈

타인가르트(작가, 《망할 놈의 나라 압수르디스탄》 저자)

'모든 것을 알았던 마지막 사람'이라는 제목에도 불구하고, 슈워츠의 이 놀라운 책에는 페르미가 가장 똑똑한 사람은 아니었다는 일화로 넘쳐난다. 슈워츠는 가족, 동료, 의미에 집중한다. 당신이 찾던 새롭고 눈을 뗄 수 없는 전기. _조지 처치(유전학자)

페르미의 업적에 대한 가장 포괄적인 설명과 더불어 그의 성격에 관한 신선한 통찰이 담겨 있다. 저자의 스타일은 영웅 숭배라는 거즈를 잘라내어 외려 페르미의 위상을 드높인다. 매우 인간적이었던 특별한 물리학자의 매력적인 초상. _〈네이처〉

매혹적이고 명료하다. 오늘날에도 AI와 유전자편집, 다중우주 이론의 연구, 골디락스 행성의 탐색, 우주여행의 새로운 동력원 개발에 땀 흘리는 과학자들이 있다. 이들에게도 언젠가 이들의 이야기를 대신 해줄, 슈워츠처럼 재능 있는 전기 작가가 나타나길 바란다. _리처드 앨런 클라크(미국 전 정부 관리, 《모든 적들에 맞서》 저자)

이 책은 완전하고 철저하며, 잘 읽힌다. 또한 여전히 결론이 나지 않은 역사적 문제들에 대해서도 생각해보게 만든다. 민감한 주제들을 포함시킨 저자의 결정을 높이 평가한다. _이탈리아 물리학회

페르미는 이론, 실험, 교육에서 모두 독보적으로 탁월했다. '갈릴레오 이후 가장 위대한 이탈리아 과학자'에 관해 철저하게 조사하여 애정을 담아 확신에 차고 균형 잡힌 목소리로 완성한 초상화. _〈퍼블리셔스위클리〉

슈워츠는 처음부터 페르미의 과학적 창의성과 성취가 그를 둘러싼 환경과 어떻게 얽혀 있는지 파악해야 그를 온전하게 이해할 수 있다고 강조한다. 그는 이 목표를 훌륭하게 달성했다. 20세기 물리학에 관심이 있는 사람이라면 반드시 읽어야 할 책이다. _〈미국 물리학 저널〉

To Fermi—with Love

이강영

경상대학교 물리교육과 교수

엔리코 페르미는 20세기를 대표하는 물리학자로서, 흔히 '아인슈타인을 제외하면 그 누구도 앞에 놓기 어려운' 사람이라고 묘사되는 몇몇 물리학자 중 한 사람이다. 그러한 평가를 받는 다른 물리학자들처럼 페르미역시 양자역학이 만들어지고 양자역학을 기반으로 물리학의 여러 분야가 새로이 탄생하던 시대를 만나서 활약했고, 나아가 스스로 그 시대를 만들어나갔다.

　최초의 원자로 건설이나 노벨상 수상 이유가 된 느린 중성자 실험처럼 페르미의 가장 유명한 업적들은 주로 핵물리학 분야에 속하고, 그래서 흔히 페르미는 원자핵 시대의 아버지라고 불리기도 한다. 하지만 페르미가 남긴 업적은 워낙 광범위하기에 페르미의 이름은 물리학 거의모든 분야의 용어에 등장한다. 주요한 예를 꼽아보면 스핀이 반정수인입자를 일컫는 페르미온fermion, 그러한 입자를 계산하는 방법인 페르미-디랙 통계Fermi-Dirac statistics, 페르미온들이 절대 0도에서 가지는 최대 에너지인 페르미 에너지Fermi energy, 페르미 에너지의 개념을 물질 속에서 표현하는 페르미 준위Fermi level, 핵물리학의 기본 단위로 흔히 쓰이는 페르미(1페르미=1천조분의 1미터=10^{-15}m), 낮은 에너지에서 약한 상호작용의 크기를 나타내는 페르미 상수Fermi constant 등등 양자역학과 통계역학, 응집물리학, 핵물리학, 입자물리학을 망라하고 있다. 그래서 물리학을 배우는 학생들은 끊임없이 페르미의 이름을 듣게 되고, 물리학자들은 매일 페르미의 이름을 언급하고 있다.

물리학의 개념뿐 아니라 페르미를 기리는 뜻에서 페르미의 이름을 붙인 대상도 많다. 시카고 근교에 위치한, 한때 세계에서 가장 큰 가속기가 있던 미국의 국립 연구소 페르미랩Fermilab(정식 이름은 페르미 국립 가속기 연구소Fermi National Accelerator Laboratory), NASA에서 2008년 발사한 페르미 감마선 우주 망원경Fermi gamma Ray Space Telescope, 시카고 대학교의 엔리코 페르미 연구소Enrico Fermi Institute, 원자번호 100번인 원소 페르미움fermium, 미국 정부가 수여하는 과학 분야의 가장 중요한 상 중 하나인 엔리코 페르미 상Enrico Fermi Award, 최근 이탈리아 물리학회가 수여하는 엔리코 페르미 상Enrico Fermi Prize 등이 페르미의 이름을 가지고 있고, 미국의 원자력 발전소 두 개와 이탈리아의 원자력 발전소 하나에도 페르미라는 이름이 붙어 있다. 심지어 물리학의 범위를 넘어서는 분야에서도 외계인의 존재 가능성을 논의할 때면 나오는 페르미 역설Fermi paradox이나, 페르미가 문제를 푸는 방식에서 비롯되어 구글이나 마이크로소프트 등 유명회사의 면접에도 이용되는 페르미 해법Fermi solution, 혹은 페르미 질문법Fermi question 등에 페르미의 이름이 등장한다.

이처럼 페르미는 최초의 원자로 건설 등 일반인도 이해할 만한 업적도 많고 '페르미 해법'처럼 물리학 바깥에서도 언급이 되지만, 물리학자 페르미가 대중에게 그다지 알려진 과학자는 아니다. 그 이유는 페르미 본인이 물리학에만 전념했던 탓에 대중과의 실질적인 접점이 적기 때문이고, 따라서 널리 알려진 일화도 그다지 많지 않아서일 것이다. 사실 물리학자들 사이에는 페르미에 대한 일화가 적지 않은데, 모두가 물리학에 대한 것들뿐이다.

위대한 물리학자 대부분이 그렇듯이 페르미의 인생은 오롯이 물리학자로서의 삶에 바쳐졌다. 페르미는 사생활에 대한 기록이나 흔한 일기조차도 전혀 남기지 않았고, 물리학 외의 분야에서 자신을 드러내는 일은 거의 시도조차 하지 않았다. 예외라면 맨해튼 프로젝트와 전쟁이 끝난 후 원자력 분야의 자문을 맡은 정도다. 부인 라우라가 페르미 이야기를 책으로 남기지 않았다면 페르미의 사생활은 정말 알기 어려웠을 것이다.

하지만 물리학 분야에서는 그 반대로, 물리학에 관련된 모든 일에 열심히 참가했고 그 모든 분야에서 탁월함이 무엇인지를 보여주었다. 물리학자로서 페르미에게는 전성기나 슬럼프라는 말이 의미가 없었다. 그래서 흔히 노벨상을 더 받아도 될 사람을 꼽을 때 페르미의 이름은 빠지지 않는다. 최소한으로 잡아도, 약한 핵력 이론을 만든 일과 최초의 원자로를 가동시킨 일은 노벨상을 받기에 충분한 업적이고, 만약 그랬다면 이론 분야와 실험 분야 모두에서 노벨상을 받는 기록을 남겼을 것이다. 이렇게 페르미는 이론 연구 및 실험 연구에 모두 뛰어났던 것으로도 유명하다. 실험이라고 해도, 단순히 실험에 참여하는 수준이 아니라, 실험을 착안하고 설계하는 일에서부터 직접 쇠를 깎거나 기계를 조립하는 일, 자신의 눈으로 측정하는 일까지, 나아가 실험 그룹을 이끌고 지휘하는 일에서조차 뛰어났다. 페르미와 함께 일해본 사람들은 모두 입을 모아 "페르미는 타고난 지도자였다"고 입을 모은다. 어떤 카리스마나 달변을 보여주는 것도 아닌데 말이다.

페르미의 분야가 넓다는 것을 잘 보여주는 사실은, 페르미 본인뿐 아니라 그의 제자들이 이론과 실험 분야 전체에 퍼져 있다는 데서도 잘 드러난다. 페르미는 또한 훌륭한 교육자이기도 했으므로, 제자 중에 노벨상을 받은 사람도 여럿인데, 노벨상 수상자 제자들 역시 이론과 실험 분야에 두루 포진되어 있다. (노벨상이 원래 그렇듯이 실험 분야 노벨상 수상자가 더 많다.) 이 책은 다른 책에 비해 바로 그 교육자로서의 페르미에 대해 강조하는 느낌이다. 특히 미국에서의 페르미의 제자들에 대해서 읽을 수 있다는 것은 이 책의 커다란 장점 중 하나다. 이 책을 읽으며 지금까지 읽은 페르미 전기들과는 무언가 다르다고 느꼈는데, 생각해보니 비非이탈리아인이 쓴 페르미 전기라서 그렇지 않나 싶다. 이 책의 저자 데이비드 슈워츠는 서문에서 알 수 있듯, 1988년 노벨상 수상자 멜빈 슈워츠의 아들이다. 멜빈 슈워츠는 함께 노벨상을 수상한 잭 스타인버거의 제자고, 스타인버거는 페르미의 제자이니 페르미의 학문적 손자라고 하겠다. 멜빈의 부모가 미국으로 이민을 왔으므로 멜빈과 데이비드는 모두 미국에서 태어나고 자란 미국인이다.

저자가 언급했듯이 페르미의 전기에는 거대한 산이 두 권 있다. 부인이 쓴《원자 가족Atoms in the family》(1954)과 로마 대학 시절의 제자이자 평생 가장 절친한 친구 중 한 사람이었던 에밀리오 세그레가 쓴《엔리코 페르미, 물리학자Enrico Fermi, Physicist》(1970)가 그것이다. 이 두 사람보다 페르미와 더 가까웠던 사람은, 페르미의 생전에도 찾기 어려웠을 것이다. 세그레의 책 이후 거의 40년 동안 더 이상의 본격적인 전기가 나오지 않은 것은 아마 그래서일 것이다. 누가 페르미에 대한 책을 쓰더라도 이탈리아에서의 페르미의 모습은 어차피 라우라 페르미와 세그레의 기록에 의존하지 않을 수 없다. 그러다보니 이 책에 기술된, 페르미가 미국에서 활약하는 모습은 다른 페르미의 전기와 다르게 느껴지는 지점이다. 특히 4부에는 교육자로서의 페르미의 모습과 그 탁월함이 잘 그려져 있다. 페르미는 가르치는 일을 진정으로 좋아했으며, 뛰어난 학생들뿐 아니라 평범한 학생들에게도 얼마든지 시간과 노력을 들여 가르침을 주려 했다. 그것은 그의 기쁨이었다.

이탈리아 물리학계에서의 페르미의 이름은 물론 거대하지만, 실제적인 영향력보다는 상징적인 의미가 크지 않았나 싶다. 아말디를 제외한 그의 제자들도 대부분 파시즘을 피해서 이탈리아를 떠났으므로, 페르미와 직접적으로 연결된 인물은 그리 많지 않기 때문이다. 하지만 미국에서의 페르미의 영향력은 실제로 어마어마했다. 페르미가 처음 근무했던 컬럼비아 대학교는 1950년대와 60년대에 미국 물리학을 이끌어나갔던 학교였고, 앞에서 말했듯 그는 타고난 지도자였으므로, 전쟁 후에 그가 있는 시카고 대학교는 물리학을 전공하려는 학생들이 몰려드는 선망의 대상이었다. 그러다보니 현재 미국 물리학계의 많은 사람들은 스승을 두세 단계만 거슬러 올라가면 어떻게든 페르미를 만나게 될 정도다. 시카고 대학교의 피터 프로인트 교수가 언급했듯이 그 시절의 물리학계는 '페르미의 시대'였다. 비록 그 시대는 페르미의 이른 죽음으로 짧게 막을 내렸지만.

제자였든 동료였든, 페르미와 함께했던 물리학자들은 그를 진정으로 좋아했다. 물리학자들의 사회성이 전부 다 미국 시트콤 〈빅뱅이론〉의 셸던 같지는 않지만, 사실 물리학자들에게 인간관계란 대체로 어디까지나 2차적인 관심사인 경우가 많다. 하지만 페르미에게 바쳐지는 존경과 찬사는 좀 특별한 데가 있다. 심지어 페르미 사후에 그를 추모하는 레코드를 발매했을 정도다. 이 책 서문의 "다른 어떤 물리학자도 죽은 뒤에 페르미처럼 애정 어린 헌정물을 받지 못했다"라는 말은 결코 과장이 아니다. 〈페르미에게 사랑으로To Fermi–with Love〉라는 이름의 이 레코드는 본문에도 언급이 되는데, 페르미 사후에 그의 동료 및 선후배들이 그에 대한 애정을 담아 녹음하고, 아르곤 국립 연구소에서 발매한 두 장짜리 LP 세트다. 각 면의 주제는 다음과 같다.

A   이탈리아...유년 시절Italy...The Early Years

B   미국...컬럼비아와 시카고America...Columbia And Chicago

C   스태그 필드 실험The Stagg Field Experiment

D   핸퍼드, 로스앨러모스 그리고 시카고Hanford, Los Alamos, And Chicago

이 레코드와 더불어 본문에 주요 헌정물로 언급된 다큐멘터리 〈엔리코 페르미의 세계The World of Enrico Fermi〉도 인터넷에서 볼 수 있다.

'페르미에게 사랑으로'   '엔리코 페르미의 세계'

도대체 물리학자들은 왜 그렇게 페르미를 좋아하는지, 이제 책을 읽으며 직접 느껴보도록 하자.

차례

나의 아버지는 입자물리학자였다. 1962년에 아버지와 동료 두 사람은 수억 킬로미터 두께의 납을 단 하나의 원자와도 부딪치지 않고 통과할 수 있는 유령 같은 아원자입자인 '중성미자'가 두 가지 형태로 존재한다는 것을 실험으로 입증했다. 빈의 괴팍한 물리학자 볼프강 파울리Wolfgang Pauli가 엄청난 상상력의 도약으로 생각해낸 가설적 입자인 중성미자의 생성을 처음으로 설명한 사람은 엔리코 페르미Enrico Fermi였다. 중성미자neutrino라는 이름도 페르미가 붙인 것으로, 이탈리아어로 '중성의 작은 것'이라는 뜻이다. 1962년의 실험(페르미의 가장 유명한 과학적 업적에서 나온 성과이다)은 〈뉴욕타임스〉 1면에 실렸고, 아버지와 공동 연구자들은 1988년에 노벨 물리학상을 받았다.

아버지가 학부생 시절에 고집을 부리지 않았다면 나는 페르미와 좀 더 직접적으로 관련되었을 것이다. 1953년에 컬럼비아 대학교 4학년이었던 아버지는 가장 좋아하던 교수 잭 스타인버거Jack Steinberger에게 컬럼비아 대학교에 남아서 박사학위를 받고 싶으니 논문 지도교수가 되어달라고 부탁했다.[1] 스타인버거 교수는 아버지에게 이 학교에 계속 다니는 것은 실수라면서 시카고 대학교의 페르미에게 박사학위를 받으라고 조언했다. 스타인버거는 제2차세계대전이 끝난 직후에 페르미가 지도한 첫 번째 대학원생들 중 한 사람이었고, 이 경험은 그의 삶에 큰 영향을 주었다. 철모르는 젊은이였던 아버지는 다른 학교로 진학하면 학부에서 얻은 대학원 학점을 인정받지 못한다는 이유로 그 말을 듣지 않았다. 스타인버거 교수가 한발 물러서서 아버지의 지도교수가 되어주었고, 1962년 중성미자 실험에 함께했다.

이러한 연유로 나는 엔리코 페르미가 중요한 과학자라는 것을 어릴 때부터 잘 알았다.

아버지는 2006년, 비교적 이른 나이인 73세에 세상을 떠났다. 7년쯤 뒤에 어머니는 집 차고에 있는 아버지의 서류함을 열어보았다. 어머니는 내게 전화를 해서, 서류함에 문서가 수백 편이나 있는데 어찌해야 할지 모르겠다고 말했다. 나는 어머니에게 그 서류들을 나에게 보내달라고 대답했다. 어머니가 보내준 문서를 뒤져보는데 밸런타인 텔레그디Valentine Telegdi라는 물리학자가 쓴 여러 편지와 글이 아주 재미있었다. 1950년대 초에 페르미의 젊은 동료였던 텔레그디는 아버지의 절친한 친구였다.[2] 그가 아버지에게 보낸 문서 중에는 제2차세계대전이 끝난 뒤에 페르미가 시카고 대학교에서 연구하던 시절에 대해 쓴 글이 있었다. 페르미에 대해 텔레그디가 쓴 글은 나중에 에드워드 실스Edward Shils가 편집한 시카고 대학교의 위대한 교수들에 대한 에세이 선집에 실린 것으로, 이 글에 내 눈이 번쩍 뜨였다. 놀라운 폭과 깊이를 지녔으며, 실험과 이론에 모두 능숙한 물리학자이자 세계적인 교사에 대한 이야기에 나는 매료되었다. 다 읽고 나자 이 위대한 사람의 최신 전기를 찾아보고 싶어졌다.

놀랍게도 영어로 된 최신(2013년 여름이었다) 전기는 페르미의 첫 번째 대학원생이었고 나중에 가까운 동료이자 친구가 된 에밀리오 세그레Emilio Segrè가 1970년에 쓴 책이었다. 그 뒤로 40년이 넘는 동안 물리학의 세계에서는 노벨상 수준의 연구들이 엄청나게 쏟아져 나와서 페르미의 유산을 확장했다. 또한 수많은 회고록과 역사적 연구가 발표되어 페르미가 얼마나 뛰어난 물리학자였는지, 그가 얼마나 물리학의 세계에 큰 영향을 주었는지 잘 이해할 수 있게 되었다. 일반 대중이 아인슈타인이나 파인먼Richard Feynman이나 오펜하이머J. Robert Oppenheimer에 대해 끝없이 알고 싶어하는 데 비해, 20세기 물리학에서 가장 지배적이고 가장 흥미로운 인물인 엔리코 페르미가 그들만큼 주목받지 못하는 것은 큰 잘못이라고 나는 생각한다.

2013년 늦가을쯤에, 나는 페르미의 과학적 업적과 개인적인 삶을 요즘의 독자들에게 생생하게 알려줄 뿐만 아니라 그의 교훈과 유산을 모두 담은 본격적인 전기를 쓰기로 결심했다. 출판사 베이식북스가 나에게 기회를 주었고, 이 책을 쓰는 일은 대단한 여정이었다.

나는 물리학자가 아니고, 이 책은 물리학 책이 아니다. 이것은 어쩌다 뛰어난 물리학자가 되었고, 파란만장하고 극적인 삶을 살았던 한 사람에 관한 책이다. 물론 물리학도 중요하지만 독자들은 이 책에서 방정식이나 파인먼 도형 같은 것을 볼 수 없을 것이다. 과학적인 내용에 대해서는 평범한 사람들이 이해할 수 있을 정도로 간명하게 설명하려고 노력했다. 그의 업적을 더 깊이 이해하고 싶으면 1960년대 초에 그의 동료들이 사랑을 담아 펴낸 시카고 대학교 출판부의《엔리코 페르미: 논문 선집Enrico Fermi: The Collected Papers》을 읽어보기 바란다. 두 권으로 된 이 논문 선집은 그의 과학적 전기라고 할 수 있으며, 대학에서 물리학을 전공한 사람이면 누구나 읽을 수 있다. 과학을 다루는 페르미의 글에 나타나는 명료하고 단순한 문체는 그의 독창적인 접근법을 잘 보여준다.

나는 독자들이 이 책에서 온전한 인간에 초점을 맞춘 서사를 발견하기를 바란다. 그의 동료들이 말했듯이 페르미는 "언제나 물리학, 온전히 물리학"이었다고 말하고 싶은 유혹이 있다. 이 말도 일면 진실이지만, 그는 또한 남편이었고, 아버지였고, 동료였고, 친구였다. 그는 20세기의 몇몇 가장 중요한 사건에서 중심적인 역할을 했다. 그의 삶의 드라마는 이 모든 면을 들여다보아야만 제대로 음미할 수 있다.

그러나 불행하게도 페르미의 삶에 대해서는 전기 작가들이 좋아하는 직접적인 방식으로 이야기할 수가 없다. 그는 수많은 논문과 저서를 발표했지만 자기에 대해서, 내적인 삶에 대해서는 거의 밝히지 않았다. 일기는 존재하지 않고, 개인적인 편지도 거의 없는 데다 편지들 사이의 시간 간격도 매우 길고, 개인적인 통찰이 전혀 없다고 할 수는 없겠지만 거의 나타나지 않는다. 그의 수많은 수첩은 물리학에 관련된 낙서와 여러 여행에서 쓴 지출에 대한 간략한 기록으로 가득 차 있다. 그의 기록에서 사적인 내용을 찾아봐도 아무 소용이 없다. 전기 작가는 사용 가능한 몇 가지 자료들을 바탕으로 삼각측량을 해야 한다.[3] 페르미가 죽은 해인 1954년에 그의 아내가 쓴 회고록과, 1970년에 세그레가 쓴 앞에서 말한 전기가 있다. 또 그가 태어난 로마와 나중에 정착한 미국에서 함께 연구했거나 그와 함께 일한 사람들의 회고록과 추억담이 있다. 다행히 이러한 자료들을 이용한 삼각측량의 결과는 상당히 일관된 초상을 보여준다. 하지만 여전히 그가 한 일과 왜 그렇게 했는지에 대한 몇 가지 의문은 결코 풀리지 않을 것이다. 나는 내가 조명을 비출 수 있는 것에 조명을 비추고, 그럴 수 없는 것에 대해서는 꼼꼼히 기록하려고 노력했다.

이상하게도, 아버지와 나는 오랫동안 여러 물리학자의 공헌에 대해 이야기했지만 페르미에 대해서는 이야기한 적이 없다. 유감스럽게도 아버지는 내가 이 일을 시작하기 전에 세상을 떠났다. 돌이켜보면 아버지는 페르미를 본받았던 것 같다. 아버지는 훌륭한 실험가이자 뛰어난 교사였으며, 복잡한 아이디어를 간단하고 매력적인 방법으로 설명할 수 있었다. 내가 아버지에게 무엇인가를 설명해달라고 할 때마다, 그의 첫마디는 언제나 "데이비드, 그건 아주 쉬워!"였다. 그리고 정말로 쉽게 설명해주었다. 내가 이 일을 시작한 것을 안다면 아버지는 분명히 깜짝 놀랄 것이고, 또 기뻐할 것이라고 생각한다.

그는 1901년 9월 29일 이탈리아 로마에서 태어나서 1954년 11월 28일 일리노이주 시카고에서 죽었다. 그는 두 차례의 세계대전을 겪었다. 첫 번째 전쟁 때는 너무 어려서 참여할 수 없었지만, 두 번째 전쟁 때는 중추적인 역할을 해서 세계적으로 유명해졌다. 또한 그가 살아 있는 동안에 20세기의 두 가지 거대한 지적 혁명(상대성이론과 양자론)이 일어났다. 첫 번째 이론에 대해서 그는 주목할 만한 공헌을 했고, 두 번째 이론에 대한 공헌으로 그는 자기의 시대를 넘어 모든 시대에 걸쳐 가장 위대한 과학자 중 한 사람이 되었다.

놀랄 것도 없이, 그는 1938년에 노벨상을 받았다.

그는 사람들과 쉽게 친해졌고, 그들에게서 열정적인 충성을 끌어냈다. 그를 아는 사람들은 그가 53세의 아까운 나이에 죽었다는 소식을 듣자 크게 울었다. 당대 최고의 과학자라는 지위에 걸맞게 세계 각국의 신문들이 그의 죽음을 1면에 보도했다.

그의 이름은 엔리코 페르미이다.

그의 삶의 궤적은 빠르게 요약된다. 19세기가 끝나고 20세기가 막 시작되던 무렵에 로마에서 태어난 그는 신동이었고, 대학에 들어갈 때 이미 고전물리학을 모두 통달했다. 이탈리아에서는 아무도 상대성이론이나 양자론을 가르치지 않았기 때문에, 페르미는 이 과목들을 독학하면서 대학 시절을 보냈다. 대학을 졸업할 때 그는 이미 전문 학술지에 발표한 논문을 갖고 있었다. 졸업한 뒤에는 독일과 네덜란드에서 잠깐 공부하고 돌아와서 로마 대학교에서 강사로 있다가 피렌체 대학교의 교수가 되었다. 이때 페르미는 양자역학을 통계역학 분야에 접목하는 업적을 냈는데, 이것은 그가 이룬 최초의 중요한 업적으로, 어떤 사람들은 가장 중요한 업적이라고 말하기도 한다. 2년 뒤에는 그의 강력한 후원자인 오르소 마리오 코르비노Orso Mario Corbino 교수가 있는 로마 대학교에서 경쟁을 뚫고 이론물리학 교수가 된다. 그는 현대물리학의 주요 국제 학파를 세웠고, 여러 가지 비범한 업적을 이루었다. '베타붕괴'라는 수수께끼 같은 방사성 과정을 설명하는 이론을 만들었고, 어떤 원소를 중성자로 때리면 방사성을 띠는데, 느린중성자로 때리면 방사성이 더 커진다는 것을 발견했다.

그는 1938년에 노벨상을 받기 위해 스톡홀름으로 출국하게 된 것을 기회로 삼아 파시스트 이탈리아를 탈출했고, 컬럼비아 대학교 교수가 되었다. 얼마 지나지 않아 그는 놀랍고도 당혹스러운 소식을 듣는다. 독일 과학자들이 그가 1934년에 실행한 중성자로 우라늄을 때리는 실험을 재현했는데, 그들은 페르미가 우라늄 원자를 쪼갰지만 그 사실을 몰랐다고 결론을 내렸다는 것이다. 이 소식을 들은 페르미는 헝가리 출신의 레오 실라르드Leo Szilard와 함께 우라늄 연쇄 핵반응의 가능성을 연구하기 시작했다. 페르미는 미국 정부의 요청에 따라 시카고 대학교로 옮겨서 이 연구를 계속했고, 페르미와 동료 물리학자들로 구성된 대규모 연구팀이 1942년 12월 2일에 성공을 거두면서 원자력 시대가 공식적으로 시작되었다. 맨해튼 프로젝트Manhattan Project에서 그는 플루토늄 생산을 위한 원자로를 설계한 핵심 인물이었다. 1944년 여름에는 로스앨러모스로 옮겨갔는데, 이곳에서 최초의 원자폭탄이 설계되고 건조되었다. 그는 맨해튼 프로젝트의 마지막 단계에서 수많은 이론적인 문제와 실제적인 문제를 해결하는 데 결정적인 역할을 했다. 그는 1945년 7월 16일 뉴멕시코주 앨라모고도에서 실시된 최초의 원자폭탄 실험(트리니티 테스트Trinity Test라고 부른다)을 직접 보았다.

전쟁이 끝난 뒤에 페르미는 시카고 대학교로 돌아와서 핵물리학 연구를 계속했고, 새로운 입자가속기로 고에너지 물리학 실험을 개척했다. 여름에는 로스앨러모스로 가서 '슈퍼Super'라고 알려진 수소폭탄을 연구했고, 복잡한 물리학 문제를 컴퓨터 모의실험으로 푸는 방법을 개척했다. 또한 우주선宇宙線과 천체물리학을 연구했고, 시카고 대학교에서 많은 강의를 했으며, 장래의 노벨상 수상자들을 비롯해서 뛰어난 연구자들을 키워냈다. 이 기간 동안 페르미는 핵 기술 정책의 모든 면에 대해 미국 정부의 자문을 맡았고, 1954년 보안 청문회에서 맨해튼 프로젝트 때의 동료 오펜하이머를 변호했다. 거의 모든 물리학 분야에 지워지지 않을 흔적을 남긴 페르미는 1954년, 11월 53세의 나이에 위암으로 죽었다.

여기까지는 모두가 동의하는 사실이다. 더 풍부한 초상을 찾아보면 어쩔 수 없이 동떨어진 이야기도 나온다. 어떤 저자는 그를 자기보다 뛰어난 제자인 에토레 마요라나Ettore Majorana를 질투한 '유치한' 장난꾸러기로 묘사한다.[1] 또 다른 저자는 서양 역사상 가장 위대한 과학자로 그려 낸다.[2] 놀랄 것도 없이 합의점은 그 사이 어딘가에 있다.

어린 시절에 그는 가끔 철없는 장난을 즐겼지만 로마를 떠나 미국으로 가기 한참 전에 그런 일을 그만두었다. 페르미는 마요라나의 앞길을 막기는커녕, 영특하지만 내향적인 이 제자의 획기적인 연구를 강력하게 지원해주었다.

페르미는 분명히 비범한 물리학자였고 그의 세대에서 가장 위대한 물리학자 중 하나였지만, 역사상 가장 위대하다는 주장에 있어서는 그 자신의 실제 위치보다 그가 함께 일했던 사람들의 열정을 끌어냈다는 점이 더 큰 역할을 한다.

그는 엄청난 물리적 직관력이 있었고, 잘 훈련되고 체계적인 기법으로 물리학 문제를 풀어내어 동료들을 탄복하게 했다. 그의 카리스마는 단순하게 이해할 수 없다. 그는 겸손하면서도 함께 연구한 거의 모든 다른 물리학자보다 자기가 우월하다는 것을 잘 알고 있었다. 말수가 적었지만 사람들과 잘 어울렸고, 목표를 분명히 알고 단호하게 그 목표를 추구하도록 사람들을 지도했고, 직설적이지만 불쾌하지 않았고, 자기를 비하하는 재치로 쉽게 사람들을 편안하게 해주었다. 다른 어떤 물리학자도 죽은 뒤에 페르미처럼 애정 어린 헌정물을 받지 못했다. 시카고 외곽의 아르곤 연구소Argonne Labs에서 일했던 사람들의 추억을 담은 두 장짜리 레코드 〈페르미에게 사랑으로〉와 캐나다 공영방송사 CBC에서 마음을 듬뿍 담아 제작한 다큐멘터리 〈엔리코 페르미의 세계〉에 견줄 만한 다른 물리학자에 대한 헌정물을 찾는 것은 정말로 헛된 일이다. 그와 함께 일했던 사람들은 서로 자기가 페르미의 유산을 이어받았다고 다투는 일이 잦다.

그는 협조적일 때도 있었지만 경쟁심이 매우 강했다. 제자들의 추억 담은 모순된 그림을 보여준다. 젊은 시절 로마에서 함께 있었던 사람들은 페르미가 주변 사람들이 직장을 구하는 어려움에 무심하고 그들의 개인적인 고난에 전혀 관심을 두지 않았다고 말한다. 시카고에서 그와 함께 연구했던 사람들은 이구동성으로 페르미의 관대함과 친화력에 대해, 그리고 자신의 성공에 밑거름이 된 페르미의 우연한 도움에 대해 말한다.

다시 말해 그에 대한 그림은 매우 복잡하지만, 페르미가 엄청나게 복잡한 세상에서 살아간 복잡한 개인이라는 점을 생각하면 별로 놀랄 일은 아니다.

그의 오랜 친구이자 동료인 이지도어 라비Isidor Isaac Rabi가 CBC 다큐멘터리 인터뷰[3]에서 말했듯이, 페르미에 대해 흥미로운 것은 그의 과학뿐이라고 말하는 사람들도 있다. 과학을 넘어서는 그의 삶의 세부 사항은 사소하고 탐구할 가치가 없다는 것이다. 과학적 성취와 그것을 성취한 개인은 별개라는 생각은 과학자들 사이의 공통된 견해이지만, 이런 생각은 핵심을 놓치고 있다. 페르미의 삶을 둘러싼 상황이 그의 성취의 많은 부분을 결정했으며, 동전이 다른 쪽으로 쓰러졌다면 그의 경력은 달라졌을 것이고, 우리의 세계도 달라졌을 것이다. 1930년에 페르미가 처음으로 미국으로 건너가고 싶어했을 때 아내 라우라Laura가 동의했다면, 그의 과학의 궤적은 어떻게 달라졌을까? 페르미가 베타붕괴에 관해 동일한 결론에 도달했으리라고 상상해볼 수도 있지만, 원래와 다른 미국의 연구 팀을 데리고도 느린중성자에 대한 연구가 같은 길로 갔을까? 그 팀은 더 뛰어난 (또는 운이 좋은) 방사능 전문가들의 도움으로 1934년에 핵분열을 발견할 수 있었을까? 페르미가 더 일찍 미국으로 왔다면 그의 연구 방향은 상당히 바뀌었을 수도 있다. 어쩌면 그는 고에너지 입자물리학에 더 빨리 뛰어들었을지도 모른다. 물론 1930년대에 사용할 수 있었던 가속기는 전쟁이 끝난 뒤에 시카고 대학교에서 페르미가 집중적으로 연구했던 아원자 세계를 탐구할 만큼 에너지가 높지 않았지만 말이다. 1939년 후반까지도 그의 연구 주제들 중 많은 부분은 우발적으로 결정되었고, 특히 1939년 초에 시작된 페르미와 실라르드의 역사적인 협력을 빚어낸 이상한 상황에 크게 영향을 받았다. 1939년 1월에 페르미가 맨해튼이 아닌 앤아버에 나타났다면 실라르드는 그를 만날 수 있었을까? 최초의 연쇄 핵반응을 일으키는 실험에서 페르미가 중심적인 역할을 했을까?

이 모든 질문은 본질적으로 대답이 불가능하다. 하지만 대답할 수 없다는 사실 자체만으로도 페르미의 삶의 특수한 상황이 그의 과학적 경력에 막대한 영향을 주었다는 결론에 이르게 되며, 이러한 결론은 모든 위대한 인물에게 해당된다. 물론 특정한 과학적 업적을 이해하기 위해 페르미의 개인사를 알 필요는 없다. 예를 들어 베타붕괴 논문을 읽을 때 이 이론이 어떤 특정한 상황에서 잉태되었는지 전혀 몰라도 된다. 그렇지만 페르미의 삶을 전혀 몰라도 과학자로서의 그의 삶을 잘 이해할 수 있다는 결론은 옳지 않다. 과학적 창의성과 성취가 환경과 어떻게 얽혀 있는지 파악하고, 역사와 개인과 환경이 어떻게 결합하여 특정한 과학적 성취가 나왔는지 이해하려고 할 때 개인에 대해 알아보는 것은 필수적이다. 다른 맥락에서, 영국의 과학사가 찰스 퍼시 스노Charles Percy Snow는 다음과 같이 간결하게 말했다.⁴ "페르미가 몇 년만 일찍 태어났다면 그가 러더퍼드Ernest Rutherford의 원자핵을 발견한 다음에 보어Niels Bohr의 수소 이론을 발전시켰을 것이라고 충분히 상상해볼 수 있다. 이 말을 과장이라고 생각하면, 페르미에 관한 모든 것을 과장으로 여기는 것이다."
스노는 페르미의 특출한 능력을 강조한 것이지만, 이 평가는 과학자의
경력에 환경이 얼마나 중요한지 잘 보여준다. 그렇다. 페르미가 원자핵
을 발견하고 보어의 원자모형을 만들어낼 수도 있었겠지만, 그는 너무
늦게 태어나는 바람에 그럴 기회를 놓쳤다. 우리 모두는 우리가 태어난
시대의 포로이며, 과학자도 예외가 아니다.

그의 삶에 대해 받아들여진 서사는 진실로 보이지만, 그것은 빛을 밝
히는 것만큼이나 어둠을 드리운다. 이탈리아 시절 학생들과 미국 시절
학생들의 회고는 왜 그렇게 다를까? 특히, 페르미가 학생들을 격려하고
그들의 미래를 이끌어주는 태도에서 왜 그렇게 큰 차이가 날까? 근본적
으로 폭력적이고 사악한 정권이 장악하고 있던 이탈리아에서 그는 왜
그렇게 오래 남아 있었을까? 마지못해 파시스트 독재를 지지했던 것도
그의 면모였을까? 그는 무솔리니가 자기의 아내를 겨냥할 수 있는 반
유대법을 공포한 뒤에야 정말로 미국에 오기로 결심했을까? 그 시기의
많은 기록이 말해주듯, 그는 맨해튼 프로젝트의 열렬한 참여자였을까?
아니면 자신이 통제하지 못하는 사건들에 쫓겨 마지못해 끌려갔을까?
1949년 10월에 그는 수소폭탄 개발을 대놓고 반대했지만, 1950년 여름
에는 수소폭탄 개발에 집중적으로 참여했다. 왜 그랬을까? 전기 작가는
결국 명쾌한 답이 없는 이런 문제들과 씨름해야 한다.

그의 유산이 증대하는데도, 그의 명성은 줄어든다.

대중들은 그의 발견들 중에서 원자폭탄에 대한 것들만 기억하고, 그
는 그리하여 '원자력 시대의 아버지'라는 별명을 얻었다. 그러나 여기
에도 중요한 의문이 있다. 맨해튼 프로젝트의 역사는 수천 명의 과학자,
엔지니어, 군인 등 핵무기 개발에 뛰어든 수많은 사람의 역사이다. 원자

력 시대의 아버지라는 별명은 최초의 원자로를 만든 그의 업적에 가장 잘 들어맞는다. 그가 개발한 원자로는 연쇄 핵분열의 가능성을 입증해서 핵폭발의 토대를 이루었고, 플루토늄의 생산에도 사용되었다. 플루토늄은 제2차세계대전을 끝낸 두 원자폭탄 중 하나에 핵심적으로 사용된 원소이다. 이 원자로는 엄청난 압박감 속에서 대단히 서둘러서 건조되었으며, 체계적인 엔지니어링 계획도 없었다. 사실, 시카고 대학교에 만들어진 최초의 원자로는 거의 전적으로 페르미의 머리에서 나왔다. 뒤돌아보았을 때 놀라운 사실은 이 원자로가 예상대로 작동했다는 것이고, 오늘날의 엔지니어들도 깜짝 놀랄 정도로 대규모 시설에 그대로 적용이 가능했다는 것이다.

원자폭탄 개발에서 그의 역할을 평가하기는 이보다 애매하다. 그가 건축가 또는 설계자라기보다 뛰어난 조언자의 역할을 했기 때문이다. 전통적인 서사에서 페르미는 이 프로젝트의 과학 책임자였던 로버트 오펜하이머에게 가려졌는데, 오펜하이머는 페르미와 더 이상 다를 수 없을 정도로 완전히 다른 유형의 물리학자였다. 그러나 1944년 여름에 로스앨러모스에서의 작업이 예상치 못한 기술적인 문제에 가로막혀 중단되자 오펜하이머는 페르미에게 뉴멕시코의 메사mesa(꼭대기가 평탄하고 급사면을 이루는 탁자 모양의 언덕 지형—옮긴이)에 있는 이 비밀 도시에 와서 영감을 불어넣고 이끌어달라고 요청했다. 페르미는 두말없이 따랐고, 이 일을 효과적으로 수행했다.

물리학자들이 보기에 실제적인 면이 아니라 과학적으로는, 페르미의 여러 가지 다른 업적이 맨해튼 프로젝트보다 훨씬 높은 순위에 있다. 그가 양자역학을 통계역학에 통합시키는 데 성공해서 나온 것이 오늘날에 페르미-디랙 통계라고 부르는 것으로, 이것은 사실상 모든 응집물질물리학과 다른 많은 것의 기초이다. 페르미-디랙 통계는 1926년에 제안되었을 때보다 오늘날에 훨씬 더 유용하다. 1933년에 발표된 그의 베타붕괴 이론은 오늘날의 관점에서 완벽하게 정확하지는 않지만 입자물리학 연구를 크게 촉진했고, 이 분야에서 지금까지 12개가 넘는 노벨상이 나왔다. 제2차세계대전 이후에 이루어진 고에너지 입자물리학 실험은 물질이 쿼크로 이루어져 있다는 이론과 입자물리학의 표준모형의 토대가 되었고, 여기에서도 노벨상 여러 개가 쏟아졌다. 페르미와 비교할 만한 물리학자들 중에서 이론과 실험에 모두 뛰어난 능력을 발휘한 사람은 아무도 없었는데, 이것은 세계 수준의 물리학자들 사이에서 중요한 예외라고 할 수 있다. 이론(폴 디랙Paul Dirac, 베르너 하이젠베르크Werner Heisenberg, 볼프강 파울리)이나 실험(아서 콤프턴Arthur Compton, 제임스 프랑크James Franck, 이지도어 라비)에서 그에 견줄 만한 동료가 몇 사람쯤 있지만 가르치는 일에 대해서는 그와 비교할 만한 사람이 아무도 없다. 그의 대학원생 중에서 다섯 사람이 노벨상을 받았고, 다른 여러 노벨상 후보자가 박사과정 또는 박사후과정의 으뜸 조언자로 페르미를 꼽았다. 교사와 조언자로서의 영향력으로 볼 때 그는 진정으로 독보적이었다.[5]

그의 이야기가 오늘날의 우리에게 직접적으로 중요한 이유는 그의 과학적 업적이 지금도 유효하고, 여러 세대에 걸쳐 미국과 이탈리아의 물리학자들에게 심대한 영향을 주었기 때문이다. 이러한 업적의 바탕에는 엄청난 능력이 깔려 있지만, 알려진 물리학을 모두 독학하겠다는 젊은이로서의 결연한 각오와 체계적인 노력도 똑같이 중요했다. 그는 이러한 경이로운 토대를 쌓는 동안 문제에 대해 생각하는 독창적인 방법을 익혔고, 이 방법으로 수많은 업적을 이루고 주위 사람들에게 영감을 주었다. 그는 어린 나이에 문제를 분해해서 본질을 찾아내고 간결한 해결책을 구조화하는 법을 익혔고, 언제나 올바른 곳에서 시작했고, 다른 사람들은 미혹될 만한 난점을 피했다. 그는 다양한 상황에서 이 기법을 사용했고, 특히 오늘날 그의 이름이 붙은 문제 해결책에 적용했다. '페르미 문제'란 유한한 변수들로 단순화할 수 있고, 한 자리 숫자로 이 변수를 어림잡을 수 있는 문제를 말한다. 이 변수들을 결합하면 거칠지만 바로 써먹을 수 있는 빠른 해결책이 나올 뿐만 아니라, 문제에서 무엇이 핵심 요소이고 무엇이 무시해도 좋은지에 대해 생각하게 된다. 페르미 문제는 대개 그 핵심에 이런저런 사건이 일어날 확률에 대한 추정이 들어 있다. 이것이 페르미가 탁월하게 해결한 문제 유형이었다. 부분적으로는 그가 지적인 수련 과정에서 확률과 통계를 과학적 방법의 핵심 부분으로 습득한 덕분이다. 확률 계산은 그의 연구 전체를 관통하고 있고,[6] 그의 경력에서 여러 차례 가장 중요한 돌파구가 되었다. 페르미-디랙 통계와 몬테카를로 모의실험이 그런 예이다. 동료들과 제자들에게도 전수한 이 사고방식은 그의 가장 큰 유산 중 하나이다. 매킨지나 골드만삭스 같은 회사의 채용 담당자들은 입사 지원자들에게 페르미 문제를 주어 그들이 어떻게 생각하는지 시험하면서도 이 현대물리학의 거장에게 얼마나 큰 도움을 받고 있는지 결코 깨닫지 못할 것이다.

잘 발달된 개념적 도구를 사용해서 어려운 문제의 해결책을 찾아내는 페르미의 능력의 이면에는 무엇이 중요한지 파악하는 탁월한 감각과 딱 필요한 만큼 빠르고 간단한 해결책을 좋아하는 성향이 있었다. 전자에 의해 그는 동시대의 수많은 학자 위에 우뚝 섰다. 후자에 의해 때로는 게으르다고, 때로는 복잡한 수학을 두려워한다는 오해를 받았다.[7] 그는 게으르지도 않았고 두려움도 없었다. 그는 더 젊은 다수의 동료보다 더 오래 일할 수 있는 막대한 에너지를 가지고 있었다. 그의 뛰어난 수학 실력은 존 폰 노이만John von Neumann과 같은 천재들에 견줄 정도였다. 하지만 그는 자기 시간을 소중히 여겨서, 딱 필요한 만큼의 실용적인 해결책을 얻을 정도로만 노력을 쏟았다. 그가 한번은 자신의 딸 넬라에게 "절대로 필요 이상으로 더 정밀하게 만들지 말라"고 재치 있게 말했다. 기능적이지만 투박한 목재 가구를 거실에 들여놓으면서 한 말이지만, 페르미는 물리학에서도 이것을 최상의 지침으로 삼았다.

그는 세계 최고 수준의 물리학자였지만, 세계 최고 수준으로 가정에 충실하지는 못했다.

페르미가 죽기 직전인 1954년에 아내 라우라가 출판한 회고록에 나오는 애정이 깊지만 때로는 비난이 섞인 이야기에서 분명히 알 수 있듯이, 페르미는 좌절감을 느끼게 하고 때로는 화나게 하는 사람이었다. 끊임없이 성가시게 하고, 오랫동안(때로는 몇 달씩) 떨어져 지내고, 맨해튼 프로젝트에서 일하는 동안 아내와 비밀을 공유하지 않은 것 등이 모두 아내를 힘들게 했다. 그의 인생에서는 물리학이 가장 중요했고, 나머지는 모두 뒷전이었다. 물론 라우라도 결혼할 때 이 사실을 알고 있었다. 그녀가 다른 환상을 갖고 있었다고 해도, 신혼여행지에서 신랑이 맥스웰 방정식을 가르쳐주겠다고 우길 때 와장창 깨졌을 것이다. 그러나 의심할 여지없이 그들은 서로 사랑했고, 대부분의 성공한 부부처럼 그들은 결국 서로에게 적응했다.

그는 최고의 아버지도 아니었다. 그는 아이들을 돌보는 일이나 집안일을 거의 돕지 않았고, 라우라도 달리 기대하지 않았던 것 같다. 그의 딸 넬라는 아버지에게 큰 애정을 갖고 있었지만, 아버지와 거리가 있었다는 것은 부정하지 않았다. 아들 줄리오는 아버지의 그림자에 가려서 고통받았고, 나중에는 가족의 유산으로부터 가능한 한 멀어지려 했다.

페르미가 성공을 거둔 다른 아버지들보다 더 나빴는지에 대해서는 말할 수 없다. 1940년대와 1950년대의 육아는 오늘날과 같지 않았고, 우리에게 알려진 아버지로서의 페르미의 모습은 당시의 다른 많은 사람과 크게 다르지 않았다. 그는 만년에 조금 더 진지하게 아버지 노릇을 했지만 그때까지 쌓인 피해는 어쩔 수 없었다. 양보해서 말해도, 엔리코 페르미의 자녀로 살기는 어려웠다.

리처드 파인먼과 스티븐 호킹처럼 일반 대중에게 널리 알려진 물리학자들과 달리 페르미가 유명하지 않은 이유는 단순히 그가 너무 일찍 죽었고, 그가 죽던 1954년 무렵에 텔레비전이 널리 보급되지 않았기 때문이라고 할 수 있다. 그는 강의 영상이 거의 없고, 텔레비전에 모습을 드러낸 적도 거의 없었다. 나중에 그가 아인슈타인만 지나치게 유명하다고 분개했을지 모르지만, 이런 일에 맞서서 스스로를 홍보하는 노력은 거의 하지 않았다. 그는 가식적인 겸손을 떨지도 않았다. 페르미의 시카고 대학교 동료 중의 한 사람은 페르미와 그의 뛰어난 대학원생 마요라나의 대화에 대해 이야기했다.

마요라나: 아르키메데스나 뉴턴처럼 500년에 한 번 나오는 과학자도 있고, 아인슈타인이나 보어처럼 한 세기에 한두 번 나오는 과학자도 있습니다.

페르미: 마요라나, 그러면 나는 어느 쪽일까?

마요라나: 터무니없는 말씀 마세요, 엔리코! 지금 나는 아인슈타인과 보어에 대해 이야기하고 있고, 선생님이나 나 같은 사람을 말하는 게 아니잖아요.[8]

그는 자신의 능력에 대해 엄청난 확신을 가지고 있었는데, 근거가 확실한 자신감이었다. 어쩌면 그는 자기 홍보가 적절하지 않다고 느꼈을 것이다. 그는 때로는 무에서 출발해서 복잡한 정리를 그냥 보이는 것처럼 동료들 앞에서 뽐내듯이 쉽게 유도해내기도 했지만, 덜 천재적인 사람들이 그러듯 자기가 여기서 제일 똑똑한 사람이라고 언제나 확실히 해두려는 강박관념은 없었다. 특히 제2차세계대전 뒤에 자기 홍보를 하지 않은 것도 연구와 교육만 잘하면 되지 명성은 중요하지 않다는 생각에서 비롯되었을 것이다. 공적인 인물이라는 면에서 보면, 페르미는 미국 원자력 위원회US Atomic Energy Commission와 같은 공공기관의 고문으로 활동했다. 그는 공무에 관여한 최초의 주요 과학자들 중 한 사람이었지만, 그의 조언은 극비로 분류되어 그가 죽은 뒤에도 공개되지 않았다. 공적인 문제에 개입하면서 그는 고통을 받았고, 논쟁에 휘말려 우정에 금이 가기도 했다. 1951년에 오펜하이머가 원자력 위원회에 계속 자문을 해달라고 요청했을 때, 그는 자기는 진실이 분명하고 의견이 중요하지 않은 세계에 더 적합하다는 이유로 거절했다.

그가 비교적 유명하지 않은 또 다른 이유는 폭넓은 정치적 또는 철학적 문제에 대한 언급을 꺼렸기 때문이기도 하다. 제2차세계대전이 끝난 뒤에 많은 물리학자가 핵무기 개발과 미국과 소련 간의 무기 경쟁 가속화 등의 문제에 대해 대중 앞에 목소리를 높였다. 페르미는 그런 문제에 대해 공개적인 발언을 거의 하지 않았고, 했다고 해도 국가 위원회 같은 곳에서만 했다. 그는 심오한 철학적인 문제에 관심이 없었다. 그는 양자론의 배후에 있는 실재에 관련된 문제를 다루지 않았고, 코펜하겐 학파와 괴팅겐 학파 사이에 일어난 형이상학적 논쟁에 절대로 끼어들지 않았다. 그는 자신의 지성을 물리적인 실재와 자신이 좋아하는 물리학을 사용해서 해결할 수 있는 물리적인 문제에만 한정했다. 아마도 이러한 이유로 양자 이론가인 볼프강 파울리는 특유의 신랄한 어투로 페르미는 단순한 '양자 엔지니어'라고 말했으리라.[9] 일반 대중은 양자론의 철학적 수수께끼에 매료되었지만, 페르미는 이런 문제를 무시하고 이론과 실험을 통해 해결책을 명확하게 찾아낼 수 있는 실제적인 물리 문제에만 집중했다. 그는 뼛속까지 경험주의자였고, 주변 세계에 대한 경험적 관찰에 이끌렸다. 그러나 페르미와 같은 반反철학적 성향을 가지고도 파인먼처럼 유명한 사람도 있는데, 파인먼의 명성은 오랜 세월에 걸쳐 높아진 것이다. 파인먼의 재치, 다채로운 이야기 솜씨, 챌린저 우주왕복선 사고 조사 참여는 여전히 그를 둘러싸고 있는 신비에 기여했다. 전기 작가들은 아인슈타인과 오펜하이머에게서 찾은 매혹적인 주제를 페르미에게서도 찾아내려고 계속 노력했다. 페르미의 경우에 영어로 쓴 전기가 나온 지 이미 46년이 지났다.

대중들이 알고 있는 페르미의 명성은 이러한 모든 이유와 함께 여러 이유들로 희미해졌다. 다른 사람들이 최근에 깨달은 것처럼, 이런 사정을 바로잡는 일이 너무 늦어졌다.

천재성이 어떻게 작동하는지, 왜 어떤 때 나타나고 어떤 때는 나타나지 않는지 아는 사람은 아무도 없다. 더 당혹스럽게는, 왜 일부 과학자들은 훌륭한 발견을 하고 다른 과학자들은 하지 못하는가? 아인슈타인, 볼프강 파울리, 마리 퀴리, 존 바딘John Bardeen 또는 페르미 자신과 같은 몇몇 사람은 위대한 발견을 몇 가지씩이나 하는데, 오펜하이머처럼 동등한 재능을 가진 것으로 보이는 다른 과학자들은 그런 발견을 한 가지도 하지 못하는 이유는 무엇일까? 페르미는 물리학에서 문제를 공격하기 위해 정교한 개념적 도구를 사용했다. 이러한 도구에 맞지 않는 문제가 있으면 그는 문제를 주물러서 도구가 작동하게 만들었다. 물론 이 도구들을 사용할 줄 아는 물리학자가 수백 명이 있었지만 그들 중 누구도 페르미만큼 효과적으로 사용하지 못했다. 페르미는 젊은 시절에 거의 혼자서 연구하면서 문제를 세심하게 들여다보고, 여기에 대처하는 올바른 출발점을 찾는 법을 배웠으며, 엄청나게 강력한 지성으로 재능이 부족한 사람들을 함정에 빠뜨렸을 만한 모든 잘못된 출발점과 교착점을 피했다. 그가 어떻게 했는지, 페르미가 페르미가 된 방법은 아마도 어떤 의미에서는 분석이 불가능한 수수께끼일 것이다. 그럼에도 불구하고, 한 제자가 말했듯이 로마 출신의 어린 소년이 어떻게 '모든 것을 아는 마지막 사람'이 되었는지 이해하려는 노력은 가치가 있다.[10] 인간 정신의 모든 잠재력을 제대로 이해하는 데 이 노력이 도움이 될 수 있기 때문이다.

1부

페르미 되기

①

신동

로마 중앙역에서 멀지 않은 길거리에서 중년의 엔지니어가 동료의 아들인 한 소년을 만난다. 소년은 수학과 과학에 대해 이야기하고 싶어한다. 엔지니어는 소년이 이 주제에 탁월한 재능이 있어서 복잡한 아이디어를 또래에 비해 훨씬 더 빨리 더 철저하게 스펀지처럼 흡수한다는 것을 금방 알아챈다. 엔지니어는 소년을 맡아서 고등학교 과정을 훨씬 뛰어넘는 수준의 수학과 물리학을 철저히 교육하기로 결심한다.

13세의 엔리코 페르미가 1914년 여름에 아버지의 친구이자 동료인 아돌포 아미데이Adolfo Amidei를 만나지 않았거나, 아미데이가 이 소년과 그의 과학 교육에 깊고 지속적인 관심을 두지 않았다면 어떤 일이 일어났을지 알 수 없다. 얼마나 많은 유망한 지성이 돌봐줄 사람이 없어서 시들었을까? 우리가 알고 있는 것은 아미데이가 어린 엔리코 페르미에게 대학 수준의 수학과 물리학을 가르치기로 결정했기 때문에 10대의 로마 소년이 최고의 물리학자로 변하기 시작했다는 것이다.

엔리코 페르미의 아버지 알베르토는 이탈리아 철도청에 일자리를 얻어 1880년대에 로마에 왔다. 그는 북중부 이탈리아 피아첸차 근처에서 태어났다. 비옥한 포 계곡에 가까운 이곳은 밀라노에서 남동쪽으로 60킬로미터쯤 떨어져 있고, 크레모나에서 서쪽으로 40킬로미터쯤 떨어져 있다. 크레모나는 17세기의 위대한 바이올린 제작자 안토니오 스트라디바리와 안드레아 과르네리의 고향으로 유명하다. 페르미 집안은 수백 년 동안 피아첸차 지역에서 일했지만 알베르토의 아버지 스테파노는 야심 찬 사람이었고, 지방 귀족인 파르마 공작 밑에서 관직을 얻었다. 둘째 아들이었던 알베르토는 지역 고등학교에서 좋은 성적을 얻었지만, 대학에 갈 수 있을 만큼 가정 형편이 넉넉하지 않았다. 그러나 그는 매우 영특했고, 아버지처럼 야심도 있었다. 이런 두 성향이 어우러져 그는 이탈리아 철도청에서 일자리를 얻을 수 있었다.

19세기 후반에 이탈리아는 뒤늦은 산업화를 강력하게 추진하고 있었다. 1870년 통일을 이룬 뒤에 북유럽의 산업 강국들을 따라잡기 위한 국가적 노력이 시작되었고, 도시화가 빠르게 진행되었다. 지금의 이탈리아를 있게 만든 주세페 가리발디가 처음으로 통일을 추진하던 1849년에 인구 약 15만 명의 활기 없는 중소 도시였던 로마는 통일이 이루어진 1870년에 인구가 22만 5000명이 넘을 정도로 성장했다. 1901년에는 인구가 두 배로 늘어서 46만 명이 되었다. 인구가 극적으로 증가하자 도시의 기반 시설이 많이 필요해졌다. 완전히 새로운 주거 구역이 말 그대로 하룻밤 사이에 뚝딱 생겨났고, 도시의 경관과 느낌이 완전히 바뀌었다. 특히 구릉지인 퀴리날레, 비미날레, 에스퀼리노 위에 자리잡은 동부 지역이 두드러졌다.

또 다른 결과로 전국적인 철도망이 급속하게 발전했다. 주로 밀라노,

제노바, 토리노의 번영한 북부 지역에 집중되었지만 철도는 로마 노동자들에게 일자리와 문화적 긍지를 주었다. 이탈리아 사람들은 오늘날에도 철도에 자부심을 가지고 있다. 이탈리아 철도는 영국이나 프랑스보다 조금 늦게 도입되었기 때문에, 먼저 산업화된 북쪽의 이웃 나라들이 이용할 수 없었던 발전된 기술의 혜택을 받으며 만들어졌다. 철도가 발전하면서 노동자와 교육받은 기술 엘리트의 고용이 증가했고, 지방 철도들이 빠르게 합병되면서 중앙 집중적인 국유 철도가 탄생했다. 철도청은 좋은 일자리였고,[1] 알베르토는 자신의 경력을 떳떳하게 자랑할 수 있었다.

그는 일 때문에 이 도시 저 도시로 이사를 다니다가 1888년쯤에 로마에 정착했다. 그는 빠르게 능력을 인정받아서 처음에는 회계원으로 승진했다가 다음에는 감독관이 되었고, 마침내 부서장Capo Divisione이 되었는데, 이탈리아 공직에서 군대의 준장과 비슷한 지위였다. 엔리코가 태어날 즈음인 1901년에 알베르토는 카발리에레Cavaliere, 즉 기사 칭호를 받기도 했다. 영국의 기사만큼 고귀하지는 않지만, 이 칭호는 그의 능력과 성취가 얼마나 크게 인정받았는지를 보여준다. 알베르토는 그 뒤로도 많은 칭호를 얻었다.

남아 있는 사진에서 알베르토의 모습은 조심스러워 보이고, 심지어 냉담해 보이기도 한다. 매력적이지만 강렬한 눈빛이 금속 안경테 뒤에서 빛나고, 움푹 들어간 뺨과 입이 당시에 유행한 듯한 팔자 콧수염에 가려져 있다. 눈에 유머가 전혀 없어 보이는 것을 제외하면, 이탈리아의 물리학자 에밀리오 세그레가 묘사한 것처럼, 면도하면서 베르디의 아리아를 부르는 남자의 모습을 상상해도 좋을 것이다. 그는 분명히 능력과 야망이 있었고,[2] 별다른 어려움 없이 관료제의 사다리를 올라갔다.

그러던 중에 그는 이다 데 가티스Ida de Gattis라는 여자를 만났다. 이다는 이탈리아의 남동부, 장화 '뒤꿈치' 바로 위에 있는 바리 출신이었다. 그녀는 교사였고, 알베르토보다 열세 살쯤 아래였다. 그녀는 단정하고 섬세하고 매력적인 외모에 다정하고 온화하고 약간은 겁먹은 듯한 눈으로 알베르토의 관심을 끌었고, 두 사람은 1898년에 결혼했다. 이 신혼부부는 로마 중앙역인 테르미니 역에서 멀지 않은 가에타가街 19번지 아파트로 이사했다.

테르미니의 북서부는 이탈리아의 새로운 수도로 몰려오는 노동자들을 수용하기 위해 최대한 효율적이고 가장 직접적인 방식으로 설계되었다. 바둑판처럼 배열된 거리를 따라 비슷비슷한 아파트 건물이 들어섰고, 건물들은 지중해의 다양한 파스텔 색상으로 도색되었다. 오늘날, 가에타가 19번지의 층마다 두 가구씩 있는 5층짜리 황토 건축물에는 엔리코 페르미가 태어난 유서 깊은 곳이라고 알려주는 명패가 붙어 있다. 3층 두 집의 초인종 위에는 방해 금지 표지판이 붙어 있는데, 페르미가 처음 살았던 집을 찾는 순례자들로부터 보호받기 위한 것으로 보인다.[3]

이 집에서 이다는 아이 셋을 낳았다. 1899년에 마리아, 1900년에 줄리오, 1901년에 엔리코가 태어났다. 아이 셋을 너무 빨리 줄줄이 낳아서 그랬는지, 안정되고 점점 더 번창하는 공무원의 아내로서 충분히 여유가 있고 사회적 지위도 그럴 정도라고 생각했는지, 이다 페르미는 줄리오와 엔리코를 거의 태어나자마자 시골에 있는 보모들에게 보냈다. 마리아는 집을 떠나지 않았고, 엄마가 직접 보살폈다. 우리는 두 형제가 함께 살았는지 모르고, 줄리오가 언제 집으로 돌아왔는지도 모르지만, 엔리코보다 먼저 집으로 돌아온 것으로 보인다. 엔리코의 아내 라우라는 나중에 엔리코가 허약해서 시골에서 2년 반 동안 지냈다고 썼다. 2년

왼쪽부터 줄리오, 엔리코, 마리아. 1904년.(레이철 페르미 제공)

반이 지나서 엔리코는 로마로 돌아왔고, 진짜 가족과 처음 만나서는 겁에 질려 울음을 터뜨렸다. 이다는 아이를 엄하게 꾸짖었다. 그녀의 집에서는 울음이 금지였다.[4] 그는 울음을 그쳤고, 라우라가 생각하기에 그때부터 그는 엄격한 권위에 복종하게 되었다.

줄리오와 엔리코는 떼어놓을 수 없었다. 엔리코는 수줍음이 많고 어색해했고, 줄리오는 언제나 엔리코의 동반자이자 보호자가 될 것이라고 굳게 마음먹었던 것으로 보인다. 이 관계는 1904년에 찍은 세 아이의 사진에서 분명히 드러난다. 마리아는 오른쪽에 강하고 당당하게 홀로 서 있다. 왼쪽에 서 있는 두 형제는 손을 잡고 있고, 줄리오가 소심한 동생을 보호하고 있다.

소년들이 과학에 관심을 가지기까지는 오래 걸리지 않았다. 그들은 20세기 초반 전기 실험으로 전 세계 신문의 1면 머리기사를 장식했던 무선 통신의 발명자 마르코니Guglielmo Marconi에게 영향을 받았을 것이다.[5] 마르코니는 많은 일을 영국에서 했지만 그가 태어난 이탈리아에서 영웅이 되었고, 수많은 이탈리아 어린이에게 영감을 주었다. 두 형제가 마르코니를 숭배하지 않았다면 도리어 이상한 일이다. 자라면서 두 소년은 전기와 공학에 관련된 모든 것에 관심을 가졌다. 그들은 방과 후 전기 모터와 기계 장치 같은 것을 설계하고 만들면서 자유 시간을 보냈다. 비슷한 또래의 많은 소년과 마찬가지로, 그들은 또한 동력 비행이 시작되던 시대로부터 영감을 얻었다. 그들이 설계한 비행기 엔진은 전문가들을 감동시켰다고 한다. 그들은 과학과 기술을 먹고 마셨고, 과학과 기술과 함께 잤다.

소년들은 겉보기에 똑같이 영특했지만 유사성은 거기까지였다. 어린 시절 엔리코는 조용하고 나서지 않았으며, 활달하고 사회적으로 숙련된 형과 함께 있을 때 가장 편안해했다. 아주 어렸을 때는 화를 잘 내서 가족이 그에게 '작은 성냥'이라는 별명을 지어주었지만, 결국에는 화를 잘 참을 수 있게 되었다.[6] 나중에 엔리코는 강건하고 사교적인 사람이 되었지만 어렸을 때는 무척이나 섬세하고 내성적이었는데, 아마도 어머니를 닮은 면이었을 것이다. 줄리오는 존재감이 더 컸다. 그가 한 살 더 많기 때문만이 아니라 말도 더 잘하고 더 사교적이었으며, 처음에는 공부도 더 잘했다. 알려진 바에 따르면 어머니가 줄리오를 더 좋아했다. 엔리코는 늦되고, 신체적으로 엉성하고, 특별히 드러나지 않았으며, 학교에서

엔리코가 그린 줄리오, 1914년. (수전 슈워츠 촬영, 피사 대학교 물리학과 도서관)

처음 몇 년 동안은 두드러지지 않았다. 하지만 이런 상황은 변하기 시작했고, 언젠가부터 엔리코는 수학을 좋아하게 되었다. 당시 이탈리아 초등 교육에서는 주로 고전을 가르쳤지만 엔리코는 교사에게 깊은 인상을 남기기 시작했고, 반에서 최고의 학생 중 한 명이 되었다.[7] 형제는 별 특징 없는 리체오(중학교와 고등학교)에서 받는 평범한 기술 교육을 방과 후에 과학책과 잡지를 읽으면서 보충했고, 빠르게 변하는 과학 세계에 뒤지지 않기 위해 노력했다. 그들이 주변에서 일어나는 일들을 모두 이해하지는 못했겠지만 빠른 발전에 틀림없이 열광했을 것이다.

피사 대학교 물리학과 기록 보관소에는 1914년 6월 20일에 페르미가 그린 형의 얼굴이 있다. 엔리코는 화가가 아니었지만 자유롭게 그림 그리기를 즐겼고, 그가 주의력과 애정을 담아 세밀하게 그린 형의 모습에는 무엇보다 형에 대한 그의 감정이 잘 나타난다.

엔리코가 어렸을 때 누나 마리아와의 관계가 어땠는지는 분명하지 않다. 두 형제가 다른 사람이 끼어들 여지가 거의 없을 정도로 가까웠을 수도 있다. 또한 당시에 여자아이에게는 과학이나 기술에 대한 관심을 기대하거나 권장하지 않았기 때문에 동생들이 끌어들이려고 해도 마리아가 호응하지 않았을 수도 있다. 조금 지나서 엔리코가 고서점에서 찾아낸 물리학책에 대해 마리아에게 이야기해주었지만 별 관심을 보이지 않았다. 이때쯤부터 엔리코는 누나와는 소원해진 듯하다.

1908년에 그의 가족은 가에타가에서 몇 블록 떨어진 프린치페 움베르토가의 큰 아파트로 이사했다. 더 넓지만 여전히 더운 물은 나오지 않는 집이었다. 엔리코는 1918년에 대학으로 떠날 때까지 이 집에 살았다.[8]

이 시기의 아이들 사진이 많은 것으로 보아[9] 집안이 경제적으로 넉넉했다는 것을 알 수 있다. 아버지의 수입이 늘어나서 가족의 초상뿐만 아니라 일상생활 모습을 담은 사진도 자주 찍었다. 이 사진들에서 줄리오와 마리아는 밝고 자연스러워 보이지만, 엔리코는 대개 꿈꾸는 듯하고, 산만하고, 겉도는 것 같아 보인다. 이다는 조금 초조하고 불안해 보이고, 알베르토는 대개 보이지 않는다.

1915년 1월 12일에 줄리오가 죽었다.

아이의 목구멍에 농양이 생겼고, 이다와 마리아는 수술을 위해 줄리오와 함께 병원에 갔다. 병원에서는 이다에게 입원할 필요도 없는 흔한 수술이니 전혀 걱정할 필요가 없다고 말했다. 라우라 페르미는 다음과 같이 썼다.

예약된 날 아침에 페르미 부인과 마리아는 그를 데리고 병원에 갔고, 홀에서 조용히 기다렸다. 갑자기 큰 소동이 벌어졌다. 간호사들이 서둘러 홀에 들어왔고, 막연하게 말했다. "걱정 마세요. 걱정하실 필요 없어요." 긴장된 말투였다. 의사가 들어왔고, 간호사들에게 조용히 하라고 말했다. 의사조차 설명하지 못했고, 무슨 일이 일어났는지 스스로도 이해하지 못했다. 아이는 마취에서 깨어나지 못하고 죽었다.[10]

그녀는 이렇게 썼다. "충격은 더 이상 클 수 없었고, 가족은 전혀 대비가 되어 있지 않았다."[11]

시골에서 처음 2년 동안 살다가 집으로 돌아온 뒤로 내내, 엔리코와 형은 뗄 수 없는 관계였다. 엔리코는 활달한 형에게 크게 의지했다. 그들은 엔리코가 나중에 맺게 되는 어떤 관계보다 더 친밀했을 것이다. 그는 황폐해졌지만 겉으로 드러내지 않았다. 그 뒤로도 그는 수많은 사건을 겪으면서 가장 가까운 사람들에게조차 자기 감정을 숨겼다. 형이 있던 병원에서 돌아온 지 몇 주 뒤에, 그는 슬픔을 이겨내기 위해 이 비극에 정면으로 대처해야겠다고 결심했다.[12]

오랜 세월이 지난 뒤에 그는 아들에게 잃어버린 형의 이름을 붙여주었다.

어머니의 슬픔은 더 눈에 띄고, 더 오래가고, 더 심신을 지치게 했다. 이후 몇 년 동안 그녀는 아무 이유 없이 갑자기 눈물을 흘렸고, 오랫동안 우울증에 빠져 있었다. 그녀는 가족들에게서 점점 더 멀어졌고, 1924년 봄에 53세의 나이로 죽었다. 아들을 잃은 슬픔이 죽음을 앞당긴 것으로 보인다.

줄리오가 살아서 어른이 되었다면 어떤 일이 일어났을까? 엔리코가 성취한 것들을 보면, 엔리코가 형보다 재능이 뒤졌다고 상상하기는 어렵다. 줄리오가 줄곧 동생보다 앞섰을 수도 있지만, 어린 엔리코가 결국 사회적으로 능숙한 줄리오를 앞질렀을 수도 있다. 어떤 시점에서 그들의 관심사가 달라져서 한 사람이 물리학이 아닌 다른 분야로 갔을 수도 있다. 훨씬 더 만족감을 주는 상상으로, 그들이 일생 동안 훌륭한 조화를 이루며 함께 작업했을 수도 있다. 그러나 결국 우리에게는 만족스러운 대답을 얻을 수 없는 질문만 남았다.

이 시기쯤에, 중요한 두 사람이 페르미의 삶으로 들어왔다.

한 사람은 줄리오의 동급생인 엔리코 페르시코Enrico Persico였다. 페르시코는 얼마 동안 페르미 형제를 멀리서 관찰했고, 둘 사이에 끼어들 여지가 없다고 생각했다. 줄리오가 사라진 뒤에 페르시코는 동생에게 손을 내밀었다. 그의 노력은 열정적으로 환영받았다. 두 명의 엔리코는 과학과 기술에 대한 애정을 공유했고, 곧 두 형제가 중단한 곳에서 출발해서 과학과 수학 책을 흡수하고 실험을 창안하면서 틈날 때마다 어울렸다.

페르시코는 페르미보다 키가 많이 크지는 않았지만 키가 커 보이는 얼굴을 갖고 있었다. 얼굴이 아주 길고 눈에 띄는 매부리코에 이마는 거의 없다시피 했고, 두 눈은 풍부한 유머와 지성으로 번득였다. 그는 페르미 가정의 붙박이가 되었다. 페르시코는 곧 새로운 친구가 얼마나 뛰어난지 깨달았다. 여러 해 뒤에 그는 어린 시절의 우정을 이렇게 회상했다.

우리는 자주 로마의 이쪽 끝에서 저쪽 끝까지 오랫동안 산책을 했고, 걸어가면서 온갖 주제에 대해 젊은이다운 치기로 토론했다. 우리는 어렸지만 엔리코가 하는 말은 독창적이고 정확하고 자신감에 차 있어서 늘 나를 놀라게 했다. 게다가 수학과 물리학에 대해서는 학교에서 배운 것보다 훨씬 많이 알고 있었다. 그는 이 주제들을 그저 학문적으로 아는 정도가 아니라 엄청난 재능으로 능숙하게 사용할 수 있었다. 그 시절에도 그가 어떤 정리나 법칙을 안다고 하면 그것을 사용하는 방법도 안다는 말이었다.[13]

두 엔리코는 산책을 하다가 과학에 대한 갈증을 채우기 위해 책을 사러 다니기도 했다. 그들은 로마 신시가지의 바둑판처럼 반듯한 거리를 돌아다니기도 했고, 역사적인 중심지의 구불구불한 길과 골목길을 누비다가 코르소 비토리오(로마의 시장 거리—옮긴이)를 지나가기도 했다. 거기서 왼쪽으로 돌아 델 파라디조가의 비좁은 길을 따라가면 고대의 커다란 광장인 캄포 데 피오리가 나왔는데, 이 광장에는 수요일마다 중고책 시장이 열려서 서점에서 구할 수 없는 책을 찾는 방문객들의 발길을 끌어들였다. 소년들은 흥미를 끄는 책을 찾아 서가를 뒤졌다. 그들이 찾아낸 책 중에는 안드레아 카라파Andrea Caraffa라는 예수회 신부가 쓴 19세기 물리학 책이 있었다. 두 권으로 된 이 책은 1840년에 출판되었으며, 당시의 고전물리학에 대해 알려진 모든 것이 요약되어 있었다. 소년들은 재빨리 이 책을 낚아챘고, 페르미는 그 내용을 열정적으로 흡수했다. 라우라 페르미에 따르면, 엔리코는 누나에게 이 책에 대한 이야기를 그만둘 수 없었다.[14] 사실 그는 너무 열중해서 책이 라틴어로 되어 있다는 사실도 거의 알아채지 못할 정도였다.

두 소년은 다양한 실험을 했는데, 그중 일부는 그들의 나이와 받은 교육에 비해 상당히 정교했다.[15] 그들은 로마 수돗물의 밀도를 측정했고, 중력장과 자기장의 세기를 계산했다. 또한 둘 중 누구도 이 어려운 문제를 쉽게 만들어줄 수 있는 수학과 물리학을 알지 못했는데도 팽이의 회전을 설명하려고 노력했다.

되돌아볼 때 더 인상적인 것은, 페르미가 상대성이론에 대해 많은 지식과 열정을 갖고 있었다는 점이다. 나중에 페르시코는 그의 친구가 아인슈타인의 혁명적인 중력이론을 열광적으로 설명해주던 일을 회상했다.[16] 엔리코가 카라파 책에 관심을 끌려고 했지만 실패했던 마리아를 제외하면, 페르시코가 페르미의 첫 번째 '학생'이었던 셈이다. 페르미는 이 새로운 친구에게 아이디어를 즐겨 설명했다. 페르시코는 준비된 학생이었고, 페르미가 설명해주는 상당히 복잡한 물리학 개념을 열정적으로 익혔다. 이것은 엔리코가 재능이 덜한 다른 사람들이 분명히 이해할 수 있는 방식으로 물리학을 가르치는 재주를 보인 최초의 사건이다. 이 재주는 나중에 활짝 피게 된다.

페르미는 페르시코와 함께 카라파의 책과 다른 과학책들을 공부했고, 학교에서는 라틴어, 그리스어, 역사, 이탈리아 문학을 배웠다. 페르미는 전통 이탈리아 서사시 〈광란의 오를란도〉(〈롤랑의 노래〉 이탈리아판)를 특히 좋아했고,[17] 나중에는 기억에 의지해서 단테를 암송해서 친구들에게 깊은 인상을 남겼다. 페르미는 언어를 쉽게 배웠다. 그래서 카라파 책이 라틴어로 되어 있다는 사실을 거의 알지 못했을 수도 있다. 학교에서 그는 훌륭한 학생이었지만 특출한 학생은 아니었다. 그가 흡수한 고등수학과 물리학은 분명히 그가 학교에서 배운 과목과 전혀 관련이 없었다.

1918년에 페르미가 대학에 가기 위해 피사로 가고 페르시코는 로마에 남으면서 두 사람은 떨어졌다. 그 뒤로 4년 동안 두 사람은 편지를 주고받으면서 긴밀한 접촉을 유지했고, 방학 때 자주 만났다. 페르미가 마침내 로마로 돌아오자 그들은 깊고 오래된 우정을 재개했다.

엔리코는 야외 신체 활동을 좋아하게 되었고 평생 즐겼는데, 이런 활동을 하면서 다른 젊은이들과도 친해졌다. 그는 축구와 함께 이탈리아 학생들에게 지속적으로 인기를 누리는 프렌치워French War도 즐겼다. 라우라에 따르면 미국에서 인기 있는 '경찰과 강도 놀이'와 비슷한 이 놀이는 젊은이의 국수주의를 살짝 보여준다. 그러나 그는 또 다른 엔리코와의 우정을 더 중요하게 여겼고, 놀이 친구들과 개인적으로 친하게 지내지는 않았다.

두 엔리코가 물리학의 세계를 탐구하면서 친하게 지내던 중에 또 다른 사람이 페르미의 삶에 들어왔다. 그는 수학과 물리학에 관해 두 소년보다 훨씬 많이 아는 어른이었다. 이 사람이 어린 시절 페르미의 지적인 발전에 큰 역할을 하게 된다.

아돌포 아미데이는 철도청 엔지니어였고, 알베르토 페르미보다 한 등급 위의 수석 감독관이었다. 직위가 달랐지만 두 사람은 친구가 되었고, 1914년 여름부터는 퇴근길을 함께하기 시작했다. 이것은 그들이 서로 가까운 곳에 살았다는 것을 암시한다.

아미데이는 피사에서 남쪽으로 약 80킬로미터 떨어진 볼테라 출신이었다. 알베르토 페르미보다 일곱 살 아래였던 그는 일찍부터 재능을 보여서 피사 대학교의 순수수학 과정에 입학했고, 물리학도 함께 공부했다.[18] 그는 지역 철도 회사에 엔지니어 겸 하급 감독관으로 입사했고, 여러 지역 회사가 합병되어 전국 철도망이 만들어질 때 자리를 옮겨서 금방 정규 감독관으로 승진했다. 어린 엔리코를 만났을 때 아미데이는 수석 감독관이었다. 그는 길고 성공적인 경력을 이어가면서 여러 번 승진했고, 1940년에는 1^a 등급 사장이라는 직위로 은퇴했다. 알베르토와 마찬가지로 그도 이탈리아 정부에서 카발리에레 칭호를 받았다.

1914년 여름, 유럽이 파국적인 전쟁으로 치닫던 무렵에 엔리코는 일을 마친 아버지를 만나 철도청에서 프린치페 움베르토가에 있는 아파트까지 40분 동안 함께 걸어오기 시작했다. 아미데이가 때때로 퇴근길에 페르미 부자와 함께했고, 엔리코는 아버지의 동료가 수학과 물리학 실력이 뛰어난 엔지니어라는 것을 알았다. 그는 용기를 내어 아미데이에게 난해한 질문을 던졌다. "척도 개념을 쓰지 않으면서 중요한 기하학적 성질을 찾아내는 수학이 있다는 게 사실입니까?"[19]

아미데이는 소년에게 사영기하학이 그런 분야라고 알려주었다. 그 개념에 의문이 있었던 페르미는 다시 물었다. "하지만 그러한 성질들을 실제로 어떻게 사용할 수 있습니까? 예를 들어 측량이나 공학 같은 분야에서요." 아미데이는 피사 대학교에서 공부한 테오도어 레예Theodor Reye라는 독일 수학자가 쓴 사영기하학 책에 이 개념의 실제적인 사용법이 잘 설명되어 있다는 것을 떠올렸고, 엔리코에게 그 책을 빌려주었다.[20] 두 달 뒤에 엔리코는 이 책을 완전히 익혔고, 모든 정리를 증명하고 책 뒤에 나오는 문제를 모두 풀었다고 말했다. 아미데이는 자기가 대학생일 때 이 책이 어려웠고 스스로 증명에 성공한 적이 없기 때문에 엔리코를 의심할 수밖에 없었다. 페르미가 아미데이에게 정리를 증명한 것을 보여주자, 그는 의심을 거두었다.

이때 페르미는 13세였다.

페르미가 사영기하학을 배운 과정은 나중에 페르미의 전형적인 학습 방식이 되었다. 그는 레예의 책을 독학했고(누군가와 함께 공부했다면 그 사람은 그때까지 살아 있었던 줄리오였을 것이다), 훑어보는 정도에 만족하지 않고 전체 내용을 완전히 습득할 때까지 책에 나오는 정리를 모두 증명했다. 이 어린 나이에 그는 독립성, 철저함, 어려운 주제를 완전히 습득할 때까지 기꺼이 계속 갈고 닦는 자세를 보여주었다. 미래의 모든 연구에서처럼, 그는 주제를 겉핥기로만 이해하는 것에 결코 만족하지 못했다.

아미데이는 감명을 받았고, 나중에 이렇게 썼다. "최소한 기하학에서만큼은 엔리코가 진정으로 천재라고 확신하게 되었고, 엔리코의 아버지에게 내 생각을 말했다. 그는 이렇게 대답했다. '글쎄요. 내 아들은 학교에서 좋은 학생이지만, 그 아이가 신동이라고 알아본 선생님은 아무도 없어요.'"[21]

아버지의 대답은 엄밀히 말해서 진실이 아닐 수도 있다. 페르미를 연구하는 로베르토 베르가라 카파렐리Roberto Vergara Caffarelli는 이모 올가가 1951년 8월 27일에 라우라에게 보낸 편지를 언급한다. 이 편지에서 올가는 이다, 올가, 어린 엔리코가 엔리코의 중학교 선생님을 우연히 만난 일을 회상했다.[22] 선생님은 어머니와 이모에게 열광적으로 악수를 청하면서 어린 엔리코가 "제2의 갈릴레오"라고 말했다고 한다. 그 선생님이 페르미의 천재성을 처음으로 알아보았을지는 모르지만, 분명히 마지막은 아니었다. 물론 기억은 세월이라는 렌즈를 통과하면서 편향되고 왜곡되기도 한다. 엔리코가 나중에 최고의 물리학자가 되었다는 사실에 이모의 1951년 기억이 왜곡되었을 수도 있지만, 어쨌든 이 무렵부터 페르미의 영특함이 주위에 알려지기 시작했다. 아미데이가 처음으로 알아본 사람이 아닐 수도 있지만, 확실히 페르미의 천재성에 영향을 준 첫 번째 사람이었을 것이다.

아미데이는 이 신동에게 결정적인 영향을 주었다. 엔리코는 아미데이에게 캄포 데 피오리의 중고책 시장을 뒤졌다는 이야기를 했고, 거기에서 산 이상한 책으로 물리학과 수학을 공부하고 있다고 말했다. 페르미와 형(나중에는 페르시코)이 팽이의 회전을 물리학적으로 설명하려고 노력한 것이 바로 그때였다. 아미데이는 페르미를 체계적으로 가르쳐야 겠다고 생각했다. 그는 교과서의 순서를 신중하게 배열해서 학부 수준의 물리학을 가르치기로 했다. 그는 팽이의 움직임을 근본적으로 이해하려면 고전역학의 철저한 배경이 있어야 하고, 삼각법, 해석기하학, 대수학, 미적분학에 미분방정식까지 알아야 한다고 설명했다. 그는 어린 친구 엔리코에게 일단 이것들을 완전히 익히고 나면 회전하는 팽이의 운동방정식을 쉽게 구할 수 있다고 알려주었다.

체계적인 이 과정은 페르미에게 잘 맞았다. 되돌아보면 아미데이가 제시한 비공식적이면서 매우 압축된 이 과정과 함께 자신만의 물리학 교과서를 별도로 공부하고 있었지만 말이다. 그가 공부한 내용은 오늘날 입문 수준의 물리학 학부생이 배우는 것과 크게 다르지 않다. 아미데이는 우선 페르미에게 고전역학에 대한 진지한 연구를 시작하기에 충분한 수학을 가르치려고 했다.

아미데이는 3년 동안 삼각법부터 시작해서 해석기하학을 지나 미적분학까지 세심하게 배려된 순서대로 페르미를 가르쳤다. 아미데이가 능숙한 수학자였고 당시 이탈리아의 수학이 국제적으로도 우수한 수준이었다는 것이 도움이 되었다. 또한 아미데이가 독창적인 천재를 가르쳤다는 것도 결과에 도움이 되었다.

1917년에(페르미는 15세 또는 16세였다) 아미데이는 페르미가 고전역학을 본격적으로 배울 준비가 되었다고 생각했고, 프랑스의 수학자 시메옹-드니 푸아송Siméon-Denis Poisson이 쓴 고전적인 책을 빌려주었다.[23] 이 책은 처음에 1811년과 1833년에 두 권으로 출판된 책이었다.

고전역학과 그것을 이해하는 데 필요한 수학을 배우기 위해 이보다 더 나은 과정은 없었고, 오늘날도 마찬가지이다. 이 책이 나온 뒤로 이 주제는 사실상 변하지 않았고, 이 주제를 더 잘 설명하는 책도 나오지 않았다.

오랜 세월이 지난 뒤에도 아미데이는 페르미에 대한 놀라움을 잊지 못했다. 40년쯤 뒤에 아미데이는 리체오를 졸업했을 무렵(페르미는 1년 일찍 1918년에 졸업했다)의 페르미에 대해 이렇게 회고했다.

> 그가 책을 읽으면, 한 번만 읽었을 뿐인데도 완벽하게 이해하고 잊지 않는다는 것을 나는 이미 확신하고 있었다. 예를 들면 그가 울리세 디니Ulisse Dini의 미적분학 책을 돌려주었을 때, 나는 그에게 나중에 참고할 필요가 있을 테니 1, 2년쯤 더 갖고 있어도 좋다고 말했다. 나는 다음과 같은 놀라운 대답을 들었다. "고맙습니다. 하지만 저는 확실히 기억할 수 있기 때문에 그럴 필요가 없습니다. 사실, 몇 년 뒤에는 지금보다 개념을 더 분명하게 알게 될 것이고, 공식이 필요하면 충분히 쉽게 유도할 수 있게 될 것입니다."[24]

아미데이에게 배우는 중에도 페르미는 따로 물리학을 더 공부하지 않고는 견딜 수 없었다. 그는 로마의 중앙 공립 도서관에서 러시아 물리학자 오레스트 크볼슨Orest Chwolson이 쓴 4000쪽에 달하는 다섯 권짜리 권위 있는 물리학 논문집을 공부했다.[25] 이 논문집은 역학, 열역학, 통계역학, 광학, 전자기학에 심지어 음향학까지 고전물리학의 모든 분야를 다룬다. 페르미는 푸아송 책을 미리 공부한 덕분인지 자기가 이미 수천 쪽에 달하는 내용을 잘 알고 있다는 사실을 알아낸 뒤에, 매일 아침 도서관에서 나머지 부분의 내용을 익히고 문제를 풀었다. 그는 1917년 8월부터 1918년 9월까지 1년 조금 더 걸려서 이 책을 모두 익혔다.

페르시코에 따르면 그와 페르미는 영국의 물리학자 오언 리처드 슨Owen W. Richardson이 쓴 비교적 새로운 책 《물질의 전자 이론The Electron Theory of Matter》도 공부했다. 1914년에 출판된 이 책은 1897년 영국 물리학자 조지프 존 톰슨Joseph John Thomson이 발견한 전자를 더 넓은 전자기 이론 체계 속에서 설명한 대학원 수준의 책이었다.[26] 두 소년이 이 책을 공부할 무렵에는 각자 중요한 물리학과 수학을 익힌 다음이었다. (몇 년 뒤에 페르미는 대학 친구 프랑코 라세티Franco Rasetti에게 이 책을 추천했다.)[27]

아미데이는 페르미를 가르치면서 큰 감명을 받았고, 나중을 대비해서 이 소년이 한 말들을 적어두었다. 그래서 그의 회고는 40년이 지난 뒤에 나왔지만 믿을 수 있다.

페르미에게도 이 경험은 놀라웠다. 자기가 관심이 있는 주제에 대해 이야기할 수 있는 어른이 한 사람 있었고, 그 사람이 수학과 물리학에 관련된 온갖 것을 잘 가르쳐주는 선생님이 되어준 것이다. 페르미는 이때 처음으로 자기가 물리학에 엄청난 재능이 있다고 깨달았을 것이다. 그는 자신이 아미데이가 던져주는 것들을 아미데이보다 더 빠르고 더 깊이 이해한다는 것을 거듭해서 깨달았다. 공부를 계속하면서 이런 경험이 계속 쌓여갔고, 나중에는 자신의 능력을 확신하게 되었다.

이 마지막 해 동안에, 아미데이는 이제 16세가 된 소년에게 대학에서 수학과 물리학 중에 무엇을 공부하고 싶은지 물었다. 페르미의 대답은 간단했다. "수학을 열정적으로 공부한 이유는 물리학 연구에 필요하다고 생각했기 때문입니다. 저는 오로지 물리학에 헌신하려고 합니다."[28] 수학은 목적을 위한 수단이었다. 그는 언제나 자신의 수학 실력을 자랑스러워했고, 때로는 자랑을 늘어놓기까지 했지만, 그의 진정한 사랑은 언제나 물리학이었다.

아미데이는 페르미가 그렇게 어린 나이에 물리학자가 되겠다고 결심했으면 독일어를 배워야 한다고 생각했다. 당시에 세계를 주도하는 물리학 학술지(가장 주목할 만한 것은 〈물리학 연보Annalen der Physik〉[29]와 〈물리학 저널Zeitschrift für Physik〉이었다)는 독일어로 출판되고 있었다. 페르미는 독일어를 배우라는 아미데이의 충고를 따랐고, 새로운 언어를 빠르게 습득하는 능력을 또 한번 입증했다. 친구들에 따르면 그는 1918년 가을에 대학에 입학했을 때 독일어를 모국어만큼 잘 읽었다.[30]

이 모든 일이 제1차세계대전의 힘든 시기에 일어나고 있었다.

1915년 중반, 이탈리아가 연합군 편에 섰을 때 아미데이도 페르미의 아버지도 징집되지 않았다. 그들은 나이가 너무 많았을 뿐만 아니라 철도가 전쟁에 중요한 전략적 자산이었고, 둘 다 철도청에서 중요한 위치를 차지하고 있었다.

아미데이가 자기 일에서 벗어나 엔리코에게 복잡한 수학과 물리학을 가르친 것은 일종의 위안이었을 것이다. 이탈리아는 이 전쟁에서 다른 유럽 동맹국들만큼은 아니지만 상당한 비용을 치러야 했다. 46만에서 61만 명의 인명 손실은 영국, 프랑스, 독일만큼은 아니었지만 엄청난 손실이었다. 다행히 전쟁은 페르미 가족에게 직접적으로 영향을 주지는 않았지만, 그들에게도 큰 관심사였다. 게다가 전쟁은 피사의 스쿠올라 노르말레 수페리오레Scuola Normale Superiore의 입학 인원에 직접적인 영향을 주었는데, 페르미는 전쟁이 끝난 직후인 1918년 가을에 이 학교에 들어가게 된다.[31] 그의 동급생 열두 명 중에서 아홉 명은 1915년에 입학을 허락받았지만 병역을 위해 전쟁이 끝날 때까지 입학이 연기된 학생들이었다.

엔리코는 전쟁 때문에 겪는 어려움에 대해 심리적으로나 육체적으로나 눈에 띄게 무감했다고 한다. 그는 전쟁에 전혀 영향을 받지 않는 것 같았다. 어쩌면 형을 잃은 것으로 충분했을 것이다. 줄리오의 비극적이고 때 이른 죽음에 비하면, 전쟁에서 이탈리아 사람이 몇 명 죽었는지와 같은 비개인적인 숫자는 그에게 와닿지 않았을 것이다. 페르미가 페르시코와의 우정에 빠져들고, 온 힘을 다해 열정적으로 아미데이와 함께 공부한 것은 이 손실을 극복하려는 굳센 결의의 증거임을 우리는 알고 있다. 형의 죽음은 전쟁이 그의 주위에 가져올 수 있는 어떤 손실보다 훨씬 더 큰 개인적 손실이었다.

페르미가 리체오의 졸업반이 되었을 때 아미데이는 거의 4년째 엔리코를 가르치고 있었고, 이 젊은 천재의 장래에 대한 그의 발언권이 클 수밖에 없었다. 아미데이가 보기에 그의 미래는 하나였다. 페르미는 피사의 스쿠올라 노르말레 수페리오레로 가야 했다.

나폴레옹이 1810년에 설립한 이 학교는 파리의 에콜 노르말 쉬페리외르École Normale Supérieure와 동등한 기관이었고, 1918년 당시 이탈리아에서 가장 권위 있는 고등교육기관이었다.[32] 매년 열두 명 정도만 입학 허가를 받았고, 절반은 인문학을, 절반은 과학을 전공했다. 페르미가 입학하던 해에는 예년보다 경쟁이 더 치열했는데, 전쟁으로 입학이 연기된 학생들 때문이었다. 세 명만 입학할 수 있어서 경쟁이 훨씬 더 심했다.

로마 대학교도 대안이 될 수 있었지만, 아미데이는 알베르토와 이다에게 엔리코를 피사로 보내라고 조언했다. 스쿠올라 노르말레는 수학과 인문학에서 뛰어난 인물들을 배출했고, 수학 교수진은 세계 최고 수준이었다. 졸업생 중에 유명한 물리학자가 아무도 없었다(비토 볼테라Vito Volterra는 물리학자라기보다 수학자이므로 제외)는 사실은 당시 이 학교의 상황보다는 이탈리아 물리학계의 상황을 말해준다. 이 학교의 물리학과 학생은 조금만 걸어가면 있는 피사 대학교에서 물리학 과정을 병행하게 되어 있었다.

페르미의 부모는 반대했다. 그들은 엔리코를 자랑스러워했고 그가 잘 되기를 원했지만 집에 남기를 원했다. 전화가 보급되기 전의 시대에 북쪽으로 300킬로미터 떨어진 곳으로 엔리코를 보낸다는 것은 가끔 주고받는 편지를 제외하고는 아무 연락도 못한다는 뜻이었다. 줄리오를 갑작스럽게 잃어버린 슬픔 때문에 엔리코의 부모, 특히 어머니는 아들과 헤어지기를 극도로 꺼렸다.

로마 대학교도 좋은 학교였고, 물리학과는 파니스페르나가에 있는 에스퀼리노 언덕의 거대한 산타 마리아 마조레 성당 바로 서쪽에 있어서 걸어갈 수 있을 정도로 가까웠다. 최근에 부임한 유명한 물리학자 코르비노가 이 학과를 맡아서 물리학 교육과 연구의 최고 중심으로 만들려고 하고 있었다. 그는 공공사업 위원회 의장으로 임명된, 이탈리아 정부의 떠오르는 인물이기도 했다(그는 곧 상원의원이 될 것이었다). 엔리코가 왜 그와 함께 공부할 수 없는가? 아미데이는 엔리코가 스쿠올라 노르말레에 지원하도록 부모를 설득해냈다. 아미데이가 엔리코를 위해 얼마나 헌신했는지는 이 결정만 봐도 잘 알 수 있다. 게다가 부모뿐만 아니라 로마 대학교로 가기로 한 페르시코와 떨어진다는 것을 알면서도 엔리코 역시 스쿠올라 노르말레에 가고자 했다.

물리학과 입학시험에서 제출한 페르미의 답안은 오늘날까지도 전설로 남아 있다.[33] 시험 문제는 한쪽 끝이 고정된 막대의 진동을 자세히 분석하라는 것이었다. 그는 푸아송과 크볼슨의 책에서 배운 조화 파동에 관련된 모든 것을 동원했고, 그의 분석은 대학원 수준으로 정교한 것이었다. 심사관들은 깊은 인상을 받은 정도를 넘어섰다. 그들은 혹시나 부정행위가 아닐까 의심했고, 어쨌거나 이 답안을 제출한 젊은이를 만나고 싶어했다. 시험관인 로마 대학교의 기하학 교수 주세페 피타렐리Giuseppe Pittarelli는 매우 이례적으로 엔리코를 불러서 면접을 했다. 젊은 천재는 면접에서 이 답안이 자기가 직접 쓴 것임을 입증했고, 피타렐리는 만족했다. 피타렐리는 제출된 글이 박사학위 논문 수준이라고 보았고, 페르미에게 그대로 말해주었다. 게다가 그가 중요한 과학자가 될 것이라고 격려까지 해주었다. 지원자들 중에서 페르미가 1등이었고, 아무 조건 없이 입학 허가를 받았다. 그는 나중에 이 전설적인 학교에서 가장 유명한 졸업생이 된다.

알베르토와 이다는 두렵고 무거운 마음으로 1918년 10월에 엔리코에게 작별 인사를 했다. 엔리코는 물리학자로서의 삶의 다음 단계가 시작될 피사로 떠났다.

②

피사

피사는 로마에서 북쪽으로 300킬로미터 조금 넘는 곳에 있지만 1918 년에는, 그리고 그 뒤로도 그렇듯, 시간적으로 로마와 수백 년이나 떨어져 있었다. 페르미가 떠나온 로마는 격동하고 있었고 시끄럽고 혼잡했다. 아름답고 영감을 주는 혼란이었지만 혼란은 혼란이었고, 19세기의 도시가 20세기로 전환하기 위해 힘껏 달려가고 있었다. 로마와 극명하게 달랐던 피사는 조용한 중세의 대학 도시였고, 14세기 초반에서 중반쯤에 당시 상업과 문화적 번영으로 유명했던 토스카나의 라이벌 피렌체에 뒤진 뒤로 정체되어 있었다. 피사 대학교는 공식적으로 1343년에 문을 열었지만, 유럽 전역의 다른 대학 도시들처럼 피사 역시 적어도 11세기 초부터 학자들의 고향이었다. 페르미가 도착한 1918년 후반에는 물리학과를 비롯한 주요 학과들이 중세 도시 중심부 주위의 오래된 건물들에 흩어져 있었다. 아직까지 당시의 건물에 그대로 남아 있는 학과는 인문학, 언어학, 역사학, 법학 관련 학과들뿐이다. 의과대학을 포함해서 과학과 기술 관련 학과들은 도시 외곽의 현대적이고 기능적인 시설로 이전했다. 페르미가 재학하던 시기에 물리학과와 수학과는 토리첼리 광장에 있는 19세기 황토색 건물에 있었는데, 카발리에리 광장의 스쿠올라 노르말레 수페리오레에서 조금만 걸어가면 닿았다. 지금은 동쪽으로 800미터쯤 떨어져서 도시의 오래된 성벽 바로 안쪽의 건물로 이전했다. 옛 건물은 건축적으로 뛰어난 건물이 아니었고, 새로운 건물도 마찬가지이다. 실제로 이 건물은 피사의 유명한 유대인 가문인 폰테코르보가에서 1939년에 지은 섬유 공장을 1974년에 보수한 것이다.

그러나 스쿠올라 노르말레 수페리오레가 있는 건물은 진정으로 남달랐고, 젊은 페르미에게 마술처럼 보였을 것이다. 르네상스 건축가 조르조 바사리의 작품인 이 건물은 장엄한 건축 유산으로 유명한 이 도시에서도 가장 아름다운 건물 중 하나이다.

스쿠올라에 입학 허가를 받은 학생은 피사 대학교의 입학 허가도 함께 받으며, 스쿠올라 노르말레에서 진행하는 세미나 외에 대학교의 수업도 받아야 한다. 그들은 두 기관 모두에서 학위를 받는데, 스쿠올라 노르말레에서 주는 학위증을 리첸차licenza라고 하며, 대학교에서 주는 학위증을 라우레아laurea라고 한다. 라우레아를 받은 사람을 도토레dottore라고 부르는데, 이것은 1980년에 이탈리아 교육에서 공식적으로 도입된 박사와 동등하지는 않다. 나중에는 페르페치오나멘토Perfezionamento라고 하는 정식 대학원 과정이 스쿠올라 노르말레에 추가되었다. 오늘날에는 매년 1000명의 학부생이 지원해서 그중 60명 정도만이 이탈리아의 가장 권위 있고 경쟁이 치열한 이 학교에 입학한다.

이 학교의 학생은 노르말리스티normalisti라고 불렸고, 노르말리스티에게는 팔라초palazzo(궁전)라고 부르는 기숙사의 작은 방이 제공됐다. 방에는 소박한 책상과 침대가 갖추어져 있었다. 중앙난방은 없었고, 작은 석탄 난로가 토스카나의 추운 겨울 동안에 얻을 수 있는 편의의 전부였다. 스쿠올라 노르말레의 숙식은 무료였고 생활비도 조금 지급되었다. 이런 면에서 노르말리스티는 다른 대학생에 비해 유리한 점이 있었다. 보통의 대학생들은 학비와 주거를 스스로 해결해야 했다. 옥스퍼드나 케임브리지와 달리 피사 대학교는 기숙사가 없었다. 오늘날에도 학생들은 피사에서 알아서 방을 구해야 한다. 다만 학비의 정부 보조는 많이 받는다.

엔리코 페르미는 자신이 선택한 분야를 연마하기 위해 이 고풍스러운 대학 도시에 도착했다.

페르미의 명성이 그를 앞질러 도착했고, 피사 대학교의 유명한 수학자 루이지 비안키Luigi Bianchi와 물리학과의 루이지 푸치안티Luigi Puccianti 같은 교수들은 이미 이 젊은이와 그의 화려한 물리학 입학시험 답안에 대해 알고 있었을 것이다. 아미데이에게 배우고 스스로 읽은 책들로 볼 때 페르미도 분명히 그 교수들을 찾았을 것이다. 페르미가 실험물리학을 제외한 교과 과정에 완전히 통달했다는 것은 누구에게나 분명했다. 그는 많은 시간을 독립적인 독서와 연구로 보내게 된다.

아미데이에게 물리학만 공부하겠다고 했던 페르미는 이상하게도 처음에는 수학과 소속이었다. 아마 스쿠올라 노르말레의 수학 교수진이 세계적으로 유명했기 때문일 것이다. 로마에서 아미데이가 페르미에게 공부하라고 주었던 교과서들 중에도 이곳 교수들이 쓴 책이 많았다. 스쿠올라 노르말레의 수학자들은 단지 교과서 저자 정도가 아니었다. 그들은 자기 분야에서 최고였고, 학교에서의 권위도 매우 높았다. (스쿠올라 노르말레나 피사 대학교의 물리학 교수들에게는 말하기 곤란한 사실이었다).[1] 페르미가 수학 학위 과정에 등록하기로 한 결정은 이렇게 설명할 수 있을 것이다. 그러나 그는 1년 만에 물리학과로 옮겼고, 그를 지도한 푸치안티 교수는 이 젊은 천재를 교육하는 가장 좋은 방법은 대학교 도서관에 두고 방치하는 것임을 금방 깨닫는다.

페르미는 스쿠올라 노르말레와 피사 대학교에서 열리는 강의와 세미나에 참석했지만, 페르시코에게 보낸 편지에 따르면 강의에 비교적 적은 시간과 노력을 들였고 독립적인 공부로 많은 시간을 보냈다.[2] 스쿠올라 노르말레는 과학을 전공하는 학생들이 물리학, 수학, 화학에 모든 노력을 쏟을 것을 기대했다. 페르미는 이 과목들에서 만점을 받았다.[3] 그는 독일어 수업도 들었고, 역시 만점을 받았다. 대학에서 그의 성적표는 모든 과학 과정이 만점이고 대부분이 우등이었다. 그가 만점을 받지 못한 수업 하나는 '자유 데생'이었는데, 30점 만점에 24점을 받았다. 그는 아미데이에게 배우던 시절에 수학과 물리학에서 요구되는 거의 모든 주제를 공부했기 때문에 수업을 따라가기가 쉬웠고, 도서관에서 많은 시간 동안 자유롭게 보내면서 주요 학술지에 실린 양자물리학과 상대성이론에 대한 최신 논문을 읽었다. 엔리코가 페르시코에게 보낸 편지를 보면 그가 유일하게 공부를 좀 해야 했던 과목은 화학이었는데, 아미데이와 함께 공부할 때는 화학에 관심이 거의 없었기 때문이었다.[4]

1918년에 스쿠올라 노르말레에 입학한 학생들은 이례적이어서, 입학허가를 1915년에 받았지만 전쟁이 끝나고 나서야 입학한 학생이 많았다. 스쿠올라 노르말레는 오랫동안 이탈리아의 지적이고 문화적인 엘리트의 훈련의 장이었고, 페르미의 동급생들도 예외가 아님이 나중에 입증된다. 그의 동급생들은 나중에 수학, 천문학, 물리학에서 위대한 업적을 남기게 된다. 페르미와 빨리 사귄 사람 중에는 1년 먼저 입학한 넬로 카라라Nello Carrara가 있었다. 마른 체형에 운동 능력이 뛰어난 그는 페르미와 금방 친구가 되었다.

스쿠올라 노르말레가 아닌 피사 대학교 물리학과 학생 하나도 페르미와 학문적으로도 개인적으로도 평생에 걸친 전설적인 관계를 맺는다. 그의 이름은 프랑코 라세티다.[5]

카스틸리오네 델 라고 근처의 움브리아에 있는 작은 마을에서 태어난 라세티는 페르미보다 생일이 6주쯤 빠를 뿐이지만 외모는 더 이상 다를 수 없을 정도였다. 키가 크고 말랐으며, 앙상한 목에 얼굴이 작아서 인간 타조와 같은 인상이었다. 어머니와 친밀한 라세티는 대학에 입학할 때 온 가족이 피사로 이사를 해서, 아파트에서 함께 살았다.

라세티는 진정한 괴짜였다. 그는 처음에 대학교에서 물리학을 전공으로 선택했는데, 암기와 분류에 관련된 것은 과학이 아니기 때문에 자기가 할 일이 아니라고 생각했다고 나중에 설명했다. 그러나 그는 기억력이 특출했고, 이 능력으로 해양 생물학과 식물학 분야의 분류에 열중했다. 그는 수천 종의 연체동물과 꽃을 구별할 수 있었다. 나중에 그는 물리학에서 생물학으로 연구 분야를 바꾸게 된다.

라세티는 피사 대학교의 과학 수업에서 페르미를 만났고, 두 사람은 금방 친해졌다. 페르미는 라세티의 집에 자주 놀러 갔고, 스쿠올라의 학생은 숙식이 무료인데도 라세티의 집에서 자주 식사를 함께했다. 두 젊은이 모두 장난기가 많아서 금방 '이웃 괴롭히기 모임Anti-Neighbor Society'을 결성했는데, 사람들을 괴롭히는 무례한 장난을 일삼는 것이 목적이었다. 그들이 가장 좋아하는 장난은 피사의 공중화장실 소변기에 소량의 나트륨을 던지는 것이었고, 나트륨이 물에 닿아 폭발할 때 사람들이 깜짝 놀라는 것을 보면서 즐거워했다. 그들은 낯선 사람에게 다가가서 재킷의 단춧구멍에 자물쇠를 끼워 잠가버리기도 했다. 페르미는 라세티에게도 이 장난을 쳐서, 라세티의 집에 가족이 있을 때 밖에서 문을 자물쇠로 잠가버렸다. 그들은 또 살짝 열린 문 위에 물이 담긴 냄비를 걸쳐놓아, 아무것도 모르는 사람이 문을 열다 물을 뒤집어쓰게 하기도 좋아했다. 피사의 지붕 위에서 가짜 칼로 칼싸움을 벌이기도 했다. 그들은 악취가 나는 폭탄을 만들어서 강연 중에 교실에서 폭발시켰다가 거의 퇴학당할 뻔했다. 푸치안티 교수가 개입해서 겨우 구제를 받았고, 교수는 그들이 더 이상 사람들에게 못된 장난을 치지 못하게 했다.[6]

그들은 마을에서 장난을 치지 않을 때는 피사 북쪽의 산으로 하이킹을 갔는데, 넬로 카라라도 자주 함께 갔다. 이 세 사람은 격렬한 신체 활동을 좋아했고, 자유로운 주말에는 날씨가 허용하는 한 피사 북쪽의 아푸안 알프스에서 하이킹을 했다. 이곳은 카라라 대리석 채석장으로 유명하다. 페르미는 이때부터 등산을 좋아하게 되었고, 그 후로 내내 등산을 즐겼다. 이웃 괴롭히기 모임은 여러 남녀로 구성된 큰 집단이 되었고, 조금 더 바람직한 목표를 가지게 되었다.[7] 회원들은 주말에 피사 근처의 언덕과 산을 탐험했다. 대개 페르미가 앞장서서 그날 갈 길을 정했고, 길을 인도했고, 언제 돌아올지 결정했다. 그는 모임의 자연스러운 리더였고, 주위 사람들은 그가 가기로 결정한 곳이면 어디나 즐겁게 따라다녔다. 이런 모습은 페르미가 어디를 가나 평생 동안 반복된다.

페르미가 여자를 만날 기회는 이웃 괴롭히기 모임의 주말 나들이에 제한되지 않았다. 스쿠올라 노르말레와 피사 대학교가 모두 여학생을 받아들였다. 페르시코에게 쓴 편지에 따르면 페르미는 명백하게 여학우들에게 매력이 없는 태도를 보였고, 잔인한 촌극을 꾸며서("한두 가지 예외를 제외하면 누구나 놀랄 정도로 역겨웠다"[8]) 여학생들이 단순한

피사 북쪽 아푸안 알프스에서 페르미, 라세티, 카라라. (로마 사피엔차 대학교 물리학과 아말디 기록 보관소 제공)

약분조차 못한다면서 조롱했다. 하지만 그는 여자들에게 매력이 있었던 것 같다. 그들은 페르미와 함께 등산을 즐겼고, 그가 지적으로 인상적이고 자신감에 차 있다는 것을 알게 되었다. 또한 그들은 페르미가 살짝 미숙하다는 것도 알아챘을 것이다. 페르미가 라세티와 함께 끊임없이 사람들에게 장난을 치고 놀려대면 누구나 견딜 수 없을 만큼 진절머리를 냈고, 몇 년 뒤에 라우라 카폰도 이런 일을 당했다. 페르미처럼 여성의 지적 능력을 쉽게 조롱하는 태도는 그 시절을 지나 심지어 몇십 년 뒤까지도 그리 드물지 않았다. 거기에는 어쩌면 그 시기와 문화에서 널리 공유되던 편견이 반영되었을 것이다. 여자들 앞에서 어색함을 감추기 위한 허세였을 수도 있고 페르미는 나중에 이런 미숙함을 극복하게 된다.

대학교에서 페르미와 라세티는 많은 과목을 함께 들었다. 그중의 한 과목이 분석화학이었다. 한 기억할 만한 실험 수업에서 그들은 배운 분석화학 기술을 이용해서 혼합물의 성분을 알아보라는 문제를 받았다. 페르미는 혼합물을 현미경으로 보면서 성분을 시각적으로 확인하는 것이 더 간편하다는 결론을 내렸다. 그들은 이 실험에서 만점을 받았다.[9] 아무도 페르미만큼 현명할 수 없었다.

대학 생활이 전부 재미와 놀이는 아니었다. 페르미는 열정이 넘치는 물리학자였고, 그의 독립적인 독서는 평생 동안 그와 함께했다. 그는 소용돌이의 유체역학에 대한 푸앵카레의 고전적인 저작을 습득했고, 다른 두 고전인 아펠의 《역학》과 플랑크의 《열역학》을 익혔는데, 워낙 통달해서 여러 해가 지난 뒤에도 책에 나오는 증명을 떠올릴 수 있을 정도였다. 상대성이론과 양자론에 대한 지식은 금방 선생들을 능가했고, 자주 상대성이론을 강의했다. 관대하고 아주 옛날 방식의 물리학자였던 푸치안티는 연로한 자신을 당황시킨 이론적 주제에 대한 강연을 페르미에게 맡겼다. 이런 강연에서 페르미는 자신만의 교수법을 연마했는데, 이 기술은 나중에 그의 경력에서 핵심적인 역할을 하게 된다. 푸치안티 교수는 이러한 작은 세미나를 매우 높이 평가했고, 나중에는 이 어린 과학자를 자기만의 상대성 전문가라고 불렀다.

페르미는 1919년 여름을 로마의 집과 피아첸차 가까이에 있는 할아버지의 집에서 보냈다. 이때부터 그는 자기 세대의 다른 모든 물리학자와 구별되는 일을 시작했고, 이 일을 평생 동안 계속했다. 그는 깨알 같은 글씨로 자기가 아는 물리학 지식 전체를 꼼꼼하게 노트에 정리했다.[10] 이 노트들(피사의 도무스 갈릴라에아나(Domus Galilaeana, 이탈리아 과학사 연구 기관—옮긴이) 페르미 기록 보관소에 25권이 있고, 시카고 대학교 기록 보관소에 수십 권이 더 있다)은 그가 얼마나 놀랍도록 꾸준하고 깊게 물리학을 공부했는지 잘 보여준다. 그는 진정한 의미에서 물리학의 볼테르였고, 언제나 노트에 끼적이면서 문제를 풀었다.

1919년에 쓴 노트는 102쪽이며 고급 물리학의 다양한 주제를 다루고 있다.[11] 이 노트를 비롯해서 그 이후에 쓴 모든 노트는 그가 일생 동안 쌓은 물리학에 대한 깊은 기초 지식을 내면화하는 방식으로 사용되었다. 자신의 능력에 대한 자부심으로 볼 때, 그는 자기가 어떻게 공부했는지에 관심을 가질 미래의 역사학자를 의식하면서 기록을 했을 수도 있다.

학생이건 교수건 페르미의 주변 사람들은 자신들이 희귀한 정신을 마주하고 있다는 것을 곧 알게 되었다. 20년쯤 뒤에 맨해튼 프로젝트에서 자주 일어날 일을 예견하듯이, 교수들은 직접적인 방법으로 풀리지 않는 방정식이 있으면 페르미를 불렀다. 그는 교수가 고심했던 해법을 향해 꾸준히 다가가서 풀어냈다. 앞으로 계속 그와 함께하게 되는 특이한 습관도 생겼다. 생각에 빠지면 손에 잡히는 대로 아무 물건(분필, 연필, 어떨 때는 주머니칼)이나 들고 무심코 만지작거리게 된 것이다. 그는 주머니칼로 자기의 오른쪽 관자놀이 근처를 실수로 베었고, 이때 생긴 흉터는 나중에도 없어지지 않았다.[12]

피사에서 2학년을 보낸 후, 그는 다음 2년 동안 지속된 대학교의 전일제 물리학 과정에 들어갔다. 라세티와 넬로 카라라도 함께 이 과정을 들었고,[13] 푸치안티 교수는 비록 원시적이었지만 물리학과의 실험실 설비를 마음대로 쓸 수 있게 해주었다. 라세티가 나중에 설명했듯이 실험물리학은 학위를 받을 수 있는 유일한 과목이었다. 이론물리학은 별도의 정통 학문 분야로 간주되지 않았다. 푸치안티 교수의 실험실에는 불행히도 고급 실험을 할 만큼 충분한 설비가 없었다. 실험실에 있는 많은 장비가 강의 중의 시연에만 적합했다. 세 학생은 몇 주 동안 캐비닛과 서랍에서 찾아낸 장비들을 점검했고, 페르미는 (아마 세 사람 모두를 위해) 엑스선 연구가 가장 전망이 밝다고 판단했다.[14] 세 사람은 실험실의 엑스선관이 그들이 원하는 실험에 적합하지 않다는 사실을 곧 알게 되었고, 근처의 유리 공장에 맡겨서 자체적으로 엑스선관을 제작했다.

라세티가 나중에 회고한 바에 따르면 페르미는 이때부터 이미 이론과 실험의 구별을 중요시하지 않았다고 한다.[15] 페르미는 "처음부터 완벽한 물리학자"였다. 이론가와 실험자의 자질은 다르다고 간주되며, 전자는 이론적인 문제를 해결하는 고립된 환경에서 능력을 더 발휘하고, 후자는 협조적으로 실험을 설계하고 실행하는 것을 즐긴다고들 한다. 이른 나이부터 페르미는 효과적이고 열정적으로 이 격차를 메웠다. 그는 머리로 이론적인 문제를 지속적으로 생각하면서 손으로 실험을 설계하는 일을 기꺼이 결합했다. 어쩌면 이탈리아 물리학계의 분위기가 이론을 진지하게 받아들이지 않아 이 재능 있는 이론가에게 실험실에서 손을 쓰라고 일찍부터 권장했기 때문일 것이다. 피사 대학교에서 이론이 더 중요하게 여겨졌다면 그는 균형 잡힌 물리학자로 성장하지 못했을 수도 있다. 그러나 줄리오와, 나중에 페르시코와 함께했던 어린 시절의 노력은 그가 물건을 가지고 놀고 기계를 만들고 물리적인 실험을 하는 것을 좋아했다는 것을 분명하게 보여준다. 그는 양쪽 모두의 재능을 타고났기에 굳이 둘 중 하나를 선택할 필요가 없었다. 페르미는 물리학을 통합된 전체로서 보았다. 그가 대학교의 심사관들 앞에서 실험 논문을 발표했을 때는 이미 학술지에 이론 논문 몇 편을 발표한 다음이었다.[16]

그가 쓴 첫 번째 논문의 주제는 하전된 강체의 전기역학이었다. 두 번째와 세 번째 논문은 그의 첫사랑이었던 상대성이론을 다루었고, 세 번째 논문은 상대성이론이 매우 짧은 거리에서 어떻게 작동하는지에 대한 중요한 정리를 제시했고, 짧은 거리에서의 분석을 쉽게 계산할 수 있는 좌표계를 제안했다.[17] 네 번째 논문은 매우 성공적인 연구로, 하전된 강체 구의 전자기 질량(즉, 전자기장 안에서 힘을 가해 측정한 질량)을 측정하는 고전 전기동역학과 상대성이론의 여러 다른 방법을 조화시키고자 했다.[18]

다섯 번째 논문은 상대성이론를 다룬 것으로, 페르미가 아직 피사에 있을 때 독일 학술지에 제출해서 졸업 후에 출판되었다. 이 논문은 아인슈타인과 공간, 시간, 중력에 관한 그의 이상한 이론에 이탈리아의 물리학자가 열정을 피력한 극히 드문 글 중 하나였다. 이 논문의 의도는 페르미가 으레 그랬듯, 상대성이론의 형이상학적인 함의가 아니라 이론의 가장 강력한 물리적 예측에 대해 주의를 촉구하는 것이었다.

> 물질 1그램에 들어 있는 에너지를 꺼낼 수 있다면 3년 동안 말 1000마리가 계속 일하는 것보다 더 많은 에너지를 얻게 된다. (더 이상의 설명은 군더더기다!) 이 엄청난 에너지를 얻는 방법을 가까운 미래에 찾기는 불가능하다고 볼 만한 타당한 이유가 있다. 진정으로 이것은 희망일 뿐이다. 그만한 양의 에너지를 얻는 방법을 알아내는 물리학자는 폭발로 산산조각이 날 것이다.[19]

아인슈타인의 연구가 어떤 함의를 가졌는지 알아낸 것이 페르미가 처음은 아닐 수 있다. 그러나 당시에 그 중요성을 강조한 극소수의 사람 중 한 명이 페르미였다. 나중에 그가 하게 될 일을 생각하면, 그의 말은 특히 예언적이다. 여러 해 뒤에 첫 원자폭탄 시험을 참관할 때, 그 시험을 가능하게 한 페르미는 자기가 겨우 21세에 쓴 이 글을 떠올렸을 것이다.

1922년 7월 졸업할 때쯤에 페르미는 상대성이론의 전문가이자 이탈리아 물리학계에서 이 이론에 대한 가장 강력한 (어쩌면 유일한) 옹호자였을 것이다. 이탈리아 물리학자들이 아직 이 이론에 관심을 가지지 않았을 때 먼저 관심을 보인 것은 이탈리아의 수학자들이었다. 그들은 이 이론에 필요한 수학을 개척했는데, 로마 대학교의 뛰어난 수학자 툴리오 레비-치비타Tullio Levi-Civita가 특히 그랬다. 아인슈타인은 이 이론으로 고심할 때 레비-치비타에게 도움을 받았다.[20] 아인슈타인에게 몇 가지 핵심적인 제안을 해준 이 이탈리아 수학자는 그의 혁명적인 연구 동향을 잘 알고 있었다. 상대성이론에 관해 페르미가 쓴 논문에 깊은 인상을 받은 레비-치비타는 자기의 논문에 페르미 좌표계를 사용했다.[21] 페르미가 이탈리아 물리학에 혁신을 가져올 것임을 미리 알아본 것은 수학자들이었다.

페르미는 거의 아무 문제 없이 엑스선 회절에 대한 대학교의 물리학 학위 논문을 완성했다. 이 논문은 결정을 통과한 엑스선 영상과 그 영상에 대한 페르미의 분석을 다루었다. 그는 우등으로 졸업했다. 스쿠올라 노르말레에 제출한 논문은 더 이론적인 것이어서, 확률에 관한 특정한 정리와 그것을 혜성의 궤도에 적용하는 내용이었다. 페르미는 피사 대학교의 학위 논문보다 스쿠올라 노르말레에 제출할 이 논문에 더 신경이 쓰였다. 그는 다른 누군가가 이미 자신이 연구하고 있는 정리를 증명했고, 누군가가 이 정리를 소행성 궤도에 적용했을지 모른다고 걱정했다. 그는 심하게 조바심을 쳤고, 실제로 페르시코에게 여러 번 편지를 보내서 자기의 걱정이 맞는지 로마에서 따로 조사해달라고 부탁했다.[22]

실제로 학위 논문은 쉽게 통과되지 않았는데, 페르미보다 먼저 연구한 사람이 있어서는 아니었다. 구술시험에 심사관으로 들어온 수학자 여러 사람이 페르미가 사용한 방정식들을 집요하게 물고 늘어졌다. 결국 그는 리첸차를 받았지만 심사관들은 스쿠올라 노르말레의 관례인 악수를 청하지도 않았고, 전통과 달리 논문도 출판되지 않았다.[23] 여러 해가 지난 뒤에 페르미의 아내는 이 논문이 심사관들의 수준보다 높았기 때문이라고 썼다.[24] 그럴 것 같지는 않다. 고상한 수학을 뒤로하고 세속적인 물리학을 전공하는 배신자에게 심사관들이 복수했다고 보는 것이 더 그럴듯해 보인다.

1922년 여름에, 이미 피사의 전설이 된 페르미는 학위증을 들고 로마로 갔다. 이탈리아 수학계에서 주요 인물로 주목받던 페르미는 로마의 레비-치비타의 친구이자 동료 귀도 카스텔누오보Guido Castelnuovo의 집에서 열리는 토요일 저녁 살롱에 자주 방문했다. 페르미가 영특하다는 소문이 이탈리아 물리학계의 좌장인 오르소 마리오 코르비노의 귀에도 들어갔다. 특별한 능력과 영향력을 가진 코르비노는 로마 대학교 물리학 연구소 소장이었다. 그는 곧 페르미가 이탈리아 물리학을 위해 어떤 공헌을 할 수 있는지 잘 알게 되었고, 이 젊은이가 성공할 수 있도록 길을 열어줘야겠다고 결심했다.

③

독일과 네덜란드

피사에서 보낸 페르미의 4년은 학구적이고 명상적이었지만, 이탈리아는 격동과 혼돈에 빠져 있었다. 1918년 11월에 이탈리아는 승전국이 되었지만 전쟁은 권력의 공백을 만들었고, 다음 4년 동안 이 정파 저 정파가 권력을 잡으려고 다투는 광경을 연출했다. 파업과 소요로 생산과 운송이 자주 중단되었다. 밀라노, 토리노, 제노바의 북부 산업도시 거리에서 공산주의자와 우익 선동가의 대립은 점점 더 불법과 폭력으로 치달았다. 흉악한 이탈리아 국수주의자들이 의회에서 목소리를 높이려고 했다. 이탈리아는 점차 통제 불능 상태로 빠져드는 것으로 보였다.

이 혼란 속에서 베니토 무솔리니라는 무모한 기자가 시작한 국수주의 운동이 이탈리아 국민들의 호응을 얻었다.[1] 똑똑하지만 세련되지 못한 무솔리니는 청년 시절에 사회주의에 이끌렸고, 제1차세계대전에 잠시 참전했다. 제대한 그는 이탈리아의 참전에 반대하는 사회주의 성향의 글을 썼지만, 이상하게도 민족주의를 넘어서 전쟁을 찬성하는 입장까지 갔다. 혼란이 가라앉자 〈일 포폴로 드이탈리아(이탈리아 민중)〉라는 신문을 창간했고, 새롭고 일관된 국가 민족주의 철학을 전도하기 시작했는데, 이것이 나중에 파시즘으로 불리게 된다.

페르미는 1922년 여름휴가가 끝나자 다음에 해야 할 일을 생각하기 시작했다. 무솔리니와 그의 동조자들은 대담한 행동을 계획했다. 그것은 쿠데타였고, 정부를 장악하기 위해 파시스트들이 로마를 향해 행진하면서 절정을 이루었다. 이 행진은 1922년 10월 28일에 일어났는데, 코르비노가 페르미와 만나서 이 젊은이의 미래를 의논하기로 한 날이었다.

코르비노는 20세기 초 이탈리아 물리학의 중심인물이었고, 페르미의 삶에서도 중심인물이 되었다. 그 시대에 활동한 대부분의 원로 과학자들과 달리, 그는 학문 분야의 발전뿐만 아니라 공직에서도 중요한 역할을 맡았다. 1876년 시칠리아에서 태어난 코르비노는 페르미의 아버지 알베르토보다 조금 젊었고, 페르미의 스승 아미데이보다 한 살 어렸으며, 이탈리아가 통일된 1870년 이후의 시기에 성장했다. 그는 유망한 물리학자임을 입증했고, 막 떠오르는 분야인 분광학에서 중요한 연구를 해서 이탈리아 고위급 물리학자들의 눈에 띄었다. 그들은 팔레르모의 리체오에서 교사로 근무하던 코르비노를 시칠리아 동부 해안의 메시나에 있는 대학교로 데려왔다. 코르비노는 1904년부터 1908년까지 이 대학교에서 가르쳤다. 그동안에 지진이 일어나 이 도시의 많은 부분이 처참하게 파괴되었지만 코르비노는 살아남았다. 로마 대학교 물리학 연구소 소장이자 물리학과 학과장 피에트로 블라세르나Pietro Blaserna 교수는 자신의 연구소에 코르비노를 초빙해서 자리를 주었다. 1918년 블라세르나가 갑자기 세상을 떠나자 코르비노는 연구소의 소장직을 물려받았다. 그는 이 직위에 있다가 그 자신도 1937년에 폐렴으로 갑작스럽게 때 이른 죽음을 맞았다.

코르비노는 페르미보다 키가 작고 통통했으며, 대머리에 콧수염이 무성하고 눈은 반짝였다. 그는 훌륭한 교사였다. 라우라 페르미는 그의 과목을 재미있게 들었고, 그가 "인상적"이라고 썼다.[2]

코르비노가 팔레르모에서 대학원 시절에 했던 연구는 그 분야에서 국제적인 안목을 키우는 데 중요한 역할을 했다. 네덜란드의 천체물리학자 헨드릭 로런츠Hendrik Lorentz와 함께 연구했던 그의 지도교수는 당시의 이탈리아 사람들과 달리 외국의 발전 동향을 따라잡는 데 열정적이었다. 지도교수에게 이 열정을 물려받은 코르비노는 계속해서 외국의 발전을 따라잡기 위해 노력했고, 이탈리아 물리학을 세계에 알리기 위해서도 애썼다.

코르비노는 행정의 천재이기도 했다. 역대 이탈리아 정부는 코르비노의 역량을 알아보고 그를 점점 더 중요한 자리에 두었다. 제1차세계대전이 끝난 뒤에 그는 수자원 관리위원장이 되었고, 1921년에는 공공교육부 장관으로 임명되었다. 그는 파시스트당원이 아니었고, 나중에도 결코 당원이 되지 않았지만 무솔리니는 1923년에 그를 국가경제 장관으로 지명했다. 그 과정에서 코르비노는 이탈리아 의회에서 상원의원이 되었다. 그는 산업계와도 가까웠고, 여러 전기 회사의 이사도 맡았다.

그의 학문적 명성도 함께 높아졌다. 그는 당시 이탈리아에서 가장 유명한 과학 학술 단체였던 린체이 아카데미Accademia dei Lincei 회원이었고, 1914년부터 1919년까지 이탈리아 물리학회Società Italiana di Fisica 회장을 지냈다.

그는 새로운 직위를 맡을 때마다 우수한 판단력과 이탈리아 권력의 관료주의적인 미궁을 조용하고 효율적으로 헤쳐나가는 수완을 발휘하면서 뛰어난 기술 관료로서의 명성을 굳혔다.[3] 그는 탁월한 연구와 교육 경력을 계속 유지하지 못하게 하는 여러 가지 정부의 책무에 대놓고 한탄했다. 이탈리아가 세계 물리학의 최전선에 있을 자격이 있다고 믿은 코르비노는 젊은 페르미에게서 기회를 보았다. 페르미로서는 장래를 이 끌어주기에 더 나은 사람을 찾을 수 없을 정도였다. 그것은 역사적인 협력이었다.

1922년 10월, 두 사람이 페르미의 장래에 대해 의논하기로 한 날에 무솔리니의 지지자들이 로마에서 행진했다. 총리는 국왕에게 국가 비상사태를 선포하도록 탄원했는데, 이것은 입헌군주제였던 이탈리아에서 왕만이 할 수 있는 조치였다. 코르비노와 페르미는 상황을 주시하는 것 말고는 달리 할 수 있는 일이 없었다. 여러 해가 지난 뒤에 라우라 페르미에 따르면, 두 사람은 왕이 포고문에 서명할 것인지에 대해 이야기했다. 코르비노는 정치적 목적을 위해 파시즘 신봉자들이 휘두르는 폭력에 혐오감을 표현했지만, 왕이 서명하면 긴 피의 내전이 시작될 것으로 내다보았다. 페르미는 왕이 내각의 권고에 거의 반대하지 않는다고 말했다. "왕이 내각을 거스를 것 같습니까?"[4] 페르미는 노회한 코르비노에게 물었다.

"왕은 각료들이 하자는 대로 하고 결코 나서지 않는다고 합니다."

코르비노는 잠시 생각하다가 말했다. "왕이 포고문에 서명하지 않을 수도 있어. 그는 용기가 있는 사람이니까."

"그러면 여전히 희망이 있군요." 젊은 동료가 말했다. 페르미는 분명히 코르비노를 오해했다.

"희망?" 그는 대답했다. "어떤 희망? 구원이 아니야. 왕이 서명하지 않는다면, 분명히 무솔리니가 이끄는 파시스트 독재 정권이 들어설 거야." 코르비노가 옳았다. 왕은 이탈리아에 긴 내란을 일으키지 않기 위해 서명을 거부했고, 일주일 만에 무솔리니는 이탈리아 총리가 되었으며, 코르비노가 예측한 대로 21년 동안 이어질 독재 정권을 수립했다.

코르비노는 페르미에게 독일 중부 니더작센주州에 있는 괴팅겐 대학교에 장학금을 신청하라고 권했다. 이탈리아 교육부가 후원하는 이 특별 장학금은 경쟁이 치열했지만 페르미는 큰 노력 없이 받을 수 있었다. 1922년 10월 30일 로마의 파시스트 행진 이틀 뒤에 장학 위원회는 회의을 열고 페르미에게 장학금을 수여했다. 이렇게 해서 페르미의 전체 경력 중에서 가장 불가사의하고 설명할 수 없는 시기가 시작되었다.

괴팅겐 대학교는 세계 물리학의 중심지 중 하나였다. 저명한 이론가 막스 보른Max Born과 그의 가까운 동료 실험가 제임스 프랑크가 뛰어난 학생들을 불러 모았다. 여기에는 금방 세계적으로 유명해질 젊은 베르너 하이젠베르크도 있었다. 하노버에서 최근에 합류한 또 다른 이론가 파스쿠알 요르단Pascual Jordan은 곧 양자론에 자기 이름을 새기게 된다. 페르미는 이미 상대성이론에서 초기의 중요한 연구를 한 오스트리아 출신의 볼프강 파울리와는 시기가 살짝 어긋나서 함께 지내지 못했다. 두 사람은 5년 뒤인 1927년에 이탈리아 코모 호수에서 열린 학술회의에서 처음 만났다.

보른은 40대 초반에 약간 수줍고 격식을 갖춘 신사였다.[5] 그는 20세기 초에 괴팅겐 대학교에서 세계적으로 가장 위대한 수학자 중 세 사람인 다비트 힐베르트David Hilbert, 펠릭스 클라인Felix Klein, 헤르만 민코프스키Hermann Minkowski와 함께 공부했다. 보른은 상대성에 대한 독창적인 연구로 아인슈타인에게 대단한 찬사를 받았다. 베를린과 프랑크푸르트의 대학교에 있다가 괴팅겐에 부임한 보른은 오랜 친구이자 동료 프랑크를 데려왔다. 페르미가 도착했을 때 보른은 괴팅겐에 온 지 겨우 2년이 지났고, 자기 이름으로 다섯 편쯤의 논문을 발표한 새내기 박사였다. 이 시기는 페르미에게 훌륭한 순간이었어야 했다.

그러나 괴팅겐을 곧 세계적으로 유명하게 해줄 양자론은 일시적으로 어려움에 처했다. 닐스 보어는 양자론의 기본적인 통찰을 적용한 원자론을 개발했지만 중요한 실험적 관찰 여러 가지가 아직 설명되지 않았다. 1925년 초에 이 모든 것이 바뀌기 시작하지만, 페르미가 괴팅겐에 도착한 1922년 말에는 이러한 돌파구가 미래의 일이었다.

양자물리학이 정체되어 있었을 뿐만 아니라 독일 자체가 굉장히 어려운 시절이었다. 베르사유 조약에 따라 4년 동안 어마어마한 배상금을 내면서 독일 경제는 초인플레이션에 접어들었고, 국가의 경제와 금융의 구조가 파괴되고 바이마르 공화국은 점점 더 불안정해졌다. 라우라 페르미는 엔리코가 이때 처음으로 상대적인 부유함을 느꼈다고 썼다. 그의 급여는 이탈리아 리라로 지불되었기 때문에 금융 위기가 진행됨에 따라 그의 생활 수준은 점점 더 높아졌다. 그는 돈을 흥청망청 썼고, 자전거도 샀다. 조용한 대학 도시로 산업 시설이 거의 없는 괴팅겐은 더 힘든 위기(산업 불안정, 파업, 폭동)로 고통받지는 않았지만 행복한 곳일 수는 없었다.

가장 중요한 것은 페르미가 무시당한다고 느꼈다는 것이다. 보른은 다정한 사람이 아니었고, 새로 온 젊은 이탈리아 방문객에게 거의 관심을 기울이지 않았다. 하이젠베르크, 요르단을 비롯해서 괴팅겐의 다른 학자들도 그를 무시했던 것 같다. 괴팅겐에 머무는 동안에 아버지에게 보낸 편지에서는 불행의 흔적이 보이지 않지만(이 편지들에서는 주로 돈, 가족, 음식, 휴가, 새로 산 자전거에 대한 이야기가 나온다), 라우라 페르미는 페르미가 인정받고 싶었지만 인정받지 못한 유일한 시기가 이때였다고 썼다.[6] 그러나 페르미는 자신이 특별하다는 것을 알고 있었고, 일생 동안 타인의 인정을 결코 필요로 하지 않았다.

세그레는 페르미의 탓도 있었다고 하면서, 이 젊은 물리학자가 "자존심이 강하고 수줍어서 고독에 익숙했다"고 추측했다.[7] 여러 해 뒤에 맨해튼 프로젝트에서 페르미의 동료였던 리오나 리비Leona Libby는 이렇게 말했다. "그는 아주 젊어서 독일에 처음 갔을 때 만난 물리학자들에 대한 반감을 마음에 담아두고 결코 잊어버리지 않았다. 그는 무엇보다도 마리 퀴리와 베르너 하이젠베르크가 완전히 자기를 무시하고, 무례를 넘어선 것에 분개했다."[8] 그녀는 또 이렇게 덧붙였다. "그가 나중에 말했듯이 1923년 겨울에 페르미가 그렇게 비참했던 이유는 전혀 인정받지 못하고 무시당했고, 핵심 집단에게 거의 따돌림을 당했기 때문이다." 시간적으로나 공간적으로나 그렇게 먼 곳에서 심하게 분개한 것은 굉장히 의외이지만, 그렇다고 리오나 리비가 이야기를 지어냈을 리도 없다.

마지막으로 다른 이야기들과 모순되지 않는 설명을 제시한다면, 이때 처음으로 페르미가 이탈리아 밖에서 상당한 기간 동안 지냈다는 점이다. 독일어를 편하게 구사할 수 있었다고 해도, 고향에서 멀리 떨어져 있다는 이유만으로 고립감과 외로움을 느꼈을 수 있다.

페르미가 괴팅겐의 '핵심 집단'에게 의도적인 따돌림을 당했다면, 거기서 독일 물리학자들의 이 이탈리아 동료에 대한 우월 의식을 엿볼 수도 있다. 페르미는 특별히 문화적이거나 교양 있는 사람으로 처신하지 않았다. 그는 물리학에만 빠져 있었고 야외 활동을 제외하고는 다른 것에 관심이 없었다. 일상적 습관으로 일찍 일어나서 하루 종일 일하고, 이른 오후에 몇 시간 동안 점심시간을 가졌다. 점심 식사에서 돌아와서는 늦은 오후까지 일하고, 저녁을 먹고, 잠을 잤다. 매일의 일과가 거의 비슷했다. 그는 밤 생활, 카페 생활, 문화 생활을 할 시간이 거의 없었다. 보른은 밤 생활을 즐기지 않았지만, 젊은 학생들은 카페에서 놀면서 문화와 철학에 대해 밤늦게까지 이야기하기를 즐겼다.

게다가 보른과 프랑크가 데리고 온 사람들은 페르미에 비해 철학적인 성향이 강했다. 하이젠베르크는 양자론이 실재의 본질에 대해 무엇을 의미하는지에 대해 집착했다. 파울리는 하이젠베르크만큼은 아니지만 이 문제에 대해서 깊이 생각했다. 그들은 페르미에게서 함께할 만한 요소를 찾지 못했다. 페르미는 확실한 답이 있고 세심하고 체계적인 연구로 답을 찾을 수 있는 질문을 골랐다. 양자론이 발달함에 따라 철학적 문제는 더욱 복잡해져갔고, 페르미는 일생 동안 철학적 본질에 대한 사변을 싫어했다. 심오한 질문을 피하는 태도 때문에 독일인 동료들이 그를 무시했을 수 있다.

리비가 말했듯이 퀴리가 '무례함을 넘어설 정도로 그를 무시'한 이유는 무엇일까? 그녀가 약간 화를 잘 내기도 했겠지만 1923년에 괴팅겐을 방문했을 때 젊은 이탈리아 물리학자에게 무례하게 대해서 얻을 것이 없었다. 한편 그녀는 이론과 이론가에게 상당히 회의적이었다고 한다. 페르미를 이론가로 생각했다면(그는 괴팅겐에 있는 동안 실험 연구를 하지 않았으니 상당히 그럴듯하다), 퀴리가 다른 이론가들과 싸잡아서 그에게 시간을 내주지 않았을 수 있다.

그 시절에 그가 수행한 연구는 그가 일생 동안 여러 면에서 관심을 가졌던 문제가 무엇인지 보여준다. 그는 스쿠올라 노르말레에서 확률 이론으로 학위 논문을 썼고, 이 주제를 계속 연구하면서 괴팅겐에서는 확률과 통계가 중심이 되는 통계역학에 관한 논문들을 썼다. 페르미는 확률과 통계의 수학을 좋아했고, 똑같은 이유로 통계역학을 즐겼다.

그가 괴팅겐에서 쓴 논문 중 하나는 '에르고딕 정리ergodic theorem'라고 하는 확률론적 개념을 다룬다. 에르고딕 정리는 통계역학 연구의 중심이다. 통계역학에서 어떤 계가 주어진 상태에서 시작해서 시간이 지남에 따라 모든 가능한 상태를 통과한 다음에 최초의 상태로 돌아오는 것을 에르고딕성ergodicity이라고 한다. 페르미는 이 기간 동안에 에르고딕 과정에 관심을 갖게 되었다. 특히 그는 잘 정의된 특정한 계가 실제로 에르고딕성을 가지는지 단지 그렇게 보이는지를 궁금해했다. 그는 에르고딕 정리의 증명을 개발했는데, 수학적으로 엄밀하지는 않았지만 이탈리아 밖의 물리학자들의 관심을 끌기에 충분히 유용한 통찰력이 담겨 있었다.

페르미는 1925년 후반과 1926년 초에 통계역학으로 돌아와 역사적인 결과를 얻었다. 사실 그 뒤로도 확률과 통계는 그의 중요한 관심사였다. 페르미는 왜 확률과 통계에 매혹되었을까? 모든 물리학자가 그렇지는 않다. 확률에 대한 지식은 현대물리학의 대부분을 이해하는 데 필수적이지만, 그 자체로는 많은 물리학자가 중점을 두는 분야가 아니다. 페르미는 내기를 좋아했고, 특히 자신의 운동 경기 결과에 내기를 거는 것을 좋아했다. 그는 또한 확률을 이해해야 풀 수 있는 수수께끼를 즐겨 만들었다. 페르미 문제로 알려진 문제 해결 방법은 특정 사건의 확률을 적어도 한 자리 숫자 정도로 추정하고 이 확률들을 결합하여 합리적인 답을 얻는 것이다. 이른바 페르미 역설(페르미가 간결하게 정리한 것으로, 우주 어딘가에 지능이 있는 생명체가 존재한다면 우주의 크기와 나이로 보아 오래전에 그들이 우리를 방문했어야 한다는 것이다) 그 자체가 확률에 관한 연구이다.

그가 확률과 통계에 집착한 한 가지 가능한 이유로 형의 죽음이 가져온 충격을 들 수 있다. 전혀 예상하지 않았던 일이, 결코 일어날 것 같지 않았지만 일어났고, 재앙적 결과를 낳았다. 이 경험이 스스로 통제할 수 없는 사건을 이해하고, 한계를 정하고, 가능한 범위 안에서 준비하려고 하는 욕구를 일깨웠을 수 있다. 줄리오가 죽었을 때, 죽을 가능성이 낮았지만 죽었던 것이다. 페르미는 이 상흔에서 특정한 사건이 일어날 가능성을 이해할 필요성을 느끼고, 그 가능성을 이해할 때 사건을 예측하고 대비하고 더 나아가 결과에 개입할 더 나은 위치에 있을 수 있다고 생각하게 된 듯하다. 물론 우리는 결코 알지 못할 것이다. 우리가 아는 것은 확률에 관한 연구가 그의 경력 전체를 관통하며, 그의 가장 중요한 기여의 근원이었다는 점이다.

페르미는 1923년 여름에 로마의 집으로 행복하게 돌아왔고, 코르비노는 곧 그에게 로마 대학교 공대생들에게 물리학을 가르치는 1년 기한의 자리를 주었는데, 로마에서 코르비노의 보살핌을 받으면서 물리학 학위를 받은 옛 친구 페르시코도 함께였다. 그해 봄의 어느 주말에 페르미는 그의 인생에 가장 큰 영향을 미칠 운명인 또 다른 젊은 사람을 만났다.

그녀의 이름은 라우라 카폰이었다.[9]

로마의 유력한 유대인 가정의 딸이었던 라우라 카폰은 밝고 활기찬 젊은 여인으로, 17세의 나이에 맞게 수줍은 면도 있었다. 그녀는 비알레 폴리클리니코 바로 북쪽의 굴리엘모 살리체토가 4번지의 부자 동네에서 비교적 호사스럽게 자랐다. 그녀의 아버지 아우구스토 카폰은 이탈리아 해군 장교였고, 라우라가 엔리코를 만날 때쯤에는 제독이었다.

카폰 제독은 지적 능력과 성취를 중시했고, 비슷한 사회 경제적 지위

젊은 시절의 라우라 카폰과 친구, 날짜 미상. (미국 물리학 연구소 에밀리오 세그레 시각 자료 보관소, 올런벡과 크레인-랜들 컬렉션 제공)

를 가진 대부분의 젊은 여성들과 달리 라우라가 로마 대학교에서 일반 과학 학위를 받은 것도 어느 정도는 아버지의 이런 성향 덕분이었다. 이 학교에서 그녀는 엔리코 페르시코라는 청년이 가르치는 물리학 과목을 듣게 된다.

카폰 제독은 지적 욕구와 사회적 야심으로 로마의 주요 지식인들과 접촉했고, 로마의 두 위대한 수학자인 튤리오 레비-치비타와 귀도 카스텔누오보와도 교류했는데, 우연히도 두 사람 모두 유대인이었다. 두 수학자는 친구였고, 카스텔누오보는 자기 집에서 토요일 저녁마다 살롱을 열었는데, 레비-치비타와 다른 저명한 수학자들이 초대되었다. 아우구스토 카폰도 이 살롱에 정기적으로 참석했다. 어른들은 자녀를 데리고 오기도 했고, 아이들은 서로 가까운 친구가 되었다. 라우라는 특히 카스텔누오보의 딸 지나를 좋아하게 되었다. 페르미는 1924년 봄의 어느 일요일에 이 젊은이들과 함께 있었다. 그는 이들보다 나이가 많았지만 서로 친하게 되었다. 페르미도 정기적으로 이 살롱에 드나들게 되었고, 나이 많은 지성인들과 잘 어울렸을 뿐만 아니라 이 젊은이들과도 재미있게 놀았다.

라우라의 젊은 시절 사진은 둥근 얼굴에 날씬하고 천사처럼 행복한 여인의 모습을 보여준다. 페르미에게 그녀가 매력적이었던 이유는 쉽게 알 수 있다. 여러 해 뒤에 어떤 동료가 페르미의 딸 넬라가 매력적이라고 칭찬하자 그는 이렇게 대답했다. "자네는 젊었을 때 라우라를 보았어야 했어."[10] 두 사람이 첫 만남부터 잘될 조짐이 보이지는 않았다. 라우라는 22세에 이미 대학에서 가르치고 있는 뛰어난 젊은 과학자라고 소개 받은 이 남자가 썩 마음에 들지는 않았다.

> 그는 악수를 하면서 나를 보고 친절하게 벙긋 웃었다. 벙긋 웃었다고 할 수밖에 없는 것이 입술이 매우 얇아서 살이 없었고, 윗니들 사이에 젖니가 하나 있어서 부조화가 두드러졌다. 하지만 눈은 활기가 넘치고 즐거워 보였다. 두 눈이 바싹 붙어 좁은 코가 겨우 자리를 잡고 있었고, 어두운 안색에도 불구하고 눈은 청회색이었다.[11]

이 젊은이들은 도시 북쪽 외곽의 지금의 살라리아가街 바로 맞은편, 티베르강이 굽이치는 곳에 있는 공원으로 나들이를 갔다. 다른 사람들보다 조금 나이가 많은 페르미는 리더 역할을 맡아 모두 함께 축구를 하자고 했다. 라우라가 한 번도 축구를 해본 적이 없다고 말했지만, 페르미는 분명히 재미있을 것이라며 안심시켰고, 그녀에게 자기 팀 골키퍼 역할을 맡겼다. 라우라는 다음에 일어난 일에 대해 이렇게 썼다.

> 그에게는 편안한 자기 신뢰가 있었고, 자발적이지만 오만하지 않았다. 그러나 운은 그의 편이 아니었다. 게임이 절정에 이르렀을 때 그의 신발 한쪽 밑창이 떨어져서 너덜거렸고, 달리던 그는 비틀대다가 잔디 바닥에 쓰러졌다. 공이 넘어진 그의 몸을 지나 골대를 향해 빠르게 날아왔다. 그날의 운명이 나에게 달려 있었다. 나는 안쓰럽다기보다는 재미있다는 느낌으로 우리의 리더를 보고 있었는데, 갑자기 가슴에 공을 맞았다. 충격을 받은 나는 뒤로 넘어질 뻔했지만 가까스로 다시 균형을 잡았다. 공은 튕겨 나갔고, 승리는 우리의 것이었다.
> 우리의 리더는 주머니에서 큰 손수건을 꺼내 얼굴에 흥건한 땀을 이마에서부터 닦아 내린 다음에 웅크리고 앉아서 신발 밑창을 끈으로 묶었다.[12]

그녀는 이렇게 덧붙였다. "이것이 내가 엔리코 페르미와 함께 보낸 첫 번째 오후였고, 내가 그보다 더 잘한 유일한 사례였다."[13] 라우라는 그 뒤로 2년 동안 엔리코를 다시 만나지 못한다.

그해는 빠르게 지나갔고, 1924년 5월 8일에 어머니가 죽자 페르미의 그 학기 강의는 중단되었다.

가족들로서는 호흡기 질환을 앓고 있던 그녀를 간병했기에 그녀의 죽음이 갑작스러운 일은 아니었다. 엔리코는 결코 직접적으로 그렇게 말한 적이 없지만, 그의 어머니의 이른 죽음은 형의 죽음 때문이라고 확신할 수 있다. 이다는 처음에 줄리오를 제일 좋아했지만, 그렇다고 이다와 엔리코가 가깝지 않았다고 볼 이유는 없다. 이다는 엔리코가 점점 성공하는 것을 보면서 자부심을 느끼고 기뻐하면서 위안을 얻었다. 세그레에 따르면, 나중에 페르미는 필요할 때 뭔가를 만들어내는 어머니의 능력(임시변통의 압력솥을 예로 들면서)에 감탄했다고 한다.[14] 페르미의 손재주는 이 연약하지만 훈련된 전직 교사에게 물려받은 것일지 모른다. 어머니의 죽음은 타격이었지만, 그는 전형적인 그만의 방식으로 겉으로 드러내지 않고 안으로 다스렸다.

아버지 알베르토는 로마 중심부에서 북쪽으로 8킬로미터 떨어진 현대적이지만 소박한 교외 지역인 치타 자르디노 아니에네로 이사할 계획을 세우고 있었다. 그는 나중에 몬지네브라가 12번지가 된 곳에 땅을 샀고, 집을 짓는 중에 이다가 죽었다. 가족은 1925년에 그 집으로 이사했다. 프린치페 움베르토가 133번지보다는 좋아졌지만 결코 웅장한 저택은 아니었다. 알베르토와 엔리코와 마리아는 그 뒤로 몇 년 동안 이곳을 집이라고 불렀다. 알베르토가 1927년에 죽고 엔리코가 그 이듬해에 결혼해서 아파트로 이사하면서, 마리아만 이 집에 남았다.

코르비노와 페르미는 함께 페르미의 다음 단계를 계획했다. 코르비노는 페르미가 국제 록펠러 재단의 해외 장학금을 받을 수 있을 것으로 생각했다. 그동안에 페르미는 젊은 네덜란드 사람과 친해졌는데, 페르미보다 나이가 한 살 많았다. 행복한 우연으로 두 사건이 동시에 일어났다.

이 네덜란드인은 조지 울런벡George Uhlenbeck이었다. 헤이그 외곽에서 8킬로미터쯤 떨어진 레이던 대학교 물리학과 대학원생이던 울런벡은 1년을 휴학하고 로마 주재 네덜란드 대사 집에서 가정교사로 대사의 두 아들에게 수학과 과학을 가르쳤다. 그는 도착하자마자 지도교수인 파울에렌페스트Paul Ehrenfest로부터 로마의 페르미라는 젊은 물리학자가 에르고딕 정리에 대해 통찰력 있는 논문을 썼다는 소식을 들었다. 이것은 정확히 에렌페스트가 좋아할 만한 논문이었다. 통계역학을 열심히 연구했던 에렌페스트는 점점 발전하는 양자론을 통계역학과 통합하는 방법을 찾고 있었다. 에렌페스트는 본능적으로 페르미가 지적인 단짝이 될 수 있다고 생각했고, 울런벡에게 페르미와 친해진 다음에 자기에게 알려달라고 했다.

두 젊은이는 아주 친해졌다. 1962년에 울런벡은 페르미와의 첫 만남을 다음과 같이 회상했다. "그는 나보다 어렸지만 어떤 의미에서 신동이었고, 어쩌면 파울리와 같았다. 우리는 낡은 건물에서 작은 세미나를 열었는데, 폰트레몰리Aldo Pontremoli와 페르시코도 함께였다. (⋯) 그는 우리 세 사람보다 훨씬 앞섰고, 내내 혼자서 말을 했다."[15]

이 네덜란드인과 이탈리아인은 평생 친구가 되었다.

네덜란드에 있는 울런벡의 동료들과 함께 연구할 것이라는 생각에 들뜬 페르미는 록펠러 장학금으로 1924년의 나머지를 레이던에서 보냈고, 이 시간을 대단히 즐겼다. 에렌페스트는 새로운 젊은 동료를 매우 존경했다. 괴팅겐에서 실망을 겪은 뒤에 페르미는 능력을 인정받는 것이 기뻤다. 말할 것도 없이 에렌페스트와 그를 둘러싼 대학원생들이 외향적인 덕분이었다. 대학원생 중에는 새뮤얼 가우스밋Samuel Goudsmit도 있었다. 울런벡과 가우스밋은 페르미와 라세티의 네덜란드판이었다. 그들은 절친한 친구였고, 장난스러운 유머 감각과 자신이 선택한 분야에 대한 열정을 공유했다. 그들은 심지어 이탈리아의 단짝과 신체적으로도 비슷했다. 울런벡은 키가 크고 여위었고, 가우스밋은 작고 단단했다. 두 네덜란드 물리학자는 서로 떼어놓을 수 없는 관계였다. 페르미도 이 두 사람을 매우 좋아했다.

페르미가 레이던 대학교에서 성공한 것은 확실히 에렌페스트 덕분이었다. 페르미는 누나에게 보낸 편지에서 이 네덜란드 물리학자를 알게되어 기쁘다면서 "아주 좋은 사람"이라고 썼다.[16] 에렌페스트는 아인슈타인의 친한 친구이자 양자물리학의 의미를 두고 벌어진 보어와 아인슈타인의 철학적 대화에 참여했던 인물로, 아인슈타인이 보기에 그의 세대 최고의 교사였다.[17] 사실 페르미가 레이던에 있는 동안에 아인슈타인이 에렌페스트를 방문했고, 페르미는 처음이자 마지막으로 이 위대한 물리학자를 만났다. 페르미는 아인슈타인과 에렌페스트와 다른 동료들이 모여서 찍은 단체 사진을 가지고 있었다.[18] 페르미는 이 사진에 없는데, 페르미가 사진을 찍었기 때문이라고 추측하는 사람도 있다. 아인슈타인은 이 젊은이에게 깊은 인상을 준 것이 틀림없다. 그는 누나에게 보낸 편지에서 이 위대한 물리학자와의 만남을 열광적으로 묘사했다.[19] 네덜란드어가 익숙하지 않았던 페르미는 아인슈타인과 독일어로 대화했다. 그러나 나중에 페르미는 전 세계적으로 아인슈타인에게만 지나친 칭찬이 쏟아지는 것에 대해 불만을 나타냈다.[20] 물리학자들 중에 페르미가 질투심 비슷한 것을 내비친 대상은 상대성이론의 창시자 한 사람뿐이었다.

에렌페스트도 페르미와 마찬가지로 통계역학과 확률에 깊은 관심을 가지고 있었다. 이러한 공동 관심사로 두 사람은 생산적이고 도움이 되는 관계를 맺었다. 에렌페스트는 페르미가 얼마나 특별한지, 이 젊은이가 얼마나 숙련되었는지, 복잡한 물리 문제를 얼마나 명료하게 사고하는지 명확하게 알아보았다. 그는 깊은 감명을 받았고, 페르미에게 그대로 말해주었다.

페르미는 빠르게 연구를 진행했고, 11월에는 위트레흐트 대학교에서 수행한 실험에서 나온 다중 스펙트럼선의 세기와 관련된 문제를 분석한 이론 논문을 발표했다.[21] 이 논문에서 그는 에렌페스트가 제안한 아이디어에 대해 감사를 표했다. 이에 반해 그가 괴팅겐에서 쓴 논문들에는 독일의 동료들이 제안한 아이디어에 대해 어떤 언급도 없다. 레이던 대학교에서 남은 시간은 빠르게 지나갔고, 재능 있는 제자에게 교수 자리를 얻어주려는 코르비노의 노력이 1925년 1월 초쯤에 결실을 맺었다. 이번에는 피렌체였다. 페르미는 피렌체 대학교의 교수직을 맡았고, 먼저 부임해서 실험물리학을 가르치고 있던 옛 친구 프랑코 라세티와 재회했다.

그는 몰랐겠지만, 그는 피렌체에서 과학의 역사를 만들 운명이었다.

④

양자 돌파구

1925년 양자론에 빛나는 돌파구가 생겼고, 페르미가 연말에 해낸 공헌도 이 돌파구에 기여했다.[1] 여기에 관련된 인물들은 대단히 흥미로웠으며, 끝이 없고 재미난 일화의 원천이다. 이러한 업적들을 음미하고 이것들이 페르미의 연구에 어떤 영향을 주었는지 알기 위해서는 당시의 이론물리학과 실험물리학의 상황을 알아야 하고, 특히 두 양자 이론가 볼프강 파울리와 폴 디랙의 공헌을 이해해야 한다.

에너지가 '연속적'이 아니라 작은 '덩어리' 즉 '양자quantum'로 띄엄띄엄하게 나온다고 처음 제안한 것은 1890년대 막스 플랑크Max Planck였다. 이것은 제너럴 일렉트릭과 웨스팅하우스의 미국 엔지니어들과 경쟁하면서 에너지 효율이 높은 전구를 만들던 독일 엔지니어들이 직면한 이상한 문제에 대해 플랑크가 제안한 유일한 설명 방법이었다. 플랑크의 이론을 바탕으로 아인슈타인은 빛도 똑같이 덩어리로 이루어져 있다고 제안했고, 나중에 이것이 '광자photon'로 알려졌다. 계속된 실험에서 광자는 혼란스럽게도 입자와 파동의 특성을 둘 다 나타내는 것으로 보였고, 이 이상한 이중성은 오늘날까지도 양자론의 핵심으로 남아 있다.

에너지가 띄엄띄엄한 양자로 나온다는 생각은 분광기로 연구하는 과학자들에게 엄청난 소식이었다. 원소 한 가지를 분리한 다음에 가열해서 나오는 빛을 분광기(기본적으로 매우 정밀한 프리즘이다)에 통과시키면, 나타나는 스펙트럼은 연속적인 색깔의 무지개가 아니라 일정한 색의 선들을 이룬다는 것이 한 세기 전부터 알려져 있었다. 각각의 원소마다 이 선들이 나타나는 모습이 모두 다르고, 이 선들에 각각 빛의 진동수가 대응된다. 에너지가 띄엄띄엄한 덩어리로 나온다는 것과 스펙트럼이 연속적이지 않다는 것은 둘 사이에 관련이 있음을 암시했다.

20세기 초에는 다른 시대보다 천재가 더 많았다. 플랑크와 아인슈타인이 그중 둘을 차지한다. 세 번째인 덴마크의 물리학자 닐스 보어는 플랑크-아인슈타인의 이론과 어니스트 러더퍼드의 실험적 발견을 바탕으로 스펙트럼선이 띄엄띄엄하게 나타나는 이유를 알려주는 이론을 내놓았다. 네 번째 천재는 보어에게 실험적 기초를 제공한 어니스트 러더퍼드이다. 영국 맨체스터에서 러더퍼드와 그의 동료들은 금 원자가 매우 특별한 구조를 가진다는 것을 보여주는 우아한 실험을 수행했다. 금 원자는 음전하를 띤 가벼운 물질의 '구름'이 겉을 감싸고 있고, 그 속에 양전하를 띤 무거운 물질이 깊이 숨겨져 있는 것처럼 보였다. 1897년에 러더퍼드의 동료 조지프 존 톰슨이 음전하를 띤 전자를 분리했고, 이것으로 음전하의 구름이 전자로 구성되어 있다는 결론을 이끌어냈다. 물리학자들은 원자의 중심에 있는 무거운 물질을 '핵'이라고 부르기 시작했다.[2] (러더퍼드는 1919년에 핵 속에서 양성을 띤 입자인 양성자를 발견했다. 핵 속에 있는 중성의 입자를 중성자라고 부르는데, 이것은 1932년

이 되어서야 발견되었다. 물론 페르미의 이야기에서 양성자와 중성자는 중요한 부분이지만, 페르미가 피렌체에 도착했을 때는 아무도 그 존재를 몰랐다.)

러더퍼드의 발견을 바탕으로 보어는 매력적인 아이디어를 갖고 놀기 시작했다. 어쩌면 전자는 핵 주위의 특정한 '궤도'에 붙잡혀 있어서 궤도와 궤도 사이의 공간에는 갈 수 없을 것이다. 모든 전자에는 최소의 궤도가 있는데, 이것을 바닥상태라고 부른다. 전자는 바닥상태 아래에 있을 수 없다. 그랬다가는 음전하를 띤 전자가 양전하를 띤 핵에 끌려 들어가서 모든 물질이 무너져버릴 것이다. 전자는 빛 입자를 방출하거나 흡수하면서 이 궤도에서 저 궤도로 '도약'할 수 있다. 이때 흡수되거나 방출되는 빛 입자가 바로 아인슈타인이 말한 광자이다. 이 궤도에서 저 궤도로 껑충 뛰어넘어갈 때 특정한 진동수의 빛이 나오거나 흡수되고, 이 진동수는 핵 주위에 있는 전자 궤도의 진동수에 따라 결정된다. 보어는 이 운동이 행성이 태양 둘레를 공전하는 것과 유사하다고 상상했다.

보어의 모형은 진정한 천재의 작품이었고, 결정적인 돌파구였다(중요한 세부 사항들은 대부분 틀렸지만).[3] 이것은 훌륭했지만, 몇 가지 중요한 질문에 답하지 못했다. 광자가 전자를 자극하면, 전자는 그 광자를 흡수해서 더 높은 에너지 궤도로 뛰어오르는 것이 분명해 보였지만, 항상 똑같은 방식으로 뛰어오르는지는 전혀 분명하지 않았다. 마찬가지로, 낮은 에너지 준위로 다시 뛰어내려가면서 일어나는 광자 방출은 어떻게 결정되는가? 각 궤도의 에너지 준위는 어떻게 결정되는가? 이 수수께끼들은 설명이 불가능했지만, 몇몇 분광학적 현상에서 그 모습을 드러냈다.

이러한 현상 중 하나가 제이만 효과Zeeman effect라고 부르는 것으로, 이 현상을 처음 발견한 네덜란드 물리학자 피터르 제이만Pieter Zeeman의 이름이 붙었다.[4] 자기장 속의 원소에서 나오는 스펙트럼선은 쪼개진다. 또 다른 현상도 수수께끼 같다. 자기장이 없는데도 특정한 스펙트럼의 어떤 선은 다른 선보다 확실히 더 강하다(즉, 더 밝게 빛난다). 어떤 선은 더 밝아지고 어떤 선은 더 어두워지는지를 결정하는 법칙이 있을까?

물리학자들에게 이 수수께끼들은 전혀 사소하지 않았다. 그들은 매우 혼란스러웠다. 완전한 이론은 관찰된 모든 현상을 설명하고 특정한 관찰을 정확하게 예측해야 한다. 아이작 뉴턴의 고전역학 이론과 제임스 클러크 맥스웰이 개발한 고전 전자기 이론은 각각 그 이론의 영역에서 구체적이고 정확한 예측을 내놓았고, 물리학자들은 새로운 이론의 성공을 판단할 때 두 이론을 기준으로 삼았다. 이 기준으로 볼 때 양자론은 확실한 실패였다.

페르미는 이러한 문제를 잘 알고 있었다. 그는 9개월 동안 괴팅겐에 있으면서 이 문제로 고심하던 보른, 하이젠베르크, 요르단 같은 사람들의 좌절을 직접 보았다. 페르미가 이들의 연구를 주시하고 있었다는 것은 그가 레이던에 짧게 머물 때 연구해서 1924년 11월에 발표한 논문에서 드러난다.[5] 스펙트럼선의 세기를 예측하는 문제를 다룬 이 논문에서 조머펠트Arnold Sommerfeld, 하이젠베르크, 보른의 연구를 인용한 것으로 보아, 그는 1925년 동안에 일어날 발전을 분명히 알고 있었다. 페르미의 기여는 그해 말에 나왔고, 주로 볼프강 파울리라는 빈 출신의 젊은 이론물리학자의 연구를 바탕으로 했다.

파울리는 일찍부터 수학과 물리학에 엄청난 재능을 보였고, 주위 사람들에게 교육을 받았다. 그는 뮌헨 대학교에서 위대한 이론가 아르놀트 조머펠트[6]에게 배웠는데, 조머펠트는 파울리가 뮌헨에 왔을 때 이미 더 가르칠 게 거의 없다는 유명한 말을 남겼다. 페르미처럼 파울리도 상대성이론으로 과학에 첫 번째 기여를 했고, 16세의 나이에 이 주제로 논문을 썼다. 파울리는 상대성이론에 대해 그가 쓴 글이 독일의 수학 백과사전에 실리면서 대학생 시절에 이미 국제적인 명성을 얻었다.

그는 페르미와 마찬가지로 신동이었고, 페르미처럼 키도 작아 165센티미터 정도였다. 그러나 거의 모든 면에서 파울리는 페르미와 정반대였다. 페르미는 몸이 단단하지만 아담했고, 외모는 두드러지지 않았다. 파울리는 통통했고 비만에 가까웠지만, 매혹적인 눈과 감각적인 입술로 어두운 매력이 있었다. 페르미는 술을 마시지 않았지만 파울리는 무척 많이 마셨고, 알코올 중독으로 오랫동안 고통을 겪었다. 페르미는 습관적으로 일찍 잠자리에 들었지만 파울리는 그 반대였고, 카페나 카바레에서 방탕한 생활을 즐겼다. 뮌헨 대학교에 다니는 동안 파울리는 뮌헨 슈바빙 지역의 작가, 음악가 등 예술가들과 어울려 지냈다. 반면에 페르미가 물리학 외에 가장 탐닉한 활동은 등산이었다.

페르미는 이론과 실험 모두에 재능이 있었다. 이론가로서 파울리가 페르미보다 더 재능이 있었을지는 몰라도 실험가로서는 재앙이었다.[7] 물리학자들은 장비가 제대로 작동하지 않으면 분명히 파울리가 근처에 와 있을 거라고 농담을 했다. 파울리의 독설은 전설적이었고, 페르미에게는 전혀 없는 면모였다.[8] 파울리는 '독설가'라는 말에 새로운 의미를 부여했다. 그는 별로 두드러지지 않는 어떤 동료를 보고 "너무 젊은데도 이미 너무 안 유명하다"고 모욕적인 평가를 했다. 그는 한때 페르미를 "양자 엔지니어"라고 조롱했다. 유달리 애매하고 사변적인 이론 논문에 대해 그는 "너무 엉망이라 심지어 틀리지도 못했다"는 유명한 비판을 남겼다. 그는 절친한 친구 베르너 하이젠베르크를 "바보"라고 즐겨 불렀다. 젊은 시절에는 영국의 유명한 천체물리학자 아서 에딩턴Arthur Eddington에게 이 연로한 학자가 일반상대성이론에서 추구하는 연구가 물리학적으로 무의미하다고 대놓고 말했다. 아인슈타인이 뮌헨 대학교에서 강연을 하게 되었을 때, 파울리는 이 위대한 인물의 강연이 끝나자마자 가장 먼저 일어나서 이렇게 말했다. "아인슈타인 교수가 방금 한 말은 들리는 것처럼 그렇게 어리석지는 않습니다."

앞에서 설명했듯이 페르미는 철학자가 아니었고, 물리학을 벗어난 지적 또는 문화적인 문제에 거의 관심을 보이지 않았다. 그는 종교나 영성에 시간을 거의 내지 않았다. 가톨릭 집안에서 태어난 파울리는 가톨릭 신앙을 진지하게 받아들였고, 종교적인 믿음을 비난하는 비종교적인 동료들과 함께할 기회를 거부했다.[9] 그는 신비주의적인 면모도 깊어서, 만년에는 위대한 정신분석가 카를 융과 10년에 걸쳐 교류하기도 했다.[10]

그는 강박적으로 집착하는 성격이었다.[11] 1922~1923년 겨울에 코펜하겐의 닐스 보어 밑에서 박사후연구원으로 있을 때, 파울리는 "비정상적인" 제이만 효과에 사로잡혔고, 몇 년 동안 이 문제에 매달렸다. 이 시절에 어떤 동료가 코펜하겐의 거리를 실의에 빠져서 걷고 있는 파울리를 만났다. "자네 매우 불행해 보이는군." 친구가 말을 걸자, 그는 이렇게 대답했다. "비정상 제이만 효과에 대해 생각하는 사람이 어떻게 행복해 보일 수 있지?"

앞에서 언급했듯이, 제이만 효과란 자기장이 있을 때 스펙트럼선이 쪼개지는 현상이다. 보어의 모형은 스펙트럼선이 세 개인 정상적인 상황을 설명하지만, 선이 셋 이상일 때도 자주 있어서 어떨 때는 선이 넷 또는 여섯 개가 되기도 한다. 파울리는 1925년 초에 함부르크 대학교 교수로 있을 때 그 해답을 찾아냈지만 완전히 만족하지는 못했다.

보어 모형에서는 전자 궤도의 위치, 진동수, 방향을 지정하기 위해 세 개의 양자수가 필요했다. 전자의 위치는 핵에서의 거리를 말한다. 전자는 특정한 궤도상에만 있을 수 있고 궤도 사이의 공간에는 머물 수 없다. 진동수는 궤도에서 전자의 속도를 말해준다. 방향수는 궤도가 핵의 축에 대해 어떤 방향으로 놓여 있는지 알려준다. 이 세 숫자를 양자'수'라고 하고, 이 세 숫자를 알면 전자가 어떤 양자 '상태'에 있는지 알 수 있다.

파울리는 이 세 숫자에 양자수를 하나 더 보태면 비정상 제이만 효과를 설명할 수 있다는 것을 깨달았다. 이 양자수는 반대되는 두 가지 값 중 하나만 가질 수 있다. 그는 또한 (이 현상이 수학에 의해 너무나 아름답게 설명되기 때문에) 어떤 두 전자도 네 양자수가 모두 같을 수 없다는 추측을 내놓았다. 그리 끔찍스럽게 난해해 보이지는 않지만, 그 속에 담긴 의미는 놀라웠다. 바로 두 전자가 네 번째 양자수만 다르면, 완전히 똑같은 장소에서 똑같은 시간에 똑같은 속력과 똑같은 방향으로 움직일 수 있다는 것이다. 이렇게 해서 파울리의 '배타' 원리가 탄생했다.

파울리는 이 네 번째 숫자의 물리적인 해석을 찾으려고 했지만, 결국 포기하고 말았다. 파울리의 젊은 동료 랄프 데 라어 크로니히 Ralph de Laer Kronig가 처음 제안한 아이디어는 전자가 실제로 '자전 spin'하고, 자전은 오른쪽 또는 왼쪽으로 돌 수 있으며, 서로 반대 방향의 고유 각운동량을 가진다는 것이었다.[12] 파울리는 이 아이디어를 비웃었는데, 그가 보기에 그러면 전자의 '적도'(회전하는 지구를 생각해보라) 부분의 속력이 빛보다 빨라질 수 있고, 이것은 불가능하기 때문이었다. 크로니히는 이 비판을 받아들여 자신의 아이디어를 포기했다. 그해 말에 페르미의 좋은 친구인 울런벡과 가우스밋이 다시 이 아이디어를 꺼냈는데, 그들은 파울리의 반박을 알지 못했다.[13] 그들이 파울리의 비판을 알았다면 이 아이디어를 발표하지 않았을지도 모른다. 그러나 두 사람은 크로니히가 스핀을 먼저 제안했다는 것을 알지 못했고, 두 사람이 전자 스핀이라는 아이디어를 처음 제안한 것으로 자주 언급된다. 파울리는 여전히 이 아이디어에 저항했다. 전자의 스핀에는 상대론적 해석이 허용되고, 심지어 필요하기까지 하다고 지적한 사람은 1926년의 디랙이었다.

파울리의 배타원리는 대담했다. 그의 성취와 물리학을 하는 특별한 방식을 이해하려면, 그가 물리적 해석이 불가능한 상황에서 수학만으로 해결책을 제시했다는 것을 알아야 한다. 이것은 그가 직면한 문제를 해결하기 위해 상상할 수 있는 유일한 방법이었다. 어떤 의미에서는 플랑크가 양자를 생각해냈을 때와 비슷하다. 플랑크의 양자도 물리적 해석이 없는 수학적 해법이었다. 플랑크의 아이디어와 마찬가지로, 파울리도 물리적 직관에 반하는 것을 제안하기 위해 엄청난 용기가 필요했고, 가장 명백한 물리적 해석을 제안하는 동료의 노력에 저항하기 위해서 더 많은 용기가 필요했다. 그가 전자 스핀 아이디어를 잘못 비판한 것은 그의 업적에 흠이 되지 않으며, 오히려 그의 특별한 천재성을 보여주는 뛰어난 사례다.

배타원리 하나만으로도 거대한 진전이었다. 그것은 비정상 제이만 효과를 설명했고, 전자가 어떻게 핵을 둘러싼 궤도를 '채우는지'를 더 완전하게 이해하게 했다. 그해에 더 획기적인 연구가 나왔다. 괴팅겐에서 막스 보른과 젊은 이론가 파스쿠알 요르단과 함께 연구하던 베르너 하이젠베르크라는 젊은 독일인이 전자가 궤도들 사이를 이동하는 방식을 분석하는 방법을 정식화했다. 그가 사용한 행렬 곱셈이라는 수학적 기법은 다양한 스펙트럼선의 세기를 성공적으로 설명했다. 그해 말에, 에르빈 슈뢰딩거라는 비엔나 물리학자가 그의 여러 연인 중 한 명과 함께 스키 산장에 은거하다가 들고 나온 '파동' 방정식은 거의 똑같은 것을 할 수 있었고, 보통의 물리학자들에게 더 익숙한 기법이었다. 물리학에서 이전까지는 전혀 이해할 수 없었던 현상에 대해 이제는 매우 효과적인 무기가 두 가지나 생겼다.

어떻게 형태와 기능이 다른 두 접근법이 양자론에 의해 제기된 가시투성이의 질문에 동일한 대답을 내놓을까? 행렬역학과 파동역학이 동전의 양면임을 보여주기 위해서는 또 다른 천재가 필요했다.

폴 디랙의 전기를 쓴 그레이엄 파멜로Graham Farmelo는 그를 "가장 이상한 사람"[14]이라고 불렀다.

그는 양자론의 개척자 세대 중에서 막내라고 할 수 있어서, 페르미와 하이젠베르크보다 두 살 아래고 파울리보다 한 살 아래다.[15] 잉글랜드 브리스틀에서 태어났으며, 아버지가 매우 엄격해 이 젊은이에게 지속적인 영향을 미쳤다. 키가 크고 야위었고, 극단적으로 내성적이어서 두세 단어를 넘게 말하는 일이 거의 없었지만 머천트 벤처러스 테크니컬 칼리지Merchant Venturer's Technical College에서 그를 가르쳤던 선생님들은 그가 매우 영특하다고 생각했다. 그는 케임브리지 대학교의 세인트 존스 칼리지의 입학 허가를 쉽게 받아냈지만 가정 형편이 어려워서 가지 못했다. 대신 그는 브리스틀 대학교에서 학부 교육을 받았고 케임브리지 대학교 세인트 존스 칼리지에서 박사학위를 받았는데, 양자론 분야로 받은 최초의 학위였다. 그는 학위 논문에서 행렬대수학에 깔려 있는 수학적 구조에 대한 관찰, 특히 교환 법칙이 성립하지 않는 행렬 대수의 특성이 물리학자들이 고전역학을 표현할 때 주로 사용하는 수학과 비슷하다는

그의 관찰을 바탕으로 하이젠베르크의 행렬역학을 독립적으로 유도해
냈다.

디랙은 어떤 의미에서 파울리와 정반대였다.[16] 오늘날의 우리는 그가
아스퍼거 증후군으로 고통받았다고 생각할 수도 있다. 그는 사교성이
심하게 부족했고, 대화할 때 말을 극단적으로 곧이곧대로 이해했다. 한
번은 그가 하이젠베르크에게 사람들이 왜 춤을 추는지 물었다. 하이젠
베르크는 "멋진 여자가 있으면 즐겁다"고 대답했고, 디랙은 한참 생각
하다가 "하지만 어떻게 여자들이 멋있을지 미리 알지?"라고 말했다. 강
의 시간에 한 학생이 손을 들고 디랙이 칠판에 쓴 방정식을 이해할 수
없다고 말했으나 대답하지 않기도 했는데, 그 학생의 말은 질문이 아니
었기 때문이라고 나중에 해명했다. 케임브리지 대학교의 동료들은 시간
당 한 단어를 말하는 것을 '1디랙'이라는 단위로 정의했다고 한다. 그는
또한 공격적으로 비종교적이었다. 1927년 솔베이 학술회의에서 벌어진
한 유명한 대화에서 젊은 물리학자들은 철학과 종교에 대해 토론했다.
하이젠베르크의 회상에 따르면, 디랙은 그의 기준으로는 물리학자의 세
계에 종교는 설 자리가 없다고 열렬히 주장했다. 대화 내내 침묵했던 파
울리는 "우리의 친구 디랙은 종교가 있는데, '신은 없고, 디랙은 그분의
사도다'라는 게 교리일세"(이슬람 신앙고백 샤하다를 빗댄 농담—옮긴이)라고 말
했다. 하이젠베르크에 따르면 모든 사람이 크게 웃었고, 디랙 자신이 가
장 크게 웃었다고 한다.

디랙은 자신이 속한 세대의 젊고 뛰어난 이론가들 중에서 가장 두드
러졌다. 그의 박사학위 논문은 인상적이었고, 물리학계의 비상한 관심
을 받았다.[17] 보른은 박사과정 학생이 이 분야를 이토록 완벽하게 통달
한 것에 크게 놀랐는데, 보른-하이젠베르크-요르단의 최종 논문이 아

직 완성되지 않은 상황이었기에 더욱 그러했다. 다른 사람들도 보른의 놀라움에 공감했다. 거의 즉시 디랙은 이론물리학자 중에서 가장 높은 등급으로 올라갔다.[18] 그의 박사학위 논문은 양자론이라는 새로운 분야에서 나온 최초의 박사학위 논문이었고, 슈퍼스타가 나타났음을 알렸다.[19] 그해 말에 디랙은 코펜하겐에서 박사후연구원일 때 훨씬 더 인상적인 논문을 발표했다. 이 논문은 하이젠베르크와 슈뢰딩거의 접근 방식이 수학적으로 동등하며, 둘 다 변환 이론이라고 부르는 것의 특별한 경우임을 밝혔다. 이것도 중요한 발견이었지만 디랙의 최고는 아직 나오지 않았다. 1927년 그는 전자기장을 사용해서 양자**장**의 개념을 최초로 제안한 논문을 내놓았다. 이 논문은 물리학에 역사적인 영향을 미쳤으며, 페르미의 두 번째 큰 공헌의 토대를 마련했다.

그러나 1925년에는 디랙의 모든 주요 공헌이 여전히 미래에 있었다. 그해가 다 갈 무렵에, 슈뢰딩거는 오스트리아 알프스에서 연인과 함께 크리스마스를 보내면서 어떻게 해야 방정식이 적절한 형태를 가질지 고심했다. 디랙이 논문을 다듬는 동안에 페르미도 양자 문제에 대해 깊이 생각하고 있었다. 그러나 그가 생각했던 문제는 약간 달랐다. 몇 년째 이 문제를 숙고했던 페르미는 특히 파울리의 연구에서 해결책을 찾아내게 된다.

⑤

도마뱀 사냥

1925년에 피렌체에 도착한 페르미는 물리학 연구소의 강사를 맡았는데, 이 연구소는 피렌체 대학교 물리학과의 역할을 하고 있었다. 구시가지 바로 남쪽 아르체트리 지역의 낮은 언덕에 위치한 이 연구소는 도심과 가까운 대학교 본부에서 멀리 떨어져 있었다.[1] 편리한 환경은 아니었겠지만, 페르미는 연구소 주변의 아름다운 풍경을 좋아했다.

연구소장인 안토니오 가르바소Antonio Garbasso는 젊은 세대의 가장 뛰어난 물리학자들을 뽑으려고 노력했다. 그는 이전 해에 실험물리학을 가르치기 위해 라세티를 데리고 왔다. 이번에는 페르미를 이론물리학 강사로 기쁘게 받아들였다.[2] 페르미는 2년 동안 피렌체 대학교에서 공대생들에게 물리학을 강의했다. 그는 두 과목을 가르쳤는데, 하나는 수리물리학이었고 다른 하나는 고전역학(당시에는 '합리적인 역학rational mechanics'이라고 불렀다)이었다. 그의 역학 강의 노트는 아름다운 필사본으로 정리되어 오늘날까지도 이 주제에 대한 훌륭한 개론서 역할을 한다.[3]

그는 강의를 하거나 괴팅겐에서 나온 획기적인 논문을 읽느라 도서관에 있지 않을 때에는 라세티와 함께 연구소 주변의 야산에 올라가거나 연구소 직원들에게 장난을 치거나 두 가지를 동시에 하기도 했다. 두 장난꾸러기는 연구소 식당에서 일하는 여자들이 겁이 많다는 것을 알아챘다.[4] 두 사람은 함께 음모를 꾸몄다.[5] 그들은 180센티미터쯤 되는 파이렉스 유리 막대 끝에 헝겊을 묶어서 작은 도마뱀을 봉지 하나 가득 잡았다. 그러고는 연구소 식당에 도마뱀을 풀어 무고한 여자들이 질겁하는 장면을 지켜보았다. 이 일은 피사에서 했던 장난과 비슷하고, 겉보기에는 유치하지만 여성을 함부로 대하는 면도 있다.

　페르미는 도마뱀이나 도마뱀의 생태에는 관심이 별로 없었다. 그는 드러누운 채 도마뱀이 나타나기를 기다리면서 1924년부터 씨름해온 '이상 기체'를 양자론으로 기술하는 방법에 파울리의 연구가 어떻게 관련되는지 곰곰이 생각했다. 그가 괴팅겐에 있었을 때인 1924년 1월에 쓴 논문이 중요한 증거다.[6] 그는 통계역학, 특히 엔트로피 개념에 양자역학을 적용하려고 고심하고 있었다.[7] 그는 괴팅겐 그룹의 연구를 자신이 제일 좋아하는 분야와 연결하는 고리를 찾으려고 했다.

　파울리의 연구가 바로 그 고리를 제공했다.

　그의 왕성한 독서로 보아 페르미는 파울리의 논문이 1925년 3월에 출판되었을 때 그 논문에 대해 거의 확실히 알고 있었을 것이다. 세그레가 추측했듯이, 그는 1925년 여름에 (젊은 에도아르도 아말디Edoardo Amaldi와 함께) 돌로미테산맥을 등산하면서 파울리의 동료 크로니히와 오랫동안 이 주제에 대해 토론했을 것이다. 아무튼 그는 파울리의 배타 원리가 어떻게 돌아가는지 알아냈고, 여기에 비추어 통계역학의 수수께끼를 어떻게 풀 수 있는지 생각해보았다. 도마뱀이 올가미에 걸려들기를 조용히 기다리면서, 페르미의 통찰력은 파울리의 배타원리를 원자핵 주위의 전자뿐만 아니라 기체 속의 단일 원자에도 적용할 수 있다는 데까지 도약했다. 이 통찰력으로 그는 기체가 압력이 매우 높거나 온도가 매우 낮을 때 열용량(또는 비열)이 0이 되는 현상을 설명할 수 있었다. 기체 원자들이 축퇴되어서 파울리의 배타원리의 제한 안에서 가능한 한 가장 낮은 에너지 상태들을 모두 채우는 것이다.

페르미의 절친한 친구이자 동료인 한스 베테Hans Bethe는 나중에 이렇게 설명했다.

> 기체 속에 있는 원자의 양자 상태는 속도에 따라 구별된다. 원자가 완전히 정지해 있는 상태는 단 하나만 있다. 두 번째 상태는 극도로 느리고, 세 번째 상태는 조금 더 빠르고, 이렇게 계속된다. 어떤 두 원자도 같은 상태에 있을 수 없으므로 절대온도가 0일 때도 원자 하나만 완전히 정지해 있을 수 있고 다른 모든 원자는 움직이고 있어야 한다.[8]

간단히 말해서, 페르미의 새로운 해석은 전통적인 통계역학에 배타원리를 고려한 것이었다. 전통적인 통계역학에서 열이 없다는 것은 운동이 없다는 뜻이다. 그러나 페르미의 통계역학에서는 어떤 두 원자도 같은 상태(속도)를 공유할 수 없기 때문에 원자의 운동이 사라지지 않는다.

페르미는 그의 유명한 논문 〈단원자 이상기체의 양자화에 관하여Sulla quantizzazione del gas perfetto monoatomico〉에서 파울리의 배타원리를 통합하여 그러한 기체의 에너지 준위를 설명하는 데 필요한 통계적 접근법을 제시했다. 아이디어는 아르체트리의 도마뱀들이 겨울잠에 들기 전인 1925

년 9월 초에 구체화되었을 것이다. 그가 만족할 만한 형태로 논문을 다듬는 데 그해의 나머지 기간이 필요했다.[10] 그는 1926년 2월 7일에 연구소에서 짧은 논문을 발표했고, 바로 뒤에 린체이 아카데미 저널에 발표했다. 6주 후에 그는 이 논문을 상당히 확장해서 〈물리학 저널〉에 투고했고, 1926년 3월 26일에 접수되었다.

이 논문은 특히 축퇴에 대한 수학적 설명을 제공했기 때문에 즉각적인 영향을 미쳤다.[11] 금속 안에서 전자들이 축퇴된다고 알려져 있었다. 이제 파울리, 조머펠트와 그의 대학원생이었던 한스 베테 같은 사람들이 페르미의 접근법을 사용하여 금속에서 전자의 거동을 계산할 수 있었고 이 계산이 관찰 가능한 결과를 예측한다는 것을 알아냈다. 이 소식이 영국까지 건너갔고, 폴 디랙도 이 논문을 (아마 독일어판으로) 읽었지만, 자기의 박사학위 논문에 직접 관련이 없는 주제라 금방 잊어버렸다.[12] 디랙은 그해의 나중에 이 문제에 관심을 갖게 되었고 처음부터 시작해서 동일한 해석적 결론이 나오는 약간 다른 방법을 만들어냈다.[13] 디랙의 접근 방식이 더 포괄적이어서, 파울리의 배타원리에 따르지 않고 보스-아인슈타인 통계를 따르는 입자들(지금은 '보손boson'이라고 한다)까지 설명할 수 있다. 그는 1926년 8월 26일 런던 왕립학회에 논문을 제출했다. 〈런던 왕립학회 회보Proceedings of the Royal Society of London〉의 편집자들은 이 주제에 대한 페르미의 이전 연구를 알지 못했을 것이다.

페르미는 디랙의 논문을 읽고 깜짝 놀랐고, 한편으로는 디랙이 자기의 논문을 언급하지 않았다는 데에 마음이 상했을 수도 있다. 그는 격식을 갖춘 딱딱한 영어로 디랙에게 자신의 이전 연구에 대한 후속 연구자의 관심을 촉구하는 편지를 보냈다.

귀하의 흥미로운 논문 〈양자론에 관하여On the Theory of Quantum Mechanics〉에서 (…) 귀하는 파울리의 배타원리를 바탕으로 이상기체에 대한 이론을 제시했습니다. 귀하의 이상기체 이론과 실제적으로 동일한 이론이 1926년 초에 출판되었습니다. (…) 귀하께서 제 논문을 보지 못한 것으로 추측되어, 관심을 가져주기를 바라는 바입니다.[14]

페르미의 추측과 달리 디랙은 실제로 페르미의 논문을 읽었다. 그는 단순히 그것을 잊어버렸던 것이다. 그는 나중에 이렇게 썼다.

페르미의 논문을 훑어보았을 때, 이전에 본 기억이 났지만, 완전히 잊고 있었다. 내 기억력이 그리 좋지 않아서 어떤 것은 완전히 내 마음 속에서 사라져버리는데, 아마 당시에는 그 중요성을 알아보지 못하기 때문일 것이다. 페르미의 논문을 읽을 때는 이것이 양자론의 기본적인 문제들에 대해 어떤 중요성을 띠는지 몰랐다. 그것은 그만큼 연관성이 없는 연구였다. 그것은 완전히 내 마음에서 빠져나갔고 반反대칭 파동함수에 대한 논문을 쓸 때 나는 전혀 이것을 떠올리지 못했다.[15]

그는 즉시 페르미에게 사과 편지를 보냈고, 그때 이후로는 언제나 페르미-디랙 통계라고 언급하면서 관대하게 페르미의 권리를 인정했다. 오늘날 배타원리를 따르는 입자를 페르미온fermion이라고 하고 배타원리를 따르지 않는 입자를 보손이라고 말하는 것은 페르미의 우선권 주장을 디랙이 받아들인 직접적인 결과이다.

많은 중요한 발견이 그렇듯이, 다른 뛰어난 이론가들도 정확히 같은 시기에 같은 문제를 생각했는데, 보른의 젊은 학생 파스쿠알 요르단도 그중 한 사람이었다.[16] 1925년 12월에 요르단은 MIT에서 강연을 하기 위해 미국으로 떠나는 보른에게 여행 중에 읽어보라고 논문 원고를 주었다. 보른은 이 원고를 서류 가방에 넣어두고 금방 잊어버렸다. 6개월 뒤에 보른은 가방을 뒤지다가 읽지 않은 원고를 발견했다. 그는 이 원고를 읽어보고, 요르단이 페르미와 디랙과 똑같은 방식으로 파울리 배타 원리를 사용하자고 제안했다는 것을 알았고, 자기의 부주의로 요르단의 발견이 인정받지 못했다는 사실을 깨달았다. 페르미였다면 보른의 조언을 들으려고 6개월이나 기다리지는 않았을 것이다. 사실, 페르미는 너무나 자신감에 차 있어서 보른에게 원고를 검토해달라고 부탁하지도 않았을 것이다.

페르미는 평생 동안 피렌체에서 강사로 남아 있을 생각이 없었다. 야심만만한 페르미는 큰 대학교의 자리를 원했다. 그에게는 상원의원 코르비노라는 후원자도 있었다. 양자통계에 관한 페르미의 연구는 물리학계의 엘리트들 사이에서 그를 세계적인 인물로 부각시키기에 충분했으며, 정상적인 상황이라면 이탈리아의 유명한 기관들이 앞다투어 초빙하려고 했을 것이다. 그러나 그렇지 못했던 것은 이탈리아 학계의 복잡한 정치적 성격 때문이었다. 페르미는 야망을 실현하기 위해 코르비노처럼 영향력이 큰 사람의 지원이 필요했다.

이탈리아의 대학교 교수 모집에는 공식적인 체계가 있었다. 교수 자리가 나면, 이탈리아 교육부는 콘코르소concorso라고 부르는 경쟁 선발을 실시하는데, 원로 교수들로 소위원회를 구성하고, 위원들은 자리를 채울 후보자를 추천한다. 각각의 위원들이 잠재적인 후보자를 지명하면 논문과 강의 경력 등 후보자의 자격에 대한 비교 평가가 이루어진다.

1925년에 사르데냐의 칼리아리 대학에 교수 자리가 나왔다. 콘코르소에서 페르미는 1913년 이래로 로마 대학교에서 가르쳐온 아버지 연배의 조반니 조르지Giovanni Giorgi와 경쟁했다. 그는 고루한 방식의 물리학자로, 자기의 이름으로 된 근본적인 업적은 없었다. 페르미는 새로운 물리학을 받아들이기를 주저하는 강력한 교수들에게 희생되었다.[17] 다섯 명으로 구성된 위원회는 3 대 2로 조르지를 지지했다. 레비-치비타와 볼테라는 페르미에게 투표했고, 다른 세 사람은 조르지를 지지했다. 조르지에게 투표한 세 사람은 이탈리아의 저명한 구식 물리학자들이었다. 그들은 상대성이론을 마지못해 받아들였고 새로운 양자론은 거의 받아들이지 않았다. 레비-치비타는 물론 상대성이론의 주창자 중 한 사람이었고, 볼테라는 새로운 물리학을 강력히 지지했다.[18] 세그레에 따르면 페르미는 이 결과가 "부당하다"고 보았고, 그를 반대한 사람들을 결코 용서하지 못했다.

로마 대학교의 교수직은 훨씬 더 좋은 자리였고, 분명히 페르미는 이 자리를 노리고 있었다. 코르비노는 이탈리아 최초의 이론물리학 교수직을 승인받기 위해 열심히 노력했다. 이 자리와 함께 모집할 다른 물리학 교수직 자리들은 실험물리학 또는 수리물리학 분야였다. 이미 1925년에 이 직위에 대한 공식 승인을 받을 수 있을 듯했지만, 이 일은 1926년 가을까지 미뤄졌다. 페르미가 경쟁에서 만장일치로 1순위에 뽑힌 것은 놀랄 일이 아니었다. 코르비노 자신이 위원장이 되었고, 다른 위원들도 페르미의 지지자로 채웠기 때문이다. 페르미의 뒤를 이어 로마 대학교 물리학과 동료인 페르시코와 알도 폰트레몰리Aldo Pontremoli가 각각 2순위와 3순위로 뽑혔다. 페르시코는 북쪽의 피렌체로 갔고, 폰트레몰리는 밀라노로 갔다.[19]

세그레의 말에 따르면, 페르시코에게 보낸 편지로 보건대, 이때 페르미는 교수직에 엄청나게 집착했고 경쟁 채용 절차의 속내와 경쟁에서 우위를 차지하고 이길 수 있는 자신의 능력에 강박적으로 사로잡혀 있었다. 또한 세그레는 페르미가 이 자리를 얻기 위해 치렀던 고투를 나중에는 모른 척했다고 살짝 비난조로 지적했다.

> 페르미의 만년을 아는 사람들은 페르미가 자신의 공식 경력에 크게 신경을 썼다는 사실을 알면 놀랄 것이다. 나는 일찍이 1930년 즈음에 페르미가 친구들과 동료들의 취업에 거의 무관심했다는 것을 기억한다. 물론 진로 문제보다 과학적 성취와 연구에 몰두하기에 더 좋은 조건을 중요하게 여긴 것은 그가 옳았다. 그렇지만 그는 그 자신이 젊은 시절에 어떻게 느꼈는지를 너무 일찍 잊어버린 듯했다.[20]

페르미가 후배들의 진로에 도움을 주기를 주저했다는 세그레의 해석이 옳을 수도 있다. 아말디가 언젠가 말했듯이, 페르미는 물리학의 세계는 거칠고 그 속에서 살아남기 위해서는 강해져야 한다고 믿었기 때문일 수도 있다.[21] 그의 행동은 후배들을 배려하는 그의 방식이었을 수도 있는 것이다. 또한 페르미가 자기의 힘과 영향력이 이탈리아 학계에서 점점 커지고 있다는 것을 잘 알고 있어서 자기가 개입하면 당사자에게 불공정한 특권을 주는 것이라고 생각했을 수도 있다. 무신경했다기보다는 공정함이 그의 최고 우선순위였을지 모른다. 어떤 경우이건, 페르미의 이런 성향이 만년에 눈에 띄게 변했다고 세그레는 말한다.

1926년 11월에 출판된 로마 콘코르소 위원회 보고서는 페르미를 엄청나게 찬양하고 있다. 그중에서도 코르비노가 젊은 후배에 대한 희망을 담아 써넣은 한 문장이 가장 눈에 띈다. "그는 현대 이론물리학에서 가장 어려운 질문에 완벽한 확신을 갖고 있다. 그러므로 **그는 강렬한 과학 활동이 일어나고 있는 분야에서 세계에 우리나라를 대표할 수 있는 가장 잘 준비되고 가장 가치 있는 인물이다.**"[22] 이것이 코르비노의 꿈이었고, 그는 이 꿈을 실현하기 위해 자신의 영향력과 정치적 수완을 십분 발휘했다. 그의 판단은 옳았다. 페르미는 정말로 독보적인 인물이었고, 코르비노의 계획을 수행할 수 있다는 것을 입증했다. 그리고 그렇게 할 수 있는 유일한 사람이었을 것이다. 이제 코르비노와 동료들의 기대를 어깨에 지고, 페르미가 능력을 보여줄 차례였다.

THE LAST MAN
WHO KNEW
EVERYTHING

2부

● ● ● ● ● ● ●

로마 시절

● ● ● ● ● ● ● ●

$$\textcircled{6}$$

가정 생활

1928년부터 1938년까지 로마에서 지낸 시절은 페르미에게 개인적으로나 학문적으로나 가장 중요한 시기였다.[1] 그는 결혼해서 두 아이를 두었다. 그는 은사인 코르비노의 도움을 받아 물리학 교육과 연구를 위한 주요 국제 센터를 키웠고, 이탈리아 최고의 인재들뿐만 아니라 유럽의 다른 우수 센터의 젊은 물리학자들도 끌어모았다. 그는 두 가지 주요 국제 물리학 학술회의를 조직해서 물리학의 지도에 이탈리아를 추가했다. 또한 이론가로서 넓은 물리학 세계에서 디랙의 양자장 이론을 옹호했고, 이 이론을 이용해서 베타붕괴에 대한 최초의 이론적 설명을 내놓았다. 마지막으로, 이 기간 동안에 그는 느린중성자 포격으로 방사능이 유도된다는 것을 발견했다. 이 과정에서 그는 내키지 않지만 어쩔 수 없이, 파시즘 정권의 유명 인사가 되었다.

페르미는 1926년 초에 로마로 돌아와 치타 자르디노 아니에네에 있는 몬지네브라가 12번지의 새집에서 아버지와 누나와 함께 살았다. 아버지 알베르토와 누나 마리아는 몇 달 전에 아버지의 요구대로 지어진 이 집으로 이사했다. 가족이 1908년부터 살았던 프린치페 움베르토가의 비좁은 아파트보다 안락한 집이었다. 치타 자르디노 아니에네는 영국인들이 '전원주택지'라고 부를 만한 곳으로, 대도시 로마에서 집집마다 따로 뒷뜰이 있게끔 계획된 구역이었다. 그 당시로서는 가장 좋은 교외 주거였고, 페르미의 새로운 직장이 위치한 파니스페르나가에서 7킬로미터쯤 떨어져 있었다. 페르미는 출퇴근할 때 걷거나 자전거를 탔고, 도중에 대중교통을 이용하기도 했다. 아직 자동차는 사지 않았다.

토요일에는 훌륭한 이탈리아 수학자 귀도 카스텔누오보의 생동감 넘치는 살롱에 다시 다니기 시작했다.[2] 그는 피렌체 대학교로 부임하기 전해에 이 살롱에 잠깐 참석했었다. 이제 그는 매주 토요일마다 카스텔누오보를 만나러 오는 저명한 수학자들에게 훨씬 더 잘 알려진 존재였다. 여기에는 비토 볼테라, 툴리오 레비-치비타, 페데리고 엔리퀘스Federigo Enriques가 있었고, 우고 아말디Ugo Amaldi는 18세의 아들 에도아르도와 함께 왔다. 이들은 그 세대의 가장 위대한 수학자들로, 페르미가 이탈리아 물리학에 혁명을 일으킬 만한 능력이 있다는 것을 알아보았다. 그들은 무엇보다도 양자통계역학에 대한 새로운 연구로 인해 그를 반겼다.

이 살롱에서 페르미는 나이 든 신사들과 수학과 물리학의 발전에 대해 토론했다. 토론할 것이 아주 많았는데, 특히 주춤거리던 양자물리학에 중요한 돌파구가 열렸기 때문이었다. 그는 또한 어른들에게서 벗어나 다른 방에서 즐겁게 놀고 있는 젊은이들과도 어울렸다. 이곳에서 그는 작은 사교 그룹에 끼었는데, 여기에는 에도아르도 아말디가 있었고, 카스텔누오보의 매력적인 딸 지나도 있었다. 로마 대학교에서 강의하고 있던 페르시코도 한동안 살롱에 왔고, 곧 젊은이들의 모임에 끼었다.

나중에는 에밀리오 세그레도 그들과 함께했다. 이후 지네스트라 조베네Ginestra Giovene[3]라는 매우 아름다운 아가씨도 이 모임에 들어왔는데, 그녀는 로마에 살면서 로마 대학교 물리학과에 다니고 있었다. 그녀는 곧 에도아르도 아말디의 아내가 된다.

토요일에 살롱에서 어른들이 진지한 주제로 이야기할 때 그들은 따로 모여 즐겁게 놀았다. 페르미는 바보 같은 게임을 만들었는데, 그중 하나인 '벼룩'은 작은 동전을 펠트로 덮은 탁자 위에서 튀면서 돌아다니게 한 것이다. 또한 페르미는 '감독'이 되어 다른 사람들을 데리고 상상의 영화를 감독하는 척했다.[4] 그들은 일요일에도 자주 만나서 페르미의 주도로 로마 근처의 공원을 돌아다니거나 야산에 올라갔다. 이 모임에는 페르미가 몇 년 전에 만난 젊은 여인이 있었는데, 이탈리아의 유명한 제독 아우구스토 카폰의 딸이었고, 이름은 라우라였다.

페르미가 피렌체 대학교로 부임하기 직전에 만났던 라우라 카폰은 젊은 여인으로 성장했다. 1924년에 그녀는 겨우 16세였고, 1925년 여름에 두 사람은 잠시 다시 만났다. 살롱에 참석하고 여러 번의 단체 하이킹과 야외 활동을 하면서 페르미가 그녀의 존재를 의식할 무렵에 그녀는 18세의 아름다운 아가씨가 되어 있었다. 그녀는 날씬하고 매력적이었고, 날카로운 정신과 똑같이 날카로운 말솜씨를 타고난 사람이었다. 엔리코 페르미는 라우라 카폰을 보면서 자기의 짝을 만났다고 생각했다.

그녀는 로마 대학교에서 과학을 전공하면서 페르시코에게 수학과 물리학 과목을 수강했다. 사실, 그녀는 잘생긴 금발의 페르시코를 강의실이 아닌 사교적인 곳에서 만날 수 있다는 생각에 카스텔누오보의 집에서 열리는 토요일 살롱의 공개 초청을 받아들이도록 아버지를 설득했다고 썼다. 라우라는 때때로 언니 안나를 이 모임에 데려왔다. 예술가였던 안나는 과학에 사로잡힌 자매의 친구들에 대한 관심이나 인내가 거의 없었고, 그들을 "로그들logarithms"이라고 하면서 얕잡아 보았다. 라우라가 페르시코, 아말디, 지네스트라, 지나 카스텔누오보를 포함해서 여러 사람과 맺은 우정은 페르미와의 관계와는 완전히 별개였고, 페르미가 죽은 뒤에도 이 사람들과의 관계가 계속 이어졌다.

페르미는 개인적인 삶의 모든 측면에서 과묵했기 때문에 그의 관점에서 그들의 연애가 어땠는지 알기는 어렵다. 그는 관계의 발전을 언급한 편지나 일기를 쓰지 않았다. 유일하게 기록된 설명은 라우라가 쓴 것뿐이며, 그마저도 상세한 그림은 아니다. 우리가 아는 것은 야외 활동을 함께하면서 두 사람이 더 가까워졌다는 사실이다. 페르미는 그녀의 성격이 매력적이라는 것을 깨달았을 것이고, 그녀는 꽤 예뻤다. 또한 그녀는 페르미보다 더 유복하고 풍족한 가정에서 자라났다. 그녀는 페르미가 얼마나 재능이 뛰어난지 명확히 알았고, 카리스마와 외향적인 성격에 탄복했다.

그러나 그녀는 페르미가 자기를 놀리는 것을 달가워하지 않았고, 페르미가 부임하고 얼마 후에 실험물리학 교수로 부임한 그의 오랜 친구 라세티 앞에서 자기를 놀리는 것이 특히 싫었다. 야외 활동을 하거나 함께 어울려 다닐 때 두 사람은 합세해서 그녀를 무자비하게 놀려댔고, 여러 가지 퀴즈를 내고 대답이 틀리면 조롱했다. 한번은 이 그룹이 즐겨 가던 오스티아 해변에서 발견한 조개의 이름으로 그녀를 놀렸다. 그녀에게 지리학에 대해 질문하기도 했다. 아프가니스탄의 수도는 어디인가? 그녀가 제대로 대답하지 못하자, 그들은 자지러지게 웃어댔다. 두 사람은 다른 사람들과도 작당해 놀려댔는데, 그중에는 젊은 세그레도 있었다. 두 사람은 장단이 잘 맞았고, 대개 라세티가 먼저 선동했다.

라우라는 페르미가 문제를 내고 스스로 풀었던 예에 대해 이야기한다. 이것은 아마도 나중에 페르미 문제라고 알려지는 최초의 사례일 것이다. 페르미 문제란, 도저히 풀 수 없을 정도로 복잡하지만 약간의 간단하고 합당한 가정을 함으로써 한 자릿수 정도의 정확도로 해답을 제시하는 것을 말한다. 그들이 하이킹에서 개미 언덕을 봤을 때였다.

> 그것은 흥미로운 점은 하나도 없는 평범한 개미 언덕일 뿐이었다. "이 언덕을 만들기 위해 몇 개의 뇌세포가 동원되었을까? 개미의 뇌 기능이 뇌의 물질 단위당 인간의 두뇌보다 더 뛰어난지 아닌지 알 수 있을까?" 엔리코는 늘 가지고 다니는 계산자를 주머니에서 꺼냈다. "보자…… 뉴런 1세제곱센티미터에……." 그러다가 잠시 후 그는 의기양양한 눈빛으로 우리를 보며 말했다. "나는 알아냈어. 너희들은?"[5]

페르미는 거의 모든 것에 대해 혼자서 알아낼 수 있는 분석 기술을 가지고 있었다. 라세티는 광범한 주제에 대한 사실적 지식을 끝없이 많이 알고 있는 것 같았다. 두 사람이 함께 떠들면 사람들은 겁을 먹는 것을 넘어서 열등감에 시달릴 정도였다. 라우라는 여기에 도전했다. 몇 년 동안 굴욕을 당한 끝에 그녀는 이제 절친한 친구가 된 지네스트라와 함께 이러한 질문에서 우위를 점하기로 작심하고 이탈리아 백과사전[6]에서 고대 이집트 도시인 알렉산드리아에 관련된 항목을 달달 외웠다. 그다음 일요일에 그들은 이 주제로 페르미와 라세티를 시험했다. 그들은 처음으로, 그리고 단 한 번 이 둘을 침묵에 빠뜨렸다.

1925년 여름에 페르미는 카스텔누오보 살롱의 다른 구성원들과 휴가를 즐기다가 라우라와 잠깐 시간을 보내면서 자기는 사람을 평균 이하, 평균, 똑똑한 사람, 예외적인 사람의 네 부류로 나눈다고 털어놓았다. 라우라는 당한 만큼 그를 괴롭혔다.

나는 내가 지을 수 있는 가장 심각한 표정으로 이렇게 말했다. "당신 말은, 네 번째 부류는 엔리코 페르미 한 사람뿐이라는 뜻이죠."
"미스 카폰, 심술부리지 마세요, 내가 네 번째 부류에 많은 사람을 넣는다는 것 잘 아시잖아요." 페르미는 화가 난 듯 빠르게 대꾸했고, 곧바로 이렇게 덧붙였다. "내가 나 자신을 세 번째 부류에 넣을 수는 없지요. 그건 불공정해요…… 네 번째 부류는 당신이 추측한 것처럼 그렇게 배타적이지 않아요. 당신도 거기에 들어가요."
당시에 그는 진심이었을지 모르지만, 나중에 나를 세 번째 부류로 낮췄을 것이 틀림없다. 어쨌든 나는 항상 말다툼 끝에 다음과 같은 말을 덧붙이기를 즐겼다. "내가 네 번째 부류가 맞는다면, 아마 당신은 다섯 번째 부류일 것이고, 거기에는 당신 혼자만 있겠지요." 페르미를 제외한 모든 사람이 내 말을 그대로 믿었다.[7]

연애 초기에 있었던 이 대화는 그들이 서로 어떤 부분에 매력을 느꼈는지 알려준다. 그녀는 그가 대단히 똑똑하다는 것을 알았고, 이 점을 놀려대기도 했지만 존경했다. 그도 그녀가 매우 지적이고 쉽게 겁주기 어렵다는 것을 알았다. 여러 번에 걸쳐 끊임없이 그가 괴롭혀서 그녀가 굴복했을 뿐이다. 어쨌든 그들이 1928년에 결혼을 한 것으로 보아 서로 깊이 이해했음에 틀림없다.

슬프게도, 페르미의 아버지 알베르토는 두 사람이 결혼하는 것을 보지 못했다. 그는 1924년에 아내가 죽은 뒤에 병에 걸렸고, 1927년 5월 자녀들이 지켜보는 가운데 세상을 떠났다. 그다음 12개월 동안 두 자녀는 치타 자르디노에서 함께 살았다.

엔리코는 슬픔을 밖으로 내비치지 않았다. 그의 초기 전기 작가들 중 누구도 이에 대해 언급하지 않았고, 페르미의 삶에서 틀림없이 충격적이었을 순간의 내막을 볼 수 있는 편지나 일기도 없다. 물론 그가 개인적인 감정을 표현한 적이 거의 없다는 것을 아는 사람들의 보편적 견해와 이런 상황은 완전히 일치한다. 그는 여전히 두 살에 가족을 처음 만났을 때 울음을 터뜨렸다가 엄마에게 꾸지람을 들은 그 순간으로부터 지배를 받고 있었다.

그해 여름에 페르미는 차를 샀다.

일반적으로 검소했던 페르미는 푸조 중에서도 가장 값이 싼 '아기' 푸조를 샀는데, 노란색 2인승 컨버터블이었다. 이전에 그는 친구들에게 조만간 결혼하거나 자동차를 사겠다고 거창하게 발표했었다. 라우라의 친구 코르넬리아는 차를 샀다는 소식을 듣고 놀라서 숙부의 토스카나 별장에서 여름의 마지막 주간을 보내고 있던 라우라에게 편지를 보냈다. 가까운 사람들은 모두 라우라와 엔리코가 서로에게 관심이 있다는 것을 알았고, 코르넬리아는 페르미가 아내보다 차를 선택했다는 나쁜 소식일 수 있는 이야기를 라우라가 다른 누군가에게 듣기 전에 최대한 빨리 알려주고 싶었을 것이다. 라우라는 이 소식을 반겼고, 별장에 함께 있던 언니 안나에게 자기는 전문직 여성이 되기로 결심했고 결혼에 관심이 없다고 말했다. 게다가 페르미가 그녀에게 말한 이상적인 아내는 그녀와 닮은 점이 전혀 없었다. "그는 운동선수처럼 키가 크고 강한 여자를 원했고, 가능하면 금발이면 좋겠다고 말했다. 게다가 시골 출신에 종

교가 없고 조부모와 외조부모가 모두 살아 있어야 한다고 했다."[8] 신붓
감에 대한 이런 요구 조건에 라우라는 당시에는 당연하게 받아들여졌던
우생학을 페르미도 믿었고, 페르미가 스포츠를 좋아하고 형이상학적인
문제에 대해 회의적이었기 때문이라고 보았다. 그녀를 비롯해서 어느
누구도 이러한 요구 조건이 페르미가 그녀에게 얼마나 관심이 있는지
를 감추기 위한 것이라거나, 차를 산 것도 그녀에게 다가가기 위한 수단
이었다는 생각은 별로 들지 않았던 것 같다. 얼마 지나지 않아 그는 시
골로 드라이브를 가자면서 그녀와 다른 '로그들'을 함께 데려갔다. 자기
차를 갖고 있는 라세티도 자주 함께 데려갔는데, 차가 고장 났을 때 도
움을 받기 위해서였고 실제로 자주 고장이 났다. 페르미에게 운전은 평
생의 열정이 되었다.

그 뒤로 몇 년 동안, 결혼한 뒤로도 이 자동차는 한참 동안 페르미의
이야기에서 빠짐없이 등장하는 소재였다. 달걀노른자 색깔에 새까만 매
연을 내뿜는, 살짝 멍청해 보이는 이 자동차는 로마의 거리에서 작은 명
물이 되었다.[9] 종종 영화를 보거나 저녁 식사 후에 라우라와 엔리코가
주차된 차로 돌아오면 유리창이나 좌석에 재미있는 (또는 모욕적인) 메
모가 남겨져 있기도 했다.

페르미가 언제 구혼했는지는 알 수 없지만(1927년 말쯤이었을 것이
다), 분명히 먼저 구혼한 쪽은 페르미였다. 라우라는 금방 받아들였고,
1928년 7월 28일에 시청에서 결혼식을 하기로 했다. 로마에서는 시민
들의 결혼식이 로물루스가 로마를 창건했다는 전설적인 장소인 캄피돌
리오(카피톨리네 언덕) 위에 있는 시청에서 열렸다. 라우라에 따르면,
그날은 로마에서도 특히 더운 날이었다. 에어컨이 없던 시절에 그늘이
40도였다. 결혼식에 갈 사람들은 굴리엘모 살리체토가 4번지에 있는 넓

아기 푸조에 타고 있는 라우라와 엔리코. (레이철 페르미 제공)

은 카폰의 집에 모여서 시내까지 차로 가기로 되어 있었다. 정해진 시간에 모든 사람이 모였는데 신랑만 없었다. 페르미가 늦은 이유는 신경 쓰일 만할 것이 아니었다. 그가 주문한 예복이 소매와 바지가 거의 8센티미터씩이나 더 길었고, 언제나 손으로 하는 일은 직접 해야 직성이 풀리는 페르미는 누나에게 자기가 옷을 줄이는 동안에 먼저 가라고 했다. 누나 마리아가 먼저 와서 신랑이 겁이 나서가 아니라 팔이 짧아서 늦는다고 사람들에게 전했다. 모두가 안심했다. 곧 신랑이 도착했고, 모여 있던 사람들은 캄피돌리오로 갔다.

결혼식은 짧았고, 참석자들은 곧 단체 사진을 찍기 위해 광장으로 쏟아져 나왔다. 정말 멋진 사진이었다. 너무나 멋져서 아르곤 연구소 동료들은 페르미가 죽은 뒤에 만든 앨범 〈페르미에게 사랑으로〉의 표지로 사용했다. 사진을 보면 신혼부부가 중심에 있다. 신랑은 입이 양쪽 귀까

엔리코와 라우라의 결혼식, 1928년. 신부 라우라의 아버지 카폰 제독이 한가운데에 신랑 엔리코 옆에 서 있다.
제독의 바로 옆에 코르비노가 있고, 그 뒤에 선 사람이 라세티다. (레이철 페르미 제공)

지 찢어질 만큼 활짝 웃고, 신부는 위가 둥근 모자를 쓰고 살짝 웃는다. 한가운데 신혼부부 바로 옆에는 신부의 아버지가 예식을 위한 정복을 입고 있고, 그 옆에 선 상원의원 코르비노는 1년 전에 죽은 페르미 아버지의 대역을 할 만한 가장 그럴듯한 사람이다. 마리아, 라우라의 자매들, 그리고 다른 여러 친척이 있고, 뒤에 서서 타조 같은 얼굴만 보이는 사람은 신랑의 오랜 친구 프랑코 라세티다. 한낮의 열기가 뜨거웠지만 이 순간의 기쁨이 잘 드러난다.

　신혼부부는 마터호른에서 남쪽으로 16킬로미터 떨어진 이탈리아 알프스 캄폴루크 마을 산장에서 신혼여행의 여장을 풀었다. 로마에서 제노바까지는 이탈리아의 신생 항공사가 운영하는 도르니에 수상 비행기를 타고 갔다. 비행기를 처음 타본 라우라는 분명히 겁이 났지만 신랑에게 태연한 척한 것에 자부심을 느꼈다. 제노바에서 그들은 산으로 가는 기차를 탔다.

산장에 짐을 푼 부부는 이탈리아에서 가장 아름다운 고산 계곡 중 하나인 발레다오스타의 아름다운 풍경을 구경하고 탐험했다. 당연히 엔리코는 라우라에게 전자기 이론을 가르칠 좋은 기회라고 생각했다. 로마 대학교에서 일반과학을 전공한 라우라는 기본적인 물리학을 잘 알았다. 가르치고 싶어 안달이 난 페르미는(가르치는 것이 그의 중요한 의사소통 수단이었을 것이다) 신혼여행을 이용해서 신부에게 맥스웰의 유명한 전자기 방정식을 가르쳐야겠다고 결심했다. 그녀는 인내심이 있었고, 그녀의 말에 따르면, 자발적이고 유능한 학생이었다. 그녀는 남편의 설명이 미흡하다고 느껴지면 허점을 지적하는 것을 두려워하지 않았다. 남편이 그의 분야에서 가장 훌륭한 사람이라는 것을 알았지만, 남편이 틀렸다고 생각되면 가차없이 도발했다.

나는 모든 구절을 따라가는 데 필요한 수학을 끈기 있게 익혔다. 나는 엔리코의 설명을 성실하게 따라갔고, 창문 너머에 보이는 아름다운 초원을 외면하려고 노력하면서, 내용을 익히고 머릿속에 담았다. 이렇게 해서 우리는 긴 논의의 끝에 도달했다. 그것은 빛의 속도와 전자기파의 속도가 같다는 것이었다.

엔리코는 이렇게 말했다. "따라서 빛은 다름 아닌 전자기파이지요."

"어떻게 그렇게 말할 수 있죠?"

"우리가 방금 다 설명했잖아요."

"나는 그렇게 생각하지 않아요. 당신은 단지 몇 가지 수학적 추상화를 통해 똑같은 두 수를 얻을 수 있다고 증명했을 뿐이죠. 그런데 당신은 지금 두 가지가 똑같다고 말하고 있어요. 그건 아니지요. 게다가, 두 가지가 동등하다고 해서 그것이 똑같다고 할 수는 없어요."[10]

그녀는 이렇게 말한다. "나는 설득당하지 않았고, 그것으로 나의 물리학 공부는 끝이었다."

로마로 돌아간 뒤, 결혼의 물질적 결과는 금방 명백해졌다. 부부는 라우라의 부모가 준 지참금으로 라우라가 어렸을 때 살던 집에서 조금만 걸어가면 나오는 벨루노가 28번지에 비교적 넓은 아파트를 샀다. 겨자색 6층 건물 꼭대기 층의 이 아파트는 공기가 잘 통하고 신혼부부에게 아름다운 전망을 선사했다.

라우라는 또한 가사에도 도움을 받았는데, 그녀의 부모님이 누렸고, 그녀 자신도 익숙한 일이었다. 미국으로 이주할 때쯤에, 그녀는 하녀 세 사람을 두고 두 아이를 돌보며 가사를 자기 기준에 맞게 유지했다. 그녀는 남들도 인정하는 훌륭한 요리사였지만 나머지 가사는 하녀들에게 맡겼다.

페르미는 세계 최고의 물리학 연구 및 교육 센터를 만들어가는 가운데, 신혼 생활에서 한 가지 가사 책임을 맡았다. 그는 이탈리아의 전통에 따라 가구를 마련해야 했다. 그는 가구 살 돈을 냈지만 가구를 실제로 구입하는 일에는 관심이 없었고, 라우라와 그녀의 어머니에게 맡겼다. 그의 유일한 요구는 단순함을 좋아하는 그의 취향에 따라 탁자와 의자의 다리가 곧아야 한다는 것이었다. 라우라는 어머니와 함께 가구를 살 때 조금 굽은 다리를 선택했지만, 까다로운 남편에게 거슬리지 않을 정도로 살짝 굽은 정도였다. 페르미는 아파트의 자기 서재를 극도로 단순하게 꾸며서 의자 하나, 책상 역할을 하는 큰 탁자 하나, 작은 책장 하나를 뒀다. 라우라는 남편이 일할 때 책을 거의 옆에 두지 않는다는 사실에 놀랐는데, 페르미의 이런 점을 언급한 사람은 라우라만이 아니다. 페르미는 결코 많은 물리학 문헌을 모으지 않았고, 자기의 연구에 꼭 필요한 참고 도서 몇 권만 가지고 있었다.

그는 거의 변하지 않는 일과를 유지했다. 그는 아침 5시 30분에 파란 플란넬 목욕 가운을 입고 서재로 들어갔고, 풀려고 했던 물리 문제에 두 시간 동안 몰두하다가 정확히 7시 30분부터 출근 준비를 했다. 그는 자명종 시계를 사용하지 않았지만 뇌 속에 정확한 시간 감각을 갖고 있었다. 아침 식사를 빠르게 마치고 8시 정각에 아파트를 나섰다. 그는 이탈리아인이 '정찬'이라고 부르는 점심 식사를 위해 오후 1시에 집으로 돌아오고, 두 시간 동안 독서를 하거나 테니스를 치다가 3시에 연구실로 돌아갔고, 저녁 8시에 집으로 돌아와 간단히 저녁 식사를 했다. 9시 30분쯤에는 꾸벅꾸벅 졸지만 반드시 10시가 넘어야 잠자리에 들었다. 다음 날 아침 5시 30분에 같은 일과가 다시 시작됐다. 로마 대학교 시절에 몸에 익힌 이 엄격한 일과가 흔들리려면 매우 중요한 일이 있어야 했다. 우리는 적어도 두 경우는 알고 있다. 1934년 10월에 느린중성자를 발견할 때와 1942년 12월에 시카고에서 최초의 원자로를 가동할 때 그는 계속 실험하기를 거부하고 중단했고, 동료들과 함께 문명화된 식사를 누릴 수 있었다.

그를 아는 모든 사람은 그의 규칙적인 습관을 잘 알았고, 세그레는 그를 이탈리아 관료 같은 사람으로 묘사하기도 했다. 세그레가 옳았을 수도 있지만, 페르미가 일상생활을 그렇게 조직한 것은 그저 그의 깔끔한 사고가 반영된 것이었다. 그러한 정돈된 습관을 일부 동료들은 창의력이나 상상력의 부족으로 오해했을지라도, 페르미가 다른 방식으로 살거나 다른 방식으로 그의 업적을 이루는 일을 상상하기는 어렵다.

라우라 페르미가 신혼여행 때 맥스웰 방정식을 배운 것이 자기가 물리학을 공부한 마지막이었다고 한 말이 완전히 맞지는 않다. 평생 동안 그녀는 일반적으로 남편의 일에 대해서는 관대하게 양보했고, 남편이 정확히 어떤 연구를 하고 있는지 관심이 없었다. 그녀는 남편의 중요한 기여를 불분명하게 설명하기도 했다. 그녀는 맨해튼 프로젝트에서 남편이 얼마나 중요한 일을 했는지 충분히 알 수 있었는데도 한마디도 묻지 않았고, 전쟁이 끝난 뒤에야 알게 되었다. 그러나, 부부가 과학으로 협력했던 일이 하나 있었다.

결혼을 한 페르미는 대학교에서 나오는 다소 빈약한 수입을 보충하기로 결심했다. 결국 그는 자신과 가족을 어떤 기준으로도 편안하게 부양할 수 있는 다양한 수입원을 찾아내게 되지만, 1928년 당시에는 더 많은 수입을 얻는 가장 효과적인 방법이 리체오 학생들의 물리학 교과서를 쓰는 것이라고 생각했다. 그는 라우라에게 이 일을 함께하자고 했다. 남편이 구술하면 아내가 받아서서 깨끗한 원고를 작성하는 것이다. 그녀의 지적 수준과 걸출한 남편에게 위축되지 않는 기질로 보아, 그녀가 비판해야 마땅하다고 느낄 때 감히 비판한 것에 놀랄 사람은 아무도 없을 것이다. 페르미에게 명백해 보이는 점이 그녀에게 항상 명백해 보이지는 않았고, 그녀는 이런 것들을 지적했다. 설왕설래가 이어졌고, 그 결과는 교과서를 읽는 학생에게 큰 도움이 되었다.

페르미의 생각이 라우라의 펜과 타자기를 통해 두 권의 책으로 출판되기까지 여러 해가 걸렸다. 대부분의 작업이 그녀의 숙부의 토스카나 별장에서 주말과 여름휴가 동안에 이루어졌고, 거기에서 조용한 고립을 이용해서 진도를 나갔다. 드디어 《물리학Fisica》이 나왔고, 고등학생을 위한 주요 물리학 교과서로 전국적으로 채택되었다. 전쟁이 끝난 뒤에는 에도아르도 아말디가 이 책의 개정 책임을 맡았다.

라우라는 자기가 글쓰기를 좋아한다는 것을 깨달았고, 절친한 친구 지네스트라 아말디와 함께 또 다른 책을 썼다. 1936년에 일반 대중을 대상으로 출판된《우리 시대의 연금술Alchimia del Tempo Nostro》은 현대물리학 이야기로, 방사능의 발견과 원자핵에 대한 이해를 높인 각각의 남편들의 연구를 다루었다.[11] 이 책은 남편들의 명성과 오르소 마리오 코르비노가 서문에 쓴 화려한 상찬에 힘입어 성공했다.

물리학의 세계는 국제적이고, 자기 분야의 최신 동향을 따라가고자 하는 물리학자라면 학술회의, 토론회, 여름학교, 실험실, 대학(사실상 물리학의 발전에 대해 토론하고 분석하는 모든 곳)을 찾아 전 세계를 여행해야 한다. 이런 사정은 오늘날에도 마찬가지이지만, 인터넷과 즉각적인 전자 통신이 나오기 전인 페르미 시대에는 여행이 중요한 정도가 아니라 필수적이었다.

페르미는 미국으로 완전히 이주하기 전에 최소한 다섯 번 미국을 방문했고, 앤아버, 스탠퍼드, 버클리, 컬럼비아 등에서 여름 일정을 보냈다. 이것은 비슷한 생각을 가진 과학자들이 새로운 발견과 새로운 아이디어를 열정적으로 공유하는 강력한 네트워크를 개발할 수 있는 기회였다. 그는 또한 미국과 그 넓은 공간, 사교적인 사람들, 낙관주의와 개방성 등 자기 나라 이탈리아의 전통에 얽매인 문화와 대비되는 모든 것을 사랑하게 되었다. 그는 첫 번째 여행만 라우라와 함께했다. 그다음 해부터 라우라는 대개 그가 여름 여행을 하는 동안 집에 있었는데, 어린 자녀들을 돌봐야 했기 때문이기도 했고, 적어도 그녀가 처음에는 미국을 좋아하지 않았기 때문이기도 했다.

1930년 여름에 페르미는 미시간 대학교에서 열리는 이론물리학 국제 여름 심포지엄에 초대되었다. 그의 네덜란드 친구 새뮤얼 가우스밋과 조지 울런벡은 1920년대 후반에 앤아버에 와서 심포지엄의 조직을 맡았고, 으뜸가는 유럽 연사들을 캠퍼스로 불러와서 여름을 이용하여 이론물리학의 주요 센터를 만들었다. 이 노력은 결실을 맺어서 1941년에 전쟁으로 여름학교를 더 이상 계속할 수 없게 되었을 때에는 하이젠베르크, 파울리, 보어, 로런스Ernest Lawrence, 위그너Eugene Wigner와 같은 세계 최고의 물리학자들이 강의를 한 다음이었다.[12] 이 두 네덜란드 사람은 페르미를 1930년 회의에 초청했는데, 그는 이 모임에 총 다섯 번 참석했다.[13] 페르미는 첫 초청에서 디랙의 양자전기역학을 명료하고 접근하기 쉬운 방식으로 해석하는 주요 논문을 발표하기로 결정했다.

당시에 페르미의 영어는 그리 유창하지 않았다. 여러 해 동안 그는 미국과 영국의 과학자들이 출간한 논문을 읽을 만큼 영어를 익혔지만, 약간의 교육이 필요하다는 것을 깨닫고 그에게 자연스러운 일을 했다. 그는 도서관에 가서 잭 런던의 소설 10편을 빌려서 이탈리아어 사전을 옆에 끼고 읽었다. 라우라는 공식 교육에서 영어를 배워서, 여행 전에 다시 영어 실력을 점검할 필요는 없다고 생각했다.

앤아버로 가는 여행에서 첫 경유지인 뉴욕에 도착했을 때 그들이 얼마나 영어가 부족한지 깨달은 것은 놀라운 일이 아니다.

라우라는 언어 문제로 상당히 힘들기도 했지만, 더 곤란한 것은 뉴욕시에서 느낀 첫 인상이었다. 도시의 압도적인 크기, 수직으로 뻗은 마천루, 소음, 민족·인종·언어·문화의 잡탕, 지저분한 거리, 여름의 천둥 번개와 폭풍, 구하기조차 힘든 와인(페르미는 결코 술을 많이 마시지 않았지만, 미국은 금주법이 시행 중이었고, 와인을 조금이라도 마시려면 밀주 판매소에 가야 했다). 이 모든 것이 심대하게 부정적인 인상을 남겼다. 그녀는 세계에서 가장 오래되고 아름다운 도시의 유복한 환경 속에서 태어나고 자랐다. 그녀도 도시 사람이었지만 국제적인 분위기에 익숙하지 않았고, 뉴욕의 사교적이고 시끌벅적한 매력을 좋아하지 않았다.

앤아버는 완전히 다른 경험이었다. 이미 미국 최고의 연구 기관 중 하나가 된 이 대학교의 고전적인 캠퍼스는 매력적이고 조용한 중서부 도시에서 광대한 공원과 숲이 가까운 곳에 자리하고 있었다. 여름학교에서 그녀는 함께 어울릴 유럽 사람들을 만날 수 있었다. 가우스밋과 울런벡은 모두 아내가 젊었고, 그들은 라우라가 말했듯이 "미국화"되어가고 있었지만, 라우라가 어울리기 편할 만큼 충분히 유럽 사람이었다. 두 네덜란드인은 페르미의 강연에서 약간의 재미를 보고 싶은 유혹을 견딜 수 없었다. 그들은 여름 동안 페르미가 가르치는 강의실 뒤에 앉아서 주의 깊게 메모하고, 문법과 발음을 교정해주겠다고 약속했다. 그러나 페르미의 발음 중에서 어떤 단어들은 틀렸지만 우아하게 들렸고, 그런 말에 대해서는 발음을 고쳐주지 않았다.[14]

페르미는 그곳에서의 시간을 좋아했고, 전쟁이 일어나기 전에 몇 번더 그곳을 방문했다. 하지만 라우라는 여전히 미국이 자기에게 맞지 않는다고 생각했다. 그녀는 미국 문화의 '원시적인' 본능, 현상금 사냥꾼의 전통으로 대변되는 단점을 꺼렸다. 그녀는 이렇게 말했다.

> 불쌍한 아내를 집에 두고 남편들만 만찬에 가거나, 아내들이 식사를 준비해야 해서 불쌍한 아내가 똑같이 불쌍한 다른 낯선 아내들 틈에 끼어 알아듣지도 못하는 이상한 말을 들으면서 힘센 남편의 도움을

받지 못하는, 이런 미국인들의 성 분리는 인간의 감정에 대한 이해가 부족해 보인다.[15]

그녀가 여행을 싫어했거나 외국 문화에 반감이 있었던 것은 아니다. 1934년에 부부는 아르헨티나와 브라질에서 여름을 보냈고, 페르미의 강연은 빈 자리가 없어서 사람들이 서서 들을 정도로 인기가 많았다. 그녀는 이 여행을 좋아했다.[16] 미국 문화에는 그녀가 싫어하는 무언가가 확실히 있었다. 물론, 그녀의 태도는 나중에 변하게 된다. 2차대전이 끝난 뒤에도 미국에 남아 있기로 한 것은 남편이 내린 결정일지 모르지만, 1954년에 남편이 죽은 뒤에도 계속 시카고에서 1977년까지 살다 죽은 것은 라우라 자신의 결정이었고, 시간이 지나면서 그녀는 점점 더 미국을 편안하게 느꼈다.

그러나 그러기까지 미국에 대한 그녀의 태도는 결혼 생활의 갈등의 원인이었을 수도 있다. 페르미는 미국 문화에 열광했다. 그는 북유럽의 여러 동료와 달리 고급 유럽 문화를 탐닉하지 않았다. 그는 리체오 학생일 때 고전문학을 읽었지만, 그의 인문 교육은 거기에서 끝났다. 그는 대학에 들어간 뒤로는 오로지 물리학만 공부했다. 미국인 물리학자 동료들 중에서도 많은 사람이 고급문화를 흡수했는데, 대표적인 예가 로버트 오펜하이머였다. 그러나 페르미는 과장된 학식 없이도 미국의 지적 엘리트들에게 존경을 받을 수 있었다. 그는 서열이 조금 느슨하고 전통을 중시하지 않는 경향과 개방성을 좋아했다. 그가 과학에서 특별히 민주주의적이지는 않았다. 나중에 동료가 되는 루이스 앨버레즈Luis Alvarez가 말했듯이, "물리학에 민주주의는 없다. 우리는 어떤 2등급 인물의 의견이 페르미의 의견과 동등하다고 말할 수 없다."[17] 하지만 페르미는 나이 든 사람이라고 무조건 존중하지는 않는 분위기를 좋아했다.

　게다가 이탈리아 학자 조반니 바티멜리Giovanni Battimelli가 강조했듯이 미국은 이탈리아보다 훨씬 부유해서 이탈리아에서는 시도할 엄두도 못 낼 연구에도 자금을 지원했다.[18] 페르미가 버클리를 방문해서 근사한 사이클로트론 가속기를 보았다면 부러워서 거의 정신이 나갔을 것이다. 그는 연구비가 부족한 이탈리아 과학계에서도 언제나 선두에 설 능력이 있다는 자부심에 차 있었다. 그러면서도 그는 미국의 몇몇 대학교에서라면 연구하기가 더 쉽다는 것을 알았다.

　끝으로 그는 야외 활동을 좋아했는데, 이탈리아에서도 많은 것을 할 수 있었지만 미국의 드넓은 공간에 깊이 끌렸다.

　그는 분명히 미국으로 이주하기를 원했고, 미국의 어떤 대학교라도 페르미가 교수로 오겠다면 환영했을 것이다. 그는 라우라와 이 문제로 여러 번 이야기를 나누었다. 아마도 그녀 없이 혼자 미국에 갔다가 돌아올 때마다 이야기를 꺼냈을 것이다. 그녀는 반대했다. 그녀는 미국에서 거의 매력을 발견하지 못했고, 고향인 로마를 사랑했다. 그녀는 로마 구석구석을 잘 알았고, 친구들도 로마에 있었다. 도대체 떠나야 할 이유가 무엇인가? 사실, 파시스트 정권은 혐오스러웠지만 남편의 연구에는 결코 간섭하지 않았고, 도리어 연구를 장려했다. 그녀에게도 간섭하지 않았다. 적어도 1938년까지는. 그녀의 아버지는 유명한 장교였고 정권의 반대자가 아니었다. 무솔리니가 히틀러의 압력으로 반유대법을 실시하게 되는 것은 아주 먼 미래의 일이었고, 문화적 또는 정치적 반유대주의는 이탈리아에서 거의 알려지지도 않은 상태였다. 다만 무솔리니가 바티칸과의 관계를 규정한 1929년 라테란 협약 때문에 이탈리아 정부와 유대인들의 사이가 점점 틀어지게 된다. 명백히, 당시에 존재했던 반유대

주의는 라우라의 주변이나 남편이 여행하던 곳의 유명한 지식인들에게
까지는 영향을 주지 못했다. 엔리코가 로마를 떠나 미국으로 가자고 말
을 꺼낼 때마다 라우라는 반대했다. 아니야, 우리는 로마에 살아야 해.

1931년 1월 31일에 딸이 태어났고, 부부는 넬라라는 이름을 지어주
었다. 처음으로 엄마가 된 라우라를 위해 주변에서 많은 도움을 주었지
만, 남편은 육아에 거의 도움이 되지 않았다. 라우라는 가사의 부담을
지지 않는 전문직 여성이 되고 싶어했지만, 집안일을 도맡아 하는 전통
적인 어머니와 가정주부의 역할을 선뜻 받아들였다. 그러나 그녀의 남
편은 갓난아기와 함께하는 데 서툴렀다. 라우라에 따르면, 엔리코는 말
도 통하지 않고 자기가 좋아하는 활동도 함께할 수 없는 이 새로운 개인
을 자기 인생에서 어떻게 받아들여야 할지 어찌할 바를 몰랐다. 그는 자
기 딸을 베스티올리나bestiolina, 작은 짐승이라고 부르기도 했다. 넬라의
겉모습은 엄마보다 아빠를 더 닮았고, 유전학에 대한 잘못된 확신을 가
진 라우라는 딸이 아빠의 지적 능력까지 물려받을 것이라고 생각했다.
넬라가 평범하고 호기심 많고 행복한 아이인 듯하고, 수학과 과학에 거
의 관심을 보이지 않자 라우라는 실망을 숨기지 못했다.

5년 뒤인 1936년 2월 16일에 동생 줄리오가 태어났는데, 무솔리니가
실패로 끝날 에티오피아 침공을 감행하던 시기였다. 5년 동안 딸을 키
운 경험이 쌓인 라우라는 아들에게는 조금 더 친절했다. 그녀는 그를 강
하고 시끄러운 아이라고 말했다. 엔리코는 이 아이에게 죽은 형을 기리
는 이름을 주었지만, 딸에게 보였던 것 이상의 관심을 주었다는 증거는
거의 없다.

엔리코도 라우라도 이상적인 부모는 아니었다. 라우라는 회고록에서
아이들이 태어났을 때를 다룬 장에 '아이들을 키우지 않는 방법'이라는

자기 비하적인 제목을 붙여서 자기가 좋은 부모가 아니었다고 사실상 인정했다. 그러나 그 시대의 기준으로 볼 때 그들이 특히 나쁜 부모라고 볼 수도 없다. 어머니와 아버지가 모두 정신적인 삶을 추구했고, 둘 다 아이를 잘 기르는 방법에 대해 저절로 진지하게 생각하게 되진 않았다. 그들은 아기가 어린이로 자랄 때까지 일손을 빌릴 자원이 있었다는 점에서 운이 좋았다. 2차대전이 끝난 뒤의 엔리코의 명성과 더불어 부모의 감정적이고 심리적인 거리는 남매에게 큰 타격을 입혔지만, 그들은 이 시절과 그 뒤로도 아이들에게 넉넉한 환경을 제공했다.

페르미의 가정생활은 틀에 박힌 일상의 반복이었다. 그 자신의 하루

그레소네이 라 트리니테 스키 산장에서의 점심 식사. 왼쪽부터 안토니오 로스타니Antonio Rostagni, 글레프 와타긴, 페르시코, 페르미, 마리아 로스타니Maria Rostagni, 1932년. (로마 사피엔차 대학교 물리학과, 아말디 기록 보관소 제공)

일과, 매년 돌아오는 여름휴가, 라우라의 숙부가 소유한 토스카나 시골 별장으로의 정기적인 여행, 산에 머무르는 겨울 스키 여행과 함께 페르미의 학문적인 삶은 계속 돌아갔다. 페르미는 점점 더 유명해지고 물리학계에서 지명도가 높아지면서 파시즘 체제에 마지못해 봉사할 수밖에 없었고, 분명히 더 큰 방해를 받았지만, 그의 생활은 크게 봤을 때 잘 정돈된 부르주아의 삶이었고, 가정극이나 심리극 같은 요소는 거의 없었다. 이 시절에 있었던 모든 교란은 페르미의 연구에 관련된 것이었고, 세계적인 물리학 연구 기관을 만들어가면서 자신의 주요 발견을 해내려는 노력에 국한되었다.

⑦

로마 학파

코르비노의 후원으로 1927년에서 1934년 사이에 페르미는 젊고 역동적인 교수들과 학생들을 모아서 마침내 로마 대학교 물리학과를 중요한 핵물리학 연구 센터로 바꿔놓았다. 집중적인 관심과 연구의 대상이었던 물리학의 '로마 학파'[1]의 특징은 다음과 같았다. 이론과 실험의 균형, 전문 지식의 체계적인 개발, 결과를 발표할 때는 날카로운 눈과 결합한 신중한 보수주의, 형이상학적 또는 철학적 질문에 대한 무관심, 모든 연구에서 강조하는 경험적 접근, 크게 다른 성격과 기질의 구성원들이 협력하여 중요한 결과를 얻는 분업 등이 그것이다.[2]

그러나 1935년부터 이 그룹은 무너지기 시작했다. 점점 더 악화된 정치 상황도 한 가지 요인이었고, 재정적 한계로 외국으로 떠나는 것이 더 매력적이었던 점도 한몫했다. 그럼에도 불구하고, 1935년 이전까지의 결정적인 시기에 로마 그룹은 물리학 세계에 지워지지 않을 흔적을 남겼다.

오르소 마리오 코르비노. (스튜디오 다르테 룩사르도 사진. 로마 사피엔차 대학교 물리학과 아말디 기록 보관소, 미국 물리학 연구소 에밀리오 세그레 시각 자료 보관소 제공)

로마 대학교 이론물리학 교수 시절의 젊은 엔리코 페르미. (로마 사피엔차 대학교 물리학과 아말디 기록 보관소 제공)

이 기간 동안에 페르미는 이 그룹의 명백한 지도자였다. 페르미에게는 기쁘게도, 그의 "사도들"이 페르미를 "일 파파(교황)"라고 불렀던 것이 이 사실을 잘 말해준다. 까다로운 물리 문제를 풀 때 그가 거의 틀린 적이 없기 때문에 그렇게 불린 것만은 아니다. 로마 대학교 시절에 페르미의 학생들 중에서 에토레 마요라나는 페르미보다 더 영특하지 않았는지는 모르지만, 적어도 페르미만큼 똑똑했다. 그러나 아무도 그를 교황이라고 부르지 않았는데, 그가 매우 뛰어나기는 했지만 지도자는 아니었기 때문이다. 페르미는 만나는 모든 사람에게 명백한 카리스마와 흡인력을 보였다. 그는 물리학 세계의 어떤 지도자보다도 더 자연스러운 지도자였다. 페르미가 야외 활동, 하이킹, 바닷가에서 보내는 오후를 지휘했을 때 '로그들'이 느꼈던 것과 같은 흡인력이 로마 학파의 학생과 연구원에게 작용했다.

그러나 페르미가 처음 로마로 돌아왔을 때는 그를 따를 사람이 아무도 없었다. 코르비노와 페르미는 학과를 만들기 위해서는 학생들이 필요하다는 것을 이해했지만, 학생들은 물리학과에 오기 위해 줄을 서 있지 않았다. 이탈리아의 대학교에서는 공학이 인기였고 더 권위가 있었다. 공학은 전문적이고, 현대적이며, 안정적인 직업도 얻을 수 있었다. 물리학은 약간 달라서, 더 전문적이었고, 더 도전적이었고, 아마도 조금 덜 실용적이었고, 직업 전망은 일반적으로 교직에만 국한되어 있었다. 능력이 뛰어난 학생들은 물리학을 선택하지 않았고, 물리학을 선택한 학생들은 결국 지루한 구식 물리학자가 되었다. 페르미가 도착하자 코르비노는 공학 전공 학생들 중에서 몇 사람을 물리학과로 데려올 수 있다고 생각했다.

물리학으로 넘어온 첫 번째 학생은 에밀리오 세그레라는 젊은 공학도였다. 세그레와 페르미의 관계에서 우리는 페르미를 살롱에 기꺼이 받아들였던 지적인 이탈리아 유대인 공동체의 영향력을 본다. 페르미보다 겨우 몇 년 어린 세그레는 1905년에 로마 교외의 세파르디 유대인 가정에서 태어났다. 그의 아버지는 번창하는 제지 공장을 소유했고, 가족은 부르주아의 안락한 삶을 누렸다. 세그레는 늘 물리학에 관심이 있었지만 취향이 실용적이고 물리학에 대한 영감이 없어서 1924년에 로마 대학교 공과대학에 입학했다. 그러나 그는 페르미가 피렌체 대학교로 가기 전에 로마 대학교에 잠깐 있을 때 강의한 수리물리학 강좌를 수강했고, 페르미의 뛰어난 강의와 독창적인 사고력을 알아보았다. 페르미가 떠나자 그는 바로 공학 공부로 돌아갔다.

공통의 친구를 통해 세그레를 만났던 라세티는 1927년 봄 세그레에게 페르미가 로마로 돌아온다고 알려주었다. 세그레는 개인적으로 소개해달라고 부탁했다. 곧 페르미와 세그레는 여름 내내 시골에서 하이킹을 하면서 격의 없이 어울리게 되었다. 페르미는 세그레를 부드럽게 탐색하면서 그의 능력을 시험했고, 세그레는 페르미의 질문에 답하기 위해 최선을 다했다. 세그레는 단단히 준비되어 있지는 않았지만, 페르미의 비공식 시험에 통과했다. 그도 열렬한 야외 활동 애호가였다는 사실이 시험에 방해가 되지는 않았을 것이다.

페르미는 세그레가 1927년의 코모 학술회의에 참석하게끔 했고, 세그레는 보어, 하이젠베르크, 파울리, 플랑크, 조머펠트와 같은 거장들이 물리학 분야의 새로운 발전에 관해 토론하는 것을 보고 영감을 얻었다.[3] 세그레는 로마로 돌아와서 공학에서 물리학으로 옮기기로 마음을 먹었다. 페르미는 첫 번째 학생을 얻었다.

학생 한 명으로 학파를 이룰 수는 없었다. 코르비노와 페르미 둘 다 이 점을 잘 알고 있었고, 코르비노는 로마에서 1927년 가을 학기가 시작될 때 학생 몇 명을 물리학과에 받아들이기로 했다. 공학 전공의 학생들에게 물리학과에 한두 자리가 있고, 코르비노가 능력 있는 지원자의 전과를 받아준다는 공고가 나갔다. 한 학생만 신청했다. 우연히도 그는 젊고 천사 같은 에도아르도 아말디, 페르미가 카스텔누오보의 살롱에서 만났고 '로그들'의 창립 멤버였던 바로 그 에도아르도 아말디였다.

세 번째로 들어온 학생은 코르비노나 라세티가 아니라 세그레가 소개한 학생으로, 그의 이름은 에토레 마요라나였다. 어둡고 조용한 청년이었던 그는 볼로냐 대학교의 유명한 실험물리학자 퀴리노 마요라나Quirino Majorana의 조카였다. 퀴리노는 페르미가 1위를 차지한 로마 대학교 교수 채용 때의 심사위원이기도 했다. 에토레는 공학을 전공하면서 세그레와 친해졌다. 세그레는 마요라나의 뛰어난 수학 실력이 공학에서는 크게 빛을 볼 수 없다고 생각했고, 물리학과에 들어오도록 설득했다.

코르비노는 그해 일찍이 라세티를 그의 특별 조수이자 로마 그룹에 실험에 관련된 전문 지식을 알려줄 최고의 물리학자로서 로마 대학교로 데려왔다. 라세티는 분광학 실험에서 특히 강했는데, 당시에 분광학은 실험물리학의 중심적인 주제였다. 로마 대학교 교수 채용에서 2위를 차지한 페르시코는 피렌체 대학교로 갔다. 페르미는 피사 대학교 시절의 친구 라세티와 기쁘게 재회했다. 물론 페르미는 더 오래된 친구 페르시코를 그리워했지만, 페르시코는 파니스페르나의 이 팀을 방문하기 위해 자주 로마로 왔다.

이제 로마 학파의 핵심이 어느 정도 갖춰졌다. 페르미, 라세티, 세그레, 아말디, 마요라나가 그 주인공들이었다. 시간이 지나면서 다른 사람들도 그룹에 들어왔다. 이 그룹은 나중에 뿔뿔이 흩어지면서 결국 해체되지만, 1927년 후반에서 1928년 초반 사이에 로마 학파가 탄생했다.

세그레, 마요라나, 아말디는 모두 물리학에 열정적이었고, 각각 자신의 방식대로 훌륭했다. 세 학생은 모두 최고의 물리학자와 함께 연구하는 것이 얼마나 특별한 기회인지 잘 알았다. 누가 이 그룹을 이끄는지에 대해서는 의문의 여지가 없었다. 이러한 공통점을 제외하면, 세 사람은 더 이상 다를 수 없을 정도였다.

세그레는 완전히 실용적인 사람이었고, 사업가로서의 수완을 아버지에게서 물려받았다. 그는 또한 기질이 불같아서 " 흘끗 쳐다보는 것만으로 사람을 죽일 수 있다는 전설의 동물인 '바실리스크'라는 별명을 얻었다. 그는 또한 재능 있는 실험물리학자여서, 나중에 반양성자 발견의 공로로 페르미의 미국 시절 제자 오언 체임벌린Owen Chamberlain과 함께 노벨상을 받았다.

그룹에서 가장 똑똑한 사람은 마요라나였고, 그는 어떤 면에서 페르미보다 더 똑똑했다고 한다.[5] 그의 강점은 수학이었고, 복잡한 계산을 페르미보다 더 빨리 해내기도 했다. 로마 그룹 중에서는 독특하게 조용하고 내향적이었고, 홀로 연구하는 시간이 많았다. 로마 학파의 전반적인 분위기는 매우 사교적이었으니, 이런 면에서 그는 다른 사람들과 달랐다.

아말디는 그룹의 막내였고, 사교적이고 외향적이었으며, 세그레처럼 야외 활동을 열광적으로 즐겼다. 실험에 강한 물리학자로 성장해 나중에는 페르미의 실험 조수 역할을 맡게 된다. 그는 어린 시절부터 페르미를 알았고, 1933년에 지네스트라 조베네와 결혼하면서 페르미와 훨씬 더 가까워진다. 신부가 금방 라우라 페르미의 가장 친한 친구가 되었기 때문이다.

이 학생들의 교육 과정은 다른 어떤 대학교와도 달랐고, 그 자체가 로마 학파의 특징이었다. 가르치는 방식은 페르미가 학생 각자에게 직접 영향을 남길 수 있게 했다. 물리학의 모든 표준 주제를 다루는 대학교 강의들이 있었지만, 페르미의 학생들은 이런 강의에 출석할 필요가 없었다. 대신에 그들은 페르미의 사무실에서 열린 사적인 세미나에 참석했다. 페르미의 공식 강의는 다른 학위 과정 학생들을 위한 것이었다. 오후에 열리는 페르미의 세미나에 참석하는 사람들은 주로 물리학 전공 학생들이었지만, 다른 사람들도 가끔 초대를 받았다. 로마 대학교의 일반과학 과정 학생이었던 지네스트라 조베네도 그중 한 사람이었고, 그녀가 미래의 남편 에도아르도를 만난 것도 이 세미나에서였다. 또 한 사람은 가브리엘로 잔니니Gabriello Giannini라는 젊은이로, 후에 그는 미국에서 성공적인 기업주이자 사업가가 되었으며, 느린중성자에 관련된 발견에 대한 복잡한 국제 특허 절차에서 로마 그룹을 이끌었다.

이 사적인 세미나가 로마 물리 교육의 중심이었다. 세그레의 다음 설명은 페르미가 가르쳤던 방식과 이 그룹이 단단하게 결속될 수 있었던 비밀에 대해 많은 것을 말해준다.

페르미의 세미나는 항상 즉흥적이고 격식이 없었다. 늦은 오후에 그의 연구실에 모여서 이야기를 나누다 보면 자연스럽게 그의 강의로 이어진다. 예를 들어 모세관 현상에 대해 어떤 것이 알려져 있는지 이야기가 나오면 페르미는 즉석에서 아름다운 강의를 해낸다. 그는 마치 모세관 현상에 대해 세심하게 준비한 것처럼 좋은 강연을 펼친다. 그 시절에 내 필기 노트에는 흑체 복사, 기체의 점성, 파동역학(슈뢰딩거 방정식을 설명함), 텐서 해석, 빛의 분산 이론, 가우스 곡선, 한층 높은 수준의 양자역학, 디랙의 스핀 이론 등이 적혀 있다. 이런 방식으로 우리는 미국 대학의 대학원 기초 과정쯤 되는 수준의 여러 주제를 공부했다. 때로는 토론이 더 높은 수준으로 올라가서 페르미가 최근에 읽은 논문에 대해 설명할 때도 있었다. 이런 방식으로 우리는 슈뢰딩거와 디랙의 유명한 논문 몇 편을 나오자마자 깊이 이해하게 되었다. **우리에게는 정규 과정 같은 것이 전혀 없었다.** 우리가 아무것도 모르는 분야에 대해 페르미에게 물어보면, 그는 읽어볼 만한 좋은 책을 추천해주고 더 이상 설명해주지 않았다. 내가 열역학을 좀 가르쳐달라고 부탁하자, 플랑크의 책을 읽으라고 했다. 그러나 그가 추천해준 책이 언제나 가장 좋은 선택은 아니었는데, 페르미는 자기가 공부해본 책만 추천해주었기 때문이다. 그런 책은 교육적으로 최고라기보다는 단지 피사 대학교 도서관에서 그의 눈에 띄었을 수도 있었던 것이다. 강의가 끝난 뒤에 우리는 노트 필기를 하고 그가 내준 문제를 풀거나(또는 풀려고 열심히 노력하거나), 우리 자신이 생각해 낸 문제를 풀기도 했다.[6]

지네스트라에 따르면,[7] 페르미는 "다른 사람들에게 문제를 내고 칠판 위에 풀었고, 목소리와 분필로 쓰는 소리를 크게 울리며 설명할 때, 이성적인 정신이 어떻게 추론하는지, 어떻게 우연적인 요소를 배제하고 핵심적인 요소에만 집중하는지, 알려진 사실과의 유비가 알려지지 않은 것을 명료하게 하는 데 얼마나 도움이 되는지 보여주었고" 학생들은 이 세미나에서 많은 것을 배웠다.

이 세미나에서 페르미는 물리학 이상의 것을 가르쳤다. 그는 학생들에게 자기가 생각하는 방식을 가르쳤고, 문제를 해결하는 데 관련이 없는 요인들을 잘라내고, 가장 간단한 해결책에 도달하기 위해 문제의 핵심에 집중하는 방법을 가르쳤다. 세그레에 따르면, 페르미는 문제를 풀때 천천히 일정하게 공격했고, 계산이 쉬울 때도 결코 속도를 내지 않고, 방정식이 까다로워도 속도를 늦추지 않았다. 그 모습은 마치 도로를 다지는 증기 롤러 같아서, "천천히 움직이지만 장애물이 없었다. 최종 결과는 항상 명료했고, 모든 것이 너무나 단순하고 자연스러워서 왜 오래전에 알려지지 않았는지 의아해질 때가 많았다".[8] 이 신중하고 얼마간 답답할 정도로 천천히 일정하게 문제를 공략하는 방식은 동시대의 다른 물리학자들이 거의 언제나 사용했던, 쉬운 단계를 건너뛰고 어려운 단계에 집중하는 방법보다 더 깊은 이해에 도달하게 했다.

페르미, 라세티, 세그레, 아말디는 개인적으로도 매우 친해졌다. 나중에 라우라 페르미는 다음과 같이 썼다.

> 네 사람 중에 둘은 선생이고 둘은 학생이었다. 네 사람 다 젊어서, 나이가 가장 많은 사람과 가장 어린 사람의 나이 차이가 일곱 살에 불과했다. 그들은 모두 운동을 좋아해서 근처 바닷가에서 헤엄을 치고, 산에 오르고, 장거리 하이킹을 하고, 테니스를 쳤다.[9]

그들은 또한 "장난기가 많고 농담을 좋아해서 진지한 연구 중에도 장난과 농담을 즐겼다".[10] 지네스트라가 이 사적인 세미나에 처음 왔을 때 페르미는 자기들이 '2리라'라는 게임을 즐긴다고 말했다.[11] 이 게임에서는 누구나 다른 누군가에게 질문할 수 있다. 질문을 받은 사람이 대답하지 못하면, 그는 질문한 사람에게 1리라를 주어야 한다. 그러나 질문한 사람이 자기 질문에 답하지 못하면, 그는 질문을 받은 사람에게 2리라를 주어야 한다. 에도아르도 아말디가 질문을 던져 지네스트라를 당황하고 어리둥절하게 만들었다. 주석이 올리브유보다 끓는점이 낮은데 어떻게 주석을 입힌 프라이팬 위에서 올리브유가 끓을 수 있는가? 지네스트라는 분명히 혼란에 빠졌지만 스스로 충분히 생각해서 답을 찾아냈다. 그녀는 올리브유로 요리를 할 때 실제로 기름이 끓는 것이 아니라, 음식에 들어 있는 물이 끓는 것이라고 설명했다. 이것은 올바른 대답이었고, 그날은 돈이 오가지 않았다.

이때쯤에 그들은 파니스페르나가의 청년들이라고 불렸고, 각자 별명을 얻었다. 페르미는 일 파파Il Papa(교황)였고, 코르비노는 일 파드레테르노il Padreterno(영원한 아버지)가 되었다. 라세티는 교황의 오른팔인 카르디날레 비카리오Cardinale Vicario(총대리 추기경)가 되었다. 페르시코는 프레페토 디 프로파간다 페데Prefetto di Propaganda Fede(선교대장)였고, 그의 임무는 양자역학의 복음을 전도하는 것이었다. 세그레는 일 바실리스코Il Basilisco(바실리스크)라는 별명으로 불렀다. 아말디는 조금 어렸기 때문에 라바테l'Abate(대수도원장)가 되었다. 1933년에 젊은 브루노 폰테코르보Bruno Pontecorvo가 들어왔고, 그는 자신의 지위에 어울리게 일 쿠촐로il Cucciolo(강아지)라는 별명을 얻었다.

그룹의 구성원들(대개 마요라나를 빼고)은 주말이면 함께 로마 주변의 언덕에서 하이킹을 하거나 오스티아 해변에서 일광욕을 했다. 그들은 이탈리아 알프스에서 스키 휴가를 함께 즐겼으며, 정기적으로 함께 식사를 했다. 이전의 '로그들'과 마찬가지로, 그들은 절친한 친구들의 동아리가 되었고, 페르미는 항상 편안하고 격의 없이 친밀하게 이끌어서 집단의 결속을 다졌다. 그들은 '가족'이었다. 그들은 서로 가까워졌고, 모두가 페르미와 라세티가 학생 시절을 함께 보내며 쓰게 된 느리고 깊고 비일상적으로 읊조리는 듯한 어조의 이탈리아어로 말하기 시작했다. 세그레는 그룹 멤버 중 한 사람이 기차를 탔다가 다른 승객이 로마에서 온 물리학자냐고 물어봐서 깜짝 놀란 사연을 이야기한다.[12] 이 페르미의 제자는 그렇다고 대답한 다음에 그 승객에게 어떻게 알았는지 물어보았다. 승객은 말투를 듣고 추측했다고 대답했다.

이런 식으로 로마의 물리학은 재미가 넘쳤다. 마치 페르미가 5년쯤 전에 괴팅겐 대학교에서 물리학의 건조하고 긴장된 분위기를 겪고 나서 완전히 다른 원칙으로 학교를 만들어야겠다고 작심한 것 같았다. 또한 그들에게 물리학은 집단적 노력, 사회적 노력이어서 각자가 맡은 역할이 있었다. 페르미는 사적인 세미나에서 자기가 연구하는 주제에 대해 학생들과 동료 연구원들에게 설명해주기도 했다. 그들은 낮에 물리학에 대해 논쟁했고, 밤과 주말을 함께 보냈다. 그룹은 참으로 가깝게 지냈다.

피렌체 대학교에서는 가르바소가 강하고 젊은 물리학자들을 키우고 있었다. 두 그룹은 서로 방문하고 만나면서 공동 관심사를 토론했다. 이 그룹에는 페르시코 외에도 나중에 우주선의 세계적인 권위자가 된 브루노 로시Bruno Rossi, 파이온이라고 불리는 입자 발견에 중요한 역할을 하는 등 입자물리학에 크게 기여한 주세페 오치알리니Giuseppe Occhialini, 전쟁이 끝난 뒤에 이탈리아 최초의 주요 입자가속기 연구소 건설을 주도했고 스쿠올라 노르말레의 책임자가 된 질베르토 베르나르디니Gilberto Bernardini, 전쟁 뒤에 이스라엘의 물리학 발전을 이끈 이론가 줄리오 라카Giulio Racah가 있었다.

파니스페르나가를 찾아오는 사람은 이탈리아 국내에만 국한되지 않았다. 페르미 그룹이 흥미로운 주제를 재미나게 연구하고 있다는 소문을 듣고 유럽의 젊은 물리학자들이 페르미와 그의 동료들에게 와서 박사후연구원이 되거나 짧게나마 머물기를 원했다. 조머펠트의 제자인 한스 베테는 1년 동안 머물면서 페르미와 좋은 친구가 되었다. 방문객 중에서 나중에 중요한 업적을 낸 사람에는 게오르크 플라체크Georg Placzek, 펠릭스 블로흐Felix Bloch, 루돌프 파이얼스Rudolf Peierls, 새뮤얼 가우스밋, 유진 핀버그Eugene Feenberg가 있다. 헝가리 출신의 젊은 물리학자 에드워드 텔러Edward Teller도 로마 대학교 물리학과를 방문했고, 탁구로 페르미에게 도전했다. 텔러는 의족을 착용했는데도 탁구를 아주 잘 쳐서 언제나 쉽게 이겼고, 페르미는 좌절할 수밖에 없었다.

페르미가 로마에서 새로운 자리에 정착하면서 코르비노와 함께 일찍이 직면한 한 가지 문제는 국제 물리학계에서 이탈리아 물리학의 위상을 높이는 것이었다.[13] 현대의 물리학은 새로운 아이디어의 개발, 정보 교환, 중요한 논쟁을 항상 국제 학술회의에 의존했다. 20세기 초반에는 솔베이 학술회의만큼 중요한 회의가 없었다. 페르미가 로마 대학교 교수가 될 때까지 이 학술회의에 초청된 이탈리아 학자는 아무도 없었다.

솔베이 학술회의는 성공적인 벨기에의 화학공학자이자 자선사업가인 에르네스트 솔베이Ernest Solvay의 아이디어였다. 1911년 10월부터 3년마다 네덜란드 물리학자 헨드릭 로런츠가 조직해서 플랑크, 아인슈타인, 조머펠트, 러더퍼드, 마리 퀴리, 푸앵카레와 같은 최고의 물리학자들을 초청했다. 상대성이론과 양자론과 관련된 초기 쟁점의 대부분이 이 역사적인 회의에서 결론이 나왔다. 1927년 10월 말에 예정된 5차 솔베이 학술회의의 주제는 '전자와 광자'였고, 디랙이 최근에 얻은 빛나는 연구 성과인 전자의 양자론을 포함해서 복잡하고 다양한 발전들을 다룰 예정이었다. 이 학술회의에 초청된 각국의 저명한 물리학자 32명 중에 이탈리아인은 없었다.

이탈리아 학자가 초청되지 않는다는 사실은 이탈리아 물리학의 지도자들에게 몹시 신경이 쓰이는 일이었다. 유명한 마르코니도 초대받지 못했는데, 아마 과학자라기보다 발명가로 여겨졌기 때문일 것이다. 로마 대학교의 코르비노, 피렌체 대학교의 가르바소, 물리학자는 아니지만 아인슈타인의 일반상대성이론에 대한 수학적 틀의 많은 부분을 개발한 레비-치비타가 초청받을 수도 있는 일이었다. 하지만 로런츠는 그들을 모두 무시했다. 이탈리아 물리학자들은 이 분야에서 최고 수준의 대화에 아예 참여할 수 없었다.

소외감을 느낀 코르비노는 판도를 바꿀 만한 아이디어를 생각해냈다. 이탈리아 사람들이 솔베이 학술회의에 초대받지 못한다면, 스스로 학술회의를 열면 된다. 그는 두 가지 주요 자산을 보유하고 있었다. 물론 첫 번째는 페르미였다. 그는 솔베이 학술회의에 초대된 많은 학자에게 이미 잘 알려져 있었다. 다른 하나는 이탈리아 호수의 아름다운 자연이었다. 이탈리아 알프스의 산골짜기에 숨어 있는 아름다운 호수에서 학술회의를 연다면 누구나 참가하고 싶을 것이다. 그는 회의 장소로 코모라는 도시를 선택했다. 전지를 발명한 이탈리아의 유명한 물리학자 알레산드로 볼타Alessandro Volta 서거 100주년은 세계적으로 위대한 물리학자들을 불러 모을 좋은 명분이 되었다.

그의 생각은 그대로 실현되었다. 1927년 9월 중순, 5차 솔베이 학술회의가 열리기 한 달 전에 열린 이 학술회의에는 닐스 보어, 막스 보른, 월터 브래그Walter Bragg, 모리스 드브로이Maurice de Broglie, 베르너 하이젠베르크, 볼프강 파울리, 막스 플랑크, 어니스트 러더퍼드, 아르놀트 조머펠트, 피터르 제이만, 게다가 솔베이 학술회의의 조직자 헨드릭 로런츠도 왔다. 물론 이탈리아인들은 주최자 역할을 하는 코르비노와 페르미를 중심으로 행사를 위해 최선을 다했다.

역사적인 관점에서 볼 때 가장 중요한 발표는 보어의 강연이었다.[14] 그는 상보성 개념에 대한 초기의 생각을 이 자리에서 발표할 기회를 얻었고, 한 달 뒤에 열린 솔베이 학술회의에서 훨씬 더 자세하게 논의를 확장한다. 페르미, 하이젠베르크, 파울리는 논문을 발표하지는 않았지만, 보어의 논문을 비롯해서 양자론과 관련된 다양한 문제에 대해 의견을 제시했다.

사회적인 관점에서, 이 학술회의는 페르미가 이 분야의 위대한 사람들을 많이 접할 수 있는 기회였다. 페르미가 파울리를 처음 만난 것도 이때였다. 하이젠베르크가 재치 있는 말로 배타원리와 관련된 두 사람

왼쪽부터 페르미, 하이젠베르크, 파울리, 코모 호수, 1927년. (프랑코 라세티 촬영. 미국 물리학 연구소 에밀리오 세그레 시각 자료 보관소, 세그레 컬렉션 제공)

을 서로에게 소개해주었다.[15] 라세티는 코모 호수에서 유람선을 함께 탄 젊은 양자 이론가 세 사람의 기념사진을 찍었다. 사진에서 가장 행복해 보이는 사람은 하이젠베르크로, 팔짱을 끼고 얼굴에 웃음을 띠고 있다. 그는 방금 역사적인 소개를 했고, 스스로 매우 흡족했을 것이다. 파울리도 즐거워 보이지만, 페르미는 조금 어색한 표정이다. 숱이 적은 페르미의 머리카락이 바람에 날리는 순간에 사진이 찍혔기 때문인지도 모르겠다. 손님을 접대하는 입장이기도 하고, 동료이기도 경쟁자이기도 한 상황에 페르미의 마음이 조금 어지러웠을 수도 있다. 라세티가 찍은 이 사진은 20세기 물리학의 상징적인 이미지 중 하나이며, 지적 능력이 정점에 있는 위대한 물리학자 세 사람을 보여준다.

오랜 세월이 흐른 뒤에 라세티는 코모 학술회의의 중요성에 대해 언급했다.[16] 이탈리아 물리학자들은 대개 페르미가 얼마나 중요한 인물인지 알아보지 못했고, 이 학술회의에서 조머펠트가 통계역학에 대한 페르미의 연구가 얼마나 큰 영향을 주었는지, 특히 그 연구가 금속 안의 전자 운동을 설명할 수 있음을 강조하면서 알게 되었다는 것이다. 또한 이탈리아 물리학 공동체는 많은 기성 물리학자가 1925~1926년의 새로운 양자론을 채택하기를 거부했기 때문에 이탈리아 물리학이 얼마나 뒤처졌는지를 분명히 깨닫게 되었다. 라세티가 보기에, 이때가 이탈리아가 페르미의 위상을 인식하기 시작한 순간이었다.

불과 한 달 뒤에 열리는 5차 솔베이 학술회의에 페르미를 초청하기에는 너무 늦었고, 코모 학술회의가 솔베이의 주최자에게 얼마나 큰 영향을 주었는지는 명확하지 않지만 1930년, 1933년, 1936년에 열린 솔베이 학술회의에서는 페르미가 초청되었다(제2차세계대전으로 1939년 학술회의는 취소되었다).

페르미의 부임이 로마 대학교 물리학과에서 모든 사람에게 환영받지는 못했다. 특히 나이 든 실험가 안토니노 로 수르도Antonino Lo Surdo는 페르미를 못마땅하게 여겼다. 코르비노와 로 수르도는 앙숙이었고, 페르미가 등장하기 전까지 오랫동안 서로 다투고 있었다.[17] 로 수르도는 몇 가지 중요한 발견을 했지만 1919년 노벨상을 놓쳤는데, 코르비노의 방해 공작 때문일 수 있다.[18] 로 수르도는 이 젊은 천재를 물리학과의 새로운 교수로 임명하는 것에 반감을 품고 있었다.

로 수르도는 노벨상을 받지 못했지만 서양에서 가장 오래된 과학 단체인 린체이 아카데미의 회원이었다.[19] 1603년에 설립되었고, 갈릴레오도 초기 회원이었던 린체이 아카데미는 의심할 바 없이 20세기 초반에 이탈리아에서 가장 권위 있는 과학 단체였다. 페르미의 경력이 쌓이자 코르비노가 그의 제자를 린체이 아카데미 회원으로 추천할 것은 당연했고, 로 수르도가 페르미의 지명을 막을 것도 당연했다. 그러나 라우라 페르미가 말한, 정설로 여겨지는 서사는 일관성이 없다. 라우라에 따르면 코르비노가 페르미를 대신하여 지명 서한을 준비했고, 회원을 선출하는 연례 모임 당시 여행을 떠나야 했기 때문에 이 서한을 로 수르도에게 맡겼고, 로 수르도는 코르비노 대신에 이 서한을 제출하겠다고 약속했다. 그러나 코르비노가 돌아왔을 때 페르미는 선출된 회원 명단에 없었다. 코르비노가 로 수르도에게 따지자, 그는 깜빡 잊고 지명 서한을 제출하지 못했다고 대답했다. 이것은 아무리 봐도 그럴듯한 변명이 아니다.

그들의 역사적인 적대감으로 볼 때 코르비노가 페르미의 지명을 로 수르도에게 맡겼을 것이라고 믿기는 어렵다. 그들의 반목은 10년 이상 지속되었고, 코르비노는 정치적으로 매우 노회한 사람이었다. 게다가 지명 절차는 복잡하고 시간이 오래 걸렸고, 선출이 실시되었을 때는 많은 사람이 관련되었을 것이다. 회원들은 신규 회원을 선출하는 날보다 훨씬 일찍 페르미가 후보라는 것을 알았어야지 않겠는가. 따라서 위의 이야기는 신빙성이 없다.[20] 코르비노에게는 다른 계획이 있었을 것이다.

무솔리니는 명성과 중요성에서 린체이 아카데미에 맞설 만한 자기만의 기관을 설립하려고 오래전부터 계획하고 있었다. 이렇게 해서 만들어진 것이 이탈리아 왕립 아카데미였고, 1926년에 법안이 상원을 통과했다. 이 파시스트 독재자가 이탈리아 전역에서 학계와 문화계의 모든 위대한 인물을 포함시키려고 했기에 설립 절차는 매우 복잡했다. 그는 또한 순진하게도 파시즘 정권에 동조하지 않는 사람까지 포함시키기를 원했다.[21] 이런 상황에서 정부는 1929년 3월까지 새로운 아카데미 회원

후보자 명단을 작성했다. 코르비노는 파시즘에 동조하지 않았지만 무솔리니를 설득해서 페르미를 명단에 넣을 수 있었다.

로 수르도는 자기가 지명될 것으로 예상했지만 누락되자 크게 실망했다. 코르비노는 사실 두 배의 승리를 거두었다. 그는 페르미의 명성이 로 수르도보다 위에 있도록 영향력을 발휘했을 뿐만 아니라, 무솔리니의 새로운 아카데미에 가려서 린체이 아카데미의 중요성이 곧 약화된다는 것을 알았을 시점에 이 승리를 따냈기 때문이다. 페르미는 기뻐했다. 그날에 그는 대문자로 크게 이렇게 썼다. "이제 새로운 삶이 시작된다. 기뻐하라INCIPIT VITA NOVA— GAUDEAMUS IGITUR!"[22]

새로 지명된 이탈리아 아카데미 회원들은 신문 기사로 축하를 받았고, 성대하고 품위 있는 취임식이 열렸다. 페르미에게 훨씬 더 중요한 의미가 있었던 것은 회원에게 3만 6000리라의 연금이 평생 지급된다는 사실이었는데, 이 금액은 대학교에서 받는 봉급의 두 배가 넘었다. 덕분에 그는 수입을 보충하기 위해 트레카니 백과사전 편집과 같은, 연구에 방해가 되는 일을 그만둘 수 있었다. 또 아카데미 회원에게는 '각하'라는 칭호가 주어졌는데, 그는 늘 이 허세를 재밌어했다. 또한 새로 디자인된 가운과 조금 우스꽝스러운 모양의 모자도 받았다. 이런 복장으로 다니기를 꺼려한 페르미는 아기 푸조를 손수 운전해서 이탈리아 아카데미 행사 장소까지 가서 옷을 갈아입곤 했다. 한번은 경비원이 막아서서 이런 차가 이탈리아 아카데미의 위엄 있는 모임에 올 리가 없다고 말했다. 페르미는 경비원에게 자기는 페르미 각하의 운전수라고 말했고, 경비원은 그를 들여보냈다.

대중은 매혹되었다. 페르미는 아카데미 회원 중에서 가장 어렸다.[23] 아카데미 회원이 되기 전에 그는 양자물리학에 대한 연구로 유럽 전역의 물리학자들에게 알려져 있었다. 그의 명성은 코모 학술회의에서 조머펠트를 비롯해서 여러 사람의 언급에 의해 이탈리아 물리학계에 널리 알려졌다. 아카데미 회원으로 뽑히면서 그의 명성은 더 널리 알려졌다. 나중에 그가 말했듯, 그는 "위대한 사람"이 되었다.

그는 분명히 무솔리니의 편에 서서 자기 이름과 과학적 명성을 새로운 파시스트 정부에 기꺼이 빌려주려고 했다. 그는 이탈리아 물리학을 위해 이탈리아 정부의 연구비 지원이 꼭 필요하다고 생각했을 것이다. 코르비노도 파시스트는 아니었지만 똑같은 생각이었을 것이다. 페르미는 명예를 추구하면서도 여러 가지 직무와 행사가 시간 낭비라고 생각했다. 왕립 아카데미를 위해 보내는 시간은 로마 대학교 물리학과에서 일할 시간을 줄여서 얻을 수밖에 없었다. 그의 우선순위에 대해서는 의심의 여지가 없었다.

이런 식으로 페르미와 파시스트 정권 간에는 불안한 공생 관계가 형성되었다. 그는 물리학의 급진적인 아이디어를 쉽게 받아들였지만 개인적으로 보수적이었고, 정권이 폭력을 거침없이 휘두르는데도 불구하고 무솔리니가 이탈리아에 가져온 안정성을 어느 정도 인정했는지도 모른다. 페르미는 게임을 했고, 정권이 후원하는 훌륭한 과학의 예로 선전에 동원되었다. 그 대가로 그의 연구는 아무 방해 없이 지원을 받았다. 분명히 이것은 악마와의 거래였지만 페르미의 목적을 충족시켰다. 1930년부터 10년 동안 계속 미국을 방문하면서 그는 더 자유롭고 번영하는 형태의 정부 밑에서의 기회를 보았고, 그 기회가 얼마나 좋은지 충분히 인식하게 되었다. 그러나 아내의 반대로 떠나지 못했다.

크게 보아 로마 시절의 중요성은 페르미가 이탈리아 아카데미 회원으로 선출된 것이나 그의 명성이 높아진 것은 물론 로마 대학교 물리학과에 젊은 인재들을 끌어모은 그의 능력에 있지 않다. 그 중요성은 페르미와 파니스페르나가를 굽어보는 언덕 위에 모인 작은 집단이 해낸 발견에 있다. 피렌체 대학교에서의 연구로 페르미는 물리학자들 사이에서 유명해졌고, 로마 대학교에서의 연구로 그는 전설이 되었다.

⑧

베타선

로마 대학교 물리학과에 둥지를 튼 페르미는 통계역학에 대한 연구를 확장했고, 그런 다음에는 양자전기역학으로 연구 방향을 틀었다. 오늘날 많은 사람이 페르미의 가장 중요한 업적이라고 여기는 베타선 방출에 관한 이론이 여기에서 나왔다.

페르미는 1928년에 처음으로 이 분야의 논문을 발표했으며, 단원자 기체의 통계역학에서 출발해 원자 주위의 전자라는 훨씬 더 작은 세계를 다루었다. 단원자 기체란 이상화된 헬륨 풍선처럼 한 종류의 원자만으로 이루어진 기체를 말한다. 페르미는 핵 주위의 전자구름을 한 가지 입자로 이루어진 기체로 볼 수 있다고 상상했다. 전자는 파울리의 배타원리(어떤 두 입자도 같은 양자 상태를 공유할 수 없다)를 따르기 때문에, 페르미는 자신이 만든 새로운 통계 이론을 적용할 수 있었다. 파울리 자신이 배타원리를 이용해서 왜 전자들이 각각의 궤도를 채우는지와 왜 각각의 궤도는 유한한 수의 전자만 담을 수 있는지 설명한 바 있었다. 이를 바탕으로 페르미는 완전히 확률론적으로 궤도를 기술하는 방법을 찾아내서 원자 속의 어떤 위치에서든 주어진 시간에 전자가 있을 확률을 계산하려고 했다. 확률 밀도가 큰 곳에는 전자가 있을 가능성이 크다. 확률 밀도가 낮으면, 그곳에서 전자를 발견할 가능성이 낮아진다. 페르미의 접근법은 얼마나 많은 전자가 각각의 궤도를 차지할 수 있는지에 관한 파울리의 규칙과 원리적으로 일치하는 결과를 제공한다.

이 아이디어는 어떤 맥락에서 나온 아이디어를 다른 맥락에 적용하는 데 페르미가 열중한 예이다. 이것은 복잡한 원자를 분석할 때 유용했고, 전하를 띤 입자가 물질을 통과할 때 어떻게 거동하는지(하전입자에 대한 물질의 이른바 저지능stopping power에 대해) 알아보기에도 좋았다. 이렇게 해서 밀도 범함수 이론이 생겨났고[1], 이것은 응집물질물리학과 계산화학에서 충분히 유용하다고 알려졌으며, 월터 콘Walter Kohn과 존 포플John Pople이 이 이론을 개발한 공로로 1998년에 노벨 화학상을 받았다.

그러나 페르미의 통계 이론을 원자 주위의 전자에 적용하는 데에는 두 가지 문제가 있었다. 첫째, 페르미가 처음 제시한 방법은 여러 가지 중요한 응용에서 정확성이 떨어졌는데, 이 문제는 나중에 콘-포플 밀도 범함수 이론으로 해결되었다. 두 번째 문제는 누군가 다른 사람이 페르미보다 먼저 이 아이디어를 생각해냈다는 것이다.

케임브리지 대학교에서 학위를 받은 영국의 젊은 수리물리학자 루웰린 토머스Llewellyn Thomas는 페르미가 1926년에 발표한 통계역학 논문을 읽고 통계적 관점에서 페르미-디랙 통계로 핵 주변 전자의 거동을 모형화할 수 있는지 알아보기로 했다. 페르미-디랙 통계의 가정에서 출발하는 그의 논문 〈원자장 계산The Calculation of Atomic Fields〉[2]은 1927년 1월에 〈케임브리지 철학회보Proceedings of the Cambridge Philosophical Society〉에 발표되었고 페르미가 린체이 아카데미 저널에 발표한 논문보다 11개월쯤 빨랐다. 페르미가 왜 토머스의 논문을 놓쳤는지에 대해서는 아직도 약간의 수수께끼가 남아 있다. 이 시점에서 페르미는 여전히 국제 학술지를 주기적으로 읽고 있었으므로, 토머스의 논문이 눈에 띄지 않았다고 보기는 어렵다. 어떤 사람은 로마 대학교 물리학과가 이 학술지를 구독하지 않았기 때문이라고 보기도 한다. 그것은 사실이지만, 물리학과의 지하에 있는 공중 보건 연구소Istituto Superiore di Sanita는 확실히 이 학술지를 받아 보고 있었다. 당시에 〈케임브리지 철학회보〉는 중요한 학술지였고, 페르미가 주목하던 최고 수준의 영국 물리학자들과 수학자들의 논문이 게재되고 있었다. 이탈리아 역사가들 중 일부가 지적했듯이[3] 그가 실제로 이 논문을 알고 있었지만 자신의 연구와 많이 달라서 직접 언급할 필요가 없다고 생각했을 수도 있다.

어쨌든, 페르미의 관심은 곧 다른 문제로, 훨씬 더 도전적이고 훨씬 더 중요한 문제로 옮겨갔다. 양자론 연구에 매달리던 디랙은 1927년에 오늘날 '양자전기역학quantum electrodynamics' 또는 QED로 알려진 기념비적인 전자기장의 양자론을 만들어냈다. 디랙의 업적은 페르미의 베타선 방출 이론의 기초가 되었기 때문에, 디랙의 성과에 대해, 그리고 페르미가 디랙의 업적을 어떻게 자기만의 사고 속에 통합했는지 살펴볼 필요가 있다.

디랙의 돌파구가 얼마나 획기적이었는지 알기 위해서는 이전의 물리학자들이 전자기장을 어떻게 이해했는지 알아야 한다. 장 개념은 고교 교육만 받은 영국의 실험물리학자 패러데이Michael Faraday가 낸 위대한 업적이다. 그는 1840년대와 1850년대에 전기와 자기의 관계를 탐구하기 위해 일련의 실험을 수행했다. 그의 장 개념은 매우 간단하다. 물체가 어떤 공간에서 직접적인 물리적 접촉 없이 힘을 느끼면 그 공간에 장이 있다는 것이다. 자석이 전류(전기의 흐름)와 서로 어떻게 영향을 주는지 관찰하면서, 그는 전기장과 자기장 사이에 관계가 있다는 것을 알아냈다. 스코틀랜드의 물리학자 제임스 클러크 맥스웰은 이 관계를 수학적으로 엄밀한 형식으로 표현했다. 그의 이름이 붙은 맥스웰 방정식은 전자기장의 특성을 설명한다.[4]

맥스웰의 방정식은 고전적이며, 주요 특징 세 가지가 양자역학에 의해 완전히 훼손된다. 첫째, 한 점에서 장의 세기를 알면, 전하를 띤 입자가 그 점에서 장의 영향으로 어떻게 움직일지 확실히 예측할 수 있다. 그리고 장 전체를 알면, 전하를 띤 입자가 그 장 안에서 어떻게 움직일지 예측할 수 있다. 어떤 순간에 입자가 한 방향으로 움직이고 있으면, 다음 순간에(다음 순간이 아무리 빨리 와도) 입자가 어디에 있을지 절대적으로 확실하게 알 수 있다. 둘째, 고전 전자기 이론에서 장이 주는 힘은 전류와 전하(또는 자석) 사이의 거리에 따라 달라진다. 사실 이것은 뉴턴의 중력 법칙과 비슷하다. 뉴턴의 중력장과 다른 점은, 전자기 이론에서는 두 하전입자 또는 자석 사이에 인력뿐만 아니라 반발력도 작용할 수 있다는 것이다. 마지막으로, 고전 전자기 이론에서 입자는 장의 표현manifestation이 아니다. 이것은 너무나 당연해 보여서 언급할 필요조차 없을 듯했지만, 디랙은 실제로 입자가 장의 표현이라는 사실을 밝혀냈다.

양자 혁명은 물리학자들이 우리 주위의 세계에 대해 생각하는 방식을 영원히 바꿔놓았다. 세계에 대한 완전한 예측은 불가능하다. 물론 예측은 할 수 있지만, 이 예측에는 본질적인 불확정성이 있어서 원자나 아원자입자처럼 작은 물체의 거동을 계산할 때는 반드시 이 불확정성을 고려해야 한다. 게다가, 세계는 연속적이지 않다. 에너지는 덩어리로 다녀서, 이전에는 부드럽고 연속적이라고 생각되었던 세계가 실제로는 띄엄띄엄하고 불연속적임이 알려졌다. 비유를 들자면, 물과 모래의 차이라고 할 수 있다. 중요한 것은, 입자와 그에 관련된 장이 별개가 아니라는 것이다. 입자는 실제로 그것이 관련된 장의 표현이다. 전자기장의 개념을 양자론의 원리에 맞추려면 이 새로운 통찰을 통합해야 한다.

1900년부터 1925년 사이에 양자역학 이론이 급속히 발전했고, 파울리, 하이젠베르크, 슈뢰딩거가 1925년에 연구 결과를 내놓으면서 절정에 이르렀다. 디랙은 이러한 발전을 면밀히 조사했고, 이 주제에 대해 놀랍도록 정교한 논문을 썼다. 그러나 그는 거기에 안주하지 않고 다음 2년 동안 고전 전자기 이론을 재구성하는 데 자신의 통찰을 적용했다. 특히, 그는 아인슈타인의 광자(전자가 에너지 준위를 바꿀 때 생성되거나 흡수되는 빛의 입자) 이론이 일반적인 양자론에서 어떻게 해석될 수 있는지에 관심을 가졌다. 그는 1927년에 이것을 해냈다. 1927년 3월에 발표한 역사적인 논문에서 그는 입자와 장을 두 개의 별개의 실체가 아닌 원자 에너지, 복사장 에너지, 이 둘을 잇는 '결합' 인자로 구성된 단일 계로 보는 양자장의 개념을 바탕으로 전기역학에 대한 새로운 설명을 내놓았다. 노련한 물리학자들도 따라가기 어렵고 이상한 그의 수학은 하이젠베르크, 보른, 요르단의 행렬역학 방법과 슈뢰딩거의 파동 방법을 통합해서 전자의 거동에 관한 모형을 내놓았다. 또한 이 이론은 아인슈타인이 1905년에 내놓은 상대성이론을 통합했는데, 원자핵에 가장 가까운 전자가 빛의 속도에 가깝게 이동하기 때문이다. 이런 속도에서는 아인슈타인의 이론에서 나오는 이상한 효과가 중요해진다.

디랙 방정식은 양자 전자기장 속에서 전자의 거동뿐만 아니라 전하를 띤 모든 페르미온, 즉 파울리의 배타원리를 따르는 모든 입자의 거동을 기술한다. 이 연구에서 그는 반물질의 존재를 예측했고, 가우스밋과 울런벡이 제안한 입자의 '스핀'이 왜 단순히 전자의 거동을 해석하는 편리한 방법이 아니라 실제로 자연법칙에 의해 요구되는지 설명했다. 이것은 숨 막히는 묘기였고, 디랙은 역사상 가장 위대한 물리학자의 한 사람으로서 지위를 확고히 했다. 당시에 그는 24세였다.[5]

디랙의 이 놀라운 이론에도 문제점은 있었다. 가장 중요한 문제는 자기장 속에 있는 전자의 '자기 모멘트' 계산으로, 이것은 자기장에서 전자가 '느끼는' 토크와 관련된다. 디랙 방정식으로 계산한 1차 근사는 실험 데이터에 근접한 값이지만, 더 정확한 값을 얻으려면 반복 계산이 필요했다. 불행하게도 이 계산은 수열을 계속 더하는 것인데, 결과가 정확한 값으로 수렴하지 않고 터무니없게도 무한대가 되었다. 이 문제는 디랙이나 페르미가 아니라 제2차세계대전이 끝난 뒤에 뛰어난 젊은 이론가 세 사람(리처드 파인먼, 줄리언 슈윙거Julian Schwinger, 도모나가 신이치로Tomonaga Sinichiro)이 독립적으로 수수께끼를 풀면서 해결되었다.

페르미는 디랙의 연구가 얼마나 중요한지 알았지만,[6] 1928~1929년 겨울이 되어서야 이 주제를 본격적으로 공부하기 시작했다. 디랙은 수학의 대부분을 스스로 만들어서 썼다. 세그레에 따르면, 페르미는 이것이 "외계인의" 수학 같다고 말했다고 한다. 페르미는 자기에게 더 익숙한 수학을 써서 디랙의 이론을 재구성하기 시작했다. 로마 대학교 물리학과에서 열리는 사적인 세미나는 라세티, 아말디, 마요라나, 세그레, 라카로 구성된 청중에게 자기가 연구한 더 이해하기 쉬운 형태의 디랙 이론을 설명하는 무대가 되었다.[7] 세그레와 아말디가 언급하지는 않았지만, 페르미는 이른 아침 집에서 일하는 시간에 이 연구에 집중했을 것이다.

페르미는 1929년 4월까지 파리에서 요청받은 강의를 위한 예비 발표 자료를 마련했다. 그는 다음 해에도 여기에 매달렸고, 1930년 앤아버 여름학교 때까지 광범위한 강연 자료를 만들었으며, 여름학교에서 강의한 다음에 1932년에 출판했다. 페르미는 원자와 전자기장을 진자와 진동하는 현弦이 탄성이 있는 얇은 실로 연결되어 있는 경우와 비교하면서 이 주제를 쉽게 만들었다. 이때 탄성이 있는 얇은 실은 둘 사이의 결합을 나타낸다. 진자가 정지해 있고 현이 아주 조금 진동하기 시작하면 탄성 실이 진자를 아주 조금 흔든다. 그러나 현이 진자와 같은 박자로 진동하면, 탄성 실이 에너지를 진자에 전달해서 진자가 현과 함께 진동하게 하고, 진자와 현의 공명이 일어난다. 원자와 전자기장이 어떻게 상호작용하는지에 대한 이 설명은[8] 페르미가 디랙의 양자전기역학을 해석하는 바탕이 되었다.

70년쯤 뒤에 노벨상 수상자인 프랭크 윌첵Frank Wilczek은 페르미의 해석에 대해 이렇게 말했다. "걸작이고, 오늘날까지도 교훈적이고 참신하다. …… 무에서 시작해서 조화 진동만으로 모든 것을 설명한다."[9]

이 기간에 박사후연구원으로 있었던 한스 베테는 이 논문이 그에게 미친 영향에 대해 이렇게 말했다.

많은 사람이 나처럼 1932년 〈현대물리학 리뷰Reviews of Modern Physics〉에 실린 페르미의 논문으로 장론을 처음 배운다. 이것은 어려운 주제를 단순하게 만든 예로, 내 생각에는 어떤 것도 이것을 따라올 수 없다. 이 논문은 이 주제에 대해 복잡하게 꼬인 논문들이 나오고 나서 또 다른 복잡하게 꼬인 논문이 나오기 전에 나왔다. 눈을 뜨게 해주는 페르미의 단순함이 없었다면, 우리들 중 많은 사람은 결코 장론을 그렇게 깊이 이해하지 못했을 것이다. 나도 그중 하나라고 생각한다.[10]

맨해튼 프로젝트에서 페르미와 긴밀히 협력했던 또 다른 양자론 개척자 유진 위그너도 베테의 평가를 확인해주었다.

그는 복잡한 이론을 싫어하고 가능한 한 피했다. 그는 양자전기역학의 창시자 중 한 명이었지만 가능한 한 이 이론을 사용하지 않았다. 1932년에 〈현대물리학 리뷰〉에 실린 그의 논문 〈복사의 양자론Quantum Theory of Radiation〉은 수많은 그의 연설과 강의의 모범이다. 이론의 복잡성에 완전히 정통한 사람이 아니라면 결코 이런 글을 쓸 수 없을 것이고, 복잡한 내용을 이만큼 피해가면서 설명할 수 있는 사람은 아무도 없을 것이다. 그러나 그렇게도 싫어했던 양자장 이론의 개념을 명시적으로 사용하지 않고는 풀 수 없는 문제에 대해서는 그도 이 개념을 받아들였고, 그의 가장 빛나는 [베타붕괴에 관한] 논문 중 하나는 양자화된 장에 바탕을 둔다.[11]

페르미는 디랙의 방법을 철저히 이해했지만, 이것을 자신의 방식으로 재구성하기 위해 2년을 보냈다. 위그너가 말했듯이, 그는 디랙의 접근 방식의 수학적 복잡성에 완전히 익숙했지만 이것을 불편하다고 생각해서 더 단순하게 설명하는 방법을 찾았다. 그가 이렇게 한 것은 수학적 복잡성 때문이 아니었다. 페르미는 뛰어난 수학자였고, 당대 최고의 수학자들에 견줄 만했다. 오히려, 페르미의 거의 모든 위대한 업적이 그렇듯이, 단순화하려는 노력은 적어도 부분적으로는 교육적인 이유였다.

그는 동료들과 학생들 앞에서 이 주제를 천천히 체계적으로 풀어나가면서 청중이 각 단계를 잘 따라오는지 확인했다. 이 연습의 목적은 자료를 다른 사람들이 이해할 수 있게 만드는 것이었다. 이는 단순함을 사랑하는 물리학자의 기질 때문만은 아니었다. 다른 사람에게 가르칠 수 없다면 자기도 충분히 이해하지 못한 것이라고 그는 생각했다. 디랙에게는 이런 목적이 없었고, 그는 매우 드문 수준의 논문을 자기만의 방식으로 썼다. 페르미는 디랙을 이해할 수 있게 만들어서, 이상한 물리학자의 복잡한 개념과 이국적인 기법을 이해하기 위해 애쓸 생각조차 하지 않을 물리학자들에게 제공해주었다.

파울리와 하이젠베르크도 독립적으로 페르미처럼 단순화하는 논문을 썼다. 반대 방향으로는 특히 요르단과 위그너가 디랙의 초기 방식에 복잡성을 한 겹 더 입히는 논문을 썼다. 디랙의 수학은 전기동역학적 과정에서 광자와 같은 보손의 생성과 소멸을 설명하며, 광자가 원자의 바깥쪽 껍질에 있는 전자를 때릴 때(광자는 사라지고 전자는 더 높은 에너지 상태로 이동한다)와 전자가 낮은 에너지 상태로 내려갈 때(광자가 '무'에서 생겨난다) 일어나는 현상에 대한 수학적 기술記述을 제공한다. 요르단과 위그너는 입자의 생성과 소멸을 기술하는 수학을 크게 확장해서 보손뿐만 아니라 페르미온에도 적용할 수 있게 했는데, 이것을 '2차 양자화'라고 부른다. 그들의 기여는 페르미가 1933년 후반에 베타붕괴 논문을 쓸 때 필수적이었다. 1930년 앤아버 학술회의와 1933년 베타붕괴 논문 사이에 시간이 걸린 이유는 페르미가 그동안에 요르단의 2차 양자화 기법을 완전히 편안하다고 느낄 때까지 공부했기 때문이라고 세그레는 추측한다. 그러나 요르단과 위그너가 개발한 난해한 방법을 완전히 익힌 다음에 페르미는 이것을 아무도 예상하지 못한 방식으로 사용하기로 결정했다.

물질을 투과하는 능력에 따라 방사선을 분류한 사람은 어니스트 러더퍼드였다. 그는 투과 능력이 가장 떨어지는 것을 알파선이라고 불렀고, 가장 투과가 잘되는 것을 감마선이라고 불렀으며, 중간쯤의 투과 능력을 보이는 것을 베타선이라고 불렀다. 러더퍼드는 일련의 빼어난 실험을 통해 알파선은 양전하를 띠고, 양성자 두 개의 전하와 양성자 네개의 질량을 가진다고 빠르게 결론을 내렸다. 나중의 연구에서 알파입자는 양성자 두 개와 중성자 두 개로 이루어져 있고, 특정한 무거운 핵에서 방출된다는 것이 밝혀졌다. 비슷한 연구에서 감마선은 고에너지 광자이고, 엑스선도 그 일부임이 밝혀졌다. 베타선은 음전하를 띠고, 알파입자에 비해 질량이 매우 가볍다고 알려졌다. 사실상 베타선은 전자였다.

방사선의 형태에 대해서는 오랫동안 제대로 알려지지 않았는데, 주로 원자핵의 구조에 대해 알 수 없었기 때문이다. 한동안 물리학자들은 전자와 양성자가 원자핵 속에 함께 들어 있다고 생각했다. 베타선이 방사성 원소의 핵 속에서 직접 나오는 것처럼 보였기 때문이다. 많은 사람이 핵 속에 있는 전자의 존재를 설명하려 했지만, 그러한 설명들은 해결한 것보다 더 많은 의문을 제기했다.

1920년대 후반에 일련의 매우 정밀한 실험의 결과로 베타선 '위기'가 생겼다. 베타붕괴는 물리학자들이 소중히 여기는 보존 법칙을 어기는 것처럼 보였다. 중심적인 보존 법칙 중의 하나가 에너지 보존 법칙으로, 모든 물리적인 과정에서 들어가는 에너지와 나오는 에너지가 같아야 한다. 그러나 베타선 방출은 이 법칙을 어기는 것 같았다.[12] 에너지가 보존된다면, 방출된 베타입자의 에너지는 매우 좁은 범위 안에 있어야 한다.

이론적으로 베타선 방출 과정은 모두 똑같으므로 베타입자의 에너지는 모두 같아야 하지만, 실제로 방출된 베타입자의 에너지를 측정해보면 예측보다 상당히 넓은 에너지 대역에 퍼져 있었다. 이것은 에너지가 보존되지 않는다는 것을 강력히 시사한다. 야구 연습장의 피칭 머신이 항상 똑같은 속력으로 똑같은 방향으로 공을 던지도록 설정되어 있다고 하자. 그런데 갑자기 공이 무작위로 다른 속력으로 나온다면, 기계가 뭔가 잘못되었다고 결론을 내릴 것이다.

몇몇 물리학자들은 이 증거에 항복했고, 이 특정한 상황에서는 분명히 에너지가 보존되지 않는다고 선언했다.[13] 보어도 이렇게 생각했고, 1931년 로마에서 열린 코르비노와 페르미 주최의 학술회의에서 이러한 모험을 감행한 논문을 발표하면서 물리학자들에게는 재앙인 대담한 결론을 내렸다. 러더퍼드는 보어의 결론을 완강히 거부했지만, 에너지 보존의 원칙을 어기지 않으면서 베타선을 설명하는 대안을 제시한 것은 상상력이 넘치는 파울리뿐이었다.

파울리는 특유의 대담성으로 전자와 함께 다른 입자가 방출된다고 제안했다. 이 입자는 전기적으로 중성이고 질량이 너무 작아서(어쩌면 0일 수도 있다) 거의 탐지할 수가 없다는 것이었다. 그는 1930년 12월 독일 튀빙겐에서 열린 학술회의에서 처음으로 이 아이디어를 설명했다. 그는 이 가상 입자를 '중성자neutron'라고 불렀고,[14] 이 입자가 베타붕괴에서 관찰되지 않은 에너지의 균형을 맞추며, 따라서 에너지 보존 법칙은 깨지지 않는다고 제안했다. 당시에는 오늘날 우리가 중성자라고 부르는 입자가 아직 발견되지 않았다. 2년 뒤에 제임스 채드윅James Chadwick이 중성자를 발견하여 엄청난 충격을 일으켰고, 이때 페르미와 그의 팀은 파울리의 가설적 입자를 '중성미자neutrino(중성의 작은 것)'라고 부르자고 제안했다.

파울리의 생각을 진지하게 받아들인 사람은 많지 않았다. 물리학자들 중 일부는 저명한 물리학자의 말을 빌려, 베타선 방출 문제에 대해 이런 견해를 가졌다. "그냥 생각하지 않는 것이 좋다. 신설된 세금처럼 말이다."[15] 어떤 사람들은 보어의 편을 들어, 보이지도 않고 엄청난 거리를 방해 없이 통과하는 입자라는 아이디어는 진지하게 받아들이기에는 너무 이상하다고 생각했다. 그러한 중성입자가 있다고 하기보다 에너지가 보존되지 않는다는 것이 더 그럴듯하다는 것이었다. 게다가, 아무도 전자와 중성미자가 방출되는 메커니즘을 이해하지 못했다. 전자와 중성미자가 언제나 핵 속에 있고, 적절한 자극만 주면 튀어나올 준비가 되어 있는 걸까? 아니면 어떻게든 핵 안에서 만들어진 다음에 바로 방출될까?

원자핵 속에 중성자가 들어 있다는 채드윅의 발견이 단서가 되었다. 광자의 생성과 소멸을 기술하는 디랙의 양자전기역학이 두 번째 단서였다. 요르단과 위그너의 2차 양자화가 세 번째 단서가 되었다. 파울리의 제안을 진지하게 받아들인 페르미는 4년 동안 배운 모든 것을 베타선 문제에 적용했다. 1933년 후반과 1934년 초에 독일과 이탈리아의 학술지에 실린 그의 논문 〈베타선에 대한 잠정적인 이론A Tentative Theory of Beta Rays〉에서 페르미는 이 주제에 대한 자기의 생각을 밝혔다. 80년이 지난 지금, 이것은 20세기 물리학의 가장 중요한 성과 중 하나로 남아 있다.

페르미는 양자 상호작용이 하나 더 있다고 제안했다. 이 상호작용은 입자들이 서로 매우 가까이 있을 때만 일어나기 때문에 오늘날에는 '약한' 상호작용이라고 부른다. 이 상호작용은 중성자를 양성자로, 양성자를 중성자로 바꾼다. 이러한 변화가 일어나는 순간에 새로운 입자가 생성되어 높은 에너지로 핵에서 탈출한다. 중성자가 양성자로 바뀌면 전자와 반중성미자가 방출된다.[17] 양성자가 중성자로 바뀌면 양전하를 띤 전자(양전자)와 중성미자가 방출된다. 방출된 입자의 에너지 총합은 항상 같지만 각각의 입자가 가지는 에너지는 양자장 이론의 직접적인 결과인 양자 규칙에 따라 달라진다. 전자와 중성미자(그리고 대응되는 반물질 입자들)는 그 전에는 핵 안에 결코 존재하지 않는다. 그것들은 방출되는 순간에 **생성된다**. 중성미자 또는 반중성미자가 물질과 상호작용할 가능성을 이 이론으로 계산할 수 있다. 그 가능성은 너무 낮아서 중성미자는 물질과 전혀 상호작용을 하지 않으면서 수백만 킬로미터를 달려갈 수 있다.

이 논문의 성립과 발표에는 흥미로운 내막이 있다. 페르미는 1933년 후반까지 이 연구를 진행했다. 베타선 방출 문제는 페르미가 참석한 1933년 10월 솔베이 학술회의의 주요 관심사였고, 학술회의 기간 동안 페르미와 파울리는 파울리의 중성미자 아이디어에 대해 깊이 논의했다. 그해 크리스마스쯤에 페르미는 그룹의 스키 휴가 때 로마의 동료들에게 주요 아이디어를 편하게 설명할 만큼 충분히 발전시켰다. 이 휴가 직후에 페르미는 영국 학술지 〈네이처〉에 이 논문을 보냈다고 세그레는 말한다. 로마 그룹이 히틀러가 부상하면서 독일의 학술지를 보이콧하기로 결정했기 때문이라고 한다. 세그레에 따르면 검토자 한 사람이 이 논문이 너무 "사변적"이라고 보았고, 〈네이처〉가 논문을 거절했다. 이에 페르미는 논문을 이탈리아의 학술지 〈누오보 시멘토Nuovo Cimento〉와 독일의 〈물리학 저널〉에 보냈고, 두 학술지가 모두 이 논문을 게재했다.[18] 이 이야기는 논문에 얽힌 이야기들 중에서도 워낙 중요해서 위키피디아에는 나중에 〈네이처〉가 이 논문을 거절한 것은 가장 터무니없는 편집자의 실수 중 하나라고 공개적으로 후회했다고 쓰여 있기도 하다.[19]

사실, 논문 거절을 후회한다는 공식적인 언급은 네이처 후속 호 어디에서도 찾을 수 없다.[20] 불행하게도 검토자가 쓴 거절 편지를 네이처 기록 보관소에서 찾는 것은 불가능하다.[21] 몇십 년 전에 새로운 사무실로 이사하면서 모든 기록이 파기되었기 때문이다. 어떤 역사가들은 이 이야기 전체에 의문을 제기한다. 〈네이처〉는 당시에 이러한 주제에 대해서는 짧은 노트만 게재를 허용했고, 새로운 양자장 이론에 대한 상세한 발표를 위한 지면이 아니었다고 이들은 지적한다. 논리적으로 봤을 때 페르미가 투고했을 법한 더 그럴듯한 영국의 학술지는 〈런던 왕립학회 회보〉다.[22] 양자전기역학에 대해 디랙이 쓴 초기의 중요한 논문들이 모두 여기에 실렸으므로, 페르미가 베타붕괴 논문을 제출했다면 이 학술지에 제출하는 것이 더 타당하다. 이 역사가들은 페르미가 독일의 연구자들, 특히 보른, 하이젠베르크, 그리고 누구보다 파울리가 자신의 논문을 먼저 읽기를 원했을 것으로 추측한다. 그가 독일 학술지에는 아무것도 싣지 말아야 한다는 젊은 동료들을 의식해서 선의의 거짓말(제출했지만 〈네이처〉가 거절했다)로 상황을 모면하면서 자기의 주요 목표를 달성했다는 것이다.[23]

논문의 실제 출판 내막이 무엇이든, 물리학 공동체의 즉각적인 반응은 신통치 않았다. 파울리와 위그너는 이 논문을 높이 평가했다. 페르미는 디랙의 양자장 체계 전체를 자기의 사고에 통합했고, 이것을 베타선 방출 문제에 독창적으로 적용했다. 문제는 이 이론을 실험으로 검증하기가 거의 불가능한 것처럼 보였다는 것이다. 중성미자는 탐지하기가 불가능해 보였고, 페르미조차 과연 그것이 가능할지 의심했다. 그는 양자전기역학을 완전히 익혔고, 겉보기에 완전히 다른 현상을 이 이론에 사용된 수학으로 설명하면서 개인적인 만족을 얻을 수 있었지만, 이 논문의 진가는 몇십 년 뒤에야 제대로 알려지게 된다. 이것은 자연의 근본적인 힘이 한 가지 더 있다는 최초의 암시였다. 약력 또는 약한 상호작용이라고 부르는 이 힘은 중력, 전자기력, 강력(원자의 핵을 하나로 묶는 힘)과 함께 자연의 네 번째 근본적인 힘으로 알려지게 된다. 10개가 넘는 노벨상과 물리학에서 가장 놀라운 사건 몇 가지가 여기에서 나왔다.

1970년대에, 나중에 페르미가 시카고 대학교에서 가르친 제자 첸닝 양Chen Ning Yang(약력의 가장 놀라운 비밀 중 하나를 밝혀내는 데 기여하게 된다)이 페르미의 동료이자 친구인 유진 위그너에게 물리학자들이 페르미의 가장 중요한 공헌이 무엇이라고 기억할지 물어보았다.[24] 위그너는 베타선 방출 논문이 페르미의 가장 중요한 연구라고 말했다. 양은 동의하지 않았고, 페르미온의 생성/소멸 연산자와 함께 2차 양자화를 발명한 사람은 바로 요르단과 위그너 본인이라고 지적했다. 위그너는 이렇게 대답했다. "그래, 그렇지. 그러나 우리는 그것이 물리학에서 실제로 쓰일 것이라고는 꿈도 꾸지 못했다네." 베타붕괴 논문이 페르미의 가장 위대한 업적이라는 위그너의 평가에 대해 대부분의 사람이 동의할 것이다.

한편으로, 파리에서 날아온 소식이 페르미의 관심을 끌었다. 졸리오-퀴리Joliot-Curie 부부가 방사성을 띠지 않는 원소에 알파입자를 충돌시켜서 방사선이 나오는 것을 확인했다고 발표했다는 것이었다. 이 소식을 듣고 페르미는 또 다른 아이디어를 떠올렸다.

금붕어 연못

베타선에 대해 생각하기 훨씬 전부터, 페르미는 그다음에 올 큰 발견이 핵물리학에서 나올 것을 알았다.

1930년경까지 최첨단의 물리학은 원자 수준에 집중했다. 로마 대학교도 유럽과 세계 전체와 마찬가지로 원자의 구조와 작동 방식을 이해하려는 연구에 매달리고 있었다. 원자물리학의 중요성을 인식한 페르미는 1928년에 이탈리아의 대학생들이 입문서로 이용할 수 있도록 이 주제에 대한 포괄적인 교과서 《원자물리학 개론Introduzione alla fisica atomica》을 썼다. 그가 대학교에 받는 부족한 봉급을 보충하는 또 다른 방법이기도 했던 이 책은 이탈리아의 물리학과 학생들과 공대생들이 새로운 물리학을 맛볼 수 있는 요긴한 기회가 되었다.

1929년 후반과 1930년 초에 페르미는 원자 수준을 넘어 핵의 수준에 연구의 초점을 맞추기 시작했다. 당시에 핵은 여전히 수수께끼를 품고 있었다. 물리학자들은 핵이 원자 내부의 공간 깊은 곳에 떠 있다는 것을 알았다. 탄소 원자 하나를 축구장 크기로 확대하면 핵은 중심에 있는 동전 하나만 할 것이고, 가장 가까운 전자는 골대 근처에 있을 것이며, 그 사이의 공간은 대부분의 시간 동안 텅 비어 있을 것이다. 물리학자들은 핵이 양전하를 띤다는 것도 알았다. 핵이 원자 질량의 대부분을 차지한다는 것도 알려져 있었지만, 핵 안에 무엇이 어떻게 배열되어 있는지에 대해서는 여전히 수수께끼였다. 그중에서도 큰 수수께끼는, 핵의 질량이 전하량으로 예상되는 값의 두 배나 된다는 것이었다. 페르미의 베타 붕괴 논문이 나오기 전에는, 핵에서 베타선이 방출되므로 핵 속에 전자가 적어도 몇 개쯤 들어 있다고 생각했다. 아무도 중성자, 즉 양성자와 거의 같은 질량을 가진 중성입자가 핵 속에 있다는 것을 알지 못했다. 게다가 양성자들이 같은 전하끼리 서로 밀어내는 힘을 어떻게 이겨내고 그렇게 가까이 함께 있을 수 있는지 아무도 알 수 없었고, 단지 추측만 무성할 뿐이었다.

핵이 매혹적인 미개척지라고 여긴 페르미는 코르비노와 함께 행동 계획을 짰다.[2] 몇 가지 주요 단계로 이루어진 이 계획은 착착 실행되어 몇 년 뒤에 로마 학파가 알맞은 시기에 새로운 발견에 성공하는 발판이 되었다.

이 계획의 첫 단계로 코르비노는 1929년 9월 이탈리아 과학 진흥 협회 모임에서 새로운 방향을 명확하게 제시하는 연설을 했다. 이 연설에서 코르비노는 실험물리학의 새로운 목표를 간절히 제시했다. "이탈리아는 잃어버린 영예를 되찾을 것입니다. (…) 위대한 발견의 유일한 가능성은 원자핵 내부를 규명하는 것입니다. 이것이 미래의 물리학이 추구해야 할 가치 있는 임무입니다."[3] 이 선언을 시작으로 그는 페르미의 핵 연구에 돈을 대고 지원해주도록 파시스트 정부를 설득하는 데 10년을 바쳤다. 코르비노와 페르미는 대서양 건너편의 버클리 같은 곳을 부럽게 바라보았다. 버클리의 어니스트 로런스는 핵의 내부를 높은 에너지로 탐구할 수 있는 지름 28센티미터의 사이클로트론을 만들었다. 로런스는 곧 더 큰 사이클로트론을 만들게 된다. 이런 장비는 비쌌고, 코르비노는 국가적인 노력을 기울여야 이탈리아가 이 새로운 분야에서 선두로 나아가는 데 필요한 비싼 장비에 자금을 댈 수 있다고 결론을 내렸다.

불행하게도 코르비노는 무솔리니 정권에게서 로마 학파가 마땅히 받아야 한다고 생각한 만큼의 지원을 받을 수 없었다.⁴ 로마에서 물리학 프로그램은 교육과 작은 장비에만 자금 지원을 받았고, 이탈리아는 제2차 세계대전이 끝난 뒤에야 자체적으로 고에너지 사이클로트론을 건설하게 된다. 무솔리니가 필요한 재정 지원을 망설인 것은 이탈리아를 떠나야겠다는 페르미의 결정에 영향을 주었을 것이다.

두 번째 단계는 핵물리학 분야의 최신 연구 동향을 빠르게 따라잡는 것이었다. 페르미는 케임브리지 대학교의 러더퍼드와 그의 팀이 적어도 실험에 관한 한 이 분야를 이끌고 있다는 것을 알았다. 그는 아말디에게 케임브리지 대학교의 물리학자들이 쓴 최신 방사능 관련 서적을 연구하도록 하는 한편 페르미, 라세티, 세그레, 마요라나를 포함한 소그룹을 꾸리고 이 주제에 대한 세미나를 진행했다. 1930년, 러더퍼드와 그의 동료 존 채드윅John Chadwick과 찰스 드러먼드 엘리스Charles Drummond Ellis가 575쪽에 달하는 방대한 책을 써서 여러 형태의 방사선에 관한 모든 실험 데이터를 많은 사진과 도표와 함께 요약했다.⁵ 1933년 후반에 베타붕괴의 주제로 관심을 돌릴 때 페르미는 분명히 이 책에 영향을 받았다. 이 책은 본질적으로 실험가의 논문이었고, 케임브리지 그룹의 특징 그대로

라세티의 '악어' 분광기. (수전 슈워츠 촬영, 로마 사피엔차 대학교 물리학과 박물관)

이론적인 사변은 거의 없고 경험적 데이터에 크게 의존해, 이론에 대한 러더퍼드의 본능적인 혐오가 반영되어 있었다. 이것은 정확히 페르미가 원하는 입문서였다.

세 번째로, 연구팀은 원자물리학에서 핵물리학으로 넘어가는 동안에 전자의 에너지 변이보다는 분광 분석을 이용한 핵스핀 연구로 논문을 발표하면서 명성을 유지했다. 로마 그룹에게 최신 사이클로트론은 없었지만 아름답고 정확한 분광기들이 있었고, 그중에는 '악어'라는 별명이 붙은 길이 1.5미터의 분광기도 있었다. 분광학의 대가였던 라세티는 자기의 기술을 아말디, 세그레를 비롯해서 이 팀에 들어온 다른 사람들에게 가르쳤는데 가장 중요한 인물은 1933년에 이 그룹에 들어온 피사 출신의 젊은 브루노 폰테코르보였다.[6]

페르미는 논문 발표를 위해서도 꾸준히 노력해서, 코르비노의 연설과 1933년의 베타선 방출 논문 사이에 혼자서만 논문 26편을 발표했다. 이 논문들은 핵의 자기 모멘트와 라만 효과(빛이 특정한 분자와 부딪쳐 튀

172

어나올 때 진동수가 변하는 현상)와 같은 다양한 주제를 다루었다. 모두 견실하고 흥미로웠지만, 1926년의 통계물리학 논문이나 1933년의 베타붕괴 논문만큼의 영향력은 없었다.

또 다른 신중한 조치로, 페르미는 팀의 각 구성원을 외국의 여러 주요 연구소로 보내서 새로운 실험 기법을 배우고 핵 연구에 앞서 나아가고 있는 연구자들의 통찰력을 익히게 했다.[7] 일찍이 라세티는 캘리포니아 공과대학에 가서 전자 하나의 전하량을 측정한 공로로 1923년에 노벨 물리학상을 받은 미국의 물리학자 로버트 밀리컨Robert Millikan과 함께 라만 효과를 연구했다. 세그레는 네덜란드의 피터르 제이만을 방문해서 (놀랄 것도 없이) 제이만 효과를 연구했다. 1931년에 라세티는 베를린에 가서 실험물리학자 리제 마이트너Lise Meitner와 함께 구름 상자(당시의 표준적인 입자 검출기)를 만드는 방법을 연구했다. 그는 후속 연구를 위해 방사성 시료를 분리하고 준비하는 방법도 배웠다. 세그레는 함부르크로 가서 양성자의 자기 모멘트 측정으로 나중에 노벨상을 받게 되는 뛰어난 실험가 오토 슈테른Otto Stern과 함께 실험 기법을 연구했다. 아말디는 북쪽의 라이프치히로 가서 기체의 엑스선 회절 연구로 1936년에 노벨 화학상을 받게 되는 피터 디바이Peter Debye와 함께 시간을 보냈다. 명백히 페르미는 미래의 연구에 도움이 될 만한 기술을 배우기 위해 팀 구성원들을 파견할 곳을 다양하게 선택했다.

또 다른 조치로, 로마 팀의 핵 연구를 촉진하고 이 분야에서 이탈리아의 위상을 높이기 위해, 1931년 10월에 왕립 아카데미가 후원하는 핵물리학 국제 학술회의가 마련됐다. 이번에는 1927년에 학술회의가 열렸던 코모가 아니라 페르미 그룹의 활동 무대인 로마에서 열렸다. 1927년에 열렸던 학술회의와 마찬가지로 닐스 보어, 마리 퀴리, 아서 콤프턴,

1931년 로마 학술회의 단체 사진. 마르코니가 앞줄 한가운데에 서 있다. 그의 왼쪽으로 한 계단 위에 보여어가 카메라를 보고 있고 그 뒤로 코르비노, 페르미가 보인다. 페르미는 친구 에렌페스트와 마주 보며 웃고 있다. 페르시코는 입구의 왼쪽 옆 명판 아래에 서 있다. 마르코니의 오른쪽 옆이 아서 콤프턴으로, 첫 번째 계단 위에서 고개를 숙이고 있다. 마르코니의 오른쪽 어깨 너머의 검은 옷을 입고 있는 여인은 퀴리 부인이다. (출처: 〈핵물리학 학술회의〉, 로마, 이탈리아 왕립 아카데미, 1932)

한스 가이거Hans Geiger, 베르너 하이젠베르크, 리제 마이트너, 로버트 밀리컨, 볼프강 파울리, 아르놀트 조머펠트와 같은 쟁쟁한 과학자들이 대거 참석했다. 이탈리아를 대표해서 코르비노와 마르코니가 학술회의의 공동 의장을 맡았다. 코모 학술회의와 달리 페르미는 이제 모든 초청과 조직의 총괄 책임자로서 공식적인 역할을 수행했다. 이것은 여러 면에서 페르미의 학술회의였다. 피렌체 대학교의 가르바소도 참석했고, 당시에 토리노 대학교 교수로 있던 페르시코도 참석했다. 라세티도 왔고, 툴리오 레비-치비타와 젊은 브루노 로시도 참석했다.

이 학술회의에서는 핵물리학에 관한 다양한 주제를 다룬 논문들이

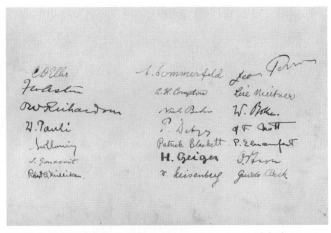

페르시코가 참석자에게 받은 서명. 엘리스, **애스턴**Fransis William Aston, 리처드슨Owen Willians Richardson, **파울리**, 브릴루앙Léon Brillouin, 가우스밋, **밀리컨**, 조머펠트, **콤프턴**, 보어, 디바이, **블래킷**Patrick Blackett, 가이거, **하이젠베르크**, 페랭Jean Baptiste Perrin, 마이트너, **보테**, **모트**Nevil Francis Mott, 에렌페스트, **슈테른**, 베크Guido Beck. 노벨상을 받았거나 나중에 받게 되는 사람들은 볼드체로 처리했다. (조반니 바티멜리 촬영, 로마 사피엔차 대학교 물리학과 엔리코 페르시코 기록 보관소)

발표되었다. 케임브리지 그룹의 엘리스는 베타선과 감마선에 관한 논문을 발표해서 1930년에 케임브리지 그룹이 발표한 논문에서 페르미와 팀이 배운 것을 요약하고 확장했다. 베타붕괴와 관련된 문제는 모든 사람이 염두에 두고 있었고, 파울리는 페르미와 이 문제를 토론하면서 많은 시간을 보냈다.[8] 앞에서 보았듯이 보어는 베타붕괴에서 에너지가 보존되지 않는다는 생각을 논문으로 발표했다. 정력적이고 사교적인 러시아인 조지 가모George Gamow(그는 2년 뒤인 1933년 솔베이 학술회의 때 서방으로 망명한다)와 케임브리지 이론가 랠프 파울러Ralph H. Fowler가 핵의 구조 이론을 제안하는 논문을 발표했다. 세그레가 말했듯이, 생산적인 학술회의였지만 몇 달만 늦게 열렸으면 더 좋았을 것이다.[9] 1932년 초에 미국의 화학자 해럴드 유리Harold Urey가 수소의 동위원소인 중수소를 발견했다. 더 중요하게는 한 달 뒤인 1932년 2월에 러더퍼드의 동료 제임스 채드윅이 핵 속에서 양성자보다 질량이 조금 더 큰 중성입자를 발견했고, 그는 이것을 중성자라고 불렀다. 이 입자의 발견으로 핵의 질량과 전하량이 어긋나는 이유가 설명되었고, 유리가 발견한 수소의 무거운 동위원소의 존재도 설명되었다. 그해 8월에 캘리포니아 공과대학에서 밀리컨[10]과 함께 일하던 미국 물리학자 칼 앤더슨Carl Anderson이 우주선을 연구하던 중에 또 다른 실험적인 발견을 했다. 1927년 디랙이 예측한 양전자, 즉 전자의 반물질을 발견한 것이다.

1932년 파리에서 열린 학술회의와 1933년 솔베이 학술회의로 핵물리학이 더욱 발전했다. 페르미는 둘 다 참석했고, 1933년 솔베이 학술회의에서 돌아오자마자 베타붕괴 논문을 썼다. 그러다 1934년 2월에 놀라운 소식이 전해졌다. 〈네이처〉와 프랑스 물리학 학술지 〈콩트랑뒤Comptes Rendus〉에 실린 것으로,[11] 노벨상 수상자 퀴리 부인의 딸과 사위인 프랑스인 부부 이렌Iréne과 프레데리크Frédéric 졸리오-퀴리가 알루미늄, 붕소, 마그네슘과 같은 방사성을 띠지 않는 원소에 폴로늄에서 나오는 알파입자를 충돌시켜서 방사성 물질로 만들었다. 이것은 페르미는 물론 세계 물리학계 모두에게 놀라운 소식이었다. 과학자들은 오래전부터 원소에 알파입자를 충돌시키는 실험을 해왔고, 원소가 부서져서 여러 가지 새로운 동위원소가 만들어지는 것을 확인했지만 그 어느 것도 방사성을 띠지는 않았다. 방사능이 실험적으로는 잘 이해되었지만 이론적인 설명이 마땅치 않은 상황에서 졸리오-퀴리 부부가 수행한 실험처럼 방사성이 없는 원소에서 방사성 원소가 나올 수 있다는 결과는 깜짝 놀랄 만한 일이었다. 졸리오-퀴리 부부는 실험을 통해 다른 면에서는 안정되지만 방사성을 띤 새로운 동위원소를 만들어낸 것이다.

졸리오-퀴리의 논문을 읽고 페르미의 결정적인 직관이 꿈틀대기 시작했다. 알파입자는 양전하를 띠기 때문에, 같은 양전하를 띤 원자핵이라는 과녁을 맞히기 위한 '총알'로 그리 적합하지 않다고 그는 생각했다. 양전하끼리 서로 반발하므로 운이 아주 좋은 알파입자 몇 개만 겨우 원자핵을 때릴 것이고, 대부분은 과녁에 가까이 다가가기 훨씬 전에 밀려날 것이다. 졸리오-퀴리 부부가 조금이라도 결과를 얻은 이유는 폴로늄에서 나오는 알파입자가 워낙 많기 때문이었다. 폴로늄은 엄청난 수의 알파입자를 방출하고, 그중 일부는 과녁을 때리게 되어 있다. 그러나 알파입자 대신에 중성자로 원자핵을 겨냥한다면 과녁을 맞힐 가능성이 훨씬 더 커지며, 비슷한 방사성 변환을 일으킬 것이다. 중성자는 전하가 없어서 핵의 양전하에 밀려나지 않기 때문이다. 사용이 가능한 중성자 방출원은 사실 알파선 방출원만큼 강하지 않지만, 그리 강할 필요도 없다. 중성자가 핵에 명중할 확률이 높기 때문에 방출되는 개수가 많지 않아도 충분히 효과가 있을 것이다.

그러나 이 시점에서 파리 연구팀의 소식은 공개된 지식이었다. 케임브리지 대학교의 러더퍼드와 그의 팀은 전해에 중성자로 원소들을 포격했지만 알파입자와 경쟁하기에 충분할 만큼 강한 중성자 방출원을 개발하지 못했고, 파리에서 성공적으로 진행된 연구에 견줄 만한 연구를 수행하지 못했다. 그러나 그들은 파리에서 사용한 실험 기술에 대해 잘 알고 있었다. 페르미는 그의 진정한 경쟁 상대는 러더퍼드와 채드윅이라는 것을 알았으며, 그들은 조만간 알파입자 대신 중성자를 사용하여 방사능을 유도하는 그들만의 방법을 발견할 것이었다. 페르미가 중성자를 사용한 핵 포격에서 앞서고자 한다면(언제나 경쟁심이 있는 페르미는 분명 그랬다), 로마 팀은 빠르게 움직여야 했다.

페르미의 새로운 동료 잔-카를로 윅Gian-Carlo Wick은 추가적인 자극을 주었다. 토리노 대학교의 우크라이나-이탈리아 물리학자 글레프 와타긴Gleb Wataghin의 학생이었던 윅은 1932년에 코르비노의 조수였던 라세티가 교수로 승진하자 코르비노의 조수로 로마 대학교 물리학과에 왔다. 통찰력이 있는 이론가였던 윅은 졸리오-퀴리가 관찰한 양전자 방출은 페르미의 논문에서 예측했던 베타붕괴가 반대로 일어나는 것이라고 지적했다.[12] 페르미는 이 아이디어를 매우 좋아했다.

다행히도 페르미는 중성자가 많이 나오는 방출원을 만드는 기술을 알고 있었다. 그와 라세티는 중성자 방출원이 필요한 연구(감마선 산란에 의한 분광학 연구)를 진행한 적이 있어서 작은 라듐 시료를 로마 대학교 물리학과에 보관하고 있었다.[13] 이 라듐은 같은 건물 지하에 있는 공중 보건 연구소 소유였고, 연구소의 소장은 유명한 공중 보건 관료 줄리오 체사레 트라바치Giulio Cesare Trabacchi였다. 연구소가 암 치료용으로 보유하고 있던 라듐을 소장인 트라바치가 특별한 배려로 사용하게 해주었고,[14] 라세티와 페르미는 이 라듐에서 만들어진 라돈 기체를 모아서 감마선 연구에 활용했다. 그들은 라듐에서 만들어진 라돈 기체를 펌프로 흡입해서 유리관에 모았고, 유리관을 액체 질소에 담아 라돈을 응축해 액체로 만든 다음에 라돈이 모두 증발하기 전에 재빨리 유리관을 밀봉해야 했다. 이것은 까다로운 작업이었고, 차가운 액체 질소로 유리관에 금이 가기도 했다. 그러나 1933년 11월에 그들은 그럭저럭 기술을 완성했다. 파리의 소식에 고무된 그들은 라돈 기체와 베릴륨의 혼합물이 원래 방사성이 아닌 원소에 중성자로 방사능을 유도할 수 있는지 알아내는 실험에 적합할 정도로 강한 중성자 방출원이라고 판단했다.

연구팀은 페르미, 라세티, 세그레, 아말디와 새로 들어온 방사화학자

코르비노의 청년들. 왼쪽부터 다고스티노, 세그레, 아말디, 라세티, 페르미. 최초의 중성자 포격 실험이 진행되던 1934년 봄에 찍은 사진일 것이다. (로마 사피엔차 대학교 물리학과 아말디 기록 보관소 제공)

오스카르 다고스티노Oscar D'Agostino로 구성되었다. 다고스티노는 건물 지하에서 트라바치와 함께 연구하고 있었고, 당시에는 파리로 파견되어 졸리오-퀴리 부부 연구실에서 방사화학의 분리 기술을 배우고 있었다. 페르미가 각자 할 일을 정했다. 그와 라세티는 중성자 방출원을 준비한다. 또한 그는 아말디와 함께 과녁 원소를 중성자 방출원에 노출시키고 연구실에서 직접 만든 가이거 계수기로 방사선을 측정한다. 세그레는 필요에 따라 양쪽을 돕고, 사업가의 감각으로 로마를 샅샅이 뒤져서 과녁 원소로 쓸 만한 재료를 구한다. 다고스티노는 새로 개발된 방사화학 기술로 포격에서 어떤 물질이 생성되었는지 분석한다. 라돈 기체를 얻을 수 있도록 라듐을 빌려준 트라바치도 그룹의 명예 회원으로 간주되었다.

그해에 일곱 번째 구성원이 들어왔다. 피사에서 오랫동안 섬유 사업으로 번성해온 부유한 유대인 집안 출신인 브루노 폰테코르보는 1933년에 로마 대학교 물리학과에 와서 그해에 페르미의 감마선 연구에 참여했다. 그는 매우 잘생겼고, 운동도 잘하는 젊은이였다. 또한 확고한 좌파였고, 공산주의자에 가까웠다. 그러나 집안의 사회적 지위도 있고, 그 자신이 페르미 팀에 헌신하고 있었기에 당시에는 반공주의적인 파시스트 체제를 공격하지 않았다. 그는 재능을 갖춘 연구자였고, 중성자 포격 이야기에 독보적인 공헌을 하게 된다.

1934년 3월부터 10월까지 로마 대학교 물리학과에서 일어난 일에 대해 많은 기록이 있고, 그중의 많은 것이 세월이 한참 지난 다음에 참여자들이 기억에 의지해서 쓴 것이므로, 역사가들이 이 사람들의 말을 곧이곧대로 받아들이려면 신중해야 한다. 한 가지 예는 라우라 페르미가 한 이야기로, 중성자 포격에 대한 연구가 시작되자 페르미가 모로코로 긴 휴가를 떠난 라세티에게 돌아와서 실험에 참여하라고 전보를 보냈다는 이야기이다.[15] 사실 라세티는 로마에 있었고, 초기 실험이 이루어지는 동안에 실험에 참여하지 않고 분광학 강의를 했다. 1934년 3월 20일에 페르미가 중성자 포격으로 방사능을 유도했을 때 라세티는 분광학의 마지막 강의를 하고 있었다. 그가 모로코로 간 것은 휴가 여행이 아니라 학술회의에 참석하기 위해서였다. 또 다른 이야기는 세그레와 라세티가 말한 것으로, 이 연구를 시작할 때 원소를 주기율표 순서대로 중성자로 포격했다는 것이다.[16] 몇십 년 동안 찾지 못했던 초기 단계의 연구 노트가 2006년에 다고스티노의 소유지에서 프란체스카 구에라Francesco Guerra 교수와 나디아 로보티Nadia Robotti 교수에 의해 발견되었는데, 이 노트에 따르면 페르미는 주기율표에서 9번인 플루오린부터 조사를 시작했다.

페르미의 실험 설계는 여러 가지 제한 조건으로 인해 복잡해졌다. 첫째, 가이거 계수기에 의한 방사능 측정은 라돈 기체 자체의 강한 방사능에 영향을 받지 않는 곳에서 해야 했기 때문에 가이거 계수기를 실험실 복도 끝에 두어야 했다. 포격한 시료 중의 일부는 반감기가 매우 짧아 몇 분 안에 측정해야 했고, 시료를 들고 복도 끝에 있는 계수기를 향해 빠르게 달려가야 했다. 중성자 포격 실험이 계속되던 몇 년 동안, 로마 대학교 물리학과를 방문한 유명한 사람들은 페르미와 아말디를 비롯한 사람들이 실험복을 입고 포격이 끝난 시료를 들고 연구소 2층 복도를 달려가는 모습을 보고 깜짝 놀랐다. 모든 경주에서 그랬듯이, 페르미는 항상 선두에 있었다.*

둘째, 실험 장치의 기하학적 구조에도 신중한 고려가 필요했다. 라돈-베릴륨 혼합물이 든 유리관은 중성자를 모든 방향으로 고르게 내뿜는다. 이것을 잘 아는 페르미는 과녁 물질을 원기둥 모양으로 만들고 가운데에 수직으로 구멍을 뚫고 그 안에 중성자 방출원이 든 유리관을 집어넣었다. 중성자 포격이 끝나면 유리관을 빼내고 시료를 재빨리 가이거 계수기로 가져갔다.

1934년 3월 25일에 페르미는 이탈리아 국립 연구 위원회 학술지 〈리

---

* 페르미가 나중에 말기 위암에 걸린 것이 이 실험에서 방사선에 노출되었기 때문이라고 생각하는 사람들이 있다. 이 실험에는 팀 구성원 모두가 참여했고, 페르미만 위암에 걸렸다. 페르미가 항상 손수 실험한 것을 감안하면, 그는 시료를 가슴 가까이에 대고 복도를 달려가는 일의 대부분을 직접 했을 것이다. 그는 평생 동안 해변에서나 연구실 복도에서나 항상 앞장서서 달렸다.

체르카 시엔티피카Ricerca Scientifica〉에 보낸 짧은 보고서 10편 중 첫 번째 보고서에서 플루오린과 알루미늄에서 방사선이 유도되었다고 보고했다. 페르미는 이 보고서들의 예비 사본을 유럽과 미국의 물리학 연구실로 보내서 중성자 포격에 의한 방사선 유도의 발견에 우선권을 인정받고, 이 실험을 재현할 사람들을 위해 데이터를 제공했다. 베타붕괴 논문에 대해서는 반응이 신통치 않았지만, 이번에는 물리학계가 즉시 주목했다. 케임브리지 대학교에서 첫 번째 보고서를 받은 러더퍼드는 페르미에게 호의적인 답변을 보냈다.

> 귀하의 결과는 매우 흥미로우며, 의심할 바 없이 우리는 그러한 변환의 실제적인 메커니즘에 대해 더 많은 정보를 얻을 수 있을 것입니다. 모든 경우에서 그 과정이 졸리오 부부가 관찰한 경우처럼 단순한지는 전혀 분명하지 않습니다.
> 귀하가 이론물리학에서 탈출한 것을 축하합니다! 귀하는 좋은 출발점을 찾은 것 같습니다. 디랙 교수도 실험을 조금씩 하고 있다는 것을 알면 귀하도 기뻐하시겠지요. 이것은 이론물리학의 미래에 훌륭한 징조로 여겨집니다!

그해 여름에 아말디와 세그레는 영국으로 가서 러더퍼드에게 〈왕립학회 회보〉에 발표할 논문을 전달했다. 그들이 케임브리지 대학교에서 이 전설적인 실험가와 만났을 때, 세그레는 로마 팀의 연구에 기초를 제공한 그의 수많은 논문에 대해 어떻게 그렇게 결과를 빨리 발표할 수 있었는지 물었다. 러더퍼드는 특유의 재치로 이렇게 대답했다. "내가 왕립학회 회장이었다는 것에 대해 어떻게 생각하는가?"[18]

여름방학을 앞두고 페르미와 팀은 주기율표의 원소들을 계속 조사했고, 마침내 가장 무거운 원소인 토륨과 우라늄에 이르렀다. 가장 무거운 원소에 중성자를 포격하면 더 무거운 원소, 이른바 초우라늄 원소가 생성될 것이라는 생각이 물리학계에 널리 퍼져 있었다. 그럼에도 불구하고 페르미는 팀이 철저히 해야 한다고 주장했고, 다고스티노는 더 가벼운 부산물을 찾아내는 과정을 진행했다. 주기율표의 밑으로 내려가면서 납까지 찾기로 했고, 납보다 더 가벼운 원소는 생성될 수 없다고 가정했다. 그는 아무 원소도 찾지 못했고, 더 이상 시도하지 않았다. 팀이 잠정적으로 도달한 결론은(다고스티노가 부산물을 깨끗하게 분리할 수 없었기 때문에 주저하며 내린 결론이었다), 실제로 새로운 무거운 원소가 생성되었을 수도 있다는 것이었다. 독일의 화학자 이다 노다크Ida Noddack만이 초우라늄 가설은 틀렸다고 주장했고, 페르미가 실제로 한 일은 우라늄 핵을 훨씬 더 작은 조각으로 쪼개서 납보다 가벼운 원소를 만들어낸 것이라는 추측을 내놓았다.[19] 그녀의 제안은 무시되었는데, 주로 그녀를 비롯해서 어느 누구도 그러한 사건을 설명하는 메커니즘을 제시하지 못했기 때문이었다.[20]

그러나 잠정적인 결론이 확고한 결론으로 뒤바뀌었다. 여름휴가가 시작될 때쯤, 코르비노가 린체이 아카데미 강연에서 섣부르게 페르미와 그의 팀이 초우라늄 원소를 발견했다고 열정적으로 선언한 것이다. 이 연설은 이탈리아와 전 세계 신문의 머리기사로 보도되었다. 코르비노는 연설을 하기 전에 누구와도 상의하지 않았고, 불확실한 결론이 최종 결론으로 발표되자 페르미는 충격을 받았다. 신중한 페르미는 결과를 절대적으로 확신할 때만 발표하는 보수적인 태도를 고수하고 있었고, 결과가 틀린 것으로 판명되면 자기의 명성을 망칠 것을 두려워했다. 그는 어떻게 해야 할지 고민하면서 잠 못 이루는 하룻밤을 보냈다. 스승이자 이탈리아에서 핵심적인 후원자였던 코르비노와 다른 의견을 공개적으로 표명하기는 어려웠다. 다음 날 아침에 그는 코르비노에게 직접 자기의 걱정을 말했다. 자신의 실수를 알아챈 코르비노는 그 발표의 중요성을 줄이려고 노력했지만 돌이킬 수 없었다. 이야기 자체가 너무나 짜릿했기 때문에 자연스럽게 잊힐 수 없었다. 페르미가 그 발견을 믿고 싶어 했는지 스승을 난처하게 하고 싶지 않았는지 모르지만, 스스로 완벽하게 부인한 적은 없었다. 5년 뒤에 노벨상 위원회는 느린중성자와 초우라늄 원소의 발견을 언급하면서 페르미에게 노벨 물리학상을 주었다. 바로 그 순간에 베를린에서 리제 마이트너, 오토 한Otto Hahn, 프리츠 슈트라스만Fritz Strassmann으로 구성된 훌륭한 팀이 페르미 팀이 실제로 무엇을 했는지 밝혀냈다. 페르미는 초우라늄 원소를 발견한 것이 아니라 우라늄 원소를 쪼갠 것이었다.[21]

여름 동안에 중성자 포격 실험이 중단되었고, 팀원들은 제각기 할 일을 했다. 페르미는 그해 여름의 많은 기간을 남아메리카에서 강연을 하며 보냈고, 돌아오는 길에 런던에 들러서 학술회의에 참석했고, 중성자 연구에 대한 전체적인 보고를 했다. 가을이 되자 그의 지휘로 다시 실험이 시작되었다. 이 시점에서 그는 폰테코르보를 초청했고, 1년 동안 함께 일했다.

페르미가 풀려고 했던 문제 중 하나는 특정한 중성자 포격 실험 결과의 재현에 어려움이 있다는 점이었다. 방사능의 세기와 유형이 실험할 때마다 달라지는 것 같았다. 팀이 할 수 있는 최선은 유도된 방사능의 세기를 강, 중, 약으로 구별하는 정도였다. 더 정량적인 표준을 개발할 수 있는지 알아보고 싶어했던 페르미는 아말디와 폰테코르보에게 이 일을 맡겼다.

아주 드물게, 자연은 우리에게 커튼 뒤에서 무슨 일이 일어나고 있는지 살짝 엿보게 해준다. 1934년 10월 18일에, 아말디와 폰테코르보가 그런 기회를 허락받았다.

둘은 먼저 은을 중성자로 포격해보았다. 은의 알려진 반감기는 2.3분이었다. 그들은 이것을 표준으로 삼아서 다른 정량적인 측정을 진행하려고 했다. 그러나 문제에 봉착했다. 은 과녁에 대한 중성자 방출원의 효과가 방출원에서 과녁까지의 거리뿐만 아니라 과녁과 방출원을 놓은 탁자에도 영향을 받는 것 같았다. 대리석 탁자에서 실험을 했을 때는 나무 탁자를 쓸 때보다 방사능이 상당히 약했다. 이것은 전혀 부풀리지 않더라도 당황스러운 상황이었다. 왜 방사능의 세기가 방출원과 과녁을 놓은 탁자에 영향을 받을까? 아말디와 폰테코르보는 다음 날까지 측정을 계속했다. 토요일인 1934년 10월 20일까지도 이 이상한 현상은 사라지기를 거부했고, 그들은 페르미에게 이 수수께끼를 가져갔다.[22]

페르미는 은 과녁과 중성자 방출원 사이에 놓을 납을 쐐기 형태로 만들고 있었다. 그는 제2차세계대전 뒤에 친구 수브라마니안 찬드라세카르Subrahmanyan Chandrasekhar에게 이때의 일을 들려주었는데, 이것이 페르미가 직접 말한 가장 좋은 설명이다.

나의 가장 중요한 발견이라고 생각하는 것을 어떻게 발견했는지 말해주겠네. 우리는 중성자로 포격해서 방사능이 생기는지 보는 실험을 열심히 했지만 결과는 납득할 수 없었지. 하루는 연구실에 와서, 입사하는 중성자 앞에 납 조각을 놓고 효과를 봐야겠다는 생각이 들었네. 나답지 않게 납 조각을 정확하게 가공하기가 굉장히 힘들었어. 뭔가가 이상하게 만족스럽지 못했네. 나는 온갖 핑계를 대서 납 조각을 앞에 두는 일을 미뤘지. 마침내, 마지못해 납을 중성자 앞에 두려던 나는 스스로에게 이렇게 말했어. "아니야, 납 조각을 여기에 두려는 게 아니야. 내가 원하는 건 파라핀이야." 이것은 미리 어떤 경고도 없었고, 의식적으로 미리 추론한 것도 아니었어. 나는 즉각 파라핀 조각을 가져와서 납을 두려던 자리에 놓았어.[23]

페르미의 기억을 신뢰할 수 없을 수도 있다. 그의 연구 노트에 따르면 그가 파라핀을 사용하기 전에 쐐기 형태의 납을 시험한 것으로 보인다.[24] 어쨌든, 페르미는 그날 아침에 아말디와 페르시코와 함께 파라핀으로 실험했고,[25] 그때 세그레와 라세티는 같은 건물에서 시험 감독을 하고 있었다. 정오쯤에, 그는 모든 팀원이 보는 앞에서 실험을 반복했고, 이 자리에는 방문 중이던 페르시코와 브루노 로시도 있었다. 결과는 놀라웠다. 은의 방사능 세기는 파라핀이 없을 때보다 훨씬 강했고, 이제까지 연구팀이 측정한 어떤 경우보다도 더 강했다.

파라핀의 효과를 확인한 뒤에, 페르미는 팀이 점심 식사를 하러 가야 한다고 했다(중대한 실험 중에 이런 결정을 내린 것은 처음이었고, 마지막은 아니었다). 그는 늘 습관에 충실했지만, 이번 휴식은 오전에 목격한 이상한 효과에 대해 곰곰이 생각할 시간을 주었다. 오후 3시, 팀이 원기를 회복해서 멈췄던 지점에서 다시 시작할 준비를 마치고 실험실로 돌아왔을 때, 페르미는 이 현상을 이해하고 그의 통찰을 나눌 준비를 마친 상태였다.

페르미의 첫 번째 관찰은 파라핀에 탄화수소가 매우 많이 들어 있다는 것이고, 이것은 파라핀의 많은 부분이 수소로 구성되어 있다는 뜻이었다. 두 번째 관찰은 수소 핵이 중성자와 질량이 거의 똑같고, 다른 무거운 핵들은 질량이 두 배, 세 배, 다섯 배 또는 심지어 수백 배가 된다는 것이었다. 중성자가 수소 원자에 부딪히면 속력이 크게 줄어든다. 이해하기 쉬운 비유로, 당구공을 생각하자. 당구공을 쳐서 다른 당구공을 때리면, 두 공 사이에 운동에너지가 나눠지고, 원래의 공은 과녁 공에 운동에너지를 나눠주어 속력이 느려지며, 과녁 공은 충돌의 영향으로 상당히 이동한다. 이번에는 탁구공으로 볼링공을 때린다고 하자. 볼링공은 거의 꿈쩍도 하지 않을 것이고, 탁구공의 에너지는 볼링공에 거의 전혀 전달되지 않는다. 탁구공이 볼링공보다 훨씬 가볍기 때문이다. 탁구공은 볼링공에 충돌하고도 거의 느려지지 않고, 충돌하기 전과 거의 같은 속력으로 튕겨 나온다.

이와 비슷하게, 수소 함량이 많은 물질은 무거운 원소의 함량이 많은 물질이 할 수 없는 방식으로 중성자를 느리게 한다. 그다음 질문은 이렇다. 왜 중성자를 느리게 하면 과녁 원소의 방사능이 커지는가? 이것이 점심시간 동안에 페르미가 깨달은 수수께끼의 마지막 부분이었다. 고속일 때 중성자는 핵 속에 오래 머물지 않는다. 느린중성자는 핵 속으로 들어가기도 쉽고, 내부에서 충돌하다가 거기에서 멈출 확률도 높아서, 핵의 불안정성을 높여서 방사능을 일으킨다. 이것은 사실 에너지가 높은 중성자가 과녁의 방사능을 더 높일 것이라는 일반적인 생각과 정반대였다.

페르미의 아이디어는 파라핀 실험의 결과를 설명했다. 나무 탁자에는 대리석 탁자보다 수소 원자가 많으므로 아말디와 폰테코르보가 본 비정상적인 결과를 낳는다. 또한 파라핀처럼 수소가 많은 물질이 방출원과 과녁 사이에 놓이면, 훨씬 더 많은 중성자가 느려진다.

이 관찰을 검증하기 위해서는 실온에서 수소가 더 많이 들어 있는 물질로 실험을 해야 했다. 다행스럽게도, 구내에 물이 있었다. 로마 대학교 물리학과 건물 뒤뜰에는 금붕어 연못이 있었다. 출처가 의심스러운 이야기에 따르면, 그룹은 건물 밖으로 나가서 페르미가 연못의 물을 중성자를 감속시키는 매체로 사용해서 실험을 반복하는 모습을 지켜보았다고 한다. 물의 효과는 파라핀보다 더 강했다. 역사는 금붕어가 어떤 영향을 받았는지 기록하지 않았다.[*]

그날 밤에 팀은 아말디의 아파트에 모였다. 국립 연구 위원회에서 근무하던 아말디의 아내 지네스트라는 이 발견에 대한 보고서를 월요일에 직장에 가져가서 〈리체르카 시엔티피카〉 편집자에게 건네줄 수 있었다. 그날 밤에 페르미가 불러주는 대로 보고서를 타자하는 일은 그녀의 몫이었고, 나머지 팀원들의 격렬한 간섭과 논쟁이 있었다. 이때 떠드는 소리가 너무 시끄러워서 아말디의 하녀는 나중에 지네스트라에게 사람들이 술을 많이 마셨는지 물었다. 보고서의 날짜는 1934년 10월 22일로, 지네스트라가 보고서를 제출한 날짜였다.[26]

파라핀을 시도해본다는 그날의 결정에 대한 페르미의 설명은 문제 자체와 함께 페르미 자신과 그의 사고에 대해서도 많은 것을 알려준다. 중성자가 방사능을 일으키는 실제적인 메커니즘을 이해하려는 노력은 여전히 어어지고 있었고, 페르미 자신도 더 잘 파악하기 위해 노력하고 있었다. 그는 여러 해 동안 핵반응에 대해 생각해왔고, 그 첫 번째 결과가

---

[*] 금붕어 연못 사건이 실제로 있었는지에 대해서는 약간의 의문이 있는 것으로 보인다. 라우라 페르미는 위와 같이 설명했지만 세그레와 아말디는 아무 언급도 하지 않았다. 우고 아말디Ugo Amaldi(할아버지의 이름을 물려받았다)는 그의 아버지가 이 사건에 대해 이야기한 적이 없다고 말했고, 이 사건이 있었는지에 대해 의문을 제기했다. 우고 아말디, 저자와의 인터뷰, 2016년 6월 8일.

베타붕괴 이론이었다. 그는 어떤 문제에 대해 고민하면, 끊임없이 생각했다. 이른 아침 고요한 시간에도 생각하고, 연구실에서나 사적인 세미나 시간에도 틈이 날 때마다 생각했다. 그가 그 정도로 깊이 생각했기 때문에 문제가 무의식에까지 파고들었다. 이런 방식으로, 그는 어쩌면 1934년 10월 18일과 19일에 아말디와 폰테코르보가 우연히 발견한 이상한 현상을 설명할 수 있는, 세계에서 가장 잘 준비된 사람이었을 것이다. 팀이 중성자 포격의 기준을 세울 수 없다는 점에 대해 그는 당황했지만, 이제 모든 것이 제자리를 찾았다. 축적된 데이터가 그의 무의식에 어떤 충격을 주었고, 그는 본능적으로 파라핀 덩어리를 쓰면 된다는 것을 알아냈다. 결과는 극적이었고, 그는 조용히 물러서서 몇 시간 동안 이 현상에 대한 확고한 설명을 찾아낼 수 있었다. 어쩌면 다른 사람이 할 수도 있는 일이었고, 우리는 분명히 아말디와 폰테코르보에게 감사해야 한다. 그들이 이 이상한 현상을 알아보고 페르미에게 알려주었기 때문이다. 그러나 결정적인 실험을 수행하고 결과를 그의 팀과 더 크게는 물리학계에 만족스럽게 설명한 것은 결국 페르미였다.[27]

코르비노도 월요일에 이 발견을 알게 되었고, 그 중요성을 즉각 이해했다. 하지만 나머지 사람들과 마찬가지로 이것이 역사적인 이정표가 되는 이유에 대해서는 알지 못했다. 그는 주로 유도 방사선을 늘리는 방법이 암 치료를 비롯한 의료용 방사성 물질 생산에서 상업적 가치가 있다는 점을 중시했다. 그는 느린중성자로 방사선을 늘리는 방법의 특허를 내야 한다고 주장했고, 페르미는 즉시 특허 출원을 위한 문서 작업을 시작했다. 1년쯤 걸려서 이탈리아에서 얻은 느린중성자에 관련된 특허에는 페르미, 아말디, 폰테코르보, 라세티, 세그레의 이름이 발명가로 등록되었다. 이 특허로 얻는 상업적 이익은 다고스티노와 트라바치도 똑같이 나눈다는 합의가 이루어졌다. 페르미에게 배운 뒤에 미국에 가 있던 가브리엘로 잔니니가 미국 특허청에 아이디어의 특허를 출원하고 국제적인 절차를 담당하겠다고 나섰다. 느린중성자 과정의 특허는 제2차 세계대전 뒤에 다시 문제가 되며, 결과는 팀에게 실망스러운 것이었다. 그러나 당시 페르미와 다른 구성원들은 새로운 개념에 대한 자물쇠를 자신들이 가지고 있고, 케임브리지, 파리, 베를린의 경쟁자들로부터 우선권을 확실히 했다고 생각했다.

느린중성자의 효과를 발견한 다음에, 그룹은 즉시 1934년 3월부터 했던 실험을 반복하면서 각각의 원소에 느린중성자를 여러 가지 다른 방식으로 쬐면 어떻게 되는지 살펴보았다. 1934년 말에 페르미는 그 효과를 이해했다고 확신했다. 1935년 2월에 그는 느린중성자 연구를 요약한 비교적 긴 논문을 왕립학회에 제출했다. 그는 또한 중성자와 핵의 충돌을 분석하기 시작했다. 그는 종이에 계산하는 방식으로 원시적인 형태의 모의실험을 했는데, 나중에 로스앨러모스에서 1세대 컴퓨터를 사용해서 이 작업을 계속하게 된다. 이것은 중성자가 특정한 과녁을 때릴 때 물질을 뚫고 들어가는 각 단계에 대해서 확률에 따라 중성자의 경로를 추적하는 것이었다. 그는 종이와 연필을 사용해서 모의실험을 여러 번 반복하면서 주어진 확률에 따른 결과의 분포를 분석할 수 있었다. 카지노에서 하는 도박처럼 우연이 결과에 영향을 주기 때문에, 나중에 '몬테카를로' 방법이라는 이름이 붙었다.[28] 이것은 페르미가 기여한 지속적으로 매우 널리 사용된 유용한 분석 방법 중 하나다. 묘하게도 페르미는 이 새로운 분석 방법이 중요한 발전이라고 생각하지 않았는데, 어쩌면 전자 컴퓨터가 크게 발전해서 몬테카를로 모의실험이 훨씬 쉬워질 것을 페르미가 몰랐기 때문일 것이다. 그는 단지 여러 해가 지난 뒤인 전쟁 중에 세그레에게 자기가 그런 계산을 해봤다고 말했을 뿐이다.

1934년은 로마 학파 최고의 해라고 할 수 있다. 페르미와 그의 팀은 7개월 남짓한 짧은 기간에 부족한 재정 지원과 원시적인 장비만으로 방사능과 원자핵을 탐구했다. 그들의 장비는 분명히 버클리의 로런스 팀이 사용할 수 있는 정도에 전혀 미치지 못했다. 그러나 그들은 포격하는 중성자를 감속시키면 방사능이 더 많이 유도된다는 놀라운 발견을 했다.[29] 그들은 물리학계의 다른 연구팀들이 실험을 재현하고 연구할 수 있도록 상세한 데이터를 만들었다. 페르미는 실험 프로그램을 강력히 밀어붙여서 베를린, 파리, 버클리, 케임브리지를 비롯해서 모든 경쟁자에 앞서서 지속적인 중요성을 지닌 결과를 얻었다.

이 과정에서 그는 스스로도 알지 못한 채 5년쯤 뒤에 일어날 역사적인 드라마의 무대를 만들었고, 그는 이 드라마의 주역이 된다. 크게 보아 세계를 위해서는 다행스럽게도, 페르미나 그의 팀은 당시에는 그들이 실제로 무엇을 성취했는지 깨닫지 못했다.

10

마약 같은 물리학

1935년 초에 페르미가 느린중성자에 대한 긴 보고서를 런던 왕립학회에 제출했을 때부터 1938년 12월에 이탈리아를 완전히 떠날 때까지의 기간은 새롭고 혁명적인 발견을 하기보다는 지식을 통합한 시기였다. 부분적으로 이것은 과학 탐구의 자연적인 주기를 반영한다. 특히 페르미처럼 중요한 발견을 한 사람은 다른 연구로 옮겨가기 전에 그 발견에 관련된 모든 것을 이해하고 싶어한다. 그러나 한편으로는 파시즘 치하 이탈리아의 정치 상황이 점점 더 악화된 탓이기도 하다. 이탈리아는 에티오피아를 침공한 뒤로 나치 독일의 간섭이 점점 더 심해지는 상황을 지나 베를린 체제에 대한 치욕적인 굴종으로 가고 있었다. 또한 로마의 학계에서 페르미의 상황이 악화되어서 자기만의 연구로 위축된 면도 있다.

느린중성자에 대한 연구는 끊임없이 계속되었다. 구성원들은 취업에 대한 압박과 기회 등으로 자연스럽게 팀을 떠났다. 세그레는 코르비노가 젊은 시절에 재직했던 시칠리아의 팔레르모 대학교에 자리를 잡았고, 1935년 여름부터는 더 이상 로마 대학교 물리학과의 붙박이가 아니었다. 1936년에는 브루노 폰테코르보가 졸리오-퀴리 부부와 함께 일하기 위해 파리로 떠났다. 이때쯤에 다고스티노는 트라바치와 함께 일하던 원래의 자리로 돌아갔다. 페르미는 라세티와 아말디와 함께 연구를 계속했고, 세 사람은 느린중성자 포격에 대한 연구를 철저히 수행했다. 페르미가 런던 왕립학회에 논문을 제출한 1935년 3월부터 이탈리아를 떠난 1938년 12월까지 쓴 논문 21편 중에서 느린중성자와 관련이 없는 주제를 다룬 것은 단 세 편이었고, 차례대로 코르비노, 러더퍼드, 마르코니에 대한 추모 논문이었다. 뒤돌아볼 때 특별히 과학적으로 중요한 논문은 물질 속에서 중성자의 확산을 다룬 일련의 논문이었다. 이 논문들은 1939년과 1940년에 미국에서 페르미가 제어된 핵분열 반응 가능성에 대한 탐구를 시작할 때 연구의 바탕이 되었다.[1] 느린중성자에 대한 발견 이후에 실험을 되풀이해도 더 이상 중요한 발견이나 흥분되는 결과가 나오지 않았지만, 페르미에게는 상관이 없었다. 철저함에 대한 본능으로, 정치적 상황은 날로 나빠졌지만(또는 바로 이것 때문에) 그는 측정을 완료하기 위해 노력했다. 연구에 몰두하는 것은 그에게 자연스러운 일이었고, 우울하기만 한 정치 상황에서 벗어나는 방법이기도 했다.

이 시기에 세계의 다른 곳에서, 유럽이 아니라 흥미롭게도 일본에서 물리학의 중요한 발전이 나왔다. 원자의 핵 속에 많은 양성자가 있는데도 양전하끼리의 정전기적 반발을 이겨내고 핵이 하나로 유지되는 이유에 대해서는 1935년까지도 만족스러운 이론이 없었다. 원자의 중심부에서 어떤 힘이 양성자와 중성자를 꽉 붙들고 있는 것으로 보였다. 하지만 그 힘의 본질은 여전히 수수께끼였다.

1935년 페르미가 왕립학회에 느린중성자에 관한 보고서를 쓰던 때에, 유카와 히데키Yukawa Hideki라는 일본 물리학자가 핵이 어떻게 전자기적 반발을 억누르고 하나로 뭉쳐 있는지를 설명하는 양자장 이론을 제안했다. 이 이론의 일부로 그는 무거운 입자가 존재한다고 제시했고, 핵속에 있는 양성자와 중성자를 묶는 일종의 접착제 역할을 하는 이 입자를 메소트론mesotron이라고 불렀다. 과학 용어의 역사에서 메소트론의 이야기는 특히 혼란스럽다. 그 이름은 곧 메손meson(중간자)으로 단축되었다가 나중에 파이-메손pi-meson(파이-중간자)으로 바뀌었고, 페르미가 부르기쉽게 '파이온pion'으로 바꿨다. 유카와의 이론에 대한 대부분의 연구는 제2차세계대전이 끝나고 입자가속기의 성능이 좋아져서 가속된 양성자가 핵을 때려서 파이온을 만들어낼 수 있을 때까지 기다려야 했다. 유카와는 핵력에 관한 이론으로 1949년에 노벨상을 받았다.

페르미는 전쟁이 끝난 뒤에 파이온 연구에서 중요한 역할을 했지만, 일찍이 1935년에 유카와의 이론을 의식하고 있었다고 해도 자기가 가진 장비가 원자핵에 관한 유카와의 아이디어를 의미 있게 탐구하기에 전혀 적합하지 않다는 것을 분명히 알고 있었다. 그는 상황에 맞춰 어쩔 수 없이 중성자 연구를 계속할 수밖에 없었고, 언젠가는 강력한 사이클로트론 입자가속기를 사용할 수 있는 날이 오기를 바랐다.

무솔리니와 히틀러의 관계 강화와 전반적인 국제 정세는 로마 대학교 물리학과에도 분명히 영향을 미쳤다.

1934년 12월 소말리아에 있는 이탈리아 식민지 보호령과 하일레 셀라시에 황제가 통치하는 오래된 독립 왕국 사이의 국경에서 군사 충돌이 일어났다.[2] 무솔리니는 이 충돌을 파시스트 정권의 위신을 드높이기 위한 극적인 군사 개입의 빌미로 삼았다. 무솔리니는 에티오피아를 침공하겠다고 위협하면서 사람들에게 열광적인 애국심을 부추겼고, 모든 기혼 여성에게 금으로 된 결혼반지를 쇠 반지로 바꾸라고 요구했다. 가장 좋은 시기에도 정부의 재정 상태는 불안했고, 별도로 재정을 보충하지 않고는 큰 전쟁을 벌일 수 없었다. 무솔리니는 대중적인 의례의 힘을 잘 이해했고, 온 나라의 여성들이 대중 행사를 통해 결혼 예물로 받은 금을 내놓게끔 해, 국가의 금 보유량을 늘리는 동시에 애국심을 높이는 두 가지 목표를 한꺼번에 노렸다. 라우라 페르미조차도 이 선전에 감동해서 엔리코가 1928년에 사준 금반지를 내놓았다.

무솔리니가 점점 더 공격적으로 나오자 국제연맹에서 영국과 프랑스가 지지를 철회했고, 그는 자신을 지지해줄 수 있는 강국인 나치 독일에 가까워질 수밖에 없었다.

적대감이 고조되는 동안에 로마 대학교 물리학과의 분위기도 크게 영향을 받았다. 세그레는 봄 동안에 동료들 사이에서 설명할 수 없는 불안을 느꼈고, 그것을 페르미에게 말했다. 페르미는 그에게 연구소 도서관에 가서 탁자 중앙에 있는 커다란 책을 참고하라고 말했다. 그것은 세계지도책이었고, 소말리아 반도 지역 국가들이 나오는 손때 묻은 페이지가 일부러 찾으려고 하지 않아도 쉽게 펼쳐졌다. 세그레는 의식하지 못했을 수도 있지만, 페르미는 분명히 의식하고 있었다. 그는 국제 정세에 대해 확실히 코르비노와 이야기를 나눴고, 상원의원이었던 코르비노는 정부가 이 문제를 어떻게 생각하는지 매우 잘 알고 있었다. 1935년 여름에 페르미는 앤아버에서 열리는 여름 강연에 참석하기 위해 미국에 갔고, 라우라와 함께 가지 않은 이 여행에서 미국이 얼마나 연구하기 좋은 곳인지 다시 한번 절실히 느꼈다. 이 시점에서 그가 미국의 일자리를 받아들이지 못한 주된 이유는 라우라가 이탈리아를 떠날 수 없다고 버텼기 때문이다.

그는 다음 해와 그다음 해에도 계속해서 미국에서 여름을 보냈다. 1936년에 컬럼비아 대학교 물리학과장 조지 피그럼George Pegram은 페르미를 초청해서 열역학 여름 강연을 맡겼다.[3] 그해 말에 이 강연을 담은 짧은 책이 나왔는데, 간명함의 표본이며 오늘날에도 읽을 만한, 진정한 대가가 쓴 짧고 명쾌한 입문서이다. 피그럼은 이때 페르미에게 종신 교수직을 제안했지만, 사랑하는 로마를 떠나기 싫어하는 아내의 마음을 아는 페르미는 정중하게 거절했다. 1937년에 그는 캘리포니아에서 여름을 보내면서 버클리에서 강연을 했고, 사이클로트론을 발명한 어니스트 로런스와 독일에서 공부한 미국의 이론가 로버트 오펜하이머와 함께 어울렸다. 그는 스탠퍼드 대학교에서도 강연을 했고, 여기에서는 스위스의 젊은 실험가 펠릭스 블로흐와의 우정을 새로이 쌓았다. 1932년에 박사후연구원으로 로마에 있었던 블로흐는 얼마 지나지 않아서 히틀러가 떠오르자 유럽을 떠나 스탠퍼드에 와 있었다.

블로흐와 페르미는 캘리포니아에서 뉴욕으로 차를 몰고 갔다가 돌아왔고, 가는 곳마다 붙어 있는 버마 셰이브 광고판들이 굉장히 웃긴다고 생각했다.[4] "길을 건널 때는 운을 믿지 마라 / 다른 차가 트럭일 수도 있다! 버마 셰이브(At crossing roads don't trust to luck / The other car may be a truck Burma Shave, 'to luck'과 'truck'의 비슷한 발음을 이용한 말장난으로, 면도 크림 회사 버마 셰이브는 연속적으로 배치된 고속도로 광고판들에 익살맞은 구호를 담아 한때 큰 인기를 끌었다―옮긴이)." 블로흐는 페르미와 함께 로마에 왔고, 페르미의 첫 차였던 아기 푸조보다 새롭고 우아한 자동차로 라우라와 엔리코와 함께 토스카나의 별장으로 여행을 갔다. 고속도로에는 이제 무솔리니가 직접 지은 무시무시하지만 살짝 우스꽝스러운 파시스트 구호가 적힌 간판이 늘어서 있었다. "무솔리니는 언제나 옳다!" "승리는 필연이다. 그러나 투쟁은 더 필연이다." 페르미와 블로흐는 이 구호들을 버마 셰이브 광고로 바꿔 읽으면서 시간을 보냈다. "무솔리니는 언제나 옳다. 버마 셰이브!" 그러나 이런 전복적인 유머를 즐긴 시간은 길지 않았다. 블로흐는 캘리포니아로 돌아갔고, 페르미는 점점 더 망상에 빠져가는 파시스트 정권 밑에서 곤경에서 헤어나려고 노력했다.

해마다 여름이면 페르미 가족은 라우라의 숙부 소유의 토스카나 별장에 가서 휴가를 보냈다. 엔리코는 여름 강연을 끝내고 미국에서 돌아오면 이 별장에서 라우라와 아이들을 만났다. 거기에서 그들은 아직 어린 넬라와 줄리오를 데리고 남은 휴가 몇 주간을 비교적 평온하게 즐겼다. 토스카나의 시골에 있으면, 변덕스럽고 편집증적인 무솔리니의 통치 아래에 나라를 하나로 묶기 위해 끊임없는 쏟아붓는 파시스트의 선전 공세를 피할 수 있었다. 미국으로 이주하는 문제에 대해 이야기를 나눴는지는 기록되어 있지 않지만, 이따금씩 이 문제가 나오지 않는 것이 이상했을 것이다. 여전히 라우라는 로마와 토스카나를 두고 떠날 마음이 없었다.

1935년 가을에 페르미가 돌아왔을 때 이탈리아는 전쟁의 문턱에 있었고, 10월에 무솔리니가 전면적인 에티오피아 침공을 결정했다. 이탈리아의 승리는 정해져 있었지만 승리를 확실히 하기 위해 7개월이나 걸렸고, 이탈리아군은 장비도 변변치 않은 에티오피아군을 향해 화학 무기까지 사용했다. 무솔리니는 군사적인 승리를 거두었지만, 전에 없이 강력해진 나치 체제의 경제적, 군사적, 외교적 지원에 점점 더 크게 의존해야 한다는 점을 간과했다. 한때 파시스트 클럽을 주도했던 무솔리니는 점점 더 강해지고 전쟁으로 치닫는 히틀러에게 끌려다니는 신세가 되었다.

매일 나오는 신문 머리기사와 끊임없는 전쟁 선전에 시달리지 않기 위해 페르미와 아말디는 더욱더 연구에 몰두했다. 주말에 해변이나 산으로 가던 나들이도 줄었고, 로마 학파 초창기에 흔히 즐겼던 장난과 농담도 계속하기가 어려워졌다. 아말디는 나중에 이것을 "소마soma 같은 물리학"이라고 불렀는데, 올더스 헉슬리가 1932년에 발표한 소설 《멋진 신세계》에 나오는 좀비 같은 상태로 만드는 약물에 빗댄 말이었다.[5] 그들은 점점 엉망이 되어가는 이탈리아의 체제를 뇌리에서 떨쳐내기 위해 물리학에 매달렸다.

이제 로마의 물리학 연구는 더 이상 순수한 재미가 아니었다. 어린 시절부터 물리학에서 순수한 재미를 찾았던 페르미였지만, 그때부터 적어도 10년 동안은 물리학이 순수한 즐거움일 수 없었다. 페르미 자신의 노력으로 제2차세계대전을 끝낸 뒤에도, 물리학은 다시는 초기의 순수한 즐거움이 되지 못했다.

1936년에 페르미가 로마로 돌아왔을 때 파시스트 정권은 그에게 새로운 연구소를 세워주었다.

1930년대 초에 무솔리니는 여러 곳에 흩어져 있는 로마 대학교의 학과들을 테르미니 철도역 북동쪽에 있는 낡은 병원 남쪽의 비교적 넓은 부지에 하나로 모으려는 계획을 세웠다.

물리학과가 들어설 건물은 무솔리니가 가장 좋아하는 건축가인 주세페 파가노가 설계한 기능적이고 수평이고, 광택이 있는 겨자색 벽돌로 외부를 장식한 5층 건물로, 파니스페르나가의 낡은 토끼장 같은 건물보다 훨씬 목적에 적합했다.[6] 결코 감정에 휘둘리지 않는 페르미는 이전의 실험실을 전혀 그리워하지 않았고, 새 캠퍼스의 편리함을 좋게 생각했다. 집까지 자전거로 잠시만 가면 돼 점심 식사하러 가기도 편해졌다.

페르미의 연구팀은 계속 흩어져갔다. 중성미자의 근본적인 특성을 미리 내다보았던 영특한 에토레 마요라나는 1937년에 나폴리 대학에 자리를 잡았는데, 심지어 경쟁 과정도 거치지 않았다. 그러나 그는 다음 해에 팔레르모에서 나폴리로 가는 배를 탔다가 흔적도 없이 실종되었다.[7] 그에게 어떤 일이 일어났는지는 아직도 밝혀지지 않았고, 오늘날까지도 여러 가지 추측만 무성하다. 로마 대학교 물리학과는 오레스테 피치오니Oreste Piccioni와 에우게네 푸비니Eugene Fubini 같은 이탈리아 학생들을 받아들였지만 미국이나 유럽에서 오는 박사후연구원이나 다른 방문 학자는 줄어들었다. 정치 불안이 계속되었고, 독일과 오스트리아의 유대인 과학자들이 미국, 영국, 캐나다 같은 안전한 피난처로 떠난 탓이었다. 방문 학자들을 특별히 대접하려는 페르미의 노력과 무관하게 그들은 파시스트 로마로 오지 않았고, 뉴욕, 버클리, 런던 같은 곳으로 향했다. 1927년에 이탈리아는 코모 국제 학술회의에 유럽과 미국의 훌륭한 과학자들을 모을 수 있었다. 그러나 1931년 로마 학술회의 초청에는 파시스트 정권에 반대해서 정중하게 거절하는 학자들도 있었다. 1937년에는 정권에 대한 의심이 확신으로 바뀌었고, 페르미가 초청했다고 해도 세계적인 학자들은 거절했을 것이다.

페르미와 점점 줄어드는 로마 팀에게 가장 큰 타격은 코르비노의 갑작스러운 죽음이었다. 그는 1937년 1월에 폐렴으로 비교적 이른 나이에 죽었다. 페르미가 이탈리아에서 직업상 만났던 모든 사람 중에서 코르비노는 분명히 가장 중요하고 가장 특별한 사람이었다. 1930년대 초에 정권은 이탈리아의 거의 모든 학자에게 파시스트당에 대한 충성 맹세를 요구했다. 코르비노는 순응했지만, 페르미와 달리 결코 파시스트당에 가입하지는 않았다.[8] 코르비노의 판단력, 천재적인 행정 능력, 높은 서열이 페르미를 보호했다. 그는 23세의 페르미를 이탈리아 물리학을 국제 물리학계의 최전선으로 끌어올릴 인재로 알아보았다. 페르미는 결코 그를 실망시키지 않았고 둘 사이에 유일하게 심각한 갈등이 있었을 때도(1934년에 코르비노가 초우라늄 원소의 발견을 너무 일찍 발표했을 때) 재빨리 수습했다. 코르비노는 페르미에게 보스 이상이었다. 그는 젊은 페르미의 스승이었고, 보호자였고, 1928년 결혼식 때는 아버지의 대역으로 참석했다. 갑작스럽고 예상하지 못하게 코르비노를 잃자 페르미뿐만 아니라 그룹 전체가 심각한 타격을 입었다.

페르미는 추도사에서 코르비노의 과학적 업적뿐만 아니라 그의 중요한 성격적 특성에 대한 감화와 그의 도움과 지원에 자기가 얼마나 많은 빚을 졌는지에 대해 이야기했다.[9] 페르미는 복잡해 보이는 현상을 과감하게 단순화하는 방법을 코르비노에게 배웠다고 말했다. 두 물리학자는 단순함에 대한 사랑을 공유했고, 거기에는 물리학의 아름다움은 배후에 숨은 단순한 근본 관계를 통해 복잡성을 설명할 수 있다는 데에서 기인한다는 확신이 반영되어 있었다. 길고 유익한 관계 속에서 확실히 코르비노는 페르미가 코르비노에게 배운 것만큼이나 그 자신이 페르미에게서 배웠다.

스승이자 친구를 잃은 데다 로 수르도가 연구소장으로 승진하자 사정이 더 나빠졌다. 페르미는 그 자리를 차지할 생각이 없었다. 행정적인 자리는 연구에 거의 도움이 되지 않기 때문이었지만, 자기의 집이라고 부를 만한 연구소를 이제 로마 물리학계에서 코르비노의 앙숙이었던 사람이 운영하는 것은 마음이 불편할 수밖에 없었다. 설상가상으로 국가 연구 센터Consiglio Nazionale delle Ricerche 대표였고 페르미의 강력한 지지자였던 마르코니마저 몇 달 뒤에 죽었다. 1937년 초는 페르미에게 행복한 시간이 아니었다.

한편 이탈리아와 독일은 점차 가까워졌고, 독일이 점점 더 지배적인 동반자로 떠올랐다. 히틀러는 1938년 5월에 로마를 방문해서 영웅과 같은 환영을 받았다. 독일의 독재자를 맞이하기 위해 오스티엔세라는 새로운 기차역이 세워졌다. 가로등은 나치 독수리 형상으로 장식된 램프로 교체되었다.[10] 무솔리니는 환영 행사를 치밀하게 준비했고, 히틀러는 환대에 흐뭇해하는 듯했다. 두 지도자는 도시 시찰에 나섰고, 로마의 중앙 공원인 아름다운 보르게세 공원을 지나갔다. 당시에 페르미 가족의 보모가 어린 줄리오와 함께 이 공원에 있었고, 이 사건은 세 살짜리 아이의 마음에 새겨졌던 것 같다. 몇 년 뒤에 줄리오는 시카고의 초등학교에서 두 독재자를 변호해서, 이민자의 신분으로 전쟁에 관련된 일을 하면서 특권을 부여받고 있던 부모를 깜짝 놀라게 했다.

보르게세 공원은 새로 이사한 페르미의 집에서 조금만 걸으면 닿는 거리에 있었다. 1938년 초에 페르미 가족은 더 좋은 집으로 이사를 하기로 결정했다. 벨루노가의 오래된 아파트는 로마 기준으로 좁지 않았지만 가족은 더 넓은 집에 살아도 될 만큼 경제적으로 여유가 있었다. 엔리코는 대학교와 왕립 아카데미 양쪽에서 봉급을 받았고, 교과서 인세 수입뿐만 아니라 라우라가 친정에서 받는 독립적인 수입도 있었다. 아마도 라우라의 절친한 친구인 지네스트라 아말디의 재촉으로, 페르미 가족은 아말디네 집에서 한 블록도 떨어져 있지 않고 보르게세 공원과도 가까운 로렌초 마갈로티가에 아파트를 샀고, 1938년 5월에 이사했다. 중상류층이 사는 동네에 나무가 많고 조용했으며, 값비싼 아파트 건물들과 작은 고급 주택들이 아말디네가 얼마 전에 이사 온 데이 파리올리가로 이어졌다. 새로 이사한 아파트에는 녹색 대리석으로 장식된 욕실이 있었다. 라우라는 이것을 좋아했고, 나중에 이렇게 회고했다. "그것은 위엄을 추구하는 나의 허영심을 채워주었다. 내 욕망은 엔리코의 지위가 꾸준히 높아지면서 함께 올라갔다. (…) 나는 부유하고, 자리를 잘 잡았고, 로마에 단단히 뿌리를 박았다고 느꼈다."[11]

이사한 시점을 보면 페르미가 미국 이주에 대해 어떻게 생각했는지 알 수 있다. 이 모든 상황에도 불구하고 1938년 초에 페르미 가족은 로마를 떠나려는 즉각적인 계획이 없었다. 그러나 그 뒤로 두 달 동안 벌어지는 사건들로 가족은 생각을 근본적으로 바꾸게 된다.

히틀러는 언젠가부터 무솔리니에게 유대인을 탄압하라고 압박했지만, 이탈리아의 유대인 공동체는 고대부터 이 나라에 동화되어 있었다. 나치 정권하에서 히틀러는 먼저 대학, 병원, 은행, 법률 회사의 전문직 유대인을 축출하는 사회 정책에 성공했고, 이 정책을 확대해서 제3제국 시민으로서 유대인들의 재산 소유권과 시민권을 크게 제한했다. 더 나쁜 일이 곧 다가왔다.

히틀러는 점점 더 크게 불만을 터트렸지만 무솔리니는 따르지 않았다. 그는 악랄하고 폭력적인 이탈리아 민족주의자였지만 이탈리아의 유대인에 대한 그의 견해는 복잡했고, 부정적이라고 할 수 없었다. 이탈리아 파시즘의 이념적인 지도자 중 한 사람인 아름다운 마르게리타 사르파티도 유대인이었다.[12] 그녀는 10년 넘게 무솔리니와 모든 비밀을 공유할 수 있는 절친한 친구이자 그의 전기 작가, 영감을 주는 사람, 연인이기까지 했다. 유대인 가정은 모든 의미에서 이탈리아 사람으로 간주되었는데, 이탈리아가 통일되기 2000년 전인 로마 시대에도 그들은 거기에 살았기 때문이었다. 역설적이게도, 많은 유대인이 파시즘 정권을 전적으로 지지했다. 라우라 페르미의 가족처럼 많은 사람이 자신이 유대인이라고 거의 의식하지 않았고, 의식한대도 민족의 이름을 일컫는 단순한 의미에서만이었다.[13] 그들은 무엇보다도 그리고 거의 전적으로 이탈리아 사람이었다. 라우라는 아이들을 가톨릭 신자로 키우자는 엔리코의 말을 흔쾌히 따랐다.

히틀러와의 관계를 주도하는 동안에 무솔리니는 이탈리아 유대인을 탄압하라는 요구를 쉽게 물리칠 수 있었다. 그러나 1938년에는 이 요구를 거부하기가 더 이상 불가능하거나 이 문제로 더 이상 다툴 가치가 없음을 깨달았다. 7월에 정권이 새로운 인종 정책을 발표했고, 9월에는 유대인들의 취업을 제한하는 법률을 제정해, 대학교의 자리, 금융과 부동산 시장에 접근하는 데 제재를 가했다. 고요한 토스카나의 시골에서 라디오로 이 소식을 들은 페르미 가족은 충격에 빠졌다. 엔리코의 끈질긴 간청에 라우라가 마침내 양보해서 미국으로 떠나기로 한 것은 그해 여름에 긴장된 토론을 하면서였다.

그들은 파시스트 비밀경찰이 자기들을 감시하고 있을 것이라고 여겼고, 이 추측이 옳았음이 나중에 밝혀졌다. 페르미는 파시스트 이탈리아에서 국제적인 명성을 얻은 극소수의 인물 중 하나였고, 페르미는 무솔리니가 로마에 그를 잡아두기 위해 특별한 조치를 취할 것이라고 생각했다. 실제로 페르미는 해외여행을 할 때마다 무솔리니의 국내외 스파이들의 경계 아래에서 출국 신청을 해야 했고, 아내가 그와 함께 미국을 여행하기를 꺼렸다는 것이 그의 명백한 귀국을 보장했다. 파시스트 정치경찰의 페르미 문서는 그리 두껍지 않지만, 적어도 1932년 이후로 한동안 그가 사찰 대상이었음을 알려준다.[14] 이번에는 가족이 모두 함께 가야 했고, 그는 신중해야 했다.

페르미는 미국의 여러 대학교에 편지를 써서 이탈리아에서 자기의 상황을 더 이상 유지하기 어려운 사정을 설명하고 갈 자리가 있는지 물었다. 라우라와 엔리코는 함께 토스카나에서 차를 몰고 북쪽의 알프스 산맥으로 가면서 편지들을 각각 다른 시골 우체통에 넣었다. 그들은 정권이 이 편지들을 알아채지 못하기를 바랐고, 그들이 옳았다. 우리는 페르미가 문의한 모든 대학교에 대해서는 알 수 없지만, 2년 전에 교수직을 제안한 컬럼비아 대학교의 조지 피그럼이 이 편지를 받았고, 신속하고 아무 거리낌도 없이 답장했다는 것을 알고 있다. 페르미가 미국에서 방문했던 곳으로 보아, 미시간, 스탠퍼드, 버클리 대학교(캘리포니아 대학교 버클리 캠퍼스)에도 편지를 보냈을 것으로 추측된다. 이때쯤에 그와 절친한 한스 베테가 3년째 코넬 대학교에 있었고, 거기에도 편지를 보냈을 가능성이 있다. 어쨌든 페르미는 컬럼비아 대학교의 제안을 받아들이기로 결정했고 1939년 일사분기에 떠날 것을 계획하기 시작했다. 이렇게 해서 페르미는 집안일을 조용히 정리하고 자기 연구를 믿을 만한 사람에게 맡길 시간을 벌었다. 표면적으로는 6개월 동안의 안식년이었다. 그는 이탈리아 당국이 믿기를 바랐다.[15]

1938년 9월에 공표된 인종차별법이 라우라에게 영향을 미쳤는지 여부는 아직도 확실하지 않다. 그 자신의 양면성 때문이었는지, 무솔리니는 인종차별법에 예외 조항을 넣어서 이 법의 적용을 면제해달라고 정권에 신청할 수 있게 했다. 유명하고 영향력이 있어서 체제에 도움이 되는 유대인 가정을 위해 마련된 조항이었다.[16] 라우라의 아버지 카폰 제독은 가족 전체를 대신하여 신청했고, 1939년 초에 승인되어서 라우라는 무솔리니가 집권하는 동안 언제든지 자신이나 가족을 위험에 빠뜨리지 않고 이탈리아로 돌아올 수 있었다. 그러나 상황이 변해서 무솔리니가

1943년에 실각했고, 독일인들이 실질적으로 이탈리아의 많은 부분을 직접 통치했다. 라우라의 아버지를 포함한 유대인들은 체계적으로 강제 수용소로 끌려갔고, 카폰 제독을 포함한 많은 사람이 수용소에서 죽었다.[17]

이탈리아가 점점 더 고립되고 독일과 가까워지자 페르미도 힘들어졌고, 연구에 방해를 받았다. 페르미는 국제 공동체에서 중요한 위치를 차지하고 있었지만 페르미 자신에게도 공동체는 매우 중요했다. 공동체에서 멀어지면 그 분야의 최첨단에서도 멀어질 수밖에 없다는 것을 페르미는 잘 알고 있었다. 게다가 그는 로마에서 자기가 구상한 실험에 필요하고 또 받을 만하다고 생각하던 연구비도 받을 수 없었다.[18] 코르비노가 갑자기 죽은 뒤로 연구비는 한층 더 심각한 문제가 되었다. 인종차별법만큼이나 이런 요소들이 그를 압박했을 것이다. 간단히 말해서, 1938년 중반에는 페르미가 이탈리아를 떠나야 할 이유가 많았다.

그러나 1938년 10월 중순에 코펜하겐에서 있었던 대화로 그가 신중하게 꾸민 계획이 바뀌게 된다.

⑪

노벨상

1938년 10월, 페르미는 닐스 보어가 주최하는 코펜하겐 학술회의에 갔다. 학술회의 도중에 보어는 페르미에게 개인적으로 할 말이 있다면서 그를 조용한 곳으로 데리고 갔다. 보어는 페르미에게 놀라운 질문을 던졌다. 페르미가 노벨상 수상자로 결정된다면, 그 상을 받을 수 있는 입장인가?

페르미의 노벨상에 얽힌 이야기는 최고 권위의 과학상을 둘러싼 가장 흥미로운 이야기 중 하나이다. 그러나 이 이야기는 1938년 10월이 아니라 논란이 많았던 1936년의 노벨 평화상에서 시작된다.

1936년의 노벨 평화상은 독일 평화 운동가 카를 폰 오시에츠키에게 주어졌다. 그는 1935년에 독일의 재무장에 관련된 비밀을 폭로해서 세계를 깜짝 놀라게 했다. 나치 정부는 그를 반역죄로 구속해서 강제 수용소로 보냈고, 그는 결국 수용소에서 삶을 마감하게 된다. 한편, 노벨 평화상 위원회는 그의 석방을 지지하기 위해 1936년 상을 그에게 수여했다. 히틀러는 격노했고, 독일 국민이 어떤 분야에서도 다시는 노벨상을 받지 못하게 금지했다. 결국 이 이야기는 대참사로 끝났고, 노벨 재단은 이런 일을 반복하지 않기로 결정했다.

노벨 재단은 물리학과 화학 분야의 수상자 지명을 스웨덴 왕립 과학 아카데미에 위임했고, 소위원회가 엄격한 비밀하에 선별된 그룹의 자문을 바탕으로 수상자를 결정했다. 최근에 와서야 지명 절차에 관심이 있는 학자들에게 정보가 공개되었는데, 그것도 수상자가 죽은 다음에만 공개된다. 누구나 추천을 할 수 있고, 의뢰를 받아 추천할 수도 있다. 예를 들어 하이젠베르크가 1932년에 상을 받기 전까지 페르미는 여러 번 그를 추천했는데, 이때는 페르미가 노벨상을 받기 전이었다. 디랙과 슈뢰딩거가 1933년에 공동 수상했다. 기록에 따르면 디랙은 상을 받기 전에 추천을 단 세 번 받았다. 반면에 슈뢰딩거는 아인슈타인에게 두 번, 보어에게 세 번을 포함해서 41번을 받았다. 노벨상은 단순한 인기 콘테스트가 아니며, 한 번도 그랬던 적이 없다. 독일의 위대한 이론가 아르놀트 조머펠트는 80번 이상 후보로 추천되었지만 결국 상을 받지 못했다.

물론 당시에 페르미는 이런 사실을 알 수 없었다. 기록에 따르면, 그는 노벨상을 받을 수 있는지 질문을 받은 전무후무한 경우이다.

스웨덴 아카데미의 우려는 이탈리아가 점점 더 독일과 친해지면서 무솔리니가 히틀러에 이끌려서 페르미의 수상을 막을 수도 있다는 것이었다.[1] 그러나 그들은 걱정할 필요가 없었다. 페르미는 무솔리니를 잘 알지 못했을 수도 있지만(그는 무솔리니를 한 번 만났고, 많은 이탈리아 사람처럼 예상했던 것보다 더 깊은 인상을 받았다) 파시스트 정권이 국제적인 인정을 받기를 바란다는 것만은 확신할 정도로는 충분히 알았다. 보어는 충실하게 그가 들은 대로 아카데미에 보고했다.

페르미는 평생 동안 36번 추천받았으며 그중 세 번은 화학 분야이고 나머지는 물리학 분야였다.[2] 하이젠베르크는 1936년과 1937년에 페르미를 추천했다. 루이 드브로이Louis de Broglie와 모리스 드브로이 형제는 페르미를 여러 차례 추천했다. 그의 오랜 친구 페르시코는 노벨상 수상자는 아니지만, 그를 추천한 첫 번째 인물이다. 독일의 제임스 프랑크와 시카고 대학교의 아서 콤프턴도 그를 추천했다. 막스 플랑크도 그의 지지자였다. 사건의 흐름을 감안할 때 아이러니하게도, 보어 자신이 페르미를 추천하지 않았다는 것이 눈에 띈다. 1938년에 보어는 아무도 추천하지 않았다. 그 전해에 그는 슈뢰딩거, 하이젠베르크, 프랑크, 오토 슈테른을 추천했다. 보어는 페르미를 매우 존경했지만, 자기와 직접 공동 연구를 했던 사람만 추천했을 수 있다. 페르미와 보어는 수많은 학술회의와 모임과 페르미의 코펜하겐 방문을 통해 여러 번 접촉했지만, 두 사람이 직접 공동 연구를 한 적은 없었다. 또한, 그들은 물리학에 대한 접근 방식이 매우 달랐다. 페르미는 물리학 그 자체 외에는 전혀 관심이 없었다. 보어는 자연의 숨겨진 실재에 대해 물리학이 드러내 보여주는 것들에 거의 신비적으로 매료되어 있었다.

어쨌든, 보어의 질문에 페르미는 딜레마에 빠졌다. 상으로 주는 23캐럿의 금메달은 45돈이 조금 넘고, 또 스웨덴 돈으로 현금 15만 5000크로나를 주는데, 오늘날의 50만 달러가 넘는 금액이었다.[3] 이탈리아의 통화 제한 조치에 따르면 페르미가 이 돈을 가지고 로마로 돌아왔다가 1939년 일사분기에 떠날 때는 이 돈을 가지고 나갈 수가 없었다. 코펜하겐에서 로마로 돌아온 페르미는 라우라와 상의해서 계획을 재빨리 바꿨다. 그들은 스톡홀름으로 갈 때 은밀히 가져갈 수 있는 재산을 최대한 많이 가져가고, 상을 받은 다음에 메달과 상금을 갖고 뉴욕의 새집으로 바로 가기로 했다.

그래서, 1938년 11월 10일 스웨덴에서 페르미의 집으로 걸려 온 전화는 완전히 놀라운 사건은 아니었다. 그날의 사건에 대한 라우라의 설명에 따르면, 이른 아침에 국제 교환원으로부터 먼저 전화가 와서, 저녁 6시에 스톡홀름에서 전화가 올 것이라고 알려주었다. 전화를 받은 라우라는 엔리코를 깨웠고, 저녁에 올 전화가 무엇인지 그들은 바로 알아챘다. 라우라는 엔리코에게 오늘은 일을 쉬고 함께 축하하면서 하루를 보내자고 했지만, 페르미는 선뜻 말을 듣지 않았다. 페르미는 코펜하겐에서 보어와 대화한 뒤에 예상했던 소식이 그날 저녁 전화로 전해질 것이 거의 틀림없다고 보았지만, 언제나 가능성을 계산하는 페르미는 다른 과학자와 공동 수상할 수도 있음을 염두에 두었다. 디랙은 1933년에 슈뢰딩거와 공동 수상했고, 1936년과 1937년에도 공동 수상자들이 상금을 나눠 가졌다. 페르미는 단독 수상인지 확인하지 못한 채로 흥청망청 축하하고 싶은 마음이 없었다. 또한 쉽게 운반할 수 있으면서 값나가는 물건을 너무 많이 사면 이탈리아를 아주 떠난다는 계획을 망칠 수도 있다고 염려했다. 결국 페르미는 함께 쇼핑을 가자는 라우라의 설득을 받아들였지만 시계 하나만 샀다. "눈에 띄지 않으면서 유용하다"는 이유였다.

라우라는 남편과 함께 그날 낮을 보냈고, 그녀가 사랑한 로마, 태어날 때부터 지금까지 살아온 로마의 명소와 소리를 새삼스럽게 음미했다. 라우라는 나중에 이렇게 설명했다.

나는 즐겁게 환호하면서 보내기로 마음먹었고, 로마의 풍경을 보면서 느끼는 향수를 쫓아버리기로 했다. 로마 거리의 낯익은 광경, 온갖 매력을 그대로 품고 있는 낡고 빛바랜 건물들, 퇴색된 담장이나 쇠 울타리 뒤에 솟아 단조로움을 깨며 조용히 인간의 쉼 없는 움직임을 지켜보는 기념비 같은 이곳저곳의 오래된 나무들, 아낌없이 물을 공중으로 쏘아 올리는, 다이아몬드 같은 물방울이 무지개를 그리며 떨어지는 로마의 수많은 분수들. 나는 이제 이 풍경을 즐기면서 로마에서의 30년 인생을 주신 신께 감사하려고 했다.[4]

그녀에게 로마가 어떤 의미인지, 그곳을 떠나면서 무엇을 잃게 되는지가 담긴 이 찬사는 더없이 안타깝고 슬프다.

그날 오후에 그들은 전화기 옆에 앉아서 초조하게 연락을 기다렸다. 참을성 없는 지네스트라 아말디가 여러 번 전화해서 스톡홀름에서 소식이 왔는지 물어보았지만, 6시가 지나도 기다리던 전화는 오지 않았다. 엔리코가 주의를 돌리기 위해 라디오를 켰지만, 점점 더 절박해져가는 정권이 공포한 반유대법에 대한 뉴스 방송만 들릴 뿐이었다. 이 법은 진정으로 가혹했다. 유대인들이 공립학교에 다니는 것을 금지하고, 유대인 교사들을 해고하고, 유대인 전문가는 유대인을 상대로만 일을 할 수 있게 하고, 여권을 말소하고, 유대인 소유의 기업을 폐업시키기까지 했다. 전화가 오기 직전까지 페르미 가족은 뭔가 좋은 소식이 필요했고, 마침내 소식이 왔다.

페르미는 단독으로 노벨상을 받게 되었다.[5] 그는 누구와도 상금을 나누지 않게 되었다. 노벨상 수상 이유는 페르미가 "중성자를 쬐어서 새로운 방사성 원소의 존재를 보여주었고, 느린중성자에 의한 핵반응에 관련된 발견을 했다"는 것이었다. 페르미의 친구들 사이에 소식이 빠르게 퍼져서 금방 사람들이 마갈로티가의 아파트로 몰려왔고, 지네스트라는 즉석에서 축하 만찬을 제안했다. 페르미는 초우라늄 원소의 발견에 대한 그의 유보를 잠시 접어두고 축하연에 함께했다. 줄리오와 넬라도 함께했는데, 두 살배기 줄리오는 장난꾸러기처럼 자기 머리 위로 우뚝 솟은 어른들의 다리를 타고 올라가려고 했고, 일곱 살 먹은 넬라가 동생을 말렸지만 소용이 없었다.

원래 계획에는 스톡홀름에 들르는 일이 없었다. 새로운 계획에는 스톡홀름 경유가 추가되었고, 불행하게도 이것은 기차로 독일을 지나가야 한다는 뜻이었다. 다른 길로 스톡홀름에 갈 수는 없었는데, 독일 여행이 문제였다. 엔리코와 자녀들의 여권은 로마 가톨릭이라고 표시되지만 라우라는 유대인이라고 표시된다. 어쩌면 이탈리아 당국이 새로운 인종법에 따라 라우라의 여권을 무효로 할 수도 있었다. 라우라가 유대인으로 표시된 여권을 가지고 여행을 한다면 독일 국경에서 심각한 문제가 된다. 실질적인 해결책은 분명했다.[6] 라우라가 개종을 해야 했다. 데이 파리올리가에 있는 소박한 산 로베르토 벨라르미노 성당에서, 나중에 추기경에 올랐으며 1960년대 초에 교회 개혁의 열렬한 반대자가 된 에르네스토 루피니 주교의 집례로 라우라의 세례와 엔리코와 라우라의 종교 결혼식이 조용히 거행되었다. 이 자리에 참석한 사람은 아말디뿐이었다. 라우라가 회고록에 세례나 두 번째 결혼식을 언급하지 않았다는 것은 어쩔 수 없이 해야 했던 이 일이 썩 내키지 않았다는 것을 암시한다.[7] 그러나 남편처럼 그녀도 종교를 중요하게 여기지 않았기 때문이라고 이해할 수도 있다. 명백히 가식적인 행위로 그녀의 여권은 남편과 자녀들의 것과 똑같아 보였다. 그들은 이제 독일 국경을 지날 때도 아무런 문제가 없을 것이다.

마지막 준비 때는 난처한 일들이 많았다.[8] 얼마나 많은 것을 가져갈지도 문제가 되었다. 그들은 이탈리아 당국에 6개월 동안 안식을 취한다고 말했기 때문에, 마갈로티가 아파트에 있는 물건을 모두 가져갈 수는 없었다. 사실, 세간을 조금이라도 가져가면 정부에게 진짜 계획을 들킬 염려가 있었다. 결국 그들은 최소한의 옷가지만 챙기고 가정부 한 사람만 데려가기로 했다. 라우라는 적어도 뉴욕에서 충분히 자리를 잡을 때까지 아이들을 돌보는 부담을 대부분 스스로 감당해야 했다. 전체 계획을 알고 있는 친밀한 사람들은 이 시간이 특별히 힘들었다. 명백한 이유로 그들은 누구에게도 발설할 수 없었다. 가까운 친구들 중에서 떠난다는 결심을 가장 심하게 반대한 사람은 바로 지네스트라였다. 그녀는 페르미가 점점 어려워지는 상황을 감당할 수밖에 없는 학생들과 동료들을 버린다고 생각했다. 1938년 12월 6일에 로마 테르미니 역에 모여서 작별 인사를 할 때 지네스트라는 참혹함과 분노가 섞인 목소리를 냈다. 라우라는 15년이 지난 다음에도 이 순간을 생생하게 회상했다. 지네스트라는 이렇게 말했다. "엔리코가 떠나는 것은 그와 함께 공부하려고 모여서 그를 믿고 따르는 젊은이들에 대한 배신이야." 지네스트라의 남편은 스승이자 친구를 재빨리 지켜주었다. "파시즘의 잘못이지 페르미의 잘못이 아니야." 라우라는 앞으로 일어날 일에 대해 설렘을 느끼려고 애를 써보았지만 지네스트라의 말에 상처를 입었다. 그녀는 가장 친한 친구의 책망을 들으면서 여러 가지 도덕적 갈등을 느꼈다. 그녀에게 가장 큰 염려는 딸로서의 책임감이었다. "도덕적 갈등 중에서도 나를 가장 동요시킨 것은 한 여자가 아내와 엄마로서의 의무 때문에 딸로서의 책임을 저버려도 되는가 하는 것이었을지 모른다. (…) 몇백 년 동안 대답을 찾지 못한 이 질문이 기차가 출발하기 전 몇 분 동안에 해결될 리가 없었다." 그녀는 자매들과 특히 아버지를 걱정했다. 아버지는 정권이 자기를 건드리지는 않을 것이라고 확신하고 있었다. 그녀는 안심할 수 없었다. 인종차별법에 대한 면제 신청이 아직 승인되지 않았기 때문이었을 것이다. 그러나 결국 라우라가 어떻게 해야 할지에 대해서는 의문의 여지가 없었다.

심지어 평소에 말이 많은 라세티조차 그날만큼은 의기소침했다. "곧 다시 만나면 좋겠네." 기껏 용기를 내서 한 말은 그것뿐이었다.

기차가 출발했다. 갈릴레오 이후 가장 위대한 이탈리아 과학자가 스스로 망명길을 떠났다. 그는 전쟁이 끝난 뒤에 두 번 이탈리아를 방문했고, 그 기간도 몇 주에 불과했다.

기차 여행은 긴장이 넘쳤고, 특히 독일 국경 관리가 엔리코가 가족 전체를 대상으로 받은 통과 비자를 찾지 못했을 때 최고조에 이르렀다. 하지만 혼란은 빨리 해결되었고, 가족은 더 이상 곤란을 겪지 않고 독일을 통과했다. 스톡홀름에 도착한 그들은 그랜드 호텔에 묵었다. 호텔은 이름에 걸맞게 아주 좋았다. 이탈리아 대사가 그들을 영접했는데, 라우라는 귀족 가문 출신의 세련된 이 사람이 마음에 들었다.

1938년 12월 10일 토요일에 열린 의식은 이전이나 이후의 모든 노벨상 시상식과 대략 같은 형식을 따랐다.[9] 시상식이 열린 스톡홀름 콘서트홀에서 엔리코 페르미와 그해의 유일한 다른 수상자 펄 벅 여사가 무대 위에 앉아서 왕에게 소개되기를 기다리고 있었다. 우리는 펄 벅이 무슨 생각을 했는지 모른다. 아마도 라우라 페르미가 말했듯이 자기가 왜 수상자로 선정되었는지 그때까지도 궁금해하고 있었을지도 모른다. 라우라를 통해 잘 알려져 있듯 엔리코는 그날 입는 옷에 신경을 썼다. 그는 왕립 아카데미의 정교하고 우스꽝스러운 제복에 익숙했겠지만, 흰 나비넥타이와 연미복은 자주 입지 않았다. 전통적인 방식으로 풀을 먹여 빳

1938년 12월 스톡홀름, 노벨상 시상식 중의 어느 조용한 순간. 펄 벅이 왼쪽에 있고, 페르미는 어린 여자아이(누구인지 알 수 없다)를 향해 미소 짓고 있다. (펄 벅 이스테이트 제공)

빳한 조끼의 깃이 목에 걸리적거렸다. 또한 그는 상을 받기 위해 일어서는 일 자체를 걱정하고 있었다. 뉴스영화를 보면, 그 시절의 수상자는 상을 받으러 왕에게 다가갈 때나 자리로 돌아갈 때도 계속해서 왕을 보고 있어야 했다. 스웨덴 국왕에게 등을 보여서는 안 되는 것이었다. 어쨌든, 페르미는 나중에 자신이 왕에게 갈 때 세심하게 걸음 수를 세었다가 악수를 하고 메달과 상장을 받은 다음에 한 번도 머뭇거리지 않고 자리에 앉았던 일을 자랑하게 된다.[10]

시상식이 끝난 뒤에는 시청에서 성대한 만찬이 이어졌고, 수상자 부부는 중앙의 긴 식탁에서 왕과 함께 앉았다. 공식 연회가 밤이 늦도록 이어졌고, 라우라는 구스타브 5세와 춤을 추는 흥분을 맛보았다. 그러나 유럽의 왕과 춤을 춘 것이 그때가 처음은 아니었다는 것을 그녀는 뒤늦게 깨달았다. 그녀는 1933년 솔베이 학술회의에 엔리코와 함께 가서 벨기에 왕과 춤을 추었다. 며칠 동안 흥분되는 일정이 계속되었는데, 그중에서도 이다음 날 수상자들이 배우자와 함께한 국왕과의 만찬이 절정이었다.

오늘날까지 이어지고 있는 전통대로, 노벨상 수상자들은 자기의 업적에 대해 연설했다. 페르미는 당연하게도 노벨상 위원회가 선정 이유로 밝힌 느린중성자 포격과 그 결과를 주로 설명했다.[11] 이 연설은 그리 전문적이지 않았고 비교적 짧았지만, 실험에서 93번 원소 '아우소늄'과 94번 원소 '헤스페륨'의 두 가지 초우라늄 원소를 발견했다고 언급했다. 그는 또한 오토 한과 리제 마이트너의 독일 연구팀이 96번까지의 원소를 계속해서 발견했다고 말했다. 이러한 초우라늄 원소의 발견에 대해 의문을 품었다고 해도 그 의심을 공표하지는 않았다. 그는 한 달쯤 뒤에 이 문제에 빠져들게 된다.

이탈리아 언론은 페르미가 스웨덴 국왕에게 파시스트의 경례 대신에 악수를 한 것에 분개했다. 파시스트 신문은 점점 밀접해지는 무솔리니와 히틀러의 관계를 의식해서 11월에 노벨상 수상자 발표의 의미를 축소해 썼고, 노벨 재단이 이탈리아에 준 영예를 기뻐하면서도 히틀러를 자극하지 않으려고 조심했다. 이제 이탈리아 언론은 페르미가 파시스트의 경례를 하지 않은 것을 두고 왕립 아카데미가 치켜세우는 자랑스러운 회원이 불온한 경향을 가졌다고 비난했다. 페르미가 왕과 악수를 해서 죄가 더 커졌다. 무솔리니와 그의 정권은 악수가 여성적이라고 깎아내렸다. 로마에서 대중적인 분노는 결국 사그라졌지만, 파시스트 정권의 감시는 그 어느 때보다 더 치밀해졌다.

축하와 연회를 뒤로하고, 가족은 남서쪽으로 가서 먼저 코펜하겐에서 보어에게 경의를 표했다. 그러고는 영국 해협을 건너 사우샘프턴에서 뉴욕으로 떠나는 배에 올랐다. 1938년 12월 24일에 그들은 신세계로 향했다. 대서양 너머에서 새로운 삶이 기다리고 있었다.

3부

맨해튼 프로젝트

$$\widehat{12}$$

신세계

큐나드 여객선 회사의 프랑코니아호_號로 대서양을 건너면서는 별다른 사건이 없었고, 1939년 1월 2일에 배가 뉴욕항으로 예인될 때 페르미는 자기가 페르미 가문의 미국 지부를 세웠다고 웅대하게 선언했다.[1]

그와 라우라는 함께 탄 승객들과도 특별히 교류하지 않았다.[2] 배에 함께 탄 사람 중에는 프랑스의 유명한 작곡가 나디아 블랑제와 독일의 무대 감독 에르빈 피스카토르가 있었고, 유명한 런던 도일리 카트 오페라 단원 70여 명도 6주 동안의 길버트와 설리번의 오페라 공연을 위해 이배를 타고 뉴욕으로 가고 있었다. 페르미는 음악에 무관심해서 연회나무도회의 배경 음악이 아니라면 그리 관심을 기울이지 않았다.[3]

더 중요한 것은, 페르미 가족에게 이때가 가장 행복한 순간은 아니었다는 점일 것이다. 페르미는 스스로 자기의 뿌리를 뽑아서 10년 넘게 함께 일했던 학문의 동료이자 절친한 친구였던 여러 사람과 결별했다. 라우라는 엔리코보다 더 불행했다. 그녀는 평생의 집이라고 여겼던 도시를 등지고 엔리코가 새로운 집으로 결정한 크고 때로는 잔인한 도시를 향해 떠나왔다. 그녀는 1930년 앤아버의 여름학교로 가는 길에 잠시 들른 뉴욕의 활력과 규모가 인상 깊었지만 낯설고 거칠어서 매력이 없다고 생각했다. 이제 그녀는 어린 자녀 둘을 키워야 했고, 낯선 도시에서 남편이 육아를 도와줄 것이라는 환상도 가질 수 없었다. 그녀는 넬라가 다닐 학교를 알아봐야 했고(브롱크스의 리버데일 구역에 있는 진보적인 명문 사립학교 호러스 맨을 선택했다), 어린 줄리오에게 직접 영어를 가르쳐야 했다.[4] 정착을 도와줄 하녀도 함께 오긴 했지만 말이다.

페르미의 학생이었고 미국에 와서 사업가가 된 가브리엘로 잔니니가 피그럼과 함께 마중을 나왔고, 두 사람은 페르미 가족을 안내해서 임시 숙소로 정해진 컬럼비아 캠퍼스 웨스트 116번가의 작은 호텔인 킹스 크라운으로 갔다.[5] 페르미 가족은 비좁고 어두운 복도를 보면서 더 빨리 집을 알아봐야겠다고 생각했다.

로마를 떠나 뉴욕에 도착할 때까지 한 달이 걸렸다. 이 기간 동안 그는 유럽 과학 공동체의 활발하다 못해 과도할 정도의 의견 교환에서 단절되었고, 첨단 발전에 대한 정보를 얻기 위해 의지하는 과학자들과 편지도 주고받지 못했다. 뒤돌아보면 이 일은 다행이었다. 12월 동안에 독일에서 극적인 사건 전개가 있었고, 페르미가 자신의 중성자 실험을 크게 잘못 이해했다는 것이 밝혀졌다. 그가 노벨상을 받은 것도 바로 이 실험 덕분이었다. 그는 이제까지 그렇게 심하게 틀렸다는 당혹감을 맛본 적이 없었다. 이 실험에 관한 소식이 대서양을 건너가자, 페르미와 몇몇 사람은 누구도 예측할 수 없었던 사건의 흐름에 휘말리게 된다.

페르미가 미국으로 가고 있는 동안에, 독일의 과학자들은 페르미와 파니스페르나가의 청년들이 1934년에 했던 실험을 거의 똑같이 다시

했고, 그들은 자신들이 우라늄 원자를 쪼갰다고 발표했다.

오토 한은 신중하고 세심한 사람이었고, 수십 년이 넘는 경력을 쌓으며 세계 최고의 화학자라는 명성을 얻었다. 1879년에 태어난 그는 1900년대 초부터 방사성 물질의 화학적 성질을 깊이 연구했다. 이러한 연구를 방사화학이라고 하며, 그는 방사화학의 아버지로 여겨진다. 그는 특히 방사성 원소를 화학적으로 분리하는 데 전문가였다.

1907년에 그는 막스 플랑크와 함께 연구하던 젊은 여성 물리학자 리제 마이트너를 만났다. 1878년에 빈에서 태어난 그녀는 프로테스탄트로 자랐지만 할아버지가 유대인이었고, 베를린 대학교에서 여성으로서는 두 번째로 물리학 박사학위를 받았다. 한은 즉시 마이트너의 지성과 추진력에 이끌렸다. 마이트너는 물리학자로서, 원자핵 내부의 방사성 과정에 대한 지식으로 30년 동안 베를린 달렘의 카이저 빌헬름 연구소 화학 연구실에서 한과 함께 연구했다.

화학자 한과 물리학자 마이트너는 여러모로 이상적인 공동 연구자였고, 한 팀으로서 방사능을 이해하는 데 서로의 능력을 보완할 수 있었다. 그러나 이들의 연구는 주로 화학 프로젝트였고, 거의 전적으로 방사성 붕괴에 따라 생성된 물질을 화학적으로 분리하고 어떤 물질이 생성되었는지 확인하는 일이었다. 그들은 주기율표 끝부분의 '악티니드'라고 불리는 무거운 원소들을 연구했기 때문에, 1934년 페르미의 우라늄에 중성자를 포격하는 초기 실험 결과에 즉각 흥미를 느꼈다. 우라늄도 악티니드에 포함되는 원소이고, 특히 우라늄에 대한 포격으로 생성된 네 가지 중 하나가 초우라늄 원소인 93번 원소인 듯하다는 페르미의 견해는 그들의 흥미를 끌기에 충분했다.

두 동료는 4년 동안 집중적으로 우라늄에 대한 중성자 포격 실험을 연구했고, 초우라늄 원소와 그 동위원소라고 생각되는 것들을 하나씩 확인하는 일에 거의 전적으로 매달렸다. 1938년까지 주기율표 93번에서 98번까지의 원소를 확인해보았지만, 그들은 확실한 결론을 얻을 수 없었다.

이 실험을 위해, 그들은 세 번째 연구자인 프리츠 슈트라스만을 참여시켰는데, 한과 마이트너보다 약 20년 젊은 그는 뛰어난 분석화학자로 유명했다. 열렬한 반나치주의자인 그는 1933년에 독일 화학자 협회가 유대인 회원들을 축출하자 나치에 의해 '순수' 독일인으로 분류되었지만 협회를 탈퇴했다. 한과 마이트너의 조수로서 그는 이 팀에서 결정적으로 중요한 구성원이었다.

이 팀에게는 경쟁자가 있었다. 1934년에 수행된 페르미의 실험에 열광했던 러더퍼드는 1932년에 중성자를 발견한 제임스 채드윅을 비롯한 동료들과 함께 케임브리지 대학교 캐번디시 연구소에서 유사한 실험을 시도했다. 마리 퀴리의 딸인 이렌 졸리오 퀴리는 1933년에 핵을 알파입자로 포격해서 방사능을 일으키는 실험으로 페르미의 중성자 포격 실험에 영감을 주었고, 동료 파벨 사비치Pavel Savitch와 함께 우라늄 포격에서 생성된 물질을 확인하려고 했다. 버클리 대학교 어니스트 로런스의 영특한 대학원생 필립 애벨슨Philip Abelson도 경쟁자였다. 결국 결정적인 발견을 해낸 사람은 한과 슈트라스만이었고, 그들은 마이트너와 그녀의 젊은 조카 오토 프리슈Otto Frisch에게 결정적인 도움을 받았다.

1938년 3월에 히틀러가 오스트리아를 합병하자 베를린 팀은 직접적인 영향을 받았다. 마이트너는 유대인이었지만 오스트리아 국적이었기 때문에, 나치의 반유대인법이 독일 학계를 휩쓸 때도 마이트너는 건드릴 수 없었다. 그러나 갑자기 펜을 한번 휘두르자 그녀의 국적이 독일로 바뀌었고, 외국 정부의 보호를 받을 수 없게 되었다. 그녀는 7월에 네덜란드 물리학자 두 사람의 도움으로 네덜란드로 탈출했다. 한은 필요할 때 국경 수비대에게 뇌물로 쓰라고 어머니의 결혼반지를 그녀에게 주었다. 흐로닝언 대학교에서 약속 받았던 자리를 얻지 못한 마이트너는 결국 스톡홀름에 자리를 잡았고, 스웨덴 왕립 과학 아카데미 물리학과장 만네 시그반Manne Siegbahn과 함께 일하게 되었다. 스웨덴 왕립 과학 아카데미 회원들은 이때 막 페르미를 다음 노벨상 수상자로 선출하려고 하고 있었다.

베를린의 연구는 마이트너 없이 계속되었고, 한은 마이트너와 계속해서 연락을 주고받았다. 순수한 우라늄을 중성자로 때릴 때 생성되는 물질을 계속해서 분석한 한과 슈트라스만은 파리의 졸리오-퀴리 부부가 수행한 비슷한 실험의 결과에 충격을 받았다. 프랑스 팀도 베를린 팀도 그 결과를 이해할 수 없었다. 그들은 실험을 되풀이해보았고, 결국 모든 가능한 다른 설명을 배제하고 나서 한과 슈트라스만은 충격적인 결론에 이르렀다. 우라늄을 중성자로 때렸을 때 초우라늄 원소가 전혀 생성되지 않는다는 것이었다. 생성된 물질은 우라늄보다 무거운 원소가 아니라 훨씬 가벼운 원소였고, 란타니드 계열의 바륨과 크립톤이 포함되어 있었다. **이런 물질이 생성될 수 있는 유일한 방법은 우라늄 핵이 훨씬 더 작은 두 조각으로 쪼개지는 것뿐이었다.**

한이 자기가 한 일을 이해하기 어려웠던 주된 이유는 핵분열을 설명할 수 있는 이론이 없었기 때문이다. 단순하게 생각한다면 핵이 쪼개지는 것을 상상하는 것이 어렵지 않겠지만, 물리학자나 화학자에게는 더 정교한 설명이 필요했고, 핵이 무엇인지, 어떻게 움직이는지에 대한 한의 지식으로는 충분히 설명할 수가 없었다. 지금 생각하면 너무나 명확한 것이 당시에는 전혀 그렇지 않았다. 생성된 물질이 바륨과 크립톤이라고 결론을 내리기 전인 11월 초에 한은 코펜하겐으로 가서 보어와 상의했다. 보어라면 이 곤란한 결과에 대해 확실한 해답을 줄 것이라고 믿었다. 마이트너와 그녀의 조카이며 영특하고 젊은 물리학자 오토 프리슈도 함께였고, 네 사람은 이 수수께끼에 대해 오랫동안 토론했지만 아무런 결론도 내리지 못했다. 우라늄 핵이 쪼개졌다는 자신의 결론을 어떻게든 뒷받침해야 했던 한은 스웨덴에 돌아간 마이트너에게 사적인 편지를 보냈다. 우연히 프리슈가 이모를 방문했을 때 편지가 도착했다.

그들은 오후에 한의 놀라운 소식에 대해 토론했다. 마이트너의 통찰(프리슈는 이모를 항상 신뢰했다)에 따르면, 우라늄 원자의 핵은 표면장력이 물방울을 지탱하는 것과 비슷한 방식으로 하나로 유지된다. 적절한 상황이 되면, 힘이 물방울의 표면장력을 이기고(이것은 정전기적 현상이다) 정전기의 반발에 의해 방울이 터진다. 우라늄 핵을 때리는 중성자의 충격도 비슷한 효과를 내서, 핵을 하나로 묶어두는 힘을 극복하고 두 조각으로 밀어낸다. 이때 엄청난 에너지가 방출된다. 마이트너는 우라늄 핵 하나가 쪼개질 때 나오는 에너지는 수억 전자볼트 정도라고 계산했다. 이것은 보잘것없이 작은 에너지이지만, 화학 반응에서 나오는 에너지와 비교할 때 이해할 수 없을 정도로 컸다.

그녀는 옛 동료들에게 자신의 이론을 알려주었고, 그들은 1939년 1월 6일에 결과를 발표했다. 1939년 1월 13일에 확인 실험을 수행한 프리슈는 마이트너가 예측한 이온화 펄스를 탐지했고, 나흘 뒤에 결과를 발표했다. 마이트너와 프리슈는 한 달 뒤에 핵분열의 배후에 있는 이론을 설명하는 논문을 발표했지만, 그때쯤에는 이미 물리학 세계의 모든 사람이 그들의 연구를 알고 있었다. 5년도 지나지 않아서 다시 한번, 매우 억

압적인 전체주의 사회의 조용한 구석에 갇힌 작은 과학 팀이 획기적이고 역사적인 연구를 해낸 것이다.[6]

프리슈는 보어에게 1939년 1월 초에 이 획기적인 소식을 알렸다.[7] 보어는 이렇게 대답했다. "오, 우리 모두는 얼마나 바보였던가! 하지만 이건 정말 놀라워!" 보어는 미국으로 가서 프린스턴 대학교에서 아인슈타인을 만나고 워싱턴에서 물리학 회의에 참석할 참이었는데, 프리슈는 자기가 확인 실험을 할 때까지 이 소식을 알리지 않겠다는 약속을 보어에게 받아냈다.[8] 그래서 보어가 증기선 드로트닝홀름호를 타고 뉴욕항에 도착했을 때, 프리슈가 실험을 완료했지만 우라늄 분열 소식은 미국 해안에 도달하지 못했다. 당시에 페르미가 로마에 있었다면, 한은 페르미의 초우라늄 가설을 완전히 부인하는 자기의 결론을 학계의 예의상 거의 분명히 페르미에게 알렸을 것이다. 그러나 한이 확실한 결론을 얻었을 때 페르미는 미국으로 가는 배 안에 있었다.

라우라는 컬럼비아 대학교 근처에서 아파트를 알아보러 다니면서 시간을 보냈고, 마침내 대학교 캠퍼스 모서리 부근의 리버사이드가에 있는 한 아파트로 결정했다. 엔리코는 컬럼비아 대학교 물리학과가 있는 푸핀관의 새로운 연구실에 자리를 잡았다. 그를 컬럼비아 대학교로 불러오는 데 중요한 역할을 했던 피그럼은 7층에 자리를 마련해주었지만 거기까지였다. 페르미는 실험 장비를 구하러 주변을 샅샅이 뒤지는 신세가 되었다.

킹스크라운 호텔로 돌아온 페르미는 이 호텔에 머물던 레오 실라르드라는 뛰어난 헝가리 과학자와 우연히 마주쳤다. 그는 컬럼비아 대학교에서 공식 교수직을 맡지 않았지만 물리학과를 자주 드나들며 피그럼이 물리학과로 뽑아 온 이지도어 라비와 윌리스 램Willis Lamb 같은 젊은 스타들과 교류하고 있었다. 실라르드는 진정한 괴짜였고, 이 꽃에서 저 꽃으로 재빨리 날아다니는 화려한 색의 나비처럼 이 아이디어를 쫓다가 저 아이디어를 쫓아다니는 빛나는 팔방미인이었다. 그는 생계 수단도 없어 보였지만 호사스러운 생활 방식을 유지했다. 사람들을 즐겁게 하기도 하고 때로는 성가시게도 하는 이 매력적인 헝가리인을 주목하던 사람들은 그가 부자이거나 아니면 부유한 친구의 도움을 받고 있다고 생각하게 되었다. 의심할 바 없이 두 번째 설명이 진실에 가깝다. 실라르드는 화학과 물리학을 이해했고, 나중에는 생물학에도 기여했다. 그는 또한 열렬한 발명가이기도 했다. 그는 아인슈타인과 함께 독창적인 냉장고를 개발했다. 그의 수많은 발명품과 마찬가지로, 이 냉장고도 세상에 도움이 되지는 못했다.

그러나 실라르드의 발명 중 하나는 유용했는데, 그는 이것을 "연쇄반응chain reaction"이라고 불렀다. 1933년에 런던 중심지의 어느 거리에서 신호등이 바뀌기를 기다리다가, 그는 방사성 물질에서 중성자가 방출되어 이웃의 다른 원자핵을 때려서 더 많은 중성자가 나오고, 그 중성자가 다시 핵을 때려서 중성자가 또 나와서, 이러한 반응이 기하급수적으로 늘어나면서 엄청난 에너지가 방출되는 것을 생각했다. 그는 이런 연쇄반응을 만드는 방법을 아직 알지 못했지만, 당시에 거주하던 영국에서 이아이디어의 특허를 얻었다. 이렇게 이른 시기에 이미 나치 독일을 의식한 실라르드는 이 위험한 기술을 비밀로 해야 한다고 판단했다. 그는 영국 해군에게 특허권을 위임했고, 해군은 재빨리 보관함에 넣은 다음에 잊어버렸다.

실라르드는 제2차세계대전이 일어나기 전에 미국으로 온 특이한 헝가리 망명자들 중 하나였다. 이 사람들은 다른 행성에서 온 것처럼 대부분의 지구인을 압도하는 지능을 보였기 때문에 실라르드 스스로가 "화성인들"이라고 불렀다. 실라르드, 에드워드 텔러, 존 폰 노이만, 유진 위그너, 테오도어 폰 카르만Theodore von Karman, 폴 할모스Paul Halmos, 조지 폴리아George Polya, 폴 에르되시Paul Erdős는 모두 부다페스트에서 서로 알고 지내는 사이였다. 페르미는 실라르드가 붙인 그 이름을 좋아했고, 재치 있는 농담을 했다. "물론 외계인은 이미 우리 옆에 있어. 그들이 스스로를 헝가리인이라고 부를 뿐이야."

페르미와 실라르드는 정반대의 유형이었다. 페르미는 철저하고 차분하고 조직적이고 검소하고, 물리학에만 집중하고 다른 분야에는 거의 관심이 없었다. 실라르드는 쉽게 흥분하고, 주의력이 잘 흩어지고, 영감에서 영감으로 도약하고, 분야의 경계를 쉽게 넘나들고, 유럽 고급문화의 산물로, 전형적인 식도락가였다. 핵분열이 발견되지 않았다면 두 천재는 교류할 이유가 없었겠지만, 한이 핵분열을 발견했다는 소식이 미국 해안에 도착하자, 비록 잠정적이기는 했지만 이상하고 낯선 사람들의 아주 특별한 동료 관계가 형성되었다.

⑬

원자 쪼개기

페르미 부부는 뉴욕에 온 지 정확히 2주 뒤에 다시 맨해튼 부두로 돌아왔다. 이번에는 스웨디시-아메리칸 해운의 증기선 드로트닝홀름호를 타고 오는 닐스 보어를 마중하기 위해서였다. 이 위대한 사람을 마중 나온 또 한 사람은 27세의 프린스턴 대학교 물리학자 존 휠러John Wheeler였고,[1] 그는 보어와 그의 아들 에리크, 함께 온 벨기에 물리학자 레온 로젠펠트Leon Rosenfeld를 프린스턴 대학교로 모셔 가는 임무를 맡고 있었다.

보어는 두 가지 이유로 뉴욕에 왔다. 그는 프린스턴에 있는 아인슈타인을 만나서 물리학에 대해서 토론하고, 점점 악화되는 유럽의 정치 상황을 의논하려고 했다. 그는 제5회 연례 이론물리학 워싱턴 학술회의에도 참가하려고 했는데, 1939년 1월 26일에 열린 이 학술회의[2]는 멀 튜브Merle Tuve가 대표하는 카네기 연구소와 페르미의 오랜 친구인 에드워드 텔러와 러시아 이민자 조지 가모가 대표하는 조지 워싱턴 대학교가 공동으로 주최하는 행사였다.

페르미의 청으로 보어 부자는 페르미와 하룻밤을 함께 보내고 나서 프린스턴으로 가기로 했다.[3] 보어는 프리슈가 부탁한 대로 페르미에게 한-슈트라스만-마이트너의 결과를 말하지 않았다. 어쩌면 보어는 이 소식에 어쩔 수 없이 당황할 페르미의 반응을 보고 싶지 않았는지도 모른다. 어쨌든 페르미는 곧 알게 될 것이고, 하필 보어가 그에게 말해야 할 이유는 없었다. 두 사람은 다른 주제들로 대화를 나눴고, 페르미 가족은 덴마크에서 대서양을 건너온 친근하고 낯익은 얼굴을 보면서 반가워했다.

한편 휠러는 로젠펠트와 함께 프린스턴으로 갔다. 보어가 프리슈에게 어떤 부탁을 받았는지 몰랐던 로젠펠트는 기차에서 휠러에게 소식을 전했고, 휠러는 깜짝 놀랐다. 다음 날인 1939년 1월 17일에 로젠펠트는 휠러의 재촉으로 물리학과 주간 회의에서 핵분열에 관한 즉석 강연을 했다. 컬럼비아 대학교의 이지도어 라비가 이 회의에 있었지만, 완전히 명확하지 않다는 이유로 소식을 컬럼비아 대학교에 전하지 않았다.[4] 금요일에 또 다른 컬럼비아 대학교 물리학자 윌리스 램이 프린스턴을 방문했고, 이튿날 아침에 페르미에게 소식을 전했다.

소식을 듣고 페르미가 어떻게 반응했는지에 대해 직접적인 기록은 없다. 램은 절제된 표현으로 페르미가 이 소식에 큰 관심을 보였다고 말했다.[5] 페르미는 절망감에 빠졌을 것이다. 그의 노벨상 수상 이유인 초우라늄 원소 발견이 틀렸다는 당혹감과 함께, 자기가 5년 전에 핵분열을 먼저 발견할 기회를 놓쳤다는 아쉬움이 교차했을 것이다. 또한 페르미는 그 자신이 핵물리학에 정통한 만큼 핵분열을 설명한 마이트너의 통찰 역시 틀림없이 자기가 해낼 수 있었을 것이라고 여겼을 것이다. 이런 상황에서 페르미 같은 사람은 자책할 수밖에 없었으리라. 몇 년이 지나자 그는 이 실수를 유머로 받아들였다. 제2차세계대전이 끝난 뒤에 시카고 대학교에서 새로운 핵과학 연구소 건설 계획을 검토할 때 그와 동료들은 입구 위에 얕게 돋을새김된 사람 형상이 누구인지 추측하고 있었다. 페르미는 "분명히 핵분열을 발견하지 못한 과학자일 거야"라고 재치 있게 말했다.[6]

어쨌든, 1934년 3월에 페르미가 중성자 실험을 시작한 뒤로 비슷한 실험에 뛰어들었던 다른 위대한 과학자들 중 아무도 핵분열의 가능성에 도달하지 못했고, 이 사람들 중에는 러더퍼드와 졸리오-퀴리처럼 진정으로 뛰어난 실험가들도 있었다. 페르미는 나중에 아내에게 로마 대학교 팀은 화학이 약했다고 말했다. 페르미는 자기 팀의 화학자 다고스티노를 탓했을 수도 있다. 그러나 이런 생각은 합당하지 않다.[7] 베를린 팀이 당시에 방사화학 분야에서 세계 최고였다는 것은 논란의 여지가 없었고, 그들의 실력으로도 핵분열의 비밀을 밝히기 위해 4년간의 집중적인 노력이 필요했기 때문이다. 1938년 11월에 베를린 팀이 이해하기 힘든 결과를 얻자 보어조차 바르게 해석하지 못했다. 무시하기에는 너무 명확해질 때까지 아무도 그 해답을 알아보지 못했던 것이다. 세그레도 로마 팀의 실패에 대해 실험 설계의 책임이 있다. 그들은 우라늄을 차폐한 방식 때문에 핵분열로 해석할 수 있는 에너지 영역의 이온화 펄스를 탐지할 수 없었다.

뒤돌아보면, 진정한 범인은 심리학자들이 말하는 '인지 부조화'였다. 심리학자 리언 페스팅어Leon Festinger가 처음 언급한 인지 부조화는 세계에 대해 아는 것과 경험이 다를 때 일어난다. 이러한 불일치를 해결하기 위해 사람들은 경험을 무시하거나 경험을 선입관에 맞춘다. 그러다 보면 위기를 맞고, 결국은 선입관이 무너진다. 러더퍼드, 한, 졸리오-퀴리,

보어, 페르미를 비롯해서 우라늄 포격 실험의 분석에 참여한 주요 과학자들은 핵 안의 입자들이 벽돌과 모르타르처럼 단단해서 분열이 일어날 만큼 변형될 수 없다고 보았다. 여기에 반하는 증거가 계속 쌓인 다음에야 그들은 자신들 모두가 틀렸다는 것을 깨달았다. 핵분열의 발견은 인지 부조화가 작동한 대표적인 경우이다.[8]

프린스턴을 방문한 뒤 보어는 금방 뉴욕으로 돌아왔다. 컬럼비아 대학교 물리학과 건물을 돌아다니던 보어는 허버트 앤더슨Herbert Anderson이라는 물리학과 대학원생과 우연히 마주쳤다. 앤더슨은 실험실에 틀어박혀 있느라 핵분열에 관련된 한바탕 소동을 놓쳤고, 보어는 열심히 그에게 설명해주었다. 페르미에게 다가갈 기회를 노리던 앤더슨에게 기회가 왔다. 보어가 떠나자 앤더슨은 즉시 페르미가 있는 7층 연구실로 가서 자기를 소개했고, 핵분열에 관해 보어에게 들은 이야기를 전했다. 페르미는 그답게 이 낯선 젊은이에게 뭔가 가르쳐줄 기회를 놓치지 않았다. "핵분열에 대해 좀 가르쳐주겠네!"[9] 그는 앤더슨에게 이론의 윤곽을 설명했고, 실험을 위한 몇 가지 아이디어도 알려주었다. 대화가 끝날 즈음에 앤더슨은 페르미에게 별건 아니지만 자기 실험실에 가지고 있는 장비를 제공하겠다고 말했다. 앤더슨은 이온화 펄스를 감지할 수 있는 이온화 챔버를 오실로스코프에 연결하는 방법을 알아낸 상태였다. 1932년 영국에서 발명된 오실로스코프는 전기 신호를 작은 음극선 화면에 표시할 수 있는 장치로, 텔레비전과 비슷했다. 우라늄 핵분열에서는 약 2억 전자볼트의 이온화 펄스가 나오므로, 앤더슨의 장비는 이 실험에 적합해 보였다.

페르미는 열정적인 공동 연구자를 찾았고, 더 중요하게는 그가 가르칠 수 있는 사람을 발견했다. 앤더슨은 스승이 되어줄 사람을 찾았다.[10]

또한 그는 페르미의 미국화에 중요한 역할을 했다. 두 사람의 관계는 그 뒤로 15년 동안 지속된다.

앤더슨은 늘씬하고 운동을 잘하는 25세의 매력적인 대학원생이었고, 물리학 교수이자 팀을 이끌어 컬럼비아 대학교 최초의 사이클로트론을 건설하면서 몇 가지 난점을 해결한 존 더닝John Dunning을 돕고 있었다. 전기공학 학위를 받은 앤더슨은 새로운 기계를 만들 때 생기는 까다로운 기술적인 문제와 설계에 관련된 문제를 해결해냈다. 야심에 차 있었던 앤더슨은 전설적인 물리학자를 만나면 자신의 경력에 도움이 될 수 있다고 생각했고, 그가 옳았다.

페르미는 한, 슈트라스만, 마이트너가 해낸 업적의 후속 연구에 즐겁게 뛰어들었고, 제대로 된 실험 장비로 중성자 포격 실험을 재현하는 데 열성적이었다.[11] 앤더슨, 더닝을 비롯한 컬럼비아 대학교의 여러 물리학자와 함께 페르미는 컬럼비아 대학교의 사이클로트론과 로마에서 사용했던 식의 라돈-베릴륨 유리구를 중성자 방출원으로, 앤더슨의 이온화 챔버와 오실로스코프를 탐지 장치로 사용하여 실험을 시작했다. 페르미는 실험 결과가 나오기 전에 워싱턴으로 떠나야 했고, 앤더슨은 실험 결과가 나오면 바로 학술회의에 가 있는 페르미에게 전하겠다고 했다.

워싱턴 학술회의는 이미 상당히 중요한 회의였다. 1938년에 열렸던 직전의 학술회의 토론에서 자극을 받은 한스 베테는 코넬로 돌아가는 열차 안에서 태양의 핵융합 과정을 연구했고, 별이 왜 빛나는지와 그 과정에서 어떻게 새로운 원소가 생성되는지를 밝혀서 30년쯤 뒤에 노벨상을 받게 된다.[12] 그러니 1939년 1월 26일 워싱턴 학술회의에 유명한 이론물리학자들이 대거 참석한 것은 놀랄 일이 아니었다. 보어와 페르미 외에도 당시와 미래의 유명 인사들이 모였고, 51명의 참가자들 중에는 그레고리 브라이트Gregory Breit, 조지 가모, 마리아 메이어 Maria Mayer, 이지도어 라비, 에드워드 텔러, 멀 튜브, 조지 울런벡, 핵화학자 해럴드 유리 등이 있었다.

이 학술회의에서 저온물리학에 관해 논의하기로 되어 있었지만, 처음부터 보어와 페르미가 무대를 차지했다. 보어가 연단에 올라서 우라늄 원자가 쪼개졌다고 발표했고, 다음 순서를 페르미에게 넘겼다. 페르미는 마이트너의 연구와 물방울의 비유를 사용해서 이 현상 뒤에 있는 이론을 설명했다. 학술회의는 흥분으로 들끓었다. 학술회의가 진행되는 동안에 컬럼비아 대학교의 실험 결과가 전달되었고, 페르미는 이 소식을 바로 학술회의에서 알렸다. 실험에서는 9000만 전자볼트에서 이온화가 관측되어 이론으로 예상한 값보다 작았지만, 사용한 장비의 오차범위 안에 있었다. 그들이 핵분열을 본 것이다.[13] 학술회의가 끝나자 코펜하겐, 존스 홉킨스, 카네기 연구소, 버클리 등 여러 곳에서 유행처럼 이 실험 재현에 뛰어들었고, 모든 팀이 강한 이온화 펄스를 탐지했다.

페르미가 1934년에 핵분열을 놓쳐서 동료들이 그에 대한 존경심을 잃어버렸다고 해도(사실 그들도 똑같은 잘못을 저질렀기에 그럴 이유가 별로 없다), 페르미는 솔직했고 한, 슈트라스만, 마이트너의 결과를 열정적으로 받아들였기에 존경심은 금방 회복되었다. 워싱턴 학술회의에서 그는 중심 무대를 차지했고, 그에게 자연스러운 자리였다.[14] 그의 동료들도 동의했다. 학술회의가 끝날 때 찍은 단체 사진에서 페르미는 앞줄에 앉아 활짝 웃고 있다.

페르미가 워싱턴에 가 있는 동안에 레오 실라르드는 감기와 싸우고

제5회 워싱턴 연례 이론물리학 학술회의, 1939년 1월. 핵분열에 관한 설명을 방금 마친 페르미(앞줄 왼쪽에서 두 번째)가 웃고 있다. 보어는 왼쪽에서 네 번째에 있다. 한스 베테는 보어 바로 뒤에 있다. 베테에게서 두 자리 건너서 마리아 메이어와 에드워드 텔러가 나란히 앉아 있다. (조지 워싱턴 대학교 물리학과 제공)

있었다.

1939년 1월 16일 워싱턴 학술회의가 열리기 일주일 전에 보어가 뉴욕에 도착한 바로 그날, 실라르드는 뉴욕에서 열차를 타고 프린스턴으로 가서 심한 황달로 입원한 오랜 친구 유진 위그너를 병문안했다.[15] 실라르드가 부다페스트에서 어린 시절부터 알고 지냈던 예의 바르고 조용한 위그너는 이미 세계에서 가장 존경받는 양자이론가였다. 실라르드는 친구의 병세를 살펴본 뒤에 프린스턴에 있는 위그너의 아파트에 묵었다.

위그너는 입원해 있는 동안에 프린스턴 대학교에서 열린 로젠펠트의 강연에 대해 들었고, 이 소식을 실라르드에게 전했다. 실라르드는 즉시 그 중요성을 깨달았다. 우라늄 핵이 분열할 때 중성자가 방출된다면, 우라늄은 실라르드가 1933년에 처음 구상한 연쇄반응의 기초가 될 수 있다.

프린스턴에 있는 동안에 실라르드는 강한 폭풍우에 대비하지 않고 위그너의 아파트를 떠났다가 비바람을 맞고 심한 감기에 걸렸다. 실라르드가 워싱턴 학술회의에 초청되었는지 여부는 불분명하다. 이 학술회의는 저온물리학을 논의할 예정이었고, 실라르드도 이 주제에 대해 조금 알고 있었다. 실라르드는 감기 때문에 열흘쯤 위그너의 아파트에 머물렀고, 자기 없이 워싱턴 학술회의가 진행되는 동안 연쇄반응 아이디어에 사로잡혀 혼자만의 시간을 보냈다.

병에서 회복되어 맨해튼의 킹스크라운 호텔로 다시 돌아갈 수 있게 되었을 때, 실라르드가 하고 싶었던 유일한 일은 페르미를 찾는 것이었다. 핵분열과 연쇄반응이 어떻게 관련되는지 이해하고 그 순간이 얼마나 중요한지도 알 사람이었기 때문이다. 그는 보어와 페르미가 이미 워싱턴에서 50명쯤의 물리학자들에게 핵분열에 대해 설명했다는 소식에 괴로워하면서 앞으로 우라늄에 대한 모든 연구를 비밀로 하기를 원했다. 실라르드는 나중에 이렇게 회상했다. "비공개 모임이었기에 고양이가 자루에서 완전히 나오지는 않았지만, 꼬리가 보인 것과 같은 상황이었다."[16] 오토 한은 베를린에서 이 연구를 했으므로, 지구상에서 가장 위험한 정보가 히틀러의 수중에 있다. 정신이 멀쩡한 사람이라면 나치가 핵분열 폭탄을 만드는 것을 돕지 않을 것이다. 히틀러가 핵무기를 만드는 데 성공한다면, 이제는 피할 수 없어 보이는 유럽에서의 전쟁은 시작하기도 전에 끝나버리리라.

실라르드는 물리학과 건물로 페르미를 찾아갔지만 만나지 못했다. 그는 우연히 라비와 마주쳤고, 비밀로 하라는 부탁을 전해달라고 했다. 라비는 그러겠다고 했다. 그다음 날 여전히 페르미를 찾던 실라르드는 라비에게 들러 말을 전했는지 물었고, 라비는 전했다고 말했다. 실라르드가 페르미가 뭐라고 말했는지 묻자, 라비는 페르미가 새롭게 배운 미국 속어를 자랑스럽게 구사하면서 "헛소리야!Nuts"라고 말했다고 알려주었다. 실라르드가 라비에게 더 자세히 말해달라고 하자 라비는 페르미의 연구실로 함께 가서 직접 들어보자고 했다.

두 사람이 페르미와 마주했을 때, 페르미는 비밀로 해야 한다는 실라르드의 주장에 동조하지 않았다. 그는 연쇄반응의 개념을 아주 잘 알고 있지만, 우라늄에서 연쇄반응이 성공할 가능성이 희박하기에 현실적으로 고려할 필요가 없다고 말했다.

라비가 '희박한 가능성'이 어느 정도인지 확실히 하라고 압박하자, 페르미는 자신의 현실관에 어울리게 "글쎄, 10퍼센트"라고 대답했다.

라비와 실라르드는 경악했다. 라비가 되받아쳤다. "우리가 그걸로 죽을지도 모른다면 10퍼센트는 희박한 가능성이 아닙니다. 내가 폐렴을 앓고 있고 의사가 나에게 죽을 수도 있는 희박한 가능성이 있다고 하는데, 그것이 10퍼센트라면 나는 흥분할 겁니다."[17]

페르미가 10퍼센트가 희박한 가능성이라고 말한 것은 그 의미 그대로였다. 몇 년 뒤에 그는 빛보다 빠른 속력에 대해 여러 물리학자와 대화를 했다. 누군가가 빛보다 빠른 속력이 발견될 가능성이 얼마나 되는지 물었다. 텔러는 1000만 분의 1이라고 했고, 페르미는 10퍼센트라고 말했다. 그의 경험으로 보아 10퍼센트의 가능성은 결코 일어나지 않는 것이며, 이는 세계가 어떻게 돌아가고 드문 사건이 어떻게 일어나는지에 대한 조금 독특하고도 확고한 그만의 견해에 따른 것이었다.

어쩌면 페르미는 연쇄반응의 가능성이 어디로 향하는지 잘 알고 있었고, 핵무기로 가는 길에 들어서고 싶지 않았기에 연쇄반응의 가능성을 부인했는지도 모른다. 그는 또한 독일이 성공적으로 추진하기에는 이 일이 너무 어렵다고 판단했을지도 모른다. 어쨌든 이 일에 대해 페르미는 화끈한 실라르드는 말할 것도 없고 침착한 라비와도 상충되었다. 실라르드는 나중에 이 순간을 이렇게 회상했다.

> 처음부터 선은 그어졌다. 페르미와 나의 입장 차이는 우리가 이야기를 시작한 첫날부터 확실했다. 우리는 둘 다 보수적인 태도를 유지하고 싶었지만 페르미가 보기에는 이런 일이 일어날 가능성을 부인하는 것이 보수적이었고, 내가 보기에는 그 일이 일어날 것이라는 전제하에 모든 필요한 예방 조치를 취하는 것이 보수적이었다. (…) 나는 영국, 프랑스, 미국의 물리학자들과 이 주제에 대해 은밀하게 논의해야 한다고, 실제로 중성자가 방출되고 연쇄반응이 가능하다고 판명된다면 이 주제에 대해 아무것도 출판하지 말아야 한다고 생각했다.[18]

페르미가 실라르드의 주장을 고려하는 동안 실라르드는 파리의 졸리오-퀴리에게도 같은 요청을 하는 편지를 보냈지만 이 프랑스 물리학자는 페르미보다 더 말이 안 통했고, 비밀로 하기를 단호히 거부했다.

페르미와 실라르드는 우라늄이 분열할 때 중성자가 나오는지, 나온다면 얼마나 많이 나오는지 알아보는 실험을 각자 수행했다. 이 실험의 결과에 따라 연쇄반응이 가능한지 여부가 결정된다. 우라늄 핵 하나가 분리될 때마다 중성자가 평균적으로 하나보다 더 많이 방출된다면 실라르드가 5년 전에 생각했던 단계적 반응이 가능할 것이다. 평균적으로 중성자 하나 또는 그보다 적게 나오면 단계적 반응이 일어나지 않고, 폭발도 일어나지 않을 것이다.

페르미는 앤더슨을 자기 밑에 두었다. 그들은 중성자 방출원을 넣은 유리구를 지름과 높이가 각각 1미터인 원통형 수조에 담그고, 로듐 박箔을 수조 안에 넣어 유리구와의 거리를 바꿔가면서 로듐에서 유도되는 방사능을 측정했다. 그런 다음에 그들은 산화우라늄을 중성자 방출원과 함께 유리구에 넣고 방사능을 측정했고, 그 결과를 산화우라늄이 없을 때의 결과와 비교했다. 그들은 우라늄이 있을 때 로듐의 방사능이 6퍼센트 증가한 것을 발견했다. 이 결과는 우라늄이 분열할 때 중성자가 방출된다는 증거였다. 페르미는 중성자 방출이 핵분열에 의해서만 일어났다고 하면 핵분열 반응 한 번에 중성자 두 개가 생성된다는 계산 결과를 얻었다. 연쇄반응은 이론적으로 가능했다.

페르미와 별도로 실라르드는 비슷한 실험을 조금 다른 중성자 방출원으로 하기로 결정했다. 그가 사용한 중성자 방출원은 느린중성자만 나오는 것으로, 이렇게 하면 빠른중성자가 핵을 때리기만 하고 쪼개지는 않는 것을 막을 수 있다. 그는 사업가인 친구에게 2000달러를 빌려서 라듐 화학 회사Radium Chemical Company에서 라듐 1그램을 대여받기로 했다. 컬럼비아 대학교의 교수가 아니고 어떤 곳의 교수도 아닌 실라르드는 "대학교의 책임하에 실험을 실시하겠다"는 위그너의 확인서를 제출해서 회사를 안심시켰다. 아무도 못 말리는 실라르드는 이번에는 피그럼을 설득해서 3개월 동안 실험을 수행할 권한을 얻었고, 컬럼비아 대학교 물리학 교수진의 일원인 젊고 열정적인 월터 진Walter Zinn을 고용했다. 1930년대 초에 강사로 컬럼비아 대학교 교수진에 합류한 33세의 캐나다인 월터 진은 즐겁게 실라르드를 도왔지만, 실험 스타일의 차이 때문이었는지 실라르드와 직접 공동 연구를 한 것은 이때가 마지막이었다. 그는 곧 페르미의 원자로 연구팀의 핵심 구성원이 된다.

실라르드의 실험은 페르미의 실험보다 조금 더 복잡했다. 그는 상자 속에 또 상자를 넣는 방식으로 파라핀과 같은 다양한 감속재와 우라늄을 정교하게 배치한 상자를 과녁과 함께 사용해서 핵분열에서 중성자가 나온다는 것을 입증했다. 이 결과를 얻은 다음에 실라르드는 자기가 사용했던 라듐을 페르미와 앤더슨에게 제공했다. 그들이 받은 것을 실험에 사용하자 방사능이 30퍼센트 증가했다. 페르미는 앤더슨과 함께 발표한 논문에서 기하학적 배치가 너무 다르기 때문에 두 방출원을 직접 비교할 수 없다는 점을 주의깊게 지적했지만, 다시 한번 그는 핵 한 개가 분열할 때 적어도 중성자 두 개가 나온다고 결론을 내렸다.[19]

1939년 3월 초에 수행된 비교적 원시적인 두 실험만으로는 연쇄반응의 실용성에 대해 판단하기에 충분하지 않았지만, 실라르드는 이 정도의 증거만으로도 미국 정부에게 경고해야 할 이유가 충분하다고 생각했다. 최근에 노벨상을 받았고, 명쾌한 강사이며, 핵에 관련된 모든 면에서 전문가로 인정받는 페르미는 이 발견을 정부에 설명할 적임자였지만, 페르미가 이 골치 아픈 일을 떠맡기 주저한다는 것을 눈치챈 실라르드는 피그럼의 사무실에서 피그럼, 페르미, 자기 자신의 모임을 주선했다. 그는 프린스턴의 위그너에게도 와달라고 부탁했다.

토론은 실험 결과의 엄청난 의미에 대해 의견을 교환하면서 시작되었다. 페르미는 실제적인 무기는 비현실적이라는 견해를 고수했을 것이다. 예를 들어, 폭탄을 만들려면 우라늄이 얼마나 필요한지 계산해보지도 않았다. 그러나 3 대 1의 공격에 페르미는 버틸 수 없었다. 좀처럼 흥분하지 않는 위그너와 피그럼이 독일의 핵 개발 가능성에 대해 명확히 경고하자 영향을 받았을 것이다. 외국 국적의 페르미는 뉴욕에 온 지 석 달밖에 안 되어서 미군에게 민감한 주제에 대해 설명하는 것이 당연히 불안했을 것이다. 그러나 페르미로서는 실라르드는 무시할 수 있어도 피그럼과 위그너까지 무시할 수는 없었다.

토론이 끝날 무렵에는 이야기가 비밀에 관한 것으로 이어졌다. 위그너는 연쇄반응에 관련된 것들을 비밀로 하자는 실라르드의 견해에 찬성했다. 페르미는 어느 누구보다 위그너를 존중했지만 출판에 대한 제한에는 반대했고, 최종 결정을 피그럼에게 미루었다. 피그럼은 두 실험에 대한 논문을 〈피지컬 리뷰Physical Review〉에 보내기로 했지만, 과학계가 비밀에 대해 논의하는 동안 출판을 보류해달라는 특별한 요청을 덧붙였다.[20] 특히 파리의 졸리오-퀴리는 연쇄반응 연구를 비밀로 하자는 제안을 거부하고 있었다.

다음 날 엔리코 페르미는 미국 해군을 만났다.

(14)

해군을 만나다

몇 년 뒤에, 라우라 페르미는 "집안 청소의 열정에 사로잡혀"[1] 가족 서류 보관함을 샅샅이 뒤지다가, 피그럼이 해군 작전 사령부의 스탠퍼드 후퍼Stanford Hooper 제독에게 보낸 편지의 사본을 발견했다.

친애하는 제독님께

오늘 오전에 저는 해군 차관보(찰스 에디슨Charles Edison, 발명가 에디슨의 아들이자 피그럼의 친구) 사무실의 콤프턴 씨Lewis Compton(에디슨 차관보의 특별보좌관. 나중에 원자폭탄 계획에서 중요한 역할을 하는 노벨상 수상자 아서 콤프턴과는 다른 인물이다―옮긴이)와 전화 통화를 했습니다. 의심할 바 없이 제독님께서도 이 전화 대화에 대해 보고받으셨을 줄 압니다. 그 내용은 컬럼비아 대학교 물리학 연구실이 우라늄 원소가 대량의 원자 에너지를 방출할 가능성을 실험으로 찾아냈고, 이것은 우라늄이 이제까지 알려진 폭약에 비해 파운드당 백만 배에 해당하는 에너지를 내는 폭탄으로 사용될 가능성이 있다는 뜻입니다. 저의 느낌은 이 가능성에 대해 부정적이지만, 저의 동료들과 저는 순전히 가능성일 뿐이어도 무시할 수는 없다는 생각으로, 오늘 오전에 차관보님의 사무실에 전화를 걸게 되었습니다. 주된 이유는 그런 일이 일어날 것에 대비해서, 우리의 실험 결과를 미국 해군의 적절한 당국자에게 전달하기 위해서입니다.

실라르드, 진 박사, 앤더슨 씨 등 다른 사람들과 함께 우리 실험실에서 이 문제를 연구해온 엔리코 페르미 교수가 오늘 저녁 워싱턴 철학회에서 강연을 하기 위해 오후에 출발했고, 내일까지 워싱턴에 있을 예정입니다. 페르미 교수가 제독님의 사무실에 전화를 할 것이고, 제독님께서 그를 만나기를 원하신다면, 기꺼이 이 문제의 현 상황에 대해 좀 더 확실히 설명해드릴 것입니다.

페르미 교수는 로마 대학교의 교수를 지냈고, 지금은 컬럼비아 대학교의 물리학과 교수입니다. 지난 12월에 그는 중성자에 의한 방사성 원소의 인위적인 생성에 대한 연구로 1938년 노벨 물리학상을 받았습니다. 페르미 교수보다 핵물리학 분야에서 더 뛰어난 사람은 없습니다.

페르미 교수는 최근 이 나라에 영구 거주하기 위해 왔고, 곧 미국 시민이 될 것입니다. 그는 강연을 위해 미시간, 스탠퍼드, 컬럼비아 대학교 등을 자주 방문했기에 이 나라를 고향처럼 생각하고 있습니다.

내일 페르미 교수는 조지 워싱턴 대학교의 에드워드 텔러 교수와 함께 있을 예정입니다.

조지 E. 피그럼
물리학과 교수[2]

페르미가 가진 편지 사본에는 피그럼의 메모가 적혀 있었다. "친애하는 페르미. 콤프턴 씨가 후퍼 제독에게 자네를 소개하는 것보다 이 편지가 조금 더 길을 잘 터주기를 바라네."

이 편지를 한 번도 본 적이 없었고, 따라서 남편이 1939년 3월에 원자폭탄 문제로 해군을 만났던 사실을 다행스럽게도 까맣게 몰랐던 라우라는 혼란스러웠다.[3] 페르미는 아내에게 핵폭탄의 잠재성에 관련된 초기 연구에 대해 알려주지 않았고, 그 뒤로도 이 일에 대해서는 입에 담지 않았다. 라우라가 남편에게 이 편지에 대해 따져 묻자, 그는 이것을 일종의 보험으로 가지고 있다고 설명했다. 1941년 12월에 추축국이 미국에 전쟁을 선포하자, 그는 자신의 새로운 국가에 대한 충성심의 증거가 필요할 수도 있다고 보고 이 편지를 서류철에 잘 보관하고 있었다. 정부 당국에서 그를 의심한다면, 그는 이 편지를 꺼내 보여주려고 했다.

라우라와 남편의 대화는 많은 것을 보여준다. 그는 우라늄 연구를 비밀로 하자는 실라르드에게 동의하지 않았지만, 1939년 3월에도 자신의 우라늄 연구를 비밀로 유지하고 있었다. 비밀 유지 여부는 미정이었지만 그는 특유의 주의를 기울여 라우라에게 아무 말도 하지 않기로 결정했던 것이다. 더 중요한 점은, 미국이 전쟁에 참가하는 순간에 페르미의 가족이 잠시 동안이지만 적국 시민이었다는 것이다. 페르미는 전쟁에 관련된 연구에서 자기가 얼마나 중요한지 확신할 수 없었고, 새롭게 정착한 미국에 대한 충성심을 증명할 자료가 필요하다고 생각했다. 그는 걱정할 필요가 없었다. 미국이 전쟁에 들어가던 시점에 그는 핵무기 개발의 핵심 인물이었다. 그의 충성심을 의심하는 사람은 없었고, 있다고 해도 극소수였다. 그러나 당시에 그는 잠재적인 적국 시민으로서의 자기 입장을 예리하게 의식하고 있었고, 보험이 될 만한 서류를 보관할 필요가 있다고 느꼈다.

피그럼이 보낸 편지를 읽으면서 후퍼 제독은 이게 도대체 무슨 소리인지 궁금했을 것이다. 피그럼은 신중을 기했다. 해군 소속의 엔지니어들이 우라늄으로 폭탄을 만든다는 아이디어를 처음 접하고 터무니없다고 느낄 수 있었다. 그가 생각하기에, 이 아이디어를 과장해서 선전하면 페르미의 면전에서 문이 쾅 닫히게 될 것 같았다. 이 편지는 페르미에 대해 한 번도 들어본 적이 없을 제독에게 페르미가 과학계에서 얼마나 대단한 인물인지 알려주려는 의도도 있었다. 또한 그는 페르미가 미국을 "고향처럼 생각한다"라고 말해서 제독과 해군 동료들이 이 외국인이 하는 말을 이해할 수 있고, 바깥 세계에 대해 잘 모를 해군 담당자들에게 페르미가 설명을 잘할 것이라고 안심시켜주려고 했다. 돌이켜보면 조금 우유부단해 보이기는 하지만, 피그럼이 원자폭탄의 가능성을 두고 과학계와 미국 정부의 접촉을 시작하기에 완벽한 편지를 작성했다고 볼 수 있다.

1939년 3월 17일, 워싱턴의 날씨는 쌀쌀했고 온도가 섭씨 9도였던 것으로 보아, 일본인들이 1912년에 선물한 조류 저수장 주변의 벚꽃이 피기 전이었을 것이다. 내셔널 몰 서쪽의 길고 좁은 연못 북쪽, 지금은 아름다운 공원이 된 곳에 있었던 거대하고 흉측한 해군 본부 건물에서는 저수장이 훤히 내려다보였을 것이다. 페르미는 도착해서 별로 특별하지 않은 방에서 미지근한 환영을 받았고, 어떤 직원이 열정 없는 목소리로 모인 사람들에게 하는 말을 들었다. "바깥에 왑(wop, 이탈리아 사람을 모욕적으로 부르는 말—옮긴이) 한 사람이 와 있습니다."[4]

회의장 안에는 후퍼 제독이 해군의 여러 부서에서 불러 모은 다양한 기술 전문가들이 있었다. 로스 건Ross Gunn 박사가 이끄는 해군 연구소의 팀뿐만 아니라 무기, 엔지니어링, 건설, 수리 담당 전문가들이 모여 있었다. 해군 회의였지만 예의상 육군 기술 팀도 와 있었다. 페르미는 한 시간쯤에 걸쳐 핵분열의 물리학, 핵에너지의 잠재성, 우라늄 핵분열을 이용하는 무기의 전망에 대해 설명했다. 나중에 무기 연구부장이 된 개릿 스카일러Garrett L. Schuyler가 쓴 노트에 따르면, 페르미는 느린중성자에 의한 핵분열의 원리와 연쇄반응에서 중성자 방출의 중요성을 설명했다. 페르미는 실라르드와 자신이 수행한 실험을 요약해서 설명했고, "초과 방출된 중성자의 수가 아주 많지 않고 아직은 실험 오차를 넘어서 확실히 입증되지 않았다"[5]고 결론을 내렸다. 그는 또한 다음 몇 달 동안 더 확실한 측정을 위한 새로운 실험을 계획하고 있으며, "이 실험에서 우라늄 원자에서 핵분열에 필요한 것보다 더 많은 중성자가 나온다는 것이 확인되면, 우라늄 덩어리에서 연속적인 에너지 방출이 이론적으로 가능하다"[6]고 말했다. 그리고 임계질량에 대해서도 명확하게 말했다. "지금까지 사용한 작은 시료들에서 (…) 방출된 중성자들 중 일부가 너무 빨리 빠져나오기 때문에 모두 효과적이지 않습니다. 하지만 우라늄의 질량이 충분히 크면, 중성자가 필연적으로 갇혀서 적절한 시간에 제대로 작동할 것입니다."[7]

이쯤에서 스카일러 대위가 큰 소리로 질문했다. "임계질량이 얼마쯤입니까?" 페르미는 웃으면서, 핵무기의 가능성을 낮게 보게 하려는 자신의 전략과 일치하는 말을 했다. "글쎄요, 작은 별의 크기로 판명될 수도 있겠지요." 페르미가 의도적으로 핵분열 폭탄의 현실성을 낮췄을 수도 있지만, 임계질량이 얼마일지 아무도(가능성을 낮게 보는 페르미나 높게 보는 실라르드나) 알 수 없는 것도 사실이었다. 알려진 것이 너무나 적어서 임계질량의 계산을 시작할 수도 없을 정도였다.

페르미는 계속해서 우라늄 동위원소에 대해 설명했다. 그는 모여 있는 군사과학자들에게 천연우라늄은 우라늄 238(U-238) 99.3퍼센트와 우라늄 235(U-235) 0.7퍼센트로 두 동위원소의 혼합물이라고 설명했다. 보어, 휠러, 체코 이민자 게오르크 플라체크가 프린스턴에서 지난달에 수행한 이론적인 연구를 근거로, 과학자들은 훨씬 드물게 존재하는 U-235 동위원소가 핵분열 반응을 일으킨다고 믿고 있었다. 핵분열 무기를 만드는 유일한 방법은 두 동위원소를 분리하는 것이지만, 그 시점에서 아무도 동위원소를 어떻게 분리하는지 알지 못했다.

요약해서, 페르미는 핵분열을 통해 원자 에너지를 꺼내는 것이 가능할 수 있으며, 거기에 따르는 모든 불확실성과 함께 이 가능성을 군대가 주목해야 한다는 점을 분명히 했다.[8]

실라르드가 페르미의 설명을 들었다면 실망했을 것이다. 페르미는 해군이 적극적으로 나서도록 재촉하려는 의도가 없었고, 그런 시도도 하지 않았다. 천성적으로 과묵한 페르미는 스스로 사실을 명확하게 하기 전에는 대담한 진술을 하지 않는 성향이었고, 끔찍한 가능성에 대해서는 적게 말하는 편이 좋다는 생각도 있었다. 페르미는 특정한 조치를 제시하지 않은 채 군대가 다음 단계를 결정하도록 충분한 정보를 전달하는 것에 만족했다. 여러 해가 지난 뒤에 실라르드는 아무 성과도 얻지 못했다며 이 만남의 의미를 깎아내렸다.[9]

해군과 페르미의 만남이 전혀 소득이 없었다고 할 수는 없다. 페르미의 강의는 해군 연구소장 로스 건에게 감명을 주었고, 그는 즉시 우라늄이 잠수함의 에너지원이 될 수 있겠다고 생각했다. 그는 핵을 동력으로 하는 군함을 개발하는 사업을 시작했고, 길고 곡절도 많았지만 결국은 성공했다. 그러나 그는 행동에 나서기 전에, 신중하게 말하는 강한 이탈리아 억양의 이상한 인물에 대해 더 알아보아야 했다. 그는 멀 튜브에게 전화를 걸었다. 이 사람은 1월에 보어와 페르미가 발표했던 학술회의의 주최자 중 한 사람이었다. "이 페르미라는 사람은 누구입니까? 어떤 사람이죠? 파시스트인가요? 이 사람 뭡니까?"[10] 튜브는 페르미가 흠잡을 데 없는 사람이라고 보장했다. 로스 건에게는 그것으로 충분했다. 이 해군 과학자로서는 불행하게도, 전쟁이 끝나서 국가의 우선순위가 맨해튼 프로젝트에서 벗어날 때까지 그는 자신의 사업을 추진할 수 없었다.[11]

이 강연으로 해군이 곧바로 행동을 개시하지는 않았지만, 컬럼비아 대학교에 핵분열 연구비로 1500달러를 지급했다. 누가 알겠는가? 핵분열을 이용하는 새로운 폭탄이라는 이상한 아이디어에서 뭔가가 나올지? 적은 비용을 들여 컬럼비아 대학교의 연구를 지속시킬 정도의 가치는 있어 보였다.

1939년 3월에 워싱턴에 갔을 때 페르미는 미지의 바다를 항해하고 있었다. 그는 이상한 아이디어를 갖고 있었고, 이 아이디어는 태생적으로 보수적인 군대가 받아들이기 어려운 것이었다. 군대가 민간인의 과학 연구를 지원한다는 것은 매우 이례적인 일이었다. 뒤돌아보면, 그가 실험에 적게나마 연구비를 지원받았다는 것이 인상적이다.

뉴욕으로 돌아온 페르미는 새로운 나라에 자리를 잡기 시작했다.

리버사이드가 450번지에 얻은 페르미가의 집은 허드슨강이 내려다보이는 한 줄로 늘어선 아파트 건물 중 하나였고, 1900년대 초에 컬럼비아 대학교 교수진을 위해 지어진 곳이었다. 이 아파트는 충분히 안락했지만, 겨울에는 바람이 강에서 언덕 위의 웨스트 116번가로 세차게 불었다. 라우라는 바람을 맞으면서 언덕길로 아이들을 걷게 하는 것이 마뜩잖았다. 하지만 그녀는 새로운 도시에 점점 적응했고, 자신의 상황을 가장 좋게 만들어갔다.

페르미는 수업에 몰두했다. 그는 봄 학기에 세 과목을 가르쳤다. 그가 가장 좋아하는 과목인 지구물리학을 운 좋은 학부생들에게 가르쳤고, 고급 과정인 양자역학과 응용양자역학도 가르쳤다.

그는 컬럼비아 대학교의 다른 교수들과도 금방 사귀었고, 이후 10년 동안 이 사람들과 가까운 동료이자 친구로 지내게 된다. 라비도 그중 하나였다.[12] 유머 감각이 사악한 데다 화를 잘 내지만 매우 유능한 라비는 유럽에서 박사후연구원일 때 페르미를 만났다. 라비가 1930년대 초에 시작한 실험 연구는 오늘날의 MRI의 바탕이 되는 핵자기 공명 효과의 발견으로 이어졌다. 페르미와 라비는 곧바로 절친한 사이가 되었다. 나중에 라비는 그의 전기를 쓴 작가에게 아인슈타인을 제외하면 페르미가 자신이 아는 가장 훌륭한 물리학자라고 말했다.[13]

해럴드 유리와도 금방 친구가 되었다. 페르미보다 조금 나이가 많은 유리는 수소의 동위원소인 중수소를 분리한 업적으로 1934년에 노벨 화학상을 받았다. 유리는 페르미 부부와 친해졌고, 뉴저지 레오니아라는 근교 도시에서 실현하는 아메리칸드림을 열심히 선전했다. 이 노력은 1년 만에 결실을 맺어서 페르미 가족은 앞뜰과 뒤뜰에 잔디밭이 있고 지하실을 간이 공작실로 사용하는 교외 거주 미국인이 되었다. 페르미는 결코 교외 거주에 익숙해지지 않았고(그와 라우라는 뼛속부터 도시인이었다), 페르미가의 잔디밭은 그 구역에서 가장 상태가 좋지 않을 때가 많았다. 어쨌든, 두 가족은 평생 동안 친하게 지내게 된다.

가족이 미국 생활에 적응하고 새로운 친구를 사귀고 안온한 가정생활을 꾸리게 되면서, 핵분열과 실라르드의 연쇄반응에 대한 집착이 페르미를 사로잡았다.

페르미는 해군 강연에서 핵분열을 둘러싼 불확실한 점들과 연쇄반응의 가능성을 밝히기 위해 또 다른 실험을 계획하고 있다고 말했다. 이 실험에서 페르미와 실라르드는 주요 파트너로 협력했다. 그들은 연구 방식이 서로 완전히 달랐기 때문에 이 실험이 끝난 뒤로 두 사람의 직접 협력이 없었다는 것은 놀랍지 않다.

광산에서 채굴한 천연우라늄으로 핵분열 연쇄반응을 일으키려면 몇 가지 현실적인 문제가 있다. 천연우라늄은 두 가지 동위원소로 이루어진다. U-238의 핵을 쪼개기는 극도로 어려운데, 이 성분이 천연우라늄의 99.3퍼센트를 차지한다. U-235는 잘 쪼개져서 연쇄반응을 일으키기에 적합하지만 천연우라늄에 0.7퍼센트만 들어 있다. 따라서 연쇄반응이 가능하다고 해도, 정제되지 않은 천연우라늄이 몇 톤은 있어야 핵분열에 적절한 동위원소 U-235를 반응에 충분할 정도로 확보할 수 있다. 두 동위원소(U-235와 U-238)를 분리하는 방법은 아직 알려지지 않은 상태였는데, 페르미의 컬럼비아 대학교 동료 존 더닝은 천연우라늄을 바로 사용하는 연쇄반응은 어렵다고 보고 분리 문제를 먼저 해결하자고 주장했다. 천연우라늄을 정제해서 연쇄반응에 필요한 소량의 U-235를 분리하자는 것이었다. 페르미와 실라르드는 동위원소 분리 기술을 빨리 개발하기는 어렵다고 생각하면서, 천연우라늄 양이 충분히 많으면 연쇄반응이 일어날 수 있다고 직관적으로 판단했다. 많은 논쟁 끝에 페르미의 제안이 채택되었다. 페르미는 동위원소 분리를 결국 해결해야 하지만, 우선은 천연우라늄을 사용해서 연쇄반응 개념을 입증할 수 있다고 믿었다.

1939년 4월부터 시작해서, 페르미와 실라르드는 앤더슨과 함께 수조 실험을 수정해서 황산망간 10퍼센트 용액을 채웠다. 이 물질은 중성자를 맞으면 거기에 비례해서 방사성을 띤다. 그들은 이 용액 안에 지름이 5센티미터이고 높이가 61센티미터인 주석 깡통 52개를 배치했다. 수조 중간에는 실라르드의 중성자 방출원을 두었다.

언제나 자원이 풍부한 실라르드가 그 유명한 마법의 손으로 엘도라도 라듐 회사El Dorado Radium Corporation에서 산화우라늄을 조달했다. 이 회사는 캐나다에 상당한 우라늄 광산을 소유하고 있었다. 실라르드가 '빌린' 산화우라늄 180킬로그램을 사용해서 깡통 속에 산화우라늄이 있을 때 망간의 방사능이 10퍼센트 증가하는 것이 측정됐다. 이전의 두 실험과 일치하는 결과였다.

그런 다음에 그들은 핵이 분열할 때 흡수되는 중성자 하나당 방출되는 중성자의 비율을 계산하려고 시도했고, 이 값을 '증배인자reproduction factor'라고 불렀다. 실라르드가 처음에 생각했던 대로 단계적인 핵분열이 일어나려면 평균 증배인자가 1보다 커야 했다. 1보다 아주 조금만 커도 핵분열이 가능해진다. 실험 결과는, 핵이 분열할 때 흡수되는 중성자 하나마다 빠른중성자가 1.5개쯤 나오는 것으로 측정되었다. 그들은 이렇게 보고했다. "핵 연쇄반응은 중성자가 고속일 때는 거의 흡수되지 않다가 아주 느려졌을 때 우라늄에 대부분 흡수되고, 다른 원소들은 중성자를 흡수하지 않은 상황에서 잘 유지된다." 그들은 또한 실험에 사용된 물도 중성자를 많이 흡수할 수 있다고 추측했다. "그러나 중성자를 감속시키기 위해 수소를 사용하는 구조가 가능한지는 미해결의 질문이다."[14] 이것은 1942년에 건설될 세계 최초의 원자로 '파일pile(더미)'의 첫 번째 설계 개념이었다.

앤더슨은 나중에 실험에 대한 몇 가지 중요한 점을 지적했다.[15]

첫째, 그들이 수행한 측정 결과에 따르면, 물은 완전히 작동하는 원자로의 감속재로는 부적합해 보였다. 느린중성자가 물속의 수소 원자핵에 흡수되어 연쇄반응에 참여하지 못하게 되기 때문이었다.

둘째, 연구팀은 '공명 흡수'로 알려진 현상의 중요성을 알아냈다. 천연우라늄의 대부분을 차지하는 U-238은 핵분열을 일으키지 않으면서 중성자만 흡수해서 연쇄반응 참여를 막는 경향이 있다. 페르미는 이 현상이 방출된 중성자를 평균 20퍼센트쯤 감소시킨다고 추산했는데, 거의 페르미의 직감에 따른 값이었다.[16] 이 문제를 해결하기 위해, 페르미는 우라늄을 작은 덩어리로 뭉치면 핵분열에서 방출되는 빠른중성자가 느려지면서 U-238에 흡수되는 경향을 줄일 수 있다고 판단했다.

앤더슨은 페르미와 실라르드가 이 실험을 마지막으로 직접 공동 연구를 하지 않은 이유에 대해 설명을 시도했다.

이것은 실라르드와 페르미가 협력한 처음이자 마지막 실험이었다. 페르미는 실라르드가 실험에 임하는 방식이 탐탁지 않았다. 실라르드는 실험 작업에서 자기 몫을 기꺼이 맡으려 하지 않았고, 측정의 준비든 수행이든 마찬가지였다. 그는 조수를 고용해서 우리가 그에게 요구한 일을 시켰다. 조수로 고용된 S. E. 크루어S. E. Krewer가 꽤 유능했기에 우리는 불평할 수 없었다. 하지만 페르미는 공동 실험을 하려면 모든 사람이 모든 일을 어느 정도는 공평하게 나누고, 자기에게 주어진 일을 기꺼이 수행하고, 또 그럴 능력이 있어야 한다고 생각했다. 페르미는 넘치는 활력과 정성으로 자신의 몫보다 조금 더 많이 기여했다. 그래서 늑장을 부리는 사람이 있으면 페르미와의 차이가 크게 두드러졌다.[17]

반면에 페르미는 그렇게 명확하게 표현하지 않았다. 1954년 1월에 열린 미국 물리학회 강연에서 그는 이 훌륭하고 실망스러운 공동 연구자에 대해 "매우 독특하고 극단적으로 똑똑한 사람"이라고 말했고, 청중들은 이 말에 진심 어린 웃음으로 답했다. 실라르드가 실험실에서 손을 더럽힐 생각이 있는지(산화우라늄은 아주 지저분하다)에 대한 페르미의 생각과는 무관하게, 그는 어려운 과학적 문제에 접근하는 실라르드의 창의적인 능력을 엄청나게 존경했다.

페르미, 실라르드, 앤더슨은 1939년 7월 초에 이 실험 결과를 〈피지컬 리뷰〉에 제출했다. 그런 뒤에 페르미는 가족과 함께 미시간주 앤아버로 갔고, 여름학교에서 우주선이 대기와 고체에 흡수되는 현상에 대해 강의했다. 그는 또한 독일 시절에 잘 알던 사람과 만났고, 그 뒤로 6년 동안 두고두고 그 사람과 나눈 대화를 떠올리게 된다.

베르너 하이젠베르크는 1939년 7월 말에 앤아버로 왔고, 가우스밋-울런벡 여름 강연에 참가해서 일주일을 보내는 동안 옛 친구들을 만나 세계 정세에 대해 이야기했다.

그 당시 세계 정세는 암울했다. 베를린, 모스크바, 파리, 런던에서 나오는 보도를 읽는 모든 사람은 유럽의 국가들이 가까운 장래에 대규모 전쟁을 준비하고 있음을 분명히 알았다. 독일은 이달 안에 이데올로기의 적인 소련을 침략할 것이라고 예상되었다.

그런 상황에서 하이젠베르크가 앤아버에 왔다.

난민 물리학자 오토 라포르테Otto Laporte가 주최한 파티에서 시중을 들었던 젊은 학생 막스 드레스덴Max Dresden이 페르미와 하이젠베르크의 만남을 목격했다. 스탠퍼드 대학교에서 뛰어난 경력을 쌓은 드레스덴은 그날 밤에 있었던 일에 대해 다음과 같이 말했다.

실제로 할 일이 별로 없었기 때문에, 우리는 사람들이 하는 말을 주의 깊게 들을 수 있었다. 진정으로 중심이 되는 화제는 하나뿐이었다. 페르미는 파시스트 이탈리아를 막 빠져나와서 미국으로 왔다. 하이젠베르크는 나치 독일로 돌아가기로 결정했다. 그들의 논쟁에서 중요한 부분은 품위 있고 정직한 과학자가 모든 품위와 인간성의 표준이 사라진 나라에서 과학적 완전성과 개인의 자존심을 유지하면서 연구할 수 있는지 여부였다. 하이젠베르크는 자신이 신망과 명성에 더해 독일에 대한 충성심을 인정받기에, 정부에 영향을 줄 수 있고, 어쩌면 정부를 좀 더 합리적인 방향으로 이끌 수도 있다고 보았다. 페르미는 생각이 달랐다. 그는 계속해서 이렇게 말했다. "이 사람들(파시스트들)에게는 원칙이 없습니다. 그들은 위협이 될 만하면 누구라도 죽일 것이고, 다시 생각하지도 않을 것입니다. 당신은 그들이 당신에게 허락하는 영향력만 행사할 수 있습니다." 하이젠베르크는 상황이 그렇게 나쁘지는 않다고 믿었다. 하이젠베르크에게 나치와 소련이 협정을 맺을 경우에 어떻게 할지에 대해 물었던 사람은 라포르테였던 것 같다. 하이젠베르크는 이 가능성을 즐겁게 갖고 놀 생각이 전혀 없었다. "애국적인 독일인이라면 그런 가능성을 고려하지 않을 것입니다." 토론은 합의점에 이르지 못하고 오랫동안 계속되었다. 하이젠베르크는 독일이 그를 필요로 한다고 느꼈고, 돌아갈 의무가 있다고 생각했다. 페르미는 이탈리아(또는 유럽)에서는 어느 누구도 할 수 있는 일이 없다고 생각했다. 그는 아내의 목숨을 염려했다. (그녀의 아버지는 나중에 살해되었다.) 그래서 미국에서 새 출발을 하는 편이 낫다고 느꼈다. 그러나 어떤 결정도 쉽지는 않았다. 물리학과 물리학자의 역할이 이따금씩 언급되었다. 파티가 끝났을 때는 모든 사람이 불안하고

우울해졌다.[18]

30년쯤 뒤에 하이젠베르크는 페르미가 머물렀던 앤아버의 아파트에서 나눴던 둘만의 대화를 회상했다.[19] 페르미는 미국으로 온 것이 자기에게 얼마나 큰 해방이었는지, 미국이 여러 세대에 걸쳐서 유럽에서 떠나온 사람들의 고향이 되었다는 것과 새로운 고향에서의 새 출발이 얼마나 흥분되었는지에 대해 긍정적으로 말했다. "여기에서, 더 크고 더 자유로운 나라에서, (유럽인은) 역사의 무거운 짐을 내려놓고 살 수 있습니다. 이탈리아에서는 나는 위대한 사람이었지요. 여기에서 나는 다시 젊은 물리학자가 되었고, 이것은 비교할 수 없을 정도로 더 흥미진진합니다. 그 무거운 짐을 벗어던지고 다시 시작해보는 건 어떻습니까?" 하이젠베르크는 그 매력을 이해한다고 대답했지만 독일을 버리면 스스로가 배신자라고 생각되고, 특히 젊은 물리학자들, 스스로 원하는 곳으로 떠나서 자기 일을 찾을 능력이 없는 이들을 배신했다는 느낌이 들 거라고 말했다. 반면에 페르미로서는 그가 남겨두고 떠나온 학생들에 대한 책임감보다는 이탈리아를 떠날 때의 여러 가지 사정이 더 엄중했다. 나중에 페르미가 미국 학생들을 잘 대해준 것은 이탈리아에 두고 온 학생들에 대한 죄책감을 보상하려고 했기 때문이었을 수도 있다.

페르미는 핵분열의 발견을 이용해서 폭탄을 만들 가능성을 명시적으로 언급하면서 압박했다. 그는 하이젠베르크가 그런 일을 맡게 될 것이라고 경고했다. 하이젠베르크는 그런 폭탄을 만들 수 있는지, 적어도 빨리 만들 수 있는지 의구심을 나타냈다. 그러자 페르미는 이렇게 물었다. "히틀러가 전쟁에서 이길 수도 있다고 생각하지 않습니까?" 하이젠베르크는 기술 자원의 균형을 고려할 때 히틀러가 이기기는 어려울 거라고 말했다. 그런 상황에서도 여전히 하이젠베르크가 독일로 돌아가려고 한다는 것이 페르미는 믿기지 않았다. 하이젠베르크는 전쟁의 결과보다 애국심이 우선이라고 말했다.

페르미는 이렇게 말하면서 대화를 끝냈다. "실로 유감입니다. 전쟁이 끝난 뒤에 다시 만날 수 있기를 바랄 수밖에 없겠습니다."[20]

페르미는 원자폭탄의 가능성을 감출 수도 있었다. 그는 1939년 3월에 해군을 만났을 때도 미온적인 태도를 유지했고, 그 뒤로도 원자폭탄의 기술적 실현성을 의심했다. 하이젠베르크와 만나면서 그의 관점은 극적으로 바뀐다. 1922년부터 하이젠베르크를 알아온 페르미는 특별히 좋아하지는 않았을지라도, 큰 관심을 가지고 하이젠베르크의 경력과 업적을 지켜보고 있었다. 그는 하이젠베르크를 노벨상 후보로 추천하기까지 했다. 하이젠베르크는 이제 자기 나라로 돌아갈 것이고, 피할 수 없는 전쟁이 일어났을 때 히틀러는 하이젠베르크에게 핵분열을 이용하는 무기를 개발하라고 지시할 터였다. 페르미는 자기가 알고 있는 심각한 위협을 털어놓을 정도로 하이젠베르크를 존중했다. 페르미는 그 자신이 원자폭탄의 가능성을 어떻게 평가했건, 이제 이 일을 힘차게 추진하게 된다. 이 문제에서 그는 실질적인 선택권이 없었다.

실라르드와 앤더슨과 페르미가 그해 봄에 함께한 실험 결과는 페르미의 마음에서 결코 떠나지 않았다. 페르미는 여름 동안에 실라르드와 중심 문제에 대해 계속 의견을 주고받았다. 물이 연쇄반응에 적합한 감속재가 아니라면, 어떤 물질이 적합할까? 그들의 생각은 탄소로 이루어진 물질의 한 형태인 흑연에 가닿았다.

⑮

최초의 원자로

로마 대학교에서 코르비노의 청년들은 가벼운 핵이 중성자를 늦출 수 있다는 것을 알아냈다. 파라핀 실험이 이 현상을 잘 보여주었다. 그때 로마 팀은 자기들이 원자를 쪼갰다는 사실을 몰랐기 때문에 핵분열 반응에서 방출될 수 있는 중성자에 관심이 없었다. 이제 페르미는 제어된 연쇄반응을 일으키려고 했고, 중성자의 거동 자체가 그에게 아주 중요했다.

수소가 연쇄반응을 유지하는 데 적합하지 않다면 어떤 가벼운 핵이 적합할까? 원소의 주기율표는 가장 가벼운 것부터 가장 무거운 것까지 순서대로 나열되어 있다. 원자 번호가 1인 수소가 맨 처음 나오고, 1939년 당시에는 자연에 존재하는 가장 무거운 원소였던 우라늄이 원자 번호 92로 맨 나중에 나왔다. 엔리코 페르미처럼 치밀한 사람이라면 주기율표에 나오는 순서대로 수소부터 시작해서 그다음으로 좋은 감속재를 차례차례 살펴보는 것이 자연스럽다.

수소에는 무거운 동위원소 두 가지가 있는데, 중수소와 삼중수소는 둘 다 중성자를 흡수할 가능성이 적지만 자연에 드물게 존재하고, 생산하기 어렵다.[1] 주기율표에서 다음 순서인 헬륨은 자연에서 기체로 존재하며, 액체 헬륨은 매우 차가워서 특별한 방법으로 다루어야 한다. 주기율표의 다음 줄에 리튬, 베릴륨, 붕소가 있지만, 처음 두 가지는 좀 위험하고, 터키가 주요 산지인 붕소는 쉽게 얻을 수 없었다. 페르미는 붕소가 중성자를 흡수하므로 감속재로 적합하지 않다는 것을 나중에 알아냈다. 붕소 다음은 탄소였다.

탄소는 안전하고 풍부하며 여러 가지 형태의 고체로 존재한다. 석탄도 탄소의 일종이지만, 너무 물러서 정밀 가공이 어렵다. 다이아몬드도 탄소의 한 형태이지만 지구상에서 가장 단단한 물질이어서 가공이 거의 불가능하다. 탄소 결정의 일종인 흑연은 석탄만큼 풍부하지는 않지만 자연에서 쉽게 대량으로 얻을 수 있고, 정밀 가공하기도 쉽다. 보통의 연필에는 봉으로 가늘게 가공된 흑연이 들어 있다. 흑연을 벽돌 모양으로 가공하기는 비교적 쉽다.

페르미와 실라르드는 물 대신에 흑연을 사용하는 아이디어를 냈고, 여름 동안 흑연을 감속재로 사용하는 가능성에 대해 자주 의견을 교환했다.[2] 탄소 원자는 수소 원자보다 12배나 크지만, 두 과학자는 탄소가 중성자의 운동에너지를 충분히 흡수하여 핵분열 연쇄반응에 유용할 만큼 속도를 늦출 수 있다고 믿었다. 수소는 중성자를 흡수해서 연쇄 핵반응을 방해하지만, 탄소는 중성자를 흡수하지 않을지도 몰랐다. 페르미가 생각해낸 계획에는 흑연이 많이 필요했는데, 실라르드는 그것을 얻는 방법을 알고 있었다.

실라르드는 페르미와 의견을 교환하는 한편으로, 옛 친구 에드워드 텔러와 유진 위그너와 궁리해서 미국 정부가 우라늄 연쇄 핵반응에 관심을 갖도록 했다. 실라르드와 동료 헝가리인들이 세계에서 가장 유명한 과학자 알베르트 아인슈타인을 설득해서 핵무기의 가능성에 대한 대규모 연구를 시작하라고 촉구하는 편지에 서명을 받아 1939년 8월 2일에 루스벨트 대통령에게 보낸 이야기는 잘 알려져 있다. 실라르드의 친구인 뉴욕의 투자 은행가가 운전하는 자동차에 헝가리 천재들이 가득 타고 아인슈타인의 집을 찾아 롱아일랜드 노스포크 황무지를 달리는 장면은 이 이야기의 압권이다.[3] 이 편지로 인해 미국은 핵분열 무기에 대한 연구를 시작한다. 페르미는 편지의 문구를 작성하거나 이 위대한 과학자의 서명을 받는 일에 직접 관여하지 않았지만, 실라르드가 작성한 편지의 유명한 첫 단락에 언급되었다.

> 저에게 전달된 E. 페르미와 L. 실라르드의 최근 논문을 읽고, 저는 우라늄 원소가 가까운 미래에 새롭고도 중요한 에너지원이 될 것으로 기대하게 되었습니다. 현재 진행된 상황의 어떤 측면에 주의가 필요하고, 필요시 정부의 신속한 조치가 요구될 것으로 보입니다. 따라서 저는 다음과 같은 사실과 권고 사항을 각하께 알리는 것이 저의 의무라고 믿습니다.[4]

그해 여름 유럽의 상황은 점점 긴박해지기만 했다. 외교, 군사, 정보를 다루는 사람들 사이에서 독일이 폴란드를 기습할 준비를 하고 있다는 소문이 돌았다. 독일과 소련 사이의 협상은 몰로토프-리벤트로프 협약으로 이어졌고, 이 소식은 비밀로 부쳐졌지만(앤아버의 파티에서 라포르테가 나치와 소련의 동맹에 대해 묻자 하이젠베르크가 부정적으로 대담했던 시기에도 알려지지 않았다) 양국 정부는 1939년 8월 23일에 이 협정 소식을 발표해서 세계를 놀라게 했다. 일주일 후에 적대 행위가 시작되었다. 미국은 아직 개입하지 않았고, 많은 영향력 있는 정치인과 유명 인사가 미국의 개입에 반대했지만, 루스벨트는 이미 유럽의 전쟁에서 연합국에 가담할 경우에 대비해서 미국의 여론과 산업계를 조용히 조율하고 있었다.[5]

루스벨트는 마침내 1939년 10월에 이 편지를 받았고, 핵분열에 관한 사업을 최우선순위로 추진하도록 재가했다. 루스벨트의 명령으로 시작된 국가적 노력은 결국 역사상 가장 크고 복잡한 군사과학 사업으로 발전했다. 그러나 당시에는 맨해튼 프로젝트가 컬럼비아 대학교 물리학과 실험실에서 진행되는 페르미의 연구로 국한되었다.

페르미는 1942년 12월 2일에 세계 최초로 스스로 유지되는 제어된 연쇄반응을 이끌어낸 실험적 연구에 대한 논문을 1939년 가을부터 시작해서 47편 썼다. 이 연구는 조직적이고 까다로웠고 때때로 위험했고, 점점 더 많은 물리학자가 참여했다. 페르미는 점점 늘어나는 정제된 흑연의 수요를 실라르드의 재주에 의지했다. 실라르드는 실험을 비판적으로 검토해주기도 했고, 가끔씩은 눈치 없는 잔소리꾼이 되기도 했다.[6] 컬럼비아 대학교 물리학과의 학과장이자 대학의 학장이기도 했던 피그럼은 상당한 배경이 되어주고 좋은 결정을 내리기도 했다. 앤더슨과 진이 실험적인 노하우와 세심한 주의를 할애했고, 페르미는 컬럼비아 대학교의 젊은 대학원생 조지 와일George Weil을 끌어들였다. 앨버트 와튼버그Albert Wattenberg와 버나드 펠드Bernard Feld 등의 학생들도 참여했다.

연쇄반응 실험의 중요성으로 보아 페르미가 여기에만 몰두했을 것 같지만, 그는 다른 연구도 함께 추진했다. 예를 들어 그는 1940년 워싱턴 학술회의(보어와 페르미가 핵분열을 발표한 바로 그 학술회의의 이듬해 행사였다)에서 지구 중심부의 철에 관련된 지구물리학을 강연했다. 1940년 봄에 페르미는 버클리 대학교의 권위 있는 연례 히치콕 강의에서 '현대물리학에서 고에너지와 짧은 거리'에 대해 논했다.[7] 그의 보관용 노트를 보면 강의를 준비하면서 얼마나 많은 노력을 기울였는지 알 수 있다. 그는 기체와 고체를 통과하는 우주선에 대해 앤아버에서 발표했던 연구를 컬럼비아 대학교의 가을 학기에도 계속했고, 매질의 밀도와 이온화된 입자 감속의 관계에 대한 어렵고 고된 계산을 해나갔다. 이 일에 빗대어 페르미는 앤더슨에게 이렇게 말했다. "어떤 것이든 하루 안에 오차 10퍼센트로 계산할 수 있지만, 유효 숫자 세 자리를 더 얻으려면 6개월이 걸린다."[8] 동료들은 페르미가 문제를 바로 풀지 못하면 좌절감을 느낀다고 말하기도 했는데, 이것이 좋은 본보기였다.[9]

그는 또한 지구물리학과 양자론 과정을 포함해서 강의도 예전과 다름없이 많이 했다.

모든 미국인과 마찬가지로, 페르미도 유럽에서 일어나는 전쟁을 주시했다. 매월 첫째 날 그는 여러 동료 교수와 함께 모여서 다음 달에 상황이 어떻게 될지 예측하고, 예 또는 아니요로 대답하는 열 가지 질문에 대한 답을 적어두었다. 라우라는 이 모임을 '예언자 클럽'이라고 불렀다. 라우라에 따르면, 1942년 여름에 페르미가 시카고로 떠나게 되어 이 클럽이 해체될 때 그는 스스로 최고의 예언자가 되었다고 했다. 그는 97퍼센트의 정답을 알아맞혔다고 한다. 페르미는 생각할 수 있는 가장 보수적인 알고리듬을 사용해서, 다음 달은 이전 달과 똑같다고 보았다. 그러나 그도 독일의 전격적인 소련 침공만은 예상하지 못했다. 늘 보수적이고 빠르거나 혁명적인 변화에 회의적인 페르미와 같은 기질을 가진 사

람에게 이 게임은 이상적이었다.[10]

실험실에서 그는 대부분의 노력을 핵분열과 연쇄반응에 집중했고, 앤아버에서 돌아온 지 몇 달 만에 팀은 진전을 이루었다.

파일의 개념은 페르미, 실라르드, 앤더슨이 1939년 겨울과 봄에 실시한 수조 실험 때와는 조금 달라졌다. 페르미는 물 대신에 흑연 벽돌을 사용하기로 했다.

수조 실험은 중성자가 감속하는 매질 안에서 확산하는 방식을 분석하도록 설계되지 않았다. 흑연 속의 확산 과정을 이해하는 게 얼마나 중요한지 깨달은 페르미는 이를 위한 일련의 실험을 고안했다. 푸핀관의 실험실에서, 나중에는 가까운 셔머혼관의 지하실에서 그와 동료들은 (피그럼이 반강제로 동원한 컬럼비아 대학교의 건장한 미식축구 선수들의 도움도 가끔씩 받으면서) 흑연 벽돌을 폭이 몇 피트쯤 되는 정사각형 모양으로 쌓고 중요한 위치마다 로듐 박을 두었다. 그리고 꼭대기에 중성자 방출원을 놓은 뒤에 중성자가 흑연 더미 속에서 어떻게 움직이는지를 연구했다. 일단 로듐 박에 중성자를 쬔 다음에는 바로 빼내서 들고 복도 끝에 있는 가이거 계수기로 달려가 방사능을 측정했다. 로듐의 반감기가 44초이기 때문에, 페르미와 앤더슨은 복도를 질주하던 1934년 로마 대학교 물리학과의 장면을 재현했고, 거의 언제나 페르미가 앞섰다. 흑연 벽돌을 쌓다보니 고운 흑연 먼지를 덮어써서 그들은 실험물리학자라기보다 탄광의 광부처럼 보였다. 높이가 3미터가 넘어가자 꼭대기에 올라가서 중성자 방출원을 설치하려면 사다리가 필요했다. 여러 해 뒤 페르미는 대중 강연에서 이 실험을 회상하면서 다음과 같이 말해서 청중들을 웃겼다. "장비가 너무 커져서 처음으로 장비 위로 등반을 하게 되었습니다. 저는 키가 큰 사람이 아니니까요."[11] 이 확산 실험은 중성자가 흑연 속을 지나가면서 얼마나 느려지는지 알아내는 데 중요했고, 흑연이 중성자를 얼마나 많이 흡수하는지에 대한 정보도 주었다.

1940년 봄에 시작된 이 실험은 그해 내내 진행되었다. 6년 전에 로마에서 아말디가 그랬듯이, 로듐 박을 들고 복도를 달려가는 페르미를 따라가는 일을 앤더슨이 맡았다. 실라르드는 세그레가 로마에서 했던 것처럼 물자 조달 책임을 맡아 점점 더 많아지는 흑연의 수요에 대처했다. 실라르드는 '우라늄 위원회Committee on Uranium'의 도움을 받았다. 원로 과학자들과 장교들로 구성된 이 위원회는 루스벨트 대통령이 지시한 새 사업을 지도하고 조정했다. 이 위원회는 '모두 미국인으로만' 구성되었다. 외국 국적인 페르미, 실라르드, 텔러, 위그너는 공식적으로 제외되었지만 의사 결정에 필요한 정보를 제공하기 위해 위원회와 자주 만났다. 그들의 첫 번째 결정 중 하나는 페르미의 말대로 "어마어마한 양의 흑연"[12]을 사기 위해 6000달러를 배정한 것이었다.

페르미와 실라르드는 1940년 내내 확산 실험을 계속하면서, 흑연의 불순물이 중성자를 많이 흡수하기 때문에 성공적인 연쇄반응의 가능성이 줄어든다고 의심하기 시작했다. 그들은 흑연 제조사 중의 한 곳인 클리블랜드의 내셔널 카본National Carbon사를 방문했고, 흑연에 미량의 붕소가 들어 있다는 것을 알아냈다. 1941년에 실라르드는 흑연의 불순물 함유량을 줄이는 방법을 찾기 위해 내셔널 카본사의 기술자들과 긴밀히 협력했다.

확산 실험과 함께 또 다른 실험이 진행되었는데, 중성자가 U-238에 의해 흡수될 가능성을 줄이기 위해 흑연 더미 전체에 우라늄을 작은 덩어리로 배치한다는 페르미의 아이디어를 시험하는 것이었다.[13]

재료과학자들은 이 실험들을 위해 신천지를 개척해야 했다. 산업용 흑연은 불순물이 너무 많아서 연쇄반응의 감속재로 쓸 수가 없다. 실라르드와 내셔널 카본의 기술자들은 붕소를 제거해서 적절한 흑연 감속재를 생산하는 방법을 개발하기 위해 열심히 노력했다. 이렇게 해서 그들은 세계 최초의 "핵 흑연"을 만들어냈는데, 이 순수한 흑연은 오늘날 전 세계 흑연 감속 원자로에서 사용된다.

이 실험을 통해 향상된 재료과학의 또 다른 측면은 우라늄 생산이었다. 전쟁 이전에 우라늄은 과학 실험을 위해서만 중요했고, 가장 쉽게 얻을 수 있는 형태는 산화우라늄이었는데, '지수함수적 파일'에 쓰기에는 적합하지 않았다.* 금속우라늄의 경제적 수요는 거의 없었고, 생산 방법도 여전히 상당히 원시적이었다. 당시의 산업계에서 할 수 있는 최선의 방법은 분말 형태의 금속을 생산하는 것이었는데, 금속우라늄 분말은 공기에 노출되면 자연적으로 연소되는 경향이 있다. 이 실험들을 지대한 관심으로 지켜보던 우라늄 위원회는 우라늄 생산 기술을 향상시키기 위해 여러 회사와 협력했다.

이 기간 동안 페르미의 팀은 위그너, 휠러를 비롯해서 프린스턴 대학교의 과학자들이 합류하면서 계속 커져갔다.

1941년 9월이 되자 페르미는 팀이 진정으로 동작이 가능한 지수함수적 파일을 만들 수 있을 만큼 충분한 진전을 이루었다고 생각했다. 우라늄 위원회는 대량의 우라늄과 흑연 구매를 위해 4만 달러라는 상당한 금액을 할당했고, 실라르드가 공급업체들과 구매 협상을 진행했다. 컬럼비아 대학교 미식축구 선수들이 다시 불려 왔고, 셔머혼관 지하실에

---

* '임계' 파일에서는 반응이 스스로 유지되고, '지수함수적' 파일에서는 중성자 생성이 기하급수적으로 늘어난다.

서 파일이 모양을 갖추기 시작했다. 페르미는 나중에 컬럼비아 대학교 선수들이 무거운 산화우라늄 깡통을 얼마나 쉽게 채우고 끌어올렸는지를 감탄하면서 즐겁게 회상했다(우라늄은 자연에서 얻을 수 있는 가장 무거운 원소들 중 하나다). 페르미는 이론적 계산, 여러 정보를 바탕으로 한 추측, 사용 가능한 재료에 대한 실용적인 고려를 종합해서 파일의 구조를 격자 형태로 결정했다. 대규모 전자 컴퓨터가 아직 발명되지 않았으므로, 스스로 유지되는 연쇄반응을 일으키기 위해서 격자가 얼마나 커야 하는지 완전한 계산을 하는 것은 불가능했다. 특정한 크기와 규격을 가진 파일에 대해서만 측정이 가능했고, 이 측정을 바탕으로 이러한 구조물이 무한대로 펼쳐져 있을 때 연쇄반응이 일어날 수 있는지 추정해야 했다.

그들이 지은 실제 파일은 가로와 세로가 2.4미터이고 높이가 3.4미터인 흑연 벽돌 더미였다.[14] 흑연 더미 안에는 한 변이 20센티미터인 정육면체 주석 깡통 288개에 산화우라늄을 채워서 입체적으로 배치했다. 슬릿 여러 개를 설치해서 측정을 위해 이리듐 박을 넣었다 뺐다 할 수 있게 했다. 중성자 방출원은 파라핀 받침대에 놓고 파일의 바닥에 두었다.

이렇게 만들어진 첫 파일은 페르미의 실험 방식을 완벽하게 반영했다. 이 설계는 일면 정교한 이론적 고찰을 담은 것으로, 특히 작은 우라늄 덩어리들을 '격자 형태'로 분산시킨 것이 그러한 예이다. 그러면서도 이 설계는 흑연 벽돌 자체의 치수 등 기본적인 실용성도 반영했다. 페르미의 설계로는 제작이 쉬운 데다 주의깊게 제어된 여러 실험에 대한 측정과 평가를 쉽게 할 수 있음이 알려졌다. 페르미는 팀 구성원들과 함께 흑연 벽돌과 산화우라늄 깡통을 쌓는 등 파일을 만드는 데에도 적극적으로 참여했다. 그러나 불행히도 실험 결과는 실망스러웠다. 페르미의 계산에 따르면, 이 구조가 무한대로 펼쳐진다고 해도, 자체적으로 반응을 유지하는 데 필요한 성능보다 13퍼센트쯤 낮았다.

페르미와 동료들은 실망하지 않았고, 격자 구조를 조금 조정하고 재료의 순도를 높이면 중성자가 더 많이 나와서 원하는 결과를 얻을 수 있다고 확신했다.[15] 우라늄 위원회뿐만 아니라 핵분열 연구의 모든 국가적 노력을 조정하고 지도하는 여러 기구가 이 의견에 동의했다. 이러한 노력의 중심에는 회의적인 양키의 태도를 지닌 MIT 출신 엔지니어 버니바 부시Vannevar Bush가 있었다. 대단히 열정적인 관리자인 부시는 대통령에게 직접 보고하는 위치였다.

이 사업의 조직이 점점 복잡해짐에 따라, 핵분열 연구는 엄중히 비밀리에 이루어졌다. 핵분열 연구를 비밀로 하는 일은 미국과 영국의 과학자들이 독일 과학자들에게 도움이 될 수 있는 실험 결과를 공개하지 말자고 비공식적으로 합의하면서 시작되었지만, 점점 공식적인 보안 규정으로 변해갔다. 이 민감한 연구에 관련된 대다수의 과학자가 페르미, 실라르드, 위그너와 같은 외국인들이었고, 그들은 핵분열 연구를 지도하고 진전시키기 위해 만들어진 위원회에서 자신들이 의도적으로 배제되었다는 것을 알았다. 정치 지도자들은 모두 이 사람들의 견해를 요구했지만, 결정은 외국 태생의 과학자 없이 닫힌 문 뒤에서 이루어졌다.

다른 사람들은 어떻게 했는지 모르지만, 페르미는 비밀 유지의 필요성을 진지하게 받아들여서 아내에게 결코 발설하지 않았다. 전쟁 동안에 뉴욕에서 시카고로, 로스앨러모스로 이사를 하면서도 페르미는 자기의 활동과 역할에 대해 침묵했다. 라우라 페르미는 1945년 8월에 원자폭탄이 투하된 뒤에야 비밀이 해제된 미국 정부의 보고서를 남편에게 건네받았고, 남편이 맨해튼 프로젝트에서 어떤 일을 했는지 알게 되었다.

부시는 컬럼비아 대학교의 파일 연구를 비롯해서 다른 곳에서의 중요한 기술적 진전을 보고 나서 핵분열 폭탄이 진정으로 가능하다는 낙관론에 도달했다. 그는 1941년 12월 6일에 핵분열 무기 개발을 위한 '전면적인' 노력을 선포했다. 바로 다음 날에 일본이 진주만을 폭격했고, 며칠 안에 미국은 일본, 독일, 페르미의 조국 이탈리아와의 전쟁에 돌입했다. 부시는 이 사업의 지도 체제를 다시 한번 개편해서 S-1이라는 새로운 독립 기구를 출범시켜서 우라늄 위원회를 대체하게 했다. 이 실행 위원회에는 해럴드 유리, 어니스트 로런스, 아서 콤프턴이 포함되었다. 사이클로트론을 발명했고 버클리 대학교 실험물리학 그룹의 지도자인 로런스는 플루토늄 연구를 지휘하고, 자신의 사이클로트론 경험을 바탕으로 동위원소 분리 방법의 개발을 책임지게 되었다. 1939년 초에 페르미와 친구가 된 컬럼비아 대학교의 뛰어난 물리화학자 유리는 플루토늄 생산과 관련된 화학적 분리를 맡았고, 동위원소 분리에 대한 연구도 맡게 된다. 이 기간 동안 다양한 감독 위원회에 참여한 콤프턴은 시카고 대학교에 새로 설립된 금속 연구소Metallurgical Laboratory가 주관하는 우라늄과 플루토늄의 특성에 대한 더 많은 연구를 지도했다.

새로운 조국에 대한 충성심을 증명하고 싶어하는 페르미는 난감한 입장에 처했다. 그는 미국 정부의 가장 민감하고 비밀스러운 군사 프로젝트의 중심에서 일하는 적국인이었다. 이 상황에는 변화가 필요했다.

⑯

시카고로 가다

이 변화에는 시카고로 옮겨가서 아서 콤프턴의 지시를 받으면서 일하는 것도 포함되었다.

1941년 12월에 버니바 부시는 콤프턴에게 미국 전역의 10개가 넘는 우라늄 연구팀을 조직하고 관리하는 엄청나게 힘든 일을 맡겼다. 독일이 핵분열 무기 개발에 앞설지도 모른다는 두려움 때문에 압박감이 대단했다. 미국이 공식적으로 추축국들과 전쟁을 시작하자, 시간이 가장 중요한 문제가 되었다.

콤프턴에게 이 일을 맡긴 것은 훌륭한 선택이었다. 미국이 전쟁에 뛰어들기 전에도 이미 여러 해 동안 과학 정책에 참여해왔던 콤프턴은, 빛은 광자라고 부르는 입자라는 아인슈타인의 가설을 지지하는 엑스선 산란 실험을 1920년대에 수행하면서 유명해졌다. 이 연구는 곧바로 중요성을 인정받았고, 그는 1927년에 노벨상을 받았다. 콤프턴은 전쟁 전에 솔베이 학술회의에 초청된 극소수의 미국인 중 한 사람이었다. 그는

1927년 솔베이 학술회의 전에 열린 코르비노의 1927년 코모 호수 학술회의에도 참석했고, 거기서 젊은 페르미를 처음 만났다.

키가 훤칠하고 운동도 잘하고 숱이 많은 검은 머리카락을 매끈하게 뒤로 넘긴 잘생긴 콤프턴은 보기에도 리더다웠다. 학문적으로 많은 성취를 이룬 오하이오의 한 가문에서 태어난 아서 콤프턴은 가족의 강력한 기독교 신앙을 따르고 길러서, 나중에는 침례교회의 집사가 되었다. 그는 맨해튼 프로젝트에서 자신의 신앙에 대해 공개적으로 말하는 몇 안 되는 과학자 중 한 사람이었고, 그가 이끄는 과학자들이 거의 비종교적인 사람들이었던 탓에 이런 태도는 인기를 끌 수 없었다. 금속 연구소를 관리하는 동안 한번은 그가 갈등이 많은 회의에 성경을 가져왔고, 성경 구절을 인용하면서 권위를 세우려고 했다. 그러나 이것은 필요하지도 않았고 먹히지도 않았다. 그의 권위는 그가 성경의 원리를 따른 데서 나오는 것이 아니라, 과학적 업적이 뚜렷하고 일 처리가 공정하고 판단력이 좋으며, 전시의 국가 정치 수뇌부와 직접 연결되어 있다는 데에서 나왔기 때문이다.

1942년 1월에 콤프턴은 시카고와 뉴욕에서 여러 팀을 모아서 일련의 회의를 열어 연구 전략을 밀어붙였다.[1] 이 회의의 핵심적인 결정은 두 가지였다. 하나는 원자폭탄 개발의 일정표였다. 늦어도 1942년 7월 1일까지 연쇄반응이 실현 가능한지 확인하고, 1943년 1월까지 제어된 연쇄반응을 성공시키고, 1944년 1월까지 폭탄에 사용될 플루토늄을 생산하고, 1945년 1월까지 작동 가능한 폭탄을 완성한다는 것이었다. 두 번째 결정은 연구를 중앙 집중화하는 방법에 대한 것이었다. 상당한 논쟁 끝에 그는 솔로몬과 같은 결정을 내렸다. 로런스와 버클리 대학교 팀은 캘리포니아에 그대로 남고, 페르미를 포함한 다른 모든 팀은 시카고로 모인다는 것이었다. 결정이 내려지자 콤프턴은 즉시 전화로 페르미에 게 알렸다. 페르미는 시카고에서 첫 번째 회의가 열린 지 얼마 안 돼 심한 감기에 걸려 시카고에서 열린 마지막 회의에 참석하지 못했다.[2] (그는 자기 대신에 실라르드를 회의에 보냈다.) 콤프턴에 따르면, 페르미는 자기가 적국인의 지위임을 고려해서 즉시 찬성했고 전혀 반대하려고 하지 않았다고 한다.[3] 그러나 페르미는 이 결정이 달갑지 않았다. 컬럼비아 대학교에 있는 그의 팀은 잘하고 있었고, 그는 프로젝트를 완전히 장악하고 있었다. 이런 상황에서 옮겨간다는 것은 개인적으로뿐만 아니라 프로젝트 추진에서도 불편할 수밖에 없었다. 그는 같이 일해온 사람들 중 몇몇과 계속 협력하게 된다. 업무를 조정하기 위해 앤더슨이 즉시 시카고에 파견되었고, 진은 페르미와 함께 이사 준비를 시작했다. 그러나 이제 곧 수많은 새로운 사람들, 콤프턴의 지도를 받으면서 알지도 못하고 검증되지도 않은 사람들과 함께 일을 해야 했다.

페르미가 적국인 신분이었다는 것은 맨해튼 프로젝트 전체에서 가장 기괴한 이야기이다. 전시 미국의 극비 프로젝트 중심에 이탈리아 국적에다 파시스트당원인 사람이 있었던 것이다. 여행 제한은 이야기의 일부일 뿐이었다. 페르미를 잘 알고, 그가 미국의 편이라는 것이 연합국 입장에서 얼마나 다행인지 아는 사람들은 그의 충성심을 전혀 의심하지 않았다. 하지만 프로젝트에 관여된 많은 수의 사람들, 특히 프로젝트 조직에서 점점 더 중요성이 커진 군 장교들은 페르미에 대해 전혀 알지 못했다. FBI는 페르미도 의심했지만, 실라르드를 훨씬 더 의심스럽게 여겼다. 실라르드는 사방으로 여행을 다녔고, 이렇다 할 생계 수단도 없으면서 씀씀이가 헤퍼 자주 재정 문제를 겪는 매우 이상한 사람이라 FBI의 관심을 끌기에 딱 좋았다.

1940년 8월 13일 자의 페르미에 관한 최초의 FBI 보고서는 다음과 같다.

> 그는 아내가 유대인이기 때문에 이탈리아를 떠났다고 한다. 그는 노벨상 수상자이다. 그의 동료들은 그를 개인적으로 좋아하고, 그의 지성에 크게 감탄한다. 그는 의심할 바 없이 파시스트다. 비밀에 관련된 일에 그를 고용하려면 훨씬 더 신중한 조사가 이루어져야 한다고 제안한다. 비밀 사업에는 이 사람을 고용하지 말 것을 권장한다.[4]

1940년 10월 22일로 기록된 추가 조사에서 FBI는 페르미가 뛰어난 과학자이며 "파시스트당이 이탈리아에서 정권을 잡고 있는 한"[5] 미국에 충성할 것임을 확인했다. 컬럼비아 대학교 화학과 라머Victor LaMer 교수가 어떤 특정한 개인의 신뢰성 여부를 떠나서 외국인에게 비밀 취급인가를 하지 않는 것이 좋다고 말했지만, 다행히 정부는 그의 비밀 취급을 승인했다. 어쨌거나 맨해튼 프로젝트의 수많은 비밀이 페르미의 두뇌에서 나왔다.

이 시기에 엔리코와 라우라는 자기들이 언제 어떻게 될지 알 수 없다고 염려했고, 비상시를 대비해 레오니아에 얻은 집 지하실 바닥을 파서 현금이 든 깡통을 묻었다.[6] 물론 이 깡통은 결코 쓸 일이 없었고, 페르미의 충성심이 심각하게 문제가 된 적도 없었다. 그러나 적국인이라는 신분은 페르미에게 심리적으로 엄청난 압박감을 주었다. 콤프턴이 시카고로 옮기라고 했을 때 반대할 생각조차 하지 않은 이유도 권위에 순응하는 성격에 더해, 이것으로 설명될 것이다. 라우라도 자신들이 적국인 신분이어서 이사를 거부할 처지가 아니라는 것을 잘 알았다. 게다가 그녀는 금방 되돌아올 거라고 생각했다. 나중에 시카고에서 우편물이 (프로젝트의 다른 사람들의 우편물과 함께) 군대에 의해 검열된다는 것을 알아낸 페르미는 소리 높여 불만을 제기했지만, 효과는 거의 없었다.[7]

전쟁이 일어난 첫해에 독일이 맹공을 퍼부어 실제로 승전할 것 같았을 때, 페르미 가족과 컬럼비아 대학교 동료 조지프 메이어Joseph Mayer와 마리아 부부는 미국이 파시스트 국가가 되면 어떻게 할지에 대해 이야기했다. 그들은 1930년 앤아버 여름 강좌에서 만나서 금방 친구가 되었다. 1939년에 뉴욕에 도착한 페르미 부부는 메이어 부부도 컬럼비아 대학교에 왔다는 것을 알고 좋아했다. 나치가 미국을 정복한다면, 네 사람은 정치적 위험에서 멀리 떨어져서 남태평양의 무인도로 가서 살자고 합의했다.[8] 그들은 각자의 장점을 살려 할 일을 정했다. 바다에서 조지프는 선장, 엔리코는 항해사를 맡고, 섬에서 엔리코는 농사를 짓고, 마리아는 많지는 않지만 반드시 필요한 책을 관리하고, 라우라는 모든 사람이 입을 옷을 만들기로 했다. 이 작은 공동체를 위해 의사를 비롯해서 몇 사람이 더 있어야 했다. 이것은 터무니없는 환상이고 그들이 진지하게 고려하지는 않았겠지만, 새로운 조국에서 난민 부부들이 느끼는 불확실성과 불안정성을 보여준다.

콤프턴에게 전화가 왔을 때부터 연구소 이전이 예정된 날까지 컬럼비아 대학교에서 한 번 더 파일을 건설하기에 딱 적당한 정도의 시간이 있었다.[9] 이 파일은 더 성공적이었다.

페르미는 구조를 다시 설계했고, 원통형으로 압축한 우라늄을 사용하도록 했다. 팀에 새로 들어온 존 마셜John Marshall이 프로젝트에 제공된 우라늄 분말을 '소결sintering'하는 임무를 맡았다. 소결은 연탄을 만들 때처럼 분말이 덩어리가 될 정도로 압축하는 과정을 말한다. 마셜은 소결 압축기로 지름과 높이가 각각 8센티미터 가량의 원통형 산화우라늄 덩어리를 만들었다. 무게가 2킬로그램쯤 되는 이 덩어리는 순수 금속우라늄만큼 밀도가 높지는 않았지만 이전에 사용했던 것보다는 밀도가 높았다. 총량이 4톤이 넘는 산화우라늄 덩어리 2160개가 가로세로가 각각 2.4미터이고 높이가 3.4미터인 흑연 더미 속으로 들어갔다. 파일이 셔머혼관 지하실 공간을 꽉 채웠다.

이 실험에서는 파일 내부의 공기를 최대한 빼냈다. 페르미와 팀은 벽돌들 사이의 공기 중에 들어 있는 질소 때문에 증배인자가 줄어들 수 있다고 염려했다. 아무리 그 차이가 작아도 이 인자를 크게 하는 것은 중요했다. 페르미는 통조림 식품에서 아이디어를 얻었다. 당시에는 전시배급 때문에 통조림이 인기가 있었는데, 그는 파일 전체를 통조림처럼 깡통 속에 넣을 생각을 했다. 그는 컬럼비아 대학교에 고용된 직원 중에서 영어는 거의 못 하지만 용접 기술이 뛰어난 사람을 찾아냈다. 그는 파일 전체를 금속판으로 둘러쌌고, 한쪽 벽에 밸브를 설치해서 진공 펌프에 연결했다. 이렇게 해서 파일 내부의 공기를 완전히 빼낸 다음에 이산화탄소를 주입했다.

결과는 이전의 파일보다 4퍼센트쯤 개선되었지만 아직도 지속적인 반응에 필요한 값보다 한참 낮았다. 페르미는 여전히 낙관적이었고, 크기, 형태, 순도를 개선하면 원하는 결과를 얻을 수 있다고 믿었다. 그는 또한 우라늄이나 흑연 중의 불순물이 증배인자에 어떤 영향을 미칠지 밝히기 위한 일련의 시험을 했다. 그는 카드뮴이 중성자를 매우 효과적으로 흡수한다는 사실을 알아냈고, 이 지식은 몇 달 뒤에 큰 도움이 된다. 그는 제논에 대해서는 시험하지 않았는데, 이것도 나중에 이 프로젝트와 관련된다.

1942년 초에 이 실험을 하는 동안 사고가 두 번 일어나서, 파일을 건설하는 데 필요한 재료가 얼마나 불안정하고 위험한지 보여주었다. 한 가지 사고는 진이 토륨 분말의 중성자 흡수 능력을 시험할 때 일어났다. 위험에 대비해 고글과 장갑을 끼고 밀폐 용기를 열었는데, 그의 얼굴 앞에서 분말이 폭발했다. 그는 손과 얼굴에 심한 화상을 입었지만 고글 덕분에 눈은 다치지 않았다.[10]

또 다른 사고는 피그럼, 페르미, 앤더슨이 함께 당했지만, 그 결과로 고통을 받은 것은 앤더슨이었다. 토륨과 마찬가지로 베릴륨 분말도 조심스럽게 다루지 않으면 불이 난다. 세 사람은 중성자 방출원을 준비하는 데 사용되는 라듐과 베릴륨 분말 꾸러미를 받았다. 그러고는 분말이 약간 축축해서 빨리 말리려고 가열판에 얹어두고 실험실을 떠났다. 그들이 돌아와 보니 분말에 불이 붙어 있었다. 앤더슨이 황급히 달려들어 불을 껐고, 사고는 그것으로 끝난 것 같았다. 그러나 몇 년 뒤 앤더슨은 호흡 곤란을 겪기 시작했다. 그 사고 때 베릴륨 분말을 흡입했기 때문이었다. 앤더슨은 결국 74세에 베릴륨 중독으로 죽었다.[11]

1942년 4월, 파일은 해체되었고, 셔머혼관 지하실에서 철거되어 시카고로 운송되었다.

콤프턴이 페르미와 그의 팀을 시카고로 보내기로 결정한 바로 그때쯤에, 페르미는 옛 친구이자 동료 에드워드 텔러와 대화를 나눴다.

텔러는 조지 워싱턴 대학교에서 일자리를 제안받고 1935년에 유럽에서 미국으로 이주했다. 그는 1939년 3월에 열린 워싱턴 학술회의에서 페르미와 보어가 우라늄 핵분열을 설명해서 청중을 충격에 빠뜨렸을 때 그 자리에 있었고, 1941년 가을에 컬럼비아 대학교로 옮겨서 페르미와 팀의 흑연 파일 실험을 도왔다. 두 사람은 컬럼비아 대학교 교수 클럽에서 주기적으로 만나 식사를 했다. 텔러는 이렇게 말했다. "하루는 점심 식사를 마치고 걸어서 실험실로 돌아가다가, 페르미가 물었다. '이제 우리가 원자폭탄을 개발할 가능성이 큰데, 이런 폭발을 태양에서 일어나는 반응과 비슷한 것을 일으키는 데 사용할 수도 있지 않을까?'" 텔러는 "이 문제가 내 관심을 끌었다"[12]고 말했는데, 과학 역사에서 가장 절제된 표현 중 하나였다 할 만하다.

태양의 에너지원이 융합 반응이라는 생각은 1920년대 후반에 영국 물리학자 로버트 앳킨슨Robert Atkinson과 프리츠 하우터만스Fritz Houtermans라는 독일인이 제안했고, 나중에 괴짜에다 재미를 추구하는 러시아인 조지 가모가 정교하게 다듬었고, 1938년에 한스 베테가 자세히 연구했다.[13] 1942년 1월 즈음 물리학자들은 태양과 항성들이 작동하는 기본적인 과정을 완전히 이해했다. 뜨겁고 밀도가 높은 항성의 중심부에서는 양성자가 매우 빠르게 이동하므로, 두 양성자가 서로 떨어져 있게 하는 전자기적 반발력인 '쿨롱 장벽'을 뚫을 수 있다. 양성자들이 융합되어 헬륨 핵이 만들어지고, 결국은 다른 무거운 핵들도 만들어진다. 융합이 일어날 때마다 광자와 중성미자의 형태로 복사에너지가 나온다. 이러한 물리적 과정은 매우 복잡하며, 베테가 이 과정을 상세하게 연구할 때 페르미의 베타붕괴 이론이 도움이 되었다. 수소의 핵이 융합할 때 나오는 단위 질량당 에너지는 우라늄 핵분열에서 나오는 에너지보다 훨씬 크다.

페르미의 계산에 따르면 핵분열 무기에서 달성할 수 있는 온도는 수소 핵융합을 일으키기에 충분할 수도 있었다. 페르미는 이 아이디어를 텔러와 공유함으로써, 자기도 모르게 텔러의 삶의 방향을 바꿨다. 텔러는 이 아이디어에 몰두했다. 그는 수소가 매우 풍부하고 안정적이기 때문에 핵융합 무기가 실제로 무제한적인 파괴력을 가질 수 있으며, 파괴력은 폭탄이 가질 수 있는 수소의 양에 의해서만 제한된다는 것을 깨달았다. 그해 여름에 텔러는 버클리로 옮겨와서 빠른중성자에 의한 연쇄반응의 적합성을 탐구하는 오펜하이머의 원자폭탄 연구팀에 합류했다 (페르미가 파일 실험에서 연구한 느린중성자에 의한 연쇄반응은 원자폭탄 자체에 적합하지 않았다). 그러나 텔러는 융합 장치 외에는 아무것도 생각할 수 없었다. 텔러는 다음 해에 로스앨러모스에 가서도 강박적으로 핵융합에 대한 연구만 계속했다.

그날 컬럼비아 대학교 캠퍼스를 함께 걸으면서 나눈 운명적인 대화에서 페르미는 중요한 것을 더 이야기했는데, 텔러는 그에 대해서 회고록에 명시적으로 언급하지 않았다. 1942년 초까지 파일 실험이 페르미의 생각만큼 성공하지는 못했지만, 페르미는 핵분열 무기가 작동할 수 있다고 결론을 내렸다. 그는 때때로 의문을 나타냈지만, 그때 이후로는 거의 확실히 핵무기가 가능하다고 생각했다.

컬럼비아 대학교의 파일 실험을 시카고로 옮기는 데 다섯 달이 걸렸다. 흑연 벽돌들과 우라늄 덩어리들을 특수하게 포장해서 미국을 가로질러 옮기는 동안 진은 뉴욕에 있고, 앤더슨은 시카고에 있고, 페르미는 두 장소를 오갔다. 시카고에서 페르미는 처음에 독립적으로 운영되는 고딕 양식의 기숙사인 인터내셔널 하우스에 살았는데, 캠퍼스 중심에서 걸어서 금방 갈 수 있는 거리에 있었다. 그는 컬럼비아 대학교에서 젊은 대학원생 앨버트 와튼버그와 버나드 펠드를 데려왔다.[14] 와튼버그는 이 기간 동안 페르미와 자주 체스를 두었다고 회상했다.[15] 페르미는 그에게 체스는 이겼지만 테니스는 항상 졌다. 라우라는 이제 열한 살과 여섯 살인 아이들이 6월에 방학을 하면 남편에게 갈 예정이었다.

시카고 대학교는 비범한 곳이었고, 더 오래되고 권위 있는 학교들과 겨룰 만한 학문과 교육의 중심이었다.[16] 페르미가 도착한 1942년 중반에는, 1929년에 젊은 나이에 총장이 된 로버트 메이너드 허친스Robert Maynard Hutchins가 시카고 남쪽의 하이드 파크 지역에 진정한 학문의 전당을 이룩해낸 상태였다. 물리학과는 캠퍼스 중앙 거의 정면의 라이어슨관과 엑하트관이라는 인접한 두 건물에 있었다. 콤프턴은 페르미에게 엑하트관의 사무실을 주었고, 페르미는 여기에서 연구를 지휘했다.

물자가 도착하자마자 새로운 파일 실험이 시작되었다. 여러 핵심 인물이 페르미의 팀에 합류했고, 이 사람들은 그 후로 평생 동안 가까운 동료로 지내게 된다. 뛰어난 실험물리학자 새뮤얼 앨리슨Samuel Allison도 그중 한 사람이었다. 페르미보다 조금 나이가 많은 앨리슨은 콤프턴과 함께 엑스선 산란 연구를 하면서 1930년대의 많은 부분을 보냈다. 두 사람은 이 주제로 표준 교과서를 썼고, 앨리슨은 여러 해 동안 시카고 대학교에 있으면서 콤프턴이 신뢰하는 동료가 되었다. 페르미가 시카고로 오기 전에 콤프턴은 앨리슨에게 베릴륨을 중성자 감속재로 사용하는 원자로를 개발하라고 했고, 베릴륨이 더 위험한 물질인데도 1942년 중반까지 그는 실제로 페르미보다 더 나은 결과를 얻었다. 앨리슨과 페르미는 전쟁 중에 가까운 동료가 되었고, 그 뒤로도 친하게 지냈다.

또 다른 동료는 시카고 대학교의 물리학자 로버트 멀리컨Robert Mulliken에게서 논문 지도를 받던 젊은 박사과정 학생인 리오나 리비였다.* 키

---

* 리오나는 페르미를 처음 만났을 때 미혼이었고 원래 성은 우즈Woods다. 그녀는 평생 동안 결혼을 두 번 했다. 첫 번째 남편은 물리학자 존 마셜이었고, 두 번째는 화학자 윌러드 리비Willard Libby였다. 그녀가 리비와 부부일 때 회고록을 썼기 때문에, 이 책에서는 혼란을 피하기 위해 리오나 리비로 쓸 것이다.

가 크고 운동도 잘하고 매력적인 그녀는 페르미의 시카고 팀에서 유일한 여성이었다. 그녀는 대학교 근처에서 그녀의 자매와 함께 살았고, 금방 페르미 가족과 친해졌다. 라우라는 리오나와 허버트 앤더슨에게 자주 식사 대접을 해주었다. 허버트 앤더슨은 근처에 있는 콤프턴의 넓은 집 3층에 살고 있었다. 앤더슨과 리비는 곧 수영을 좋아한다는 공통점을 찾았고, 오후마다 미시간 호수의 얼어붙을 정도로 차갑고 신선한 물속에서 수영을 했다.[17] 특이한 개헤엄으로 수영을 아주 잘했던 페르미도 종종 그들과 함께했다. 당시에 학생으로 금속 연구소에서 페르미와 함께 연구했던 해럴드 애그뉴Harold Agnew는 페르미가 55번가에서 출발해서 젊은 동료들과 북쪽으로 1.6킬로미터쯤 수영 시합을 한 이야기를 전한다.[18] 수영을 시작하자 페르미가 금방 선두가 되었다. 페르미는 뒤처진 사람들을 돌아보았고, 되돌아가서 그들 주위를 빙빙 돌면서 격려했다. 마침내 목적지인 47번가에 도착하자 사람들은 지친 채 땅으로 올라왔다. 페르미는 다시 수영해서 돌아가겠다고 유쾌한 얼굴로 말했다. 젖은 몸에 피곤한 동료들은 걸어서 돌아가기로 했다.

컬럼비아 팀의 다른 사람들도 시카고에 와서 자리를 잡았다. 실라르드는 시카고에서 많은 시간을 보냈고, 진과 함께 흑연과 우라늄 생산업체가 새로운 정제 방법을 찾도록 압박하는 데 중요한 역할을 했다. 1941년 중반에 페르미 팀에 합류해서 우라늄 분말의 소결을 맡았던 존 마셜도 컬럼비아 대학교 팀과 함께 와서, 콤프턴의 집 3층에서 앤더슨과 함께 살았다. 마셜은 시카고에 도착한 직후에 리오나 리비를 만났고, 1년이 못 되어 그녀와 결혼했다.

리오나 리비는 분명히 페르미에게 매료되었다. 그녀는 나중에 이 시기에 대해 다음과 같이 썼다.

페르미는 엄청난 인내력을 발휘해서 지치지 않고 더 멀리 수영하고, 더 멀리 걷고, 더 높이 산에 올라가고 싶어했고, 대개 그럴 수 있었다. 같은 방식으로 그는 잭나이프 던지기, 동전 던지기, 테니스 경기에서 이기기를 좋아했고, 대개 이겼다. 그의 유쾌하고 격식을 차리지 않는 성격 덕분에 실험실의 젊은이들이 그에게 쉽게 다가갔다. 그는 놀랍도록 편안한 동반자였고, 화를 내는 일이 거의 없었고, 대개는 조용하면서도 사람들을 재미있게 해주는 사람이었다.[19]

리오나와 마셜을 비롯해서 금속 연구소에서 일했던 모든 젊은이에게 페르미와 함께하는 것은 멋진 경험이었다. 이미 유럽에서의 업적으로 전설적인 물리학자가 되었고, 점점 자라나는 신화의 주인공인 엔리코 페르미가 실물로 여기에 있는데, 그는 잘난 체하지도 않고, 쉽게 다가갈 수 있고, 격의 없고 재미있는 사람이었다. 그는 자신의 능력에 자부심을 갖고 있었지만 그 자부심은 경험적인 사실을 바탕으로 한 것이었다. 그는 어느 누구보다 더 좋은 물리학자였다. 페르미는 동료들에게 개인적인 영향을 지대하게 끼쳤고, 그는 이 동료들과 협력할 뿐만 아니라 함께 수영을 하고 하이킹을 했다. 그들은 남은 생애 동안 그 시절의 추억을 간직할 터였다.

시카고에서 처음 몇 달 동안 새로운 젊은 동료들과 함께 즐거운 시간을 보낸 페르미는 로마에서 지내던 초기 시절을 떠올렸다. 그는 이제 파시즘의 구름 속에서 일하지 않았고, 열정적이고 긍정적인 새 동료들은 그의 전염성 있는 유머 감각을 즐겼다. 로마에서 보낸 마지막 몇 년간은 이런 유머가 전혀 없었다. 그는 남은 생애 동안 이 동료들과 가까이 지낸다.

1942년 한 해에 많은 사람이 콤프턴의 신중한 감독과 강력한 지도에 이끌려 금속 연구소로 왔다. 그중에서도 가장 중요한 사람들은 위그너와 휠러를 포함한 프린스턴 대학교 팀이었고, 그들은 페르미가 온 직후에 시카고에 도착했다. 그들은 파일의 이론을 깊이 파고들었고, 맨해튼 프로젝트의 후기 단계에서 파일의 개념을 발전시키는 데 중요한 역할을 했다. 시카고 대학교에서 비밀리에 세계 최초로 제어된 우라늄 연쇄반응을 일으키기 위해 연구한 물리학자의 수는 나중에 40명쯤에 이르렀다. 콤프턴은 페르미의 능력을 확신해서 점점 더 많은 일을 맡겼고, 페르미는 결국 세그레에게 자신이 '전화로' 물리학 연구를 하고 있다고 불만을 털어놓았다. 이것은 관리상의 부담이 아주 크게 늘어나서 그가 실험실에서 순수물리학을 할 시간이 부족했다는 것을 보여준다. 페르미는 워싱턴의 프로젝트 지도자들이 내리는 지시에 동의하지 않을 때도 있었다. 실라르드는 페르미가 한때 불만을 토로하면서 "우리가 폭탄을 잘 만들어 은쟁반에 얹어서 가져다주어도, 그들이 엉망으로 만들 가능성이 여전히 50 대 50"[20]이라고 말했다고 한다. 그는 때때로 자신이 톱니바퀴라고 느꼈다. 점점 커지고 다루기 힘든 기계에서 매우 중요한 톱니바퀴이긴 했지만, 톱니바퀴이긴 매한가지였다.

오늘날 원자로 건설은 세심한 계획과 수많은 설계 도면을 토대로 각 단계마다 철저한 조사와 검토를 거치면서 진행된다. 반면에 처음 가동한 원자로는 광범위한 설계 도면도 없이, 페르미의 머릿속에서 원자로 안에서 중성자 흐름이 어떻게 생겨나서 이 우라늄 덩어리에서 저 우라늄 덩어리로 어떻게 지나가는지에 대한 그의 직감만으로 계획되었다. 그는 동료 물리학자들과 기계공들에게 개괄적인 지시만 내리고 나머지는 알아서 하도록 두었다. 그는 컴퓨터를 이용할 수 없어서 격자의 모양이 어떠해야 좋은지, 파일이 얼마나 커야 임계상태까지 갈 수 있는지, 가동 상태에서 얼마나 뜨거워질지 계산할 수 없었다. 페르미는 모든 계산을 암산이나 또는 항상 가지고 다니는 계산자로 해냈고, 옆에 있는 젊은 물리학자들의 도움을 받기도 했다. 페르미와 그의 팀은 1942년 11월에 최종의 시카고 파일을 만들 때까지 여러 가지 물질과 구성으로 실험용 파일 29개를 만들었다. 이 실험들을 통해 페르미는 버려진 시카고 미식축구장 관중석 아래의 스쿼시 코트에서 파일을 어떻게 만들어야 하는지에 대한 직관적인 감각을 얻었다.[21]

나중에 페르미는 아내에게 1942년 5월에 미시간호 남쪽 호숫가의 인디애나 모래언덕을 따라 동료들과 산책을 하다가 파일의 전체적인 구조가 머리에 떠올랐다고 말했다.[22] 이전의 파일과 마찬가지로 이번에도 모듈 방식이고 순수한 흑연 벽돌 속에 우라늄이 간간이 들어갔다. 파일의 구조는 기본적으로 아주 단순했다. 오늘날의 원자로는 냉각 설비에 여러 겹의 안전 설비, 정교한 진단 기능, 전기 생산 설비 등으로 매우 복잡하다. 페르미의 파일은 무식할 정도로 단순해서 단지 두 가지 목적만을 위한 것이었다. 하나는 개념을 증명하는 것으로, 스스로 유지되는 제어된 연쇄 핵반응이 가능하다는 것을 입증해야 했다. 다른 하나는 파일이 플루토늄을 생산하는 기계로 동작해야 한다는 것이었다.

천연우라늄을 중성자로 때리면, 우라늄에 들어 있는 U-238은 베타붕괴를 일으켜 새로운 원소인 플루토늄 239(Pu-239)가 된다.[23] Pu-239를 연구한 물리학자들은 이 물질도 무기의 재료로 사용할 수 있다는 결론을 내렸다.

1940년에 화학자 글렌 시보그Glenn Seaborg가 이끄는 버클리 대학교 팀은 버클리 사이클로트론에서 천연우라늄을 충돌시켜 이 새로운 원소를 소량 생산했다. 이 방법으로는 원리상 새로운 원소를 아주 적은 양만 만들 수 있었고, 무기로 사용하기에는 턱없이 부족했지만, 그 물질의 성질을 연구하기에는 충분했다. 버클리 팀은 계속된 실험에서 이론의 예측대로 U-235 대신에 이 물질로도 폭탄을 만들 수 있다는 것을 증명했다. 페르미의 지수함수적 파일이 작동 가능하다면, 규모를 키워서 플루토늄 공장으로 만들 수 있다. 기존 화학적인 방식으로 Pu-239를 분리할 수도 있다. 이렇게 해서 플루토늄 연구가 우선순위가 되었다.

그래서 페르미가 시카고에 도착했을 때 완료해야 할 일에는 두 가지 목적이 있었다. 연쇄반응 개념을 입증하기 위해서 스스로 유지되는 핵분열 연쇄반응을 만들어내는 것이 중요했다. 이것이 이루어지면, 엄청난 도전이 남아 있지만 원리적으로 우라늄 핵분열 무기를 만들 수 있다. 또한 이것은 플루토늄 생산이 가능하다는 뜻이기도 해서, 핵분열 무기로 가는 또 다른 길을 열어준다. 이 특별한 시점에서 맨해튼 프로젝트 전체의 성공은 페르미가 스스로 유지되는 연쇄 핵반응을 만들어낼 수 있는가에 달려 있었다. 그가 압박감을 느꼈는지는 모르지만 겉으로는 전혀 내색하지 않았는데, 어쩌면 이 일을 할 수 있다고 확신했기 때문일 수도 있다.

라우라는 1942년 9월에 아이들과 함께 도착했고, 페르미와 함께 사우스 우드론 5537번지의 웅장하고 오래된 3층 집으로 이사를 했다. 집주인인 투자 관리자 시드니 스타인 주니어Sydney Stein Jr.는 전쟁 노력의 일환으로 예산국에서 일하게 되어 워싱턴에 간 상태였다.[24] 페르미 가족은 적국인이었기 때문에 거실에 설치된 대형 라디오를 사용할 수 없었다. 집주인은 FBI에게 물어본 뒤에 라디오를 철거했다. 3층에는 일본 교환 학생들도 살았는데, 전쟁이 나자 시카고를 떠날 방법이 없어서 그대로 머물러 있었다. 이탈리아인 가족이 집의 나머지 부분을 차지하게 되자 (아마도 FBI에 문의한 뒤에) 집주인은 학생들을 내보냈다.[25]

페르미 가족은 곧 주기적으로 집에 사람들을 초대하기 시작했다. 거의 매일 시카고에 새로운 물리학자들이 도착했고, 라우라는 비록 남편이 하는 일이 비밀에 휩싸여 있기는 하지만 새로 온 사람들에게 활동적인 사교 생활을 제공하면 그들에게 도움이 될 것이라고 생각했다. 리오나 리비는 엔리코의 집에서 열린 파티에 당대의 가장 유명한 물리학자들이 모여, 다 같이 엔리코가 로마 시절부터 좋아한 실내 게임을 하던 모습을 회상했다. 엔리코는 그 모든 게임에서 이기려고 마음먹고 뛰어들었다. 이 빈번한 파티로 팀이 하나로 뭉쳤고, 아내들은 남편들이 하는 일에 관여하지는 못하지만 전쟁 노력에 유용한 무언가를 하고 있다는 느낌을 받았다. 시카고에서 형성되고 로스앨러모스의 후기 기간 동안에 다져진 이 관계는 수십 년 동안 지속된다.

페르미가 모래언덕을 거닐면서 생각해낸 아이디어는 이전의 파일과는 모양이 달랐다. 컬럼비아 파일은 흑연과 우라늄을 사각형으로 셔며 혼관의 천장에 닿을 정도로 높이 쌓은 것이었다. 이제 그는 공 모양을 납작하게 한 타원체 형태를 시도했다.[27] 페르미는 이런 형태가 중성자 확산에서 증배인자에 분명 유리하다고 보았다. 표면적은 페르미의 적이었다. 중성자는 파일 표면에서 공기와 만나면서 제거되어 계속해서 핵분열에 참여하지 못하기 때문이다. 부피가 같다면, 공 모양의 표면적이 가장 작다. 주어진 부피의 표면적이 작으면 작을수록 중성자가 파일 안에 머무르기 쉽다. 따라서 공 모양이 각진 모양보다 낫다. 그러나 뭐라도 쌓기 시작하려면, 시카고 팀이 두 가지 주요 문제를 해결해야 했다. 그중 하나는 새로운 파일에 사용할 물질의 순도 문제였고, 다른 하나는 공 모양을 바닥에 안정되게 설치하는 방법을 찾는 것이었다.

페르미가 이 문제들에 대해 더 많이 생각하고 실라르드, 위그너, 앨리슨, 휠러를 비롯한 여러 사람과 토의할수록, 파일에 들어가는 재료의 순도가 핵심적임이 분명해졌다.[28] 불순물은 예측할 수 없는 방식으로 중성자를 흡수해서 과정을 느리게 하고 증배인자를 감소시킬 것이다. 불순물이 중성자를 흡수하지 않더라도, 중성자에 두들겨 맞으면 새로운 동위원소로 바뀌어서 중성자를 흡수할 수도 있다. 실라르드와 진은 흑연과 우라늄 생산업체들과 계속 협력해서 증배인자가 허용 가능한 수준까지 증가하기에 충분한 정도로 순도 높은 물질을 얻었다. 페르미와 팀은 여름과 가을에 걸쳐 작은 실험적 파일을 하나씩 차례로 만들어서 새롭게 얻은 물질을 시험했다. 새로운 흑연, 품질이 개선된 산화우라늄, 아이오와 주립 대학교 팀이 개발한 계란 모양으로 주조된 금속우라늄이 그것이었다. 페르미는 각각의 물질이 어떻게 반응하는지, 다양한 격자 구조에서 중성자의 세기가 어떻게 달라지는지, 물질과 구성에 따라 증배인자가 어떻게 달라지는지에 대한 감각을 얻기 시작했다. 이 실험은 1942년 늦여름부터 초가을까지 계속되었다.

타원체 모양은 그 자체의 문제가 있었다. 실험실 바닥에서 절대적으로 안정되게 쌓는 방법을 찾아야 했다. 파일은 바닥에서 시작해서 한 층씩 쌓아야 했고, 밑바닥 층은 대략 원형이 되어야 한다. 거기에 한 층씩 쌓을 때마다 조금씩 커지다가 어느 정도 높아진 다음에는 반대로 조금씩 줄어들어야 한다. 옆에서 보면 조금 납작한 공 모양이 될 것이다. 이런 형태를 유지하면서 어떻게 벽돌을 제자리에 잡아둘 것인가? 그들은 나무틀을 만들어서 실험실 바닥에서 벽돌을 떠받치기로 했다. 파일은 아주 무겁고, 파일이 무너져서 우라늄과 흑연이 엉망으로 뒤섞여서 산을 이루는 사고가 일어나서는 안 되기 때문에, 나무틀은 튼튼하고 안정적이어야 했다. 페르미는 대학교에 고용된 도목수를 섭외했다.

계측도 고려해야 했다. 반응을 모니터링하기 위해 페르미가 잘 사용했던 방식대로 이리듐 박을 파일 깊숙한 곳에 박아놓았다가 빼내서 방사능을 측정할 수도 있었다. 그러나 이 방법은 번거로울 뿐만 아니라 진행되는 반응을 감시하기에 부적절했다. 콤프턴의 오랜 협력자인 볼니 윌슨Volney Wilson이 새로운 계측 장치를 개발하는 팀을 맡았고, 허버트 앤더슨과 리오나 리비가 함께 일했다. 새로운 장비는 중성자나 감마선이 감지되면 크게 틱 소리를 내고, 지진계처럼 원형 드럼에 감긴 종이에 전자 펜으로 그래프를 그려 중성자 활동을 기록하게 된다.

페르미가 깊이 염려한 또 다른 문제는 안전이었다. 뉴욕에서 연구하는 동안 그는 카드뮴이 매우 효율적인 중성자 흡수제라는 것을 알아냈다. 핵분열 반응을 제어하고 파일이 통제 불능 상태가 되어 폭발하는 것을 막기 위해서(노심용융meltdown이라는 용어가 생기기 전이었다) 그는 파일의 전략적인 지점에 카드뮴을 입힌 나무 막대를 집어넣기로 했다. 카드뮴을 모두 제자리에 놓으면 파일은 연쇄반응을 지속할 수 없다. 안전장치는 또 있었다. 작동 과정에서 파일의 반응이 너무 커져서 폭발할 위험이 있을 때, 밧줄을 자르면 모든 카드뮴이 동시에 파일 속으로 떨어져서 반응을 한꺼번에 정지시킨다. 이러한 정지 방식을 'SCRAM'이라고 부르게 되었다. 이 약자가 어디에서 나왔는지 논란이 많지만, 그 의미는 너무나 확실하다.

임계질량 만큼의 물질을 모아놓은 다음에, 원자로의 중성자 생산이 매우 빨라지면, 카드뮴 막대를 하나만 남겨두고 모두 제거한 뒤, 마지막 막대 즉 '제어봉control rod'을 정확하게 임계상태에 도달할 정도로만 천천히 빼낸다. 반응이 통제 불능이 될 정도로 커지면, 제어봉을 제자리로 밀어넣기만 하면 된다. 카드뮴이 연쇄반응에 필요한 중성자를 흡수하기 때문에 반응이 거의 즉시 끝날 것이다. 추가 예방책으로 용감한 사람 몇 명이 파일 위에 카드뮴 용액이 든 양동이를 들고 기다리다가 어떤 이유로 SCRAM이 작동하지 않으면 파일 위로 용액을 쏟아붓는다. 이렇게 하면 반응이 즉시 멈추겠지만, 장치 전체를 다시 사용할 수 없게 된다.

　1942년 여름이 끝날 때쯤에는 전체적인 계획이 확실해졌다. 파일의 건설 장소는 시카고 서부의 아르곤 숲이라는 곳으로 결정되었는데, 이곳은 콤프턴과 그의 아내가 주말에 승마를 즐기던 곳이었다. 이 지역은 시카고 중심과 멀리 떨어져 있어서 이상적인 장소였다. 사고가 발생해도 인구 밀집 지역에 피해를 주지 않을 것이고, 비밀을 유지할 수도 있었다. 파일 건설 작업은 콤프턴의 엔지니어들이 선정한 매사추세츠의 스톤앤드웹스터Stone & Webster사에서부터 시작되었고, 육군 공병대가 이 회사를 지원했다. 9월 중순에 레슬리 그로브스Leslie Groves 대령이 준장으로 진급하면서 맨해튼 프로젝트 전체를 감독하게 되었고, 콤프턴, 페르미, 로런스, 오펜하이머를 비롯해서 지난해부터 군 당국에 의해 프로젝트에 참여한 수백 명의 물리학자가 그의 통제하에 들어갔다. 1942년 10월 20일까지 시설을 완성하고, 그 시점에서 금속 연구소 전체가 그곳으로 이동하여 파일을 완성한다는 계획이었다.

　1942년 9월부터 페르미는 금속 연구소 과학자들에게 일련의 강의를 했는데, 증배인자의 계산을 주로 다루었다.[29] 앤더슨, 리비와 몇몇 사람들이 쓴 강의 노트에는 페르미가 즐겨 썼던 미국 속어도 함께 적혀 있다. 증배인자가 1보다 훨씬 크면, 다시 말해서 연쇄반응이 통제 불능일 때 해야 할 일을 설명하면서 페르미는 "재빨리 뛰어서 수 킬로미터 떨어진 언덕 뒤로 도망쳐야 한다"고 말했다.[30] 이 강의는 프로젝트의 중요한 부분으로, 파일 건설에 참여해서 열심히 일하는 과학자들이 파일에 관련된 과학적 원리에 확신을 갖게 했다. 게다가 페르미는 가장 좋아하는 일인 남을 가르치는 일을 할 수 있었다.

거칠지만 추진력이 뛰어난 황소 같은 남자 그로브스는 당시 세계 최대의 사무용 건물인 펜타곤 건설 공사의 감독을 성공적으로 완수한 상태였다. 해외 근무를 지원했던 그로브스는 맨해튼 프로젝트를 마지못해 맡으면서 두 가지 조건을 내걸었다. 첫 번째는 자기가 장군으로 승진하는 것이고, 두 번째는 인력과 물자를 제한 없이 최우선으로 보장받는 것이었다. 그는 둘 다 얻었다.

그로브스는 1942년 10월 초에 시카고를 방문해서 프로젝트를 지도하는 과학자들을 만났다. 그는 최초의 연쇄반응을 향해 나아가고 있는 과학자들에게 감명을 받았다. 그로브스는 이 과학자들을 "괴짜들crackpots"이라고 불렀고, 회의는 생산적이었다. 그로브스가 상관들에게 얻은 권한 덕에 점점 품질이 좋은 흑연과 우라늄이 시카고에 대량으로 도착했다.[31] 관계자들은 모두 아르곤으로 이동해서 세계 최초로 작동하는 원자로를 위해 작업을 하게 되었다.

그로브스는 개발 사업 전체를 통제하며 군사 기밀로 유지하도록 했고, (페르미를 포함한) 중요한 사람들에게 비행기 탑승을 금지했다. 중요한 자산을 비행기 사고로 잃게 되면 타격이 너무 크다는 것이었다. 그는 또한 몇몇 과학자들(이번에도 페르미가 포함되었다)에게 언제나 경호원과 함께 다니도록 했다. 페르미에게 배정된 경호원은 존 바우디노John Baudino라는 전직 시카고 경찰관이었다. 두 사람은 좋은 친구가 되었고, 페르미는 바우디노가 전쟁 동안 자기와 함께 다니면서 괜찮은 물리학자로 성장했다고 농담을 했다.

마지막으로, 군사 보안을 위해 주요 과학자들은 자기 이름을 쓰지 못하게 했다. 그들에게 적절한 암호명을 붙여서 기억하는 데 어려움이 없도록 했다. 페르미는 헨리 파머Henry Farmer라는 새로운 이름을 좋아했다. 이 새로운 이름은 무척이나 미국스러웠다. 그가 발음하면 이탈리아어처럼 들리긴 했지만.

페르미는 암호명과 관련해서 유머 감각을 보여주었다.[32] 지도적인 과학자들은 모두 암호명으로 불렸다. 유진 위그너는 '진 와그너Gene Wagner'였고, 닐스 보어는 '니컬러스 베이커Nicholas Baker'였다. 로스앨러모스에서 어느 날 밤에 퀴리 부인의 삶을 다룬 1943년의 영화를 본 뒤에, 페르미는 보어에게 말을 걸고 싶은 유혹을 참지 못했다. "베이커 씨, 방금 '쿠퍼 부인'이라는 멋진 영화를 보았습니다."

1942년 콜럼버스의 날(미국에서는 10월 둘째 주 월요일을 콜럼버스가 신대륙에 도착한 날로 기념한다—옮긴이)에 루스벨트 대통령은 미국이 이탈리아와 전쟁 중인데도 이탈리아 사람들을 적국인으로 취급하지 않기로 결정했다. 페르미는 적국인의 여행 제한에서 풀려났지만 얄궂게도 이번에는 그로브스의 명령 때문에 반드시 바우디노와 함께 기차나 자동차로만 여행을 다녀야 했다. 자동차로 이동할 때는 경호원이 운전을 해야 했지만, 페르미는 따르지 않았다. 페르미는 자동차 운전을 누구에게도 맡기지 않았고, 바우디노가 조수석에 앉았다.

1942년 여름과 가을에 맨해튼 프로젝트에서는 페르미의 시카고 파일 실험이 유일한 목표도, 심지어 주요 목표도 아니었다. 수많은 실험 참가자들은 시카고에서 페르미가 준비하고 있는 실험의 성공을 의심하지 않았다. 이 실험이 예상대로 성공한다는 가정하에 계획이 미리 추진되었다. 동작 가능한 폭탄을 가장 빨리 만드는 것을 최우선순위로 해서 성공 여부가 서로에게 결정적인 영향을 주는 여러 가지 방안을 동시에 추진한 것이다. 그 한 가지 방안으로 오펜하이머와 버클리 팀은 빠른중성자로 일으키는 핵분열을 이론적으로 연구하고 있었다.

여기에 관련된 문제로, 우라늄 폭탄의 임계질량을 정확하게 계산하는 것이 그 어느 때보다 중요해졌다. 또한 플루토늄의 핵분열 가능성에 대한 연구도 진행됐다. 버클리와 시카고에서의 연구에 따르면 플루토늄도 핵분열 연쇄반응을 일으킬 수 있지만, 이 새로운 원소를 연구하면 할수록 폭탄으로 사용할 정도로 양이 많을 때의 안정성에 대한 염려가 더 커졌다.

그로브스는 U-235와 U-238을 분리하기 위한 다양한 작업을 지시했다. 그는 테네시주 녹스빌에서 서쪽으로 약 25킬로미터 떨어진 곳을 부지로 선택했고, 이곳은 나중에 오크리지Oak Ridge로 알려진다. 맨해튼 프로젝트가 진행됨에 따라 이 지역에 거대한 동위원소 분리 공장이 들어섰다. 일단 시카고 실험에서 개념이 증명되자, 이곳에 최초의 소형 플루토늄 생산용 원자로도 건설되었다. 주로 플루토늄의 물리적 성질을 조사하기 위해 진지한 실험을 할 수 있을 정도로만 플루토늄을 생산하는 연구용 원자로였다.

1942년이 끝나갈 무렵에 그로브스는 워싱턴주 남동부에 있는 황량한 사막에 극비의 거대한 플루토늄 생산 원자로를 건설하기로 했고, 이곳은 나중에 핸퍼드Hanford라고 알려진다. 컬럼비아강의 차갑고 신선한 물을 냉각수로 사용할 수 있고, 도시에서 멀리 떨어져 있어서 보안을 확보하기에도 좋았다. 이것은 맨해튼 프로젝트에서 가장 큰 시설이었고, 넓이가 약 1500제곱킬로미터였다.

버클리에서 진행된 연구와 테네시와 워싱턴의 대규모 부지 선정은 페르미의 파일이 성공한다는 전제로 진행되었다. 이 프로젝트를 알고 있는 물리학자들 중에 원리적으로 작동 가능함을 의심하는 사람은 거의 없었지만, 페르미와 팀은 안전 문제를 포함해서 예상하지 못한 난점들도 의식하고 있었다.

1942년 10월에 그로브스가 금속 연구소를 다녀간 직후에 아르곤의 새로운 실험 시설에서 노사분규 일어났고, 10월 중순에 건설 작업이 중단되었다. 파일을 건설해야 했던 페르미와 콤프턴은 만날 약속을 잡았다. 두 사람은 이 상황에 대해 논의했고, 페르미는 시카고 대학교 캠퍼스 안에서 파일을 지을 공간을 찾자고 제안했다. 콤프턴은 이 제안에 대해 숙고한 뒤에 총장과 상의하지 않고 결정을 내렸다.[33] 총장에게 말했다면 거의 틀림없이 안전 문제로 거부했을 것이다. 그들은 버려진 미식축구 경기장인 스태그 필드 서쪽 관중석 아래에 있는 스쿼시 코트에 파일을 짓기로 했다.

돌이켜보면 이것은 굉장한 결정이었다. 콤프턴이 그만큼 긴박했고, 이탈리아인 동료에 대한 확고한 신뢰가 있었기에 가능한 일이었다. 페르미는 콤프턴을 설득할 때 자신이 구상한 모든 안전장치에 대해 설명했을 뿐만 아니라 우라늄 핵분열에서 소량의 중성자가 초기의 중성자보다 늦게 방출되므로 반응이 너무 빨라질 때 제어봉을 제자리에 넣을 여유가 더 있다는 사실도 언급했다.

콤프턴은 설득되었다. 그는 물리학을 이해했다. 그는 페르미를 믿었다. 이제 일이 진정으로 시작되었다.

⑰

"우리가 요리하고 있어!"

1942년 10월까지 산화우라늄 분말과 계란 형태의 금속우라늄이 엄청 난 속도로 공급되었고, 작업도 맹렬하게 진행되었다. 페르미는 진에게 청사진도 없이 어려운 건설 작업을 맡겼다. 진과 앤더슨은 젊은 물리학 자들과 30명쯤의 일용 노동자들로 구성된 팀을 꾸렸다. 지역 고등학교 퇴학생 중에서 뽑아 온 이 사람들을 앨버트 와튼버그는 "백오브더야드 (시카고의 슬럼가였던 지구—옮긴이)의 아이들"이라고 불렀다.[1] 그들은 흑연을 적절한 형태로 가공하고 우라늄 덩어리를 집어넣을 구멍을 뚫었다. 이 팀은 진과 마셜이 컬럼비아에서 사용하던 낡은 압축기로 우라늄 분말을 소결하는 작업도 했다. 소결 팀은 8시간씩 3교대로 일하면서 하루에 대 략 1200덩어리를 만들어서 총 2만 2000덩어리를 만드는 것을 목표로 했다. 팀은 거의 실수 없이 빠르게 일했다. 볼니 윌슨의 계측 팀의 작업 도 빠르게 진행되었다.

　건설의 첫 단계로 페르미와 앤더슨은 굿이어Goodyear 고무 회사에 스퀘시 코트를 감싸기에 충분한 크기로 정육면체 모양의 고무 '풍선'을 만들어달라고 했다. 앤더슨의 요청에 대해 회사의 경영진이 어떤 생각을 했는지는 알 수 없지만, 그들은 이 일이 전쟁에 관련된 것임은 확실하게 전달을 받았다. 풍선은 페르미가 컬럼비아에서 마지막 파일 실험을 할 때 사용했던 금속판과 같은 역할을 해서, 필요하면 풍선을 이용해 파일에서 공기를 빼낼 수 있었다. 굿이어사는 필요시에 사용할 수 있도록 정육면체 풍선을 납품했다.

풍선이 1942년 11월 16일에 도착하자 최종 건설을 시작하게 되었다. 파일이 풍선 안에 있어야 하기 때문에, 첫 번째 과제는 풍선을 천장에 매달아서 내부에서 작업을 하게끔 하는 것이었다. 이 작업이 완료되자 팀은 12시간씩 교대 근무를 했고, 진이 주간조를 맡고 앤더슨이 야간조를 맡았다. 팀은 흑연 벽돌에 구멍을 뚫어 우라늄 덩어리를 집어넣고 페르미의 계획대로 층을 쌓았다. 흑연 더미 옆으로 나무틀도 점점 높이 쌓여갔다. 진과 앤더슨은 한 층을 완성할 때마다 엑하트관에서 페르미와 만났고, 페르미는 그때서야 그다음 층이 어떻게 보여야 하는지에 대한 대략의 스케치를 작성했다.

파일은 바닥에 순수한 흑연 한 층을 깔고 그 위로 흑연에 우라늄을 넣은 층과 순수 흑연 층을 번갈아 쌓았다. 페르미는 파일을 76층까지 쌓아서 천장 바로 밑인 8미터 높이로 올라가면 내부의 우라늄 격자가 지수함수적 원자로로 완전히 작동할 것이라고 계산했다.

흑연과 우라늄의 품질이 고르지 않아서 큰 문제였다. 이 문제를 해결하기 위해 페르미는 가장 좋은 재료(금속우라늄과 가장 순도가 높은 흑연)를 파일 중앙에 배치하기로 했다. 이렇게 하면 파일 중심에서 증배인자가 가장 높아서 지수함수적인 핵분열 연쇄반응이 일어날 가능성이 가장 높아진다.

쉬지 않고 이루어진 건설 작업에는 부작용도 있었다. 스쿼시 코트의 폐쇄된 공간에 흑연 먼지가 자욱했고, 소음이 끊임없이 발생했다. 15층이 완성되자 페르미는 월슨에게 파일 내부의 중성자 생성량 측정을 시작하라고 했다. 세 층이 올라갈 때마다 팀은 측정을 반복하고 반응성의 증가를 충실히 기록했다. 파일을 쌓으면서 제어봉과 계측기를 깊숙한 곳에 넣을 통로를 만들었다. 수평 제어봉은 손으로 조작했다. 수직 제어봉은 파일 중심부에 두었다가 임계상태까지 반응을 일으킬 때는 밧줄로 끌어올려서 고정했다. 이 수직 제어봉은 전자 장치에 연결되어 있어서 반응이 일정 수준 이상으로 커지면 자동으로 다시 제자리로 돌아가게 되고, 비상시에는 밧줄을 도끼로 잘라서 즉시 떨어지게 할 수도 있었다.

11월 마지막 2주 동안 큰 관심을 가지고 파일의 진행 상황을 지켜보던 콤프턴은 이 프로젝트를 위해 계획된 모든 플루토늄 생산 원자로 건설과 관련해 듀폰 경영진과의 협상에 깊이 관여했다. 페르미, 실라르드, 위그너는 이미 오크리지의 초기 원자로 설계를 시작했다. 시보그는 사용된 원자로 연료에서 플루토늄을 분리하는 방법을 알아내기 위해 고안된 일련의 실험을 하기로 했다. 이 경험은 핸퍼드의 주요 플루토늄 생산 원자로 옆에 거대한 재처리 공장을 건설할 때 도움이 될 터였다. 듀폰 경영진은 이 프로젝트에 뛰어들기를 주저했다. 미국 공병과 일을 해본 적도 없고 핵물리학에 대한 지식도 없었던 이 회사는 그로브스의 공병과 협력이 잘 이루어질지를 걱정했다. 콤프턴은 듀폰을 끌어들이기 위해 검토 위원회를 소집했고, 듀폰 사장의 사위인 젊고 활동적인 크로퍼드 그린월트Crawford Greenewalt를 참여시켰다. 콤프턴은 시카고 파일의 연쇄반응을 시험할 때 그린월트가 참관하기를 원했다. 그는 페르미가 주도하는 그날의 실험이 그린월트를 충분히 감동시켜서 이 회사의 떠오르는 경영자가 프로젝트를 맡도록 설득할 수 있기를 바랐다.

1942년 11월 말까지 페르미는 파일이 언제쯤 임계상태가 될 수 있는지 다시 계산할 충분한 데이터를 확보했고, 56층만 쌓으면 될 것이라고 판단했다. 그는 좀 더 확실히 하기 위해 파일을 57층까지 쌓으라고 지시했다. 데이터는 매우 확실해서 천장에 매달려 있는 거대한 정육면체 모양의 고무풍선은 사용하지 않기로 했다. 1942년 12월 1일 저녁에 57층이 완성되었다. 최종적으로 흑연 벽돌 약 4만 개가 사용되었고, 우라늄 덩어리 약 1만 9000개가 그 속에 안전하게 자리를 잡았다. 야간작업을 책임진 앤더슨은 모든 제어봉을 제자리에 넣고 잠근 뒤에 경비원을 세우고 새벽을 기다렸다. 페르미는 미리 그에게 밤새 혼자서 파일을 가동하지 않겠다는 다짐을 받아두었다. 앤더슨은 셀 수 없이 많은 실험을 하고 수명을 단축시킬 운명의 베릴륨 분말 사고도 겪으면서 거의 4년 동안 파일 개념을 연구했지만 페르미를 배신하지 않았고, 스스로 역사를 만들고 싶은 유혹에 넘어가지 않았다.

1942년 12월 2일 수요일 아침에 시카고에는 갑자기 추위가 몰려왔다. 전날의 최고 온도는 0도였지만, 페르미가 아침에 일어났을 때 기온은 영하 18도로 떨어졌다. 그는 리오나 리비와 함께 파일에 가서 반응성을 측정했고, 어젯밤의 측정값과 비교했다. 어젯밤 늦게까지 일한 앤더슨이 그다음에 왔다. 세 사람은 리비의 아파트로 걸어갔고, 리비가 팬케이크를 구웠다. 그들은 다시 스쿼시 코트로 갔고, 역사적인 하루를 시작했다.

실험은 아침나절에 시작되었다. 발코니에 사람들이 모이기 시작해서 조금 지나자 진, 앤더슨, 실라르드, 위그너를 비롯해서 파일 건설을 거들었던 물리학자 수십 명이 모였다. 페르미는 오전 9시 45분에 제어봉 세 개를 제거하라고 지시했다.[2] 즉시 계수기가 틱틱 소리를 내면서 중성자가 나오고 있음을 알렸고, 페르미는 중성자의 방출량이 안정되어 펜이 수평을 유지하는 것을 보았다. 오전 10시가 조금 지나자, 이제까지 자기의 예측대로 된 것에 만족한 페르미는 "수직 제어봉!"이라고 외쳤다. 수직 제어봉을 담당한 진은 봉을 완전히 빼서 파일 위 밧줄에 매달려 있게 했다. 다시 계수기가 내는 틱틱 소리가 들렸다. 그런 다음에 방출량이 다시 안정되었다.

페르미는 파일 속의 마지막 제어봉을 담당한 조지 와일에게 '4미터'까지 끌어내라고 해서, 파일 속에 절반만 남아 있게 했다. 제어봉은 겉에 세심하게 표시를 해서 원자로 내부에 얼마나 남아 있는지 정확하게 알 수 있게 했다. 계수기의 활동이 극적으로 증가했다. 페르미는 파일이 임계상태 직전임을 알 뿐만 아니라 언제 다시 펜이 수평으로 돌아갈지도 알 수 있었다. 펜은 페르미의 예측대로 수평으로 돌아갔다. 페르미는 몇 분 동안 계산을 한 뒤에 와일에게 봉을 30센티미터 더 빼라고 지시했다. 계수기가 다시 치솟았고, 금방 다시 수평으로 접어들었다. 페르미는 계산자를 사용해서 빠르게 계산했다. 와튼버그에 따르면 중성자 방출이 자기 생각대로 되자 페르미가 "기뻐하는 것 같았다"고 한다. 와일과 페르미는 이 과정을 되풀이하면서 봉을 한 번에 15센티미터씩 빼냈다. 와튼버그는 나중에 이렇게 회상했다. "(페르미가) 제어봉의 위치로 예상했던 위치마다 세기는 안정되었다."[3] 오전 11시 25분이 되자 중성자 방출량이 계측기의 눈금 크기를 조정해야 할 만큼 증가했다. 페르미와 윌슨이 조정을 감독했다. 시험해보기 위해, 페르미는 제어봉을 파일에 다시 집어넣으라고 했고, 세기가 급격히 떨어졌다. 그는 진에게 제어봉을 모두 빼내라고 했고, 반응이 다시 시작되었다. 한동안 계수기가 사납게 딸깍대는 소리를 내다가 오전 11시 35분에 갑자기 큰 소리가 나서 보는 사람들을 놀라게 했다. 계측기에 기록된 세기가 범위를 넘어가면서 안전장치가 작동한 것이다. 제어봉이 파일로 떨어지면서 반응이 완전히 멈추었다.[4] 그러나 이때의 세기도 임계상태까지 올라가지 못했다.

페르미는 문제의 원인을 이해하고 나서, 안심했다는 뜻으로 웃음을 지으며 사람들에게 이렇게 말했다. "배가 고프네요, 점심시간입니다." 제어봉을 모두 파일에 집어넣고 잠근 다음에, 사람들은 추위를 뚫고 대학의 주요 식당인 허친슨 코먼스를 향해 걸어갔다. 옥스퍼드 대학교 크라이스트 처치 칼리지의 대형 홀을 본떠서 지은 장려한 고딕 양식의 건물에서 그들은 조용히 점심 식사를 했고, 지금 막 벌어진 일만 빼고 다른 이야기를 했다.

그들은 2시쯤에 스쿼시 코트로 돌아왔고, 페르미는 팀에게 제어봉을 점심 식사 전의 위치로 되돌려놓으라고 했다. 페르미의 지시에 따라 와일은 한 시간쯤에 걸쳐 제어봉을 조금씩 빼냈다. 그때마다 계측기의 딸깍 소리가 커졌다가 수평으로 돌아갔다. 오후 3시 25분쯤에, 페르미는 30센티미터를 더 빼내라고 지시했다.[5] 와일이 지시대로 하는 동안에 페르미가 콤프턴에게 말했다. "이제 작동합니다." 그는 점심시간 후에 눈이 휘둥그레진 그린월트를 뒤에 달고 일행에 합류한 콤프턴을 안심시켰다. 그린월트는 앞으로 평생 동안 이 순간을 기억하게 된다. 페르미가 계수기에 붙은 드럼에 그려지는 선을 가리키면서 설명했다. "이제는 반응이 스스로 유지될 것입니다. 저 선이 올라가고, 계속 올라갈 겁니다." 그는 계속해서 말했다. "이제는 수평으로 돌아오지 않을 겁니다." 그가 옳았다. 계수기는 속도를 높였고, 이번에는 수평으로 돌아오지 않았다.

딸깍 소리가 높이 울려댔다. 그래프 용지에서 그려지는 선이 계속 위로 올라갔다. 페르미는 측정값을 읽었고, 다시 계산자를 조작했다.

와일은 나중에 이렇게 말했다. "나는 계측기를 볼 수 없었다. 매 순간마다 페르미를 보면서 지시를 기다려야 했다. 그의 표정은 변화가 없었고, 그의 눈은 이 다이얼에서 저 다이얼로 옮겨갔다. 그의 표현이 너무 침착해서 힘들었다. 그러다가 갑자기 그의 얼굴 전체에 웃음이 번졌다."

"반응이 스스로 유지되고 있습니다." 페르미가 선언했다. "곡선이 지수함수입니다." 그러나 반응을 정지시키라고 지시하지는 않았다. 아직은 아니었다. 그는 중성자가 기하급수적으로 방출되는 것을 관찰하면서, 그래프와 계측기를 검토했다. 그는 다음 단계에 들어갈 낌새를 보이지 않았다. 윌슨의 계측 팀에 있었던 리처드 와츠Richard Watts는 실험 노트에 "우리가 요리하고 있어We're cookin!"[6]라고 썼다.

지켜보던 사람들의 긴장감이 높아졌지만, 페르미는 침착했다. 파일 위에서 대기하던 새뮤얼 앨리슨이 이끄는 팀은 조금이라도 위험 신호가 보이면 바로 카드뮴 용액을 파일에 뿌릴 준비를 하고 있었다. 그러던 중에 리오나 리비가 페르미에게 다가가서 물었다. "언제 무서워하면 되나요?" 페르미는 대답하지 않았다. 그는 계측기에만 온통 정신을 쏟고 있었다.

임계상태에서 28분이 지나자, 그는 충분히 관찰했다고 판단했다.[7] "내려!" 그는 진에게 외쳤고, 진은 충실하게 제어봉을 파일에 집어넣었다. 세계 최초로 제어된 핵분열 연쇄반응은 오후 3시 53분에 완전히 멈췄다.

실내가 조용했다.[8] 페르미는 기뻐했지만 말이 거의 없었다. 그는 리오나 리비와 함께 집으로 돌아갈 때도 말이 없었다. 위그너는 이 일을 축

1942년 12월 2일에 CP-1이 임계상태로 가동되었다. 페르미는 발코니 위에서 파일을 내려다보고 있다. 조지 와일은 아래에서 제어봉을 조작하고 있다. (게리 시핸의 그림. 시카고 역사 박물관 제공)

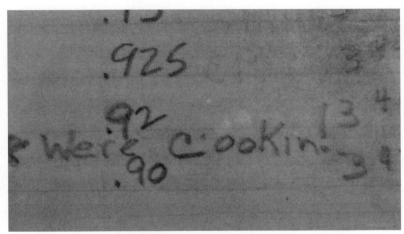

임계상태에 도달한 순간의 실험 노트, '우리가 요리하고 있어!'라고 쓴 메모가 보인다. 아르곤 연구소의 핵과학 박물관 복사본. (수전 슈워츠 촬영. 아르곤 국립 연구소)

1946년 12월 CP-1 4주년을 맞아 시카고 대학교에 참가자들이 다시 모였다. (뒷줄 왼쪽부터) 노먼 힐베리, 새뮤얼 앨리슨, 토머스 브릴Thomas Brill, 로버트 노블스Robert Nobles, 워런 니어Warren Nyer, 마빈 윌커닝Marvin Wilkening. (가운데 줄) 해럴드 애그뉴, 윌리엄 스텀William Sturm, 해럴드 릭턴버거Harold Lichtenberger, 리오나 리비, 레오 실라르드. (앞줄) 엔리코 페르미, 월터 진, 앨버트 와튼버그, 허버트 앤더슨. (아르곤 국립 연구소 제공)

하하기 위해서 키안티 와인 한 병을 가져왔다. 그 자리에 모인 사람들은 와인을 종이컵에 나눠 마셨고, 페르미가 제일 먼저 마셨다. 와인을 다 마신 뒤에 참석자의 대부분은 병을 감싸는 밀짚 포장재에 서명했다. 아마도 역사상 가장 유명한 키안티가 된 이 병은 아르곤 연구소의 자료실에 보관되어 있다. 건배사도 없었고, 극적인 연설도 없었다. 역사가 만들어졌지만 미래는 암울했다. 모든 사람이 이것이 핵분열 무기 개발을 향한 큰 발걸음이라는 것을 알았다. 실라르드는 페르미와 악수하면서 축하해주었지만 이것이 인류 역사상 어두운 날이 될 수 있음을 경고했다고 회상했다.[9]

콤프턴은 그린월트를 자기 사무실로 데려갔다.[10] 듀폰의 경영자는 페르미의 성과에 충분히 감명을 받아서 콤프턴에 따르면 "눈동자를 빛냈고", 남아 있는 장애물을 쓸어버리고 이 프로젝트에서 건설될 모든 원자로의 계약을 체결하기로 재빨리 결정했다. 콤프턴은 제임스 브라이언트 코넌트James Bryant Conant를 비롯한 맨해튼 프로젝트 지도자들에게 파일의 성공을 알리려고 했지만, 두 사람은 전화로 이 소식을 알릴 때의 암호를 미리 정해두지 않았다.[11] 콤프턴은 코넌트에게 전화를 했고, 갑자기 떠오른 시적 감흥으로 이렇게 말했다. "이탈리아 항해사가 방금 신세계에 상륙했습니다. 지구는 그의 추정만큼 크지 않았습니다." 코넌트는 무슨 말인지 금방 알아들었다. "그런가요? 원주민은 우호적이었나요?" 콤프턴이 대답했다. "매우 우호적입니다." 이렇게 해서 페르미의 성공 소식이 전달되었다.

라우라 페르미는 집에서 저녁에 있을 금속 연구소 사람들과의 칵테일 파티를 준비하고 있었다.[12] 그녀는 남편이 무슨 일을 하고 있는지 전혀 몰랐고, 그날 아침 출근할 때 중대한 일이 일어날 것 같은 암시는 전혀 없었다. 그녀는 저녁에 퇴근한 엔리코에게 파티에 올 손님을 위해 담배를 사다 달라고 했다. 담배를 싫어했던 엔리코는 담배를 어떻게 사는지 모른다고 조금은 터무니없는 핑계를 댔고, 담배가 없으면 집에 냄새도 배지 않아 좋다며 아내의 말을 듣지 않았다.

파티가 시작되자마자, 라우라는 뭔가 이상하다는 느낌이 들었다. 진 부부가 맨 먼저 왔고, 월터 진이 엔리코와 악수하면서 축하한다고 말했다. 그는 축하 인사를 한 첫 사람일 뿐이었고, 파티에 온 많은 사람이 축하의 말을 전했다. 라우라는 이상하게 생각했지만 남편에게 물어보지 않았다. 물어봐야 남편은 대답 없이 어깨만 으쓱하고 말 것을 그녀는 알고 있었다. 그녀는 팀의 유일한 여성인 리오나 리비에게 물어보았다. 비밀을 지켜야 했지만 친한 사람을 속이기 어려웠던 리비는 곤혹스러워서 깊이 생각해보지 못하고 페르미가 일본 제독을 침몰시키는 데 기여했다고 불쑥 말해버렸다. 그녀는 나중에 엔리코가 그런 일을 한 거나 마찬가지라는 뜻이었다고 회고했다. 라우라는 당연히 깜짝 놀랐다. 금속 연구소는 태평양에서 너무 멀리 있었다. "나를 놀리는 거죠?"[13] 그녀는 상대방이 기분 나쁘지 않을 정도로만 짐짓 짜증을 내면서 되물었다. 리오나가 스스로 자기 무덤을 판 것을 옆에서 지켜본 앤더슨이 끼어들었다. "엔리코에게 불가능한 일이 있다고 생각하십니까?" 나중에 리오나는 이때가 그녀의 인생에서 가장 난처한 순간이었다고 회고했다. 비밀을 지키기 위해 사랑스럽고 지적이며 자기에게는 두 번째 어머니나 다름없는 사람에게 거짓말을 해야 했던 것이다.

파티가 끝난 뒤에 라우라는 남편에게 일본 제독에 대해 캐물었다.[14] 남편은 늘 그랬듯이 장난스럽게 피하기만 했다. 그녀는 전쟁이 끝난 뒤에야 1942년 12월 2일에 남편이 무슨 일을 했는지 알게 되었다.

1942년 12월 2일에 일어난 사건에 대해서는 꾸며낸 면이 조금 있다. 많은 사람이 그 순간의 중요성을 아름답게 포장했다. 인간이 자연을 조작해서 원자의 핵에 묻혀 있는 에너지를 지속적이고 제어된 방식으로 방출하게 한 것은 이때가 처음이었다. 철저한 실험과 실험 끝에 힘들게 얻어낸 지식을 이용해서, 페르미는 제어된 연쇄 핵반응이 가능함을 보여주고 핵분열 무기로 가는 길을 열었다. 그는 또한 우라늄을 평화를 목적으로 이용하는 길로 이끌었다. 콤프턴이 1956년에 쓴 다음 글은 많은 사람이 느꼈던 점을 대변한다. "1942년 12월 2일에 처음으로 성공한 스스로 유지되는 원자핵 연쇄반응은 진정으로 새로운 시대를 열었다. 이때부터 원자핵 속에 들어 있는 방대한 에너지를 인간이 마음대로 쓸 수 있게 되었다."[15] 언제나 신중한 위그너는 이 일에 성공한 지 20주년이 되는 날에 다음과 같이 썼다.

> 그렇다면 우리가 페르미의 유명한 실험의 중요성을 과장하고 있는 가? 한때 나는 그렇게 생각했을 수도 있지만, 지금은 그렇지 않다. 그 실험은 연쇄반응을 증명하려는 노력의 절정이었다. 이 실험은 후속 연구가 의존해야 하는 정보에 대한 의심을 지웠고, 핵연료인 플루토늄을 생산하는 대규모 원자로의 설계와 실현이라는 시카고 프로젝트의 두 번째 문제를 공략하는 효율에 결정적인 영향을 주었다. (…) 우리는 페르미의 파일 옆에 모여 와인을 마실 때 결코 마음이 상쾌하지 않았다. 하지만 우리의 두려움은 막연했고, 그것은 마치 기대보다 훨씬 더 큰 것을 이룬 사람이 느끼는 모호한 염려 같은 것이었다. 우리의 불길한 예감은 확고한 사건들에 기반하지 않았다. 사실 우리에게는 희망이, 매우 원대하고도 압도적이었다.[16]

그러나 그날에 했던 페르미의 행동은 어쩌면 열성적이고 우호적인 관중 앞에서 거장이 펼친 쇼가 아니었나 하는 느낌이 든다. 컬럼비아와 그해 여름 여러 달 동안 시카고에 건설된 임계상태까지 가지 못한 여러 파일을 실험하면서 그는 충분한 자료를 얻었고, 타원체 구조의 파일에서 중성자가 어떻게 방출될지 예측할 수 있었다는 점을 생각해보자. 최종 파일을 건설하면서 그는 거의 모든 단계마다 체계적으로 데이터를 수집해서, 공식적인 역사가 코빈 앨러디스Corbin Allardice와 에드워드 R. 트랩넬Edward R. Trapnell의 말에 따르면 "거의 정확하게 벽돌 몇 개째에" 파일이 임계상태가 되는지 알 수 있었다고 한다.[17] 운명의 날에 그는 모든 단계마다 다음 제어봉을 뺐을 때 어떻게 될지 예측할 수 있었고, 오전 11시 35분에 예기치 않게 수직 제어봉이 작동한 뒤에 그는 1934년 10월에 했던 대로 팀에게 잠시 쉬면서 점심 식사를 하자고 말했다. 그가 예측했던 순간에 파일이 임계상태가 되었고, 그는 옆에 있는 사람들에게 한마디도 하지 않고 거의 30분 동안 계속 가동하기로 결심했으며, 사람들은 모두 그가 종료를 명령하기를 애타게 기다렸다. 그날 페르미가 한 일을 보면, 단순히 임계상태가 될 것이라고 예측한 지점까지 바로 제어봉을 조작하도록 와일에게 지시하고 나서 측정한 다음에 성공을 선언할 수도 있었다는 충격적인 인상을 받는다. 그는 전날 저녁에 앤더슨, 진, 앨리슨만 있을 때 관중들 없이 가동해서 임계상태에 도달할 수도 있었다. 파일은 1942년 12월 1일 밤에 준비가 끝났기 때문이다. 그러나 그는 이 모든 일을 하지 않았다. 어쩌면 그가 실험의 안전성을 염려해서 천천히 진행하면서 통제 불능이 되지 않도록 주의했을 수도 있다.[18] 그러나 페르미는 또한 사건의 극적인 전개를 분명히 이해했고, 거기에 맞춰 행동했다. 이 경우에 그는 공평무사한 실험 천재가 아니라 동료들이 원했던 대로 쇼맨의 역할을 선택했다. 그는 계산자를 사용했지만, 실제로 그렇게 해야 했을 것 같지 않다.[19] 그는 그날 물리학 천재의 배역을 연기하기로 작정했다. 그러나 이 일로 그를 조금이라도 경멸할 수는 없다. 그는 이 순간을 위해 거의 4년 동안 노력했고, 그와 동료들은 이것을 필사적인 시간 싸움으로 보았다. 그는 이 일을 이루는 자신의 능력을 절대적으로 확신했고, 이 확신을 다른 사람들과 공유했다. 특히 1942년 초에 핵융합 무기에 대한 아이디어를 탐구하면서 이 확신을 텔러와 공유했다. 페르미에게 제어된 연쇄반응의 성공은 이미 뻔한 결론이었다. 그러나 그는 그 순간이 위대한 쇼가 되어야 한다는 것을 알 만큼 통찰력이 있었고, 기꺼이 그 일을 수행했다.

어쨌든 그것은 재능 있는 개인들로 이루어진 큰 팀이 여러 해 동안 고되게 작업하고 엄청나게 헌신한 결과였고, 빛나는 망명 물리학자이고 젊은 시절에 원자에서 어마어마한 에너지가 방출될 가능성을 예측했던 사람의 영감에 넘친 리더십이 이 팀을 이끌었다. 이 시점에서 독일은 페르미에 비해 몇 년이나 뒤져 있었다. 독일인들은 실제로 가동하는 원자로를 결코 건설하지 못했다. 이렇게 큰 차이가 난 부분적인 이유는 페르미와 실라르드가 초기에 중수가 아닌 흑연을 선택했다는 데 있다. 흑연은 불순물 때문에 연쇄반응이 어려워서 순도를 크게 높여야 했지만, 풍부하고 값이 싸고 목공 도구로 쉽게 가공할 수 있었다. 독일도 흑연으로 시도했지만 그들이 사용한 재료는 연쇄반응을 일으키기에는 불순물이 너무 많았고, 이 연구의 상당 부분을 맡았던 물리학자 발터 보테walter Bothe는 불순물 제거가 불가능하다고 생각했다. 보테와 하이젠베르크는 대량으로 만들기가 극히 어려운 중수를 사용하기로 했고, 이 판단이 사실상 독일 프로젝트의 운명을 결정했다.[20]

물론 일면 실라르드가 월터 진과 새뮤얼 앨리슨의 도움을 받아 업체로부터 최고 품질의 우라늄과 흑연을 공급받는 기괴한 능력을 발휘한 덕분이기도 했다. 또한 다양한 구성의 우라늄에서 중성자가 어떻게 방출되는지에 대한 페르미의 비범한 직관적 이해도 영향을 끼쳤다. 이 이해는 그가 1934년 10월에 느린중성자를 발견한 뒤 로마에서 아말디와 함께 2년 동안 외롭지만 견고하게 수행했던 연구가 바탕이 되었고, 이 연구는 1936년의 길고 철저한 논문으로 발표되었다.[21] 시카고 동료의 말에 따르면, 페르미는 "중성자처럼 생각하는" 방법을 배웠다. 독일에서는 이러한 직관을 기르는 데 필요한 철저하고 고된 노력을 한 사람이 아무도 없었다. 독일의 물리학자들은 히틀러에게서 도망치거나 양자론의 의미를 숙고하느라 1930년대의 많은 부분을 보냈지만, 페르미가 했던 중성자물리학에 대한 철두철미한 실험 연구는 완료하지 못했다.

그는 또한 겸손하고 소탈한 방식으로 번득이는 영감을 주는 지도자였다. 그는 앞장서서 이끌었고, 고위급과 초급 과학자들이 모두 그에게 쉽게 접근할 수 있었고, 까다로운 수수께끼를 빠르고 단호하게 해결할 줄 알았으며, 어떤 문제든 자기에게 주어진 것이면 이해할 수 있다는 자신감이 있었고, 가능하면 언제나 실험 방식을 단순화했다. 그는 잘 작동하는 '빠르고 너저분한' 해결책을 전혀 꺼리지 않았다. 그의 확신은 전염성이 있었고, 그의 모범은 그들이 할 수 있다고 생각했던 것보다 훨씬 많은 것을 성취할 수 있게 했다. 그는 로마에서 꾸린 팀을 훨씬 더 큰 압박감 속에서 미국의 훨씬 더 큰 조직으로 재현하는 데 성공했다. 이 대규모 팀은 제대로 작동했고, 역사적인 성공을 이루었다. 초기에 로마에서의 중성자 실험부터 1939년 초 컬럼비아에서의 페르미와 실라르드의 실험을 거쳐 수없이 많은 파일 실험을 지나 1942년 12월의 추운 겨울날 스태그 필드에서 벌어진 일까지 하나의 직선으로 연결할 수 있다. 스태그 필드 실험은 주요 연구 단계의 마무리였지만, 맨해튼 프로젝트의 새로운 장을 여는 것이기도 했다. 이 장에서도 페르미는 중추적 역할을 계속하게 된다. 이제는 플루토늄 생산 원자로를 건설해야 했고, "이탈리아 항해사"는 이 단계에서도 주도적인 역할을 하게 된다.

$$\textcircled{18}$$

제논 - 135

1943년 1월부터 1944년 여름까지 페르미는 자기 시간을 세 군데에 나눠서 사용했다. 시카고 바로 서쪽의 아르곤 숲으로 새로 옮겨간 금속 연구소가 그의 본부였고, 광대한 동위원소 분리 시설이 있는 오크리지는 페르미와 듀폰사의 팀이 최초의 플루토늄 연구용 원자로를 건설한 곳이고, 워싱턴주 동부 리치랜드Richland 마을 근처의 사막은 대규모 플루토늄 생산 원자로가 가동을 시작한 곳이다. 그는 다른 곳으로도 가끔씩 여행을 했지만(버클리와 뉴멕시코주 로스앨러모스에 새로 들어선 도시로, 후자는 곧 폭탄 설계와 제작의 중심지가 된다), 대부분의 시간은 스태그 필드의 관중석 아래에 있는 스쿼시 코트에서 함께 일한 금속 연구소의 동료들과 보냈다.

1943년 2월, 실험 시설의 건설을 정지시킨 노사분규가 해결된 뒤에 금속 연구소 전체가 아르곤으로 이사했다.[1] 1942년 12월 2일과 1943년 2월 이사 사이의 짧은 기간에 페르미와 팀은 파일 실험을 계속했고, 한 번은 파일의 출력을 200와트까지 올려서 가동했다.

2월에 CP-1(시카고 파일 1Chicago Pile 1)이라고 불렸던 파일을 아르곤에서 새롭고 더 유연한 구성으로 다시 건설해서 CP-2라는 이름을 붙였다.[2] 페르미는 중심부를 개조해서 여러 가지 격자 구조와 여러 가지 재료를 시험할 수 있도록 제거와 삽입을 가능하게 했다.[3] 1943년 5월에 이 원자로가 임계상태로 작동했을 때의 증배인자는 CP-1보다 훨씬 더 높았다. CP-1은 출력을 두 배로 높이는 데 1분이 조금 더 걸렸지만, CP-2는 5초가 걸렸다.

페르미는 CP-2를 플루토늄 생산을 위한 원형原型으로 만들었을 뿐만 아니라 진정한 중성자 공장으로 동작하도록 만들었다. 그는 다시는 유리구 속에 든 까다로운 중성자 방출원을 사용하느라 애를 먹지 않아도 되었다. 연구에 필요한 모든 중성자는 CP-2의 심장부에서 꺼내 쓸 수 있었다. 새 장난감을 받은 어린이와 같은 열정으로, 그는 즉시 여러 가지 물질의 중성자에 대한 반응성을 체계적으로 조사했다. 그는 매우 느린중성자 빔을 만드는 방법을 발견했고, 중성자 회절과 굴절을 세밀히 연구했다. 그는 거대한 플루토늄 생산 원자로를 만들기 위해 전례 없이 대량으로 생산되고 있는 흑연과 우라늄의 순도를 측정하는 방법도 개발했다.

앤더슨, 진, 마셜, 리비를 비롯한 팀의 다른 사람들과 긴밀하게 협력해서, 페르미는 원자로에서 방출되는 중성자 수를 정밀하게 측정하는 새로운 탐지기를 개발했다. 이 탐지기로 팀은 전례 없는 정밀도로 새로운 연구를 수행할 수 있었다.

아르곤에서 일하기 위해서는 모든 사람이 새로운 일상에 적응해야 했다. 페르미는 이제 800미터쯤 걸어서 연구실로 갈 수 없게 되었다. 아르곤은 하이드 파크에서 남서쪽으로 30킬로미터쯤 떨어져 있었고, 전설적인 66번 국도를 따라 바우디노를 옆에 태우고 거의 한 시간을 운전해야 했다. 두 사람은 여러 면에서 정반대였지만, 출퇴근할 때마다 한 시간씩 차를 함께 타면서 서로 친해졌다. 페르미는 처음에는 경호원이 필요하지 않다고 생각했지만, 금방 그와 친구가 되었다. 때때로 바우디노는 흑연 벽돌을 쌓거나 파라핀 덩어리를 옮기는 일을 돕기도 했다. 평소에 연구소의 구식 기숙사에서 잠을 자던 리비, 앤더슨, 마셜은 시내에 가야 할 때는 페르미의 차를 얻어 탔고, 옥수수밭과 초원을 지나 새로운 일터와 시내 사이를 오가면서 연구에 관해 의논했다. 페르미는 미국 내륙의 광대하고 비옥한 평야를 알게 되었다. 그는 낯익은 이탈리아와 다른 풍경에 매료되었다.

라우라는 새로운 환경에 잘 적응했다. 시카고는 뉴욕과 달랐고 그녀는 새집이 마음에 들었다. 그녀는 점점 늘어나는 금속 연구소 물리학자들과 그 배우자들과의 사교 생활을 즐겼고, 그들은 무슨 일을 하고 있는지 비밀을 지켜야 했지만 활발한 사교 활동을 했다. 라우라가 1942년 12월 2일 저녁에 연 파티는 그 시기에 그녀가 연 수많은 파티 중의 하나였을 뿐이다. 페르미 부부는 술을 많이 마시지 않았지만(그들이 와인을 마실 때는 언제나 물을 타서 마셨다) 손님들에게 술을 내놓았다. 그들은 몸짓 알아맞히기 같은 게임을 하면서 놀았는데, 엔리코는 이런 놀이에 매우 진지하게 임했다. 유리 가족과 메이어 가족과 같은 옛 친구들도 있어서 라우라는 한결 더 편안했다. 라우라는 리오나 리비와도 잘 어울렸다. 하지만 라우라가 자기보다 23세의 이 매력적인 아가씨가 남편과 더 많은 시간을 보낸다는 점을 질투한다고 느낀 사람도 있다. 어느 눈보라가 치는 밤에 일을 마치고 집에 갈 때 리오나는 페르미의 자동차에 함께 탔다. 눈보라가 너무 심해져서 리오나가 자동차를 멈추고 그 자리에서

밤을 새워야 한다고 말하자, 페르미는 자신의 평판에 해가 된다면서 반대했다.[4] 존 마셜과 결혼해서 그의 아이를 임신한 이 젊은 여성은 자기도 평판을 걱정해야 할지 모르겠지만 걱정하지 않는다며, 그렇다면 페르미도 걱정할 필요가 없지 않겠느냐고 말했다. 그러나 페르미는 자기 평판이 더 중요하다고 평소와 같은 확신으로 말했고, 운전을 계속했다. 페르미는 다음 날 아침에 아내에게 어떤 말을 들을지 걱정이 앞섰는지도 모른다.

리오나의 임신은 아르곤에서 조금 문제가 되었다. 그들에게 배정된 보건 안전 담당관이 알면 분명히 그녀를 새로운 파일에서 일하지 못하게 할 것이었다. 그녀는 주위 사람들에게 비밀을 지켜달라고 설득했고, 헐렁한 옷을 입고 임신을 숨겼다. 분명히 진은 눈치채지 못했으며, 알았다고 해도 결코 내색을 하지 않았다. 리오나와 존이 아기를 낳기로 한 시카고의 병원이 아르곤에서 40킬로미터 넘게 떨어져 있어서, 출산 예정일이 다가오자 페르미는 비상시에 자신이 산파 일을 맡아야 할 거라고 생각했다(매일 함께 일하던 남편 존을 떠올리지 않은 이유는 불확실하다). 페르미는 무슨 일을 해야 하는지 조사도 했다. 라우라를 포함해서 관계된 모든 사람에게 다행히도, 마셜 부부는 병원에서 첫아이를 낳았다.[5]

라우라는 시카고에서 생활하면서 아이들에게도 시간을 쏟을 수 있었다. 이때 넬라는 열두 살이었고 줄리오는 거의 일곱 살이었다.[6] 두 아이는 모두 미국의 교육자 존 듀이가 1896년에 설립한 유명한 실험 학교에 다녔다. 아동의 발달과 교육에 관한 진보적인 원칙을 기조로 한 이 학교는 넬라가 뉴욕에서 다니던 학교만큼 자유롭지 않았다. 줄리오는 불만족스러웠지만, 넬라는 잘 적응했다. 어쩌면 넬라가 더 나이가 많았고, 성격이 조직적인 프로그램에 더 적합했기 때문일 것이다. 또한 줄리오는 충분한 설명 없이 뉴저지의 친구들에게서 떠나야 했다고 화를 냈다.[7] 그는 이 분노를 평생 동안 삭이지 못했다.

아르곤 팀에 새로 들어온 사람 중에는 페르미의 비범한 능력에 대해 듣기는 했지만 직접 보지는 못한 사람들이 있었고, 그들은 눈앞에서 페르미의 능력을 보고 당연히 감명을 받았다. 루이스 앨버레즈는 그중에서 가장 중요한 사람이었다. 1930년대 초에 시카고 대학교에서 콤프턴의 제자로서 앨버레즈가 했던 연구는 페르미가 도착할 때쯤에는 시카고 대학교의 전설이 되어 있었다. 그는 학위를 받은 뒤에 시카고를 떠나 버클리의 로런스 팀에 들어가서 사이클로트론으로 중요한 실험을 했다. 전쟁이 시작되자마자 앨버레즈는 영국과 MIT에서 레이더 개발에 참여했고, 1943년 여름에 아르곤으로 와서는 CP-2에 기어오르면서 리비와 함께 그가 가장 잘하는 일인 새로운 계측 장치 설계와 제작 일을 했다.

앨버레즈는 결코 겸손한 사람이 아니었기에 페르미를 처음 만난 경험에 대한 그의 이야기는 특히 가치가 있다. 그는 아르곤 연구소의 카페테리아에서 페르미, 마셜 부부, 허버트 앤더슨과 대화를 나눴다. 그들은 중성자가 엑스선과 비슷한 굴절 법칙을 따를 수도 있다는 점을 토론했다. 페르미가 엑스선 굴절의 정확한 공식을 기억할 수 없다고 말하자, 앨버레즈는 콤프턴과 앨리슨이 쓴 엑스선 회절에 관한 고전적인 교과서에 나와 있다고 말했다. 앨버레즈는 옆방에 그 책이 있는 것을 봤다면서 자기가 가져오겠다고 했지만, 페르미는 그런 수고를 할 필요 없다고, 자기가 공식을 유도하겠다고 말했다.[8]

앨버레즈는 페르미가 했던 일을 다음과 같이 설명했다.

콤프턴 밑에서 배우면서 나는 엑스선에 대해 오랫동안 깊이 생각해 보았지만, 기본 원리에서 출발해서 굴절률 공식을 유도하는 것은 본 적이 없었다. 엔리코는 제임스 클러크 맥스웰의 고전 전자기장 방정식을 칠판에 쓴 다음에 여섯 단계에 걸쳐 공식을 유도했다. 이 묘기에서 가장 주목할 만한 점은 엔리코가 책을 보면서 그대로 베껴 쓰듯이 일정한 속도로 한 줄 한 줄 써내려갔다는 것이다. 그날 밤에 나는 집에서 공식을 똑같이 유도해보았는데, 그 일은 꽤 재미있었다. 어떤 단계는 아주 쉬워서 내가 엔리코보다 더 빨리 유도할 수 있을 정도였고, 어떤 단계는 너무 어려워서 나 혼자서는 해낼 수 없었다. 그러나 엔리코는 쉬운 단계에서 했던 것과 똑같은 속도로 어려운 단계를 해냈다.[9]

두 사람은 나중에 좋은 친구가 되었다.[10] 전쟁이 끝나고 버클리로 돌아간 앨버레즈는 가끔 페르미에게 최근 졸업생을 버클리 대학교에 박사후연구원으로 보내달라고 부탁했고, 페르미는 부탁을 기꺼이 들어주었다.

페르미를 처음 보는 미국의 젊은 물리학자들은 까다로운 문제를 척척 해결해내는 그의 능력에 깊은 인상을 받았다. 앨버레즈 세대의(페르미보다 약 10년쯤 젊은) 뛰어난 물리학자들은 하이젠베르크와 디랙 같은 페르미의 유럽 동료들과 가까이 있으면서 연구해본 적이 없었다. 이들과 가장 비슷한 사람으로, 1920년대 후반에 유럽 스타일의 이론물리학을 미국으로 가져온 버클리 대학교의 오펜하이머가 있었다. 양자론의 개척자 중 한 사람이 연구하는 것을 직접 보는 것은 상당히 인상적이었을 것이다. 페르미를 직접 겪어본 미국의 젊은 물리학자들이 점점 많아졌고, 그들은 앨버레즈의 경외감을 공유했다.

이러한 경외감은 젊은 세대에게 국한되지 않았다.[11] 1954년에 열린 페르미의 추도식에서 새뮤얼 앨리슨은 핸퍼드행 기차에서 콤프턴이 페르미와 나눈 잡담을 회고했다. 그는 페르미에게 자기가 안데스산맥에서 우주선 연구를 할 때 시계가 잘 맞지 않았다고 말했고, "여기에 대해 곰곰이 생각해보고 결국 만족스러운 답을 얻었다"고 하면서 페르미에게 어떻게 생각하는지 물어보았다. 페르미는 곧바로 호주머니에서 연필, 종이, 계산자를 꺼내 들었고, 몇 분 뒤에 그 현상에 대한 설명과 함께 시계의 오차까지 추정했다. 콤프턴의 오랜 조력자였던 앨리슨은 콤프턴이 감탄하는 모습을 결코 잊어버릴 수 없었다.

페르미의 관심은 점점 더 원자로의 계획과 건설에서 발생하는 문제에 끌렸다. X-10으로 알려진 최초의 본격적인 플루토늄 원자로가 오크리지에 건설되고 있었는데, 이 원자로의 목표는 다음과 같은 세 가지였다. 플루토늄을 얼마나 빨리 생산할 수 있는지를 알아내고, 플루토늄을 제어된 연쇄 핵반응의 다른 부산물과 분리하는 화학적 과정을 개발하고, 플루토늄 시료를 소량 제공해서 이것을 핵분열 무기에 사용할 수 있는지 알아보는 것이다. 페르미의 오랜 친구 에밀리오 세그레는 이때 버클리 대학교에 있었고(곧 로스앨러모스로 가게 된다) 이 마지막 문제에서 핵심적인 역할을 하게 된다.

이 원자로는 매우 서둘러 건설되었고, 기술자들은 개략적인 도면만으로 밤새워 일했다. 페르미는 아르곤 연구소를 기반으로 과학적이고 기술적인 질문에 대한 지침과 조언을 주었다. 마침내 오크리지의 작은 언덕 위에 거대한 정육면체가 모습을 드러냈다. 이 원자로는 CP-1보다 CP-2와 비슷하게 보였지만 차이가 있었다. 원자로를 적절한 시간 동안 가동한 뒤에는 우라늄 봉을 쉽게 꺼내 산성 용액에 넣어 플루토늄 추출

오크리지의 X-10 원자로 제어반에 있는 저자. (수전 슈워츠 촬영)

을 시작할 수 있도록 되어 있었다. 그래서 한 변이 7미터인 거대한 정육면체 흑연 덩어리의 한 면에 통로 1260개가 뚫렸다.[12] 이 통로에 금속우라늄 막대가 삽입되었다.[13] 옆면에 나 있는 통로로는 카드뮴 봉을 집어넣었고, 봉이 기계 장치에 연결되어 필요하면 빼내거나 다시 집어넣을 수 있었다. 비교적 짧은 시간에 연구에 충분한 양의 플루토늄을 생산하기 위해 1000킬로와트(1메가와트)의 열을 내면서 뜨겁게 가동하도록 설계된 이 시스템은 CP-1이나 CP-2에는 없었던 냉각 설비가 필요했다. 냉각에는 공랭식이 채택되었다. 모터가 달린 팬이 공기 흐름을 만들고, 우라늄 봉이 들어가는 통로를 따라 공기를 불어넣고 순환시켰다. 이 정도 크기의 출력에서는 파일에서 나오는 복사가 중요한 안전 문제가 되었고, 따라서 엔지니어들은 2미터 두께의 콘크리트 차폐벽을 만들었다. 또한 콘크리트가 굳은 뒤에도 물을 머금어서 탈출하는 중성자의 속도를 효과적으로 떨어뜨리게 했다.

오크리지 파일은 1943년 11월 4일, 시카고에서 첫 번째 파일이 성공한 지 1년도 안 되어 가동 준비를 마쳤다. 이것은 엄청난 성과였고, 이를 감안해서 콤프턴과 페르미는 이 원자로의 가동을 참관하기 위해 오크리지로 갔다. 동트기 전에 일정보다 앞당겨 우라늄 연료를 채워넣은 대원들이 와서 기쁜 표정으로 그들을 깨웠다. 그날 아침 5시에 이 원자로는 임계상태로 가동되었고, 금방 플루토늄을 생산하기 시작했다. 이렇게 만들어진 플루토늄은 배달원이 (상업 항공기 편으로) 세그레가 있는 로스앨러모스로 운송했다. 한 번에 전달된 양이 몇 밀리그램일 뿐이었던 적도 많았던 이 시료로 세그레가 해낸 발견은 맨해튼 프로젝트 전체의 경로를 좌우하게 된다.

오크리지 원자로의 성공은 한동안은 시카고의 물리학자들과 듀폰의 지도자들, 특히 페르미를 경배하게 된 크로퍼드 그린월트에게만 큰 만족감을 주었다. 그러나 곧 바로 옆에 있는 글렌 시보그의 화학적 분리 설비가 그로브스와 민간 지도자들에게 핸퍼드에서 대규모 플루토늄 생산 원자로를 건설하는 전면적인 노력을 시작해도 좋다는 확신을 주게 된다.

1942년 말과 1943년 초에 오펜하이머가 지도한 버클리의 연구는 U-235를 핵분열 폭탄에 사용하는 것과 관련된 문제에 계속 초점을 맞추고 있었다. 모든 징후는 빠른중성자가 우라늄의 이 특정한 동위원소를 쪼갤 것이라는 결론을 지지했다. 빠른중성자는 폭발을 일으키는 데 필요한 만큼의 짧은 시간에 에너지를 방출시킬 수 있는 유일한 방법이었기에 이것은 중요한 진전이었다. 사람과 상황을 꽤 정확하게 꿰뚫어 보는 능력을 가진 오펜하이머는 지식인을 싫어하는 무뚝뚝한 육군 장군을 매료시켰다. 그는 그로브스에게 고급문화를 권하느라 많은 시간을 보내지 않았다. 그는 자기 휘하의 과학 팀과 함께 필요한 일을 할 수 있다는 완벽한 확신을 전달했다. 그로브스는 동의했고, 오펜하이머를 충분한 재료가 생산된 뒤에 실제의 무기를 설계하고 제작하는 일에 과학 책임자로 선정했다.

오펜하이머가 뉴멕시코의 샌타페이에서 북서쪽으로 32킬로미터 떨어진 메사에 있는 로스앨러모스라는 남학생 기숙학교를 원자폭탄을 설계하고 제작하는 기술적인 일을 하는 장소(암호명 Y지역)로 정하도록 그로브스를 설득한 이야기는 논외로 하겠다.[14] 페르미는 그곳에서 오펜하이머가 소집한 1943년 4월의 첫 번째 조직회의에 라비, 베테, 세그레와 다른 여러 오랜 친구를 비롯한 내로라하는 과학자들과 함께 참석했다. 페르미의 참석은 열렬한 기대를 받았다. 고위급 과학자들을 위한 구내식당인 풀러 로지에서 선임 과학자들이 점심 식사를 하고 있을 때, 텔러는 페르미가 일주일 내에 도착할 것이라고 확신시켰다. 폴란드 수학자이고 나중에 수소폭탄 개발에 획기적인 돌파구를 열어서 유명해진 스타니스와프 울람Stanisław Ulam이 "Annuncio vobis gaudium maximum, papam habemus"라고 읊조렸다. 당황한 사람들에게 울람의 탁월한 헝가리인 동료이고 그 뒤로 몇 년 동안 로스앨러모스에서 핵심적인 역할을 하게 되는 노이만이 가톨릭교회에서 새로운 교황이 선출되었을 때 쓰는 이 문구를 번역해주었다. "새로운 교황이 나왔음을 최대의 기쁨으로 선언합니다."[15] 그곳에 모인 과학자들은 로마 시절 페르미의 별명을 알고 있었고, 박수가 터져 나왔다. 그들은 페르미의 도착을 고대했고, 울람의 은유를 좋아했다.

회의 참석자들은 로스앨러모스에 모여서 폭탄의 설계에 대해 논의했다.[16] 오펜하이머의 학생이며 협력자인 로버트 서버Robert Serber가 준비한 내용으로, 버클리 이론 그룹이 수개월 동안 진행한 연구와 토론의 결과였다. 오펜하이머는 일의 분담을 계획했고, 이 체계는 1944년 늦여름에 조직을 개편할 때까지 지속되었다. 페르미는 이때 뉴멕시코 리오그란데 계곡의 장엄한 광야를 처음 보았다. 무수한 세월에 걸쳐서 강물이 과학자들이 지금 하이킹을 하고 탐험하는 계곡을 깎아냈다. 로스앨러모스 주변의 황야는 페르미가 그때까지 본 것과 전혀 달랐다. 전쟁이 끝난 뒤에 로스앨러모스 연구소의 소장이 된 노리스 브래드버리Norris Bradbury는 페르미를 여러 번 이곳에 다시 초대했는데, 워낙 야외 활동을 좋아하는 사람이라 수고로이 설득할 필요도 없었다.

로스앨러모스에서 열린 1943년 4월 회의는 모든 선임 과학자가 폭탄의 설계와 제작에 대해 논의한 첫 번째 모임이었다. 오펜하이머는 페르미가 거기에 모인 많은 사람의 열기를 보고 깜짝 놀랐다고 나중에 회고했다. "당신네는 정말로 폭탄을 만들고 싶어하는군요."[17] 오펜하이머는 페르미가 자기에게 이렇게 말했다고 하면서, "그의 놀란 목소리가 기억난다"고 덧붙였다. 실라르드와 마찬가지로 그들이 직면한 도전의 무게를 이해하는 페르미는 무엇보다도 독일인들이 핵무기를 개발 중이라고 알려져 있었기에 이 일을 하고 있었지만, 대다수의 열의를 공유하지는 않았다.

그러나 그는 전쟁을 승리로 이끌 만한 잔인하고 무자비한 방법을 생각해내기도 했다. 1943년 중반에 오펜하이머가 페르미에게 보낸 편지가 남아 있는데, 두 물리학자는 독일 민간인들을 대규모로 방사능에 중독시키는 방안을 고려했다.[18] 이 편지에 대한 페르미의 답장은 발견되지 않았기 때문에 어떤 연유로 이런 아이디어가 나왔는지는 불분명하지만, 오펜하이머와 페르미가 전쟁을 빨리 끝내기 위해 여러 가지 아이디어를 고려했다는 것은 확실하다. 페르미는 이러한 생각에 열광하지는 않았지만, 어쨌든 그런 것들을 고려하는 것도 자기의 의무라고 생각했을 것이다.

페르미는 1943년 4월의 회의를 마치고 시카고로 돌아가서 CP-2 실험을 계속했고, 1944년 8월까지 플루토늄 생산 원자로 건설에 대해 듀폰사에 자문을 계속하다가 결국 로스앨러모스로 옮겨갔다. 그동안에도 로스앨러모스의 오펜하이머와 다른 사람들에게 여러 가지 문제에 관해 계속 자문을 해주었고 여러 번 로스앨러모스에 가기도 했지만, 그의 본거지는 내내 시카고였다.

1943년 4월의 첫 번째 회의를 할 때나 그 뒤에 페르미가 오펜하이머에 대해 어떻게 생각했는지는 추측하기 어렵다. 그는 오펜하이머에 대해 가까운 동료들에게 가끔씩 짧은 언급만을 남겼다. 그러나 주변 사람들은 아무리 무심해도 두 물리학자의 차이를 알아챘을 것이다. 오펜하이머는 맨해튼 어퍼 웨스트 사이드의 고급문화 분위기에서 자라났다.[19] 그의 부모는 부유하고 완전히 미국 사회에 동화된 독일계 유대인이었고, 그는 윤리문화학교Ethical Culture School라는 좋은 학교에 다녔고, 그다음에는 하버드 대학교에 다녔으며, 여러 분야에서 뛰어났다. 그런 다음에는 케임브리지 대학교의 조지프 존 톰슨(전자를 발견한 사람) 밑에서 공부했고, 괴팅겐 대학교에서 보른의 지도로 박사학위를 받았다. 오펜하이머는 세상 물정에 밝았고, 책을 많이 읽었고, 예술, 역사, 철학에 정통했다. 젊은 페르미가 몇 년 전에 따돌림을 당한다고 느꼈던 괴팅겐에서 오펜하이머는 편안하게 지냈다. 그는 자기 세대의 양자론에 기여한 탁월한 이론가였다. 버클리에서 그는 엄격하고 심지어 잔혹하기로 소문이 났고, 가끔씩 계산 실수를 저지른 불운한 대학원생이나 박사후연구원을 조롱하면서 기뻐했다. 찰스 퍼시 스노는 오펜하이머를 평가하면서 그의 평생에 걸친 업적이 페르미의 세 가지 큰 업적 중 하나에 견줄 정도이지만, 여전히 물리학자로서의 능력을 존경한다고 말했고, 이것은 충분히 받아들일 만한 말이다. 분명히 그는 버클리의 동료들에게 존경을 받았고, 맨해튼 프로젝트의 점점 늘어나는 참여자들에게도 마찬가지였다.

페르미와의 대조는 두드러졌다. 페르미는 여러 방면에 재주가 있지도 않았고 고급문화에도 관심이 없었다. 그는 확실한 중산층 출신이었고, 그 위로 올라갈 필요도 느끼지 못했다. 그는 사교적이고 매력적이었다고 할 수 있지만 더 격식을 차리지 않는 방식으로 매력이 있었다. 그를 아는 사람은 누구나 이 전설적인 천재를 만났을 때 이 천재가 아주 다가가기 쉬울 뿐만 아니라 거의 수줍어하는 것을 보고 놀랐다고 말한다.

페르미는 오펜하이머가 물리학을 하는 방식이 조금 낯설다고 생각했다. 1940년에 그는 히치콕 강연을 하기 위해 버클리로 갔고, 남는 시간에 오펜하이머의 추종자가 하는 강의에 들어갔다. 나중에 그는 세그레에게 이렇게 털어놓았다.

> 에밀리오, 나도 이제 늙었나 보네. 나는 오펜하이머의 제자들이 개발한 유식한 이론을 따라갈 수가 없다네. 거기에서 세미나에 들어갔는데, 그들을 이해할 수 없어서 실망했네. 오로지 마지막 말만이 내게 위로가 되었다네. "이것이 페르미의 베타붕괴 이론입니다."[20]

1943년에 페르미는 전설이었고, 그가 1934년에 쓴 베타붕괴 논문을 사람들이 알아주기 전이었는데도 그러했다. 많은 것이 그의 전설에 기여했다. 그의 획기적인 발견, 최고 수준의 물리학에 대한 단호한 의지, 복잡한 문제를 풀어내는 놀라운 능력, 자기보다 재능이 부족한 사람들이 이해할 수 있도록 문제를 단순화하는 능력이 그런 요소들이었다. 그는 누군가가 틀렸다고 생각하면 퉁명스럽게 대하거나 심지어는 무시하기도 했고, 짜증스러울 수도 있을 만큼 친한 사람들을 골려주기를 좋아했지만 결코 고의로 잔인하게 굴지는 않았다. 물리학자들은 새로운 연구를 발표하는 도중에 페르미가 끼어들어서 "잠깐만요. 이해할 수 없는 게 있는데요"라고 말하면 자신들이 곤경에 처했다는 것을 알았다. 발표자가 틀렸다는 생각을 전하는 데는 이것으로 충분했다. 그는 이미 노벨상을 받았는데, 오펜하이머가 조금 부러워했을 수도 있다. 그는 또한 오펜하이머가 지도하는 프로젝트를 막 시작하려는 참이었다.

두 물리학자는 1943년 4월 회의에서 처음 만난 게 아니었다. 그들은 페르미가 1930년대에 버클리를 가끔씩 방문했을 때, 특히 1937년에 로런스의 사이클로트론에 대해 배우려고 왔을 때 마주쳤고, 1940년에 페르미가 히치콕 강의를 할 때도 만났다. 그러나 이제 그들은 점점 더 자주 정기적으로 접촉하게 된다. 그들은 서로 달랐지만, 서로를 깊이 존중하게 되었다. 오펜하이머는 페르미의 사고방식, 문제 해결 방법, 자신감, 그 자신감이 다른 사람들에게 영감을 주는 방식, 그리고 물론 전쟁 전에 이룬 물리학에 대한 막대한 공헌을 존중했다. 페르미는 오펜하이머를 물리학자로서보다는 자신이 충성을 맹세한 미국 정부가 주도하는 맨해튼 프로젝트 전체의 권한을 가진 지도자로서 존중했다. 그가 오펜하이머와 의견이 달랐던 적이 있다고 해도 결코 공개된 적은 없다.

나중에 오펜하이머는 페르미를 미묘하게 깎아내렸다. "철학자가 아니었다. 명확함에 대한 열정이 있었다. 그는 흐릿한 것을 결코 견디지 못했다. 사물이란 언제나 흐릿하니, 그 덕분에 그는 대단한 활력을 계속 유지했다."[21] 그러나 오펜하이머는 전시에 동료였던 페르미의 지력과 공헌의 규모에 크게 영향을 받았고, 심지어 그것에 사로잡혀 있는 것처럼 보였다. 리오나 리비는 페르미가 죽은 뒤에 패서디나에서 열렸던 만찬을 회상했다.[22] 오펜하이머가 "당신은 쉬는 날 누가 되고 싶은가?"라는 게임을 하자고 제안했다. 한 사람이 이름을 대고, 다른 사람들이 그 선택의 의미를 분석하는, 일종의 아마추어 정신분석 같은 게임이었다. 놀랍게도 오펜하이머는 페르미를 선택했다. 방 안에는 침묵이 감돌았다. 아무도 그에게 질문하지 못했다. 오펜하이머 자신이 이 게임을 선택했고, 그런 다음에 페르미를 꼽았다. 그의 깊은 곳에 페르미와 동일시하고 싶은 알 수 없는 욕구가 있었던 것으로 보이는 대목이다.

오크리지가 가동을 시작하자 관심은 최초의 플루토늄 대량생산 원자로가 건설될 핸퍼드로 쏠렸다. 극도의 보안 속에서 1943년 3월에 시작된 공사였다.

건물 수백 동의 건설과 노동자 수천 명의 모집으로 이어진 이 일은 국가 안의 국가를 건설하는 정도로, 오크리지보다 몇 배 넓은 지역에 걸친 방대한 사업이었다.[23] 강 옆에 건설된 플루토늄 생산 원자로 세 개가 중심부를 이루었다. 조금 떨어진 곳에 거대한 화학 분리 공장이 들어서서, 사용한 연료봉을 이곳에 트럭으로 실어와서 분해하고 화학 처리를 해서 플루토늄을 추출했다. 'B' 원자로가 처음으로 가동되었고, 'D'와 'F' 원자로가 뒤이어 가동되었다.[24]

이 작업은 그로브스의 육군 공병대와 그린월트의 듀폰 기술자들의 조직적인 협력의 승리였다. 계속 진행해서 이 거대한 시설을 짓는다는 결정은 CP-1이 성공한 뒤 아직 CP-2가 완성되기 전에, 1943년 11월에 오크리지의 시설이 임계상태로 가동되기 훨씬 전에 내려졌다. 이때 그로브스는 무거운 주사위를 굴렸고, 프로젝트의 민간 지도자에 대한 확신과 금속 연구소의 '괴짜들'에 대한 믿음으로 그 결정을 내렸다.

시카고에 있던 앤더슨, 마셜, 휠러는 결국 핸퍼드로 옮겨가서 원자로의 설계와 건설에 기여하게 된다.

1943년 10월에 건설을 시작한 B 원자로는 오크리지의 X-10 원자로 확장 버전에 기반을 두고 있었다. 코어는 X-10의 코어보다 상당히 커서 가로 8.5미터, 세로 11미터, 높이 11미터인 흑연 블록으로 구성되었다. X-10은 옆면에 연료봉을 넣는 통로가 1260개였는데, B 원자로는 2004개였다. 자동으로 제어되는 카드뮴과 붕소 제어봉은 연료봉과 직각을 이뤘다. 페르미와 위그너는 그로브스와 프로젝트의 지도자들이 요구하는 속도로 필요한 플루토늄을 생산하기 위해 필요한 출력이 250메가와트라고 계산했다. 이것은 CP-1이 달성한 최고 출력의 수백만 배에 해당되어, 이 원자로는 매우 뜨겁게 가동해야 했다. 고온에서 가동하기 위해서는 흑연의 열팽창에 대비해서 특수 처리가 필요했고, 우라늄 연료봉의 알루미늄 피복관이 녹지 않도록 뛰어난 냉각 설비도 필요했다.

컬럼비아강의 차가운 물을 퍼올려서 연료봉과 통로 사이의 틈에 순환시키고, 물이 안전해지면 강으로 다시 방류한다. 연료봉을 넣을 통로를 2004개나 뚫은 것은 과잉 설계overengineering의 사례였다. 페르미와 위그너는 연료봉을 이렇게 많이 넣을 필요가 없다고 생각했지만 그린월트의 선임 엔지니어인 조지 그레이브스George Graves는 휠러의 자문을 받아서 출력을 더 높여야 할 경우에 대비해서 통로를 더 많이 뚫기로 결정했다. 듀폰 팀이 내린 이 결정은 나중에 굉장한 행운이었음이 밝혀진다.

페르미가 핸퍼드에 처음 갔을 때 위그너와 함께 갔는데, 두 사람은 보안이 높은 B 원자로 입구에서 검문을 받았다. 위그너는 자기의 가명이 진 와그너라는 사실을 잠시 잊어버렸고, 경비원이 이름을 말해달라고 했을 때 이렇게 말했다. "위그너, 아니, 와그너입니다!"[25] 경비원은 의심이 들었고, 강한 헝가리어 악센트로 말하는 이 소심하고 조용한 남자를 들볶기 시작했다. "당신 이름이 정말로 와그너입니까??" 페르미가 즉각 나섰다. "그의 이름이 와그너가 아니라면, 내 이름도 파머가 아닙니다." 위그너는 이렇게 설명한다. "경비원은 우리를 지나가게 했다. 이러한 자기 확신은 페르미의 전형적인 모습이었다."

페르미는 1944년 9월 중순에 B 원자로가 임계상태로 가동되기 일주일 전에 핸퍼드에 도착했다. 그린월트와 리오나 리비는 기술적인 문제로 원자로 가동이 늦어지는 원인이 되는 우라늄의 알루미늄/붕소 피복 공정 설비를 비롯해서 방대한 시설로 페르미를 안내했다. 그린월트는 CP-1 실험에서 페르미를 보았을 때의 흥분에서 벗어나지 못했고, 페르미는 사막 위에 1년 만에 대규모 플루토늄 생산 공장(원자로와 분리 시설을 포함에서 필요한 모든 설비)을 만들어내는 그의 엔지니어 팀을 존경했다. 두 사람은 잘 어울리는 조합은 아니었지만 매우 협력을 잘했고, 전쟁이 끝난 후에도 두 사람의 협력은 오래 지속되었다.

우라늄 봉에 피복을 씌우는 문제가 마침내 해결되었고, 1943년 9월 26일에는 핵연료 봉이 거대한 원자로에 장착되고 있었다. 페르미도 작업을 도와서 바닥 위에 높게 솟은 발판에 서서 연료봉을 조심스럽게 장착했다. 그날 오후에 원자로가 임계상태로 가동되었고, 원자로가 플루토늄을 생산하기 시작하자 사람들은 휴식을 위해 집으로 돌아갔다. 휠

핸퍼드 B 원자로 제어실에 있는 저자. (수전 슈워츠 촬영)

러에 따르면 원자로의 출력을 9메가와트까지 올린 다음에 한동안 이 수
준을 유지할 계획이었다.[26] 그런 다음에 점점 출력을 올려서 설계 용량
인 250메가와트 수준까지 올릴 예정이었다. 그러나 다음 날 아침이 되
자 이상하게도 원자로의 출력이 낮아지기 시작했다. 운전원들은 당황했
고, 제어봉을 뽑아내서 출력을 9메가와트로 유지하기로 했지만, 출력은
계속 떨어졌다. 오후에는 제어봉을 거의 완전히 빼낸 상태였지만 9메가
와트를 유지할 수 없었다. 4시쯤에 페르미는 출력을 400킬로와트까지
낮춘 다음에 그 수준으로 유지할 수 있는지 알아보자고 제안했다. 이 수
준에서도 출력이 유지되지 않았다. 그날이 끝날 무렵에 B 원자로(바닥

에서 11미터 높이로 쌓아올린 흑연과 우라늄 수천 톤의 더미)는 완전히 기능을 잃었다.

원자로 건물의 모든 사람이 공포에 빠졌다. 원자로 하나에만 700만 달러(오늘날의 가치로 9500만 달러)가 투입되었고, 연료봉의 엄청난 비용은 별도였다. 미국 정부는 또 다른 생산 원자로 2개소, 연료봉 분리 시설, 5만 5000명이 사는 소도시의 모든 관련 시설을 포함해서 총 3억 5000만 달러를 지출하는 중이었고, 이는 오늘날의 가치로 거의 50억 달러에 이르는 당시 미국 정부로서는 전례가 없는 지출이었다. 이 원자로가 기능을 잃으면 단순히 돈과 시간 낭비가 아니라 폭탄의 주요 재료 중 하나를 생산하는 일정표가 치명적으로 어긋날 터였다. 무엇이 잘못되었는지 파악하고 빨리 처리해야 한다는 엄청난 압박감이 있었다.

휠러는 이전 해에 원자로의 '독작용'에 대해 연구했다. 그의 계산에 따르면 제어된 연쇄 핵반응의 부산물이 축적되면, 특히 고출력일 때 문제가 될 수 있다. 이러한 부산물은 연쇄반응에서 중성자를 흡수해서 반응을 방해하거나 완전히 멈출 수도 있는, 이른바 '중독'을 일으킨다. 휠러와 듀폰의 엔지니어 조지 그레이브스가 출력 250메가와트에 필요하다고 위그너가 생각한 것보다 3분의 1이나 더 많은 연료봉 통로를 만들기로 한 결정적인 이유였다.

그러나 당시에는 출력이 낮아지는 원인을 바로 파악하지 못했다. 페르미와 리오나 리비는 냉각 설비의 물이 새서 연료봉에 들어갔을 가능성을 의심했지만, 조사 결과 냉각 설비는 손상되지 않았다. 흑연 코어에서 증배인자를 감소시킬 수 있는 공기를 빼내고 주입하는 가압 헬륨 기체의 누출도 의심했지만, 그러한 누출도 발견되지 않았다.

원자로 자체가 문제의 원인에 대한 중요한 힌트를 주었다. 원자로가 저절로 다시 가동되기 시작한 것이다. 수요일 오후 내내 원자로의 출력이 회복되어서 목요일인 1943년 9월 28일 오후에 출력이 다시 9메가와트에 이르렀다. 그러다가 몇 시간 뒤에 또다시 출력이 불안정해졌다.

휠러는 연쇄반응의 부산물로 만들어지는 어떤 방사성 원소가 중성자를 흡수하는 엄청난 능력을 갖고 있지만 반감기가 11시간쯤이어서 그 정도의 시간이 지나면 연쇄반응이 완전히 되살아난다고 추리했다. 그는 또한 원자로가 9메가와트의 상당히 높은 출력에 도달했을 때만 이런 현상이 나타나기 때문에, 그 자체로는 중성자를 흡수하지는 않지만 붕괴해서 중성자를 잘 흡수하는 물질로 변하는 중간 생성물이 있다고 추리했다. 그렇지 않다면 원자로의 출력이 애초에 9메가와트에 도달하지 못했을 것이다. 휠러는 벽에 붙어 있는 표에서 핵분열에서 만들어질 수 있고 그만한 반감기를 가진 동위원소를 찾아보았다. 이러한 특징을 가진 유일한 동위원소는 제논-135였다. 이 동위원소는 우라늄 핵분열에서 최초로 생성된다고 알려진 요오드-135가 붕괴하면서 생성된다. 제논-135의 반감기는 9시간이 조금 넘는 정도로 짧다.[27]

그는 제논-135가 중성자를 흡수하는 능력을 대략 계산해보았다. 그는 핵분열이 일어날 때마다 6퍼센트의 확률로 이 동위원소가 생성된다는 것을 알아냈다. 또한 놀랍게도 이 동위원소가 이전까지 연구된 어떤 원소보다 주변의 중성자를 흡수하는 능력이 훨씬 뛰어나다는 것을 발견했다. 페르미와 컬럼비아 팀이 중성자를 특별히 잘 흡수하는 원소를 조사했을 때, 그들은 카드뮴이 가장 뛰어난 중성자 흡수제라는 결론을 얻었다. 제논-135는 시험하지 않았는데, 워낙 희귀하고 불안정한 원소였기 때문이다. 그러나 휠러의 계산에 따르면 제논-135는 카드뮴보다 10만 배나 더 강력했다.

다행히도 제논의 반감기가 겨우 9시간이었기에 해결책은 분명했다. 원자로에 뚫어놓은 우라늄 연료 통로 2004개를 모두 채우면 제논의 영향을 압도할 정도로 반응성이 커져서 원자로는 정해진 출력으로 원활하게 작동할 수 있을 것이었다.

휠러와 그레이브스는 B 원자로에서 핵분열 부산물의 독작용에 대비해서 원자로의 출력을 높게 설계한다는 결정에 엄청난 공헌을 했다. 이것으로 그들은 맨해튼 프로젝트의 빠듯한 마감 시간을 지키고 프로젝트 전체의 성패가 달린 수십억 달러짜리 시설을 살릴 수 있었다. 이 문제를 보고받은 그로브스는 콤프턴에게 불같이 화를 냈고, 콤프턴은 아르곤에 CP-2를 보완하는 새로운 원자로 CP-3가 건설되면 이 문제를 더 깊이 연구할 것이라고 힘없이 대꾸했다. 그로브스는 페르미에게 충분히 화를 낼 수 있었지만 그러지 않았다.

페르미는 빛나는 경력에서 단 몇 번만 실수를 했지만, 이때보다 극적인 경우는 없을 것이다. 1934년에 그는 우라늄 원자를 쪼갰다는 것을 깨닫지 못해서 나중에 당혹했지만, 우리는 이 실수로 파시스트 정부의 핵무기 개발이 4년이나 늦어졌다는 점에서 안도하기도 한다. B 원자로의 실수는 훨씬 더 심각했고, 프로젝트의 플루토늄 쪽이 완전히 실패로 돌아갈 수도 있었다. 그는 제논의 독작용을 예상하지 못한 일에 대해 한 번도 언급하지 않았지만 엄청나게 당혹스러웠을 것이다. 이것을 예상했으면 시간을 크게 절약할 수 있었을지 모른다. 제논 독작용을 해결하기 위한 조정으로 원자로를 의도한 출력으로 가동하는 데 5개월쯤 늦어졌다. B 원자로는 1945년 2월이 되어서야 정상 가동했고, 이때쯤에는 또 다른 원자로인 D와 F 원자로가 거의 완공 단계에 있었다. 페르미는 이 문제를 예측할 수 있었고, 휠러도 마찬가지였다. 휠러는 원자로가 가동되기 전에 독작용을 연구했지만, 제논 문제를 예상하지 못했다. 이때쯤 또 다른 문제가 페르미의 마음을 압박하고 있었다. 1944년 여름에 로스앨러모스의 작업이 잠재적으로 중단 위기에 있었다. 오펜하이머는 총체적인 개편이 필요하다고 판단했고, 페르미에게 새로운 역할을 맡겨서 샌타페이 북서쪽의 메사에 있는 이 비밀 지역으로 그를 보내게 된다.

⑲

메사에서

맨해튼 프로젝트의 중심지가 될, 흙먼지투성이에 극도의 보안으로 가려진 메사에 처음 도착한 페르미 가문 사람은 라우라와 아이들이었다.[1] 그녀의 남편은 여전히 시카고, 오크리지, 핸퍼드를 오갔고, 1944년 9월 초까지도 가족에게 오지 못했다. 1944년 한여름에 그녀는 명령에 따라 시카고에서 뉴멕시코 라미로 가는 열차를 탔다. 이 도시는 샌타페이에서 남쪽으로 24킬로미터 거리에 있었다. 로스앨러모스로 간 모든 사람처럼 그녀도 최종 목적지를 몰랐다. 라미에 도착한 그녀는 도시로 태워다 주기 위해 마중 나온 사람을 거의 놓칠 뻔했다. 어떤 젊은 장교가 "파머 부인"을 애타게 찾고 있었다. 남편의 암호명을 알지 못했던 라우라는 처음에는 대답하지 않았다. 하지만 조금 생각하다가, 젊은 장교에게 "페르미 부인"을 찾는지 물었다. 그녀를 돌아본 장교는 자기가 찾는 사람이 맞다고 판단해서 라우라와 아이들을 샌타페이의 이스트 팰리스가 109번지로 데려갔다. 거기에서 쾌활한 도러시 맥키빈Dorothy McKibbin이 그녀를 정중하게 맞이했고, 그녀와 아이들의 신분증을 주었다.

그녀는 샌타페이에서 차를 타고 출발해서 꼬불꼬불한 비포장도로를 따라 32킬로미터를 달려서 메사의 꼭대기로 갔다. 그녀는 표준 주거에 대한 육군 규정에 따라 지은 막사 2층의 허름한 숙소에 아이들과 함께 들어가서 짐을 풀었다. 페르미 가족은 "욕조 거리Bathtub Row"라고 부르는 곳에 있는 더 널찍한 집을 달라고 할 수 있었다.[2] 그곳은 프로젝트의 VIP를 위한 주거 구역으로, 오펜하이머와 아내 키티가 살았고, 이웃에는 버클리의 물리학자 에드윈 맥밀런Edwin McMillan과 아내 엘시가 살았다. 보통의 집에는 샤워 시설만 있었지만, 이 집들에는 욕조가 갖춰져 있었기 때문에 그렇게 불렸다. 페르미 가족은 으레 보여준 겸손함으로 등급을 높이지 않고 군대가 정해준 숙소를 그대로 사용하기로 했다. 그들의 아래층에는 독일의 이론가 루돌프 파이얼스와 아내 유지니아가 살았다. 얼마 지나지 않아 오랜 친구인 세그레 가족도 버클리에서 이사를 왔다.

페르미 가족은 5년 동안 큰 변화를 세 번 겪었고, 그중에서 로스앨러모스로 옮긴 일이 로마의 상류층 여성과 그 자녀들에게 가장 극적이고 가장 힘겨웠다. 그들은 엄격한 보안을 지켜야 하는 시설 안에서 살아야 했고, 단순히 필수품을 사러 시내(여기에서는 샌타페이)로 가기조차 쉽지 않았고 때로는 불가능했으며, 주위에서 무슨 일이 벌어지고 있는지 전혀 알 수가 없었다. 아이들은 시설 밖으로 나가서 돌아다니는 것이 허용되지 않았고, 구내에 있는 작은 학교에 다녔다. 거기에서 넬라와 줄리오는 초등학교 과정에 다니면서 다른 과학자와 엔지니어의 아이들과 어울려 지냈다. 넬라는 그 시절을 신나는 모험으로 기억했다.[3] 그녀와 파이얼스의 딸 가비는 울타리에 난 구멍으로 몰래 빠져나갔다가 정문으로 돌아와서 사람들을 놀라게 했다. 뉴멕시코 황야 한가운데에서는 이해할 수 없는 온갖 중요한 일이 진행되고 있었지만, 넬라는 그 속에서 뛰어노는 일이 즐겁기만 했다.

로스앨러모스에는 라우라와 아이들이 견딜 수 있게 해주는 것들도 있었다. 페르미 가족이 시카고로 이사할 때 금방 레오니아의 집으로 돌아갈 줄 알고 가져오지 않았던 가구들이 운반되어 숙소를 채우자, 훨씬 더 집에 있는 것처럼 느껴졌다. 메사에 함께 사는 이웃들 중에는 유럽 출신도 많았고, 그들은 페르미 가족의 오랜 친구들이었다. 또한 베테 가족을 만나서 기뻤을 것이고, 오랜 친구인 세그레 가족과 어울리면서 즐거웠던 로마 시절을 떠올렸을 것이다. 다른 친구들도 많아서, 그들은 서로 의지하면서 어려운 상황을 견뎌냈다. 라우라는 나중에 폭탄 연구가 진행되고 있는 가장 민감한 곳인 기술 구역 안에서 의사를 돕는 일을 하게 되었다.[4] 그녀는 방사능 중독의 위험성을 직접 목격한 최초의 인물들 중 한 사람이었다. 그녀는 다른 아내들과 적극적으로 사교 활동을 했다. 나이가 많은 쪽에 속했던 그녀는 젊은 아내(남편들 중에는 대학교도 졸업하지 못하고 동원된 젊은이도 많았다)들의 엄마 역할을 했다.

페르미 가족이 로스앨러모스로 온 것은 어쩔 수 없는 일이었겠지만, 직접적인 이유는 프로젝트가 여러 가지 중대한 위기를 맞았기 때문이었다. 이를 돌파하기 위해 그로브스와 오펜하이머는 로스앨러모스의 작업을 재조직하기로 했고, 페르미에게 핵심적인 역할을 맡겼다.

가장 큰 걸림돌은 물리학에 관련된 문제였다. 로스앨러모스의 연구는 언제나 '포격' 방식의 기폭이 핵분열 폭탄을 만드는 데 가장 신뢰할 만하다고 보았다. 포격 방식이란 임계질량 이하의 우라늄 또는 플루토늄 덩어리를 또 다른 임계질량 이하의 덩어리에 포탄처럼 고속으로 쏘

아서 둘이 합쳐져 임계질량을 넘어서게 하는 것이다. U-235에 대해 알려진 모든 지식에 따라 이 우라늄 동위원소에는 포격 방식이 적합할 것으로 보였다. 버클리에서 로런스의 사이클로트론에서 생성된 플루토늄으로 시보그, 세그레를 비롯한 사람들이 수행한 초기 연구에서도 같은 결론이 나왔다. 물리학자들은 우라늄이나 플루토늄을 임계질량으로 압축하는 '내폭implosion' 방식으로도 핵분열 폭발을 일으킬 수 있다는 것을 알았지만, 실제로 내폭을 실행하기는 너무 어렵다고 보았다.

그러나 일찍이 1942년 11월에 플루토늄이 핵분열 무기에 적합한지 의심이 일어나기 시작했다. 이 의심은 시간이 지나면서 점점 커졌다. 세그레는 1944년 초에 오크리지와 핸퍼드에서 생산된 플루토늄의 성질을 분석하기 위해 메사의 연구 시설에서 멀리 떨어져 있는 작은 오두막집에서 일을 했다. 그의 연구 결과는 플루토늄 프로젝트 전체를 중단시킬 만한 것으로, 원자로에서 만들어진 플루토늄은 사이클로트론에서 만들어진 플루토늄과 상당히 달랐다. 오크리지 원자로에서 장기간 동안 강력한 중성자 포격을 당한 Pu-239 원자의 일부는 중성자를 더 흡수해서 동위원소 Pu-240이 되었다. 여분의 중성자는 핵을 혼란에 빠뜨려 자발적인 핵분열을 일으켰다. 세그레의 데이터를 보고 Pu-240이 문제일 것이라고 제시한 사람은 페르미였다.[5] 오크리지와 핸퍼드의 원자로의 출력 수준에서 Pu-240은 생산되는 플루토늄의 7퍼센트를 차지할 수 있었다. 플루토늄을 폭탄으로 만들려면 이러한 자발적 분열이 주요한 문제가 될 것이었다. 세그레의 발견에 대한 소식이 알려지자, 플루토늄으로 폭탄을 만들려면 내폭 방식을 사용할 수밖에 없음이 분명해졌다. 그러면 Pu-240이 7퍼센트쯤 함유된 플루토늄으로도, 자발적인 핵분열이 문제가 되지 않을 만큼 충분히 임계질량 이하의 구형을 만들 수 있다.

임계상태까지 압축되지 않은 구를 폭발에 의해 갑자기 압축하면, 임계상태가 되어 플루토늄 폭탄이 작동할 것이다.

그러나, 아주 큰 '만약에'가 남아 있었다. 임계질량에 효과적으로 도달하기 위해서는 구가 내폭 과정 내내 처음부터 끝까지 완벽한 구형을 유지해야 한다. 그렇지 않으면, 핵분열 반응이 구 안에서 균일하게 퍼져나가지 않아서 불발이 되고 만다. 내폭 과정 내내 플루토늄을 완벽한 구형으로 유지하려면, 폭발의 충격파가 정확히 같은 시간에 플루토늄 구의 표면 전체에 도달해야 한다. 여기에서 허용되는 오차는 거의 없다.

이것은 전례가 없는 기술적 도전이었다. 수영장에 서서 한 손으로 비치볼을 잡아서 공이 반쯤 물에 잠기게 하고, 다른 한 손으로 동전을 들고 있다고 상상해보자. 수영장의 물이 완전히 고요할 때 동전을 떨어뜨린다. 동전이 떨어진 자리에 원형의 물결이 일어나고, 이 물결이 퍼져나가서 비치볼을 때린다. 물결의 맨 앞쪽이 공의 가장 가까운 부분을 건드리고, 물결의 뒷부분이 계속 진행해서 공의 나머지 부분을 건드릴 것이다. 공도 둥글고 물결도 둥글게 퍼져나가므로 물결은 처음에 공의 한 점에만 닿는다. 폭약에 의한 충격파도 동전이 일으키는 물결과 마찬가지로 격발의 순간에 구형으로 퍼져나간다. 공에 닿는 물결과 마찬가지로 충격파도 플루토늄 공의 한 점에만 닿고, 그 순간 공의 형태가 찌그러진다. 게다가 물결은 평면에서 전달되지만 충격파는 3차원 공간에서 전달되므로 상황은 더 복잡하고 까다롭다. 구의 중심에서의 거리가 같은 여러 점에서 한꺼번에 폭발을 일으켜서 구를 균일하게 압축하는 것은 극도로 어렵기는 하지만 불가능하지는 않다. 어쨌든 내폭 과정 내내 구의 형태를 그대로 유지하는 유일한 방법은 각각의 기폭 지점에서의 충격파가 기폭 직후 몇 마이크로초 내에 구에 똑같은 힘으로 도달하도록 만드는 것뿐이다. 과학자들은 파동의 모양을 뒤집어야 했고, 그것도 기폭 직후에 매우 빠르게 해야 했다. 그때까지 이런 일을 해낸 사람은 아무도 없었다. 이 일을 정확하게 실현하려면 과학적으로도 기술적으로도 엄청나게 빛나는 재주가 있어야 했다.

로스앨러모스의 조직 개편에는 플루토늄 포격을 연구하던 인력을 내폭 연구로 재배치하는 것도 포함되었다.[6] 해군 장교 윌리엄 S. '딕' 파슨스William S. 'Deak' Parsons가 이끌고 우선순위가 낮았던 내폭 연구팀은 러시아 태생으로 하버드의 뛰어난 물리화학자였던 조지 키스티아코프스키George Kistiakowsky가 이끄는 최우선순위의 팀에 들어가게 됐다.[7] 개편의 일환으로 오펜하이머는 페르미를 로스앨러모스의 부소장으로 승격시켜서 핵물리학에 관련된 모든 연구와 이론과 특수한 문제 전체를 책임지게 했다. 이 직함은 행정적인 권위가 거의 주어지지 않는 명예직이었지만, 그가 필요하거나 그의 흥미를 끌 만한 문제에 개입할 수 있게 했다. 그는 또한 다른 부서에 포함되지 않은 다양한 과업을 담당하는 특별 부서를 직접 책임지게 되었다. 이 부서의 이름은 F 부서였고, F는 페르미를 의미했다. 이 부서는 암호명 "워터 보일러Water Boiler" 프로젝트와 "슈퍼" 프로젝트의 이론과 실험도 맡았다.

페르미가 가장 좋아했던 프로젝트인 워터 보일러는 U-235 14퍼센트를 함유한 농축우라늄에 보통의 물을 섞어서 사용하는 원자로였다. 메사 가장자리 협곡 아래에 멀리 떨어져 있는 암호명 오메가Omega의 실험실은 페르미가 실험 활동을 유지하기에 이상적인 장소였다. 다른 과학자들을 돕느라 많은 시간을 써야 했던 페르미로서는 동떨어진 실험실이 연구에 집중하기에 더 편했다. 워터 보일러는 저출력으로 가동되었지만 농축우라늄을 사용했기 때문에 중성자를 잘 흡수하는 물의 성질을 무시할 수 있을 만큼 충분히 반응성이 컸다. 지름 30센티미터의 구형 용기에 이 액체를 담고, 주위를 중성자의 생성과 흡수를 측정하는 장치와 함께 제어장치와 안전장치로 둘러쌌다. 워터 보일러는 뒤로 갈수록 점점 더 고농축우라늄을 사용했다. 워터 보일러는 우라늄의 임계질량 연구에 유용했다. 이것은 또한 중성자 생성 연구도 개선했는데, 그중 하나가 페르미의 오랜 친구인 브루노 로시가 진행한 것으로 핵분열에서 빠른중성자가 얼마나 빠르게 나오는지 알아낸 연구였다.[8] 페르미의 오메가 구역 팀에는 L. D. P. 킹L. D. P. King, 허버트 앤더슨과 조앤 힌튼Joan Hinton이라는 젊은 여성이 있었다. 킹이 페르미의 프로젝트를 진행했다. 퍼듀 대학교를 나온 물리학자 킹은 그 뒤로도 몇 년 동안 페르미와 긴밀히 협력했다. 베닝턴 대학교와 위스콘신 대학교를 졸업한 힌튼은 오메가 구역에서 페르미와 함께 일했다. 세그레는 조앤이 "운동을 아주 잘했다"고 했는데, 아마도 깊은 협곡을 기어 내려와서 워터 보일러가 있는 곳까지 올 수 있었기 때문일 것이다.[9] 좌익에 동조했던 그녀는 1948년에 공산당이 중국을 장악하자 중국으로 갔고, 남은 생애를 공산주의 통치하에 살았다. 그러나 그녀는 한동안은 페르미의 조수로 열심히 봉사했다.

슈퍼는 핵융합폭탄(수소폭탄) 프로젝트로, 페르미가 처음 가능성을 제시한 1942년 초부터 에드워드 텔러는 거의 여기에만 매달렸다. 오펜하이머는 텔러에게 버클리나 로스앨러모스에서 어떤 일도 시킬 수 없었고, 이 일로 큰 좌절감을 느꼈다. 오펜하이머는 슈퍼에 대한 획기적인 돌파구가 열릴 가능성이 너무 작아서 상당한 자원을 배분할 필요가 없다고 판단했지만 어떻게든 창의적인 텔러를 달래면서 데리고 있고 싶었고, 텔러를 자기의 직속으로 두고 있었다. 조직을 개편한 뒤에 텔러는 페르미에게 맡겨졌다.

물리학자들이 해결해야 할 가장 큰 문제는 임계질량이었다. U-235와 Pu-239를 생산하는 데 드는 엄청난 비용을 고려해서 프로젝트의 지도자들은 모호한 추측 이상의 값을 요구했다. 그들은 처음으로 탐구된 이론적인 고려 사항을 기반으로 정확한 계산을 필요로 했다. 로스앨러모스가 문을 열 때부터 이론 부문의 책임자였던 페르미의 오랜 친구 한스 베테가 이 문제를 깊이 연구했고, 뉴욕 퀸스 출신의 젊은이 리처드 파인먼도 이 문제를 고심했다. 파인먼은 취미를 즐기듯이 잠긴 금고를 열고 "누구 짓일까?"라는 쪽지를 남겨서 보안 담당 군인들을 괴롭힌 적이 있었다. 베테와 동료들은 1940년 봄부터 영국 정부가 운영한 핵폭탄 개발 프로젝트의 일원인 루돌프 파이얼스와 그의 젊은 제자 클라우스 푹스 Klaus Fuchs를 비롯한 영국 팀이 도착하자 엄청난 도움을 받았다.

암호명 "튜브 앨로이스Tube Alloys"로 알려진 영국 프로젝트의 이야기는 매혹적이고 많은 면에서 맨해튼 프로젝트를 닮았다.[10] 이 프로젝트는 미국과 영국 정부가 협력하기 전부터 시작해서 상당한 진척을 이루었다. 독일에서 망명한 루돌프 파이얼스와 오토 프리슈는 이 프로젝트에 참여해서 U-235의 임계질량에 대해 중요한 이론적 계산을 수행했고, 여기에서 나온 대략 1킬로그램이라는 값은 실제의 임계질량에 비해 너무 작았지만 원자폭탄이 불가능하지 않다는 것을 알 수 있게 했다.[11] 페르미의 옛 제자 브루노 폰테코르보도 이 프로젝트에 참여해서, 캐나다 온타리오 초크리버에서 영국군이 운영하는 플루토늄 생산 원자로에서 일하고 있었다. 폰테코르보는 페르미가 로스앨러모스에 합류하기 전에 시카고에서 페르미와 몇 번 만나서 원자로 설계의 여러 가지 측면에 대해 토론했다.

전쟁 전에 잠시 로마에 머물면서 페르미와 안면을 익혔던 파이얼스는 로스앨러모스에서 페르미를 더 잘 알게 되었다. 그들은 함께 일했고, 그로브스의 팀이 지은 비좁은 숙소의 위아래 층에 살았다. 아내들도 금방 친해졌다. 파이얼스는 페르미를 크게 존경했지만 미묘하고 관찰력이 뛰어난 비평을 하기도 했다.[12] 그의 관찰에 따르면 페르미는 크게 단순화할 수 있는 문제만 고르는 것처럼 보이고, 더 나아가기 위해서 복잡한 수학이 필요한 문제는 "대개 그대로 두었다. 그는 더 멀리 가려고 하지 않았다." 파이얼스는 "우리 모두에게 복잡해 보이지만 페르미에게는 단순한 문제의 범위가 아주 넓었고, 그가 설명해주면 우리도 그것이 단순하다는 것을 비로소 깨닫게 된다"고 말했다. 하지만 문제에 자신이 생각한 가치 이상으로 공을 들여야 한다고 느끼면, 그는 바로 흥미를 잃는다는 것이었다. 이 말은 매우 진실성이 있어 보인다.

파이얼스는 맨해튼 프로젝트와 튜브 앨로이스의 협약에 따라 로스앨러모스에 왔을 때 클라우스 푹스라는 젊은 동료와 함께 왔다. 1939년에 독일에서 영국으로 이주한 푹스는 독일 공산당원이었다. 그와 파이얼스는 함께 일했고, 파이얼스는 이 젊은 물리학자를 데리고 컬럼비아로 왔다가 로스앨러모스까지 함께 왔다. 두 사람은 파이얼스의 오랜 친구인 한스 베테의 이론 부서에서 함께 일했다. 몇 년 전부터 간첩 활동을 시작한 푹스는 소련에게 중요한 정보를 전달하기에 아주 유리한 위치에 놓였다.

이론 부서를 사로잡은 임계질량 문제는 방대한 계산으로 풀 수 있었다. 전자 컴퓨터가 아직 나오지 않았던 당시에 이러한 계산을 수행하는 가장 효과적인 방법은 "컴퓨터"라고 불리는 젊은 여성들이 느리고 단순한 기계식 계산기를 가지고 3교대로 일하는 것이었다. 젊고 열정적인 파인먼이 이 사람들을 감독했다. MIT에서 학부를 졸업한 파인먼은 오펜하이머에게 선택받아 로스앨러모스로 오기 전까지 페르미를 만난 적이 없었다. 파인먼은 페르미의 명성 따위에는 아무런 감명을 받지 못했지만, 계산 결과를 해석하는 능력 때문에 이 이탈리아 이민자에게 깊은 인상을 받았다. 여러 해 뒤에 그는 페르미를 처음 만났던 시절을 다음과 같이 회상했다.

우리는 그와 회의를 했는데, 그때 나는 어떤 계산을 해서 결과를 얻은 상태였다. 계산이 너무 정교해서 매우 어려웠다. 이런 일에 능숙했던 나는 언제나 계산에서 어떤 값이 나와야 하는지 알 수 있었고, 계산에서 왜 그런 값이 나오는지 설명할 수 있었다. 그러나 이번 일은 너무 복잡해서 왜 그런 값이 나오는지 알 수 없었다. 그래서 나는 페르미에게 이런 문제를 풀고 있다고 말했고, 결과를 설명하기 시작했다. 그가 말했다. "잠깐, 자네가 결과를 말해주기 전에, 내가 먼저 생각해보겠네. 이건 이런 식으로 될 것 같고(그가 옳았다), 이러이러하기 때문에 이건 이렇게 될 거야. 그래서 이것이 완벽하게 분명한 설명이지." 내가 잘한다고 생각하는 일을, 그는 나보다 열 배나 더 잘했다. 이 일은 나에게 큰 교훈이었다.[13]

나중에 파인먼은 워터 보일러와 관련된 기술적인 문제로 페르미와 한 시간에 가까운 논쟁을 벌였고, 페르미가 결국 파인먼이 옳다고 인정하자, 이 젊은 물리학자는 이것을 일종의 승리로 여겼다.

두 물리학자는 서로를 존경했다. 페르미는 파인먼을 인정한다는 표현으로 자연스럽고 편안하게 그를 놀려댔다. 로스앨러모스 시절에 파인먼이 어느 날 전화를 받았다. 전화를 한 사람은 페르미였다. 그는 파인먼이 쓴 보고서를 읽었는데, 너무 사소해서 발표할 가치가 없다고 말했다. 그는 그 결과가 심지어 아이에게조차 분명하다고 주장했다. 파인먼이 말했다. "그 아이가 페르미일 때요."[14] 페르미는 이렇게 대꾸했다. "아니야, 평범한 아이라고 해도."

임계질량 문제도 해결하기 어려웠지만, 페르미가 풀어야 했던 기술적 문제 중에서 가장 까다로웠던 것은 내폭 장치였다. 키스티아코프스키의 연구팀은 폭발의 '렌즈 효과'가 필요하다는 것을 깨달았다. 광학 렌즈가 빛이 통과하는 위치에 따라 속도를 다르게 해서 광파의 모양을 바꾸듯이, 폭발 시 충격파의 속도를 위치에 따라 다르게 해서 충격파의 모양을 바꾸는 것이다. 충격파가 밀도가 서로 다른 폭발성 물질을 통과하면서 파동의 모양이 바뀌어 정확히 똑같은 시간에 플루토늄 구 전체를 안으로 밀어넣는 식이다.

렌즈 효과를 일으키려면 많은 분야의 전문 지식이 필요했다. 키스티아코프스키는 아마 세계 최고의 고성능 폭약 전문가였을 것이다. 그는 물건을 날려버리는 것을 좋아했지만, 그것만으로는 충분하지 않았다. 여러 가지 전문 지식이 필요했고, 특히 광학 분야의 전문 지식이 필요했다. 전쟁 전의 연구로 광학 지식에 정통한 루이스 앨버레즈가 이 일에 참여했다. 또 다른 광학 전문가인 하버드의 에드워드 퍼셀Edward Purcell도 함께했다. 그러나 플루토늄 주변의 고성능 폭약 배치를 결정하는 계산에서 가장 핵심적인 인물은 헝가리 출신의 유대인 수학자였고, 그의 이름은 존 폰 노이만이었다.

많은 사람이 노이만을 20세기의 가장 위대한 수학자 중 한 사람이라고 생각한다. 부다페스트에서 태어난 노이만은 로스앨러모스에 참여한 다른 헝가리 사람인 실라르드, 텔러, 위그너와 함께 고등학교를 다녔다.

그들은 모두 자기들 중에서 노이만이 가장 똑똑하다고 생각했다. 여덟 살의 어린 '조니Johnny'는 여덟 자리 숫자에 여덟 자리 숫자를 머릿속에서 곱할 수 있었고, 가장 계산을 잘하는 사람이 종이 위에 계산하는 것보다 훨씬 더 빨랐다. 그는 백치천재가 보여주는 능력을 가졌지만 백치가 아니었다. 그는 매우 사교적이어서 사람들과 편하게 어울렸고, 말솜씨도 대단히 화려했다. 그는 페르미보다 키가 더 작았고, 짓궂은 장난을 좋아했고, 흥미롭지만 거친 농담을 즐겼다. 성깔도 보통이 아니어서 분노를 터뜨리는 일이 잦았고, 대개 평온한 페르미에 비해 더 자주 화를 냈다.

그는 1933년에 프린스턴 고등연구소가 그에게 종신직을 제안하자 이민을 떠났다.[15] 전쟁이 시작될 무렵에 그는 수학의 거의 모든 분야에서 업적을 냈고, 물리학에도 손을 대어 하이젠베르크와 디랙의 양자론에 수학적 근거를 제공하는 중요한 저작도 발표했다. 그는 초기에 전쟁 노력에 동참했고, 로스앨러모스에 오기 전에 재래식 폭약의 충격파를 연구했다.[16] 페르미는 그의 연구를 알고 있었지만 두 사람이 만난 적은 없었다. 로스앨러모스에서 두 사람은 자주 만났고, 머리를 맞대고 많은 시간을 보냈다. 페르미는 이 헝가리인의 수학 실력이 얼마나 뛰어난지 금방 인정했지만, 언제나 계산만은 이기려고 노력했다. 하지만 이긴 적은 거의 없었다. 분주히 돌아가는 이론 부서 제일 안쪽의 조용한 방에 베테, 페르미, 노이만이 모여 앉아서 압력파와 관련된 복잡한 적분방정식을 풀어보라고 서로에게 도전하는 일이 잦았다. 오펜하이머도 가끔씩 그들 틈에 끼었다. 대개는 노이만이 뛰어난 세 물리학자를 물리쳤다.

페르미는 노이만의 수학 실력에 감탄을 금할 수 없었다. 몇 년 뒤에, 전쟁이 끝나고 로스앨러모스에서 여름 연구를 마치고 돌아온 페르미는 시카고 대학교 교수 클럽에서 점심 식사를 하면서 동료들에게 노이만이 특히 까다로운 수학 문제를 거장의 솜씨로 풀어낸 이야기를 했다. 페르미의 젊은 동료 물리학자 코트니 라이트Courtenay Wright에 따르면, 페르미는 그가 이 문제를 풀 때 자신이 했던 역할에 대해 이렇게 말했다고 한다. "쟁기에 앉은 파리가 '우리가 밭을 갈고 있어!'라고 말하는 것 같았지."[17]

모든 계산이 종이 또는 노이만의 머리에서 이루어지지는 않았다. 임계질량 계산과 마찬가지로, 내폭 장치에 대한 계산에도 '컴퓨터'가 조작하는 다양한 기계식 계산기가 필요했다. 페르미 자신도 기계식 계산기를 아주 좋아해서, 로스앨러모스에 오자마자 가장 먼저 한 일은 컬럼비아의 피그럼에게 편지를 써서 자기가 시카고로 올 때 가지고 오지 못했던 계산기를 보내달라고 부탁한 것이었다.[18] 페르미는 천공 카드를 사용하는 IBM의 최신 기계식 계산기도 사용했다.[19] 그는 이 경험을 살려서 전쟁이 끝난 뒤에 물리적인 상호작용에 대해 컴퓨터로 모의실험을 한 최초의 물리학자가 되었다. 노이만의 경우에 IBM 기계를 사용한 경험은 그를 다른 방향으로 이끌어서, 전쟁이 끝난 뒤에 프로그래밍 가능한 최초의 전자 컴퓨터를 설계했다.

페르미는 곧 상당히 벅차지만 규칙적인 일상에 익숙해졌다. 라우라가 준비해주는 전통적인 간단한 아침 식사를 한 뒤에 자전거를 타거나 걸어서 폭탄에 관한 연구를 하는 보안이 철저한 기술 구역으로 출근했다. 아침에는 혼자서 그를 괴롭히는 여러 가지 물리학 문제를 연구하면서 자기가 감독하고 있는 여러 분야의 과학적 노력에 관련된 수많은 행정 업무도 함께 처리하려고 노력했다. 오후는 다른 사람들을 위한 시간이었고, 모두를 위해 사무실 문을 열어두었다. 물리학자나 엔지니어가 해결해야 할 어려운 문제가 있을 때 페르미를 찾아가면 금방 빠르고 명확한 해결책을 얻을 수 있다는 것이 곧 명백해졌다. 세그레는 어떤 전기 회로에 문제가 생겼을 때의 일을 다음과 같이 회상했다.[20] 페르미는 문제를 분석했고, 이 문제를 해결할 수 있는 특성을 가진 진공관들을 열거했고, 몇 시간 뒤에는 그 특성을 가진 진공관을 찾아내서 회로에 끼워서 문제를 해결했다. 그는 이 회의에서 저 회의로 차례로 다니면서 조언과 자문을 했다.

그는 또한 물리학 강의를 시작했는데, 누구나 참석할 수 있었다.[21] 이 강의는 정례화되었다. 특히 젊은 직원들은 자기가 하는 일에서 잠시 벗어나서 세계 최고의 물리학자에게 중성자물리학에 관한 강연을 들을 기회를 고맙게 받아들였다.

그는 자주 협곡을 타고 내려가서 오메가 구역의 킹, 앤더슨, 힌튼을 비롯한 사람들과 함께 워터 보일러에 대해 연구했다. 그는 이제 슈퍼 프로젝트와 에드워드 텔러에 대한 책임도 맡고 있었다. 텔러는 핵융합에 관한 방정식을 완전히 익혔지만, 아무도 실제로 핵융합 폭발을 일으킬 수 있을 만큼 충분한 시간 동안 핵분열 장치와 핵융합 장치를 하나로 묶어두는 방법을 알아낼 수 없었다. 이런 것들과 함께 중요성은 떨어지지만 반드시 해결해야 할 기술적인 문제들이 페르미를 압박하고 있었다. 그렇다고 해서 사람들이 로스앨러모스에서 일에만 몰두하지는 않았다.

징벌과 같은 일정에도 불구하고 일요일은 쉬는 날이었고, 페르미는 적극적으로 여가를 활용했다. 주위를 둘러싼 헤메즈산맥은 동료들과 친구들과 함께 길고 격렬한 하이킹을 하기에 좋았다. 그는 어린 시절에 하던 대로 계획을 세웠고, 무리를 이끌었고, 언제나 선두에 섰다. 조지 워싱턴 대학교에 다니다가 이론 부서로 온 물리학자 제프리 추_{Geoffrey Chew}

는 키가 크고 운동을 잘하는 스무 살 청년이었다.[22] 그는 자기가 페르미를 따라잡을 수 있는 몇 안 되는 사람 중 한 사람이었다고 회상했다. 그에 따르면, 이런 날에는 물리학에 대해서는 한마디도 하지 않았고, 거의 아름다운 서남부의 풍경에 대한 말만 주고받았다고 한다. 겨울철에는 헤메즈산맥에 눈이 내려서 스키를 탈 수 있었다. 페르미는 젊을 적에 스키를 배운 유럽 시절의 동료, 특히 한스 베테와 닐스 보어 같은 사람들과 함께 스키를 탔다.

페르미는 로스앨러모스 메사를 벗어나 남서쪽으로 약 16킬로미터 떨어진 밴들리어 숲에도 가보았다. 길고 영감에 넘치는 하이킹 끝에 그는 푸에블로 인디언 유적지를 보았다. 그는 메사를 둘러싸고 있는 협곡 바닥의 많은 시내에서 송어 낚시도 배웠다. 어려운 플라이 낚시 기술을 배우려고 열심인 사람들을 웃기려는 농담으로, 최후의 만찬으로 벌레 같은 살아 있는 미끼를 주어야 물고기에게 조금이나마 인간적인 대접이 아니겠느냐고 말했다. 세그레가 한번은 이 말에 반박했고, 페르미는 플라이 낚시가 무슨 재미인지 모르겠다고 말했다. 세그레는 페르미에게 송어를 가짜 파리로 잡는 것이 더 어렵다는 것을 참을성 있게 강의했다. 가짜 파리를 진짜 곤충으로 생각하도록 물고기를 속이는 것이 진짜 기술이라는 것이었다. 페르미는 미소를 띠고 살짝 비꼬면서 말했다. "그래. 두뇌 싸움이란 말이지."[23]

로스앨러모스에서는 사교 생활도 활발했다. 대개 흰 배지를 단 사람들(프로젝트의 모든 것을 알고 있는 과학자 수백 명)과 파란 배지를 단 사람들(나머지 모두)이 따로 어울렸다. 그것이 편했다. 하얀 배지들의 파티는 자주 열렸고 생기가 넘쳤다. 때로는 과학자들의 비좁은 숙소에서 열렸지만, 욕조 거리에 살았던 오펜하이머도 더 넓은 집에서 파티를

로스앨러모스 주변의 산에 동료들과 스키를 타러 온 페르미. (로스앨러모스 국립 연구소 제공)

열었다. 흰 배지들의 구내식당으로 사용되던 큰 통나무집인 풀러 로지에서 더 큰 파티가 열리기도 했고, 공동체 전체를 위해 훨씬 더 큰 구내식당에서 파티가 벌어지기도 했다. 엔리코와 라우라는 술을 즐기지 않았지만 이런 파티를 즐겼다. 페르미 가족도 파티를 자주 열어서 손님들과 함께 실내 게임을 했고, 이런 게임에서 엔리코는 늘 이기려고 기를 썼다.

추는 젊은 아내와 함께 주최한 파티에 페르미가 참석했던 일을 회상했다.[24] 추는 둥글게 둘러앉은 사람들 사이로 가위를 넘겨주는 파티 게임을 제안했다. 가위를 받은 사람이 다리를 꼬고 앉아 있으면 가위를 접은 채로 건네주고, 다리를 꼬지 않았으면 가위를 벌린 채로 넘겨준다. 몇몇 사람들은 그 비밀을 알고 있었고, 나머지는 게임을 지켜보면서 추측으로 알아내야 했다. 가위가 여러 번 돌아갔지만 페르미는 규칙을 알아내지 못해서 안달했다. 규칙을 일찍 알아낸 라우라가 좌절감에 빠진 남편에게 살짝 귀띔을 해주었다. 페르미는 결국 너무 화가 나서 미안하다는 말을 남기고 아내와 함께 일찍 자리를 떠났다. 추는 당황했지만, 페르미는 이 일을 마음에 담아두지 않았다. 전쟁이 끝난 뒤에 추는 시카고 대학교로 갔고, 페르미의 대학원생이 되었다.

더 큰 파티에서는 스퀘어 댄스를 출 때도 있었는데, 페르미 가족에게는 새로운 경험이었다. 최초의 핵분열 무기의 퓨즈 장치를 개발한 물리학자 로버트 브로드Robert Brode의 부인 버니스Bernice는 이 기간 동안 자주 만났던 스퀘어 댄스 그룹을 이끈 사람 중 하나다. 나중에 그녀는 페르미 가족이 초보자를 가르치는 자리에 온 이야기를 했다. 그들은 처음에 가만히 앉아서 보기만 했는데, 복잡한 춤 동작을 해야 한다는 생각에 겁을 먹은 것 같았다. 조금 지나서 라우라와 넬라가 댄스에 동참했지만 엔리코는 여전히 움직임을 연구하면서 그대로 앉아 있었다.

그는 온화하고 합리적인 목소리로 자기가 스퀘어 댄스에 합류할 준비가 되면 말해주겠다고 했는데, 춤을 자세히 보면서 동작을 기억하려고 노력하는 기색이 역력했다. 그러던 어느 날 저녁에 그가 내게 와서, 내가 직접 파트너가 되어준다면 끼어들어보겠다고 말했다. 스퀘어 댄스를 이끄는 커플이 되겠다는 것이었는데, 처음 춤을 추는 사람으로서는 좋은 방법이 아니라고 생각했지만 거절할 수도 없었고, 그대로 음악이 시작되었다. 그는 정확한 박자로 나를 인도했고, 어떤 동작을 언제 해야 하는지 정확히 알고 있었다. 그는 그때나 그 이후나 한 번도 실수하지 않았다. 나는 그가 춤을 즐겼다고 말하지 않겠다. 가장 잘하는 사람들도 늘 실수를 하는데 그는 실수하지 않으려고 엄청나게 집중했기 때문이다. 나는 그에게 축하한다고 말했지만, 긴장을 풀고 즐기라는 충고도 했다. 그는 관대하게 웃었지만, 나는 그가 발이 아니라 머리로 춤을 춘다는 것을 알았다.[25]

그도 결국에는 스퀘어 댄스를 즐기는 법을 익혔고, 아주 잘 익혀서 전쟁이 끝난 뒤에 시카고 시절에 페르미 가족이 연 많은 파티에서 스퀘어 댄스는 붙박이 행사가 되었다.

1945년 3월에 핸퍼드의 원자로는 플루토늄을 전속력으로 생산했고, 오크리지의 거대한 시설은 우라늄을 대규모로 농축했고, 로스앨러모스에 이 물질들이 공급되는 횟수가 늘어났다. 우라늄의 임계질량에 대한 연구도 많은 성취를 이루었는데, 특히 오메가 구역의 워터 보일러와 같이 수행된 "용 간질이기tickling the dragon" 실험이 주목할 만하다.[26] 임계질량 이하의 농축우라늄 덩어리를 다른 농축우라늄 덩어리로 낙하시키는데, 이 덩어리도 임계질량 이하이고, 가운데에 겨우 통과할 만한 크기의 구멍을 뚫어놓는다. 덩어리가 구멍을 통과하는 순간에 잠깐 동안 전체 장치가 임계점을 넘어서는데, 폭발하기에 충분히 길지 않지만 U-235 임계질량의 추정치가 정확한지 높은 정밀도로 확인하기에는 충분했다.

그러나 내폭 장치는 더 많은 연구가 필요했다. 한 가지 결정적인 실험은 알루미늄 구로 정밀하게 제어된 내폭을 구현한 것이었다. 베테가 이끄는 이론 부서의 계산에 따라 키스티아코프스키의 팀이 설계한 구체 주변의 폭약 배치는 플루토늄 금속으로 구체 제작을 시작하기에 충분히 유망함을 입증했다.[27] 이제 페르미는 임계점에 도달한 정확한 순간에 빠른중성자를 내보내는 역할을 하는 '초기 중성자 공급 장치'를 설계하려고 했지만, 이런 시도는 폭탄의 물리학을 담당한 그룹의 책임자 로버트 바커Robert Bacher를 난처하게 했다. 바커는 존경받는 실험가였고, 전쟁 뒤에도 길고 성공적인 경력을 쌓게 된다. 페르미와 바커는 서로 크게 존경했지만, 바커는 페르미가 조금 골칫거리가 되어간다고 생각했다. 페르미는 초기 중성자 공급 장치의 여러 가지 아이디어를 냈지만, 바커가 보기에는 모두가 말도 안 되는 것이었다. 페르미가 이 장치 때문에 바커의 속을 썩이기는 했지만 나중에도 둘은 좋은 관계를 유지했다. 그는 이 일에 대해 다음과 같이 말했다.

> 내 생각에 페르미는 자기가 그 아버지라고 불리게 될 이 엄청난 물건이 점점 더 거대한 무기가 되어가는 것에 대해 염려하기 시작했던 듯하다. 그는 그 점을 끔찍하게 걱정한 것 같다. (…) 그는 초기 중성자 공급 장치뿐만 아니라 전체 프로젝트에 대해 걱정한 것 같다. 그러나 그는 자기가 들여다볼 수 있는 일이 초기 중성자 공급 장치를 개발하는 일이라고 생각해서 집중했고, 그 일은 제대로 되지 않았다.
> 그는 또한 그렇게 말도 안 되는 방법을 생각해내고 동작하지 않는 방법을 찾는 것이 자기 의무라고 생각하지 않았나 싶다. 그래서 그는 온갖 것을 다 검토했고, 하루 뒤나 조금 시간이 지난 뒤에 나 또는 베테를 붙들고 그 중성자 공급 방법이 왜 동작하지 않는지에 대해 새로운 이유를 대곤 했다.[28]

바커의 추측대로 페르미는 프로젝트의 엄청난 함의를 마침내 이해하고 문제 해결의 불가능성을 보여주는 방법을 찾고 있었을지도 모른다. 어쩌면 실제로 페르미가 완전한 연쇄반응을 일으키기에 충분한 수의 중성자를 장치가 파괴되기 전에 방출시키는 일에 대한 기술적인 문제를 해결하지 못해 쩔쩔맸을 수도 있다. 어쨌든, 바커와 오펜하이머는 1943년 말에서 1944년 초에 메사의 거주자로 도착한 닐스 보어와 그의 아들 오게Aage Bohr에게 이 일을 할당했다.[29] 바커는 보어 부자의 설계를 페르미가 받아들일 것이라고 보았고, 그가 옳았다. 덴마크의 부자는 며칠 동안 고심한 끝에 우아한 해결책을 내놓았다. 페르미가 로마에서 사용했던 중성자 방출원을 공 모양으로 만든 이 장치는 "성게"라고 불렸고, 플루토늄 공 안쪽에 설치된 이 장치가 내폭의 엄청난 압력을 받으면 파괴되기 전에 중성자 10~100개를 방출한다. 이 정도의 중성자만으로도 플루토늄 구 전체에서 완전한 폭발을 일으키기에 충분하다. 이 우아한 해결책을 본 페르미는 그것이 효과가 있을 것이라고 인정했다.[30]

바커가 정신과 의사도 아니고, 과묵한 페르미의 내면을 추측하기는 어렵다. 그러나 페르미가 깊은 심리적 스트레스를 겪었을 수 있다. 그는 맨해튼 프로젝트 급행열차에 일찍 올랐고 5년 넘게 엔진을 작동시키는 데 도움을 주었다. 사실 그는 이 열차에 탄 최고의 화부였고, 이제 열차가 종착역을 향하고 있었다. 그의 내면 깊숙한 곳에서 끔찍한 결과를 초래할지도 모르는 물리 프로젝트를 시작한 책임이 자기에게 있다고 자각했을 수도 있다. 물론, 그의 조언과 판단과 물리학적 전문 지식에 상당히 의존했던 프로젝트가 끝내 실패할 수 있고, 개인적으로 크게 당혹하게 될지 모른다는 우려 역시 작용했을 수 있다. 우리는 페르미가 내내 주저하는 모습을 보았다. 그는 핵분열 폭탄의 가능성을 의심했고, 1939년

3월에 군대에게 미온적으로 설명했으며, 예전 동료 레오 실라르드가 아인슈타인에게 핵분열 무기의 가능성을 경고하는 서한을 루스벨트 대통령에게 보내달라고 간청한 운명의 여름을 핵분열 연구로 보내지 않기로 결정했었다. 1945년 초에는 이제 초기 중성자 공급 장치가 이론적으로 불가능하다는 생각이 떠올랐다. 이것이 사실이라면, 미국이 핵무기를 만들 수 없겠지만 독일도 마찬가지이다. 이것이 사실이라면, 이 악마의 장치가 기술적으로 불가능하다는 것을 증명하는 데 그렇게 많은 돈을 쓴 것이 된다.[31] 보어 부자가 절묘한 방식으로 작동하는 초기 중성자 공급 장치를 설계하자 페르미는 그 책임을 벗어나게 되었지만, 프로젝트는 계속 진행될 터였다. 페르미는 이 급행열차가 목적지에 도달하는 것을 막을 수 있는 마지막 기회를 얻을 수도 있었겠지만, 이제는 싸움을 멈추고 지원하는 쪽으로 돌아섰다.

독일과의 전쟁은 1945년 4월 말에 끝났다. 5월 2일에 독일 의사당 건물에 소련 국기가 내걸렸다. 연합군의 가장 중요한 유럽의 적을 실질적으로 물리쳤고, 이와 함께 하이젠베르크와 그의 동료들이 원자폭탄을 먼저 개발할 것이라는 두려움도 사라졌다.

제러미 번스타인Jeremy Bernstein이 결론적으로 보여주듯이, 독일은 핵무기를 만드는 근처에도 가지 못했다.[32] 중수를 감속재로 사용한다는 최초의 결정으로 그들의 프로젝트는 시작하자마자 끝장이 날 운명이었다.[33] 하이젠베르크는 나중에 프로젝트를 지연시키기 위해 의도적으로 그런 결정을 내렸다는 듯이 말했지만, 오늘날 역사가들 사이의 합의는 이 설명이 얼마간 자기 변명이라고 본다. 덧붙여 독일인들이 흑연을 감속재로 사용하기로 했을 때, 그들이 사용한 흑연은 불순물이 너무 많아서 감속재로서의 성능이 크게 떨어졌다. 이 점을 보완하기 위해 그들은 우라늄의 임계질량을 매우 크게 잡았다. 결국 그들은 스스로 유지되는 연쇄반응조차 성취하지 못했다.

유럽에서 전쟁이 끝나자 맨해튼 프로젝트의 본질이 크게 바뀌었다. 페르미를 포함해서 프로젝트에 참여한 많은 과학자가 보기에 이 프로젝트를 계속해야 할 정당성이 사라졌다. 최초의 핵무기를 만드는 경쟁에서 독일이 탈락했다. 미래를 내다볼 때, 일본이 원자폭탄을 가질 가능성에 대해서는 아무도 진지하게 받아들이지 않았다. 금속 연구소의 과학자들, 그중에서도 특히 제임스 프랑크와 레오 실라르드는 맨해튼 프로젝트의 진행을 늦추거나 완전히 중단해야 한다고 보았고, 폭탄을 개발했다고 해도 일본에 떨어뜨려서는 안 된다고 확신했다. 로스앨러모스의 과학자들은 시카고 과학자들의 동요가 커지고 있음을 알고 있었고, 일부는 이러한 불안감에 동조했다.

그러나 정치인들과 군부의 생각은 달랐다. 그로브스는 핵무기의 완성을 독려하려고 했고, 이 길이 일본과의 전쟁을 끝내는 빠른 방법이라고 생각했으며, 핵무기의 효율성을 평가해보고 싶어했다. 새로운 대통령 해리 트루먼 주변에 있는, 프로젝트를 잘 아는 소수의 인사들(가장 주목할 만한 사람은 전쟁부 장관 헨리 스팀슨Henry Stimson이었다)도 그로브스와 생각이 같았다. 취임하고 나서야 이 프로젝트에 대해 알게 된 대통령도 같은 생각이었다.[34]

이러한 배경에서, 헨리 스팀슨 장관은 5월 말에 네 핵심 과학자, 아서 콤프턴, 페르미, 로런스, 오펜하이머를 워싱턴으로 불렀다. 그들은 핵무기 프로젝트 전체의 미래에 대해 정치적이고 전략적인 조언을 담당하는 '임시 위원회'에 조언을 하게 되었다. 스팀슨이 위원장을 맡은 이 임시 위원회는 정부의 최고위급 민간 관료와 군부 지도자로 이루어져 있었다.

스팀슨의 펜타곤 사무실에서 열린 이 회의는 아침 10시쯤 시작해서 점심 식사를 하면서도 계속되었고, 오후 늦게 끝났다. 콤프턴은 나중에 회고록에서 이 모임에 대해 회상했다.[35] 회의에서는 프로젝트의 현재 상황, 핵무기의 효과에 대한 추정, 핵무기를 사용할 것인지, 사용한다면 언제 할 것인지, 소련에는 어떻게 알릴 것인지, 전쟁이 끝난 뒤의 비밀 유지 방법, 무엇보다도 가장 중요하게는 일본과의 전쟁을 끝내기 위해 무기를 사용하는 방법에 대한 대화가 오갔다.

점심 식사 중에 콤프턴과 로런스가 일본의 정치와 군사 지도부를 초청해서 폭발 시범을 보이는 방안을 지지했다. 폭발 시험의 경험이 너무 극적이어서 일본인들이 재빨리 평화를 위한 조치에 들어갈 것이라는 생각이었다. 오펜하이머는 강력하게 반대했다. 그는 폭탄을 일본에 떨어뜨리기를 원했다. 그는 저항하는 일본이 항복할 만큼 시범이 극적일 것이라고 생각하지 않았다. 또한 핵무기가 재래식 폭격보다 특히 더 비인간적이라고 보지도 않았다. 이미 도쿄를 포함한 일본의 대도시들이 폭격으로 초토화되었고, 약 20만 명이 죽었다.

오펜하이머의 의견이 받아들여졌다. 회의에 참석한 정치 지도자들은 전쟁을 빨리 끝내거나 후속 침공을 쉽게 하거나 어떤 목적으로든 일본에 핵무기를 쓰는 쪽으로 이미 기울어져 있었다. 그들의 의견상, 가장 빠른 방법은 군수품을 생산하는 일본의 주요 도시에 극적으로 폭탄을 사용하는 것이었다. 또한 그들은 즉각적인 미래에 폭탄을 하나 또는 둘 정도만 만들 수 있는데, 폭탄 하나를 단순한 시범용으로 소모하는 것에 명확히 반대했다. 시범용으로 하나를 쓴다면 남은 무기가 단 하나뿐인데 일본 사람들이 시범을 보고도 기대했던 반응을 보이지 않을 수도 있었다. 시범에서 폭탄이 불발이라도 되면 문제가 더 악화되리라.

페르미는 이후의 연구를 위해 필요한 농축우라늄 양에 대해서만 발언했다.[36] 그 양은 일단은 9킬로그램이었고, 다음 단계로 넘어가면 0.5톤 정도가 될 것이었다.

스팀슨이 페르미를 어떻게 생각했는지, 또는 페르미가 스팀슨을 어떻게 생각했는지는 기록이 남아 있지 않다.[37] 페르미는 처음부터 맨해튼 프로젝트의 중심부에서 일해왔지만 그때까지 최고 수준의 정치 권력을 가진 사람과 마주한 적은 없었다. 그는 전에도 미국의 주요 인사들과 만나왔지만 스팀슨 정도의 지위에 있는 사람을 만난 적은 전혀 없었다. 필립스 아카데미와 예일 대학교를 나와서 장관이 된 스팀슨은 프로젝트의 성공에 결정적인 기여를 하는 강한 이탈리아 억양의 이 이민자가 당황스러웠을 것이다. 회의가 끝난 뒤에 스팀슨은 과학자들에게 일본에 대한 폭탄 사용 방안을 조언하는 짧은 보고서를 작성해서 임시 위원회에 제출하라고 지시했다. 스팀슨이 왜 보고서를 작성하라고 했는지는 불분명하다. 바로 다음 날 대통령의 조언자이며 나중에 국무장관이 되는 제임스 번스James Byrnes가 임시 위원회의 권고는 일본에 원자폭탄을 떨어뜨리는 것이라고 대통령에게 보고했기 때문이다. 스팀슨이 시카고와 로스앨러모스의 과학자들 사이에서 폭탄을 사용하지 말아야 한다는 여론이 커지는 것을 우려했고, 이러한 공감대가 커지는 것을 막기 위해서 최고 과학 지도자들에게 보고서를 쓰라고 했을 수도 있다.[38] 네 과학자는 번스가 대통령에게 이미 보고했다는 사실을 모른 채 각자의 연구소에서 동료들의 의견을 조사했다. 콤프턴이 한 일이 아마도 가장 어려웠을 것이다. 그는 시카고의 과학자들 대부분으로부터 도덕적 권위를 존중받는 제임스 프랑크에게 보고서 작성을 요청했다. 프랑크는 이미 독일이 항복한 뒤에 원자폭탄을 어떻게 사용할지에 대해 숙고했다. 그는 서한의 초안을 작성했고, 실라르드와 시보그를 비롯한 사람들이 서명했다.[39] 이 서한은 일본을 공격하기보다 폭탄 시범을 보이거나 폭탄의 존재를 비밀로 하기를 선호하는 금속 연구소 다수의 견해를 대변했다. 콤프턴은 시범을 보이자는 쪽으로 기울어 있었지만 서명하지 않았다. 프랑크는 서한을 직접 워싱턴으로 가져가서 스팀슨에게 전달했다. 임시 위원회를 만났던 네 과학자가 최종 사본을 본 적이 있는지 여부는 분명하지 않다.

오펜하이머는 임시 위원회에 브리핑을 했던 나머지 세 과학자들과 1945년 6월 중순에 로스앨러모스에서 함께 모여서 논의를 계속하고 스팀슨이 요청한 권고안을 준비하기로 했다. 회의는 1945년 6월 15일에 시작되었고, 여기에서 세 가지 보고서를 작성했다. 비교적 논란의 여지가 없는 첫 번째 보고서는 전쟁이 끝난 뒤에 핵 연구에 매년 10억 달러 정도의 자금을 지원할 것을 권고했다. 세 번째 보고서는 그로브스의 맨해튼 프로젝트를 전쟁이 끝날 때까지 계속 운영해서 핵 관련 기술을 감독하도록 권고했다.[40] 그러나 역사가들이 기억하는 것은 원자폭탄의 사용이라는 시급한 주제를 다룬 두 번째 보고서다. 네 과학자를 대표해서 오펜하이머가 서명한 350단어에 불과한 이 보고서는 미국의 핵무기 개발을 동맹국들에게 알릴 것을 권고했다. 또한 과학 공동체마다 견해가 다르지만, 최대한 빨리 전쟁을 끝내기 위해 즉시 군사적으로 사용하는 쪽에 기울었음을 밝히고, 과학자로서 그들은 핵무기의 정치적, 사회적, 군사적 측면에 대해 특별한 전문성이 없다는 것을 인정했다.

오펜하이머가 이러한 '합의된' 견해에 어떻게 도달했는지는 명확하지 않다.[41] 대부분의 설명은 콤프턴이 1956년에 쓴 회고록을 바탕으로 한다. 콤프턴과 로런스는 1945년 5월 워싱턴 회의에서 둘 다 오펜하이머에 반대해서 시범을 먼저 보이자는 쪽을 지지했다. 시카고로 돌아간 콤프턴은 일본에 폭탄을 사용하는 것을 반대하는 프랑크를 비롯한 사람들의 적극적이고 점점 더 당혹스러운 설득에 시달렸다. 방위 문제에 관한 한 언제나 매파였던 로런스조차도 얼마간 놀라서, 워싱턴 회의에서 그랬듯이 시범을 먼저 하는 쪽을 계속 지지했다. 폭탄 사용을 강력히 지지했던 오펜하이머는 콤프턴과 로런스가 주저하면서도 서명할 수 있도록 문구를 잘 다듬었다. 콤프턴에 따르면 로런스가 마지막까지 버텼지만 결국은 마지못해 동의했다.

오펜하이머의 비서였던 앤 윌슨 마크스Anne Wilson Marks는 1983년의 인터뷰에서 완전히 다른 이야기를 했다.[42] 1945년 6월 15일 회의가 끝난 뒤 얼마 지나지 않아서, 오펜하이머가 그녀에게 페르미가 네 사람 중에 마지막까지 저항했다고 밝혔다는 것이다. 마크스에 따르면 페르미가 프랑크 보고서의 주장에 크게 동조했고, 원자폭탄의 시범에 반대할 뿐만 아니라 폭탄을 사용하지 말아야 하며, 가능한 한 오랫동안 비밀로 유지해야 한다고 주장했다. 이것은 나중에 수소폭탄 연구를 하지 말아야 한다고 표명했던 페르미의 견해와 상통한다. 인간 본성에 대한 그의 견해에 따르면, 전쟁은 인간의 삶의 영구적 측면이다. 결국 또 다른 전쟁이 일어날 것이고, 사람들은 이 끔찍한 무기를 들고 서로 싸울 것이다. 따라서 전체 프로젝트를 가능한 한 비밀로 유지해야 한다. 오펜하이머는 자기 비서에게 페르미의 동의를 얻기 위해 1945년 6월 17일 새벽 5시까지 설득했다고 말했다.[43] 우리는 비서의 기억을 의심할 특별한 이유가 없다.

페르미는 왜 동의했을까? 우리는 추측만 할 수 있다. 페르미는 그 후로도 내내 오펜하이머와 공적인 연대를 유지했다. 오펜하이머는 자기가 어떤 입장에 있건 효과적이고 열정적인 대변자였고, 그는 핵무기를 일본에 군사적으로 사용하는 데 찬성했다. 실제로 페르미가 마음을 바꿨을 수도 있고, 아니면 자신의 견해를 펼치기보다 프로젝트 책임자에게 힘을 실어주는 편이 더 중요하다고 보았을 수도 있다. 이것은 정치 문제에 대해서 과학자는 전문가가 아니라는 페르미의 견해와 일치한다. 마지막으로, 그는 외국 출신으로 최근에야 국적을 얻은 자신의 위치를 여전히 민감하게 의식했다.[44] 개인의 정치적 또는 도덕적 우려를 표현하기보다 자신의 나라에 대한 충성심을 강조하는 것이 더 중요했을 것이다.

어쨌든 우리는 그의 개인적인 동기를 알 수 없고, 그가 단지 합의된 견해에 동의했다는 것만을 알 수 있다. 그는 결코 이 결정에 대해 말하거나 쓴 적이 없고, 이 문제에 대해 오펜하이머를 지지한다는 것 말고는 어떤 것도 시사하지 않았다. 사건이 일어나고 38년 뒤에 언론인 피터 와이든Peter Wyden이 앤 윌슨과 인터뷰를 하지 않았다면 우리는 그가 주저했다는 것 자체를 알 수 없었을 것이다.

실라르드는 정부가 시범 없이 일본의 목표물에 폭탄을 군사적으로 사용할 것을 우려해서, 스스로 나서서 금속 연구소 과학자 70명의 서명을 받은 탄원서를 그로브스에게 보냈다. 그로브스는 이 문서를 '비밀'로 분류해서 서랍에 넣어버렸다.[45]

물론 가장 큰 아이러니는 오펜하이머가 이끄는 그룹의 권고안이 전혀 중요하지 않았다는 것이다. 프랑크의 보고서와 실라르드의 청원서도 마찬가지였다. 대통령과 측근들은 정치적, 군사적 고려를 바탕으로 일본의 도시들에 무기를 사용하기로 이미 결정했다. 유일한 문제는 폭탄을 투하할 도시를 선정하는 일이었다. 젊을 때 일본을 여행한 스팀슨은 장엄한 문화 수도인 교토를 잠재적 타격 목표에서 제외했지만, 다른 모든 도시를 똑같이 대했다.

과학자들은 1945년 7월과 8월에 이루어진 결정에 그들이 한 역할을 두고 오랫동안 애를 태웠다. 더 강하게 나갔어야 했을까? 더 설득하려고 노력해야 했을까? 그들은 걱정할 필요가 없었다. 워싱턴의 의사 결정권자들은 이러나 저러나 그들의 말을 듣지 않았다.

$$\textcircled{20}$$

성스럽지 않은 삼위일체

오펜하이머의 권고안에 서명한 페르미는 다시 당면한 과제로 돌아왔다. 원자폭탄의 폭파 시험 준비가 1945년 3월부터 시작되었고, 로스앨러모스에서는 다른 작업을 모두 중단하고 여기에 총력을 기울였다. 시험 장소는 로스앨러모스에서 남쪽으로 약 300킬로미터 떨어진 불모의 사막으로 결정되었고, 이곳은 현재 화이트샌즈 미사일 시험장의 일부가 되었다. 오펜하이머는 폭파 시험을 준비하고 실행하는 TRTrinity(삼위일체) 부서를 새로 창설했고, 고성능 폭약을 연구해온 물리학자 케네스 베인브리지Kenneth Bainbridge를 부서장으로 임명했다. 베인브리지의 새로운 부서의 인원은 250명까지 늘어났고, 페르미는 공식적으로 컨설턴트로 지명되었다.

로스앨러모스에서의 연구로 포격 방식의 우라늄 폭탄은 신뢰성이 매우 높다고 알려졌다. 트리니티 테스트에서는 더 복잡하고 문제가 많은 내폭 방식의 플루토늄 폭탄만 시험하기로 했다.

페르미는 1945년 7월 16일로 예정된 시험 일정보다 며칠 일찍 자동차로 앨리슨과 바우디노와 동행해서 시험장으로 갔다.[1] 그들이 탄 차는 거의 폐차 직전이었다. 페르미는 앨리슨에게 그들이 시험장에 무사히 도착한다면 트리니티 테스트에서 일어날 수 있는 것보다 더 큰 위험에서 살아남은 것이라고 농담했다. 도착하자마자 페르미는 곤경에 빠졌다.[2] 베인브리지에게 배속된 헌병 몇 사람이, 폭발 결과로 지구 대기가 타오를지를 두고 페르미가 내기에 응하는 것을 들었다. 헌병들은 단단히 교육받은 대로 베인브리지에게 보고했다. 베인브리지는 작업자들이 단체로 공포에 빠지는 상황을 예방해야겠다고 생각했다. 베인브리지는 당연히 분노했고, 페르미를 자신의 임시 사무실로 데리고 들어가서 강하게 항의했다.

페르미와 앤더슨은 육군 탱크 두 대를 넘겨받아서 용접공들과 기술자들의 도움을 받아 방사선 차폐를 위해 납을 덧대고, 원격 제어 삽을 장착했다. 폭파 직후에 폭발 지점으로 가서 그곳에 있는 물질을 채취해 조사하기 위해서였다. 폭탄을 설치하기 위해 세운 철탑에서 젊은이들이 폭탄을 최종적으로 설치하고 자료 수집을 위한 측정 장치의 전선을 연결하면서 작업은 점점 더 미칠 듯한 긴장감에 휩싸였다.

시험에 오는 VIP들에게는 컴퍼니아 언덕이라고 불리는 작은 언덕 위에 마련된 장소의 '앞줄' 자리가 배정되었다. 다른 유명 인사들은 언덕 꼭대기에서 참관했지만 페르미는 그와 폭파 지점 사이에 걸리는 것이 가능한 한 적은 개방된 야외에서 관찰하고 싶어했다. 그는 철탑에서 16킬로미터쯤 떨어진 사막을 자기의 관측 장소로 정했다.[3] 다른 물리학자들도 페르미와 함께했고, MIT에서 온 두 물리학자 빅토어 바이스코프Victor Weisskopf와 필립 모리슨Phillip Morrison, 페르미와 워터 보일러를 함께 연구한 L. D. P. 킹도 있었다. 1945년 7월 16일 새벽에는 날씨가 말썽이었다. 밤새도록 비가 오락가락해서 시험을 하루 연기하는 방안도 진지하게 고려됐다. 그러나 새벽 4시에 비가 그쳤고, 베인브리지는 시험을 진행하기로 결정했다.

여러 관측 장소에 인터폰이 가설되었고, 앨리슨은 오전 5시 30분에 최종 카운트다운을 할 때 이 인터폰을 사용했다. 한 시간 남짓 기다리는 동안 차이콥스키의 음악이 흘러나왔다. 시계를 주의깊게 들여다보던 앨리슨은 카운트다운을 해서 0을 외쳤고, 그 순간에 전자 제어장치가 작동했다. 제어반에서 출발한 전기 신호가 전선을 따라 사막을 지나 철탑 위로 전달되었고, 이 신호는 32개의 펄스로 나뉘어 고성능 폭약의 신관 32개에 정확히 같은 시간에 도달했다. 고성능 폭약 렌즈가 동시에 기폭되어 임계점 아래에 있는 플루토늄 구를 압축했고, 장치의 중앙에 있는 성게 중성자 공급 장치를 파괴했다. 성게가 파괴되면서 중성자를 내뿜었고, 중성자는 1밀리초 안에 플루토늄의 폭발적인 연쇄 핵분열 반응을 일으켰다.

페르미, 킹, 바이스코프, 모리슨을 비롯한 사람들은 지시받은 대로 폭발 지점의 반대쪽으로 머리를 두고 땅바닥에 엎드렸고, 아크 용접용 보안경을 썼다. 몇 초 동안, 사막 전체가 하얗게 빛났다. 누구도 본 적이 없을 만큼 밝았고, 지구 탄생 이후 어느 때보다 더 밝았다. 페르미와 동료들은 폭발 지점을 향해 서 있었고, 하얀 빛이 지나가자 폭발의 둥근 불덩어리가 천천히 땅에서 솟아오르면서 보라색에서 분홍색 사이의 여러 가지 색깔로 변하는 것을 보았다. 페르미는 이 빛을 보자마자 수를 세면서 시간을 재기 시작했고, 주머니에서 종잇조각 한 줌을 꺼냈다. 그가 벙커가 아닌 야외에서 관찰한 이유가 바로 이것이었다. 그는 머리 위로

트리니티 테스트 폭발의 순간. (로스앨러모스 국립 연구소 제공)

팔을 뻗어 종잇조각을 든 채 시간을 재다가 폭발의 충격파가 도달하는 시점에 떨어뜨렸다. 초당 약 340미터의 속도로 휩쓸고 지나가는 충격파 속에서 떨어뜨린 조각이 2.5미터를 날아가 떨어졌다. 페르미는 폭발이 TNT 10킬로톤에 해당한다고 주위 사람들에게 말했다.[4]

그는 이 작은 실험을 전날 저녁에 준비했다. 그는 베테와 노이만과 함께 압력파에 대해 몇 달이나 연구했으므로, 이런 실험을 머릿속에서 바로 떠올릴 수 있었다. 이것이 고전적인 페르미였다. 짧은 계산을 바탕으로 한 간단한 실험으로 정확한 결과를 얻는 것이다. 측정 장비 전문가들이 나중에 폭발력이 18킬로톤이라고 확인했지만, 페르미는 누구보다 더 빨리 그럴듯한 답을 얻었다.

폭발이 일어난 지 한 시간 안에 페르미와 앤더슨은 각각 다른 탱크를 타고 폭발 지점으로 접근했다.[5] (바우디노는 이때만은 페르미를 데려다주겠다고 하지 않았을 것이다.) 폭발로 구덩이가 깊이 1.5미터, 폭 9미터로 패었다. 폭탄을 설치했던 철탑은 증발해버렸다. 모래가 녹았다가 굳어서 방사성을 띤 유리가 되었다. 페르미가 탄 탱크는 도중에 엔진에 모래가 들어가서 고장이 났다. 결국 앤더슨이 탄 탱크가 폭발의 고열로 생성된 방사성 유리를 채취했다. 오늘날 트리니타이트trinitite라고 부르는 이 광물은 로스앨러모스에서 철저하게 분석됐다.

트리니티 테스트를 목격한 사람들은 이 광경을 영원히 잊을 수 없었고, 많은 사람의 증언이 역사책에 남겨졌다. 페르미의 워터 보일러 연구를 돕던 조앤 힌튼의 증언은 특히 주목할 만하다.

마치 빛의 바다 속에 있는 것 같았다. 우리는 모든 방향에서 오는 빛 속에 잠겨 있었다. 이 빛은 폭탄을 향해 빨려 들어가듯이 줄어들었다. 빛은 자주색과 파란색으로 변했고, 위쪽으로 끊임없이 솟구쳤다. 솟아오른 구름이 떠오르는 태양의 빛을 받으면서 올라가서 하늘의 구름과 합쳐질 때까지 우리는 계속해서 낮은 목소리로 속삭이면서 이야기하고 있었다. 땅에는 검붉은 구름이 있었고, 이 구름 위에 낮의 밝은 빛이 있었다. 그때 갑자기 소리가 우리에게 닿았다. 아주 선명하게 우르릉대는 소리였고, 온 산이 모두 함께 울렸다. 우리는 갑자기 큰 소리로 말하기 시작했고, 우리가 온 세계에 드러났다는 느낌이 들었다.[6]

폭발의 빛은 수백 킬로미터 떨어진 곳에서도 보였다.[7] 로스앨러모스에서는 이 빛을 멀리에서도 볼 수 있도록 시험이 새벽에 실시될 것이라는 소문이 돌았다. 에드윈 맥밀런의 아내 엘시는 욕조 거리에 있는 집의 창문에서 섬광을 보았다.[8] 샌타페이에 있던 도러시 맥키빈은 언덕에 올라가서 시험장 방향에서 번쩍이는 빛을 보았다. 샌타페이의 다른 주민들도 지평선에서 깜박거리는 빛을 보았다고 회상했지만, 그때는 먼 곳에서 번개가 친다고 생각했다.

페르미는 종이 실험에 너무 몰두해서, 나중에 라우라가 폭발 소리가 어땠는지 물었을 때 전혀 기억나지 않는다고 대답했다.

현장을 참관한 과학자들과 관료들은 폭발을 본 직후에 강한 감정의 동요를 겪었다. 페르미는 자기가 탄 탱크의 고장에도 겉으로는 의연했지만, 결국은 그날의 스트레스를 이기지 못했다. 그날 밤 새뮤얼 앨리슨과 함께 집에 갈 때 그는 전혀 그답지 않게 친구에게 운전을 맡겼다. 나중에 라우라의 회고에 따르면 "그는 차가 방방 떠서 커브에서 커브로 바로 건너뛰는 것처럼 느꼈다." 그날 밤에 그는 말 한마디 하지 않고 잠자리에 들었다고 라우라가 회상했다.

앨리슨도 나중에 그날 집으로 돌아가는 길에 대해 회상했다.[9] 가는 길에 타이어가 터져서 앨리슨은 페르미를 남겨두고 다른 사람의 차를 얻어 타고 가까운 정비소로 향했다. 그러나 앨리슨이 수리 장비를 구하기도 전에 페르미가 차를 몰고 쫓아왔다. 마침 지나가는 물리학자가 아르곤 가스통을 갖고 있어서, 바퀴에 아르곤 가스를 채웠다고 페르미가 말해주었다. 안전하지만 아주 비싼 기체를 자동차 바퀴에 넣는 일은 이때가 처음이자 마지막이었을 것이다.

여러 해가 지난 뒤에 질병통제예방센터는 트리니티 테스트가 실시된 지역 인근 주민들의 방사선 피폭 문제를 조사했다.[10] 63개쯤의 목장과 3개의 캠프장이 폭발 지점 50킬로미터 이내에 있었다. 뉴멕시코 사막의 지하수에는 염분이 섞여 있어서 주민들은 오래전부터 빗물을 식수로 사용해왔다. 트리니티 테스트 다음 날 비가 왔고, 방사성을 띤 물질로 빗물 유수지가 오염되었다.[11] 목장 사람들은 며칠 동안 낙진이 "눈처럼 내렸다"고 말했다. 보건 방사선 전문가들은 방사선 피폭의 위험을 알고 있었지만, 주변 지역 주민들에게 위험에 대해 알려주지도 않았고 대피시키지도 않았다. 조사 보고서에 따르면 "정보를 아는 프로젝트 참가자들과 통보받지 않은 일반 대중에게 다른 안전 기준이 적용되었다".

툴라로사 베이슨 다운윈더스 컨소시엄Tularosa Basin Downwinders Consortium의 설립자인 티나 코도바Tina Cordova와 같은 활동가들은 미국 정부가 이 지역 사람들과 그 자손들이 겪은 방사선 피폭과 그 후의 건강 문제에 책임을 지도록 노력했다. 그녀를 비롯한 이 지역 여러 사람의 노력으로 2009년에 방사능 피폭과 그 가능한 결과에 대한 질병통제예방센터의 조사 보고서가 발간되었다.[12] 연구는 계속되고 있지만, 보상은 아직 결정되지 않았다.

1945년 7월 24일에 독일 포츠담에서 열린 정상회담에서 트루먼은 스탈린에게 새로운 무기에 대해 이야기했다. 트루먼은 미국 쪽 통역관이나 이 일을 증언해줄 배석자도 없이 혼자서 스탈린에게 말했다. 트루먼에 따르면 스탈린이 특별한 관심을 보이지 않았지만, 이 소련 독재자는 대통령에게 축하를 전하면서 일본인들에게 효과적으로 사용할 것을 희망한다고 덧붙였다. 스탈린은 트리니티가 성공했다는 사실을 미리 알지는 못했을 것이다. 그러나 분명히 맨해튼 프로젝트에 대해서 많은 것을 알고 있었다. 파이얼스의 동료 클라우스 푹스가 소련에게 원자폭탄 개발에 관한 소식을 넘겨주고 있었고, 새로운 무기의 재료가 우라늄이 아니라 플루토늄이라는 정보도 그를 통해 소련으로 넘어갔다. 이 정보로 소련은 원자폭탄 개발을 몇 년 앞당길 수 있었다.

1945년 7월 26일 포츠담 회담에서 발표한 선언문은 일본이 즉각적으로 항복하지 않으면 심각한 타격을 입을 것이라고 경고했다. 선언문에 신무기에 대한 언급은 없었다. 며칠 뒤에 미 공군은 일본 전역의 도시에 전단 수십만 장을 뿌려서 시민들에게 임박한 재앙적인 파괴를 경고했지만 이번에도 혁명적인 신무기에 대한 언급은 없었다.

원자폭탄이 남태평양 북마리아나제도의 티니언섬으로 공수되었다. 폭탄은 두 개였고, 부분적으로 조립된 채였다. 하나는 포격 방식의 우라늄 폭탄 리틀 보이Little Boy였고, 또 하나는 내폭 방식의 플루토늄 폭탄 패트 맨Fat Man이었다. 괌에서 북동쪽으로 200킬로미터쯤 떨어져 있는 티니언섬으로 로스앨러모스 사람들이 파견되어 최종 조립을 수행했다.[13] 포츠담 선언이 발표되고 열흘쯤 뒤인 1945년 8월 6일에, 장거리 폭격기가 티니언섬 기지에서 이륙해서 리틀 보이를 히로시마에 떨어뜨렸다. 7만여 명이 죽고 도시의 대부분이 거의 평평해졌다. 항복을 교섭하기 위해 일본 정부 내의 파벌들이 미국 정부 관료와 접촉하려고 미친 듯이 노력했다. 그러나 일본 군부의 대책 회의는 미국이 원자폭탄을 기껏해야 하나쯤 더 갖고 있으리라고 추측했고, 항전을 결의했다. 1945년 8월 9일에 패트 맨이 항구 도시 나가사키에 떨어졌다. 원래는 고쿠라가 1차 목표였지만 구름에 가려서 도시가 잘 보이지 않아 계획이 변경되었다. 8만여 명이 죽었고, 이 도시도 평평해졌다.[14] 두 번째 폭격이 있기 전에 소련이 일본에 선전포고를 했고, 스탈린의 군대가 일본이 점령하고 있던 만주로 진격했다. 자기 나라에 닥친 재앙을 두려워한 일본 천황은 닷새 뒤에 라디오 방송으로 무조건적인 항복을 선언했다. 항복에 대한 숙고를 끝낸 직접적인 원인은 소련의 공격이었고, 미국의 원자폭탄 투하 결정도 결국은 소련의 공격 때문에 앞당겨졌을 것이다. 그러나 미국 지도자들은 주요 의사 결정권자들의 의도대로, 전쟁을 빨리 끝내서 일

본 본토 상륙에 따르는 살육을 피하고자 원자폭탄을 사용했다고 보았다.[15]

로스앨러모스 주민들은 이 소식에 환호했다. 하얀 배지를 단 사람의 아내들은 이제 남편이 무슨 일을 하고 있었는지 알았고, 파란 배지를 단 사람들은 이제 그들이 했던 노동의 궁극적인 목적이 무엇이었는지 알게 되었다. 미국인들은 샌타페이 산속의 비밀 기지와 녹스빌과 리치랜드 근처의 비밀 도시에 관한 소식에 매료되었다. 로스앨러모스와 맨해튼 프로젝트의 남녀들은 영웅이 되었다.

첫 번째 폭격이 있었던 날, 유지니아 파이얼스가 위층의 페르미네 집으로 뛰어 올라가서 어리둥절한 라우라에게 "우리 물건이 일본에 떨어졌어요!"[16]라고 외친 이야기는 유명한 일화가 되었다. 라우라는 유지니아가 무슨 말을 하는지 전혀 몰랐다. 라우라의 회고록에 따르면, 그녀는 폭격 직후에 남편이 준 책을 읽은 다음에야 6년 동안 남편이 무슨 일을 했는지 처음 알았다. 그 책은 1944년부터 헨리 드울프 스미스Henry DeWolf Smyth가 맨해튼 프로젝트에 대해 대중에게 공개하기 위해 준비한 책이었고, 이 책은 출판된 지 8개월 만에 10만 부 이상이 팔렸다. 놀랍게도 이 책에서 그녀의 남편이 주연급으로 등장했다. 대중은 베스트셀러가 된 이 책에 매료되었고, 페르미는 유명 인사가 되었다. 페르미는 쏟아지는 관심에 뛰어난 유머로 대처했다.

라우라 자신은 폭탄의 사용에 대해 신중했고, 그녀의 남편도 마찬가지였을 것이라고 추측된다.[17] 두 사람 모두, 전쟁을 빨리 끝낸다는 이점에 어마어마한 인명 손실보다 더 무게를 뒀다. 그들도 재래식 폭탄을 사용한 대규모 폭격만으로도 일본의 도시들이 히로시마와 나가사키에 떨어진 원자폭탄과 비슷하거나 더 큰 인명 피해를 입었다는 것을 알고 있었다. 한편으로 그들은 원자폭탄이 특유의 심리적 공포를 일으킨다는 것도 알고 있었다. 미래에 일어날 분쟁에서 양쪽이 원자폭탄을 사용한다면 누구도 안전할 수 없었다.

마리아 페르미는 동생이 주연급으로 활동한 프로젝트에 대해 강경한 견해를 보였다. 그녀는 폭격 소식을 들은 직후에 엔리코에게 편지를 썼다.

> 판단력이 있는 사람들은 기술적인 논평을 하지 말아야 하고, 방대한 협력의 결과에 대해 누가 제1저자인지 찾아봐야 헛된 일임을 알 거야. 모두가 끔찍한 결과에 당황하고 어리둥절해하고 있고, 시간이 지나도 당혹감이 줄어들기는커녕 더 커지기만 해. 나로서는 네가 하느님께 의지하면 좋겠어. 너를 도덕적으로 심판할 수 있는 분은 하느님 뿐이야.[18]

페르미와 그의 가족은 1945년 말까지 로스앨러모스에 있었다. 워터 보일러와 슈퍼 둘 다에 유용한 연구가 남아 있었다. 페르미는 핵물리학에 관한 포괄적인 강의를 끝내고 싶었다.[19] 이 강의는 1965년에《논문선집》출판에 맞춰 비밀이 해제되었다. 출판된 문서는 페르미가 쓴 것이 아니라 강의를 들었던 여러 사람의 노트를 정리한 것이고, 페르미의 젊은 공동 연구자 버나드 펠드가 검토하고 보완했다. 이 문서는 페르미가 알고 있는 핵물리학의 모든 측면을 다룬 것으로, 당시의 물리학계에 알려진 핵물리학의 거의 모든 것을 간명하게 정리했다.

페르미는 당시 슈퍼 프로젝트의 현황에 대해서도 강의했다.[20] 텔러는 수소폭탄 설계와 관련된 기본적인 문제 몇 가지를 해결하지 못했고, 페르미의 강연은 1945년 8월 당시의 상황에서 폭탄 설계의 개념적 결함을 지적했다. 이 강의는 2009년까지 비밀로 분류되어 《논문 선집》에는 포함되지 못했다. 핵융합 장치에 대해 텔러와 페르미가 수행한 연구를 살펴보면 두 사람 다 매우 전문적이었다. 그러나 마지막 문단은 전형적인 페르미의 유머와 함께 이 주제에 대해 적어도 1945년 말의 상황에서 두 사람의 결정적인 차이를 보여준다.

> 이 일련의 강의를 마치면서, 이 강의들이 얼마간 비관적인 견해를 담고 있음을 언급해야겠다. 반면에 보고된 연구의 대부분을 담당한 텔러는 낙관적인 쪽으로 기울어 있다. 슈퍼[수소폭탄]의 현실성에 대한 질문에 대답하기 위해 채택된 절차로 텔러는 스스로가 얼마간 과잉 설계되었다고 여기는 임시 설계를 제안하겠지만, 이 강사는 그의 설계가 미흡함을 보여주려고 한다. (이렇게 해서 교황이 악마의 변호인이 되었다!)[21]

1945년 12월 말에 강의가 끝난 뒤에 페르미는 시카고로 돌아갔고, 시카고 대학교에는 그에게 맞춰 설립한 새로운 연구소의 자리가 기다리고 있었다.

이탈리아에 남아 있던 페르미의 동료들은 전쟁을 어떻게 보냈을까?

라세티는 캐나다 퀘벡의 라발 대학교에서 전쟁을 맞았다. 페르미가 로스앨러모스로 와서 함께 일하자고 권했지만 라세티는 도덕적인 이유로 거절했다. 그는 무기와 핵분열에 뛰어들기를 꺼렸고, 그것들을 혐오스럽게 생각했다. 전쟁이 끝난 뒤에 라세티는 볼티모어의 존스 홉킨스 대학교에서 일하면서 페르미와 다시 연락했고, 두 사람은 느린중성자 특허에 대한 보상을 받기 위해 긴밀히 협력했다.

이탈리아가 전쟁에 뛰어들자 아말디는 바로 징집되어 한동안 전방에서 복무했다.[22] 징집되기 전에 아말디와 동료 물리학자들은 핵분열의 발견을 주시하면서 그 의미를 논의했다. 그들은 도덕적인 이유로 핵분열 무기에 대한 연구를 하지 않기로 결정했다. 아말디는 전방에서 돌아온 뒤에 로마 대학교 물리학과의 기록을 보존하기 위해 될 수 있는 한 많은 기록을 파리올리가에 있는 자기 집으로 옮겨놓았다.[23] 그는 이 기록이 로마 중심부의 사피엔차 캠퍼스보다 자기 아파트에 있는 것이 더 안전하다고 생각했다. 그는 비싸고 중요한 장비도 집에 숨겼다. 이탈리아는 아말디가 전쟁 중의 불안한 상황에서 이탈리아 물리학을 보존한 공로를 인정하고 있다.

페르미의 학생이었던 오레스테 피치오니를 비롯한 다른 사람들도 이탈리아에 남았다. 피치오니는 마르첼로 콘베르시Marcello Conversi와 에토레 판치니Ettore Pancini와 함께 1945년에 시가전이 한창이던 험난한 시절에 로마의 지하실에서 독창적인 실험을 했고, 이 성과는 1947년에 발표되어 전후의 입자물리학에 큰 영향을 주었다.[24] 페르미는 전쟁 중에도 이탈리아 동료들에 대한 관심을 끊지 않았고, 행방을 수소문하면서 그들의 안전을 위해 노력했다. 그는 1938년에 컬럼비아 대학교의 교수직을 수락한 뒤에 피그럼에게 위험에 처한 동료들을 위해 자리를 마련해달라고 촉구했다.[25] 그러나 전쟁이 시작되자 이탈리아에 남겨진 동료들 중 다수가 미국으로 오지 못했다. 오레스테 피치오니 같은 동료들은 전쟁이 끝날 때까지 기다려야 했다.

엔리코 페르미는 "원자력 시대의 아버지"라고 불리고는 한다. 1939년에서 1945년의 기간을 되돌아보면, 좀 더 미묘한 평가가 나온다.

몇 가지는 논쟁의 여지가 없다. 페르미와 실라르드는 1939년에 우라늄을 사용해서 연쇄 핵반응이 어떻게 일어날 수 있는지 탐구하는 최초의 결정적인 실험들을 했다. 게다가 두 사람은 최초의 연쇄반응을 위해서 중수보다 흑연이 더 적합한 감속재라는 천우신조에 가까운 의견을 제시했다. 독일의 노력이 실패한 가장 큰 원인은 하이젠베르크가 중수로를 선택했기 때문이었다. 시카고의 첫 번째 파일로 이어진 그 실험들이 없었다면 원자폭탄을 개발할 수 있었을까? 파일 자체가 핵무기 개발에서 중요한 발명이었다. 파일은 핵분열 연쇄반응의 물리 현상을 보여주었을 뿐만 아니라 플루토늄 생산 원자로 개발의 모형이 되기도 했다. 사이클로트론으로 우라늄을 때리는 방법으로는 결코 원자폭탄을 만들 만큼의 플루토늄을 생산할 수 없었고, 1942년 12월 시카고에서 페르미와 동료들이 완성한 연구가 없었다면 거대한 핸퍼드의 원자로는 탄생할 수 없었다. 또한 그의 연구로 막대한 중성자 방출원이 확보되어서 중성자의 성질을 연구하고 우라늄과 플루토늄에서 폭발적인 연쇄반응을 일으키는 중성자의 능력을 연구할 수 있게 된 점도 똑같이 중요하다. CP-2와 CP-3도 최초의 핵무기 제조에 필요한 다양한 재료의 불순물 함량을 알아내는 데 매우 중요했다. 마지막으로, 워터 보일러는 임계질량의 추정에 사용되었다. 새로운 원자로에 대한 페르미의 연구는 맨해튼 프로젝트의 핵심 부분이었다.

로스앨러모스에서의 그의 기여를 평가하기는 비교적 어렵다. 워터 보일러 연구는 분명히 매우 중요했지만, 그가 수행한 일 대부분은 매일의 조언과 자문이었고, 중성자 확산 연구, 압력파 계산, 복잡한 전자 회로 설계에 이르기까지 광범위한 기술 문제를 다루었다. 물리학자들은 어려운 문제에서 막히면 페르미를 찾아갔다.[26] 그는 대개 다른 사람들이 가져온 문제에 대해 빠르고 실용적인 해결책을 찾아냈고, 로스앨러모스의 모든 사람에게 매우 가치 있는 자원이 되었다. 베테와 다른 부서 책임자들과 마찬가지로 오펜하이머도 다양한 문제에 대한 과학적 판단을 페르미에게 의존했다.

그러나 페르미가 폭탄 자체를 설계하지는 않았다. 다른 사람이 원자폭탄을 설계했고, 페르미는 폭탄의 설계와 폭탄의 물리학에 관련된 다양한 문제에 대해 조언했다. 1942년부터 1943년까지 오펜하이머와 다른 사람들이 버클리에서 수행한 우라늄과 빠른중성자의 충돌에 관한 연구에서도 페르미는 중심이 아니었다. 시카고 파일과 마찬가지로 프로젝트의 궁극적인 성공에 중요했던 동위원소 분리와 우라늄 농축에 관한 로런스, 유리 등의 연구에도 페르미는 거의 기여하지 않았다. 그는 화학자도 아니었다. 플루토늄 생산 원자로에서 꺼낸 우라늄 연료봉에서 플루토늄을 추출하는 방법을 알아낸 것은 조직적이고 헌신적인 글렌 시보그와 그의 팀이었다. 내폭에 필요한 압력파 계산에 핵심적인 역할을 한 사람은 노이만이었고, 페르미는 자기가 할 수 있는 만큼 기여했다. 포격방식과 내폭 방식 모두에 필요한 폭파 장치는 키스티아코프스키가 이끄는 폭발물 전문가 팀이 설계했다.

페르미가 원자로의 출력이 높을 때 일어나는 제논 독작용의 가능성을 놓쳐서, 플루토늄 폭탄 개발은 완전히 중단될 위기를 맞았다. 휠러와 그레이브스의 도움으로 B 원자로가 정상 가동되어 플루토늄을 생산할 수 있었다. 문제는 해결되었지만, 페르미는 명백히 중요한 기술적인 문제를 놓쳤다. 1938년 12월에 핵분열을 이루어냈을 때 본 것처럼, 페르미가 교황이었을 수는 있지만 무오류의 존재는 아니었다.

맨해튼 프로젝트는 한 사람의 능력으로 이루지지 않았다. 로스앨러모스, 시카고, 오크리지, 핸퍼드에서 수백 명의 과학자, 수천 명의 엔지니어, 건설 노동자, '컴퓨터', 비서, 하급 군인이 함께 노력했다. 그중 대다수가 대통령이 1945년 8월에 일본 도시에 원자폭탄을 떨어뜨렸다고 발표한 뒤에야 그들이 궁극적으로 무엇을 위해 일했는지 알게 되었다.

그로브스와 오펜하이머를 한 팀으로 묶은 것이 아마도 프로젝트의 성공에 가장 중요한 결정이었을 것이다. 그로브스는 수십억 달러가 드는 사업을 엄격한 보안 속에서 빠듯한 기한 안에 완수할 수 있는 극소수의 인물 중 하나였다. 오펜하이머는 한편으로 그로브스와 호흡을 맞추면서 다른 한편으로는 과학자들을 지휘하기에 이상적인 인물이었다. 맨해튼 프로젝트가 이 두 거인 중 한 사람 없이도 성공할 수 있었다고 상상하기는 어렵다.

다른 과학자들도 결정적인 역할을 했다. 베테, 노이만, 앨버레즈, 세그레, 서버, 베인브리지, 파인먼, 네더마이어Seth Neddermeyer를 비롯해서 뛰어난 물리학자 수백 명이 메사에서 폭탄 설계를 위해 노력했다.

페르미가 성공에 핵심적인 역할을 했는가? 의심의 여지가 없다. 페르미가 없었어도 프로젝트가 성공했을까? 아마도 결국은 성공했을 것이다. 그러나 페르미가 없었다면 거의 확실히 훨씬 더 오래 걸렸을 것이다. 1939년 초에 실라르드가 맨해튼의 킹스크라운 호텔에서 그를 만났을 때, 1935년부터 1938년까지 아말디와 함께 녹초가 될 정도로 열심히 연구해온 페르미는 중성자물리학에 관해서 지구에서 가장 지식이 풍부한 사람이었다. 실라르드가 페르미에게 달라붙어서 결국 원자로 개발로 이어지는 연구를 하도록 밀어붙인 것은 역사의 위대한 우연 중 하나이다. 뛰어나고 끈질기고 때로는 성가시기도 한 실라르드가 달라붙지 않았다면 페르미가 제어된 연쇄반응을 계속 연구했을지 알 수 없다. 그는 다른 유형의 기술적 연구를 추구했을 수도 있다. 심지어 중성자 연구를 완전히 떠나서 입자물리학으로 넘어갔을 수도 있다. 실라르드가 다른 뛰어난 물리학자에게 접근했다면 어땠을까? 물론 그럴 수도 있었겠지만, 가상의 공동 연구자와 얼마나 잘 협력했을지는 알 수 없다. 우리가 알고 있는 것은 페르미가 실라르드와 연쇄반응을 탐구하기로 동의했고 이 탐구가 역사가 되었다는 것이다. 그것은 원자폭탄을 가능하게 했고, 인류를 원자력의 시대로 이끌었다.

이 과정에서 페르미와 그의 동료들은 전쟁 전에는 존재하지 않았던 종류의 과학자, 즉 공공 과학자가 되었다. 전쟁 전까지 기초 연구는 전 세계의 대학교와 표준국Bureau of Standards과 같은 극소수의 공공 연구 기관에서 보잘것없는 예산으로 수행되었다. 연구는 소규모로 진행되었고, 겨우 몇 사람 정도가 실험대 하나에서 실험을 하고 그 결과를 전문 학술지를 통해 전 세계의 동료들에게 자유롭게 전달했다. 페르미는 정부의 과학자가 되었고, 맨해튼 프로젝트에 참여한 동료들도 마찬가지로 정부의 과학자가 되었다. 그들이 수행한 연구의 많은 부분이 정부 기밀로 수행되었고, 전후 시대에도 계속해서 그러한 제약을 받았다. 미국 정부는 곧 전국에 거대한 국립 연구소를 설립했고, 맨해튼 프로젝트의 유산인 이 연구소들은 로스앨러모스, 핸퍼드, 오크리지 등에서 오늘날에도 계속 운영되고 있다.

맨해튼 프로젝트는 비밀로 분류된 과학의 시작일 뿐만 아니라, 정부가 막대한 규모로 연구비를 지원하는 '거대 과학'의 시작이었다. 로마, 케임브리지, 파리, 컬럼비아 등에서 이루어진 20세기 초의 소규모 실험 시절은 영원히 사라졌다.

페르미가 시카고로 돌아왔을 때는 이 혁명의 심대한 영향이 겨우 이해되기 시작했을 뿐이었지만, 시카고 대학교 물리과학부 학장 월터 바트키Walter Bartky는 이 혁명을 예리하게 관찰하고 있었다. 그는 이 관찰을 바탕으로 계획을 세웠고, 또 한번 페르미에게 핵심적인 역할을 맡기고 싶어했다.

4부

시카고 시절

（21）

시카고로 돌아오다

페르미 가족은 1946년 1월 2일에 시카고로 돌아왔다. 6월에는 살던 집에서 멀지 않은 유니버시티가 5327번지의 새로운 집으로 이사했다. 우드론가의 건물과 마찬가지로 20세기 전환기에 지은 커다란 3층 벽돌 건물이었다. 이 집은 엔리코가 죽고 라우라가 아파트로 이사한 1956년까지 페르미 가족의 집이었다. 넬라와 줄리오는 실험 학교로 다시 전학했다. 라우라는 1944년 여름에 떠났던 곳에서 다시 시작해서 바쁜 사교 일정을 관리하고 교수진과 학생들을 위해 파티도 많이 열었다. 파티에서는 스퀘어 댄스도 자주 췄고, 해럴드 애그뉴가 구령을 할 때가 많았다. 라우라는 페이퍼백스The Paperbacks라는 이름의 독서 클럽을 조직해서 주로 고전을 읽었다.[1]

전쟁이 끝난 뒤에 엔리코 페르미는 세속적이라고까지는 할 수 없지만 좀 더 원만한 사람이 되었다. 그는 때때로 라우라의 독서 클럽에도 참여했다. 그는 책을 읽지 않고 강경한 견해를 보이기도 했지만, 독서 클럽에 참여하면서 철학과 문화에도 조금씩 관심을 가지는 듯했다. 세그레에게 들려준 말에 따르면, 그는 가끔씩 "상대방보다 더 큰 소리로 외치는 옛 이탈리아의 방식으로" 독서 클럽 사람들을 설득했다.[2] 1953년에 그는 애스펀에서 젊은 사업가 20명에게 역사, 문화, 철학 분야에서 폭넓은 독서 경험을 주는 세미나에 연사로 초청받았다. 페르미는 이 여행을 즐겼고, 세미나 주최자들이 자기를 '철학자'로 여기는 것을 재미있어했다. 페르미는 이전과 달리 양자론의 철학적 측면에 대해 생각해봤다고 세그레에게 말했다.[3] 그러나 그는 이런 생각을 종이에 쓰지는 않았다. 놀랍게도 라우라는 엔리코를 설득해서 매우 인기 있는 뮤지컬 〈남태평양〉 공연에 함께 가기도 했다.[4] 페르미로서는 음악에 대한 엄청난 양보였다.

10대 시절 넬라와 줄리오는 서로 다른 방식으로 아버지를 경험했다.

넬라는 아버지를 존경했고 좋은 관계를 맺었다. 1991년에 코넬 대학교에서 열린 모임에서 넬라는 11세 때 아버지가 대수학을 가르치려 했던 경험에 대해 이야기했다. 페르미는 그리 성공하지 못했지만 넬라는 기초를 익혔고, 나중에 학교에서 대수학을 배울 때 쉽게 이해할 수 있었다. 그녀는 아버지가 집에서 한 목공 작업에 대해서도 이야기했다. 페르미가 만든 물건은 기능에만 치중했고 멋지게 보이지는 않았다. 라우라가 보기 흉하다고 투덜대자, 엔리코는 소파 뒤에 가려져서 보이지 않으니 아무 상관 없다고 말했다. 라우라가 화를 내면서 나가버리자 엔리코는 넬라에게 이렇게 충고했다. "절대로 필요 이상으로 더 정밀하게 만들지 마라."[5] 두 사람은 라우라가 여행을 떠났을 때 함께 요리를 하기도 했다. 놀랄 것도 없이, 엔리코는 조리법을 문자 그대로 해석했다. 넬라는 아버지가 이상한 물질을 가져와 어떤 용도로 사용하면 좋을지 생각해보라고 한 일을 즐겁게 기억했다. 이 물질은 천천히 잡아당기면 퍼티처럼 잘 늘어났고, 빠르게 당기면 유리처럼 부러졌다. 그는 이 물질을 넬라와 줄리오에게 보여주었지만 둘 다 그것을 어디에 쓰면 좋을지 알 수 없었다. 이것은 1950년대와 1960년대에 유행했던 장난감 '실리 퍼티Silly Putty'였다.[6] 그들은 또 다른 새로운 장난감 '물 마시는 새'를 갖고 놀았다. 이 플라스틱 새는 부리를 물컵에 담갔다가 일어서기를 계속 반복했다. 넬라가 말했듯이 아버지가 특별히 재미있게 알려주지는 않았지만, 두 아이들은 이 장난감을 매우 좋아했다.

줄리오는 아버지와 문제가 좀 있었다.[7] 매우 똑똑하지만 우울증 성향이 있었던 이 소년은 아버지의 그림자에 가려서 결코 편안함을 느끼지 못했다. 그는 만년에 아버지에 대해서 말한 적이 거의 없었지만, 대학 시절에 만나 평생의 친구가 된 로버트 폴러Robert Fuller에게는 가끔씩 아버지 이야기를 했다. 줄리오는 폴러에게 자기가 전기 모터를 조립하지 못할 때의 좌절감과 아버지가 나서서 문제를 직접 해결해줄 때마다 느꼈던 굴욕감을 이야기했다. 아버지와 비교해서 자기가 무능하다는 느낌과, 이런 느낌을 전혀 이해해주지 않는 아버지의 무심함에 대해 이야기했다. 줄리오의 문제는 열여섯 살이 되어 대학에 다닐 준비가 되었을 때쯤에 터졌다. 그는 손목을 그어 자살을 시도했다. 폴러에 따르면, 줄리오는 그 끔찍했던 날에 구급차에 실려 가면서 아버지가 얼마나 자기를 위하는지 알게 되었다고 한다.[8] 그는 시카고 대학교에서의 짧고 비참한 시련 끝에 오벌린 칼리지로 가서 아버지와 거리를 두고서야 평화를 찾았다. 오벌린 칼리지에서는 20세기의 우뚝 솟은 과학자와 그의 관계를 학우들이 거의 알지 못했다. 줄리오는 오벌린 칼리지에 들어갈 때 이름을 '저드Judd'로 바꿨고 그 뒤로 내내 그 이름을 썼다. 그 효과는 그의 유명한 아버지와 이탈리아 유산으로부터 거리를 두는 것이었다.

하지만 페르미가 특별히 나쁜 아버지는 아니었다. 그는 자녀들에게 무심했지만 전쟁이 끝난 직후에 자기 일에 몰두하던 미국의 일반적인 가장들 이상은 아니었다. 줄리오는 불운하게도 너무나 섬세한 마음을 물려받았다. 아마도 할머니 이다에게 물려받았을 그의 민감한 성품이 그저 엔리코와 잘 맞지 않았던 것이다.

더 개괄적으로 말하자면, 전쟁이 모든 것을 변화시켰다. 엔리코 페르미는 이제 온 나라에 알려져서 거의 유명 인사가 되었다. 맨해튼 프로젝트에 대한 공식 보고서가 베스트셀러가 된 것도 부분적인 이유였다. 언론이 맨해튼 프로젝트에 관심을 쏟으면서 오펜하이머와 그로브스는 슈퍼스타가 되었고, 그 정도는 아니지만 페르미도 유명해졌다. 남은 생애 동안에 그에게는 초대장과 인터뷰 요청이 넘치게 들어왔다. 그는 유명한 CBS 방송 기자 에드워드 머로Edward Murrow가 맨해튼 프로젝트를 다룬 다큐멘터리에 출연해서 1942년 12월에 제어된 연쇄반응을 이뤄낸 순간을 과감하게 재현했다. 그는 칠판 앞에 선 유명한 사진에서 장난스럽게 포즈를 취했는데, 칠판에 쓴 미세 구조 상수는 분명히 틀렸다.[9] 그는 생존해 있는 어떤 사람보다 이 상수에 대해 잘 알았기 때문에, 눈치채는 사람이 있는지 알아보기 위해 일부러 잘못 쓴 것이 확실하다. 그는 시카고 대학교에 있는 다른 맨해튼 프로젝트 참가자 네 명과 함께 국회에서 훈장을 받았다. 시카고 대학교의 허친스 총장의 주재로 열린 CP-1 성공 10주년 기념식에서는 명판을 제막했다.

시간이 지나면서 초대장이 쌓여갔고, 우아하지만 확고한 거절 편지도 함께 쌓여갔다. 세그레는 페르미가 자기에게 남은 시간이 많지 않다는 것을 의식했을 것이라고 말했다. 자기가 그렇게 빨리 죽을지 몰랐을 수도 있지만, 그는 일반적으로 물리학자의 업적이 주로 젊었을 때 달성된

칠판 앞에 선 페르미의 홍보 사진. 그의 머리 바로 위에 있는 미세 구조 상수 알파α가 틀린 것은 페르미의 장난일 가능성이 아주 크다. (아르곤 국립 연구소 제공)

다는 것을 확실히 알았다. 페르미는 지적인 날카로움과 에너지가 남아 있는 동안 최대한 빨리 자기가 할 수 있는 일을 하려고 했다.

1945년 여름에 시카고 대학교의 천문학자 월터 바트키가 아서 콤프턴의 뒤를 이어 물리과학부 학장이 되었다.[10] 바트키는 금속 연구소와 로스앨러모스를 모델로 한 새로운 학제 간 연구소에 대한 아이디어를 가지고 있었다. 시카고 대학교 허친스 총장의 승인을 받은 바트키는 페르미에게 핵과학에 전념하는 연구소의 소장직을 제안했다. 페르미는 새로운 연구소를 열렬히 반겼지만, 행정적인 부담 때문에 연구에 방해를 받을까봐 소장이 되는 것은 거절했다. 그는 앨리슨에게 이 자리를 제안했고, 앨리슨은 페르미의 대단한 명성을 바탕으로 세계 수준의 과학 연구 기관을 설립할 기회라고 생각하면서 수락했다. 페르미의 맨해튼 프

시카고 대학교에서 열린 CP-1 성공 10주년 기념 명판 제막식 때의 페르미. 사진 오른쪽에 시카고 대학교 총장 로버트 메이너드 허친스가 명판을 가린 막을 걷고 있다. (그 다음 오른쪽에서 왼쪽으로) 페르미, 월터 진, 패링턴 대니얼스Farrington Daniels, 로버트 바커, 윌리엄 W. 웨이맥William W. Waymack. (아르곤 국립 연구소 제공)

로젝트 동료들 중 많은 사람이 결국 이 연구소에 합류했다. 1950년까지 핵 연구소Institute for Nuclear Studies에 34명의 선임급 과학자와 더 많은 젊은 과학자가 모여들었고, 그들 중 많은 사람이 노벨상 수상자였거나 나중에 받게 된다.

페르미는 새로운 연구소를 지휘하고 싶지 않았지만, 1945년 12월에 바트키에게 보낸 편지에서 연구 계획에 대한 생각을 상세하게 설명했다.[11] 그는 고에너지 입자 빔을 사용해서 원자핵을 하나로 묶는 힘을 탐색하고 싶어했다. 힘이 입자에 의해 전달된다는 유카와의 이론의 '중간자'가 그의 출발점이었다. 충분한 에너지로 핵을 때리면 이 입자들을 생성할 수 있고, 이 입자로 핵을 탐구할 수 있을 것이었다.

페르미는 바트키에게 상대적으로 무거운 양성자를 6000만 전자볼트까지 가속시킬 수 있는 사이클로트론을 만들라고 촉구했다. 페르미는 이 정도면 중간자가 만들어질 것으로 보았다. 결과적으로 훨씬 더 강력한 4억 5000만 전자볼트를 낼 수 있는 인상적인 사이클로트론이 만들어졌고, 이 장치가 1951년에 완성되자 페르미는 실험 시간의 대부분을 이 장치를 사용하며 보냈다.

페르미는 사이클로트론을 만드는 5년 동안에는 우주선 연구가 중성자의 거동에 대한 단서를 제공할 수 있다고 지적했다. 이 연구에는 사이클로트론이 필요하지 않다. 우주선 중에는 에너지가 매우 높은 것들도 있다. 사이클로트론이 없는 상황에서 고에너지 우주선을 핵력 연구에 유용하게 사용할 수 있었다.

이 편지를 쓸 당시에 페르미는 이탈리아의 동료 콘베르시, 판치니, 피치오니가 로마의 허름한 지하실에서 임시변통의 장비를 사용해서 중간자가 유카와에 의해 예측된 입자, 즉 핵을 하나로 붙들고 있는 장의 현현이 아니라는 결론을 냈다는 것을 알지 못했다. 그들의 연구가 아직 미국에 알려지기 전이었다.[12] 유카와의 입자와 일치하는 것으로 보이는 입자는 페르미가 위의 편지를 쓴 지 1년이 조금 더 지나서 1947년에 발견되었다. 이 입자를 처음에는 파이-중간자라고 불렀고, 이 거추장스러운 이름을 페르미가 파이온으로 간결하게 바꿨다. 로마의 지하실에서 그의 동료들이 연구했던 입자는 뮤-중간자mu-meson라고 알려졌고, 이것도 페르미가 간략하게 고친 이름인 뮤온muon으로 불리게 되었다. 그러나 당시 알려진 바와 같은 맥락에서, 페르미의 편지는 점점 복잡해져가는 아원자입자 연구에서 상황을 명료하게 정리하는 메시지였고, 신생 연구소의 강력한 어젠다가 되었다.

새로운 연구소의 생활은 협력적이고 격식이 없어서, 콤프턴이 이끌던 금속 연구소의 위계질서와 격식을 따지는 모습과 큰 차이가 있었다. 사무실 문은 대개 열려 있었고, 페르미는 연구자들에게 여러 연구실을 돌아다니면서 동료들이 무엇을 하는지 알아보라고 권장했다. 페르미는 집에 가서 점심 식사를 하기도 했지만, 그만큼이나 자주 동료들을 모아서 교수 클럽에 가기도 했고, 학생들과 함께 허친슨 코먼스에서 점심을 먹기도 했다. 페르미는 금속 연구소 시절에 햄버거와 콜라를 먹는 곳으로 이 식당을 가장 좋아했고, 젊은 동료들에게 "식당 창문에 먼지가 얼마나 두껍게 끼면 떨어지는가?"[13]와 같은 생각을 유발하는 질문을 즐겨 던졌다.

페르미가 연구소를 이리저리 돌아다닌 것은 물리학계의 동향을 알아보는 방법이었다. 그는 전쟁이 끝나기 전에 언제부턴가 전문 학술지 읽기를 그만두었고, 거의 전적으로 동료들과 방문 연구자들에게서 흥미로운 결과에 대해 전해 듣고 스스로 그 결과가 어떻게 얻어졌는지 알아보기도 하면서 학계의 동향을 파악했다. 그는 또한 이런 토론으로 자기의 관심사에 대한 동료들의 흥미를 불러일으켰다. 페르미의 관심사 중 하나는 '스핀-궤도 결합spin-orbital coupling'이라는 개념이었고, 핵 안의 입자 또는 입자들의 스핀이 핵 안에서 입자의 궤도에 영향을 줄 수 있다는 아이디어였다. 그는 1949년 말과 1950년 초에 젊은 대학원생 리처드 가윈Richard Garwin이 이 개념에 관심을 갖게 만들려고 했지만 가윈은 관심을 보이지 않았다. 그리하여 페르미는 컬럼비아 대학교 시절부터 알고 지내던 오랜 친구 마리아 메이어가 연구를 하고 있는 곳으로 향했다.[14]

메이어는 나중에 그 순간을 생생하게 떠올렸다.[15] 그녀는 핵 속의 입자 수가 특정한 '마법의' 수가 되었을 때 특별히 안정된 배열이 되는 이유를 연구하고 있었다. 그녀는 원소의 화학적 성질이 핵 주위의 전자껍질에 따라 결정되는 것과 비슷하게 양성자와 중성자의 '껍질' 모형을 적용했지만, 왜 그렇게 되는지에 대해서는 갈피를 잡지 못하고 있었다. 페르미는 메이어와 이야기를 나눴고, 메이어가 줄담배를 피워도 아무 말도 하지 않았다. (페르미는 담배를 피우지 않았고, 자기 사무실에서 담배를 피우는 사람에게 눈을 흘겼다.) 그들은 몇 시간 동안 물리학과 껍질 모형에 대해 이야기했고, 문을 두드리는 소리가 났다. 자기 사무실에서 전화가 왔다는 소식을 듣고 일어서면서, 페르미는 지나가는 듯한 말투로 물었다. "스핀-궤도 결합은 어떨까?" 메이어는 벼락을 맞은 듯한 느낌이 들었다. "네, 엔리코, 그게 답입니다." 언제나 신중한 페르미는 이렇게 되물었다. "어떻게 알 수 있지?" 그러나 그녀는 스핀-궤도 결합이 그녀가 찾던 답이라는 것을 바로 알아보았고, 2주 안에 핵 껍질 모형의 포괄적인 이론에 이것을 성공적으로 통합시켰다. 몇 년 뒤에 그녀는 스핀-궤도 결합을 왈츠에 비유해서 설명했다. 무용수 여러 쌍이 동심원으로 줄을 맞춰 왈츠를 추고 있다. 어떤 원은 시계 방향으로 돌고, 또 어떤 원은 반대 방향으로 돈다. 각각의 쌍은 자기들끼리 빙빙 도는데, 시계 방향으로 도는 쌍도 있고 반대 방향으로 도는 쌍도 있다. 핵 속의 입자는 춤추는 무용수 쌍과 같고, 입자의 궤도와 스핀 사이의 관계는 핵의 안정성에 영향을 준다.

메이어는 이 연구로 1963년에 노벨상을 받았다. 핵의 껍질 모형을 정교하게 설명한 위그너와 독일 물리학자 J. 한스 D. 엔젠J. Hans D. Jensen도 공동으로 수상했다. 그녀는 언제나 페르미가 자기 연구에 결정적인 도움을 주었다고 언급했다. 페르미는 진정으로 관대했다. 핵 껍질 모형과 스핀-궤도 결합의 연결 고리를 알아낸 페르미는 이 주제를 직접 연구해서 발표할 수도 있었다. 그러나 그는 아이디어를 알려주기만 하고 뒤로 물러서서 메이어가 나머지를 완수해서 업적을 인정받도록 했다. 메이어는 그를 논문의 공동 저자로 넣고 싶어했지만, 페르미는 자기가 더 유명하기 때문에 사람들이 그가 모든 연구를 했다고 생각할 것이라는 이유로 받아들이지 않았다.[16] 나이가 든 페르미는 더 성숙해져서 사람들에게 관용을 베풀었고, 세계적으로 유명한 물리학자로서의 역할을 편안하게 받아들였다.[17]

이 연구소는 새뮤얼 앨리슨과 페르미가 모범으로 보여준 편안한 협력 관계 때문만이 아니라 전 세계의 방문자들에게 관심을 끌었기 때문에 더욱 활기가 있었다. 마리아 메이어의 남편 조지프가 운영을 맡은 이론물리학 세미나는 격주로 열렸고, 유명한 물리학자들이 방문하거나 초대되었다. 이 세미나는 최첨단 과학 분야의 광범위한 주제를 다루었다. 한네스 알벤Hannes Alfvén은 은하 간 자기장에 대한 이론을 발표했는데, 페르미는 고에너지 우주선이 이 자기장에 의해 가속된다고 믿고 있었다. 파인먼은 액체 헬륨과 그것의 이상한 특성에 대해 발표했다. 일리노이 대학교와 프린스턴 고등연구소에서 온 다른 학자들도 자신이 선택한 주제를 발표했다. 그러나 대부분의 세미나에서는 연구소 소속 학자들이 발표했다. 머리 겔만Murray Gell-Mann, 밸런타인 텔레그디, 그레고어 벤첼Gregor Wentzel은 이 세미나에서 여러 차례 발표했다. 1952년에 페르미는 새롭게 운영하는 사이클로트론에서 이제 막 착수한 파이온과 핵자의 산란 실험에 대해 발표했다. 이 세미나는 연구소 사람들을 지적으로 자극하고 페르미를 비롯한 모든 사람이 물리학계의 동향을 따라가게 하는 역할을 했다. 세미나는 항상 오후 4시 30분에 시작되었다. 연구소 사람들은 6시까지 끝내야 한다는 것을 알고 있었고, 방문 학자는 그렇게 해달라고 통보를 받았다. 6시가 되면 토론이 어떤 상황이든 페르미가 먼저 실례한다고 말하면서 퇴근하기 때문이었다.

겔만은 페르미가 발표자에게 동의하지 않으면 사냥개처럼 집요하게 물고 늘어지던 것을 조금 지긋지긋해하면서 회상했다.[18] 페르미가 손을 들고 "이해할 수 없는 게 있는데요" 하고 말하면 발표자는 곤경에 빠진 것이고, 페르미를 겪어본 사람이라면 이것을 바로 알았다. 페르미는 오랜 친구 텔러와 그랬듯이 겔만과 자주 논쟁을 했다. 실제로 동의하지 않는 면이 있었을 수도 있지만, 이것은 그가 겔만을 존중한다는 표시였다.

페르미는 대규모 입자가속기를 손에 넣기까지 5년을 기다려야 했다. 페르미는 가속기 건설 사업의 고문으로서 양성자가 이동하는 링의 진공을 깨지 않고도 가속기의 표적을 이동시킬 수 있는 원격 장치의 간단한 발명을 제안하기도 했다.[19] 새뮤얼 앨리슨이 이 사업의 감독을 맡았고, 허버트 앤더슨이 매일의 진척에 대한 책임을 맡았고, 존 마셜이 도왔다. 가속기는 지름이 2.3미터에서 4.3미터로 커졌고, 자석이 2200톤에 이르렀으며, 제너럴 일렉트릭, 웨스팅하우스, 해군 연구소는 때로는 힘들기도 했지만 긴밀히 협조했다. 여기에는 새로운 기술도 들어갔다. 사이클로트론의 전압을 전파의 진동수에 맞춰 변화시켜서 빔 자체를 정확히 동기화시키는 것으로, 오늘날에는 이것을 싱크로트론이라고 부른다. 이 새로운 기술은 기계를 만드는 전기 기술자들에게 큰 도전이었고, 페르미는 이러한 도전을 극복하기 위해 자주 조언을 했다.

페르미는 사이클로트론 건설에 대한 운영 책임을 맡지 않았고, 고에너지 실험을 할 수 없는 기간이 길었다. 페르미와 모든 연구자가 새로운 가속기가 건설되기를 기다리는 동안 무엇을 할 것인가? 그는 남는 시간에 가만히 있을 사람이 아니었다. 전쟁이 끝난 뒤에 그가 수행한 연구는 전쟁 전의 연구만큼 영속적인 중요성을 가진 것이 없었지만, 그는 이론과 실험 양쪽에서 바쁘게 움직였다.[20] 사이클로트론이 건설될 때까지 그의 연구 초점은 아르곤 연구소에 있는 CP-3에서 나오는 중성자를 이용하는 것이었다. 그는 또한 우주선과 그 기원에 대한 5년간의 연구를 시작했고, 이 과정에서 세계에서 가장 특이하고도 중요한 천체물리학자와 학문적으로도 개인적으로도 긴밀한 관계를 맺었다.

아르곤 연구소에는 CP-2보다 뛰어난 CP-3가 설치되었다. 이 원자로에서는 양질의 중성자를 정교하게 제어할 수 있었다. 다음 몇 년 동안 페르미는 CP-3을 사용해서 중성자 충돌에 관한 일련의 중요한 연구를 수행했고, 주로 리오나 리비와 함께 연구했지만 허버트 앤더슨, 앨버트 와튼버그와 여러 젊은 대학원생과도 함께 연구했다. 새 연구소장이 페르미의 옛 동료 월터 진이었으니, 1942년에 스태그 필드의 관중석 지하에서 함께 일했던 예전의 페르미 팀이 다시 모여서 이번에는 순수한 과학적 호기심을 바탕으로 함께 연구하는 셈이었다.

경호원 겸 운전사를 대동해야 했던 부담에서 벗어난 페르미는 전쟁 전처럼 어디나 마음껏 운전을 하고 다녔다. 와튼버그는 아르곤을 오가는 40분간의 운전에 자주 동행했다. 그는 페르미가 철도 건널목에서 열차가 오고 있는데 먼저 지나가기 위해 차를 몰았던 등골이 오싹한 순간을 회상했다. 페르미는 열차가 지나가기 전에 건널목을 지나가는 데 성공했지만, 선로가 하나 더 있고 반대편에서 열차가 다가오고 있다는 것을 알아채지 못했다. 그들은 몇 피트 차이로 두 번째 열차를 피했다. 벌렁대는 가슴을 진정하기 위해 길옆에 차를 세운 페르미는 옆에 앉은 젊은 동료에게 이렇게 말했다. "이게 바로 자네가 나와 함께 있어야 하는 이유야. 내 인생은 끝날지도 모르지만, 자네 인생은 여기서 끝날 리가 없지."[21]

아르곤 연구소에서 페르미와 동료들은 고체 속에서의 중성자 회절을 연구하기 위해 22가지 원소를 각각 느린중성자, 빠른중성자, 보통 속도의 중성자로 포격했다. 그들은 다양한 에너지에서 중성자의 반사각을 측정하기 위해 '중성자 거울'을 비롯해서 페르미가 발명한 여러 가지 기술을 사용했다. 와튼버그는 페르미의 또 다른 특징적인 면에 대해 이야기했다. 한 무리의 사람들이 물리학과가 있는 엑하트관에서 페르미를 찾았고, 누군가가 페르미가 옆 라이어슨관의 기계공작실에 있다고 말했다. 공작실로 찾아간 그들은 페르미가 긴밀하게 협력하는 기계공과 이야기하고 있는 것을 보았다. 이 기계공은 정교하고 신뢰성이 있는 공구 제작자였다. 페르미는 기계공에게 연마사를 이용해서 중성자 거울을 연마하는 방법에 대해 설명하고 있었다. 혼란스러워진 기계공은 페르미에게 자기가 작업을 제대로 했는지 알려면 어떻게 해야 하는지 물었다. 페르미는 "내가 그 거울을 들었을 때 내 속눈썹이 보이면 충분하다"고 대답했다.[22] 노벨상을 받은 실험물리학자가 고정밀 기기에 요구한 기준으로는 너무나 소박하지만, 거칠어도 통하면 그만이라는 페르미 특유의 사고방식이 잘 드러난다.

1947년 대부분의 시간 동안 계속된 이 실험은 중성자가 다양한 물질에서 어떻게 회절되는지에 대한 중요한 정보를 제공했고, 재료과학뿐만 아니라 생물학과 의료 연구에서 연구용 원자로의 시험대를 확립하는 데 큰 영향을 주었다.[23]

페르미는 1945년에 월터 바트키에게 보낸 편지에서 우주선 연구의 중요성에 대해 언급했다. 물리학자들은 연구하면 할수록 점점 더 우주선에 매료되었다. 우주선 중의 일부는 상상할 수 없을 정도로 큰 에너지로 지구 대기권을 때리고, 이 과정에서 여러 가지 아원자입자를 만든다.

우주는 그 자체가 거대한 입자가속기여서 충분히 부지런한 물리학자가 적절한 유형의 탐지기만 갖추고 있으면, 우주선으로 사람이 만들어낼 수 있는 가속기보다 훨씬 높은 에너지를 연구할 수 있다.

전쟁이 끝난 뒤에 과학자들은 고에너지 우주선의 기원에 대해 논의했다. 에드워드 텔러 같은 사람들은 고에너지 우주선이 태양에서 왔다고 보았고, 태양에서 일어나는 지금까지 알려지지 않은 어떤 현상이 고에너지 우주선의 원인이라고 생각했다. 다른 사람들은 우주선이 더 깊은 우주의 성간 공간에서 온다고 믿었다. 둘 중 어느 쪽이 옳은지 명확하게 판단할 수 있는 방법은 없는 것 같았다. 페르미는 이 질문과 함께 다른 질문에도 깊은 관심을 가졌다. 우주선은 어떻게 해서 상상하기조차 어려운 에너지를 얻을 수 있을까? 무엇이 이 입자들을 그렇게 빠른 속도로 가속시킬 수 있을까?

페르미는 1947~1948년에 주로 텔러의 영향으로 이 문제를 생각하기 시작했다. 페르미가 나중에 농담으로 한 말처럼, 그는 오랜 친구인 텔러에게 반대하기 위해서 우주선이 태양계 너머의 먼 우주 공간에서 온다고 주장하기로 결정했다. 페르미는 사람이 만든 가속기가 하전된 입자를 더 높은 에너지로 미는 방법에 비추어, 우주선이 높은 에너지를 얻는 방법에 대한 이론을 만들었다. 페르미는 대규모의 성간 자기장이 있다면 지구로 쏟아지는 우주선 입자의 속도를 설명할 수 있다는 가설을 세웠다. 스웨덴의 천체물리학자 한네스 알벤은 1948년에 시카고 대학교에 와서 성간 자기장의 존재에 대해 강연했다.[24] 페르미는 이 강연을 아주 좋아했다. 우주선 가속에 대한 자기 이론에 무게를 실어주기 때문이었지만, 알벤 자신은 우주선의 높은 에너지를 설명할 만큼 충분히 강한 장이 존재한다는 생각에 대해서는 언제나 회의적이었다.

페르미는 우주선 연구의 동반자로 20세기의 가장 매력적인 물리학자 중 한 사람인 수브라마니안 찬드라세카르를 찾아냈다. 인도에서 태어난 찬드라세카르는 '콤프턴 산란'(아서 콤프턴이 수행한 광자 실험으로, 그에게 1927년 노벨상을 안겼다)과 페르미-디랙 통계의 관계에 대해 학사학위 논문을 썼다.[25] 찬드라세카르는 케임브리지 대학교에서 박사학위를 받았고, 괴팅겐 대학교의 막스 보른과 코펜하겐의 닐스 보어 밑에서 박사후연구원으로 있었다. 말하자면, 그는 당시 유럽에서 활동하던 어떤 물리학자에게도 뒤지지 않을 만큼 학문적 배경이 좋았다.

케임브리지 대학교에서 찬드라세카르는 일정한 질량 이상의 별이 핵연료를 모두 소모한 뒤에 차가워지면 중력이 페르미-디랙 통계에 따른 축퇴압을 압도하며, 따라서 별이 안쪽으로 무너져서 '특이점'이 된다는 것을 최초로 예측했다. 이러한 질량을 "찬드라세카르 한계"라고 부르며, 이것보다 더 큰 질량을 가진 백색왜성은 붕괴되어서 "블랙홀"(존 휠러가 나중에 붙인 이름이다)이 된다.* 그러나 찬드라세카르의 연구는 영국의 유명한 천문학자인 아서 에딩턴 경에 의해 공개적으로 망신을 당했고, 이 일로 이 젊은 학자의 장래가 위태로워졌다. 영국을 떠날 수밖에 없었던 찬드라세카르를 시카고 대학교가 채용한 것은 대단한 선견지명이었다. 1937년에 시카고 대학교로 온 찬드라세카르는 1983년에 노벨상을 받았고, 1995년에 죽을 때까지 이 학교에 있었다.

찬드라세카르의 전체 경력에서 페르미가 1925년에 발표한 통계역학

---

* 백색왜성이란 죽은 별의 중심부 잔재로, 전자와 핵이 심하게 압축되어 원자 구조가 무너지고, 전자들은 축퇴된 상태로 존재하며, 배타원리가 허용하는 한계까지 압축된다. 백색왜성은 밀도가 아주 높아서 지구 평균 밀도의 20만 배나 된다. (미국 국립 항공 우주국, "White Dwarf Stars", *Imagine the Universe!* 2010년 12월 개정, https://imagine.gsfc.nasa.gov/science/objects/dwarfs2.html.)

연구가 얼마나 중요한지를 고려하면, 두 사람의 교류가 이토록 늦게 시작되었다는 점이 놀랍다. 찬드라세카르는 1937년에 시카고 대학교에 부임했지만, 1947년 11월이 되어서야 시카고에서 북서쪽으로 160킬로미터쯤 떨어진 위스콘신주 제네바 호숫가에 있는 천문대를 방문해달라고 페르미에게 공식 서한을 보냈다.[26] 이렇게 늦은 이유는 전쟁 중에 페르미가 너무 바빴기 때문이거나, 아니면 찬드라세카르가 용기가 없었기 때문일 수도 있다. 그는 어쩌면 존경심을 가지고 페르미가 새로운 연구소에 잘 적응할 때까지 기다렸을 수도 있다. 페르미는 초청을 받아들였고, 찬드라세카르를 만났다. 두 사람은 금방 친해졌고, 두 사람 사이의 편지는 점점 더 격식이 없어졌다.[27] 1949년 여름에 찬드라세카르는 페르미 부부에게 천문대 근처에 있는 자기 집에서 아내와 함께 시간을 보내자고 초청했다.

1953년 가을에는 두 사람이 더 자주 토론을 하게 되었다.[28] 찬드라세카르는 일주일에 이틀씩 시카고 대학교 캠퍼스에 있게 되었고, 두 사람은 교수 클럽에서 점심 식사를 하면서 우주선과 은하계 자기장에 대해 이야기했다. 페르미는 찬드라세카르와의 토론을 통해 은하의 나선팔에서 생성되는 자기장을 고려함으로써 1948년의 연구를 확장했다. 두 사람은 이 시기에 여러 논문을 공동으로 발표했다.[29]

페르미는 천체물리학자로서 공식적인 훈련을 받지 못했지만, 찬드라세카르는 그를 처음 보는 악보도 단번에 뛰어나게 연주하는 음악가에 비유했다.[30] 찬드라세카르에게는 페르미와 긴밀하게 협력한 경험이 자신의 삶의 하이라이트 중 하나였다. 페르미는 이 새로운 친구와 기꺼이 허심탄회하게 대화를 하려고 했고, 특히 문제에 대해 자기가 어떻게 생각하는지 설명할 때 그랬다.

돌이켜보면, 우주선이 높은 에너지를 띠는 이유에 대한 페르미와 찬드라세카르의 설명은 부분적으로만 정확했다. 오늘날의 천체물리학자들은 여전히 지구와 충돌하는 고에너지 입자의 일부는 자기장 때문이라고 생각하지만, 반드시 성간 자기장 때문이라고 보지는 않는다. 페르미 시절에는 알려지지 않았던 초신성을 비롯해서 퀘이사, 펄서처럼 밀도가 매우 높고 회전하면서 강한 자기장을 내는 천체에서 고에너지 입자가 만들어진다고 생각한다. 또한 우주는 그들이 알고 있던 것보다 훨씬 더 크고, 우주선을 내뿜을 만한 잠재적인 원천도 훨씬 더 많다. 그러나 당시에 알려지지 않았던 많은 것이 있음에도 불구하고, 이 주제에 대한 페르미의 연구 방법과 통찰력은 그의 접근법이 얼마나 강력한지 잘 보여준다.

우주선을 연구해온 브루노 로시와 같은 학자들은 양성자, 파이온, 뮤온 등의 입자들이 지구의 대기에 끊임없이 충돌해서 다른 아원자입자의 소나기를 만든다는 것을 알고 있었다. 1947년에 페르미가 발표한 연구는 파이온이 충돌해서 다른 입자들로 붕괴하는 과정도 다루고 있었다. 자신의 이론물리학 학위 논문 주제에서 특별히 두각을 드러내지 못하던 페르미의 박사과정 신입생 한 사람이 다행히도 페르미의 제안을 받아들여 대기 중의 뮤온 붕괴 실험을 수행하기로 했다. 그는 이 연구를 열정적으로 수행했고, 그러다가 의도치 않게 이제까지 알려지지 않은 자연의 근본적인 힘이 또 하나 있다는 것을 밝혀냈다. 그의 이름은 잭 스타인버거였다.

전쟁 전에 부모와 함께 시카고에 온 독일계 유대인인 스타인버거는 학위 논문 주제에 문제가 있었을 뿐만 아니라 처음부터 물리학 교과 과정에도 문제가 있었다.[31] 그는 학위 논문 연구를 시작하기 위해 필요한 기초 시험에 불합격했지만, 빌리암 자카리아센William Zachariasen 학과장이 관대하게 봐주어서 불합격자 중에서 유일하게 기회를 한 번 더 얻었다. 분명히 페르미는 젊고 눈에 띄게 잘생긴 스타인버거를 좋아했다. 그는 스타인버거에게 1946년 가을 학기에 자기가 가르치는 기초 물리학 강좌의 조교를 맡아달라고 부탁했다. 또한 스타인버거가 기초 시험에 합격하면 논문 지도교수가 되어주겠다고 약속했다.

페르미는 스타인버거가 이론 논문 때문에 힘들어하는 것을 알았고, 실험 연구가 더 좋지 않겠느냐고 넌지시 물었다. 페르미의 오랜 친구 브루노 로시를 비롯한 여러 학자가 우주선의 파이온이 붕괴해서 만들어진 뮤온이 다시 붕괴해서 생기는 전자의 수가 예측보다 훨씬 적다는 것을 알고 있었다. 이 전자의 수는 예측의 반이었다. 이것이 흥미롭다는 것을 알아본 페르미는 스타인버거에게 이 붕괴에서 나오는 전자의 에너지 스펙트럼을 연구하게 했다.

박사학위 논문이 한 분야에서 중요한 과학적 공헌을 하는 경우는 드물지만, 중요한 질문에 대한 페르미의 육감과 스타인버거의 실험 결과가 비범했기에 이 논문은 예외가 되었다.

페르미는 스타인버거에게 조수를 붙여주었고, 두 사람은 가이거 계수기를 80대쯤 만들어서 우주선의 뮤온 붕괴에서 나오는 전자의 궤적을 추적할 수 있도록 구성했다. 실험의 첫 단계는 해수면에서 수행했고, 1948년에 콜로라도의 에번스산 정상 4350미터 높이에서 반복해서 통계적 유의성을 높였다.[32] 스타인버거는 우주선의 뮤온 붕괴에서 나오는 전자의 에너지 스펙트럼이 연속적이며, 심지어 가장 높은 에너지도 뮤온의 붕괴에서 나와야 하는 에너지의 절반이 채 되지 않음을 발견했다. 스타인버거는 데이터를 신중하게 분석해서 뮤온 붕괴에서 나오는 전자 하나마다 "아마도 중성미자"인 중성입자 두 개가 함께 나온다는 결론에 도달했다.[33] 이 두 입자가 부족한 에너지를 설명해준다.

스타인버거와 페르미는 이 결과의 가장 중요한 함의를 깨닫지 못했다.[34] 스타인버거는 자신이 "충분히 똑똑하지 않았다"고 말했다. 그러나 페르미가 왜 이것을 놓쳤는지는 알기가 어렵다. 아마도 스타인버거의 말처럼 "새로운 아이디어를 항상 쉽게 받아들일 수 있는 것은 아니며, 때로는 페르미처럼 가장 영특하고 개방적인 사람들조차 쉽게 받아들이지 못하는지도 모른다."[35] 어쨌든 이 새로운 아이디어를 알아챈 사람들이 있었고, 그중에는 시카고 대학교의 대학원생인 정다오 리Tsung-Dao Lee, 첸닝 양Chen-Ning Yang, 마셜 로젠블루스Marshall Rosenbluth도 있었다.[36] 그들은 스타인버거가 발견한 것은 베타붕괴의 배후에 있는 더 근본적인 '페르미 상호작용'의 확장이라고 주장했다. 우주에는 보편적인 힘이 있는데, 중력, 전자기력과 함께 원자핵을 하나로 묶는 '강한' 힘이 그 보편적인 힘에 속한다. 그런데 여기에 또 하나의 보편적인 힘이 있어서 이 힘이 입자에 변화를 일으키고, 이때 중성미자가 반드시 함께 나타나서 다른 입자가 가지지 않는 에너지를 가진다는 것이다. 이런 과정을 일으키는 힘이 아주 가까운 거리에서만 감지되기 때문에 '약한' 힘이라고 부르고, 중성미자가 생성되거나 파괴되는 과정을 '약한' 상호작용이라고 부른다.

스타인버거의 회고에 따르면[37], 페르미는 스타인버거에게 많은 시간을 할애해주었고, 연구비와 물품 지원에도 매우 관대했다. 그러면서도 실험 자체에는 절대로 간섭을 하지 않아서, 젊은 물리학자가 스스로 실수하면서 배울 기회를 빼앗지 않았다고 한다. 또한 페르미는 거의 비슷한 시기에 마리아 메이어에게 말했듯이, 스타인버거에게도 논문에 자기 이름을 함께 올리면 사람들이 페르미가 모든 연구를 한 것으로 여겨서,

스타인버거에게는 좋지 않을 것이라고 말했다.

　전쟁 뒤에도 학술회의는 물리학의 중요한 발전을 알리고 토론하는 일을 주도했지만, 무대는 미국으로 바뀌어서 국립 과학 아카데미가 후원하는 여러 학술회의가 미국에서 열렸는데, 이러한 학술회의는 전쟁 전의 솔베이 학술회의와 닮은 점이 많았다. 첫 번째 학술회의가 1947년 6월 초에 뉴욕 롱아일랜드의 길게 뻗은 노스포크와 사우스포크 사이에 있는 셀터섬에서 열리게 되었다. 페르미는 초대장을 받았고, 참석하기를 열망했다.[38] 일정에는 물리학에서 가장 흥미롭고 새로운 발전에 대한 토론이 포함되어 있었다. 윌리스 램이 수소 원자의 두 가지 가능한 양자 상태의 에너지를 측정해서 발견한 이상한 변칙(나중에 '램 이동'으로 부르게 된다)에 대해 발표하고, 라비는 전자의 자기 모멘트를 실험적으로 정확하게 측정한 결과에 대해 발표할 예정이었다. 이 값은 디랙의 양자전기역학 이론으로 계산할 수 없다. 로버트 마샥Robert Marshak은 유카와 중간자에 대해 발표할 예정이었는데, 몇 달 뒤에 마샥 자신의 실험적 관찰로 이때의 추측이 입증된다. 파인먼은 상호작용에 대한 시각적인 도형을 바탕으로 한 새롭고 이상한 분석 도구를 사용하는 양자전기역학 연구의 예비 발표를 할 예정이었다. 내로라하는 참석자 중에는 베테, 노이만, 오펜하이머, 로시, 텔러, 울런벡, 바이스코프, 휠러 등이 포함되었다. 페르미는 물 만난 물고기와 다름없었다.

　그러나 페르미는 학술회의에 참석하지 못했다. 그는 볼티모어를 지나가다가 시야가 흐려지는 것을 느꼈고, 의사에게 가봐야겠다고 판단했다. 망막이 찢어졌다는 진단이 나왔고, 회복에 꼬박 1년이 걸렸다. 이 시기에 친구들은 페르미가 손가락을 보면서 지문의 줄 수를 세거나 연필 끝에 초점을 맞추면서 시력이 회복되고 있는지 점검하는 모습을 자주

보았다.[39]

두 번째 학술회의는 1948년 3월에 펜실베이니아 포코노산맥의 한 휴양지에서 열렸다. 페르미는 시력이 충분히 회복되어 이 회의에 참석할 수 있었다. 셸터섬에 왔던 학자들 외에 닐스 보어와 오게 보어, 디랙, 위그너, 벤첼과 같은 페르미의 오랜 친구들도 참석했다. 이 학술회의의 중심 주제는 양자전기역학이었고 이 주제에 관한 두 사람의 발표가 역사를 만들었다.

디랙의 양자전기역학에는 페르미를 비롯해서 많은 사람이 풀려고 했지만 수십 년 동안 풀리지 않아 물리학자들을 괴롭히는 문제가 있었는데, 그것은 전자의 자기 모멘트 계산이 유한한 값으로 수렴하지 않고 무한대로 발산하는 것이었다. 1946년에서 1948년 사이에 젊은 물리학자 세 사람이 각각 이 문제를 공략했고, 이번에는 세 사람 모두 성공했다. 이것은 20세기 물리학의 위대한 성취였고, 이것으로 양자전기역학은 뛰어난 이론이 되었다. 세 물리학자 중에 파인먼과 30세의 하버드 대학교 교수 줄리언 슈윙거가 포코노 학술회의에 초청되었다. (세번째인 일본 물리학자 도모나가 신이치로는 슈윙거와 비슷한 방법으로 해를 얻었고, 학술회의 주최자가 알았다면 분명히 초청했을 것이다.)

슈윙거와 파인먼은 동갑이었지만, 인간적인 면모나 물리학자로서나 서로 그렇게 다를 수 없을 정도였다. 파인먼은 사람들과 어울리기를 좋아하고 못 말리는 쇼맨이었다. 슈윙거는 조용하고 내향적이어서 청중을 즐겁게 하는 데는 전혀 관심이 없었다. 물리학자로서 파인먼의 발표는 격식이 없고 도형을 이용해서 직관적으로 접근했는데, 그가 사용한 도형은 나중에 널리 받아들여졌다. 슈윙거는 완벽한 형식을 추구했고, 세심하게 배열한 방정식을 한 줄 한 줄 써서 해를 얻었다. 그의 강연은 너무 길고 지루해서 마지막까지 들은 사람이 둘뿐이었다.[40] 페르미와 베테가 그들이었고, 페르미는 이 강연을 마지막까지 들은 것을 일종의 영예로 여겼다.

페르미는 언제나 파인먼을 높이 샀지만, 분명히 슈윙거의 접근 방식을 더 좋아했다. 슈윙거는 페르미에게 익숙한 전통적인 양자론을 그대로 따랐지만, 파인먼의 접근 방식은 전통과는 거리가 멀었다. 게다가 파인먼이 사용한 시각적인 도구는 적어도 처음에는 페르미의 입맛에 맞지 않았다.[41] 1951년에 페르미와 프랑크는 공동으로 슈윙거를 노벨상 후보자로 추천했다.[42] 그들은 양자전기역학에 대한 파인먼과 도모나가의 연구도 언급했지만 슈윙거가 가장 크게 기여했다고 평가했다. 파인먼은 이런 일을 전혀 알지 못했다. 그는 페르미와 교류하면서 여러 가지 물리학 문제에 대해 의견을 주고받았고, 때때로 시카고 대학교로 와서 페르미를 만났다. 파인먼은 페르미를 매우 존경했고, 페르미에게 의견을 구하려고 애쓴 이유의 일부는 물리학자로서 포코노 학술회의에서 받지 못한 인정을 받으려는 무의식적인 노력이었을 것이다.

왜 1947년에 파인먼, 슈윙거, 도모나가는 성공했고 1930년대에 페르미(와 다른 물리학자들)는 실패했을까? 단순히 그들이 더 뛰어난 이론가였을까? 페르미가 수리물리학에서 보여준 능력과 양자론의 심오한 문제를 푸는 능력으로 보아, 이러한 결론은 너무 단순하다. 어쩌면 파이얼스의 관찰에서 더 나은 설명을 찾아볼 수 있을 것이다.[43] 파이얼스는 페르미가 비교적 단순한 문제에만 관심을 가졌다고 했다. 파이얼스에 따르면 페르미는 인내심이 부족했고, 금방 풀리지 않는 문제에 대해서는 쉽게 흥미가 식었다고 한다. 또 하나의 가능성은 다음과 같다. 그는 매우 실용적인 물리학자였고, 자기가 가치가 있다고 생각하는 것 이상의 노력을 하지 않으려고 했다는 것이다. 디랙 이론에서 제공되는 전자의 자기 모멘트의 1차 근삿값은 대부분의 실용적인 목적으로는 충분히 좋은 값이었고, 소수점 다섯 자리나 여섯 자리까지 얻기 위한 계산은 굳이 할 필요가 없다고 보았을 수도 있다. 다른 맥락에서 그는 딸에게 이렇게 말하지 않았는가. "절대로 필요 이상으로 더 정밀하게 만들지 마라."[44] 전쟁이 끝난 뒤에 페르미에게 연구할 시간이 부족하지는 않았다. 그렇다고 해서 이것이 1965년에 노벨상을 공동 수상한 세 학자의 역사적인 성취를 부정하지는 않는다. 페르미로서는 그 문제가 그리 흥미롭지 않았거나, 1947년에는 스스로 젊음의 광휘와 이 문제를 풀 만큼의 지적인 힘이 부족하다는 것을 알고 기꺼이 다른 사람들에게 기회를 양보했을 수도 있다. 어떤 이유로든, 그는 분명히 다른 과학 문제에 관심이 더 많았다.

전쟁이 끝나자 여름은 다시 여유로운 시기가 되었고, 페르미는 전쟁 전에 하던 대로 여름을 보냈다. 그는 거의 해마다 6주에서 8주를 로스앨러모스에서 보내면서 대부분이 비밀로 분류된 여러 가지 연구를 했고, 옛 친구들이나 새로 사귄 친구들과 함께 시간을 보내기도 했다. 전쟁이 끝나자 1946년에 맥마흔법이 발효되어 원자력 연구를 민간 정부가 통제하게 되었고, 이 연구는 로스앨러모스를 비롯한 몇 안 되는 국립 연구소에 집중되었다. 국회는 처음에 더 제한적인 법을 만들어서 원자력 연구를 군대가 통제하는 방안을 고려했다. 페르미는 오펜하이머와 공동 전선을 펴기를 열망했고, 콤프턴과 로런스와 함께 이 방안을 지지했다. 그러나 로스앨러모스의 다른 과학자들은 군대가 핵 연구를 계속 통제하는 것에 분노하고 이것을 지지하는 네 과학자에게 불만을 품었다. 허버트 앤더슨은 오랜 친구이자 스승이 포함된 이 그룹을 날카롭게 비판했다.

나는 우리의 지도자 오펜하이머, 로런스, 콤프턴, 페르미에 대한 확신을 고백합니다. 모두 과학 자문단원들인 (…) 그들이 우리에게 자기들을 믿으라고 하고 이 법안에 반대하지 말라고 한 것은 잘못입니다. 나는 이 훌륭한 분들이 속았다고 생각합니다. 그들은 한 번도 그 법안을 볼 기회가 없었습니다. 인간으로서, 시민으로서 우리의 권리가 침해당하고 있음을 알아야 합니다. 우리는 전쟁에 이겼고, 다시 자유로워져야 합니다![45]

이 법안에 대한 반대가 널리 퍼지자 결국 발기인들은 법안을 철회했고, 코네티컷주 브라이언 맥마흔Brian McMahon 상원의원이 발의한 1946년의 법안으로 대치되어서, 민간 정부가 핵 연구를 통제하게 되었다.[46] 이 법안에 따라 원자력 위원회가 설립되었고, 테네시강 유역 개발 공사 책임자였던 데이비드 릴리엔솔David Lilienthal이 초대 위원장이 되었다. 이 위원회는 과학과 기술 전문가들이 위원회에 조언을 하는 일반 자문 위원회General Advisory Committee를 설립했다. 오펜하이머가 자문 위원회 의장이 되었고, 페르미는 4년 임기의 위원이 되었다. 원자력 위원회 산하에서 로스앨러모스, 오크리지, 핸퍼드, 버클리의 새로운 연구소들이 원자폭탄 제조의 개선과 다양한 과학 연구를 수행했다.

로스앨러모스에 온 페르미 가족은 전쟁 때 살던 좁은 집 대신에 욕조 거리의 더 좋은 집에 묵었다. 엔리코는 자전거를 타고 출근했고, 라우라와 아이들은 사람들과 어울리고 여름 놀이를 즐겼다. 그는 여러 가지 비밀 연구를 수행했지만, 비밀이 아니었던 두 연구가 특히 흥미로웠다.

첫째, 그는 컴퓨터에 매료되었다. 전자계산기를 쉽게 이용할 수 없던 시절에 그는 자기의 계산을 도울 수 있는 아날로그 컴퓨터 두 대를 설계

전쟁이 끝난 뒤 여름에 로스앨러모스에서 오랜 친구들과 함께한 소풍. 왼쪽부터 한스 베테, L. D. P. 킹의 아들 닉, 페르미, 에드워드 텔러의 아들 폴. (로스앨러모스 국립 연구소 제공)

했다. 한 대는 시카고 대학교에서 대학원생 리처드 가윈의 도움을 받아 제작했는데, 이 컴퓨터는 슈뢰딩거 방정식을 풀 수 있었다.[47] 다른 한 대는 워터 보일러 연구를 함께했던 동료 L. D. P. 킹의 도움을 받아서 로스앨러모스에서 제작했다. 이 컴퓨터는 페르미가 전쟁 전에 종이와 펜으로 수행하던 중성자 확산 모의실험을 할 수 있었고, 최초의 전자 컴퓨터 에니악ENIAC에 빗대어 '페르미악Fermiac'이라는 애칭이 붙었다.[48]

1947~1948년까지 노이만은 최초의 프로그래밍 가능한 전자 컴퓨터를 개발했고, 이 컴퓨터는 로스앨러모스의 주요 관심사가 되었다. 맨해튼 프로젝트의 젊은 참가자 니컬러스 메트로폴리스Nicholas Metropolis는 계산물리학의 아버지로, 노이만의 기계를 사용해 물리 방정식을 컴퓨터 프로그램으로 만들어서 물리적 과정을 모의실험하고 실험 결과를 예측하는 방법을 탐구했다. 메트로폴리스는 노이만과 스타니스와프 울람과 함께 물리적 과정을 확률론적으로 모의실험하는 현대의 컴퓨터화된 몬

테카를로 방법을 발명했다. 페르미는 자기의 방정식을 컴퓨터에 넣을 수 있는 기회를 반겼고, 고에너지 파이온을 상대적으로 단순한 수소 원자의 핵과 충돌시키는 일을 포함해서 다양한 연구를 메트로폴리스와 함께 수행했다. 몇 년 뒤에 시카고 대학교의 사이클로트론이 가동되었을 때 페르미는 이론적인 예측과 실험 결과를 비교하기 위해 이 모의실험을 이용했다. 나중에 1953년에 페르미는 울람과 다른 계산물리학자인 존 파스타John Pasta와 함께 1918년에 스쿠올라 노르말레에 들어갈 때 풀었던 문제를 다시 연구했다. 그들은 진동하는 현의 방정식을 로스앨러모스 컴퓨터에 프로그래밍해서 그 행동을 모의실험했다. 여기에서 나온 논문은 현이 일정한 주기로 특정한 상태로 되돌아온다는 결과를 도출했고, 에르고딕성을 가질 것이라는 예측과 다르다는 것을 보여서 초기 카오스 이론에 결정적으로 기여했다.[49] 이 연구는 페르미가 오래전부터 관심을 가졌던 에르고딕계와 그 거동에 대한 초기 연구에서 나온 직계 자손이라고 할 수 있다.

로스앨러모스에서 여름을 보내는 동안 페르미의 상상력을 사로잡은 두 번째 연구는 '테일러 불안정성'이었다.[50] 유체역학에서 중요한 개념인 테일러 불안정성은 밀도가 서로 다른 두 유체(예를 들어 물과 기름)가 만나는 면에 교란이 일어났을 때 생기는 일을 다룬다. 두 유체가 만나는 면에서 일어나는 복잡한 상호작용은 수학적으로 모형화하기가 매우 어렵지만, 이 현상은 핵 폭발을 비롯한 몇 가지 분야에 대단히 중요하다. 페르미와 울람은 이 유체역학의 중요한 측면에 대해 여러 논문을 발표했다.

페르미는 로스앨러모스에 머무는 동안에 뛰어난 물리학자와 수학자와 어울리면서 정신을 스트레칭하는 시간을 가졌다. 그는 휴식과 운동도 즐겼다. 페르미는 전쟁 중에 했듯이 로스앨러모스 지역 주변에서 하이킹과 낚시를 계속했다. 그는 또한 자기의 도전을 받아들이는 사람이면 누구든지 함께 테니스를 즐겼고, 울람과도 자주 테니스를 쳤다.*

1951년에 시카고 대학교에서 사이클로트론이 가동되었는데, 당시로서는 인상적인 4억 5000만 전자볼트로 세계에서 가장 강력한 사이클로트론 중 하나였다. 페르미는 한동안 이 순간을 준비하고 있었다. 그는 준비한 내용을 1950년 4월에 예일 대학교에서 열린 실리먼 강연Silliman Lectures에서 요약해서 발표했고, 이것을 《기본 입자Elementary Particles》라는 얇은 책으로 출판했다.[51] 이 강연에서 그는 고에너지 충돌의 "적절한 근사"를 제공하는 "파이온 생성의 통계적 이론"을 소개했다. 그러나 이것이 정확한 예측이 아니라는 사실이 알려지자, 그는 비판에 대해 내가 틀리고 싶어서 틀렸겠느냐고 항변했다.[52] 그는 또한 1951년 9월에 사이클로트론 준공식에서 발표할 논문을 준비했는데, 이 행사에는 전 세계의 뛰어난 물리학자 200여 명이 참석했다.[53] 그는 미리 수행한 몇 가지 예비 실험을 이 자리에서 보고했다. 축하 행사는 옛 친구들을 만나 지난 이야기를 할 기회가 되어주었다.

그는 자기가 하고 싶은 실험이 무엇인지, 어떤 탐구가 흥미로울지 깊이 생각했다. 주요 관심사는 핵을 하나로 묶는 '강한 힘'을 탐구하는 것이었고, 유카와가 1935년에 처음 제안한 파이온으로 핵을 조사하는 것

---

* 한번은 울람과 페르미가 테니스를 쳐서 울람이 6 대 4로 이겼지만 페르미가 패배를 인정하지 않았다. 그는 두 점수의 차이가 점수 합계의 제곱근인 3.17보다 작다고 지적했다. 이것은 통계학에서 결과가 유의성이 있는지, 즉 측정 오차 범위 안에 있는지 대략 알아보는 방법이다. 울람은 즉각 페르미의 우스꽝스럽고도 사랑스러운 농담을 알아들었고, 이 경쟁심이 많은 친구와 테니스를 계속 즐겼다. (울람, 《수학자의 모험Adventure of a Mathematician》, 164.)

이었다. 1951년에 물리학자들은 파이온이 강한 힘에 관련된 입자이고, 핵자(핵 속에서 돌아다니는 중성자와 양성자)와 흥미로운 방식으로 상호작용한다고 믿었다. 중요한 점은, 핵을 조사할 정도로 큰 에너지의 파이온을 생성할 수 있는 강력한 기계는 시카고 사이클로트론뿐이라는 것이었다.

페르미는 앤더슨과 젊은 물리학자 몇 사람을 데리고 수행한 실험에서, 사이클로트론 안에서 가속한 양성자로 과녁을 때려서 파이온 빔을 만들었다. 양성자가 과녁의 핵을 자극해서 파이온을 방출하게 했고, 파이온으로 다른 핵을 탐사했다. 이 경우에 탐사 대상은 수소 원자의 핵이었다. 수소 원자의 핵은 단순한 양성자이거나 '중양성자'이고, 중양성자는 양성자와 중성자로 구성되어 있다. 파이온이 핵을 때린 다음에 튕겨져 나오는 것을 물리학 용어로는 '산란'이라고 부른다. 이 산란 과정이 핵자와 파이온의 관계에 대해 흥미로운 것들을 드러낸다. 파이온의 세 가지 유형인 양성, 중성, 음성은 질량이 조금씩 다른데, 이 파이온들이 수소 핵과 조금씩 다르게 상호작용하는 것을 추적하면 핵자에 대해 더 많은 것을 알 수 있다.

이러한 산란 패턴을 연구하는 과정에서 페르미는 자기가 새로운 입자를 생성했고, 1억 8000만 전자볼트를 중심으로 하는 에너지 영역의 파이온으로 양성자를 때렸을 때 이 입자가 생겨났다는 것을 알아냈다. 이것은 핵 속의 강한 힘을 탐구할 수 있을 정도로 높은 에너지의 입자로 양성자를 포격한 최초의 사례였다. 수명이 매우 짧은 이 입자는 처음에는 이상한 양자 상태로 알려졌고, 지금은 '델타 플러스 플러스delta plus plus'로 불린다. 이 입자는 10년 뒤에 머리 겔만이 제안한 무거운 입자(바리온)의 군론 체계에 잘 맞아떨어졌다.

물리학자들은 이러한 유형의 입자를 '공명resonance'이라고 부른다.[54] 핵을 여러 가지 진동수를 가진 라디오 방송국이라고 하고, 사이클로트론은 스펙트럼의 아래에서 위로 진동수를 연속적으로 조절할 수 있는 라디오 수신기라고 하자. 방송을 찾기 위해 다이얼을 돌리면 처음에는 잡음만 들리다가, 특정한 진동수가 되면 방송이 깨끗하게 잡히다가 다시 범위를 벗어난다. 비슷한 방식으로 사이클로트론이 1억 8000만 전자볼트의 에너지로 맞춰졌을 때 핵자와 공명이 일어나는데, 이것이 파이온이라는 이상한 입자이다.

이 결과들의 분석에 따르면 양성자가 꽤 복잡한 입자이며, 양성자를 자극하면 여러 가지 상태가 될 수 있다. 어쩌면 양성자는 전자나 뮤온과 같은 의미로 '근본적'이지 않을 수 있다. 어쩌면 양성자에는 더 탐구해야 할 내부 구조가 있을 수도 있다. 이것은 입자물리학의 발전 방향을 결정하는 중요한 통찰이었고, 이 발전은 이러한 무거운 입자들을 보는 관점을 완전히 바꿔놓게 된다. 페르미는 로스앨러모스에서 메트로폴리스의 도움으로 이 실험을 컴퓨터 모의실험으로 연구했고, 이것은 최초의 입자 모의실험이었다.

페르미는 이 실험과 컴퓨터 모의실험을 바탕으로 논문 아홉 편을 썼다. 이 논문들은 그가 쓴 마지막 실험 논문이 되었다. 허버트 앤더슨에 따르면 1953년 중반부터 페르미의 대학원생인 제이 오리어Jay Orear, 아서 로즌펠드Arthur Rosenfeld, 호러스 태프트Horace Taft가 사이클로트론 실험을 운영하면서 페르미는 본인의 연구를 더 철저히 할 수 없었다고 한다.

나의 병[베릴륨 중독] 때문에, 그는 실험을 잘 수행하도록 세심하게 도와줄 지원자를 잃었다. 그의 새로운 대학원생 로즌펠드, 오리어, 태프트는 페르미가 지도해주기를 청하면서도 독자적으로 연구하고 싶어했다. 그래서 페르미는 자기 역할을 바꿨다. 그는 점점 더 많은 시간을 할애해 토론을 하면서 남을 돕고 실험을 도와주었지만, 다시는 자기 연구가 될 만큼 깊이 들어가지 않았다.[55]

앤더슨은 페르미가 찬드라세카르와 함께 우주선의 기원에 대해 연구한 것도 대학원생들에게 밀려난 결과라고 생각했다.

앤더슨은 분명히 페르미의 학생들을 너무 심하게 비난했다. 페르미는 사이클로트론을 이용하기 위해 앤더슨의 도움이 필요하지 않았다. 페르미는 연구소에서 가장 두드러지고 강력한 사람이었고, 그가 원한다면 자기 실험을 수행했을 것이다. 그는 또한 1947년부터 오랫동안 우주선의 기원에 대해 매료되어 있었고, 강제가 아니라 즐겁게 찬드라세카르와 대화했다. 앤더슨이 놓친 것은(아마 페르미가 젊은 물리학자들에게 멘토가 되어주는 것을 질투해서) 페르미가 대학원생들과 함께 연구하기를 즐겼고, 그들의 연구에 용기를 주고, 그들이 크고 새롭고 잠재력이 있는 장비로 하는 실험을 감독했다는 점이다. 페르미는 1953년 중반까지 사이클로트론을 우선적으로 사용했다. 2년 동안 자기가 직접 좋은 연구를 한 다음에, 이제는 젊은 동료들에게 기회를 주어야 할 시간이라고 느꼈을 것이다.

리처드 가윈은 앤더슨이 질투가 많았다고 말했다. 누구보다 페르미와 가까웠던 가윈은 1952년 말에 앤더슨과 회의를 했다. 연구소에는 두 사람 중에 한 사람만 남을 수 있었고, 앤더슨은 매우 직선적이었다. 가윈은 뻔뻔한 앤더슨에게 자리를 양보하고 뉴욕 요크타운 하이츠에 있는 IBM 왓슨 연구소로 옮겨갔다. 앤더슨이 페르미와 오랫동안 협력했다는 자긍심을 가지는 것은 당연했다. 로마와 미국에서 페르미와 협력했던 모든 사람 중에서 아마 앤더슨이 페르미와 가장 오래 함께 연구했을 것이다.[56] 그는 일종의 문지기 역할을 했고, 특히 가윈이나 로즌펠드 같은 젊은 물리학자들이 독자적으로 이 위대한 사람과 특별한 관계를 맺는 것을 불쾌하게 여겼다. 하지만 앤더슨은 용서받을 만하다. 그는 결국 영웅적인 행위 때문에 죽게 된다. 그는 페르미와 진보다 더 빨리 실험실에 뛰어들어 베릴륨에 붙은 불을 껐다. 이 일로 그는 동료들이 자기와 비슷한 운명을 맞이하는 것을 막았다.

파인먼, 슈윙거, 도모나가의 연구를 조화시키는 데 크게 기여한 젊은 이론가 프리먼 다이슨Freeman Dyson에게도 페르미의 파이온-양성자 산란 연구에 얽힌 이야기가 있다.[57] 다이슨은 코넬 대학교의 조교수였고, 작은 그룹의 대학원생들을 이끌고 있었다. 그들은 파이온-양성자 상호작용의 이론적 계산을 양자전기역학의 분석에 성공적으로 사용했던 기법으로 수행하기로 결정했다. 파이온-양성자 상호작용에 관련된 힘은 양자전기역학의 힘보다 훨씬 강하지만, 다이슨과 그의 학생들은 이 점을 중시하지 않고 계산해서 페르미가 시카고 사이클로트론으로 얻은 것과 꽤 비슷한 결과를 얻었다. 그들은 몇 년에 걸친 연구로 이런 결과를 얻었고, 이것을 완성한 1953년 봄에 다이슨은 코넬에서 시카고까지 버스를 타고 페르미에게 결과를 보여주러 갔다.

다이슨은 페르미에게 열정적으로 자기 연구를 보여주려고 했다. 한동안 사담을 나누다가, 페르미가 다이슨의 결과를 보자고 했다. 다이슨은 50여 년이 지난 2004년에 페르미의 판단에 대해 회고했다. 페르미는 이렇게 말했다. "이론물리학 계산을 하는 방법에는 두 가지가 있다네. 하나는 내가 좋아하는 방법으로, 계산의 대상이 되는 과정에 대해 명료한 물리적인 그림이 있어야 해. 또 다른 방법은, 상세하고 자기충족적인 수학적 형식론이 있어야 하지. 자네의 연구에는 둘 다 없군."[58]

다이슨은 깜짝 놀라서 더 자세히 설명해달라고 했다. 페르미는 다이슨이 사용한 수학적 기법이 풀려고 하는 문제에 적절하지 않다고 설명했다. 그가 자신의 결과가 페르미의 1951~1952년 실험에서 측정한 값에 매우 가깝다고 반박하자, 페르미는 다이슨의 계산에는 임의적인 매개 변수가 너무 많다고 지적했다. 페르미는 이렇게 대답했다. "나의 친구 노이만은 매개 변수가 넷이면 코끼리도 끼워 맞출 수 있고, 다섯이면 코끼리가 코를 흔들게 할 수도 있다고 했지." 이 말을 듣고 다이슨은 코넬로 돌아가서 몇 년에 걸친 연구 결과가 페르미의 검증을 통과하지 못했다는 슬픈 소식을 학생들에게 전했다.

다이슨은 이 일을 회상하면서 쓰라려하기보다는 막다른 골목인 줄 모르고 계속 달려가는 시간 낭비를 막아준 페르미에게 감사해했다.

> 50년이 지나서 되돌아보면, 우리는 분명히 페르미가 옳았다는 것을 알 수 있다. 강한 힘을 설명하는 결정적인 발견은 쿼크였다. 중간자와 양성자는 쿼크를 담는 작은 자루이다. 머리 겔만이 쿼크를 발견하기 전까지는, 강한 힘에 대한 어떤 이론도 적합하지 못했다. 페르미는 쿼크에 대해 전혀 몰랐고, 쿼크가 발견되기 전에 죽었다. 그러나 그는 1950년대의 중간자 이론에 뭔가 핵심적인 것이 빠졌다는 것을 알고 있었다. (…) 그리고 이론과 실험의 불일치가 아니라 페르미의 직관이, 나와 학생들이 막다른 골목에 빠지는 것을 막아주었다.[59]

페르미가 전쟁 뒤에 수행한 연구의 많은 부분이 공개되어 있지만,

1946년에서 1952년까지 로스앨러모스에서 수행한 연구는 상당 부분이 비밀이었고, 그중에는 수소폭탄 연구도 있었다. 이때 페르미는 과학연구와 함께 공공정책 자문에도 참여했는데, 그는 정책 자문을 불편하게 여겼다. 페르미는 공공정책을 큰 골칫거리로 여기며 힘들어했고, 때로는 모순된 결정을 내리기도 했다. 그의 인생에서 가장 극적인 순간 중 하나인 오랜 동료 로버트 오펜하이머가 미국 정부에 충성하지 않는다는 혐의에 대한 변론도 이 일에서 비롯되었다.

22

대중의 시선에서

페르미는 맨해튼 프로젝트의 중심인물이었으므로 그가 일반 자문 위원 회 위원으로 지명된 것은 놀라운 일이 아니었다.[1] 그와 맨해튼 프로젝트에서 함께 일했던 원자력 위원회 위원 로버트 바커와 캐럴 윌슨Carroll Wilson이 미국의 핵무기와 핵에너지 사업에 대해 원자력 위원회에 조언해줄 수 있는 과학자와 엔지니어 목록을 작성했다. 이 목록에는 코넌트, 오펜하이머, 라비, 시보그, 시릴 스미스Cyril Smith와 같은 이 분야의 유명인사들이 올랐고, 전직 MIT 복사 연구소Radiation Lab 소장이었고 캘리포니아 공과대학 신임 총장인 리 두브리지Lee DuBridge, 핸퍼드 원자로에서 일했던 듀폰 관계자 후드 워딩턴Hood Worthington, 로스앨러모스 자문역 하틀리 로Hartley Rowe도 포함되었다. 1947년 첫 번째 주에 일반 자문 위원회의 첫 번째 모임이 워싱턴에서 열렸고, 그 뒤로 몇 달에 한 번씩 2~3일 동안 열렸다.

페르미는 위원직 지명에 앞서 철저한 신원 조회를 받았다. 1946년에 제정된 원자력법에 따라 새롭게 1급비밀 취급 인가를 받아야 했기 때문이다. 그의 FBI 문서는 흥미롭게 읽히고, 1940년에 FBI가 작성한 것보다 더 철저하다.[2] 이때 면담한 사람들은 그의 신뢰성과 물리학자로서의 뛰어남을 보장하면서 그의 비밀 취급 인가를 압도적으로 지지했다. 진은 페르미를 정치적으로 "극단적인 보수주의자"라고 표현했다. 노먼 힐베리Norman Hilberry와 자카리아센은 그를 "생존해 있는 가장 위대한 물리학자"라고 말해서, 여전히 살아 있었던 아인슈타인과 보어가 알았으면 섭섭해했을 것이다. 힐베리는 라우라의 가족이 열렬한 반파시스트였다고 했지만, 이것은 말 그대로 틀렸다. 이러한 진술들은 성숙한 판단이라기보다 면담에 응한 사람들이 페르미가 신원 조회에 통과하기를 열렬히 바라는 마음이 드러난 결과였다.

이러한 칭찬보다 더 주목할 만한 증언은 컬럼비아 대학교 동료였고 컬럼비아 대학교 최초의 사이클로트론을 제작한 존 더닝의 증언이다. 더닝은 페르미의 인간성과 미국에 대한 충성심에 대해 의심하지 않지만, 외국 출신에게 비밀 취급을 인가하는 데는 반대한다고 말했다. 한 번 배신한 사람은 또 배신할 수 있다며 그는 이런 맥락에서 페르미가 1939년에 이탈리아를 떠나 미국으로 오는 결정을 했다는 점을 지적했다. 믿기지 않는 일이지만, 그는 페르미가 컬럼비아 대학교에서 시카고 대학교로 옮긴 것도 배신의 예라고 언급했다. 분명히 그는 페르미가 콤프턴의 지시에 따라 파일 실험 전체를 컬럼비아에서 시카고로 옮겼다는 것을 알았다. 뒤에 남겨진 그는 버려졌다고 느꼈던 것 같다. 어떤 앙금이 남아 있었든, FBI와 면담할 때 더닝은 페르미에 대한 분노에 들끓었다.

FBI는 현명하게도 더닝의 말을 무시했고, 라머가 1940년에 했던 말도 무시했다. 라머나 더닝은 비밀로 분류된 원자 연구의 많은 부분이 페르미의 머리에서 나왔다는 점을 간과했거나, 잘 알고 있어도 분을 삭이기에는 부족했던 듯하다. 페르미는 1급비밀 취급 인가를 받았고, 일반 자문 위원회와 로스앨러모스의 여름 연구에 이 인가를 사용했다.

오펜하이머가 의장을 맡은 일반 자문 위원회에서는 과학과 기술에 대한 자유로운 토론이 전혀 없었다. 회의 주제는 모두 원자폭탄의 개발과 재고 확보에 관련된 다양한 문제들이었다. 수소폭탄은 여전히 강력한 관심사였지만 핵분열 무기도 계속 관심의 대상이었고, 핸퍼드의 원자로 건설과 나중에는 사우스캐롤라이나 서배너강에서 원자력 위원회와 듀폰이 공동으로 운영하는 원자로 건설도 큰 관심사였다.

1946년부터 1950년까지 원자력 위원회 위원장이었던 데이비드 릴리엔솔은 워싱턴 정계에서 낯선 인물이 아니었다. 일반 자문 위원회의 과학자들은 그에게 감명을 주었지만 페르미만큼 강한 인상을 준 사람은 없었다. 일반 자문 위원회 회의 첫 주에 릴리엔솔은 라비와 페르미와 함께 "전쟁부 건물의 작고 끔찍한 식당에서" 점심 식사를 했다. 릴리엔솔은 그날 일기에 이렇게 썼다. "페르미와 함께 하루를 보내는 것은 코페르니쿠스나 갈릴레오, 또는 불을 발견한 원시인과 함께 하루를 보낸다는 것과 같다."[3]

페르미는 일반 자문 위원회에 재임하는 동안 거의 모든 회의에 출석했고, 자기의 전문 영역이거나 강한 감정이 있는 사안에 대해 발언했다. 예를 들어 국가 연구소의 확장과 기존 사업 강화 중에서 어느 쪽을 선택할지 토의했을 때 페르미는 후자를 지지했다. 그는 로스앨러모스를 강화해야 한다고 주장했다. 세그레에 따르면, 그는 자원이 부족한 시기에 발전용 민간 원자로를 개발하기보다 로스앨러모스의 연구를 강화해야 한다고 생각했다.[4] 그는 또한 첨단 연구를 위해서 중성자가 대량으로 생성되는 원자로의 건설을 지지했다. 일반 자문 위원회에서 논의된 문제들 중 그의 공헌에 대한 유일한 공식 기록은 1949년 10월 말에 열린 일련의 중요한 회의와 관련이 있다.

이 회의의 배경에는 1949년 8월에 소련이 핵분열 실험에 첫 성공을 한 충격이 있었다. 8년 뒤에 스푸트니크호 발사 때와 마찬가지로, 소련 핵 실험은 미국 국가 안보 체계 전체에 경종을 울렸다. 소련의 뛰어난 물리학자들이 핵융합 무기도 개발하고 있다는 것은 거의 의심의 여지가 없었다. 트루먼 대통령과 국가 안보 보좌관은 핵융합 무기 제조에 전면적인 노력을 기울일 것인지에 대한 자문을 원했다.

핵분열 폭탄을 개발할 때와 마찬가지로 기술적인 난관이 많았다. 어떻게 충분한 양의 수소가 기폭할 만큼 오랫동안 장치를 부서지지 않게 유지할 수 있는가? 이러한 문제들은 1946년 여름 로스앨러모스에서 열린 비밀 회의에서 페르미와 맨해튼 프로젝트 동료들이 길게 논의했지만 풀리지 않은 문제들이 여전히 남아 있었다. 텔러와 울람이 1951년에 이 퍼즐을 풀었지만 그것은 2년 뒤의 일이었고, 1949년 10월에 페르미를 포함한 많은 과학자는 실용적인 무기의 실현 가능성에 여전히 회의적이었다.[5]

조치를 취해야 한다는 상당한 정치적 압력에 따라 원자력 위원회는 일반 자문 위원회에 의견을 구했다.[6] 1949년 10월 29일에 이 문제에 대한 토론과 투표가 진행되었다. 일반 자문 위원회 전체가 수소폭탄 개발에 반대하는 쪽에 투표했다. 보고서는 "이 무기의 개발을 피할 수 있다"는 희망, 미국이 이 문제의 주도권을 잡는 것에 대한 망설임, "현 시점에서 이 무기의 개발을 위해 전면적인 노력을 기울이는 것은 잘못"이라는 세 가지 핵심 사항에 집중했다.[7] 그들은 또한 그러한 노력에 집중하면 국가 안보에 똑같이 중요한 핵분열 무기의 지속적인 개발에 투입할 자원과 에너지가 줄어들 것이라고 우려했다. 수소폭탄의 가능성을 둘러싼 불확실성을 고려할 때, 기존의 핵분열 무기 비축량을 늘리는 것이 더 합당한 일로 여겨졌다.

보고서에는 두 개의 부록이 붙었다. 하나는 하버드 대학교 총장 코넌트가 작성했고, 일반 자문 위원회 위원 아홉 명 중 일곱 명이 서명했다. 그들은 그러한 무기를 절대로 만들지 말아야 한다는 논의를 펼쳤다. 이 무기가 기술적으로 실현 가능할 것이라고 확신할 수 없고, 러시아가 그러한 무기를 개발한다고 해도 기존의 원자폭탄이 적절한 억지력을 제공할 것이며, 미국이 "전면전에 제한을 두는 사례"[8]를 만들 기회가 될 수 있다는 것이었다. 과학자들은 병 속의 핵 거인을 꺼내놓은 다음에 생각이 바뀌어서, 이번에는 그 거인에게 돌아오라고 설득할 방법을 찾고 있었다.

라비와 페르미는 질문의 도덕적인 요소에 명시적으로 집중하는, 훨씬 더 강력한 '소수 보고서'를 제출했다.[9] 아마도 라비가 초안을 작성하고 페르미가 도왔을 이 문건에는 비범한 견해가 담겼다. 라비는 오랫동안 핵무기와 그 기초 기술에 대한 국제적인 통제를 확립하기 위해 전투적으로 노력했고, 페르미는 라비에게 동조했지만 성공 가능성에 대해서는 라비보다 회의적이었다. 페르미가 수소폭탄 개발에 반대하는 방향으로 간 것은 맨해튼 프로젝트에서 주기적으로 겪었던 내적 갈등 때문이었을 수도 있다. 절친한 친구인 두 사람은 슈퍼의 파괴력이 일반적인 원자폭탄의 100배에서 1000배에 이르러야 기존의 핵무기에 비해 우위를 점할 것이며, 그 파괴 범위는 400제곱킬로미터에서 3000제곱킬로미터에 이를 것이라는 견해로 보고서를 시작했다. 그런 무기는 군사적인 용도를 훨씬 뛰어넘어 거대한 자연재해의 수준에 근접한다고 그들은 주장했다. "적국의 거주자일지라도 특정한 개인이자 존엄성을 지닌 인간에게 그러한 무기를 사용하는 것은 어떤 윤리적 근거로도 정당화할 수 없음이 분명하다." 그런 무기를 사용하면 "세계 인류"에게 미국은 도덕적으로 의심스러운 입장에 놓일 것이다. 이 무기에서 나오는 방사선 때문에 지구의 넓은 지역이 "매우 오랜 시간 동안" 거주할 수 없게 될 것이다.

두 과학자는 미국이 다른 나라들도 서약에 참여하도록 촉구해야 한다는 주장으로 소수 보고서를 마쳤다.

> 이 무기의 파괴력에 아무런 제한이 없으므로 그 존재 자체와 제작에 대한 지식은 인류 전체에 위협이 된다. 어떤 면으로 보아도 이것은 필연적으로 사악한 것이다. 이러한 이유로 우리는 미국 대통령이 그러한 무기 개발의 착수가 근본적인 윤리 원칙에서 잘못되었다고 미국인들과 세계에 말하는 것이 중요하다고 생각한다.[10]

일반 자문 위원회 보고서는 부록과 함께 원자력 위원회에 검토를 위해 제출되었다. 많은 논쟁 끝에 원자력 위원회의 투표 결과는 일반 자문 위원회의 특정 정치 권고안을 지지했다. 당연하게도 로런스와 텔러는 슈퍼의 종료를 미친 듯이 반대했다. 다른 물리학자들은 각각 찬반의 어느 한쪽에 줄을 섰다. 예를 들어 리오나 리비는 페르미가 수소폭탄 개발에 반대했다는 것을 알고 날카롭게 맞섰다. 리비에 따르면 페르미는 평소와 달리 그녀의 공격에 화산처럼 화를 내며 자기를 방어했다고 한다.[11] 과학계에서는 몇 달 동안 열띤 논쟁이 벌어졌지만, 일본에 원자폭탄 투하를 결정할 때처럼 트루먼 대통령은 또 한번 과학자들을 무시했다. 그는 미래의 원자력 위원회 위원장인 루이스 스트라우스Lewis Strauss를 비롯한 위원회의 몇몇 위원과 마찬가지로 러시아가 수소폭탄을 개발하기 전에 미국이 먼저 개발해야 하며, 핵무기의 국제적 통제를 강화하려는 노력은 거의 신뢰하기 어렵다고 보았다. 1950년 1월에 클라우스 푹스가 맨해튼 프로젝트 초기부터 소련을 위해 간첩 활동을 했다는 폭로가 나왔고, 대통령은 정치적인 위기에 맞서야 했다. 트루먼 대통령은 정치적 측면과 군사적 측면 모두를 고려해서 원자력 위원회의 조언을 거부하고 수소폭탄 개발을 최우선 과제로 삼으라고 지시했다.

대통령이 지시했지만, 핵융합 무기 개발에 따르는 장애물은 과학자들을 계속 괴롭혔다. 1950년 여름에, 페르미는 로스앨러모스로 돌아와서 중요한 기술적 수수께끼를 푸는 방법을 계속 연구했다. 그는 리처드 가윈을 데리고 와서 여름 동안 긴밀하게 협력했다.

페르미는 텔러의 개념이 비현실적이라는 견해를 자주 내비쳤다. 1950년 여름에도 그는 울람과 함께 여전히 회의적이었다. 그들은 둘 다 텔러의 설계로는 반응이 완전히 일어나기 전에 수소 연료의 일부만 기폭될 것이라고 염려했다. 이 문제의 본질을 알아내기 위한 계산은 복잡했고, 페르미와 울람은 누가 먼저 답을 찾는지 선의의 경쟁을 하기로 했다.[12] 페르미는 계산자만 사용하려고 했지만, 울람의 기술 부서는 기계 계산기를 사용하는 한 무리의 젊은 여성 "컴퓨터"의 도움을 받자고 우겼다. 울람과 페르미는 몇 가지 예비 계산을 해서 스프레드시트를 만들었고, 여성 계산원들이 표를 완성하면 이것을 바탕으로 과학자들이 다시 계산했다. 특히 매력적이고 가슴이 풍만한 젊은 여자인 미리엄 플랑크Miriam Planck(양자론의 선구자인 막스 플랑크와는 관련이 없다)가 꽤 오랫동안 페르미와 함께 있다는 것을 울람과 존 휠러가 알아채고 재미 있어했다.*

여름 동안 울람과 페르미와 다른 사람들, 특히 C. J. 에버렛C. J. Everett이 라는 물리학자가 텔러의 슈퍼 개념에서 치명적인 결함을 계속 지적했 다. 텔러는 몇 번이고 개념의 결함을 보완해서 가져왔지만, 그때마다 누 군가가 또 다른 치명적인 결함을 찾아냈다.[13] 1951년 초에 울람은 번개 와 같은 통찰을 떠올렸고, 핵분열 기폭이 일어나는 동안에 장치 전체를 압축하면 장치가 동작할 정도의 시간만큼만 붙들어둘 충분한 압력이 발 생한다는 것을 깨달았다.[14] 텔러의 기여는 핵분열에서 나오는 고에너지 엑스선을 반사시켜서 압축을 일으키는 아이디어를 생각해낸 것이었다. 울람과 텔러는 이 방법의 주요 세부 사항을 연구해서 1951년 3월에 문 서를 작성했다. 1952년 11월에 남태평양의 에니웨톡Eniwetok섬에서 실시 된 아이비 마이크Ivy Mike 테스트에서 텔러-울람 개념을 기반으로 한 핵 융합 무기의 실현 가능성이 확인되었다.[15]

페르미가 핵융합 무기 개발을 강력하게 반대하는 보고서 작성을 도 운 다음에 이 무기의 개발에 계속 참여한 것은 전쟁 뒤에 그가 한 공적 활동 중에서 가장 혼란스러운 대목일 것이다. 그는 1950년 여름에 로스 앨러모스에서 울람, 텔러, 휠러, 베테와 같은 오랜 친구 여러 사람과 함 께 핵융합 연구에 몰두했다. 베테도 처음에는 반대했지만 1950년 6월

---

* 울람에 따르면, 플랑크는 완성한 하루치 스프레드시트를 두 사람에게 가져와서 책상 위에 올려놓 고 몸을 숙이면서 "어떻게 보이나요?"라고 물었다. 울람은 그녀의 가슴을 쳐다보면서 "놀랍네요!" 라고 대답했고, 페르미는 크게 즐거워했다. (울람, 《수학자의 모험》, 218.)

에 한국전쟁이 일어난 뒤에 핵융합 무기의 개발에 뛰어들었다. 페르미가 8개월 전에 "어떤 면으로 보아도 필연적으로 사악하다"고 말한 무기의 개발에 참여하기로 결정한 이유는 수수께끼로 남아 있다.

페르미는 이 결정에 대해 어떤 기록도 남기지 않았다. 어쩌면 그는 애국자로 보이고 싶었을 수도 있고, 대통령의 결정에 따라 핵융합 무기 개발에 참여하는 것이 자기의 의무라고 생각했을 수도 있다. 물리학에 관련된 문제는 6년 전에 로스앨러모스 때와 마찬가지로 흥미로웠는데, 이것도 페르미가 연구에 참여하게 된 한 가지 요인이었을 것이다. 어쨌든 연구가 진행되고 있었기 때문에, 페르미는 바깥에서 들여다보기보다는 안에서 참여해야 한다고 생각했으리라. 안에 들어와서 그는 자기가 좋아했던 "악마의 변호인 노릇을 하는 교황"의 역할을 계속할 수 있었다.

표면적으로는 페르미가 왜 울람-텔러 개념을 처음으로 생각해내지 못했는지 의아하다. 되돌아볼 때 이것은 너무나 명료해서 페르미처럼 엄청난 지성을 갖춘 사람에게 바로 보였을 것으로 생각되기 때문이다. 페르미와 가원은 그해 여름에 엑스선의 압력에 대해 많은 연구를 했지만 장치를 필요한 시간 동안 부서지지 않게 유지하는 용도로 이 압력을 이용한다는 생각은 떠올리지 못했다.[16] 결국 장치를 압축한다는 통찰을 떠올린 사람은 울람이었고, 텔러가 엑스선 압력을 이용해서 압축하는 것으로 아이디어를 확장했다. 페르미가 핵융합 무기 개발에 참여한 이유는 오늘날까지 수수께끼로 남아 있다. 어쨌든, 그가 수소폭탄을 발명한 사람은 아니었다.[17]

1951년 초에 페르미의 일반 자문 위원회 4년 임기가 끝나자 오펜하이머는 계속 위원직을 맡아달라고 부탁했다.[18] 페르미는 여러 가지 이유로 고사해도 오펜하이머가 포기하지 않자 자신의 판단을 믿을 수 없게 되었다고 하면서 끝내 거절했다. 시기도 좋지 않았다. 시카고 사이클로트론이 곧 가동을 시작할 예정이었고, 그는 지난 5년 동안 준비해온 중요한 실험에 집중하려고 했다. 또한 그는 공공정책에 대한 토론을 매우 불편하게 여겼다. 자신의 판단을 믿을 수 없게 되었다는 말은 지나친 겸손이 아니었다고 볼 수 있다. 논의가 물리학 자체에서 멀어질수록 자기가 기여할 만한 여지가 줄어든다는 생각이 들었고, 특히 자신의 전문 분야에서 차이를 만들 능력이 있다는 자신감이 있었기 때문이다. 어쨌든 공공정책은 한 페이지에 적은 방정식이나 학술지에 발표할 결과에 의해 통제되는 것이 아니라 기술적인 사실과 가치를 바탕으로 하는 견해의 쉽지 않은 조합으로 결정된다. 텔러와 라비와 같은 페르미의 친구들이 그렇게 첨예하게 의견이 갈린다면 애초에 "올바른" 답은 있을 수 없었다. 페르미는 이런 문제에 대해 정말로 난감했을 것이다. 이때부터 그는 될 수 있는 한 공공정책 논쟁을 피하고 물리학에만 집중하려 했고, 부분적으로만 성공했다.

1952년에 페르미는 뉴욕 변호사 이매뉴얼 블로흐Emanuel Bloch가 보낸 편지를 받고 또 한번 공공정책 문제에 직면했다. 블로흐는 당시 미국에서 가장 악명 높은 부부 줄리어스Julius와 에셀 로젠버그Ethel Rosenberg를 변호하고 있었다. 부부가 소련에 원자 기밀을 제공한 혐의로 유죄 판결을 받은 지 1년도 넘었고, 블로흐는 사형 선고를 막기 위해 안간힘을 쓰고 있었다. 그는 페르미에게 특정한 정보가 공개되어 일반적으로 얻을 수 있는 것인지 알려달라고 요청했다.

페르미는 분명히 이 사건에 얽히고 싶지 않다.[19] 그는 블로흐에게 가브리엘로 잔니니를 추천했다. 페르미의 제자였던 잔니니는 파니스페르나가의 청년들을 대리해서 특허 소송을 맡고 있었는데, 어떤 정보가 공개되어 있고 어떤 정보가 비밀인지 그가 더 잘 알 것이라는 이유에서였다. 이때는 페르미와 실라르드가 신청한 많은 특허가 비밀 해제 검토 단계에 있던 때였다. 아마도 페르미는 잔니니가 형량을 줄이는 데 도움이 될 만한 정보를 알지 않을까 기대했던 것 같다. 페르미는 직접 도와주지 않기로 결정했다. 블로흐가 1952년 말에 자기의 의뢰인을 대신해서 다시 한번 개입해달라고 부탁했지만, 이 편지에 대한 답신은 없었던 듯하다. 페르미는 이 편지에 화가 났을 것이다. 그는 과학적 발견이 영원히 비밀로 남을 수는 없다고 확신했고, 소련이 핵무기를 얻는 것은 정해진 결론이며, 특히 소련 물리학자들의 재능으로 보아 이 결론은 당연하다고 생각했다. 그럼에도 불구하고 그는 지금 자기가 조국이라고 부르는 나라에 충성을 다했고, 나라를 배신한 본토박이 부부가 가진 생각을 경멸했을 것이다.

1947년에 미국 물리학회 간사 칼 대로Karl Darrow는 페르미에게 부회장을 맡아달라고 부탁했다. 미국 물리학회는 미국에서 가장 큰 물리학자 단체였고, 부회장은 맡은 일이 많지 않지만 다음 해에 회장 자리를 물려받아야 했다. 페르미는 자기는 이미 하고 있는 일이 너무 많다는 이유로 정중하게, 그러나 단호하게 거절했다. 그는 이미 일반 자문 위원회 위원직을 수락했고, 시카고 대학교에서도 강의와 연구 일정이 꽉 차 있었다. 그는 분명히 행정적인 부담으로 자기 일을 방해받고 싶지 않았고, 행정적인 부담이 훨씬 더 커지는 다음 해의 회장직도 맡고 싶지 않았다.

대로가 1951년에 페르미에게 보낸 편지 내용이 매우 공격적인 것으로 보아, 그는 그 전에도 페르미에게 여러 번 접촉했던 것으로 보인다. 페르미가 계속 거절하려고 하자, 대로는 지명 위원회의 결정이 단독 추천이며, 물리학회 정관에 따르면 다른 방법이 없다고 썼고, 이렇게 덧붙였다. "부디 당신이 위대한 거절Il gran rifiuto로 인해 단테의 연옥에 빠진 이탈리아 신사들에 속하지 않기를 빕니다."[20](단테의 연옥은 지옥에 갈 만큼 죄를 짓지도 않았지만 천국에 갈 만큼 선하지도 못한 사람들이 가는 곳이다. 대로는 페르미에게 회장직을 거부하면 연옥에 갈 것이라고 말하고 있다—옮긴이) 이런 격렬한 압력에 페르미는 마지못해 1952년에 부회장이 되었고, 1953년에는 명예롭게 회장에 취임했다. 페르미는 오랜 친구 한스 베테에게 부회장을 맡겨서 1954년에 자기 직책을 물려받게 했다. 젊은 시절부터 친구였던 두 사람은 로스앨러모스에서도 긴밀히 협력했다. 베테는 느긋하고 호감이 가는 성품에 과학적인 진지함을 갖추어서 페르미의 임기가 끝난 뒤에 회장직을 물려받을 만큼의 명성이 있었다.

페르미가 물리학회 부회장이던 시기에는 특별한 사건이 없었고, 시카고 대학교에서 수행하는 실험도 거의 방해를 받지 않았다. 그러나 회장이 되었을 때는 완전히 달랐다. 그는 거의 즉시 자신이 순전히 정치적인 논란에 휘말렸다는 것을 깨달았다. 70년이 지난 지금 되돌아보면 조금 우스꽝스럽지만, 당시에는 페르미와 미국 물리학회뿐만 아니라 물리학계 전체가 여러 달 동안 이 논란에 빠져 있었다.

상무부 장관이 산하 기관인 미국 표준국의 국장 앨런 애스틴Allen Astin의 직무를 정지시켰다. 표준국장은 어떤 배터리 첨가제의 측정 결과가 제조사가 제시한 값에 미달한다는 이유로 우정청에 그 제품의 우편 배포를 금지하게 했다. 사업가이자 정치인이고 공화당원인 신임 상무부 장관 싱클레어 웍스Sinclair Weeks는 이런 문제는 시장이 자유롭게 결정하도록 맡겨두어야 한다면서 우정청장에게 그 제품의 배포를 막지 말라고 지시했고, 애스틴 박사에게 책임을 물어 직무를 즉시 정지시켰다. 이 조치가 정부 기관에 대한 조언에 찬물을 끼얹는 효과를 막기 위해 미국 물리학회는 페르미의 지도로 강력한 성명을 발표해서 애스틴 박사의 과학적 충실성을 지지하고, 정부에게 과학적 조언의 독립성과 충실성을 보장하는 정책을 채택하도록 촉구했다.[21] 웍스 장관은 1953년 8월에 애스틴 박사의 직무 정지를 취소했지만, 제품 배포는 계속 허용하라고 우정청장에게 지시했다. 미국 물리학회의 어느 누구도 이 결과에 만족하지 못했지만, 학회 전체로서는 단체의 목적을 수호했다고 어느 정도 만족스럽게 말할 수 있었다.

뒤돌아볼 때, 페르미의 주최로 노스캐롤라이나 더럼에 있는 듀크 대학교에서 열린 1953년 여름 회의 때의 일은 잘 알려지지 않았지만 의미가 더 큰 논란이었다. 회의를 계획하는 동안, 대로 간사가 페르미에게 더럼의 호텔들이 아프리카계 미국인을 차별한다는 점을 지적했다. 어떤 호텔들은 아프리카계 미국인 손님을 받아들였지만, 어떤 호텔들은 '백인 전용'이었다. 회원 중에 아프리카계 미국인은 거의 없었지만,[22] 어쩔 수 없는 질문에 맞닥뜨려야 했다. 물리학회는 이 문제에 어떤 입장을 취해야 하는가? 이 일을 보고받은 페르미는 화가 났다. 그의 의견은 물리학회가 더럼에 있는 호텔 전체 목록을 회원들에게 발송하고 어떤 호텔이 차별을 하는지 밝히지 말자는 것이었다. 어쩌면 그는 이 상황을 자세히 알고 있는 아프리카계 미국인 회원들이 백인 전용 호텔들에 대해 물리학회가 맞서 싸워주기를 바란다고 생각했을 것이다. 학회 집행 위원회의 다른 이들은 의견을 달리해서, 아프리카계 미국인 회원들에게 더럼에서 그들의 숙박을 받아들이는 호텔 목록을 제공해서 충돌을 피하고자 했다. 결국 집행 위원회는 페르미의 생각과 달리 모든 회원에게 아프리카계 미국인을 차별하지 않는 호텔 목록을 보냈다.[23]

그의 문제는 아직 끝나지 않았다. 1953년 말에, 원자력 위원회는 맨해튼 프로젝트에서 소련을 위해 간첩 활동을 했다는 혐의로 로버트 오펜하이머의 비밀 취급 허가를 재검토한다고 발표해서 물리학계에 충격을 던졌다.

미국 정부에 대한 과학자의 충성심을 조사한 일은 오펜하이머 사건이 처음이 아니었다. 1949~1950년에 캘리포니아 대학교는 모든 교수에게 반공 '충성 서약'을 요구했다.[24] 대단히 논란의 여지가 많고 분열을 초래한 이 조치는 모든 분야의 교수와 직원에게 영향을 주었다. 당시 버클리 대학교에 있었던 잭 스타인버거는 자신의 좌파 성향을 숨기지 않았고, 서약을 거부했다. 스타인버거는 버클리의 주요 인물이며 보수파 공화당원인 루이스 앨버레즈와도 잘 지내지 못했으며, 이 거부로 상황이 더 나빠졌다. 결국 스타인버거는 버클리를 떠나 컬럼비아 대학교로 가야 했다. 스타인버거가 나중에 컬럼비아 대학교에서 수행한 연구로 노벨상을 받았다는 점을 고려하면, 이 일은 분명히 컬럼비아 대학교의 이익이었다.

이 시기에 페르미가 정치적인 문제에 대해 남긴 몇 안 되는 언급 중에서, 제자였던 제프리 추에게 버클리 상황에 대해 쓴 편지가 있다.[25] 페르미가 로마 대학교 교수직을 유지하기 위해 파시스트당에 충성 서약을 했던 사실을 모른다면 이 편지의 내용이 아주 놀라울 것이다. 추에게 쓴 편지에서 페르미는 버클리의 서약 강요가 큰 난리도 아니며, 본질적으로 무의미하다고 지적했다. 확실히, 페르미라면 연구실에서 자유를 얻기 위한 비용으로 생각해서 쉽사리 서명하고 편하게 넘어갔을 것이었다.

페르미는 에드워드 콘던Edward Condon 사건에 대해서도 알고 있었다. 국회 반미 활동 조사 위원회 의장 J. 파넬 토머스J. Parnell Thomas가 1948년에 표준국장이던 콘던이 소련과 접촉했다는 혐의로 공격했다. 이 혐의는 근거가 없었고, 물리학회는 콘던을 변호했다.[26] 트루먼 대통령도 조사 위원회에 반대 의사를 표명했고 콘던을 공개적으로 지지했다. 결국 이 공격은 기세가 꺾였고, 조사 위원회는 가끔씩 공격을 재개했지만 거의 효과가 없었다.

버클리의 충성 서약 문제와 콘던 사건도 큰 문제였지만, 오펜하이머 사건은 규모가 달랐다.[27] 미국인들은 맨해튼 프로젝트의 카리스마 넘치는 지도자가 미국 정부에 대한 불충 혐의를 받는다는 사실에 놀랐다. 이 사건은 과학과 정부 사이의 관계에서 결정적인 순간이었고, 미국의 냉전 정책에서 하나의 상징적인 드라마였다.

오펜하이머에게는 여러 가지 불리한 요인이 있었다. 정치적인 상황이 달랐다면 이런 불리한 점들이 대개는 아무 문제가 되지 않았을 것이고, 몇 가지 혐의는 단순히 사실이 아니었다. 그러나 1953~1954년은 공산주의자의 침투에 민감한 시기였고, 이런 요인들이 문제가 될 수밖에 없었다. 오펜하이머를 아는 사람들은 그의 좌파 성향을 모호하게나마 알았고, 매카시 시절이 절정에 달했을 때는 이 정도로도 충분히 조사 대상이 될 수 있었다. 그는 또한 버클리 대학교에 재직하던 시절의 친구 하콘 슈발리에Haakon Chevalier가 원자폭탄의 기밀을 소련에 넘겨주자고 접근했을 때 전시에 문제가 될 만한 상황을 적절하게 처리하지 않았다. 그는 슈발리에의 요구에 결코 응하지 않았지만 이 일을 당국에 즉시 보고하지 않았고, 처음에는 은폐하려고 했다.

이러한 맥락에서, 1949년 10월에 일반 자문 위원회 회의에서 수소폭탄 개발에 반대했던 것도 오펜하이머에게 불리하게 작용했다. 그가 국가 안보를 위험에 빠뜨리기 위해 의도적으로 일반 자문 위원회에서 수소폭탄의 개발을 방해했다는 혐의를 씌우기 쉬웠던 것이다.

오펜하이머에게 불리했던 또 다른 요인은 에드워드 텔러와의 불화였다. 텔러는 1942년 이후로 오펜하이머에 의해 원자폭탄 개발에서 배제된 것을 못마땅하게 여겼고, 1949년에 일반 자문 위원회가 수소폭탄 개발에 반대하는 권고안을 제출하자 격노했다. 분명히 이러한 감정은 일방적이지 않았다. 오펜하이머는 기꺼이 청문회를 기회로 삼아 맨해튼 프로젝트에서 했던 텔러의 행동을 에둘러 비판했다. 그는 텔러가 자기가 맡은 일을 일관되게 거부하고 수소폭탄 개발에만 전념했다고 증언했다. 전쟁이 끝날 때까지 수소폭탄의 기술적인 문제가 해결되지 않을 것이라는 오펜하이머의 판단은 옳았지만, 텔러는 오펜하이머에 대한 원한을 풀지 않았다. 텔러의 원한은 맨해튼 프로젝트가 끝난 다음에도 계속되었고, 결국 1952년에 캘리포니아 대학교의 후원으로 캘리포니아주 리버모어에 경쟁적인 무기 연구소를 설립하는 데 성공하게 된다.

로스앨러모스에서 수소폭탄 개발을 지연시켰다는 혐의는 계속 퍼져 나갔다. 페르미는 1954년 10월에 로스앨러모스 지도부를 변호하기 위해 대중 앞에 나섰다. 페르미는 당시 얼마 전에 출간된 셰플리James Shepley와 블레어Clay Blair Jr.의 책에 나오는 로스앨러모스가 수소폭탄 개발을 지연시켰다는 암시가 몹시 거슬린다고 말했고, 아울러 노리스 브래드버리의 지도력과 로스앨러모스 팀 전체를 칭찬했다. 페르미의 대학원생 아서 로즌펠드가 언론에 배포하는 성명서의 작성을 도왔다.

이러한 주장은 분열을 일으키고 원자력 프로그램을 후퇴시키는 것입니다. 에드워드 텔러가 수소폭탄 제작의 영웅이라는 것은 사실입니다. 그러나 한 사람이 홀로 그런 일을 해낼 수 없다는 것도 똑같이 사실입니다. 천재는 다른 많은 사람과 기관의 도움을 받을 필요가 있습

니다. 로스앨러모스 연구소가 그의 아이디어에 아이디어를 더하고 발전시켜 그 일을 실현한 것입니다.[28]

1953년 말에 로스앨러모스에 대한 논란이 끓어오르자 텔러는 오펜하이머에게 불리한 평가를 내렸다.

국회 양원 합동 원자력 위원회Congress's Joint Committee on Atomic Energy 소속의 윌리엄 보든William Borden이 1953년 11월에 FBI 국장 J. 에드거 후버J. Edgar Hoover에게 보낸 편지로부터 오펜하이머에 대한 원자력 위원회의 조치가 시작되었다.[29] 보든은 오펜하이머가 소련 간첩이라고 거의 확신했다. 아이젠하워 대통령은 이 문제에 대한 조사가 공식적으로 끝날 때까지 오펜하이머의 원자력 위원회 직무를 중단하라고 명령했다. FBI는 오펜하이머에 대한 감시를 강화하고 전화를 도청했고, 오펜하이머와 그의 변호사의 통화를 녹음해서 비밀리에 원자력 위원회에 제공했다. 1953년 12월에 원자력 위원회 위원장 스트라우스는 오펜하이머에게 그의 비밀 취급 인가를 중단했고 청문회를 열어 최종 결정을 내릴 것이라고 통보했다. 청문회는 1954년 4월 12일에 시작해서 몇 주 동안 열렸다.

오펜하이머는 유명한 인권 변호사 로이드 개리슨Lloyd Garrison을 고용했다. 개리슨은 페르미를 비롯한 여러 물리학자에게 청문회에서 오펜하이머를 지지해달라고 부탁했다. 전쟁 중에 오펜하이머와 함께 일했던 많은 사람이 그를 위해 증언해주기로 했다.

페르미는 설득할 필요가 없었다. 개인적으로 페르미는 분명히 오펜하이머를 꺼리는 면이 있었다. 두 사람은 결코 친하다고 할 수 없었다. 헝가리 난민 출신 물리학자 밸런타인 텔레그디는 오펜하이머가 고발당했다는 소식이 알려졌을 때 시카고 대학교에서 페르미와 함께 있었다. 교수 클럽에서 점심 식사를 하면서 페르미는 이렇게 말했다. "베테처럼 좋은 사람을 두고 그런 사람을 쓰다니 참 안된 일이었어. 이제 우리 모두는 오펜하이머 편을 들어야 해!"[30] 페르미는 오펜하이머에게 자기가 싫어하는 면이 있다는 것을 알고 있었다. 그는 또한 오펜하이머의 혐의에 근거가 없다고 믿었고, 대응하는 것이 자기 의무라고 생각했다. 1949년 10월에 오펜하이머가 수소폭탄 개발에 반대했다고 공격을 받았지만, 페르미는 오펜하이머와 견해가 같았을 뿐만 아니라 그 의견을 더 강하게 표명했다. 페르미는 텔러를 잘 알았고, 개인적으로 그를 좋아했고, 지적인 스파링 파트너로 그와 맞서기를 즐겼지만, 텔러가 추진하는 로스앨러모스에 대한 공격은 싫어했다. 그는 오펜하이머를 위해 증인으로 나서기로 약속했고, 오펜하이머가 개리슨을 통해 여비를 부담하겠다고 제안하자 품위 있게 거절했다.[31]

페르미는 오펜하이머를 변호하기 위해 워싱턴으로 가기 전에 더 기꺼운 일을 했다. 물리학회장 임기가 끝날 무렵이 되어, 페르미는 오랜 친구 한스 베테에게 자리를 물려주는 즐거움을 누렸다.

물리학회는 마침 개교 200주년 기념행사를 준비하고 있는 컬럼비아 대학교를 연례 회의 장소로 선택했다. 페르미는 정든 푸핀관을 방문하는 즐거움을 맛보았다. 임기를 마치는 회장으로서 그는 입자물리학의 미래에 대해 강연을 했고, 자신의 파이온 산란 연구와 가속기의 미래에 대해 길게 이야기했다. 그는 가속기의 에너지가 계속 증가할 것이라고 예측했고, 우주 공간에서 지구를 한 바퀴 도는 거대한 가속기가 나오는 슬라이드를 장난으로 보여주기도 했다. 그는 컬럼비아 대학교에서 맨해튼 프로젝트를 시작할 당시의 뒷이야기도 했고, 실라르드를 비롯한 사람들과 함께했던 최초의 실험에 대해서도 이야기해서 청중을 즐겁게 했다. 이 이야기를 하는 동안 청중은 여러 번 웃음을 터뜨렸다. 그가 실라르드는 "매우 독특하고 극단적으로 똑똑한 사람"이라고 했을 때와 자신이 높은 흑연 더미 위로 올라간 이야기를 하면서 "저는 키가 큰 사람이 아니니까요"라고 했을 때도 청중이 크게 웃었다. 청중은 그의 강연을 좋아했고, 그 순간만은 물리학계 전체를 뒤덮은 암울한 위기를 잊어버릴 수 있었다.

청문회가 몇 주 앞으로 다가오자 개리슨은 다시 페르미에게 연락했다. 그의 의뢰인이 위축되어 있으니 페르미가 전화를 해서 용기를 북돋아주면 좋겠다는 것이었다. 페르미가 전화를 했는지는 기록이 남아 있지 않지만, 그가 이 부탁을 들어주지 않았다고 상상하기는 어렵다.

청문회는 원자력 위원회의 '인사 보안 합의체Personnel Security Panel' 앞에서 비공개로 열렸다. '로버트 오펜하이머 사건'이라는 유명한 제목의 청문회 녹취록은 처음에는 공개되지 않았지만, 그해 늦여름에 대중의 압력으로 민감한 내용을 삭제한 판본이 공개되었다.[32] 거의 1000쪽에 달하는 이 책은 가끔씩 주의를 끄는 부분이 있다. 페르미의 증언은 가장 길지도 않았고, 가장 중요하지도 않았다. 베테와 라비 같은 과학자는 오펜하이머를 열렬히 옹호했다. 라비는 절차 자체를 반박하는 유명한 증언을 남겼다. "이런 종류의 절차가 저로서는 오펜하이머 박사와 같은 성취를 이룬 사람을 대상으로 하는 절차라고 여겨지지 않습니다. 제 친구에게 말하는 식으로 표현하자면, 진정으로 긍정적인 기록이 있습니다. 우리는 원자폭탄과 온갖 것을 얻었고, [삭제] 얼마나 더 많은 것을 원합니까? 인어를 원합니까?"[33] 몇 사람은 오펜하이머에게 불리한 증언을 했고, 텔러도 그중 한 사람이었다. 텔러는 이렇게 증언했다. "저는 이 나라가 당면한 중대한 이해관계를 다룰 사람이 제가 더 잘 이해하고 그래서 더 신뢰할 수 있는 사람이면 좋겠다고 생각합니다."[34] 오펜하이머의 충성심을 검토하는 청문회에서 나온 이 짧은 발언만으로, 텔러는 평생 동안 주류 물리학계에서 따돌림을 받기에 충분했다.*

페르미는 1954년 4월 20일에 다른 두 증인과 함께 증언했다. 전직 원자력 위원회 위원장 데이비드 릴리엔솔이 증언 중에 다른 일이 있어서 잠시 자리를 떠나야 한다고 양해를 구했다. 의장은 릴리엔솔이 자리를 떠나도록 허락했고, 돌아오는 대로 증언을 계속 듣기로 했다. 하버드 대학교 총장 제임스 브라이언트 코넌트의 짧은 증언이 끝난 뒤에 페르미의 차례가 되었다. 페르미는 10분에서 15분쯤 증언을 했고, 릴리엔솔이 돌아오자 그의 증언은 중단되었다. 릴리엔솔이 아니었으면 페르미의 증언은 더 길어졌을 것이다.

그러나 이 짧은 시간 동안에 페르미는 오펜하이머가 1949년 10월에 일반 자문 위원회 위원들에게 수소폭탄 개발을 반대하도록 영향력을 행사했다는 견해를 부인했고, 오펜하이머가 공개적이고 정직한 의견 교환을 막았다는 견해도 부인했다. 그는 오펜하이머가 미국의 핵무기 증강을 계속해야 한다는 의견을 공격적으로 표명했다고 증언했다. 그리고 수소폭탄 개발에 대한 자신의 부정적인 견해를 공개적으로 표명했다. "당시 저의 견해는 그것이 탄생하기 전에 금지해야 한다는 것이었습니다. 당시에 저는 아직 존재하지 않는 것을 국제 협정으로 금지하기가 더 쉬울 거라고 보았습니다. 이런 방향으로 노력해야 하고, 그것이 실패

---

* 텔러는 수십 년 동안 리버모어 연구소를 이끌었고, 핵무기 정책에 대해 미국 정부에 계속 조언했다. 1980년대에 그는 레이건 행정부의 스타워즈Star Wars 프로그램을 강력히 지지했다. 텔러와 오펜하이머는 1963년에 화해했지만, 텔러는 오펜하이머 청문회에서 그가 한 발언을 잊지도 용서하지도 않는 물리학 공동체의 많은 구성원에게 여전히 따돌림을 당했다.

하면, 상당한 유감을 가지고 개발을 진행할 수밖에 없다는 것이 저의 견해였습니다."[35] 그 뒤로 몇 가지 질문 뒤에, 1949년 10월 29일에 회의가 열리기 전에 일반 자문 위원회 위원들이 이미 마음을 정했었는지에 대해 질문을 받았다. 이 질문에 대한 답변으로 페르미는 공공정책 결정에서 자신이 보편적으로 느꼈던 양가감정에 대해 설명했다. 그는 이러한 양면성 때문에 1950년에 일반 자문 위원회 위원직을 연임하지 않았다.

> 저는 모르겠습니다. 저는 다른 많은 사람이 깊이 의심하고 있었다고 생각하며, 저 자신도 마찬가지였습니다. 그것은 어려운 결정이었습니다. 5년이 지난 지금 되돌아보는 이점을 가지고도, 저는 아직도 진정으로 어떻게 해야 현명했는지 알 수 없습니다. 따라서 저는 당시에 저 자신이 확실하게 의심하고 있었다고 기억합니다. 그리고 제 생각과 다른 사람들의 생각이 논의가 진행되는 동안에 서서히 굳어졌다고 봅니다. 그러나, 저는 어떻게 판단해야 할지 알 수 없습니다.[36]

다른 위원이 과학에서 비밀을 대하는 페르미의 태도에 대해 질문했다. 페르미는 실라르드와 의견이 엇갈린 이후로 15년 가까이 비밀과 과학에 대해 생각하고 있었다. 페르미는 보통의 시기에 과학 연구는 비밀이 되어서는 안 되며, 전쟁이 임박한 시기에 실라르드와 함께 연구하면서 자발적으로 비밀 유지를 하게 되었다고 설명했다. 과학 정보를 숨기는 것이 가능한지에 대한 질문을 받고, 페르미는 짧은 기간 동안에는 가능하지만 영원히 숨길 수는 없다고 답변했다. 마지막으로, 페르미가 로마에 남아 있었다면 몇 가지 과학의 비밀을 "추측해냈겠느냐"는 질문에 이렇게 대답했다. "적어도 몇 가지는 추측해낼 수 있었을 것으로 봅니다."[37]

여기까지 진행되었을 때 릴리엔솔이 회의장으로 돌아왔고, 페르미에게 금방 양해의 말이 전해졌다. 페르미에 대한 추가 증언 요청은 없었다. 위원들은 페르미가 오랜 동료이자 친구인 오펜하이머에게 불리한 증언을 하지 않을 것임을 알았다.

페르미는 자기가 옳다고 생각하는 일을 했다. 그는 오펜하이머의 편에 서서, 좁은 범위의 질문에 대해 할 수 있는 한 오펜하이머를 변호했다. 그는 또한 수소폭탄에 대해 자기도 유보적으로 생각했다고 솔직하게 밝혔고, 5년이 지난 시점에서도 해결하지 못한 자신의 염려에 대해서도 말했다. 그는 1949년 10월에 라비와 함께 제출한 소수 보고서에 사용했던 수소폭탄이 "사악하다"는 표현을 청문회에서 다시 쓰지는 않았지만, 위원들에게 당시의 자기 견해에 대해 아무 의심도 남기지 않았다. 그는 위원들에게 오펜하이머가 그 시기에 일반 자문 위원회 회의를 어떻게 운영했는지에 대해서도 잘 이해시켰다.

그러나 결국 페르미, 베테, 라비, 그로브스나 다른 누구도 오펜하이머를 구할 수 없었다. 합의체는 2 대 1의 투표 결과로 그의 비밀 취급 인가를 취소한다고 결정했다. 반대표를 던진 사람은 에번스Ward V. Evans였다. 전체 위원회는 합의체의 권고를 5 대 1의 표결로 승인했다. 오펜하이머는 공개적으로 굴욕을 당했고, 불명예스럽게 자기가 이끌던 연구소로 후퇴했으며, 부서지고 기가 꺾인 사람이 되었다. 1963년, 20세기의 살아 있는 전설인 사람에 대한 부당한 대우를 속죄하는 뒤늦은 노력으로 원자력 위원회는 오펜하이머에게 존슨 대통령이 수여하는 최고의 영예를 안겼다. 그것은 맨해튼 프로젝트 동료의 이름이 붙은 엔리코 페르미상이었다. 텔러도 시상식에 참석했고, 두 라이벌은 신중한 화해에 이르렀다.

㉓

특허 싸움

전쟁이 끝난 직후에, 페르미의 개인적인 이익이 국가 안보 정책과 충돌했다. 이 대단히 흥미로운 이야기는 원만하게 마무리되었지만, 자칫하면 페르미와 미국 정부와의 관계가 잘못될 수도 있었다. 이 이야기는 아마도 국가 안보에 관련된 새로운 요구와 전통적인 업무 처리 방식이 어떻게 충돌하는지 보여주는 좋은 사례일 것이다. 이 같은 갈등을 피하려고 평생 노력했던 페르미가 이런 상황에 처한 것은 인생의 큰 아이러니이다. 이 이야기를 잘 음미하기 위해서는 페르미가 평소에 돈 문제를 어떻게 대했는지를 알아야 한다.

페르미는 물리학에 흠뻑 빠져 있었지만 돈에 무관심하지는 않았다.[1] 미국으로 가기로 결정했을 때, 그는 자신과 라우라의 자산을 꼼꼼히 정리해서 노트 뒷면에 기록해두었다(나중에 이 노트에 물리학에 관련된 내용도 적었다). 두 사람 중 라우라(그는 그녀를 가장 친한 친구들끼리만 부르는 애칭인 "랄라"라고 적었다)가 훨씬 부유했다. 그녀는 약 12만

리라의 채권과 여러 회사의 주식 약 1000주를 갖고 있었다. 이 자산만으로도 그녀는 매우 편안한 상위 중산 계급의 여성으로 살아갈 수 있었다. 그녀는 벨루노가의 아파트를 소유하고 있었고, 미국으로 떠나기 전에 여름마다 가던 토스카나 별장의 소유권 4분의 1을 갖고 있었다. 엔리코는 마갈로티가의 새 아파트와, 벨루노가의 집 옆 건물 차고를 소유하고 있었다. 그는 또한 라우라의 아버지 아우구스토 카폰에게 1만 리라를 빚지고 있었던 것 같다. 1938년에 로마를 떠날 때 가족은 이탈리아에 있는 자산을 모두 엔리코의 누나인 마리아에게 맡겼다. 마리아는 이 자산을 잘 유지하고 있다가 전쟁이 끝난 뒤에 모두 팔았다.

미국으로 온 페르미는 월급을 수첩에 꼼꼼하게 기록했다. 그의 연봉은 8000달러에서 시작해서 1954년에 죽을 때까지 거의 두 배로 올랐다. 당시 그의 연봉은 1만 5000달러로, 시카고 대학교에서 가장 많은 봉급을 받는 교수 중 한 사람이었다. 그는 또한 로스앨러모스, 핸퍼드, 오크리지, 여러 대학교와 여름학교를 오간 업무 출장에서 사용한 경비를 꼼꼼하게 기록했다. 그는 듀폰을 비롯해서 기술적인 조언을 받기를 열망하는 여러 회사에서 받은 자문료도 기록해두었다. 전쟁 뒤에 여러 가지 주식과 채권 거래도 자세히 기록했다.[2] 그가 다시 태어난다면 세계 수준의 회계사가 될 수도 있을 것이다.

줄리오는 아버지가 조금 인색했다고 회상했고, 시카고에서 집 난방을 16도쯤으로 유지했던 일을 예로 들었다.[3] 엔리코가 진정한 구두쇠였는지는 논란의 여지가 있다. 예를 들어 그는 전쟁 전에 슈뢰딩거에게 돈을 빌려줬고, 나중에 슈뢰딩거가 갚으려고 했지만 받지 않았다. 그러나 결코 돈을 헤프게 쓰지는 않았다. 그는 항상 돈을 적게 쓰려고 노력했고, 동시에 소득을 늘릴 방법을 찾으려 했다. 전쟁이 끝난 뒤에 이뤄진 이러한 노력 중 몇 가지는 주목할 만하다. 하나는 이탈리아에서 교과서를 써서 크게 성공한 것처럼 미국 고등학생을 대상으로 교과서를 내려고 했지만 실패한 일이다. 또 다른 것은 1940년 7월에 동료들과 함께 획득한 느린 중성자 특허를 미국이 사용한 대가를 받으려는 8년간의 노력이었다.

1946년 11월에 페르미는 이탈리아 고등학생들을 위해 쓴 물리학 교과서 《물리학》의 번역 제안서를 맥밀런 출판사에 보냈다.⁴ 맥밀런 교육 부서 책임자 R. L. 놀턴R. L. Knowlton은 맨해튼 프로젝트에 참여한 유명한 물리학자가 쓴 고등학교 교재를 최고의 기회라고 생각했을 것이다. 맥밀런 출판사는 1946년 12월 9일에 선임 편집장 마틴 로버트슨Martin Robertson을 파견했고, 12월 16일까지 두 사람은 추진 계획을 의논했다. 라우라가 영어 번역을 맡았다. 그녀는 1920년대 후반에 여름과 휴일 동안 숙부가 소유한 토스카나 별장에서 엔리코가 이탈리아어판을 쓸 때 깊이 관여했다. 1947년 3월에는 오하이오 얼라이언스에 있는 얼라이언스 고등학교의 교장이자 '유능한' 물리학 교사인 워런 데이비스Warren Davis가 참여하기로 결정되었다. 왜 데이비스가 참여하게 되었는지는 좀 수수께끼인데, 그는 당시까지 아무것도 출판한 적이 없었고, 이후로도 평생 동안 어떤 책도 출판하지 않았다. 페르미는 확실히 그 사람에 대해 들어본 적이 없었을 것이다. 그러나 데이비스를 만나고 나서 협업에 동의했고, 1947년 3월 24일에는 인세 비율까지 합의했다. 책의 인세는 60 대 40으로 페르미가 더 많이 가지고, 데이비스가 쓸 실험 워크북은 40 대 60으로 데이비스가 더 많이 가지도록 결정했다. 맥밀런은 자세한 조항까지 모두 정해서 데이비스가 기존의 고교 교과서를 모두 검토하기로 했으며, 1948년 11월 15일까지 출판사에 원고를 넘기기로 했다. 이렇게 하면 1950년 초에 출판할 수 있었다.

이 일은 처음부터 삐걱거렸다. 1947년 10월 초에 라우라는 2권을 번역하고 있었지만, 데이비스에게서는 아무 소식도 없었다. 당시에 페르미는 데이비스에게 원고를 독촉하는 편지를 보냈을 것이다. 서류함에 남아 있는 1948년 1월 말에 보낸 그다음 편지에 페르미가 (검토한 원고에 명백한 불만을 품고) 유체역학에 관한 절에서 데이비스가 검토하게끔 표시한 편집용 기호에 대해 설명하고 있기 때문이다. 이 기호들은 페르미가 데이비스의 초고에서 찾아낸 난점들의 종류를 나타냈다. '1'은 문법 오류, '2'는 물리학 오류, '3'은 불분명한 부분, '4'는 라우라의 번역을 불필요하게 바꾼 부분, '5'는 삭제할 부분, '6'은 더 설명해야 할 부분, '7'은 문자를 사용하면 설명이 쉬워지는 부분, '8'은 본문의 질문을 바꾸거나 삭제해야 할 부분이었다. 페르미는 검토한 원고가 흡족하지 않았지만, 여전히 협력하려고 애쓰고 있었다.

페르미는 1948년 8월 초에 데이비스에게 또 다른 편지를 보냈다. 이 고등학교 교사는 첫 장을 손질했지만 페르미는 여전히 만족하지 못했고, 다시 교정 표시를 해서 보냈다. 게다가 페르미는 데이비스가 아주 많은 부분을 추가해서 라우라의 번역본보다 글자 수가 거의 두 배나 늘어났다는 것을 알아보았다. 페르미는 1948년 8월 말에 초고를 더 자세히 검토했고, 훨씬 더 부정적인 의견을 갖게 되었다. "불행히도 원고는 여전히 불만족스럽고, 내가 지적한 부분을 반영한 뒤에도 불만족스러울 듯합니다. 유감이지만 문제는 내가 생각했던 것보다 훨씬 더 심각합니다."

맥밀런의 편집자는 문제의 심각성을 깨닫고 데이비스가 페르미에게 전달한 원고를 검토하기로 했다. 출판사는 페르미가 승인한 것으로 보이는 한 장을 약간 고쳤는데, 아마 페르미는 '속도'를 '속력'으로 바꾼

것을 보고 살짝 당혹스러웠을 것이다.[5] (물리학 용어로 쓰일 때 '속도'와 '속력'은 조금 다르다.) 이제 절차가 점점 복잡해졌다. 마감 날짜에 쫓긴 데이비스는 검토와 편집을 위해 원고를 빈번히 페르미와 출판사에 보냈다. 페르미는 검토와 수정을 위해 여러 달을 보냈고, 1949년 3월 중순에 4장을 출판사에 보냈는데, 이때는 이미 마감일이 4개월이나 지나 있었다. 출판사는 이 원고가 데이비스의 초고에 비해 크게 개선되었다고 인정했다.

서류함에 들어 있는 다음 편지는 페르미가 데이비스에게 보내는 편지의 초안이었고, 이것은 더 나중에 발송되었을 것이다.[6] 내용은 일 전체를 포기하자는 것이었다. 페르미는 데이비스가 원본을 잘 따르지 않는다고 비판했다. 그는 현재의 글이 "더 어린 아이들"에게 적합할 것이라고 썼다. 페르미는 편지의 초고에 더 이상 협력을 이어갈 수 없다고 썼지만, 줄을 그어 이 문장을 삭제했다. 페르미가 실제로 데이비스에게 보낸 편지는 서류함에 들어 있지 않기 때문에, 그가 최종적으로 쓴 편지의 내용은 알 수 없다.

원래의 마감 날짜가 4년쯤 지난 1952년 11월에, 출판사는 페르미에게 이 일을 포기한다는 편지를 보냈다. 오랫동안 시달린 편집자는 이렇게 썼다.

이 계획이 모든 사람이 만족스럽지 못하게 진행된 것에 대해 진심으로 사과드리며, 그동안에 쌓인 오해에 대해 개인적으로 애석하게 생각합니다. 말할 것도 없이 저는 교수님과 교수님의 연구를 최고로 존경하며, 교수님께서 대학 교재나 참고서를 쓸 의향이 있으시다면 저희가 이번과 같은 어려움 없이 좋은 책을 만들 수 있다는 것을 교수

님께 보여드릴 기회를 주시기 바랍니다.[7]

골칫거리였던 교과서 번역 작업이 실패로 끝나자 관련된 사람들은 차라리 안도감을 느꼈다. 물론 맥밀런 출판사로서는 무척 후회가 되었을 것이다.

이 일이 성사되지 않은 것은 여러모로 아쉽다. 성사되었다면 명백히 맥밀런, 데이비스, 페르미에게 상당한 돈을 벌어주었을 것이다. 라우라의 번역을 그대로 살렸다면 모든 사람에게 최고의 책이 되었을 것이다. 로마에서는 에도아르도 아말디가 이탈리아 교과서의 갱신과 수정을 맡았고, 이 책은 계속해서 베스트셀러로 남아 있다. 에도아르도가 죽은 뒤에는 아들 우고가 이 일을 계속하고 있다. 이 책은 오늘날까지 300만 부 이상이 팔렸고, 여전히 이탈리아 물리학 기초 교과서로 사용되고 있다.

페르미는 돈에도 관심이 있었지만, 교과서를 바르게 쓰는 일에 대한 관심이 더 컸다. 그는 기준이 매우 높았고, 돈을 벌 기회라고 해서 엉성한 교과서를 자기 이름으로 내는 것을 참을 수 없었다. 데이비스는 공저자에 견줄 만한 깊이가 없었고, 공저자와 잘 맞출 수도 없었던 것 같다. 데이비스의 실패 탓에 오늘날의 고등학생들은 더 안타깝게 됐다.

1940년 7월 3일, 페르미는 수첩에 일곱 자리 숫자 "2,206,634"를 적어두었다.[8] 이 숫자는 페르미에게 하나의 이정표였다. 전날에 미국 특허청이 페르미와 그의 로마 동료들에게 느린중성자 기술에 대한 특허를 발급했다. 가브리엘로 잔니니는 이탈리아에 특허를 출원한 지 1년쯤 뒤에 미국에 특허를 출원했다. 이후 관료적인 절차가 진행되어 마침내 1940년 7월 2일에 미국 특허로 완전히 등록되었다. 페르미는 다음 날 그의 행운을 알게 되었고, 특허 번호를 적어두었다.

이로써 13년에 걸친 모험담이 시작되었다.[9] 발명가 다섯 사람(페르미, 아말디, 폰테코르보, 라세티, 세그레)과 특허료를 함께 받기로 한 다고스티노와 트라바치는 미국 정부와의 광범위하고 복잡한 소송에 휘말리게 된다.

느린중성자의 특허를 얻자고 말한 사람은 코르비노였지만, 페르미와 동료들은 마치 자신들의 생각인 양 열정적으로 받아들였다. 코르비노는 의료용 방사성 동위원소 개발에서 이 기술이 상업적 잠재력이 있다고 생각했다. 그는 중성자를 감속시키는 기술로 물리학자들이 우라늄 원자를 깨뜨리고 연쇄반응까지 일으킬 것이라고 예상하지는 못했을 것이다. 핵분열 무기는 느린중성자를 이용해서 개발하지 않았지만, 느린중성자는 세계 최초로 제어된 연쇄 핵반응을 만들어냈고, 미국의 핵무기 제조를 위해 플루토늄을 대량으로 만들어낸 광대한 원자로 시설의 중요한 부분이었다. 느린중성자 기술은 원자력 발전에서도 엄청난 잠재력이 있었다. 아무리 줄여서 말해도 느린중성자 특허는 귀중한 지적 자산이었다.

맨해튼 프로젝트가 진행되자 페르미, 세그레, 폰테코르보는 자기들이 가진 특허의 가치가 점점 커진다는 것을 알았지만, 미국 정부에게 보상을 받는 일을 추진하기는 어려웠다.[10] 첫째, 페르미와 세그레는 원자폭탄 연구로 여념이 없었고, 이 문제를 해결하기 위해 노력할 시간이 거의 없었다. 둘째, 특허의 진정한 가치는 맨해튼 프로젝트에서 어떤 일이 일어나고 있는지를 잘 아는 사람들에게만 명백했다. 잔니니는 미국 시민이기는 했지만 비밀 취급 인가를 받지 못했고, 게다가 아말디, 다고스티노, 트라바치는 적국인 이탈리아의 시민이자 거주자였다. 셋째, 맨해튼 프로젝트 진행 중에 아무렇게나 정해진 방침에 따르면 프로젝트에서 생겨난 모든 지적 재산권은 미국 정부 소유였다. 페르미와 그의 맨해튼 프로젝트 동료들은 1944년부터 전쟁이 끝날 때까지 적어도 12건의 특허 출원을 했는데, 가장 유명한 것은 페르미와 실라르드가 공동으로 출원한 '중성자 원자로'로, 특허 번호는 2,708,656이었다. 이 모든 특허는 미국 정부의 재산이었고 1950년대까지 비밀로 분류되었다. 특허가 주어진 것은 10년이 더 지나 1960년대에 들어서였다. 느린중성자 특허는 미국이 전쟁에 들어가기 전에 발급되었지만, 전쟁 중에 보상을 추구하는 것은 그 발명가들이 보기에 미국 정부가 핵무기와 관련한 지적 재산권을 다루는 방식에 저촉됐다. 네 번째로 아말디, 다고스티노, 트라바치가 모두 로마에 살고 미국 정부의 적인 이탈리아 시민이라는 불편한 사실도 문제였다.

어쨌든 페르미와 세그레는 전쟁 중에도 이 일로 여러 번 협상을 시도했다.[11] 로스앨러모스의 특허 변호사인 해군 대령 로버트 라벤더Robert Lavender와 그의 조수 랠프 칼라일 스미스Ralph Carlisle Smith와 함께 느린중성자 특허에 대한 보상을 논의했지만, 얻은 것은 거의 없었다. 전쟁이 끝난 뒤에 특허권자들 중에 사업을 가장 잘 이해하는 세그레가 책임지고 잔니니와 잔니니가 대표로 선임 한 워싱턴 시의 변호사 로런스 버나드Lawrence Bernard와 연락을 취했다. 그러나 전쟁이 끝난 뒤에도 일은 점점 더 꼬이기만 했다.

1946년에 원자력법이 발효되어 핵 산업 전체를 미국 정부가 독점하게 되었다. 그 전까지 잔니니와 버나드는 버니바 부시의 과학 연구 개발국Office of Scientific Research and Development의 라벤더 대령과 협상을 하고 있었다. 과학 연구 개발국은 여러 가지 보상 방안을 마련했고, 처음에는 90만 달러에 일괄 합의를 제안했다. 그러나 1946년에 발효된 원자력법에 따라 원자력 위원회가 설립되면서 이 분쟁은 원자력 위원회 산하의 특허 담당 부서로 넘어가게 되었다.

관할 부서가 바뀌자 여러 가지 지연 요인이 생겼다. 원자력 위원회는 자체적인 정책 지침을 수립하기 전에 중대한 협상에 참여하지 않으려고 했고, 이 일에 몇 년이 걸렸다. 느린중성자 특허는 원자력 위원회가 처리해야 할 수많은 일 중의 하나일 뿐이었다. 1948년 10월에 최종적으로 보상금을 청구할 때 잔니니는 버나드에게 190만 달러를 제안하라고 말했다. 100만 달러는 일시불로 지급해야 할 금액이고, 나머지는 1년에 10만 달러씩 9년 치를 계산한 금액이었다. 버나드는 들은 대로 전했지만, 발명가들이 1946년에 부시가 제안한 90만 달러에도 수긍할 것 같다는 말도 함께 전달했다. 원자력 위원회 일반 자문부서의 변호사 버넷 보스키Bennett Boskey가 이 요구를 검토했다.

아이비리그 출신의 변호사 보스키는 핵과학에 대한 원자력 위원회의 독점을 적극 지지했고, 여기에 맞춰서 보고서를 썼다. 시몬 터체티Simone Turchetti라는 연구자가 말했듯이, 이것은 발명가에게 '좋지 않은 소식'이었다. 보스키는 느린중성자 방법이 핵분열을 일으키는 물질의 생산에 필수적인지 의문을 제기했다. 과학자가 아니었던 보스키는 사실에도 아랑곳하지 않고 맨해튼 프로젝트의 기본 연구 개발이 느린중성자에 의존했다는 주장을 거부했다. 게다가 그는 러더퍼드와 채드윅의 연구가 1934년 페르미 팀의 연구에 우선한다는 명백한 거짓 주장을 펼쳤다. 그는 또한 방사성 동위원소 생산이 느린중성자 방법에 의존하지 않았다고 주장했다. 간단히 말해 그는 특허에 명시된 모든 사항을 부인했다. 숙달된 미국 특허 심사관이 실제로 이탈리아 사람들에게 거의 20년 전에 특허를 부여했다는 점에서 볼 때 이것은 아주 놀라운 주장이었다.

게다가 그는 1947년에 맺은 미국과 이탈리아 간의 적대 행위 중지 협약에 따라 미국은 아말디, 다고스티노, 트라바치와 같은 이탈리아 국민의 재산이나 상업적 요구에 책임이 없다고 지적했다. 그는 또한 일반 자문 위원회 위원직을 수행하고 있는 페르미가 미국 정부를 상대로 소송하는 것은 범죄라고 주장했다. 진절머리가 난 페르미는 갈등을 해소하기 위해 일반 자문 위원회를 사임할 것도 고려했지만, 1951년 1월까지인 임기가 곧 끝난다고 원자력 위원회를 설득할 수 있었다.[12]

보스키는 선제적으로 맹공격을 하면 발명가들의 사기가 꺾일 것을 알 만큼 충분히 똑똑했다. 게다가 발명가 중 한 명인 브루노 폰테코르보가 아내와 함께 여름휴가 동안에 이탈리아에서 사라졌다가 모스크바에서 다시 나타나자 발명가들의 사기가 더 크게 꺾였다. 정보 당국이 이 사실을 바로 알아냈고, 1950년 10월에 로이터 통신에 보도되었다.[13]

원자력 위원회와의 소송 과정에서 FBI가 모든 발명가의 배경을 검토하게 되었다. 그들의 관심은 좌파 성향이고 형제가 모두 이탈리아 공산당원인 폰테코르보에게 집중되었다. 브루노도 공산당에 동조하는 것으로 알려져 있었다. FBI 조사는 영국 정보부인 MI5와 MI6에 전달되었다. 영국의 보안 담당자들은 우려할 만한 확실한 사실은 없지만 폰테코르보를 덜 민감한 자리에 배치하는 것이 현명하다고 판단했다. 1950년에 클라우스 푹스가 소련 간첩이라고 알려지자 폰테코르보는 더 엄격한 조사 대상이 되었다. 그가 왜 소련으로 갔는지 알려지지 않았지만, 워싱턴 미국 정보국과의 영국 연락원이며 수십 년 동안 소련의 이중간첩으로 활동해온 킴 필비Kim Philby에게 영향을 받았을 가능성이 있다.*

---

* 폰테코르보가 소련을 위해 간첩 활동을 했는지는 명확하지 않다. 이 문제를 자세히 조사한 프랭크

그의 망명 소식은 충격이었고, 특히 소송 중이던 다른 발명가들은 자신들의 입장이 끔찍하게 악화되었다고 생각했다. 폰테코르보와 가장 친했던 세그레는 변호사와의 연락 담당을 맡지 않는 것이 좋겠다고 생각했고, 볼티모어에 있는 존스 홉킨스 대학교에 직장을 잡은 라세티가 이 일을 맡았다. 협상은 질질 끌다가 결국 30만 달러를 일시불로 지급하는 것으로 합의되었다. 그들의 예상보다, 그들이 받을 가치가 있다고 생각했던 것보다 훨씬 적은 금액이었다. 변호사 비용 18만 달러를 지불하고 나자 소송인 한 사람에게 3만 달러가 채 안 되는 돈이 돌아갔다. 폰테코르보는 자기 몫을 받지 못했다.

당시에 3만 달러는 시카고의 하이드 파크 구역에 있는 큰 집을 사기에 충분한 돈이었다.[14] 그러나 발명가들은 수백 만 달러를 기대하고 있었다. 이 실패한 모험은 페르미에게는 당혹스러웠다. 그는 다른 발명가들이 받아야 할 특허료가 아니었으면 자기는 결코 이 소송에 뛰어들지 않았을 것이라고 개인적으로 말한 적이 있다. 이 소송으로 그는 원자력 위원회와의 관계에서 매우 난처해졌다. 페르미가 일반 자문 위원회 위원으로 받는 보수와 로스앨러모스에 대한 자문료가 모두 원자력 위원회 예산에서 지급되었기 때문이다.

하지만 결과는 공정하지 않아 보인다. 이 특허는 미국이 전쟁을 시작하기 전에, 맨해튼 프로젝트가 시작되기 훨씬 전에 승인되었다. 전쟁 직후에 원자력 위원회는 막강한 힘을 가지고 있었고, 페르미의 지위와 무

클로즈Frank Close에 따르면 폰테코르보가 FBI의 사찰 대상이 된 사실을 필비가 알았다고 한다. 이 물리학자는 몇 주 안에 소련으로 갔다. 클로즈, 《Half Life》 참조. 다른 사람들은, 특히 이탈리아에서는 그가 특별히 소련을 위해 일하지는 않았다고 본다.

관하게 결과를 결정하기에 충분했다. 대세는 이탈리아 사람들에게 불리했고, 그들은 이런 사정을 깊이 알았어야 했다. 실라르드의 연쇄반응 특허와 페르미-실라르드의 중성자 원자로 특허와 함께, 느린중성자 특허는 원자력의 역사에서 가장 중요한 특허 중 하나이다. 이 세 가지 특허의 상업적 가치는 문자 그대로 계산이 불가능하다. 이탈리아 사람들은 그들이 원해서가 아니라 주어진 상황 때문에 합의할 수밖에 없었다.

페르미는 이 돈에 "특허 펀드"라는 이름을 붙였고, 즉시 증권에 투자했다. 그는 다른 모든 투자와 마찬가지로 특허 펀드를 신중하게 다루었다.

㉔

빛나는 교사, 사랑받는 스승

연구를 잘하는 교수라고 해서 강의도 잘하는 것은 아니다. 라비와 텔러
는 둘 다 세계적인 연구자였지만 강의실에서는 암울했다는 것이 일반적
인 평가다.

하지만 페르미는 뛰어난 강사였다. 로마 대학교에서 그의 강의는 전
설적이었고, 미국의 여름학교에서도 학생들이 강의를 듣기 위해 몰려들
었다. 로스앨러모스에서도 물리학자들은 페르미의 강연을 듣기 위해 떠
들썩하게 모여들었고, 특히 전쟁이 끝난 뒤에 더 많은 사람이 강연을 들
었다. 이제 시카고로 돌아온 페르미는 다시 힘을 내서 가르침에 뛰어들
었다. 결과는 놀라웠다.

오늘날 들을 수 있는 페르미 강연은 별로 없지만 그중 하나가 1954
년 1월 미국 물리학회 모임에서 했던 강연인데, 이 자리에서 그는 컬럼
비아 대학교에서 진행한 핵분열 연구 이야기를 했다.[1] 그는 강연 원고를
완전하게 준비하지 않았다. 전쟁이 끝난 뒤에 강연 초청은 일상이 되었

고, 주최자에게 강연 원고를 준비하지 않을 것이라고 알렸다. 대신에 그는 이야기를 끌어나가기 위해 주제만 간략하게 적은 메모를 사용했다. 이 강연은 녹취록으로도 존재한다.

그는 천천히 말했다. 그의 목소리는 깊고, 미국에 온 지 15년이 지난 1954년에도 강한 이탈리어 억양이 남아 있었다. 그는 청중의 반응을 잘 파악했고, 주제에서 벗어날 필요가 있을 때는(실라르드와의 공동 연구에 대해 이야기를 시작할 때처럼) 기회를 잘 이용해서 청중의 웃음을 끌어냈다.

단편적인 메모만으로 강연하는 다른 강사들과 달리, 페르미는 메모만으로 강연하면서도 자기가 무슨 말을 해야 할지 정확하게 알았고, 각각의 생각을 전체적으로 완전하고 문법적으로도 바른 문장으로 말했다. 강연하는 동안 자주 긴 침묵이 있었고, 청중은 말하기 전에 그가 각각의 문장을 숙고하는 것까지 들을 수 있을 정도였다. 그의 강연은 완벽했기에 녹취록은 거의 편집할 필요가 없었다.

이 강연을 통해 페르미의 학생들과 동료들이 그의 강의를 좋아했던 이유를 알 수 있다. 주제가 얼마나 복잡하건, 그는 천천히 설명하면서 재능이 떨어지는 학생들도 따라올 수 있게 했다. 그러면서도 뛰어난 학생에게는 문제를 분해해서 군더더기를 제거하고 본질적인 요소를 찾아 한 단계 한 단계 풀이를 향해 나아가는 페르미 특유의 방법을 감상할 기회를 주었다.

밸런타인 텔레그디가 쓴 페르미의 시카고 시절에 관한 뛰어난 에세이에 따르면 페르미가 교과 과정 강의 준비에 강박적이었고, 큰 종이에 모든 강의 내용을 정리했다고 한다. 그는 단번에 이해하지 못하는 학생들에게 절대로 짜증을 내지 않았다. 텔레그디에 따르면 "그 반대로, 페르미는 설명을 다시 해야 하면 즐거움을 한 번 더 누리는 것 같았다."[2]

　전쟁이 끝난 뒤에 시카고 대학교에서 페르미가 맡은 강의 수를 보면 그가 교육에 얼마나 큰 열의를 보였는지 알 수 있다. 그 정도 지위를 가진 사람은 강의 의무를 최소한으로만 지는 방법을 쉽게 찾을 수 있지만, 그는 학기마다 두세 강좌를 일관되게 맡았다. 1946년 가을 학기부터 1947년 봄 학기까지 그는 학부 물리학 강의도 했고, 그의 대학원생 잭 스타인버거가 이 강의의 조교를 맡으면서 큰 행운이라고 느끼게 된다. 페르미는 양자역학, 열역학, 핵물리학을 가르쳤다. 그는 물리학 전공 학부 학생들에게 필요한 거의 모든 과목을 가르쳤고, 특별한 주제의 세미나도 했으며, 우수한 학부생들과 대학원생들을 대상으로 하는 고급 연구 세미나도 맡았다. 그는 알 수 없는 이유로 1947년 가을부터 1948년까지 강의를 맡지 않았고, 1949년부터 다시 강의를 시작했다.[3]

　그가 가르친 한 과목은 전설이 되었다. 그는 1952년과 1953년 사이에 핵물리학을 강의했다. 그의 강의 조교 제이 오리어, 아서 로즌펠드, 로버트 슐루터Robert Schluter는 관심이 있는 사람이면 누구나 가져갈 수 있도록 강의 노트의 등사판을 만들었다. 이 강의 노트를 구할 수 있다는 소식이 처음에는 시카고 대학교에서만 돌다가 나중에는 다른 대학교들에도 퍼졌다. 이 노트를 구하려는 요청이 몰려와서 물리학과 사무원이 처리를 다 할 수 없을 정도가 되었다. 이런 문제를 예측한 세 대학원생은 시카고 대학교 출판부의 편집자들에게 도와달라고 연락했다. 그들은 기꺼이 도와주겠다고 나섰고, 등사된 노트가 《핵물리학Nuclear Physics》이라는 교과서로 편집되어 30년 동안 인기를 누렸다. 물리학자들 사이에 "오리어-로즌펠드-슐루터"로 알려진 저자들은 페르미가 이 책을 쓰지 않았고 원고를 검토하지도 않았음을 분명히 했다. 이 책은 저자들이 페르미의 눈

부시고 깔끔한 방법을 그대로 옮겼기 때문에 성공했다. 그리고 금방 고전이 되었다.

페르미의 강의를 듣는 학생들은 행운이었고, 그들도 그것을 잘 알았다. 해럴드 애그뉴는 1954년 봄에 물리학과 건물을 지나가다 겪은 일을 다음과 같이 회상했다.[4] 갑자기 건물이 소란스러워졌고, 소리가 너무 커서 근처에 있던 캠퍼스 보안 책임자에게도 들렸다. 애그뉴는 보안 책임자와 함께 무슨 일인지 알아보기 위해 건물로 뛰어들었다. 다른 교수들도 모두 무슨 일이 났는지 궁금해서 연구실에서 나왔다. 소리는 큰 강의실 쪽에서 들려왔다. 강의실 문을 열어보니, 백 명쯤 되는 학생들이 모두 일어서서 페르미에게 박수를 치면서 환호하고 있었다. 페르미는 그 학기의 마지막 강의를 막 끝낸 참이었다. 보통은 조용한 캠퍼스에서 이런 소란은 전에 없는 것이었다고 애그뉴는 말했다.

페르미에게 배운 학부생들은 진정으로 행운아들이었지만, 페르미에게 박사학위를 받은 사람들은 더 큰 행운아들이었다.

전쟁이 끝난 뒤에 내전에 시달리던 중국에서 두 사람이 대학원생으로 왔는데, 그들은 나중에 노벨상을 받게 된다.

정다오 리는 1946년 초에 시카고 캠퍼스로 왔다. 이 젊은이의 재능을 알아본 페르미는 학사 학위도 받지 않은 그를 대학원생으로 받아들였다.[5] 리는 페르미의 직접적인 지도 아래 백색왜성의 내부에 대한 학위논문 연구를 했다. 그는 여전히 페르미와 함께했던 시절을 즐겁게 회상한다. 그는 페르미와 논문 연구에 대해 토론하다가 페르미가 태양 내부 온도를 아는지 물었던 일을 회상했다. 리는 답을 말했고, 페르미가 어떻게 계산했는지 물었다. 리는 책을 찾아보았다고 대답했고, 계산이 너무 지루할 뿐만 아니라 계산의 자릿수가 너무 커서 보통의 계산자로는 할 수가 없다고 말했다. 창조적인 열정이 솟구쳐오른 페르미는 이 계산을 할 수 있을 만큼 큰 계산자를 만들자고 했다. 계산자의 길이가 1.8미터에 이르긴 했지만, 그것으로 계산을 할 수 있었다.

또 다른 중국인 첸닝 양은 리보다 조금 일찍 왔다.[6] (그는 나중에 프랭크라는 미국 이름을 사용했다.) 미국 군함을 타고 힘든 항해를 마친 후에, 페르미를 찾아 컬럼비아 대학교의 푸핀관에 갔지만 사람들은 그를 멍하게 쳐다볼 뿐이었다. 그는 이번에는 프린스턴으로 갔지만, 위그너가 다음 해까지는 학생을 받지 않는다는 말만 들었다. 하지만 페르미가 시카고 대학교에서 새로운 연구소를 준비하고 있다는 사실을 알게 되었다. 그는 시카고로 갔고, 마침내 하이드 파크 캠퍼스에 도착해서 물리학과 대학원의 입학 허가를 받았다.

양의 논문 지도교수는 에드워드 텔러였지만, 양의 재능으로 보아 페르미와 함께 시간을 보내는 것은 불가피했다. 양은 페르미와 중요한 논문에서 공동 연구를 했고, 이 논문은 파이온이 뮤온과 같은 의미에서 기본 입자인지 아니면 더 작은 다른 입자들로 구성되어 있는지 분석하는 것이었다. 이 논문은 파이온이 핵자와 반핵자, 예를 들어 중성자와 반양성자의 조합일 수 있다고 제시했다. 이 공동 연구는 풍부한 결실을 맺었고, 앞으로의 연구 방향을 결정했다. 우리는 오늘날 파이온이 쿼크와 반쿼크의 조합이라는 것을 알고 있다. 양은 자기 인생의 형성기에 겪은 일에 대해 폭넓게 썼고, 페르미에 대해 이렇게 요약했다. "그는 언제나 양발을 땅에 대고 있었다. 그는 강했지만, 자기 힘을 남용하지 않았다. 그는 인기에 영합하지 않았다. 그는 혼자서 앞서 나가려고 하지 않았다. 나는 언제나 그가 공자 같은 완벽한 신사를 체현했다고 생각했다."[6]

페르미의 다른 학생들 중에는 이 두 사람만큼 시카고에 오려고 천신만고를 겪은 사람은 없지만, 모든 사람이 저마다의 이야기를 간직하고 있다.

로스앨러모스에서 페르미의 젊은 동료였던 제프리 추는 전쟁이 끝난 뒤에 시카고 대학교에 입학해서 텔러 밑에서 박사과정을 시작했다.[8] 아르곤 연구소에서 페르미가 진행하는 연구로 미루어, 추는 페르미가 실험 전공 학생만 뽑을 거라고 생각했다.[8] 그러나 1947년 중반에 페르미가 가속기 건설을 기다리는 동안 이론 전공 학생 두 사람을 받기로 했다는[9] 소식을 텔러가 알려줬고, 추는 바로 이 기회를 잡아서 지도교수를 텔러에서 페르미로 바꿨다. 같은 날에 추는 동료 이론 전공 학생인 마빈 골드버거Marvin Goldberger에게 달려가서, 페르미가 이론 전공 학생 한 명을 더 뽑는다고 알려주었다. 이 말이 끝나기가 무섭게 골드버거는 페르미를 만나러 달려갔다. 페르미는 골드버거도 받아주었다. 추와 골드버거는 중수소 핵 속의 중성자의 거동에 대한 이론 연구를 함께 수행했다.

추와 골드버거가 연구를 발표할 준비가 되자, 페르미는 시카고 대학교 박사학위 요구 조건에 맞춰서 두 사람의 연구를 둘로 나눴다. 이것은 몸이 붙은 쌍둥이를 수술로 분리하면서 둘 다 살리는 것과 같은 일이었다. 추는 나중에 페르미의 관대함에 대해 큰 사랑을 담아 회상했다. 추의 회상에 따르면 페르미는 설명하는 것을 즐겼고, 특히 바로 이해하지 못하는 학생들에게 거듭 설명해주는 것을 즐겼다.[10] 추는 또한 페르미는 "모든 것을 아는 마지막 사람"인데, 그가 이론과 실험에 모두 뛰어날 뿐만 아니라 당대의 물리학에 관한 모든 것, 천체물리학에서 지구물리학까지, 입자물리학에서 응집물질물리학까지 모든 분야에 통달했기 때문이라고 말했다.

잭 스타인버거가 쓴 박사학위 논문은 베타붕괴에 대한 새롭고 중요한 이해를 이끌었다. 그는 페르미의 가르침으로 자신이 강력한 실험가로 성장할 수 있었다고 말한다. 그는 2014년에 이렇게 말했다. "나는 페르미에게 전적으로 빚을 졌다. 그는 물리학자가 어때야 하는지 보여주는 전형이 되었다. 게다가 더 인상적인 것은 그가 나에게 매우 친절했다는 점이다."[11] 스타인버거에 따르면, 페르미는 이렇게 강조했다. "무언가를 이해하려면 그것을 철저히 연구해야 한다. 자기 능력을 신뢰하는 정도를 넘어서 확신해야 한다. 그리고 모든 학생에게 열려 있어야 하고, 학생이 똑똑한지 평균인지 평균 이하인지에 무관하게, 그들을 모두 존중하면서 대해야 한다."

나중에 들어온 학생들 중에서 아서 로즌펠드가 기초 시험에서 1등을 하면서 두각을 드러냈다. 사실, 페르미는 나중에 로즌펠드에게 시험 답안에 틀린 부분이 있다고 알려주었다. '사기가 꺾인' 로즌펠드는 페르미에게 논문 지도교수가 되어줄 수 있는지 물었다. 페르미가 미소를 지으며 이렇게 대답했다. "그래, 내가 기다리고 있었지." 60년이 지난 뒤에도 로즌펠드는 페르미의 대답을 인생의 정점으로 기억했다. 페르미가 핵물리학을 강의할 때, 로즌펠드는 강의 조교 중 한 사람이었다. 그는 강의 조교로서 학생들의 성적을 매기기 위해 페르미가 낸 시험 문제를 풀어본 것이 "그 자체로 교육"이었다고 회상했다. 페르미에게 셰플리와 블레어의 책에 대해 알려주고 로스앨러모스가 수소폭탄 개발을 지연시켰다는 공격에 대해 페르미의 이름으로 방어하는 성명서 초안을 작성한 것도 로즌펠드였다. 나중에 버클리의 루이스 앨버레즈가 영특한 사람을 박사후연구원으로 보내달라는 요청에 페르미는 로즌펠드를 추천하

면서 "내가 가르친 제자들 중에 두 번째로 뛰어난 학생"이라고 말했다.[*]
앨버레즈는 페르미에게 누가 가장 뛰어난 학생인지 알려달라고 졸랐지
만, 그는 비밀이라고 하면서 알려주지 않았다.[13] 로즌펠드는 버클리에서
실험물리학자로서 주목할 만한 경력을 쌓았지만 1973년의 에너지 위기
때 에너지 효율에 관련된 기술과 정책으로 관심을 돌렸고, 이 분야에서
가장 영향력이 큰 전문가가 되었다.[14] 2006년에 로즌펠드는 조지 W. 부
시 대통령에게 엔리코 페르미상을 받았고, 2011년에는 버락 오바마 대
통령에게 기술 및 혁신 국가 메달을 받았다.

로즌펠드의 학우 제이 오리어도 페르미에게 배우는 동안 큰 영향을
받았다. 그는 페르미와 많은 시간 동안 실험 기법에 대해 이야기했고,
특히 실험 설계와 평가에 확률 통계를 이용하는 것에 대해 많이 이야기
했다. 그는 이 방대한 대화를 기록했고, 페르미가 죽은 지 오래되지 않은
1958년에 이것을 출판했다.[15] 그는 페르미와 함께한 시절에 대한 특별한
애정과 페르미에게 받은 영향에 대해서도 글을 썼다.[16] 또한 오리어는
코넬 대학교에서 페르미 동문 모임을 계속 열어 수많은 페르미의 제자
들과 동료들이 주기적으로 모이게끔 했다. 불행하게도 오리어는 2014년
에 죽었고, 이 모임도 중단되었다.

또 다른 대학원생 오언 체임벌린은 1946년에 시카고 대학교로 왔고,
페르미가 권해서 실험으로 학위 논문을 쓰기로 했다. 그는 나중에 로스
앨러모스에서 페르미를 처음 만났다고 회상했다. 나중에 체임벌린과 함
께 반양성자 발견으로 노벨상을 받게 되는 세그레가 두 사람을 서로에
게 소개해주었다.[17] 체임벌린은 페르미가 한구석에 조용히 있는 것을 보

---

[*] 페르미의 대학원생들의 수준을 고려할 때 두 번째로 뛰어난 학생이라면 대단한 성취라고 할 수 있다.

고 놀랐다.

> 나는 노벨상 수상자가 어떤 사람들인지 잘 알고 있었고, 어니스트 로
> 런스가 바로 그런 사람이었다. 몸집이 크고, 목소리가 실내를 울리는
> 사람 말이다. 그러나 이 작은 사람은 아주 작은 방의 한구석에 조용히
> 앉아 있었다.[18]

페르미와 함께한 연구는 이 젊은 학생에게 큰 영향을 주었다. 1954년
초에 세그레와 체임벌린이 수행한 어떤 측정 결과에 체임벌린이 짧은
메모를 덧붙여서 지도교수였던 페르미에게 자발적으로 감사 인사를 했
다. "교수님께서 저에게 쏟아주신 시간과 노력에 정말로 감사드립니다.
제가 괜찮은 물리학자로 간주된다면, 그것은 대부분이 교수님의 가르침
덕분입니다."[19]

제롬 프리드먼Jerome Friedman은 페르미의 마지막 제자였다. 미래의 노
벨상 수상자 프리드먼이 실험 학위 논문을 마치려면 아직 몇 주가 남아
있는 시점에서 페르미가 죽었다. 이 일은 재앙이 될 수도 있었다. 자기
가 지도하지 않은 학위 논문에 서명하겠다는 교수를 찾는 일은 쉽지 않
기 때문이었다. 페르미의 죽음에 따른 충격이 분명해지자, 다행히도 프
리드먼이 곤란한 상황에 빠졌다는 걸 알고 존 마셜이 나서서 논문이 완
성되면 서명해주겠다고 했다. 프리드먼은 페르미가 1954년 9월에 이탈
리아에서 여름학교를 마치고 돌아오던 날 마지막으로 만났던 일을 회상
했다. 페르미는 먼 거리에서 그를 알아보고 복도 끝에서 손을 흔들어 인
사했지만 프리드먼은 수척하고 초췌한 모습에 페르미를 거의 알아볼 수
없을 지경이었다.[20] 페르미가 바렌나에서 여름학교에 참여하는 동안에

겪은 병을 몰랐던 프리드먼은 페르미의 상황을 보고 깜짝 놀랐다. 작은 입자물리학 공동체에는 별별 소문이 돌았지만, 사람들은 위대한 구성원 한 사람이 갑작스럽게 스러진다는 소문을 퍼뜨리기를 주저했다.

페르미에게 지도를 받은 대학원생은 이 사람들을 포함해서 15명쯤 있었다. 이 사람들의 목록은 전쟁 뒤의 입자물리학계의 명사 인명록 같다.[21] 이 시기에 페르미의 대학원생들과 견줄 만한 그룹은 코넬 대학교의 라비의 대학원생들 정도뿐이었을 것이다. 페르미의 제자 중에 가장 영특한 사람은 리처드 가윈이라고 일반적으로 인정된다. 클리블랜드 출신의 이 젊은이는 우연히 페르미의 연구실에 와서 슈뢰딩거 방정식을 푸는 아날로그 컴퓨터 제작을 도왔다. 페르미는 그를 자신이 만난 사람들 중에서 "유일하게 진정한 천재"라고 말했다고 한다.[22] 근거가 불분명할 수도 있지만, 대개 과묵한 페르미가 1949년 봄에 로스앨러모스 소장에게 가윈을 여름 연구에 추천하는 편지를 보냈다.[23] 페르미는 가윈에 대한 칭찬을 아끼지 않았고, 그를 "내가 만난 학생들 중에서 가장 재능이 뛰어난 학생"이라고 썼다. 가장 가까운 동료들에게조차 칭찬을 잘하지 않았던 페르미로서는 대단한 칭찬이었다. 페르미의 모든 제자 중에서 가윈은 졸업한 뒤에 연구소에 자리를 제안받은 유일한 사람이었는데, 이것은 페르미가 그를 얼마나 높이 샀는지에 대한 또 하나의 징표이다. 그는 자기 분야에 남지 않고 IBM 왓슨 연구소로 가서 창조적이고 생산적인 경력을 쌓았고, 과학과 국방 정책 분야에서 대통령과 정부에 조언하는 중심적인 역할을 했다. 가윈의 명성은(페르미와의 관련성도) 다른 제자들보다 훨씬 더 높았고, 가능한 예외는 아서 로즌펠드뿐이었다고 할 수 있다. 가윈은 1996년에 엔리코 페르미상과 2016년에 대통령 자유 메달Presidential Medal of Freedom을 받았고, 그 밖에도 수많은 영예로

운 상을 받았다.[24]

다른 대학원생들도 페르미에게 큰 영향을 받았고, 페르미를 공식적으로 지도교수로 삼지 않은 사람들도 마찬가지였다. 양도 그중 한 사람이었고, 가우랑 요드Gaurang Yodh와 미래의 노벨상 수상자 제임스 크로닌James Cronin도 그런 사람이었다.

인도 태생의 요드는 앤더슨의 학생이었지만 대학원생 시절에 페르미를 알게 되었다. 그는 파이온 산란에 관한 실험을 하고 있었다. 어느 날, 페르미는 입자계수기를 조정하는 요드에게 다가가서 장난스럽게 말했다.[25] "〈마하바라다〉에서는 그런 방식으로 하지 않더군." 페르미는 독서회에서 이 고대 인도 서사시의 영역본을 막 읽었고, 인도 학생을 놀려주었던 것이다. 요드는 페르미의 집에서 열린 수많은 파티에 참석했던 일을 따뜻한 애정으로 회상했고, 그의 가르침의 명료함과 엄밀함을 회상했다.

시카고 토박이에 건장한 크로닌은 직접 페르미의 지도를 받았으면 더 좋아했을 것이다. 불행하게도 오리어, 로즌펠드, 슐루터가 자리를 다 채워서, 새뮤얼 앨리슨이 그의 공식 지도교수가 되었다. 그러나 크로닌은 많은 시간 동안 페르미에게 조언을 받았다. 이 관계에는 사교적인 측면도 있었고, 가끔씩 어려운 상황이 될 때도 있었다. 크로닌은 연구소 사람들이 친선 야구 경기를 했던 일을 재미있게 회상했다.[26] 어떤 경쟁에서도 반드시 이기려고 들었던 페르미에게 친선 경기라고 해도 예외는 아니었다. 크로닌은 투수였고, 페르미를 타자로 상대했다. 그는 갑자기, 내가 폭투를 해서 페르미를 맞혀버리면 자기는 원자력 시대의 아버지를 죽인 사람으로 역사에 기록되겠지 하는 생각이 들었다. 하지만 그는 페르미가 어떤 경기에서든 진지하게 덤벼들었기 때문에 부담스러웠다. 크로닌은 페르미가 눈치채지 못할 정도로 공을 벗어나게 던져서 그를 걸어 나가게 했다. 이것은 대학원생이 평범하게 겪는 딜레마는 아니었다.

크로닌은 또한 페르미가 허친슨 코먼스에서 함께 점심 식사를 하는 학생들 중 한 명이었고, 여기에서 페르미는 문제를 내주어서 학생들이 생각하도록 부추겼다.

크로닌은 페르미가 자기의 경력에 가장 큰 영향을 준 사람이라고 했다. 시카고 대학교에서 페르미 탄생 100주년 기념행사를 할 때, 행사를 준비하고 연사를 초청하고 기념 논문집을 편집하는 일을 주도한 사람은 크로닌이었다.

노벨상 수상자가 미래의 노벨상 수상자에게 준 영향을 연구한 사회학자 해리엇 저커먼Harriett Zuckerman은 적어도 미국에서는 페르미가 독보적이라고 지적한다.[27] 페르미에게 직간접적으로 연결된 사람들의 '가계도'를 살펴보면 이 결론은 더 확실해진다.[28] 그의 직계 학생 중에서 다섯 사람(체임벌린, 프리드먼, 리, 세그레, 스타인버거)이 노벨상을 받았다. 크로닌과 양도 노벨상을 받았는데, 페르미의 공식적인 제자는 아니지만 둘 다 페르미에게 받은 영향을 인정했다. 다른 많은 사람도 물리학 분야에서 유명해졌고, 중요한 경력을 쌓았다. 이것은 놀라운 기록이고, 조머펠트와 러더퍼드 정도만 여기에 견줄 수 있을 것이다.[29] 밸런타인 텔레그디는 시카고 시절 페르미의 가장 위대한 업적은 교육이었다고 평가했다. 그가 틀렸다고 말하기는 어렵다.

해외여행

페르미는 1946년에 시카고로 돌아온 뒤부터 1954년에 죽을 때까지 8년 동안 해외여행을 단 두 번 했다. 첫 번째 여행에서는 1949년 8월부터 10월까지 스위스의 바젤과 이탈리아령 알프스에서 열리는 여러 학술회의에 참가한 뒤에 로마와 밀라노에서 일련의 강의를 했다. 두 번째 여행때는 1954년에 각각 프랑스령 알프스와 이탈리아 코모 호수에서 열린 여름학교에 참석했다. 일기와 편지가 남아 있지 않아서, 페르미가 왜 유럽을 자주 방문하지 않았는지에 대해서는 추측만 할 수 있다. 그는 분명히 시카고 대학교에서 바쁘게 지냈을 것이고, 여름에는 로스앨러모스에서 수행하는 연구에 정신을 빼앗겼을 것이다. 그는 1949년에 유럽으로 떠나기 전에도 로스앨러모스에서 수소폭탄을 비롯한 비밀 연구를 하느라 여름의 많은 시간을 보냈다. 그는 비행기 여행이 지금처럼 편리하지 않던 시절에 단순히 유럽에서 보내는 시간이 아깝다고 생각했을 수도 있다. 더 흥미롭게는 그가 참여한 비밀 연구 때문일 수 있다.[1] 로마에서 살면서 연구하던 시절에 페르미는 자기가 하는 모든 연구에 관해 모든 동료에게 숨기지 않고 이야기할 수 있었다. 전쟁이 끝난 뒤에도 그는 여전히 여러 가지 비밀 연구에 참여하고 있었으니, 한때 그렇게 친했던 아말디와 같은 물리학자와 이야기할 때 곤란했을 것이다. 아말디도 분명히 비슷한 갈등을 느꼈을 법하다. 이는 부분적으로 1940년대 후반에 설립된 다국적 유럽 연구 기관인 CERN이 제정한, 비밀 연구에는 절대 참여하지 않는다는 자체 규정을 그가 고집했기 때문일 것이다.

어쨌든 페르미의 유럽 여행은 페르미가 옛 친구들의 소식을 듣고 시카고에서 수행하는 우주선의 기원과 파이온-중성자 산란과 같은, 비밀로 분류되지 않은 연구에 대해 토론하는 기회가 되었다.

1949년 바젤 학술회의의 주제는 고에너지 입자물리학이었다. 거의 200명쯤 되는 참석자 명단은 매우 인상적이다. 페르미를 비롯해서 로마, 피렌체, 밀라노에서 온 그룹 등 이탈리아인 여러 사람이 참석했다.[2] 독일에서는 하이젠베르크와 독일 원자폭탄 개발을 함께한 발터 보테가 참석했다. 다른 유명한 참석자에는 파울리, 프리슈, 플라체크, 세그레, 폰테코르보, 알벤, 라비, 슈윙거, 마이트너, 크로니히, 로젠펠트, 텔레그디, 라카가 있었다. 페르미는 이 학술회의의 발표자 명단에는 없었지만 실험 방법, 입자 이론, 양자전기역학에 관한 강연에 참석했다.[3] 페르미는 라인강에서 1.6킬로미터를 수영하기도 했는데, 여름이기는 했지만 물이 차가웠다.[4] 그의 오랜 친구인 폰테코르보도 함께 수영을 했다.

페르미가 그다음에 간 곳은 코모 호수였다. 1927년에 이곳에서 열린 학술회의에 대해 좋은 추억이 있었기에, 오랜만에 고국으로 돌아온 페르미에게 코모는 감회가 깊은 곳이었다. 그는 옛 친구 여럿이 역으로 마중을 나오자 특별히 즐거워했다. 몇몇은 10년 만에 처음 보는 사람들이었다. 이 학술회의의 주제는 우주선 물리학이었고, 50편쯤의 논문이 발표되었다.[5] 전세계에서 주요 물리학자들이 참석했고, 페르미의 이탈리아 친구들이 많이 왔다. 아말디, 세그레, 폰테코르보, 오치알리니, 피치오니, 베르나르디니, 와타긴 같은 이탈리아 물리학자들이 발표를 하고 페르미와 우정을 나눴다. 새로운 세대의 물리학자들도 그들의 전설적인 동포 물리학자를 직접 보려고 왔다. 엔리코와 라우라에게 흥분되는 시간이었고, 옛 친구들을 만나서 즐거웠다. 학술회의의 휴식 시간에 페르미는 폰테코르보에게 테니스를 치자고 했다. 페르미는 열심히 노력했지만 운동을 잘하고 잘생긴 이 피사 출신 친구에게 이기지 못했고, 세그레는 이 경기를 지켜본 즐거움을 기록했다.

페르미 부부는 로마로 갔고, 린체이 아카데미가 주최하는 강연이 예정되어 있었다. 전쟁 뒤에 되살아난 린체이 아카데미의 의장은 로마 시절 페르미를 여러모로 도와주었던 수학자 귀도 카스텔누오보였다. 카스텔누오보는 페르미가 로마에서 강연을 6회, 밀라노에서 3회 하도록 일정을 잡아주었다. 이 강연에서 페르미는 광범위한 주제를 여러 가지 수준으로 다루었다.

로마에서는 친척들도 만날 수 있었다. 페르미 부부는 살리체토가에 있는 오래된 카폰가家의 집을 방문했다. 11세의 처조카 조르조 카폰Giorgio Capon은 유명한 고모부를 처음이자 마지막으로 본 일을 기억한다. 그의 부모는 아들이 엔리코와 라우라 앞에서 조용히 있기를 원했다. 조르조는 이 유명한 고모부가 거만하지 않고 호감 가는 사람이라는 것을 알았고, 그도 나중에 존경받는 물리학자가 되었다.[6] 페르미는 누나 마리아도 만났고, 두 사람은 맨해튼 프로젝트에서 페르미가 했던 일에 대해 일종의 화해를 했다. 1949년 10월 말에 강의가 끝나자 페르미 부부는 시카고로 떠났다. 이제 로마는 그들의 집이 아니었다. 그들은 좋든 싫든 미국인이었고, 시카고에서의 일상으로 복귀했다.

두 번째 유럽 여행은 1954년 여름에 떠났고, 조금 다른 지역을 다녔다. 이번에는 오벌린에서 나름대로 즐거운 한 해를 보낸 줄리오와 함께 갔다. 라우라와 엔리코는 아들을 데려가 같이 경치를 구경하고 산속의 신선한 공기를 즐기기로 했다.

첫 번째 경유지는 파리였고, 여기에서 그들은 마침 같은 시기에 유럽을 여행하고 있던 울람 부부를 만났다. 두 가족은 평범한 피아트 차를 빌려서 남쪽으로 가려고 했다. 그러나 이 소식을 들은(어떻게 소식을 알았는지는 불분명하다) 피아트 사장이 8단 변속의 고속 자동차를 무료로 빌려주었다. 페르미는 울람이 파리의 거리에서 이 차를 몰게 해주었다. 그들은 남쪽을 향해 달리다가 파리에서 240킬로미터 떨어진 아발롱 근처의 작은 여관에 묵었다. 식사를 하면서 나눈 대화 중에 울람은 주로 불길한 대화를 기억했다. 그들은 오펜하이머 청문회의 충격에 대해 길게 이야기했고, 오펜하이머가 순교자가 될 것이라는 데 동의했다. 울람은 페르미가 오펜하이머를 물리학자로서 특별히 존경하지 않지만 그가 원자력 위원회에게 핍박을 받았고 텔러의 증언이 특히 피해를 주었다고 믿고 있다는 것을 알았다. 울람이 페르미에게 오펜하이머와 텔러를 비롯해서 물리학계 전체의 미래에 대해 묻자, 놀랍게도 페르미는 이렇게 대답했다.[7] "모르지, 나는 저 위에서 보게 될 거야." 그는 하늘을 가리켰다. 그날 저녁 늦게 그들은 입자물리학, 파이온 연구 등의 미래에 대해 이야기했고, 다시 한번 페르미는 하늘을 가리키며 이렇게 말했다. "나는 저 위에서 알게 되겠지." 울람은 놀라기도 하고 이상하기도 했다. 페르미는 이제 53세밖에 되지 않았고, 그가 그다지 종교적이지 않다는 것을 울람은 알고 있었다. 울람은 나중에야 페르미가 자기가 많이 아프다는 것을 알고 있었다고 생각하게 되었다. 다음 날 일행은 갈라져서 각자의 길을 갔고, 페르미 부부는 알프스로, 울람 부부는 리비에라로 떠났다.

레우슈Les Houches 여름학교는 프랑스령 알프스의 몽블랑 근처에서 열린 여름 물리 강좌로, 매우 힘든 일정이었다. 페르미는 이 강연 초청을 거부하기 힘들었을 것이다. 자기가 가장 좋아하는 활동인 물리학을 가르치는 일과 마을 뒤의 장려한 봉우리를 등산하는 일을 둘 다 할 수 있었기 때문이다. 그는 여러 가지 고급 주제를 강의했고, 강의가 없을 때는 젊은 물리학자들과 격렬한 야외 활동을 했는데, 여기에는 나중에 노벨상을 받는 로이 글라우버Roy Glauber도 있었다.[8] 글라우버는 레우슈에서 꽤 활발했던 페르미가 겨우 몇 주 뒤에 바렌나에서 만났을 때는 약해지고 피곤해하는 모습을 보고 꽤 충격을 받았다. 글라우버는 그룹이 함께 소풍을 가기 위해 등산화를 샀던 일을 회상했다. 글라우버는 가장 튼튼하고 비싼 신발을 골랐다.[9] 그러나 페르미는 놀랄 것도 없이 가장 싸고 품질이 떨어지는 것을 샀다. 글라우버가 페르미를 점잖게 놀리자, 페르미는 젊은 글라우버가 등산화를 자기보다 더 오래 쓸 것이라고 대답했다.

레우슈의 강연은 7월 중순에 끝났고, 페르미 가족은 이탈리아로 가서 코모 호수의 경치 좋은 바렌나 마을에 있는 아름다운 모나스테로 저택에서 열리는 여름학교에 참가했다. 하이젠베르크와 같은 유명한 물리학자들도 참가했지만, 페르미는 이 행사의 스타 손님이었다. 엔리코와 라우라는 저택의 전 주인이 살았던 가장 좋은 침실에 묵었다. 페르미가 강연했던 홀에 지금은 페르미 방Sala Fermi이라는 이름과 함께 페르미의 부조상이 붙어 있다.[10] 강의가 없을 때는 참석자들이 호수로 연결된 고풍스러운 경사진 정원을 거닐거나 시원한 호수에 발을 담글 수 있었고, 배

1954년 9월 바렌나의 모나스테로 저택에서 햇볕을 즐기고 있는 하이젠베르크와 페르미. (주안 G. 로에데레르 촬영 및 기증. 미국 물리학 연구소 에밀리오 세그레 시각 자료 보관소 제공)

를 타고 호수를 건너 벨라조나 다른 곳으로 갈 수도 있었다.[11]

바렌나에서 페르미의 강연은 최근에 그가 수행한 파이온 실험에 초점을 맞춰서, 파이온의 생성, 산란, 핵과의 상호작용에 대한 분석 등을 다뤘다. 젊은 학생 여러 사람이 노트 정리를 자세하게 했고, 테이프 녹음과 아주 짧은 영상도 남겼다.[12] 이 시기에 페르미는 시카고에서 수행한 실험의 결과를 이해하기 위해 1년 남짓 노력하고 있었는데, 거기서 제기된 몇 가지 질문에서 나중에 풍부한 결실이 나오게 된다. 이 최종 논문은 이 시기의 고에너지 실험에 대한 최고의 요약이다.

그러나 바렌나에서 강의하는 중 언젠가부터 페르미의 기력이 약해지기 시작했다. 평소의 페르미답지 않게 하이킹과 격렬한 신체 활동을 피했고, 단 몇 주 전만 해도 거뜬했던 프랑스령 알프스 등산을 눈에 띄게 힘들어했다. 그는 또한 음식을 잘 삼키지 못했고, 식욕을 잃었다. 이 행사 때 찍은 많은 사진과 영상에서는 페르미가 불편해하는 모습이 드러나지 않지만, 강연이 끝날 때쯤에 페르미는 분명히 뭔가 크게 잘못되었다는 것을 알고 있었다.

바렌나 강연이 끝난 뒤에 페르미 가족은 이탈리아령 알프스 트렌토 근처의 산 크리스토포로San Cristoforo라는 작은 휴양지 마을에서 아말디 가족을 만났고, 두 가족은 몇 주 동안 저택을 빌렸다. 페르시코도 그들을 만나러 왔다. 줄리오 페르미는 에도아르도와 지네스트라의 아들 우고 아말디를 만나 서로 조금 친해졌다. 여기에서도 사람들이 산책과 하이킹을 했지만, 페르미가 아프다는 것이 모두에게 분명해졌다. 이 저택의 테니스 코트에서 엔리코가 아말디 가족과 페르시코와 어울려 테니스를 치는 사진이 있다. 엔리코는 사진에 잘 나오기 위해 애를 썼지만, 몇 분쯤 치다가 그만하자고 했다.

엔리코는 건강이 썩 좋지 않았지만 여전히 비공식적인 가르침의 기회를 놓치지 않았다. 에도아르도가 엔리코에게 요즘 어떤 연구를 하는지 물었고, 엔리코는 세계 최초의 컴퓨터로 수행한 중요한 연구에 대해 알려주었다. 에도아르도가 이 연구에 흥미를 보였던 것 같다. 엔리코가 에도아르도, 줄리오, 우고를 위해 새로운 컴퓨터를 기계어로 프로그래밍하는 방법을 알려주는 세미나를 며칠에 걸쳐 열었다.[13] 저녁 세미나가 끝날 때 엔리코는 다음 날 저녁까지 풀어오라고 문제를 내주었다. 우고는 스스로 강력한 수학자라고 생각했지만, 아버지가 자기보다 훨씬 더 빨리 프로그래밍을 하는 것을 보고 좌절감을 느꼈다. 우고는 줄리오가 이 문제를 얼마나 잘 풀었는지에 대해 회고하지 않았지만, 줄리오도 이 때쯤에는 뛰어난 수학자였으므로 똑같이 잘 풀었을 것이다. 이 비공식 세미나가 엔리코 페르미의 마지막 수업이 되었다.

우고는 이 짧은 휴가 동안에 모든 사람이 페르미가 얼마나 아픈지 알게 된 저녁 식사를 회고했다. 어느 날 저녁 식사를 하다가 페르미가 갑자기 구역질을 했다. 그는 벌떡 일어나서 허겁지겁 욕실로 들어가서 토했다. 우고와 식탁에 있던 모든 사람에게 이것은 페르미가 심각하게 아프다는 명백한 징후였다.

페르미 가족은 뉴욕을 거쳐 돌아왔고, 줄리오가 2학년을 맞도록 오벌린에 데려다주었다. 오벌린에서 가족은 줄리오의 좋은 친구 로버트 풀러를 만났다. 줄리오는 아버지의 중요성을 경시했고, 위대한 물리학자의 아들로 사는 것이 어떤지 거의 말하지 않았다. 사실 오벌린에 오기 전의 삶에 대해 거의 말하지 않았다. 풀러는 엔리코 페르미가 누구인지 잘 알고 있었고 불과 몇 분 동안 같이 있었을 뿐이지만, 그 뒤로 60년 넘게 그날의 기억을 간직하고 있다. 풀러는 에너지와 열정이 넘치는 평소의 페르미를 본 적이 없지만, 그가 아프다는 것을 알지 못했다. 풀러는 페르미의 눈이 빛나고 날카로우며 모든 사람과 사물을 살핀다는 것을 느꼈다. 풀러는 페르미가 자기를 똑바로 본다는 느낌을 받았다. 페르미는 병환 중에도 줄리오의 평생 친구가 될 이 젊은이에게 강한 호기심을 가지고 열중했고, 호감을 얻었다.

26

집에서의 죽음

페르미는 53번째 생일을 축하하는 시기에 맞춰 시카고로 돌아왔다. 그는 두 달 후에 죽었다.

돌아오자마자 그는 자기에게 어떤 문제가 있는지 알아보기로 했다. 그는 아내와 함께 교내에 있는 빌링스 병원에 예약했다. 병은 분명히 오랫동안 진행되었을 것이다. 울람은 여름 연구를 함께하는 동안에 페르미가 경련 때문에 음식을 잘 삼키지 못한다는 것을 알았다. 그는 친구에게 병원에 가보라고 재촉하지 않은 것을 나중에 후회했다. 페르미의 병은 바렌나 학술회의 전까지는 이것 말고 전혀 증상이 없었고, 그때쯤에는 손을 쓰기에 너무 늦어버렸다.

빌링스 병원에서 그를 처음 진료한 의사는 엑스선 촬영을 하도록 했다.[1] 의사는 특이한 점을 발견하지 못했고, 한 달 뒤에 다시 오라고 했다. 페르미가 검사를 받을 때 휴가 중이었던 선임 의사가 돌아와서 자기가 없을 때 누군가가 이 전설적인 교수를 검진했다는 사실을 알았다. 선임 의사는 엑스선 사진을 검토한 뒤에 페르미에게 유명한 흉부외과 전문의 레스터 드래그스테트Lester Dragstedt에게 가보라고 했다. 드래그스테트는 이 증상은 식도 충혈이나 전이성 암일 것이라고 말했다. 검사를 위한 수술이 필요했다. 식도 충혈이라면 수술은 길고 복잡하겠지만 페르미는 회복할 수 있다. 그러나 전이성 암이라면 바로 봉합하고 수술을 끝낼 것이고, 페르미를 살리기 위해 아무 일도 할 수 없게 된다.

찬드라세카르에 따르면, 페르미는 수술을 받고 깨어나서 수술이 예상보다 짧았다는 것을 알았다. 그는 전이가 있었는지 의사에게 물었고, 의사는 그렇다고 알려주면서 페르미가 6개월쯤 더 살 수 있을 것 같다고 말했다. 페르미는 그 말을 듣고 다시 잠들었다고 한다.

리오나 리비는 라우라가 의사에게 수술 결과를 듣고 병실로 돌아왔을 때 병실에 있었다고 적었다.[2] 라우라는 아무 말도 하지 않았다. 그녀는 라우라의 표정만 보고도 나쁜 소식을 바로 알 수 있었다.

페르미는 수술 직후에 퇴원했다. 6개월이라는 말을 들은 페르미는 오랫동안 계획해온 핵물리학에 관한 책을 구술하기 시작했지만 병 때문에 힘을 잃었고, 두서없이 시작했다가 결국 포기했다.[*]

연락을 받은 줄리오가 오벌린에서 돌아왔다. 시카고에 살고 있던 넬라는 그다음 몇 주에 걸쳐 페르미의 상태가 악화되는 동안 어머니를 도왔다. 허버트 앤더슨과 새뮤얼 앨리슨이 알았고, 연구소의 다른 가까운 동료들도 알았다. 시카고를 벗어나서는 이 비극적인 소식이 극소수의

---

[*] 월리, 《찬드라Chandra》, 270. 양은 나중에 페르미가 자기는 한 달을 더 살 거라고 말했다고 썼다. 리오나 리비에 따르면 그는 퇴원하면서 라우라에게 11월까지만 환자용 침대를 대여하라고 말했다고 한다. 의사들은 페르미에게 6개월이라고 말했지만 페르미는 분명히 자기가 더 잘 안다고 생각했고, 페르미가 옳았다. 양, 《엔리코 페르미: 논문 선집 II》, 674.

사람들에게만 알려졌다. 라우라는 아말디 부부와 페르시코 등의 가까운 이탈리아 친구들에게 편지를 써서 페르미의 병세를 알려주었다. 물리학자들을 통해 다른 사람들에게도 천천히 이 소식이 전해졌다. 코넬 대학교의 한스 베테가 알았고, 전쟁이 끝난 뒤에 MIT에 자리를 잡은 브루노 로시에게도 소식이 전해졌다. 자기가 아는 척해서는 안 될 것 같다고 염려한 로시는 앨리슨에게 어떻게 해야 할지 모르겠다면서 조언을 구하는 편지를 썼다. 세그레는 앨리슨으로부터 평소답지 않게 조리 없는 전화를 받고서는 소식을 알게 되었다.

수술 다음 날 앤더슨과 찬드라세카르가 처음으로 병문안을 왔다. 찬드라세카르는 그 순간을 감동적으로 묘사했다.

> 우리 모두가 수술 결과를 알고 있는 상황에서 무슨 말을 해야 할지, 어떻게 대화를 시작해야 할지 난처했다. 페르미가 무거운 분위기를 깨기 위해 나에게 말했다. "쉰 넘은 사람에게 근본적으로 새로운 일은 일어나지 않고, 손실도 생각만큼 크지 않아. 자네가 말해주게, 다음에는 내가 코끼리로 태어날까?"[3]

찬드라세카르는 여러 해 뒤에 페르미가 단 한 번 짜증을 냈던 일을 회상했다. 공항에 도착하는 세그레를 마중하러 누구를 보낼지에 대해 라우라가 고민하고 있을 때, 지친 페르미가 고통에 겨워서 라우라에게 소리를 질렀다. "지금 꼭 그런 걸 의논해야 해?"[4]

양은 겔만과 함께 수술 직후에 갔던 문병을 회상했다.[5] 양에 따르면, 페르미는 엄청난 난관과 불운을 극복한 사람의 감동적인 이야기를 읽고 있었다. 그는 핵물리학 책을 쓰려고 한다고 말했다. "물리학에 대한 단호한 결정과 헌신에 겔만과 나는 그의 얼굴을 쳐다보기가 두려웠다.”

세그레도 페르미가 퇴원하기 전에 도착했다. 그가 왔을 때 페르미는 조용히 앉아 있었고, 라우라가 옆에 있었다. 그는 초시계를 갖고 수액 주사의 방울 수를 세면서 수액의 흐름을 측정하고 있었다. 세그레는 페르미가 “소크라테스와 같은 평온함으로” 임박한 자기의 종말을 맞았다고 말했다.[6] 페르미는 세그레에게 텔러를 시카고로 불러달라고 부탁했다. “죽어가는 사람에게 영혼을 구원하는 것보다 더 고귀한 일이 어디 있겠나?” 그는 미소를 지으며 재치 있게 말했고, 이것은 분명히 6개월 전에 있었던 오펜하이머 청문회에서 했던 텔러의 행위에 대한 언급이었다. 이 청문회는 여전히 페르미의 마음속에 크게 자리잡고 있었고, 자기의 오랜 친구이며 지적인 스파링 파트너인 텔러의 비난받을 만한 행동, 과학계를 분열시킬 행동에 대해 맞서려고 했다. 페르미는 텔러에게 “입을 닫고 대중의 눈에서 오랫동안 사라지라”고 설득하려고 했다. 그는 또한 세그레에게 목사, 신부, 랍비가 병실을 다녀갔고, 축원을 하겠다는 것을 거부하지 않았다고 말했다. “그 사람들이 좋아하고 나에게 해를 끼치지 않네.” 페르미는 세그레에게 라우라 페르미가 최근에 출판한 자기들의 결혼 생활에 대한 회고록 《원자 가족Atoms in the Family》이 자기를 즐겁게 한다고 했고, 자기의 죽음으로 책이 더 잘 팔릴 것이라고 말했다. 세그레는 문병을 끝내고 그를 떠날 때의 감정을 회고했다.

나는 오후 늦게 떠났다. 병원을 나올 때 나는 아팠고, 감정이 북받쳐서 견디기 어려웠다. 서 있기조차 힘들었고, 눈에 띄는 가장 가까운 술집에 들어가서 기운을 차리기 위해 코냑을 마셨다. 내 인생에서 아

주 드문 일이었고, 어쩌면 단 한 번이었을 것이다.[7]

텔러는 며칠 뒤에 왔다.[8] 셰플리와 블레어의 책에 대해 페르미가 불편해한 것을 알았던 텔러는 꾸지람을 들을 것으로 생각했다.[9] 그는 페르미의 문병을 준비하면서 "많은 사람이 한 일"이라는 글의 초안을 작성했는데, 이것은 로스앨러모스 팀이 한 일을 인정하고 셰플리와 블레어의 책을 부정하는 내용이었다. 텔러의 전기 작가들에 따르면, 페르미는 초고를 읽고 텔러에게 바로 발표하라고 말했다고 한다. 텔러는 빨리 발표한다는 약속을 하면 두 사람의 사이가 좋아져서 "일어난 일에도 불구하고 우리의 우정은 변하지 않으리라"고 생각했던 것 같다.[10]

텔러의 전기 작가들은 오펜하이머에 관련된 논의를 언급하지 않았지만, 이 이야기도 했을 것으로 보인다. 텔러가 4월 청문회에서 오펜하이머를 공격한 것은 물리학계를 갈라놓을까봐 페르미가 두려워한 논쟁에서 중요한 요소였다. 텔러의 증언만으로 오펜하이머가 몰락하지는 않았겠지만, 이 증언으로 오펜하이머가 상처를 입었고 그의 지지자들이 격분했다. 텔러가 오펜하이머에게 한 일을 페르미가 용서했는지는 결코 알 수 없을 것이다.

텔러의 전기 작가들은 페르미의 죽음이 텔러에게 이중으로 충격을 주었다고 정확하게 지적했다.[11] 텔러는 맨해튼 프로젝트에서, 그리고 그 뒤로도 진정으로 함께 즐겁게 일했던 절친한 친구를 잃었다. 페르미가 죽고 얼마 지나지 않았을 때 텔러는 페르미가 다섯 살짜리 아들 폴과 얼마나 잘 놀아주었는지 애정으로 회상했다.[12] 라우라는 나중에 페르미가 텔러를 가장 친한 친구 중 한 사람으로 여겼다고 말했다. 텔러의 전기 작가들이 지적했듯이, 페르미는 텔러를 미워하는 사람들과의 간격을 메우고 공동체에서 따돌림을 완화시킬 수 있는 사람이었기에 그 충격이 더 컸다. 이제는 그런 사람이 없어졌고, 2003년에 텔러가 죽을 때까지 균열은 더 커져만 갔다.

퇴원한 뒤에 라우라는 엔리코를 간호했고, 줄리오와 넬라의 도움을 받았다. 리오나 리비가 자주 문병을 와서 간호를 도왔다. 리오나는 페르미가 나중에는 목사들의 방문을 보험 같은 의미가 아니라 내세에 대한 믿음으로 맞이했다고 전한다.

> 그는 다가오는 죽음을 위대한 경험이라고 말했지만, 아쉬워하면서 내세라는 생각에 어떤 타당한 점이 있는지 물었다. 그는 진정으로 죽음에 가까워져 있었다. 나는 떠날 때마다 집으로 운전해 오면서 얼굴을 눈물로 적셨다.[13]

미국 물리학회는 그해 가을에 시카고에서 모임을 열었고, 그때쯤 페르미의 병세는 상당히 악화되었다. 그의 오랜 친구 여럿이 문병을 왔다. 위그너는 페르미에 대해 이렇게 묘사했다. "죽음이 다가옴에 따라 그는 초인처럼 느껴졌다. 죽기 열흘 전에 그는 내게 이렇게 말했다. '이것이 너무 길지 않으면 좋겠어.' 그는 자기 운명을 완전하게 받아들였다."[14] 다른 사람들도 같은 인상을 받았고, 그의 태연함에 대해 말했다. 여름 동안의 유럽 여행에서 돌아온 울람은 페르미를 여러 번 문병했고, 로스앨러모스 동료 메트로폴리스와 함께 가기도 했다. 한번은 페르미가 울람에게 자기의 임박한 죽음에 대해 과학적인 냉정함으로 말했다. 그의 본질적인 성격에 맞게, 페르미는 의사들이 자기를 살릴 수 있는 치료법을 개발할 때까지 자기가 살 가능성은 100 대 1이라고 생각했는데, 의

사들이 20년 안에는 확실히 치료법을 개발할 것이라는 자기의 희망을 근거로 한 계산이었다. 울람과 페르미는 미래 세대에는 여러 가지 치명적인 질병에 대한 치료법이 있을 것이며, 유전 물질을 사용해서 죽은 사람도 살려내서 치료할 수 있을지도 모른다는 이야기를 했다. 페르미는 그런 기술이 이전에 살았을 때의 기억을 되살리지는 못할 것이라고 반박했다. 울람은 메트로폴리스와 함께 갔던 마지막 방문 뒤에, 눈물을 흘리면서 소크라테스가 죽었을 때 플라톤이 했던 말을 메트로폴리스에게 했다.[15] "이제 가장 현명한 사람이 죽는다."

페르미의 투병 소식은 워싱턴에도 알려졌다. 곧 그의 많은 친구가 페르미의 핵과학에 대한 공헌을 기리기 위해 대통령이 수여하는 원자력위원회상의 기금을 조성하는 법안을 추진했다. 이 상에는 상금으로 2만 5000달러의 수표가 붙었다. 페르미는 1954년 11월 16일에 이 상을 받는다는 통보를 받았지만, 수상을 위해 여행을 하기에는 너무 아팠다. (수표는 그가 죽은 뒤에 도착했다.) 마리아 메이어와 해럴드 유리의 아내 프리다Frieda Urey가 문병을 왔을 때, 그들은 이 상에 대해 이야기했다. 프리다는 나중에 페르미가 원자력 위원회로부터 특별한 인정을 받은 것보다 라우라가 《원자 가족》을 출판한 것을 더 자랑스럽게 생각했다고 회상했다.[16] 메이어는 그가 "상상할 수 있는 가장 위대한 품위로" 고통을 견뎠다고 회상했다.[17]

이때쯤에는 암이 번지면서 통증이 급속하게 참을 수 없을 정도가 되어갔고, 남편만큼 냉정을 유지하고 있던 라우라는 이제 엔리코가 의사들이 예견했던 대로 여러 달 동안 고통에 시달릴 것을 염려하기 시작했다. 그녀는 걱정할 필요가 없었다. 그는 겨우 2주 동안 더 살았다. 엔리코 페르미는 1954년 11월 28일 새벽 2시 30분에 잠을 자다가 심장마비로 죽었다.

그의 두 친구 찬드라세카르와 울람은 페르미의 죽음과 페르미의 위대한 친구 존 폰 노이만이 2년이 조금 지난 뒤에 똑같이 53세에 맞이한 죽음을 비교하는 긴 글을 썼다.[19] 노이만은 자기의 뛰어난 수학적 정신이 죽음으로 사라진다는 것을 받아들이지 못했다. 노이만은 유대교를 따르지 않는 유대인으로 태어나서 교회에서 결혼식을 하고 싶어하는 약혼녀를 위해 가톨릭으로 개종했다. 노이만은 가톨릭 신앙을 편안함과 위안의 원천으로 생각하고 받아들였지만, 가톨릭은 그에게 둘 다 제공하지 못한 것으로 보인다.

거기에 비해 페르미는 드문 평정심으로 자기가 더 이상 존재하지 않을 것이라는 사실을 대개는 현실적이고 얼마간 비관적이었던 평소의 인생관 속에서 받아들였다. 페르미에게는 과학이 종교의 기능을 완전히 대신했다. 그는 살았던 것과 똑같이 죽었으며, 죽은 뒤에 어떤 일이 일어나는지에 대한 형이상학적이거나 종교적인 사색을 할 필요가 없었다. 페르미로서는 자기의 삶은 그의 비범한 정신이 꺼지는 순간에 끝나지만, 그의 업적은 계속 살아 있으리라는 것을 아는 것으로 충분했다.

다음 날에 직계 가족을 위한 장례식이 캠퍼스에서 남쪽으로 1.5킬로미터쯤 떨어진 오크 우즈 묘지에서 열렸다. 놀랍게도, 시카고 대학교 병원 부속 루터교 목사 그레인저 웨스트버그Granger Westberg가 짧지만 감동적인 추도사를 했다. 그는 이렇게 말했다.

오늘 그분을 추모하기 위해 모인 우리는 주님께 감사합니다. 그분은 자연의 얼굴을 보면서 그 다양성 속에서 질서를 보았고, 그 항상성 속에서 법칙을 보았으며, 사람들에게 생명에 대한 외경을 가르쳤습니다.

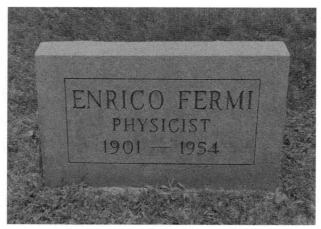

시카고 오크 우즈 묘지에 있는 페르미의 묘. (수전 슈워츠 촬영)

그분은 사실의 영역을 파고드는 외로운 탐험가로서의 용기와 열정으로 모든 과학적 발견을 향해 나아가는 동료들에게 통찰을 나눠주었습니다.

우리는 연구의 산물에 대한 그분의 책임감에 감사하고, 하셨던 일의 모든 의미에 민감했던 그분께 감사합니다.[20]

소박한 묘비가 묘지를 나타내고 있다.

시카고 대학교는 다음 금요일인 1954년 12월 3일에 캠퍼스 안에 있는 록펠러 기념 예배당에서 공식 추도식을 열었다. 사회를 맡은 새뮤얼 앨리슨이 연구소가 페르미에게 진 빚에 대해 말했다.

이 연구소는 그의 연구소였고, 그는 지적 자극의 우뚝한 원천이었습니다. 모든 세미나에 참석하고, 모든 새로운 아이디어나 발견에 믿을 수 없는 번득임으로 비판적인 분석을 했습니다. 아침에 제일 먼저 와서 밤에 가장 늦게 가고, 매일 정신적인 에너지와 육체적인 에너지를 쏟은 사람이 엔리코였습니다. (…) 우리는 그와 같은 육체적 에너지를 전에 보았을 것이고, 그와 같은 삶의 기초적인 균형, 소박함, 진지함을 전에도 보았겠지만, 이 모든 것을 한 몸에 체현한 사람을 누가 보았겠습니까?[21]

앨리슨은 자기가 생각하는 페르미의 전형을 설명하기 위해 페르미가 높은 고도가 아서 콤프턴의 시계의 정확도에 미치는 영향을 계산한 이야기를 했다.[22] 에밀리오 세그레가 그다음에 추도사를 했다. 그는 짧지만 강렬하게 로마 시절을 이야기했고, 특히 1934년에 파니스페르나가의 청년들이 중성자 포격 연구를 했던 특별한 시기의 이야기를 했다. 그는 페르미의 성격에 대해 개괄적인 언급으로 추도사를 마쳤다.

그는 과학자가 얻을 수 있는 모든 영예를 빠짐없이 얻었습니다. 그는 위대한 위원회들의 일원이었고, 수많은 과학자에게 그의 말은 최종적인 권위였습니다. 그에게 이런 것은 진정으로 중요하지 않았기에 더 이상 언급하지 않겠습니다. 어떤 것도 그의 소박함을 바꾸지 못했고, 이것은, 사실 그 자신이 지적으로 다른 사람보다 얼마나 높이 있는지 알고 있었음에도, 거짓된 겸손이 아니라 관용에서 나오는 것이었습니다. 어떤 것도 그의 끊임없는 과학에 대한 흥미를 방해할 수 없었고, 그의 겸허하고 지칠 줄 모르는 자연에 대한 탐구를 멈추지 못했습니다. 그가 이렇게 빨리 예상치 못하게 우리 곁을 떠날 것을 내다보았다 해도, 이보다 더 많은 시간을 할애하고 이보다 더 많은 것을 주지는

못했을 것입니다.[23]

앤더슨은 물리학자로서뿐만 아니라 교사로서의 페르미의 능력을 찬미했다. 그는 이렇게 말했다. "그의 요구는 아주 적었습니다. 분필, 칠판, 열정적인 학생 한두 사람만 있으면 시작하기에 충분했습니다. 가르치는 일은 그의 방법에서 핵심적인 부분이었습니다." 그는 페르미가 열정적으로 했던 거래에 대해 말했다. 물리학을 가르쳐주는 대가로 학생들에게 틀린 영어를 교정받고 그가 사랑했던 미국 정신을 배웠다는 것이었다. 그는 페르미가 문제를 푸는 방식을 설명했다.

> 엔리코 페르미와 함께 자연의 수수께끼를 탐구하는 것은 언제나 위대한 모험이었고 짜릿한 경험이었습니다. 그는 올바른 방향으로 출발하는 확실한 방법을 알았고, 군더더기를 옆으로 밀어놓고 본질적인 것을 모두 붙들어 문제의 핵심으로 나아갔습니다. 자연의 비밀을 캐내는 모든 과정이 페르미에게는 짜릿한 스포츠였고, 그는 여기에 엄청난 확신과 크나큰 열정으로 뛰어들었습니다. (…) 그는 우리 연구소의 중심이었고, 우리 모두는 그의 주위를 회전했고, 우리 모두는 그의 칭찬을 들을 만한 일을 하려고 노력했습니다.[24]

학문적으로나 개인적으로나 대개 페르미와의 관계로 자기 스스로를 정의한 이 세 사람이 수많은 사람 앞에 서서 차분하게 말하기는 매우 힘들었을 것이다. 대다수의 청중이 자기 경력의 많은 부분이 페르미와의 관계 덕분이라는 느낌을 공유했다. 그들은 그의 갑작스럽고 예상하지 못한 죽음을 통해 그가 주변 사람들에게 얼마나 큰 영향을 주었는지를 알아보았다. 예를 들어 그가 죽고 얼마 지나지 않아서, 아르곤 연구소의 동료들은 페르미의 추억을 담아 두 장으로 된 레코드 〈페르미에게 사랑으로〉를 만들었다. 20세기의 위대한 물리학자들 중에 비슷한 헌정 앨범을 받은 인물이 있는지 찾아봐야 헛일이다. 그가 불러일으킨 열정에는 분명히 어두운 면도 있었다. 그와 함께 일했던 사람들이 추도사 순서를 정할 때 암묵적으로(때로는 노골적으로) "페르미와 가장 가까운" 사람이라는 비공식 타이틀을 차지하기 위한 경쟁이 벌어졌다. 앤더슨, 앨리슨, 세그레, 아말디, 리비가 모두 서로 페르미의 유산임을 주장했다. 그 모든 사람이 저마다의 방식으로 옳았다.

그러나 그들 각각의 관계는 스승과 제자의 관계를 넘지 않았다. 그의 전체 경력을 뒤돌아볼 때 페르미는 몇 안 되는 사람만을 동료로 인정했고, 그들은 주로 1920년대와 1930년대의 현대물리학을 창시한 유럽 학자들이었다. 페르미를 아인슈타인과 보어의 반열에 두기는 어렵겠지만, 페르미는 스스로 그들과 어깨를 나란히 한다고 확신했다. 이것은 거만함이 전혀 섞이지 않은, 자기의 능력에 대한 건전한 판단이었다.[25] 보른과 슈뢰딩거는 나이가 더 많았지만 페르미의 동료였고, 하이젠베르크, 파울리, 위그너, 베테, 디랙, 파울리, 그리고 어쩌면 텔러도 동료였다. 노이만은 확실히 동료였고, 울람도 마찬가지였다. 이 사람들이 페르미가 자기와 견줄 만하다고 여긴 사람들이었다. 오펜하이머는 이 그룹이 아니었고, 로런스도 마찬가지였다. 라비나 펠릭스 블로흐도 이 그룹에 들어갈 거라고 주장할 수 있을 것이다. 앨버레즈, 겔만, 파인먼 같은 사람들도 물리학에서 한 획을 그었지만 그들은 다음 세대였다.

로마 시절부터 친구였던 한스 베테는 1954년 11월 30일, 작고 소식을 들은 직후에 라우라를 위로하는 편지를 썼다.[26]

친애하는 라우라,

금요일에 당신을 만났을 때 종말이 이렇게 가까울지 몰랐습니다. 나는 일요일 아침에 여기 도착해서 소식을 들었습니다.

라비가 바르게 말했지요. 엔리코 같은 사람은 없고, 100년이 지나도 나올 수 없을 거라고요. 그는 우리 모두에게 그렇게 큰사람이었습니다. 지난 몇 주 동안 나는 생각했습니다. 이 말을 엔리코에게 해주고 싶었고, 그에게 충고를 듣고 싶었습니다. 하지만 이제는 그럴 수가 없게 되었습니다.

엔리코는 누구보다 더 많이 나를 가르쳐주었습니다. 당신은 그것을 당신의 책에 잘 묘사했지요. 그는 문제를 그냥 파고들기보다 부분으로 나누고 본질을 이해하는 방법을 나에게 가르쳤고, 나는 이 방법의 아버지가 엔리코라는 것을 압니다.

엔리코만큼 큰 빈자리를 남길 수 있는 물리학자는 없습니다. 그러나 누구도 페르미만큼 자기의 전통을 따를, 시도라도 할 많은 친구를 남기지도 못합니다. 그는 짧은 인생을 살았지만, 우리 모두에게 너무 짧았지만, 또한 매우 충만한 삶이기도 했습니다. 그는 모든 시대에 걸쳐 가장 위대한 물리학자가 되었고, 이탈리아에서 물리학을 다시 출발시켜서 거대한 학파를 만들었고, 그를 아는 모든 사람에게 사랑받았습니다. 더 많은 것을 바랄 수 없습니다.

라우라, 우리가 당신의 친구임을 잊지 마십시오. 우리가 당신에게 엔리코를 대신할 수 없겠지만, 당신이 무언가 필요하다면, 우리가 거기에 있겠습니다. 우리는 당신이 물리학자의 모임에 남아 있기를 원하고, 예전처럼 당신을 자주 만나기를 바랍니다.

언제나 당신의,

한스

베테가 옳았다. 페르미를 알고 사랑한 사람들, 그의 밑에서 공부한 사람들, 그의 주변에서 일한 사람들은 아무도, 페르미 자신조차 알지 못한 방식으로 자신의 일을 진정으로 계속 해나갔다. 그는 분명한 유산을 남겼고, 그것은 우리가 자연과 그 내밀한 작동 방식의 이해를 탐구하고 명료화함에 따라 계속해서 펼쳐지고 있다.

27

페르미의 유산

엔리코 페르미의 이야기는 그의 죽음으로 끝나지 않는다. 핵 연구소는 물리학 연구의 중요한 기관임에는 변함이 없었지만, 가장 영감을 많이 주는 학자가 사라진 뒤에 미묘하지만 중대한 변화가 있었다. 가족의 일원으로, 남편과 아버지로서 그의 영향은 여러 세대에 걸쳐 지속되었다. 페르미의 가르침은 그와 만났던 모든 사람에게 영속적이고 심대한 영향을 주었고, 그와 함께 연구했던 사람들은 페르미와의 경험을 밑거름으로 뛰어난 경력을 쌓았다. 그의 과학 연구는 수십 년 동안 전후 물리학의 어젠다를 설정했다.

페르미의 죽음은 연구소에 즉각적인 영향을 주었다. 그의 정신은 연구소에 스며들어 있었다. 그의 편안한 사교성, 물리학에 대한 열정, 모든 분야에 걸친 관심, 이 모든 것이 연구소의 성격과 연구의 방향을 결정했다. 이제 페르미는 더 이상 이 방 저 방으로 다니지 않고, 사람들에게 무엇을 하는지 물어보고 도와주지 않았다. 이제 동료들은 문제에 어떻게 접근해야 하는지 알아내기 위해 문밖으로 재빨리 머리를 내밀고 지나가는 페르미에게 질문할 수 없었다. 어쩔 수 없이, 연구소는 변하기 시작했다.

새뮤얼 앨리슨은 남았고, 허버트 앤더슨과 제임스 프랑크도 남았다.[1] 그들은 함께 연구소의 일을 계속했다. 젊은 밸런타인 텔레그디도 연구소에 남아서 나중에 시카고 대학교의 엔리코 페르미 교수가 되었다. 그러나 중요한 구성원들이 떠났다. 마셜 부부, 윌러드 리비, 해럴드 유리, 메이어 부부가 떠났고, 겔만과 가윈 같은 젊은이들도 떠났다. 페르미 연구소로 이름이 바뀐 이 연구소는 여전히 세계 수준의 물리학 연구소이지만, 결코 전과 같을 수는 없었다. 진정으로, 그런 손실을 입고도 온전하게 유지되는 기관은 어디에도 없다.

라우라는 엔리코의 마지막 나날에 방문했던 사람들을 의연하게 맞이했지만, 남편의 예기치 못한 고통스러운 죽음으로 무너져 내렸다. 1954년 11월 28일 새벽에 그가 숨을 거두자 라우라는 남편이 더 이상 고통을 겪지 않게 되어 안도했지만, 슬픔에 휩싸인 안도감이었다. 그녀가 청소년일 때부터 두 사람이 서로 알고 지냈고, 이상적인 결혼은 아니었지만 결혼은 26년에 걸친 여정이었다. 두 자녀는 모두 집을 떠나 있었고, 47세였던 그녀는 여전히 스스로 새로운 삶을 살아갈 만큼 젊었다. 그녀는 재혼을 하지 않았지만, 이미 시도해보았던 경력으로 새로운 삶을 살았다. 그녀는 작가가 되었다.

1936년에 로마에서 지네스트라 아말디와 함께 쓴 책이 그녀의 욕구를 자극했던 것 같다. 그녀는 1953년에 엔리코와의 결혼 생활에 대한 회고록을 쓰기 시작했다. 1954년에 출판된 《원자 가족》에서 그녀는 영어를 편안하게 구사했고, 결혼 생활 중에 만난 사람들에 대한 조롱기가

라우라 페르미, 작가. (시카고 대학교 리젠스타인 도서관, 특별 수집품 연구 센터 제공)

조금 섞인 재미있는 묘사에서 작가의 개성 있는 목소리가 금방 느껴진다. 그녀는 엔리코가 살아 있는 마지막 달에 책이 나왔다는 사실이 판매에 절묘한 일이 될 것이라고 예상하지 못했다. 그의 병에 대해서는 책에서 언급되지 않았지만, 그의 죽음은 책의 판매에 도움이 되었다. 그녀는 엔리코가 이 책을 엄청나게 자랑스러워했다는 것을 알았고, 이 책이 좋은 호응을 얻자 여러 가지 주제의 책을 쓸 용기를 얻었다. 그녀는 원자력의 평화적 이용(《세계를 위한 원자Atoms for the World》, 1957, 《원자력 이야기The story of Atomic Energy》, 1961) 베니토 무솔리니의 흥망(《무솔리니 Mussolini》, 1961), 과학에 대한 갈릴레오의 기여(《갈릴레오와 과학 혁명

Galileo and the Scientific Revolution》, 1961, 질베르토 베르나르디니와 공저), 미국으로 온 재능 있고 중요한 이민자들(《뛰어난 이민자들Illustrious Immigrants》, 1968)에 대해 썼다. 심지어 로스앨러모스의 여인들에 대한 미발표 소설도 썼고, 세상을 떠날 때는 이탈리아 르네상스 시대 여성에 관해 연구하고 있었다.[2] 그녀는 자기가 학자라고 주장하지 않았지만, 강력한 통찰력과 명료한 목소리로 대중을 위해 역사와 과학을 쓰는 노력을 기울이며 자긍심을 가지고 있었다.

그녀는 나중에 호숫가의 아파트로 이사했지만 여러 해 동안 하이드 파크 공동체에서 활동했고, 시카고 대기 청정 위원회Cleaner Air Committee의 설립에 기여했다.[3] 이 위원회는 시카고에서 난방용 석탄을 대기 오염에 위험할 정도로 사용하지 못하게 막는 활동을 했다. 그녀는 또한 시민 무장해제 위원회Civic Disarmament Committee라는 단체에서 시카고 내 권총 판매 제한을 옹호했다. 리오나 리비는 라우라가 오랜 친구인 프리다 유리를 돕기 위해 캘리포니아의 원자력 반대 캠페인에 참여했다고 회상했다.[4] 라우라는 엔리코를 통해 알게 된 친구들과 계속 친교를 유지했고, 기념 행사에도 널리 참여했다. 그녀는 66세의 연로한 나이로 1974년 5월 시카고 교외의 페르미 연구소 개관식에 참석했다. 남편 이름이 세계에서 가장 큰 물리학 연구소에 붙은 것에 그녀는 감동했을 것이다.

라우라는 가족과 옛 친구들, 특히 아말디 가족을 만나기 위해 이탈리아로 자주 여행했다. 그러나 모국으로 완전히 돌아가지는 않았다. 그녀는 모국을 끔찍하게 그리워했고, 미국의 '거대한 평원'은 너무 텅 비어 있어서 자기로서는 좋아할 수 없다고 계속 생각했다. 그녀는 1954년에 자기가 '미국화'되었는지 궁금해했다.[5] 그러나 시카고는 새로운 고향이었고, 그녀는 시카고에 머물렀다. 모국으로 돌아가기에는 이 땅에 뭔가 매혹적인 요소가 있었음에 틀림이 없다. 아마도 그것은 문화의 개방성, 사회의 역동성, 또는 그녀가 이 새로운 땅에서 유명 인사가 되었다는 사실일 수도 있다.

70세의 나이에 그녀는 폐울혈에 걸렸고, 1977년 크리스마스 다음 날에 죽었다. 남편과 마찬가지로 시카고의 오크 우즈 묘지에 묻혔고, 묘비에는 이름과 생몰 연도와 함께 '작가'라는 한 단어만 새겨졌다. 이 묘비명을 본인이 선택하지는 않았겠지만(넬라가 장례의 모든 것을 주관했다), 이것은 확실히 그녀가 남은 사람들에게 기억되고 싶었던, 생전에 가장 자랑스럽게 생각하던 역할이었다.

그녀의 장례는 관례에 벗어난 점도 있었다. 이 문제는 엔리코가 사망한 1954년으로 거슬러 올라간다. 당시에 가족은 두 무덤 사이에 있는 장소에 엔리코를 묻기로 했는데, 여기에는 라우라를 위한 공간이 없었다. 대부분의 부부처럼 두 사람의 무덤을 나란히 쓸 수 있는 장소를 구하기는 쉬웠을 텐데도 말이다. 라우라가 죽자 가족은 엔리코의 무덤에서 300미터쯤 떨어진 곳을 매장지로 정했다. 이 결정이 그들 결혼의 뭔가 어두운 면을 반영한다는 결론으로 건너뛰고 싶기도 하지만, 유보해야 할 것이다. 라우라도 엔리코도 그들이 어디에 묻히면 좋을지에 대해 거의 신경을 쓰지 않았을 가능성이 크다. 어쩌면 엔리코가 살아 있을 때 라우라가 그의 그늘에 가려 살았으니, 그녀와 가족들이 사후에는 그녀의 독립적인 삶이 강조되길 바랐을 수도 있다.

엔리코의 누나 마리아는 엔리코보다 더 오래 살았지만, 그렇게 오래 살지는 못했다. 그녀는 아버지가 몬지네브라가에 지은 집에서 대부분의 삶을 살았고, 남편 레나토 사체티가 인플루엔자로 일찍 죽은 뒤로는 독신으로 살았다. 그녀는 세 자녀를 두었고(가브리엘라, 조르조, 이다), 엔리코가 죽은 뒤에 라우라와 주기적으로 연락했다. 그녀는 1959년 6월 26일에 비행기 추락 사고로 죽었는데, 라우라가 초대한 현대 이탈리아 문학 관련 회의에 가는 길이었다. 그녀는 밀라노 북서쪽의 올자테 올로나의 한 마을에 있는 묘지에 묻혔는데, 올자테 올로나는 비행기가 추락한 곳이다.[6] 이는 평소에 그녀가 죽은 곳에 묻히고 싶다고 한 말에 따른 것으로 보인다.

넬라는 아버지가 죽었을 때 20대 초반이었고 시카고 대학교를 졸업한 뒤였다. 그녀는 결혼해서 두 자녀 앨리스와 폴을 키웠다.[7] 그녀는 미술 석사학위를 받았고, 어린 시절에 다녔던 실험 학교에서 여러 해 동안 미술을 가르쳤다. 지적인 호기심으로, 그녀는 〈출생률의 증가: 1900~1934년생 시카고 대학교 교수 부인들의 가족 규모 연구〉라는 제목으로 교육심리학 박사학위를 받았다. 그녀는 재무 계획에 관련된 자격증을 땄고, 이 분야에서 새로운 경력을 쌓았다.

1990년대 초반에 그녀는 CBS 다큐멘터리 인터뷰에서 유명한 부모와의 삶에 대해 이야기했고, 45세가 될 때까지 아버지의 명성이 삶에 어떤 영향을 주었는지에 대해 말했다.[8] 넬라는 1965년에 밀턴 와이너Milton Weiner와 이혼할 때 성을 다시 페르미로 바꾸지 않은 것을 후회했다. 그녀에게는 로스앨러모스가 커다란 모험이었고, 히로시마와 나가사키 폭격에 대해서 비합리적인 죄책감이 든다고 말했다. 그녀는 또한 아버지와 동료들이 끔찍한 무기를 설계하고 제작하면서 봉착했던 도덕적인 딜레마의 복잡성을 이해했다.

넬라의 딸 앨리스(나중에 올리비아 페르미로 개명했다)는 할머니인 라우라와 가까웠다. 넬라는 말년에 올리비아에게 "엔리코보다 할머니를 앞에 두라"[9]고 말했다. 이 말은 좀 불분명하기는 하지만 엔리코는 세계

가 기억하는 스타이니, 라우라의 유산을 키우는 것이 더 중요하다는 뜻
이라고 짐작된다. 넬라는 라우라가 그 자신만으로 중요하고, 남편의 그
림자에 가려지는 것이 부당하다고 느꼈다.

넬라는 1991년에 제이 오리어가 코넬 대학교에서 기획한 기념행사에
서 어린 시절에 아버지와 함께했던 추억을 들려주어서 청중을 즐겁게
했다. 그녀는 1995년에 폐암으로 죽었다. 그녀는 과학사에서 아버지의
명예와 역할을 편안하게 받아들였고, 아버지와의 관계에 대해 공개적으
로 말하기를 어려워하지 않았다.

줄리오는 힘들었다. 그는 아버지의 그늘을 편안하게 받아들이지 못했
고, 가능한 한 엔리코와 거리를 두려고 했다. 청소년 시기에 그는 이름
을 저드로 바꿨다. 성을 발음할 때도 미국식으로 "피르미"라고 발음했
고, 유명한 아버지에 대해 거의 말하지 않았다. 그는 물리학자가 될 소
질이 있었지만 물리학을 전공하지 않았다. 그는 오벌린 대학을 일찍 떠
나 프린스턴 대학교에서 순수수학으로 박사학위 과정을 밟았다. 오벌린
에서 만난 친구 로버트 풀러도 함께 프린스턴으로 갔다. 저드는 프린스
턴 대학교에서 학위를 받은 뒤에 버클리 대학교로 가서 박사후연구원으
로 있었고, 이때 예술가이자 문학자인 세라 덩컨 피치Sarah Duncan Pietsch를
만나서 결혼했다. 그들은 워싱턴 시로 이사했고, 저드는 저명한 국방 정
책 연구소인 방위 분석 연구소Institute for Defense Analyses에서 10년쯤 일했다.
그는 결국 워싱턴에 싫증이 났고, 케임브리지 대학교의 노벨상 수상자
맥스 퍼루츠Max Perutz의 실험실에서 복잡한 단백질의 수학적 모형을 개
발하는 연구를 했다. 사춘기에 겪었던 심한 우울증을 다시 앓지는 않았
지만 그는 조용하고 수줍은 사람이었다. 자기가 각광받는 일을 적극적
으로 피했고, 다른 사람들의 일에 기여하고 자신의 일을 만들지 않았다.

담배를 많이 피웠던 저드는 60세가 되던 1997년에 심장마비로 죽었다. 그의 건강이 나빠진 것은 정부의 자금 지원을 받는 연구원은 자기의 연구 프로젝트를 제시하거나 새로운 일자리를 찾아야 한다는 정부의 압박으로 인한 스트레스 때문일 수 있다.[10]

아버지를 닮은 넬라에 비해 저드는 어머니를 더 많이 닮았지만, 엔리코와 똑같은 청회색 눈이어서 엔리코를 잘 아는 사람들에게는 매우 친숙했다. 리처드 가윈은 1980년대에 케임브리지 대학교에서 강의를 하다가 청중 속에서 페르미를 떠올리게 하는 사람을 보았다.[11] 가윈은 저 눈은 틀림이 없다고 생각했다. 그는 저드였다. 저드는 나중에 가윈에게 자기가 엔리코의 아들이라고 밝혔고, 가윈은 크게 놀라면서 기뻐했다.

넬라의 딸 올리비아와 저드의 딸 레이철은 할아버지의 유산에 공개적으로 관여했다. 밴쿠버에서 심리 치료사로 살고 있는 올리비아는 가족의 역사를 껴안았다. 그녀는 두 개의 블로그를 운영하고 있는데, 하나는 페르미 가문에 관한 것이고 다른 하나는 원자력 정책에 관한 것이다.[12] 레이철은 사진과 미술 분야에서 경력을 쌓았지만 할아버지의 유산도 받아들였다. 1995년에는 공저자인 에스터 삼라Esther Samra와 함께 사진으로 보는 포괄적인 맨해튼 프로젝트의 역사인 《사진으로 보는 원자폭탄Picturing the Bomb》을 출간했다.[13] 그녀는 예술가인 남편과 가족들과 함께 스코틀랜드 북부에서 살고 있다.

올리비아와 레이철은 둘 다 할머니 라우라에 대한 어린 시절 추억을 많이 가지고 있다. 그들은 엔리코가 죽은 이후에 태어났기 때문에 할머니와 부모가 알려준 가족 일화를 통해서만 그를 알 수 있었다. 그러나 그들은 맨해튼 프로젝트의 유산에 매료되었다. 그들은 할아버지가 이룬 페르미-디랙 통계, 베타붕괴, 파이온-핵자 산란 같은 업적보다 원자폭탄 연구를 더 중요하게 여긴다.

페르미가 죽은 뒤에 그를 기리기 위해 그의 이름이 여러 곳에 사용 되었다. 시카고 연구소는 이제 페르미 연구소가 되었고, 도시 서쪽으로 80킬로미터 떨어진 1970년대 초에 건립된 거대한 국립 연구소에도 그의 이름이 붙었다. 먼 우주의 감마선을 탐지하는 우주 망원경도 페르미 망원경이라고 부른다. 미국과 이탈리아의 원자로들에도 그의 이름이 붙었다. 이탈리아의 수많은 도시에는 그의 이름이 붙은 거리와 광장이 있다. 로마와 토리노의 기차역에도 그의 이름이 붙었다.

페르미를 기리는 모든 기념물 중에서 그가 가장 자랑스럽게 여길 만한 것은 미국 원자력 위원회상일 것이다. 페르미가 죽기 직전에 병상에서 받은 이 상은 그 뒤로 매년 그의 이름으로 수여된다. 미국 에너지부는 이 상을 다음과 같이 설명한다.

> 페르미상은 대통령상이며 미국 정부가 수여하는 가장 오래되고 권위 있는 과학 기술상 중 하나다. 엔리코 페르미상은 인류에게 혜택을 주는 에너지 과학과 기술의 우수한 연구에 수여된다. 에너지 과학과 기술을 발전시키기 위해 평생을 헌신한 과학자, 엔지니어, 과학 정책 입안자를 표창하고, 모든 연령층의 사람들에게 엔리코 페르미와 그의 발자취를 따른 페르미상 수상자의 사례를 본받아 새로운 과학 기술의 지평을 탐구할 영감을 주기 위해 이 상을 수여한다.[14]

인상적이고 뛰어난 사람들이 이 상을 받았다. 연대순으로 1956년부터 노이만, 로런스, 위그너, 시보그, 베테, 텔러가 수상했다. 1963년에 오펜하이머에게 수여된 페르미상은 일반적으로 1954년에 미국 정부가 그에게 했던 일에 대한 화해의 조치로 여겨진다. 핵분열을 발견한 과학자 세 사람(한, 마이트너, 슈트라스만)에게 1966년에 주어진 페르미상은 이 발견에 마이트너가 결정적인 기여를 했다는 사실을 뒤늦게 인정한 것이었다. 그 뒤로 휠러, 진, 브래드버리, 애그뉴, 파이얼스, 앤더슨, 앨버레즈, 바이스코프, 가윈, 로즌펠드 등이 친구이며 은사의 이름이 붙은 상을 받았고, 다른 많은 유명인도 이 상을 받았다. 많은 사람이 이 상을 자신들의 최고 영예로 여긴다.

친구들과 동료들이 만든 헌정물들이 특히 주목할 만하다. 1955년의 추모 레코드 〈페르미에게 사랑으로〉 외에도 1960년대 중반에는 장편 다큐멘터리 〈엔리코 페르미의 세계〉가 제작되었다. 하버드 대학교의 유명한 과학사학자 제럴드 홀턴Gerald Holton이 캐나다 공영 방송사 CBC의 도움을 받아 이 다큐멘터리의 제작을 주도했다. 라우라를 비롯해서 동료와 친구 수십 명이 출연해서 페르미의 삶에 대해 이야기했다.

가장 오래 지속되고 아름다운 페르미의 헌정물은 시카고 대학교 출판부가 로마의 린체이 아카데미와 협력해서 두 권으로 발간한 〈논문 선집〉이다.[15] 아말디, 앤더슨, 페르시코, 라세티, 세그레, 시릴 스미스, 와튼버그로 이루어진 편집진이 라우라의 적극적인 참여를 통해 논문을 아름다운 서체로 재편집하고 주요 논문에 대한 귀중한 설명을 붙였다. 디지털 이전 시대의 모든 논문을 선별해서 어떤 논문이 포함하기에 충분히 중요한지 결정하고, 중요한 논문이 하나라도 빠지지 않았는지 확인하는 작업은 엄청난 노고였다. 이 선집에는 논문 270여 편, 세그레가 쓴 간략한 전기, 여러 가지 유용한 부록이 실렸고, 페르미가 생전에 받았던 여러 영예를 연대순으로 나열한 목록도 포함되었다. 그러나 이 선집도 그의 연구를 모두 담지는 못했다. 그의 중요한 논문과 강의 중 일부가 이 책이 출판된 뒤에야 기밀 취급에서 해제되었기 때문이고, 당시로서는 어쩔 수 없는 일이었다.

그리고 그의 과학적 유산이 있는데, 여기에는 약한 상호작용, 강한 상호작용, 페르미-디랙 통계, 계산물리학에 관한 발견들이 포함된다.

약한 상호작용은 발견의 풍부한 원천이었다. 중성미자물리학은 그 자체로 엄청난 분야이며, 약한 상호작용에 대한 연구는 입자물리학의 많은 부분을 지배했고, 최근에 힉스 보손의 발견을 포함해서 12개 이상의 노벨상이 이 분야에서 나왔다. 가장 흥미로운 것은 아마도 약한 상호작용과 전자기 상호작용의 깊은 관계로, 셸던 글래쇼Sheldon Glashow, 모하메드 압두스 살람Mohammad Abdus-Salaam, 스티브 와인버그Steven Weinberg[16]가 첫 걸음을 뗀, 물리학의 성배 중 하나인 모든 힘의 통일이었다. 이 연구를 한 위의 사람들은 1979년에 노벨상을 공동 수상했다.

페르미가 죽은 뒤에, 원자핵을 하나로 묶는 강한 힘의 탐구도 똑같이 성공적인 역사를 가지고 있다.[17] 페르미의 파이온 산란 실험은 핵을 하나로 묶는 힘에 대한 더 많은 발견을 이끌어냈고, 결국 페르미의 시카고 대학교 동료 머리 겔만이 처음 제안한 '쿼크' 이론으로 이어졌다. 쿼크는 중성자, 양성자, 파이온을 비롯해서 수많은 아원자입자들을 구성하는 기본 구성 요소이다. 쿼크는 물리학자들이 "글루온"이라고 부르는 보손에 의해 서로 묶여 있다. 쿼크와 글루온의 상호작용이 중성자와 양성자를 하나로 묶어 핵을 지탱하는 강한 힘을 이룬다. 페르미의 초기 연구는 이 방향의 첫걸음이었으며, 쿼크 이론과 전자기-약작용에 대한 이해는 입자물리학의 "표준모형"이라고 불리는 종합을 구성한다. 표준모형은 많은 관찰 가능한 세계를 설명하지만 여전히 많은 질문이 해결되지 않고 있으며, 이 문제들을 풀기 위해 이론가와 실험가가 계속 씨름하고 있다.

페르미가 더 오래 살았다면 어떤 성취를 이루었을까? 말하기 어렵다. 그는 1951년과 1952년에 파이온 산란 실험을 하면서 결과의 복잡성을 이해했지만, 그가 이해한 것은 별개의 문제이다. 동물원에 모아놓은 동물들처럼 다양한 기본 입자들을 체계적으로 이해하는 연구에는 군론이 필요했다.[18] 군론에 열광하지 않았던 페르미는 노이만과 바일Hermann Weil 의 양자론 연구를 이해하는 데 필요한 만큼만 군론을 배웠다.[19] 그가 쿼크 이론을 완성시키는 데 필요한 만큼 군론을 깊이 연구했을 것이라고 상상하기는 어렵다. 그러나 그렇게 했다면 그에게 큰 도움이 되었을 것이고, 그것은 1940년대 후반에 다른 사람들이 성공한 양자전기역학의 재규격화보다 더 크게 도움이 되었을 것이다. 이 문제가 충분히 중요하다고 판단했다면 그는 베타붕괴 때와 마찬가지로 문제를 해결하기 위해 시간을 투자했을 것이다.

뼛속까지 보수적인 물리학자였던 페르미는 약한 상호작용에 대해 초기에 알려진 것들을 편안히 받아들이지 못했을 것이다.[20] 특히 1956년에 자기의 제자들인 리와 양의 전혀 예상하지 못했던, 약한 상호작용이 거울 대칭을 따르지 않는다는 혁명적인 발견을 받아들이기 어려웠을 것이다. 페르미는 문제를 해결하기 위해 혁명적인 접근법을 선택한 적이 거의 없었다. 그러나 그는 분명히 약한 상호작용을 탐구하는 이론적인 연구와 실험적인 발견에 매료되었을 것이고, 중성미자 물리학에 적극적으로 참여했을 것이다.

더 직접적인 유산은 페르미-디랙 통계이다.

베타붕괴 논문(완전히 정확하지는 않다)과 파이온 실험(도발적이었지만 강한 상호작용을 이해하기 위한 디딤돌일 뿐이었다)과 달리, 페르미-디랙 통계는 1925년 후반과 1926년 초반에 처음 나왔을 때와 똑같이 오늘날에도 그대로 사용된다. 배타원리를 따르는 모든 입자계(기체, 액체, 고체, 플라스마)의 에너지 분포를 분석할 때는 페르미-디랙 통계를 사용한다. 물리학자 헨리 프리시Henry Frisch의 말에 따르면 페르미-디랙 통계가 없으면 물리학은 "석기 시대"[21]가 될 것이다. 페르미-디랙 통계는 워낙 물리학의 여러 분야에 흔히 사용되므로 예를 드는 것이 무의미할 정도이다. 페르미가 물리학에 기여한 것 중에서 어떤 것이 가장 중요한가에 대해서는 논쟁이 계속되겠지만, 페르미-디랙 통계를 꼽는 사람들은 페르미가 1926년에 발표했던 것과 똑같은 형태로 이 통계가 아직도 그대로 사용된다는 사실을 지적한다.

페르미가 컴퓨터를 최초로 사용하기 시작했을 때 그는 물리적 과정을 모의실험하는 데 관심이 있었다. 당시의 컴퓨터는 원시적이었고, 가장 단순한 문제만을 프로그램으로 다룰 수 있었다. 탐지기에서 나온 데이터의 분석은 모두 손과 눈으로 이루어졌다.

페르미는 오늘날과 같은 계산물리학의 발전을 내다보지는 못했을 것이다.

컴퓨터 모의실험은 입자물리학에서 가설의 검증과 모든 주어진 실험 결과의 예측에 필수적인 부분이 되었다. 또한 컴퓨터는 복잡한 전자 탐지기에서 나온 페타바이트 규모의 데이터를 탐색해서 특정한 상호작용의 흔적을 찾아내는 데 사용된다. 계산물리학은 그 자체로 하나의 분야가 되었다. 대부분의 물리학자들은 그 기법을 잘 알고 있으며, 일부 물리학자들은 계산물리학을 하나의 보조 전공으로 익히고 있다. 고도로 발전된 컴퓨터 계산이 없었다면 힉스 보손의 발견도 불가능했을 것이다. 또한 전자계산의 발전이 결정적인 역할을 하는 물리학 분야도 많이 있다. 예를 들어 천체물리학에서 초신성이나 빅뱅과 같은 복잡한 현상을 모형화하는 것도 컴퓨터에 의한 고도의 계산 기술로 가능해졌다.

아마도 더 흥미로운 것은 페르미가 개척을 도운 몬테카를로 모의실험 기법으로, 그는 전자 컴퓨터가 개발되기 전에 이미 이 기법을 사용했다. 몬테카를로 모의실험은 복잡한 문제들에 조명을 비출 수 있으며, 공학과 유전학뿐만 아니라 국방 정책과 핵 전략, 금융과 경제, 법과 사회 정책에도 이용된다. 조 디마지오의 56경기 연속 안타가 얼마나 드물게 일어나는 사건인지도 이 기법으로 알 수 있다. 문제를 바라보는 페르미의 독창적인 방식을 반영하는 몬테카를로 모의실험은 어쩌면 페르미의 직접적인 영향이 물리학을 벗어난 세계에 주는 가장 중요한 것일 수 있다.

이탈리아에서는 에도아르도 아말디가 페르미의 유산을 수호했다. 그는 로마 대학교에서 물리학 프로그램을 지도했고, 로마 교외의 프라스카티에 사이클로트론을 건설하려는 베르나르디니의 계획을 도왔다. 그는 페르미가 쓴 고등학교 물리학 교과서를 계속 편집하고 갱신해서 물리학에 대한 관심을 높이는 노력을 했다. 아말디는 CERN과 유럽 우주국European Space Agency 창설 등 유럽 전체의 과학 협력 분야에서 중심적인 역할을 했다. 스승들과 친구들 사이에 비밀 때문에 생기는 벽을 싫어했던 아말디는 CERN의 비밀 연구 참여를 금지하는 규정을 만들었다. 아말디는 페르미의 유산을 지키고 키우는 최고의 수호자였다.

로마 대학교 물리학과 물리학 박물관은 페르미에 대한 기억을 젊은 이들에게 알려주고 있고, 이탈리아 물리학회의 지원으로 파니스페르나가에도 2018년에 박물관이 완공될 예정이다. 페르미가 로마 학파를 열어 강의와 세미나를 진행하고 느린중성자로 우라늄을 때리는 실험을 처음 수행했던 곳을 새로운 세대의 이탈리아 젊은이들이 둘러볼 수 있게 된다.

페르미의 이름을 딴 바렌나의 여름학교가 계속되고 있다. 이탈리아 물리학회는 매년 페르미상을 이탈리아 물리학의 주요 인물들에게 주고 있고, 최근에는 외국인들에게도 주고 있다.[23]

이탈리아에서는 페르미 탄생 100주년 축하 행사를 거행했고, 그의 삶과 연구를 정리한 여러 책을 발간했다. 이탈리아 역사가들은 그의 삶과 연구에 대해 계속 탐구하고 있으며, 잘못 알려진 사실들을 자주 바로잡는다.

페르미가 죽은 뒤에 아말디는 그의 노트들과 기록들을 피사에 있는 도무스 갈릴라에아나에 보냈고, 갈릴레오 문헌과 함께 보관하도록 설득했다. 이렇게 함으로써 아말디는 페르미의 조국 사람들이 그를 존경하는 마음을 표현했다. 60년이 지난 지금 뒤돌아보기에 이보다 더 나은 결정을 하기도 어려웠을 것이다.

페르미의 맨해튼 프로젝트 연구에서 나온 유산인 원자폭탄과 원자로는 오늘날까지도 명확하게 평가하기가 어렵다.

놀랄 것도 없이 핵무기 사용에 따른 그늘은 두 도시가 잿더미로 바뀐 일본에서 가장 크다. 이 폭격으로 20만 명 이상이 죽었고, 일본은 반핵 운동의 선두에 서 있다. 2016년에 오바마 대통령이 미국 지도자로서는 최초로 이 도시들을 방문했고, 사망자들을 추도했다. 이에 대한 화답으로 일본의 아베 총리가 일본 지도자로서는 최초로 진주만을 방문했다. 적대감은 없었지만, 기억이 되살아났다.

지난 70년 동안 적어도 여덟 개의 국가가 핵무기 제조의 비밀을 배웠다. 핵무기를 만들 수 있다는 것이 증명되면 다른 나라들도 결국은 핵무기를 만들게 될 것임을 페르미는 분명히 이해했다. 그는 인간 본성에 대한 비관적인 견해를 가지고 있었고, 결국 사람들이 어떤 무기든 전쟁에 사용하게 될 것이라고 생각했다. 다행히도, 적어도 지금까지는 그의 생각이 틀렸다. 최초로 일본에 원자폭탄이 투하된 뒤로 어떤 나라도 핵무기로 다른 나라를 공격한 일은 없다. 그러나 그런 일이 다시 일어나지 못하게 막는 물리 법칙은 없으며, 여기에 대해서는 페르미도 분명히 동의할 것이다.

1950년대와 1960년대 초반에는 지상 핵 실험이 빈번하게 수행되었고, 전 세계적으로 방사선 수치가 계속 높아졌다. 질병통제예방센터의 2009년 보고서에서 분명히 밝혀졌듯이, 트리니티 현장의 첫 번째 핵 실험에서도 인근 주민, 가축, 농업에 예상치 못한 심각한 낙진 피해가 있었다. 나중에 스트론튬 90과 같은 방사성 동위원소가 전국의 식료품과 우유에서 미량으로 발견되어 공중 보건에 대한 염려가 일어났다. 지상 핵 실험은 중단되었지만, 우리는 그 전까지 방출된 방사성 잔류물로 오염된 환경 속에서 살고 있으며, 이 잔류물은 수 세기 동안 사라지지 않을 것이다.[24]

냉전이 끝나면서 전면적인 핵전쟁의 전망은 약화되었지만, 핵 확산과 핵 테러의 위협은 과거보다 더 커졌다. 북한은 핵무기로 남한뿐만 아니라 미국까지 위협하고 있다. 테러도 심각한 위협이 되고 있다. 핵보유국 중에는 적극적인 반란 운동이 일어나고 있는 나라가 있으며, 핵 안보는 그리 철저하다고 할 수 없다. 이러한 저항 세력들이 핵무기를 하나만이라도 확보해서 테러에 이용한다면 끔찍한 일이 일어날 것이다. 페르미가 살아 있던 시절에 정책 분석가들은 그러한 가능성을 거의 고려하지 않았다. 오늘날 핵 테러 위협은 국가 안보에 대한 사고를 지배하고 있다.

이런 사태는 진정으로 엔리코 페르미의 유산일까? 페르미가 1938년에서 1939년 새해에 프랑코니아호를 타고 대서양을 건너다가 죽었다면, 맨해튼 프로젝트는 여전히 진전되었겠지만 더 느리게 다른 방향으로 나아갔을 것이다. 미국의 정치 지도자들은 그들이 처한 상황에 따라 맨해튼 프로젝트를 진행하기로 결정했고, 이것은 놀라운 결정도, 명백히 악한 결정도 아니었다. 독일이 항복한 뒤에 일본에 대한 원자폭탄 투하는 최고 지도자가 내린 결정이며, 과학자들의 견해에 대해서는 건성으로만 주의를 기울였다. 트루먼 대통령은 적국의 도시에 원자폭탄을 투하하는 것은 전적으로 자기만의 책임임을 알고 있었다.

그렇다고 해서 페르미와 그의 동료들이 어떤 의미에서든 무관하다고 할 수는 없다. 좋건 나쁘건, 그들은 우리 모두의 미래를 변화시켰다. 그러나 맨해튼 프로젝트에 참여한 과학자들은 그들이 져야 하는 것보다 더 큰 죄책감을 갖는다. 페르미와 그의 동료들이 전시에 했던 연구에 대해 역사적으로 평가하려면, 그들이 직면했던 상황과 참여하게 된 동기에 대해 더 주의깊은 관점을 가져야 한다.

전시 프로젝트에서 나온 또 다른 위대한 유산은 원자로이다. 페르미가 원자폭탄을 발명했다고 할 수 없을지 모르지만, 그와 실라르드는 확실히 원자로를 발명했다. 전 세계에 발전용 원자로 약 450개가 가동 중이며, 60개 이상이 건설 중이다.[25] 그중에 약 100개가 미국에 있다. 그러나 1990년 이후에 미국에서 추가된 원자로는 5개뿐이다. 미국을 비롯한 국가들에서 원자력 사용이 줄어든 것은 주로 큰 원자력 발전소 사고 때문이며, 1979년 스리마일섬, 1986년 체르노빌, 2011년 후쿠시마 사고가 그것이다. 30년 동안 드문드문 일어난 세 번의 악명 높은 사고는 다른 어떤 것보다 미국의 원자력 전망에 치명적이었다. 그러나 기술은 발전하고 있다. 오래전에 페르미의 활동 무대였던 아르곤 연구소의 엔지니어들은 연료를 소비하면서 동시에 생산하는 현대적인 고속 증식로를 설계했다. 원리적으로 처음에 연료를 공급하고 나면 천 년 동안 지속되면서 온실가스도 전혀 내뿜지 않는다. 핵 알레르기가 덜 심각한 한국은 아르곤 연구소 엔지니어들의 도움을 받아 이 방식의 원자로를 건설하는 중이다. 미국에서 핵에너지의 미래는 불확실하다고 말할 수밖에 없다. 미래 세대의 미국인들이 안전한 원자력을 다시 고려할지는 지켜봐야 할 일이다.

원자로에는 핵에너지를 제공하는 것 외의 목적도 있다.[26] 원자로는 현대 의료용 방사성 동위원소를 만드는 주요한 방법을 제공한다. 코르비노는 선견지명이 있었다. 그는 느린중성자에 관련된 발견이 의료용으로 상업적 가치가 있음을 이해했다. 그러나 그는 자신의 가장 뛰어난 제자가 실효적인 방사성 동위원소 공장을 발명할 것이라고는 결코 예상하지 못했다. 연구용 원자로 내부에 특정한 원소를 집어넣어서, 의학 물리학자는 암의 존재를 추적하고 발견된 암을 치료하는 데 사용할 수 있는 물질을 만들어낸다. 이러한 기술에 의해 수없이 많은 생명이 구원을 받았다. 세계적으로 12개가 넘는 연구 센터가 원자로에서 이러한 동위원소들을 만들어내고 있으며, 그들이 사용하는 원자로의 직계 조상은 페르미의 세심한 감독으로 컬럼비아 대학교 셔머혼관 지하실과 스태그 필드의 스쿼시 코트 바닥에 쌓아올린 가루가 날리는 흑연과 우라늄 더미이다.

페르미가 위대함에 이른 경로는 아인슈타인, 보어, 플랑크 등 현대물리학을 만든 다른 사람들과 다르다. 그것은 자기에게 던져진 어떤 문제라도 풀 수 있고 자연은 그의 탐구하는 마음 앞에서 비밀을 결국 털어놓고 말 것이라는 강한 자신감에서 시작되었다. 그 자신감은 어린 시절부터 각고의 노력으로 쌓은 믿을 수 없을 만큼 단단한 지식의 바탕에서 나왔다. 그는 깊은 이해에 이르는 지름길이 없다는 것을 알았고, 그러한 이해를 얻기 위해 기꺼이 근본부터 파고드는 노력에 뛰어들었다.

그가 견고한 지식의 토대를 쌓았다는 점이 그가 연구한 문제 유형에 대한 그의 취향을 알려준다. 그는 "그다음 큰 것"을 찾아내는 실수 없는 본능을 갖고 있었고, 그가 정한 연구 주제는 그대로 그 분야의 어젠다가 되었다. 이 본능은 배타원리를 통계역학에 통합시키는 방법에 집중하도록 그를 이끌었다. 그런 다음에 그는 양자장 이론으로 베타붕괴의 문제를 해결하는 데 집중했다. 그다음으로 핵물리학 분야를 여는 중성자 실험을 수행했다. 마지막으로, 그는 고에너지 파이온 빔을 생산할 수 있는 가속기를 사용하면 강한 상호작용의 성격을 탐구할 수 있음을 이해했다. 이 뛰어난 본능이 누구에게도 뒤지지 않는 기초를 바탕으로 영속되는 많은 성과를 이루었다.

그는 또한 자기가 아는 것을 누구나 배울 수 있다고 믿었다. 그는 이것을 문자 그대로 믿었고, 이 믿음에 따라 살았다. 물리학을 자기의 방식대로 소화해서 다른 사람들도 이해할 수 있게 만드는 과정에서, 그는 문제를 분해해서 벌거벗은 핵심만을 드러내고 핵심을 흐리는 복잡한 군더더기를 치워서 학생들이 단계별로 따라갈 수 있는 방법을 발전시켰다. 이러한 확신이 있었기에 그가 물리학에 대해 생각하는 방식이 미래 물리학자들에게 영향을 줄 수 있었다.

확률과 가능성은 그의 경력 전체에 늘 따라다닌 중심 주제였다. 그는 일찍부터 확률을 깊이 연구했는데, 가능성이 낮았지만 개인적으로 심각한 결과를 초래한 사건인 형의 죽음 때문이었을 수 있다. 양자론의 세계에서 모든 물리학자는 확률을 이해해야 하지만, 페르미는 확률을 자기 연구의 중심에 놓아서 계속해서 이 주제로 돌아왔다. 페르미-디랙 통계, 원자의 토머스-페르미 모형, 연필과 종이로 수행한 중성자 확산 분석, 물리학 문제를 분석하기 위해 그가 선구적으로 사용한 몬테카를로 방법이 모두 확률에 관련된 연구이다. 페르미 역설(우주의 다른 곳에 생명체가 존재한다면, 그들은 벌써 우리를 방문했을 것이라는 결론)[27]은 거의 모든 문제를 일련의 확률적 가정으로 분해하는 고전적인 예이다.

그는 물리학을 위해 많은 것을 희생했다. 물리학 연구에 방해를 받지 않기 위해 정치적 신념도 기꺼이 타협했다. 그는 자신의 연구를 위해 가정생활도 기꺼이 뒤로 미뤄서 불행한 결과를 초래했다. 그의 죽음이 연구하면서 노출된 방사선 때문이라는 가정을 받아들인다면, 그는 자기 생명까지 바친 것이다.

타고난 능력과 튼튼한 기초에 대한 자신감, 어떤 문제든 풀 수 있다는 확고한 믿음, 중요한 연구를 알아보는 본능, 다른 사람들을 이해시키는 능력에 대한 흔들리지 않는 믿음, 세계가 작동하는 핵심적인 방식에서 확률과 우연의 역할에 대한 매료, 과학에 기꺼이 몸을 던진다는 각오, 이 모든 것이 페르미가 어떤 사람인지를 결정했고, 지속적인 영향을 주는 그의 능력에 기여했다. 그러나 우리 모두와 마찬가지로, 과학자도 그들이 태어난 시대의 포로이다. 아인슈타인의 경우에, 물리학의 가장 깊은 문제들이 불거지던 시대에 태어난 것이 도움이 되었다. 아인슈타인이 원래보다 100년 전에 태어났다고 해도 여전히 많은 것을 이루었겠지만, 분명히 일반상대성이론만큼 중대한 기여는 하지 못했을 것이다. 페르미에게는 양자 혁명이 전개되는 동안에 태어난 것이 큰 행운이었다.

그러나 큰 행운에는 어두운 면이 있다. 페르미가 젊었을 때 깨달은 것처럼, 20세기 물리학 혁명이 품고 있는 함의 중 한 가지는 물질 내부에 막대한 에너지가 갇혀 있다는 것이고, 이 에너지를 최초로 꺼내는 물리학자는 이 에너지에 의해 산산조각으로 부서질 수도 있다는 것이다. 그는 자기가 바로 그 최초의 물리학자가 될 운명임을 거의 깨닫지 못했다. 모든 위대한 선물에 지불해야 할 대가가 있다면, 이것은 그중에서도 큰 것이었다. 그는 자기 분야를 사랑했고, 어른이 된 후의 전체 인생을 바쳤고, 세계를 파괴할 수 있는 능력을 인간에게 주는 자연의 비밀을 밝혀냈다. 또 하나의 대가는 다른 유능한 전문가들에게도 낯익은 것이었다. 그것은, 일을 위해 가족을 무시한 것이다. 많은 면에서 페르미는 위대한 재능의 대가를 치렀지만, 이것은 그가 살았던 시대와 그의 재능에 대한 불가피한 대가였다.

제프리 추와 우고 아말디는 페르미가 "모든 것을 아는 마지막 사람"[28] 이라고 말했다. 분명히, 그가 모든 것을 알지는 못했다. 물리학을 벗어난 과학 분야에 대해서는 겉핥기로만 알았고, 역사, 문학, 미술, 음악에 관한 지식은 제한적이었으며, 그 이상은 말할 것도 없었다. 그는 보편적인 천재가 아니었다.

그러나 그는 물리학에 대해서만은 모든 것을 알고 있었다. 그가 살았던 시절에 이것은 매우 드문 일이었다. 찬드라세카르는 페르미가 천체물리학에 대한 기초 지식도 없이 비교적 늦게 이 분야에 뛰어들어 상당한 기여를 했다는 점에 탄복했다. 그러나 놀랄 일도 아니었다. 페르미는 물리학의 모든 면을 사랑했고, 적절한 배경과 내적 능력이 있으면 한 사람이 모든 물리학에 통달할 수 있는 시대(어쩌면 마지막 시대)에 살았다. 페르미는 천체물리학, 핵물리학, 입자물리학, 응집물질물리학, 지구물리학까지 물리학의 모든 하위 분야뿐만 아니라 이론과 실험까지 모든 면에 통달했다. 이런 면에서, 그는 진정으로 독특했다. 그는 물리학을 통합된 하나로 보았고, 그가 통달하기 위해 애썼던 몇 가지 강력한 분석 도구로 이해할 수 있는 것으로 보았다. 오늘날 물리학자들은 다른 분야의 전문가들과는 거의 대화를 하지 않으며, 대화를 시도할 때는 서로 이해하는 데 큰 어려움을 겪는다. 페르미 시절에도, 이론가와 실험가는 서로의 전망으로 세계를 바라보는 데 어려움을 겪었다. 오늘날 이 문제는 실험의 거대함과 복잡성, 첨단 이론에 점점 더 많이 사용되는 정교한 수학 때문에 더 복잡하다. 오늘날에는 어느 한 분야에서 세계 수준의 연구자가 되려면 엄청난 노력이 필요하다. 입자물리학 실험 하나를 수행하려면 10년 이상이 걸리고 수천 명의 물리학자가 참여하며, 그들 중 누구도 아무리 각오가 대단해도 다른 분야를 탐구할 시간이 없다. 이런 문제는 물리학의 모든 하위 분야에서 마찬가지이다.

페르미는 진정으로 물질, 에너지, 시간, 그리고 그것들의 관계에 대해 모든 것을 아는 마지막 사람이었다. 그는 물리학의 하위 분야들을 가로지르고 실험과 이론을 아울러 모든 것을 알았고, 그의 시대에는 이것이 한 사람의 물리학자가 평생을 노력하면 가능한 일이었다. 우리의 지식은 그가 죽은 뒤로도 실험과 이론에 의해 계속 발전했고, 페르미가 살아 있었으면 그 발전을 좋아했을 것이다. 그렇기는 하지만, 그의 시절에도 한 사람이 물리학을 모두 통달한다는 것은 독특한 성취였다. 우리는 그런 사람을 다시는 보지 못할 것이다.

∽ 감사의 글 ∾

이 책을 쓰는 일은 내 삶의 위대한 모험 중 하나였고, 아내 수전은 언제나처럼 모든 과정에서 나와 함께했다. 우리는 엔리코 페르미를 찾기 위해 넓게 멀리 다녔고, 크게 도와준 고마운 사람을 많이 만났다. 이제 모든 이에게 감사를 표한다. 의도하지 않게 빠진 사람이 있다면 나를 용서해주기 바란다.

먼저 페르미와 함께 연구했던 젊은 시절의 추억을 들려준 사람들에게 감사한다. 제프리 추, 제임스 크로닌, 제롬 프리드먼, 리처드 가윈, 아서 로즌펠드, 잭 스타인버거, 코트니 라이트가 그런 사람들이다. 제프리추가 처음으로 이 책의 제목을 제안했다. 아버지의 동료였던 정다오 리와 첸닝 양은 책 쓰는 일을 지지해주고 격려해주었다. 여러 해 전에 리는 아버지의 뮤온 중성미자 실험을 촉발시킨 질문을 제기했다. 이 과학자들의 도움은 이 책을 쓰는 나에게 특별한 혜택이었고, 이 책의 주제를 생동감 있게 만들어주었다. 안타깝게도 제임스 크로닌과 아서 로즌펠드는 그 뒤에 세상을 떠났다.

나의 문헌 탐사는 시카고 대학교 리젠스타인 도서관에서 시작되었다. 특별 소장품 연구 센터의 독자 서비스 책임자인 줄리아 가드너, 보조 문서 담당자 아일린 일미니에게 감사한다. 각각의 담당자들도 크게 도와주었다. 크리스틴 콜번은 사진 소장품으로 도와주었다. 시카고 바깥에서는 아르곤 국립 연구소의 로저 블룸퀴스트, 퍼트리샤 캐너데이, 데이비드 후퍼가 흔쾌히 시간을 내주었다. 우리가 빈번하게 시카고에 방문하는 동안 랜스 프리드먼와 사리 글러킨이 정말로 친절하게 우리를 맞아주었다.

맨해튼 프로젝트가 진행되었던 세 연구소의 직원들도 큰 도움을 주었다. 로스앨러모스의 앨런 카, 리베카 콜리스워스, 바버라 레믹, 헤더 맥클레네헌, 글렌 맥더프, 오크리지의 바버라 펜랜드, 스티븐 스토, 핸퍼드의 러셀 파브르와 B 원자로 팀에게 감사한다.

컬럼비아 대학교의 윌리엄 자크에게 감사한다. 그는 내가 방문 학자가 되도록 후원해주어서 2년 동안 학교의 디지털 포털을 사용할 수 있게 해주었고, 이 덕택에 나는 큰 도움이 된 학자용 자료에 접근할 수 있었다. 그는 아버지의 동료였고, 아버지가 1990년대에 재직했던 이지도어 라비 물리학 석좌교수로 재직하고 있다. 내가 책을 쓰는 동안 그는 결정적인 공명판이었고, 소중한 자원이었으며, 마지막에 결정적인 조언으로 내가 저지를 뻔한 여러 가지 실수를 막아주었다. 나에게 많은 시간을 내주어서 감사한다. 컬럼비아 대학교 기록 보관소의 특별 열람을 도와준 크리스토퍼 레이코와 톰 매커천에게도 감사한다.

메릴랜드주 칼리지 파크에서는 미국 물리학 연구소 물리학사 센터장 겸 미국 물리학 연구소 닐스 보어 도서관장 그레그 굿, 멜라니 뮬러와 그녀의 동료 어맨다 넬슨, 오드리 렝글에게 감사한다. 칼리지 파크에서 국립 기록 보관소의 리베카 캘커노, 탭 루이스, 로럴 매콘드레이가 도와주었다.

우리는 2015년 가을에 로마에서 한 달을 보냈고, 그곳에서 나는 로마 아메리칸 아카데미의 방문 학자였다. 1894년에 지어졌고 자니콜로 언덕 위에 우뚝 솟아 로마 전체가 한눈에 내려다보이는 웅장한 아카데미 건물은 수많은 학자, 예술가, 작가, 음악가의 집이 되어주었다. 아우렐리아 저택의 온실에 있는 아파트는 진정으로 호사스러운 베이스캠프였다. 마크 로빈스 대표, 킴 보스 사무총장, 공동체 구성원들인 잔파올로 바타글리아, 크리스틴 베글리, 파올라 가에타니, 데니즈 가비오, 린지 해리스, 서배스천 히얼, 피터 밀러, 라우라 오페두, 크리스티나 푸글리시, 그리고 우리의 체류를 재미있고 생산적이게 해준 모든 사람에게 감사한다. 우리가 머무는 동안 특별히 도와주었던 피나 파스콴토니오 감독관의 죽음에 조의를 표한다. 앨리스 워터스가 창립한 로마 지속가능 식품 프로젝트의 크리스 베르와 그의 팀이 베풀어준 맛있는 식사에 대해 감사한다. 우리는 그와 함께 두 차례 기억에 남는 식사를 즐겼다. 나를 처음 아카데미에 소개해준 윌리엄 히긴스와 지원 절차를 도와준 전 로마상 수상자 엘리 고틀리브에게도 감사한다.

로마에서는 많은 사람이 시간과 전문 지식을 제공해주었다. 이탈리아 물리학회장 루이사 치파렐리는 2015년 엔리코 페르미상 만찬에 우리를 초대해주었다. 그녀는 2018년에 박물관으로 다시 개장할 준비를 위해 한창 공사 중인 파니스페르나가의 현장을 우리에게 보여주기 위해 복잡한 일을 처리해주었다. 조반니 바티멜리는 사피엔차 대학교에 있는 방대한 아말디 기록 보관소 문을 열어주었고, 우리가 로마에 있는 동안 무제한으로 이용할 수 있게 해주었다. 그는 우리가 미국으로 돌아오고 오래 지나서도 우리의 질문에 계속 대답해주었다. 프란체스코 구에라와 나디아 로보티도 귀중한 도움을 주었다. 그들은 로마에서 우리와 하루를 꼬박 보내면서 책을 쓰는 일에 대해 토론했고, 페르미와 그의 동료들에 관한 해박한 지식을 바탕으로 때로는 성상 파괴적인 관점도 제시해주었다. 그들은 우리가 머무는 동안 계속해서 귀중한 통찰력을 제공해주었다. 우리는 사피엔차 대학교 근처의 레스토랑에서 그들이 대접해주었던 환상적인 사르디니아의 저녁 식사를 결코 잊지 못할 것이다. 파올라 카지아노와 알레산드로 로마넬로는 린체이 아카데미와 이탈리아 왕립 아카데미 기록 보관소를 친절하게 안내해주었다. 알레산드로는 코르시니 저택 근처에서 멋진 점심 식사를 우리와 함께했고, 그날 오후에 쏟아지는 빗속에서 아메리칸 아카데미까지 차를 태워주었다. 로마에서 라우라 페르미의 조카 조르조 카폰과 그의 아내 테레사는 집으로 우리를 초대해주었다. 그들은 라우라가 자랐던 바로 그 집에서 엔리코와 라우라에 대한 추억을 우리에게 들려주었다. 산드로 베티니, 마우로 카날리, 아델레 라 라나, 조반니 오르간티니, 마르타 페페, 프란체스카 살바토레, 안드레아 트렌티니도 우리를 도와주었다.

피사에서는 로베르토 베르가라 카파렐리가 시간과 통찰력을 나누어주었고, 그 뒤로도 책을 쓰는 데 계속 도움을 주었다. 루카 갈리와 조반니 시뇨렐리는 기록 보관소뿐만 아니라 요리까지 훌륭하게 안내해주었다. 아침에 마신 카페 크레마는 좋은 기억으로 남아 있다. 마우라 베그헤, 모니카 비온디, 알레산드로 코르시, 키아라 레타, 아니타 도라지오, 움베르토 파리니, 마달레나 타글리올리에게도 감사한다.

제네바에서 우리는 역사상 가장 위대한 과학적 모험을 하고 있는

CERN의 물리학자들에게 환영을 받았다. 파비올라 자노티 소장은 바쁜 일정을 쪼개서 자기가 하는 일에 대해, 그 일이 페르미와 어떻게 관련되는지에 대해 많은 이야기를 해주었다. 그녀는 우리가 스티븐 골드파브와 이바 레이노바의 안내로 ATLAS 실험을 견학할 수 있도록 주선해주었다. 우리는 파비올라와 함께 잭 스타인버거를 CERN 카페테리아에서 만나 점심 식사를 즐겼다. 우고 아말디와 클렐리아 부부는 그들의 사랑스러운 집에 초대해주었고, 좋은 와인과 쿠키를 대접해주면서 아버지 에도아르도, 어머니 지네스트라와 페르미 가족에 대한 추억을 들려주었다. 그도 독자적으로 이 책의 제목을 제안해주었다. 우리의 방문이 끝날 때쯤 그의 딸 실비아를 잠시 만났는데, 아름다운 할머니와 꼭 닮은 모습이었다.

영국에서의 시간은 매우 생산적이었다. 우리는 브리스틀에서 파우스타 세그레 왈스비와 그녀의 남편 토니의 집과 케임브리지에 사는 저드 페르미의 미망인 세라 페르미의 집을 방문했고, 옥스퍼드 대학교 엑서터 칼리지에서 물리학자이자 작가 프랭크 클로즈를 만났다. 우리는 이 모든 만남을 즐겼고, 그 뒤로도 계속된 도움에 감사한다. 런던에서 함께 머물렀던 엘리자베스 그레이처와 존 더렐에게 감사한다. 우리는 집에 있는 듯이 편안했고, 그들을 더 자주 볼 수 있기를 바란다.

전문적인 물리학자 세 사람이 초고를 주의깊게 읽었고, 복잡한 개념의 숲을 대중들이 쉽게 이해할 수 있게 설명하는 데 도움을 주었다. 위에서 언급한 컬럼비아 대학교의 윌리엄 자크, 나의 고교 친구이며 그의 경력 동안에 두 가지 중요한 입자 발견에 크게 기여한 메릴랜드 대학교의 니컬러스 해들리가 이 일을 도와주었다. 트리에스테에 있는 고등 학문 국제학교SISSA의 안드레아 감바시는 과학적으로 중요한 점들을 수정해주었을 뿐만 아니라 스쿠올라 노르말레 수페리오레의 교육을 자세히 설명해주었다. 세 사람 모두 유명하고 바쁜 과학자다. 그들 모두가 초고를 자발적으로 읽었고, 꼭 필요한 여러 가지 조언을 해주었다. 내가 그들과의 토론이 재미있었던 만큼 그들도 재미있었기를 바란다. 그러나 이 책에 나오는 물리학 설명에 실수나 오류가 있다면 물론 나의 책임이다.

많은 사람이 여러 단계의 원고 일부 또는 전부를 읽고 귀중한 조언을 해주었다. 외르크 발다우프, 신시아 블린과 마빈 블린, 로리 브럭먼, 커밀러 캘러맨드레이, 마이클 콘, 베스 해들리, 하워드 제닝스, 조지 민코프, 릭 피터슨, 데이비드 루도프스키, 레이먼드 루도프스키, 멜라니 셔가트에게 감사한다. 다른 여러 사람도 책을 쓰는 동안 도와주고 격려해주었다. 리날도 발디니, 넬슨 비비, 패트리치아 비고티, 글렌다 빙엄, 루이사 보놀리스, 저스틴 브로, 윌리엄 브리스코, 폴라 브루니, 비올라 버켄버거, 엘리사베타 칼루시, 안토니오 데 칸디아, 로베르토 카사부오니, 티나 코도바, 진 단넨, 에반 페이 얼, 조 에스카밀로, 알렉시스 파마, 수전 파인, 줄리아 포스터, 존 폭스, 콜린 프렌치, 헨리 프리슈, 브렛 프롬슨과 카멜 프롬슨, 조 곤잘레스, 칼 그랜딘, 수잰 그룰리치, 케빈 해거티, 래리 할러, 메건 할스밴드, 매슈 홉킨스, 로리 인스, 카를-하인츠 캄페르트, 브라이언 킬린, 존 카뎀, 샌퍼드 킹즐리, 재스퍼 커크비와 리타 커크비, 페니 콤, 루이스 린필드, 다니엘 린케, 잭 로이드와 린 로이드, 캐스린 마, 존 마셜 3세, 대니얼 마이어, 미켈라 미네소, 아논 미슈킨, 줄리 오닐, 보든 페인터, 섀니스 파머, 세라 퍼레츠키, 애나리 폴스, 크리스티 피터슨, 잔카를로 리기니, 산드라 로미티, 케빈 로크, 해리 살과 캐럴 살, 트리스탄 숄, 앤서니 셔가, 리언 시걸, 메건 스미스, 알레산드라 스탠리, 앤드루

샌턴, 도나 톰슨, 레이철 트렌트, 데이비드 토니, 앤 바거스, 패트릭 웨이드, 앤드루 웨스턴-혹스, 플레처 휘트워스, 스탠 워치츠키, 크리스티나 울프, 힐러리 도쉬 웡, 네이선 우즈, 릴라 욘, 리타 자나타에게 감사한다.

페르미 가족은 책을 쓰는 과정에서 큰 도움을 주었다. 위에서 언급한 조르조 카폰과 세라 페르미 외에도 올리비아 페르미, 레이철 페르미, 가브리엘라 사체티에게 감사한다. 올리비아와 레이철은 문서와 사진뿐만 아니라 소중한 추억까지 가족과 관련된 풍부한 자료를 제공해주었다. 줄리오(저드)와 가장 친했던 로버트 풀러도 개인적인 기억을 들려주었다. 이 이야기들은 가족사의 미묘한 문제에 닿아 있다. 내가 그들의 생각을 적절한 존경으로 다루었기를 희망한다.

나의 에이전트 마이클 칼라일은 처음부터 이 책을 쓰는 일을 믿어주었고, 오랫동안 나를 후원해주었다. 그와 그의 아내 샐리는 나의 절친한 친구가 되었다. 그는 저자가 책에 무엇을 넣는지 이해했고, 끊임없이 좋은 조언과 도움을 주었다. 그와 함께 잉크웰 매니지먼트사의 윌리엄 켈러핸, 마이클 먼젤로, 해나 슈워츠와 함께 일하게 된 것은 큰 행운이었다.

베이식북스의 편집자 T. J. 켈러허는 인내심, 지혜, 통찰력, 열정으로 이 책이 나올 수 있도록 처음부터 힘써주었다. 헬레네 바르텔레미, 샌드라 베리스, 베치 드제수, 카이트 하워드, 캐리 나폴리타노, 크리스티나 팔라이아, 켈시 오도칙도 큰 도움이 되었다.

나의 가족은 특별한 감사를 받을 자격이 있다. 2013년에 아버지의 문서 꾸러미를 우연히 발견해서 책 쓰기를 시작하게 한 어머니 메릴린은 나를 열정적으로 격려해주었고, 여동생 다이애나와 베티도 나를 응원해주었다. 나의 아들 앨릭스는 할아버지의 실험적 재능을 물려받았고, 고등학교에서 과학 연구로 잭 스타인버거상을 받아서 이 재능을 인정받았다. 나의 처남인 데이비드 루도프스키는 교정쇄를 읽고 사실을 확인해 주었다. 수전과 나는 그에게 빚을 졌다. 수전의 아버지 레이먼드 루도프스키는 이 책을 쓰는 모든 단계에서 크게 기뻐했다. 그분은 수전과 내가 2015년 후반에 사업에서 물러나서 저술에 전념하겠다는 결정을 지지해 주었고, 그 덕분에 나는 나의 모든 시간을 이 일에 매진할 수 있었다. 그분의 확고한 지지에 대한 나의 고마움을 표현할 수 없을 정도이다.

나의 아버지 멜빈은 2006년에 세상을 떠났다. 현대물리학의 여러 가지 복잡한 측면들에 대해 아버지가 살아 있을 때처럼 의논을 했으면 얼마나 좋을까 하고 생각했던 순간이 많았다. 아버지는 페르미처럼 명쾌하게 설명하는 능력이 있었고, 연구하는 것만큼 가르치는 일도 즐겼다. 내가 이 책을 쓴 것을 아버지가 알면 좋아했을 것이다. 책을 쓰는 내내 나는 아버지의 추억과 영감의 안내를 받았다. 아버지, 저는 매일 아버지가 그립습니다.

마지막으로, 이 책은 나의 연구 조교이며 기록 사진가, 물류 전문가, 여행사, 편집 자문가, 가차없는 교정자, 친구, 치료사, 치어리더인 아내의 도움 없이는 불가능했을 것이다. 그녀의 이름은 수전이고, 무한한 사랑과 고마움으로 이 책을 그녀에게 바친다.

ꙮ 인용 출처 ꙮ

책 전체에 걸쳐 여러 부분에 인용 허락을 받은 책은 다음과 같다.

- Samuel Allison, Emilio Segrè, and Herbert Anderson, *Physics Today* 8, 1, 9 (1955) 미국 물리학 연구소의 허락을 받음.
- American Institute of Physics (AIP), "Oral History Interviews: Franco Rasetti and Enrico Persico", interviewed by Thomas S. Kuhn, April 8, 1963; "Oral History Interviews: George Uhlenbeck—Session III", April 5, 1962; "Oral History Interviews: Herbert Lawrence Anderson—Session II", interviewed by Lillian Hoddeson and Alison Kerr, January 13, 1981; and "Oral History Interviews: I. I. Rabi—Session II", interviewed by Stephen White, February 21, 1980 미국 물리학 연구소의 허락을 받음.
- *the Santa Fe New Mexican* and private letters by Hans Bethe, Hans Bethe estate의 허락을 받음.
- Subrahmanyan Chandrasekhar, "The Pursuit of Science", *Minerva* 22, nos. 3/4 (September 1984): 410~420, Springer Science and Business Media의 허락을 받음.
- *Enrico Fermi: The Collected Papers* (Chicago: University of Chicago Press, 1962 and 1965), University of Chicago Press의 허락을 받음.
- Laura Fermi, *Atoms in the Family* (Chicago: University of Chicago Press, 1954), University of Chicago Press의 허락을 받음.
- "Memorial Symposium Held in Honor of Enrico Fermi at the Washington Meeting of the American Physical Society, April 29, 1955", *Reviews of Modern Physics* 25, no. 3 (July 1955), Reviews of Modern Physics의 허락을 받음.
- Emilio Segrè, *Enrico Fermi, Physicist* (Chicago: University of Chicago Press, 1970), Estate of Emilio Segrè의 허락을 받음.

- Eugene Wigner, *Symmetries and Reflections* (Woodbridge, CT: Ox Bow Press, 1979), Ox Bow Press의 허락을 받음.

책의 한 부분에 인용 허락을 받은 책은 다음과 같다.

- Luis Alvarez, *Adventures of a Physicist* (New York: Basic Books, 1987), 월터 앨버레즈의 허락을 받음.
- Bernice Brode, *Los Alamos Tales* (Los Alamos, NM: Los Alamos Historical Society, 1997) 로스앨러모스 역사협회의 허락을 받음.
- Max Dresden, letter in "Heisenberg, Goudsmit, and the German 'A-Bomb'", *Physics Today* 44, no. 5 (May 1991), Physics Today의 허락을 받음.
- Leona Marshall Libby, *The Uranium People* (New York: Crane, Russak/Charles Scribner's Sons, 1979), John Marshall III의 허락을 받음.
- Spencer R. Weart and Gertrude Weiss Szilard, eds., *Leo Szilard, His Version of the Facts* (Cambridge, MA: MIT Press, 1978), Estate of Leo Szilard의 허락을 받음.
- Emilio Segré, *A Mind Always in Motion* (Berkeley: University of California Press, 1994), Estate of Emilio Segré의 허락을 받음.

서문

1 아버지의 전 동료 한 사람은 책이 당시에 컬럼비아 대학교에 정식 직위를 갖고 있지 않았다고 회상하면서 이 이야기에 반대했다. 내가 말하고 있는 것은 아버지의 기억이다.

2 Telegdi, "Enrico Fermi" in Shils, *Remembering the University of Chicago*, 110~129.

3 2013년 이후로 전기 두 권이 출판되었다. *The Pope of Physics* (Holt, 2016) 이 책은 에밀리오 세그레의 조카 지노와 그의 아내 베티나 호에를린이 썼다. 또 한 권의 책은 Giuseppe Bruzzaniti, *Enrico Fermi: Obedient Genius* (Springer, 2016)이다. 이 책은 2007년에 출판된 이탈리아어 책의 번역본이다.

들어가는 글

1 Magueijo, *Brilliant Darkness*, 53~56, 86~87.

2 Orear, *Enrico Fermi*, 64.

3 TWOEF, Interview with I. I. Rabi, 1.

4 Snow, *Physicists*, 79.

5 Telegdi, "Enrico Fermi", 125. 밸런타인 텔레그디가 지적하듯이, 20세기 물리학의 다른 두 거인인 러더퍼드와 조머펠트가 교사로서 페르미에 견줄 만한 기록을 갖고 있지만, 러더퍼드는 실험가만 길러냈고 조머펠트는 이론가만 길러냈다. 반면에 페르미의 제자들 중에는 세계 최고의 이론가와 실험가가 모두 있다.

6 이상하게도 그는 10퍼센트의 확률을 심각하게 고려할 필요가 없을 정도로 낮다고 보았다.

7 Peierls, "Nuclear Physics in Rome", in Stuewer, *Nuclear Physics in Retrospect*, 59.

8   Cited in Chandrasekhar, "The Pursuit of Science", 410.

9   Wolfgang Pauli to George Uhlenbeck. See Weiner, *Exploring the History of Nuclear Physics*, 188.

10   Geoffrey Chew, 저자와의 인터뷰, 2014. 5. 5. Ugo Amaldi, 저자와의 인터뷰, 2016. 6. 7.

1부 페르미 되기

① 신동

1   Schram, *Railways and the Formation of the Italian State*.

2   Segrè, *Enrico Fermi*, 4. Laura Fermi, *Atoms*, 14.

3   페르미 가족은 물론 한쪽 집에서만 살았다. 그러나 두 집의 주민들이 모두 원치 않는 방문을 받고 있음을 알 수 있다.

4   Laura Fermi, *Atoms*, 15.

5   Raboy, *Marconi*. 마르코니가 라디오를 발명했다는 주장은 당시에 논란이 되었고, 오늘날에도 논란이 계속되고 있다. 모든 위대한 혁명적인 기술과 마찬가지로, 라디오는 독립적으로 또는 협력해서 일한 많은 사람이 얻은 결과이지만, 마르코니가 중심적인 인물이다. 그의 명성이 페르미의 집에까지 알려졌을 것이다.

6   Libby, *Uranium People*, 15. 라우라 페르미는 〈엔리코 페르미의 세계〉 인터뷰에서 엔리코가 대개 화를 잘 참지만 그의 내면에는 최악으로 치닫는 나쁜 기질이 있었다고 말했다. TWOEF, Laura Fermi interview, 22.

7   Vergara Caffarelli, "Enrico Fermi al Liceo", in Bassani, *Fermi, Maestro e Diddata*, 8~15.

8   주소는 프린치페 움베르토가 133번지로, 지금은 존재하지 않는다. 거리 이름이 없어졌고, 번지도 함께 없어졌다. 이 건물이 아직도 남아 있다는 주장이 있고, 그 위치에 대한 논란도 있다. F. 투라티가 48번지 근처일 것이라는 증거가 조금 있지만, 반박하는 주장과 건물을 더 이상 찾을 수 없다는 주장도 있다.

9   Vergara Caffarelli, *Enrico Fermi*, 9~15.

10   Laura Fermi, *Atoms*, 15~16.

11   Ibid., 16.

12   Ibid.

13 Segrè, *Enrico Fermi*, 2.

14 Laura Fermi, *Atoms*, 19.

15 Ibid.

16 American Institute of Physics(AIP), "Oral History Interviews: Franco Rasetti and Enrico Persico", interviewed by Thomas S. Kuhn, April 8, 1963, https://www.aip.org/history-programs/niels-bohr-library/oral-histories/4995.

17 Segré, *Enrico Fermi*, 5.

18 아미데이의 교육에 대해서는 다음 문헌 참조. Vergara Caffarelli, "Enrico Fermi al Liceo", 8. 그의 고용에 관련된 자료는 고맙게도 산드라 로미티가 철도청 고용 기록에서 찾아주었다.

19 Segré, *Enrico Fermi*, 9ff.

20 이 책은 당시에 이 추상적인 기하학을 공부하기에 최고의 책으로 간주되었다.

21 Segré, *Enrico Fermi*, 9.

22 이 이야기는 다음의 문헌에 나온다. Vergara Caffarelli in "Enrico Fermi al Liceo", 9. 여러 해 뒤에 미국의 원자력 개발과 정책의 중심 인물인 데이비드 릴리엔솔도 같은 이야기를 했다. Lilienthal, *The Journals*, 2:128. 주세페 브루찬티는 그의 최근의 전기에서 페르미를 갈릴레오와 비교했다. *Enrico Fermi: Obedient Genius*.

23 여러 해가 지난 뒤에 세그레가 희귀본 서점을 뒤져서 두 권짜리 푸아송의 교과서를 샀고, 페르미의 45세 생일 선물로 주었다. EFREG, Box 59.

24 Segré, *Enrico Fermi*, 10. 세그레는 수십 년 뒤에 페르미가 제시한 증명이 푸아송 책의 어떤 부분에서 나왔다고 설명했다. Ibid., 12.

25 Segré, *Enrico Fermi*, 12. 제이 오리어는 페르미가 놀라울 정도로 물리학 기초가 튼튼한 이유가 이 시기에 크볼슨의 책을 집중적으로 공부했기 때문이라고 말했다. Orear, *Enrico Fermi*, 63~64. 다음의 문헌도 참조. Bernardini, "Enrico Fermi e il trattato", 15ff. 오리어와 베르나르디니는 페르미가 읽은 크볼슨의 책이 불어판일 것이라고 추측했다.

26 저자가 알기에 이 책은 영어로만 출판되었다. 두 젊은이는 상당한 고급 물리학 책을 외국어로 공부했던 것이다.

27 AIP, "Oral History Interviews: Franco Rasetti and Enrico Persico".

28 Segré, *Enrico Fermi*, 10.

29 막스 플랑크가 편집한 이 학술지에 아인슈타인이 1905년의 유명한 논문을 게재

했다.

30 AIP, "Oral History Interviews: Franco Rasetti and Enrico Persico".

31 *Elenco Degli Allievi Dal* 1813~1998. Edizione Provvisoria (Pisa: Scuola Normale Superiore, October 1999), 26~27.

32 미국에는 명확히 동등한 기관이 없다. 규모가 매우 작고 입학이 매우 까다로운 스쿠올라 노르말레는 독특하며, 오늘날까지 그대로이다.

33 그는 대수와 기하에 대해서도 답안지를 썼고, 스쿠올라 노르말레 수페리오레 기록 보관소에 물리 답안지와 함께 보관되어 있다.

②	피사

1 Rasetti, in AIP, "Oral History Interviews: Franco Rasetti and Enrico Persico".

2 Segrè, *Enrico Fermi*, 193.

3 SNS Archives, Enrico Fermi Folder.

4 전 세계의 의예과 학생들은 페르미가 이 대학교에서 과학 과목으로 우등 성적을 얻지 못한 단 두 과목 중의 하나가 유기화학이었다는 것을 알고 기뻐할 것이다. 그러나 페르미는 이 과목에서 우등을 놓쳤을 뿐이고, 학점은 여전히 최고 등급을 받았다.

5 Del Gamba, *Il ragazzo di via Panisperna*. 이 책은 프랑코 라세티의 유일한 장편 전기이다.

6 Laura Fermi, *Atoms*, 24.

7 이웃 괴롭히기 모임이 언제부터 여성 회원을 받았는지는 불분명하다. 페르미는 페르시코에게 보내는 편지에 여성 회원을 언급했다. Segrè, *Enrico Fermi*, 198.

8 Segrè, *Enrico Fermi*, 202.

9 Rasetti in AIP, "Oral History Interviews: Franco Rasetti and Enrico Persico".

10 그는 나중에 "기계적인 기억"이라고 부른 참조 시스템을 만들었는데, 이것은 그가 연구하면서 유용하다고 생각한 참조 문서들을 세심하게 보관하는 서류철이었다. 상자 19개에 주제별로 정리한 서류철이 들어 있었고, 파이온 실험, 양자전기역학, 액체, 고체, 대수, 미분적분학과 같은 다양한 주제가 포함되었다.

11 EFREG, 49:1. 여기에는 해석역학의 요약, 물질의 전자 이론(그가 공부했던 리처드슨의 "물질의 전자 이론"을 요약한 것으로 추정된다), 흑체복사에 대한 플랑크

의 연구, 볼츠만의 엔트로피 정리, 기체 방출이 포함되어 있다.

12 이 이야기를 해준 로마 아메리칸 아카데미의 라우라 오페두에게 감사한다. 그녀는 피사에서 공부한 그녀의 할아버지 필리포 페라리에게 주머니칼 사고 이야기를 들었다고 한다.

13 Rasetti, in CPF I, 55~56.

14 당시에는 엑스선을 결정에 쬔 다음에 필름에 노출시켜서 엑스선의 반사 패턴을 보고 결정 구조를 이해하는 일에 엄청난 관심이 있었다. 페르미와 그의 대학원생 동료들은 이 연구를 하기로 했다.

15 Rasetti, in CPF I, 56.

16 CPF I, 1ff.

17 이 "페르미 좌표"는 일반상대성이론의 개념적 도구로 얼마간 보편적으로 받아들여졌다.

18 이것은 이른바 4/3 문제라고 부른 것의 풀이였다. 고전역학에서는 대전된 강체 구의 질량을 계산하면 4/3 E/c가 나온다. 아인슈타인은 이 값을 E / c로 계산했다. 이런 차이가 나는 이유는 구가 시공간에서 이동하면 운동 방향에 대해 수직으로 납작해지기 때문이다. 이것을 고려하면 4/3이 사라진다는 것을 페르미가 알아냈다.

19 CPF I, 33~34. 저자 번역.

20 몇 년 뒤에 이탈리아의 어떤 점이 좋은지 질문을 받았을 때, 아인슈타인은 이렇게 대답했다. "두 가지가 있지요. 스파게티와 레비-치비타."

21 Bonolis, "Enrico Fermi's Scientific Work", 320.

22 Segrè, *Enrico Fermi*, Appendix I, 200~201.

23 이 논문은 1926년에 일부가 출판되었지만, 전체 논문은 스쿠올라 기록 보관소에서 분실되었다가 페르미가 죽은 뒤인 1959년에 발견되었다. CPF I, 227ff.

24 Laura Fermi, *Atoms*, 26.

③ 독일과 네덜란드

1 다음의 책은 이탈리아에서 파시즘의 발흥을 자세히 다룬다. Bosworth, *Mussolini's Italy*; Hibbert, Il Duce; Smith, *Mussolini*; and Lyttleton, *The Seizure of Power*. 라우라 페르미도 같은 주제로 책을 썼는데, 이 책은 더 인상적이고, 덜 학구적이지만, 아주 잘 읽힌다. Laura Fermi, *Mussolini*.

2 Laura Fermi, *Atoms*, 40.

3 Segrè, *Enrico Fermi*, 30. 이 부분에 특히 잘 설명되어 있다.

4 Laura Fermi, *Atoms*, 29~30. 오랜 세월이 지난 뒤에 그 자리에 없었던 사람의 기억으로 재구성한 대화이므로, 라우라 페르미가 쓴 문구가 정확하지는 않을 것이라는 의심이 있지만, 우리가 알고 있는 페르미와 코르비노에 비추어 볼 때 진실의 느낌이 든다. 그들은 파시즘에 반대했지만 본능적으로 보수적인 사람들이었고, 이 시점에서 정부가 무솔리니에게 저항했을 때 일어날 유혈 사태를 두려워했다. 라우라 페르미는 엔리코가 이때 이민을 고려했다고 썼지만, 다음과 같이 덧붙였다. "거의 16년 뒤에 그가 이탈리아를 떠나 미국으로 갔지만 그렇다고 그것을 예언이라고 할 수는 없었다." Ibid., 31.

5 Born, *My Life & My Views*. 이 글은 짧지만 잘 쓴 회고록이다.

6 Laura Fermi, *Atoms*, 31~32. 이 시기의 편지에 대해서는 마리아의 딸 가브리엘라 사체티의 피사 대학교 도서관 기증품을 참조할 수 있다. 1923년 2월 28일, 3월 21일, 6월 9일의 편지.

7 Segrè, *Enrico Fermi*, 32~33.

8 Libby, *Uranium People*, 15~16, 36.

9 이후로 나오는 많은 이야기가 라우라 페르미의 책을 바탕으로 한다. Laura Fermi, *Atoms*, 38ff.

10 Libby, *Uranium People*, 28.

11 Laura Fermi, *Atoms*, 1.

12 Ibid.

13 Ibid.

14 Segrè, *Enrico Fermi*, 33.

15 American Institute of Physics, "Oral History Interviews: George Uhlenbeck—Session III", April 5, 1962, https://www.aip.org/history-programs/niels-bohr-library/oral-histories/4922-3.

16 1924년 10월 27일에 페르미가 레이던에서 마리아 페르미에게 보낸 편지, 피사 대학교 물리학과 도서관 페르미 서류철.

17 Kumar, *Quantum*, 169.

18 로베르토 베르가라 카파렐리와의 사적인 교신, 그의 책 *Enrico Fermi, Immagini e domumenti*(2001) 53쪽에 이 사진이 나온다.

19 1924년 10월 27일에 페르미가 레이던에서 마리아 페르미에게 보낸 편지, 피사 대

학교 물리학과 도서관 페르미 서류철.

20 Telegdi in Orear, *Enrico Fermi*, 98, and in Shils, *Remembering the University of Chicago*, 126. Also, Geoffrey Chew, 저자와의 인터뷰 2014. 5. 6.

21 CPF I, 134~137.

④ 양자 돌파구

1 다음의 두 장에서는 매우 복잡한 역사를 간략하게 요약한다. 더 많은 것을 알고 싶은 독자들을 위한 참고 문헌에는 다음의 책들을 비롯하여 여러 가지가 있다. Van Der Waerden, *Sources of Quantum Mechanics*; Kumar, *Quantum*; Fernandez and Ripka, *Unravelling the Mystery of the Atomic Nucleus*.

2 '무겁다'는 것은 상대적이다. 원자의 대부분의 질량은 핵에 있지만, 핵은 매우 작다. 수소 원자의 경우에 지름이 1미터의 1000만 분의 1의 1억 분의 1이다. (이 거리를 1페르미라고 한다.)

3 보어는 전자가 원 궤도로 돈다고 생각했지만, 오늘날 우리는 실제로 아무것도 '궤도'를 돌지 않는다는 것을 안다. 전자는 모든 곳에 동시에 존재하는 것처럼 보이고, '궤도'의 형태가 아주 이상해서 분명히 원형은 아니다. 따라서 표준 용어는 궤도orbit가 아니라 오비탈orbital이다. (이 책에서는 모두 '궤도'로 옮겼다 — 옮긴이)

4 제이만은 이 발견으로 1902년에 헨드릭 로런츠와 함께 노벨 물리학상을 받았다.

5 CPF I, 134. Published in Italian in 1925.

6 조머펠트의 풍부한 경력에는 여러 중요한 발견이 포함되며, 가장 주목할 만한 것은 물리학자들이 "미세구조상수"라고 부르는 것이다. 그는 뮌헨 대학교에 30년 넘게 재직하면서 노벨상 수상자들을 길러냈다. 그는 파울리, 하이젠베르크, 피터 디바이의 박사학위 논문을 지도했고, 홀던 하틀라인, 라이너스 폴링, 이지도어 라비의 초기 연구에 영향을 주었다. 조머펠트는 노벨상 후보로 84회나 추천을 받았지만(어떤 물리학자보다 더 많은 횟수이다), 슬프게도 상을 받지는 못했다.

7 루돌프 파이얼스가 쓴 다채롭고 읽기 좋은 간략한 전기 참조. Peierls, *Atomic Histories*, 3~17.

8 Miller, 137: *Jung, Pauli.* 다음의 문헌도 참조. Gross, "On the Calculation of the Fine-Structure Constant", 9.

9 Heisenberg, *Physics and Beyond*, 86~87.

10 Meier, *Atom and Archetype.*

11 Kumar, *Quantum*, 164; Pauli, "Remarks on the History of the Exclusion Principle", 214.

12 양자 스핀은 고전적인 회전과 다르다. 양자 스핀은 입자가 본래 가진 각운동량이며, 입자가 팽이처럼 회전한다고 생각하면 안 된다. 물론 회전하는 팽이는 각운동량을 가진 좋은 예이기는 하다.

13 Kumar, *Quantum*, 169~175, and S. A. Goudsmit, "The Discovery of the Electron Spin", http://www.lorentz.leidenuniv.nl/history/spin/goudsmit.html.

14 Farmelo, *The Strangest Man*.

15 Kumar, *Quantum*, 198~199; Farmelo, *The Strangest Man*, 86~87, 101. 디랙은 하이젠베르크의 아이디어와 고전역학에 사용되는 푸아송 괄호의 관계를 알아냈다.

16 Heisenberg, *Physics and Beyond*, 86~87.

17 Kumar, *Quantum*, 197.

18 디랙은 실험 분야에 기여하지 않았지만, 물리학과로 전과하기 전에 공학 학위 과정에 있었던 그는 언제나 실험에 큰 관심을 보였다.

19 Kumar, *Quantum*, 230.

⑤ 도마뱀 사냥

1 피렌체 물리학계의 원로들(안토니오 가르바소도 포함되는데, 그는 놀랍게도 피렌체 시장이었다)은 갈릴레오와의 관계 때문에 이 장소를 선택했다. 그는 만년에 "일 조이엘로(보석)" 저택에 살았는데, 연구소에서 언덕 위로 10분쯤 걸어가면 있는 곳이다. 이 저택은 아직도 그대로 있고, 지금은 피렌체 대학교 소유이다. 이 정보를 알려준 안드레아 감바시에게 감사한다.

2 Casalbuoni, Frosali, and Pelosi, *Enrico Fermi a Firenze*, 29ff.

3 캘리그래피를 조금 배운 학생들은 강의 노트를 필사해서 용돈을 벌기도 했다. 페르미의 아름다운 강의 노트는 그의 학생이었던 보난노 보난니와 파올로 파스카에 의해 보존되었고, 최근에 피렌체 시절의 페르미에 대한 매력적인 책으로 출판되었다. ibid., 73ff.

4 Laura Fermi, *Atoms*, 37~38.

5 AIP, "Oral History Interviews: Franco Rasetti and Enrico Persico". 라세티는 카페테리아에서 일하던 관리인의 아내를 대상으로 한 장난이었다고 주장한다. 그

러나 그 카페테리아에서 일하던 모든 젊은 여성도 함께 놀라지 않게 하기는 어려웠다.

6 CPF I, 124.

7 Belloni, "On Fermi's Route to the Fermi-Dirac Statistics"; Parisi, "Fermi's Statistics", 67~74; Sebastiani and Cordella, "Fermi toward Quantum Statistics", 71~96.

8 Bethe, *The Santa Fe New Mexican*, January 6, 1955, 2.

9 Belloni, "On Fermi's Route to the Fermi-Dirac Statistics". 이 문헌은 기상학의 관점에서 이 이야기를 다룬다.

10 CPF I, 178~195.

11 페르미는 이렇게 큰 주목을 받을 것을 기대하지 않았을 것이다. 그러나 전 세계의 이론가들에게 축퇴를 이해한다는 것의 의미는 분명했고, 최초의 즉각적인 활용 사례가 되었다. "On Fermi's Route to the Fermi-Dirac Statistics".

12 Farmelo, *The Strangest Man*, 101.

13 Ibid., 105. Also Kragh, *Dirac*.

14 Quoted in Kragh, *Dirac*, 36.

15 Ibid.

16 Schuking, "Jordan, Pauli, Politics, Brecht, and a Variable Gravitational Constant", 26.

17 Glick, *The Comparative Reception of Relativity*. 이 문헌은 유럽 전체에 걸쳐 상대성이론의 수용 과정과 저항을 다룬다.

18 Segrè, *Enrico Fermi*, 42.

19 폰트레몰리는 밀라노 대학교에 물리학 연구소를 설립하기 위해서 갔다. 그는 32세의 젊은 나이에 비극적인 죽음을 맞았다. 그는 움베르토 노빌레 장군이 이끄는 이탈리아의 북극 탐사 비행선의 비행에 참여했다. 그의 목적은 북극의 자기장 측정과 우주선 탐지였다. 비행선은 베이스캠프로 돌아오는 중에 얼음판으로 추락했고, 몇몇 대원은 살아남았지만 폰트레몰리를 포함한 몇몇은 행방불명이 되어, 죽은 것으로 추정된다.

20 Segrè, *Enrico Fermi*, 39~40.

21 TWOEF, Amaldi interview.

22 Quoted in Segrè, *Enrico Fermi*, 45. 강조는 저자가 추가함.

⑥ 가정생활

1 Holton, "Striking Gold in Science". 이 문헌은 이 시기에 대해 설명하며, 혐오
스러운 정권에 당혹스러워하면서도 그 정권의 지원으로 이 모든 업적을 이루었
다는 것을 지적한다.

2 Laura Fermi, *Atoms*, 42ff. 이 주목할 만한 모임에 대해 알려주는 자료는 이 책뿐
이다. 참여한 사람들의 전공이 겹치는 부분으로 보아, 카스텔누오보의 저택에서
토요일마다 대수적 기하학과 몇몇 분야에 대한 토론이 있었을 것이고, 중요한 발
전이 나왔을 것이다.

3 Laura Fermi, *Atoms*, 45. 그녀도 라우라 페르미와 절친한 친구가 되었다.

4 Laura Fermi, *Atoms*, 41, and interview with Ugo Amaldi, June 8, 2016. 한번
은 페르미가 에도아르도 아말디에게 그레타 가르보 역할을 하라고 권했고, 아말
디는 "기꺼이" 받아들였다고 한다.

5 Laura Fermi, *Atoms*, 66.

6 Laura Fermi, *Atoms*, 67. 이탈리아 백과사전 편찬은 무솔리니가 좋아한 일이었다.
그는 사업가들을 동원했고, 문화의 후원자 조반니 트레카니에게 편집을 맡겼다.
이탈리아 전체의 뛰어난 학자들이 이 일에 뛰어들었고, 저자 목록에는 파시스트
가 아닌 중요한 인물들도 들어 있었다. 1928년에 페르미에게 취리히 대학교 교수
직 제안이 오자, 무솔리니는 백과사전 자문 일을 맡겨 소득을 보충해주겠다고 제
안하면서 국외로 가지 않도록 페르미를 설득했다.

7 Laura Fermi, *Atoms*, 10~11.

8 Ibid., 52.

9 IIbid., 52~53.

10 Ibid., 59~60.

11 EFREG, 57:2.

12 Goudsmit, "The Michigan Symposium in Theoretical Physics", 178~182.

13 CPF I, 401~445.

14 제2차세계대전이 끝난 뒤에, 에밀리오의 딸인 어린 파우스타 세그레는 페르미가
battleship(전함)을 "bottle-sheep"으로 발음하는 것을 고쳐주었다고 한다. 파우
스타 세그레 왈스비, 저자와의 인터뷰, 2016. 6. 2.

15 Laura Fermi, *Atoms*, 80~81.

16 Ibid., 94ff.

17 Greenberg, *Politics of Pure Science*, 43.

18 Battimelli, "Funds and Failures", 169~184.

⑦ 로마 학파

1 홀턴은 이 학파와 그 발전에 대해 최고의 개관을 했다. 다음과 같은 세 가지 사례 연구가 있다. "Striking Gold in Science"; *The Scientific Imagination*, 155~198; *Victory and Vexation*, 48~64. 다음의 문헌도 참조. Segrè, *Enrico Fermi*, 46~100. *passim*, Bernardini et al., *Proceedings of the International Conference "Enrico Fermi and the Universe of Physics"*; Bernardini and Bonolis, *Enrico Fermi*; Segrè, "The Rome School", in Stuewer, *Nuclear Physics in Retrospect*, 35~62.

2 Holton, "Striking Gold in Science".

3 Laura Fermi, *Atoms*, 44.

4 라우라 페르미에 따르면(Laura Fermi, *Atoms*, 46), 페르미의 연구실에서 있었던 한 세미나에서 세그레는 사람들이 자기의 발언을 방해하자 페르미의 책상을 내려치고 나서 방을 나가버렸고, 책상에 구멍이 났다고 한다. 저자가 그 책상을 살펴봤는데 그런 구멍은 없었다. 다른 책상이 있었거나 라우라 페르미가 과장했을 것이다. 어쨌든 세그레도 성깔이 있었음이 틀림없다.

5 Magueijo, *Brilliant Darkness*. 이 문헌은 마요라나의 삶과 연구에 대해 조금 기이하지만 철저한 전망을 보여준다.

6 Segrè, *Enrico Fermi*, 51~52.

7 Laura Fermi, *Atoms*, 46.

8 Segrè, *Enrico Fermi*, 56.

9 Laura Fermi, *Atoms*, 44.

10 Ibid., 45.

11 Ibid., 46.

12 Segrè, *Enrico Fermi*, 52.

13 세그레는 이것이 명시적으로 페르미를 위한 목표가 아니었던 것 같다고 고통스럽게 강조했다. 그러나 조금 의심스럽다. 사건의 흐름으로 볼 때, 코르비노는 이것을 의식적인 목표로 삼았고, 이 생각을 페르미와 공유했다. 페르미가 코르비노

의 목표를 공유하지 않았다고 보기는 어렵다.

14 보어는 모든 물리 현상을 두 가지 상보적인 방식으로 볼 수 있다고 믿었다. 빛이 입자인 동시에 파동인 것처럼 행동한다는 것이 그 대표적인 예이다.

15 Pauli to Rasetti, October 30, 1956(Amaldi Archives). 그가 두 사람을 소개할 때 했던 말은 다음과 같다. "배타원리의 두 응용을 서로 소개하겠습니다." 하지만 이렇게 말하는 것이 더 적절했을 것이다. "배타원리와 가장 중요한 응용을 서로 소개하겠습니다."

16 American Institute of Physics, "Oral History Interviews: Franco Rasetti and Enrico Persico", interviewed by Thomas S. Kuhn, April 8, 1963, https://www. aip.org/history-programs/niels-bohr-library/oral-histories/4995.

17 저자는 로 스루도에 대해 이 점과 다른 사실들을 알려준 프란체스코 구에라와 나디아 로보티에게 감사한다. 저자와의 사적인 교신, 2016. 2. 27.

18 Leone, Paoletti, and Robotti, "A Simultaneous Discovery".

19 Laura Fermi, *Atoms*, 69ff. 그녀는 로 수르도를 "Mr. North"라는 별명으로 불렀다.

20 Guerra and Robotti, 저자와의 사적인 교신, 2016. 2. 27.

21 당시 무솔리니는 그 후보다 훨씬 더 반대에 관용적이었다. 그러나 이탈리아 문화를 주도하는 많은 저명 인사는 무솔리니와 아무 일도 함께하고 싶어하지 않았다.

22 EFDG, 2.

23 https://en.wikipedia.org/wiki/Royal_Academy_of_Italy.

⑧ 베타선

1 밀도 범함수 이론은 다체계의 전자 구조를 기술하기 위해 전자 밀도를 사용하는 계산 기법이다. 이것은 현대의 응집물질물리학, 화학, 재료과학의 핵심적인 기법이다. 다음의 문헌 참조. "Density Functional Theory", Wikipedia, last modified January 9, 2017, accessed January 30, 2017, https://en.wikipedia. org/wiki/Density_functional_theory.

2 토머스는 이 연구에서 페르미나 디랙과 같은 공로를 인정받지 못했다.

3 그들은 토머스의 연구가 바닥상태에만 국한되지만 페르미의 접근은 더 일반적이라고 지적한다. 프란체스코 구에라와 나디아 로보티, 저자와의 사적인 교신. 2017. 2. 3.

4 패러데이와 맥스웰과 그들의 업적에 대한 포괄적인 논의에 대해서는 다음의 책

참조. Forbes and Mahon, *Faraday, Maxwell, and the Electromagnetic Field*.

5 몇 년 뒤에 디랙은 이 주제에 대한 자기의 생각을 모두 모아서 책으로 펴냈고, 네 차례의 개정을 거친 이 책은 오늘날까지도 중요한 저작으로 남아 있다. *The Principles of Quantum Mechanics*(Oxford, 1930, revised four times).

6 Segrè, *Enrico Fermi*, 55.

7 Ibid. See also CPF I, 305.

8 CPF I, 401~402.

9 Wilczek, "Fermi and the Elucidation of Matter", 42.

10 Bethe, "Memorial Symposium", 253.

11 Wigner, *Symmetries and Reflections*, 254.

12 이것은 다른 보존 법칙도 어기는 것으로 보였는데, 가장 주목할 만한 것으로 양자 스핀 보존 법칙에도 맞지 않았다. 다음의 문헌 참조. Guerra, Leone, and Robotti, "When Energy Conservation Seems to Fail".

13 Bohr, "Atomic Stability and Conservation Laws", 119~130.

14 아말디는 나중에 이 이름을 제안한 것이 페르미였다고 주장했다. 그가 바로 이 용어를 사용했고, 모든 사람이 그대로 따랐다는 것이다. 세그레는 "중성미자"라는 이름을 페르미가 1931년 10월에 열린 로마 학술회의에서 처음 사용했다고 추측했다. 그러나 당시에는 채드윅이 중성자를 발견하기 전이었고, 파울리의 입자와 채드윅의 입자를 구별할 필요가 없었다.

15 Cited in Pauli's letter, "Open Letter to the Group of Radioactive People at the Gauverein Meeting in Tübingen", Physics Institute, Zurich, December 4, 1930, http://microboone-docdb.fnal.gov/cgi-bin/RetrieveFile?docid=953;filename=pauli%20letter1930.pdf.

16 이 논문의 중요성의 인지에 대해서는, 현대물리학에 대한 이 논문의 기여를 다루는 수많은 문헌이 있다. 예를 들어 다음 문헌 참조. Konopinski, "Fermi's Theory of Beta-Decay"; Cabibbo, "Fermi's Tentativo and Weak Interactions", 305~316; Cabibbo, "Weak Interactions", 138~150.

17 페르미가 처음 쓴 논문에서는 중성자가 양성자로 바뀌면서 반중성미자가 나온다는 것을 밝히지 않았다. 이론의 이 부분은 조금 나중에 나왔다.

18 CPF I, 551~590.

19 "Fermi's Interaction", Wikipedia, last updated July 19, 2017, https://en.wikipedia.org/wiki/Fermi%27s_interaction#History_of_initial_rejection_and_later_ publication.

20 저자는 디지털 온라인 기록을 검토했고, 그런 문구를 찾지 못했다. 〈네이처〉의 기록 담당자는 사적인 연락으로 그런 문구가 인쇄된 적이 없다고 확인해주었다.

21 이것은 현재의 〈네이처〉 기록 담당자와 로라 가원에 의해 확인되었다. 로라 가원은 페르미의 대학원생이었고 나중에 동료가 된 리처드 가원의 딸이다. 〈네이처〉에서 여러 해 동안 근무했던 그녀는 베타붕괴 논문에 관련된 서신을 찾으려고 노력했지만 찾지 못했다. 리처드 가원, 저자와의 인터뷰, 2014. 5. 22.

22 페르미는 왕립학회 회원이 아니었기 때문에 회보에 논문을 제출할 수 없다고 반박할 수 있다. 그러나 회보는 회원이 비회원 대신에 제출하는 논문을 게재한다.

23 이 해석은 프란체스코 구에라와 나디아 로보티가 제시한 것이다. 사적인 교신. 2015. 9. 21.

24 Yang, "Reminiscences of Enrico Fermi", 243.

⑨ 금붕어 연못

1 다음 문헌에서 자세한 설명을 찾아볼 수 있다. Guerra and Robotti, "Enrico Fermi's Discovery of Neutron-Induced Artificial Radioactivity: The Influence of His Beta Decay Theory".

2 Holton, *Scientific Imagination*, 163ff.

3 Ibid., 164~165.

4 Battimelli "Funds and Failures", 169ff.

5 Rutherford, Chadwick, and Ellis, *Radiations*.

6 Guerra and Robotti, "Bruno Pontecorvo in Italy".

7 이 과정은 다음의 책에서 다룬다. Segrè, *Enrico Fermi*, 58, and in Holton, *Scientific Imagination*, 167.

8 Segrè, *Enrico Fermi*, 70에서 세그레는 이 논의에서부터 페르미가 파울리의 유령 입자를 "중성미자"로 부르기 시작했을 것이라고 제안한다. 그러나 로마 학술회의 때는 파울리의 입자와 채드윅의 입자를 구별할 필요가 없었다. 채드윅의 발견은 몇 달 뒤의 일이었기 때문이다. 대부분의 역사가들은 "중성미자"라는 용어가 1932년의 어느 시점부터 사용되었다고 본다.

9 Segrè, *Enrico Fermi*, 68.

10 밀리컨은 정교한 실험으로 전자 하나의 전하를 측정한 공로로 노벨상을 받았다.

11 〈네이처〉는 당시에 이런 종류의 짧은 보고서를 주로 실었다.

12 Guerra and Robotti, "Enrico Fermi's Discovery of Neutron-Induced Artificial
    Radioactivity: The Influence of His Theory of Beta Decay".

13 라듐은 방사성 물질로, 감마선을 방출한다. 중성자 방출원에 의한 페르미
    의 연구에 대한 완전한 설명은 다음의 문헌에서 찾아볼 수 있다. Guerra and
    Robotti, "Enrico Fermi's Discovery of Neutron-Induced Artificial Radioactivity:
    Neutrons and Neutron Sources".

14 라돈을 제공한 덕에 그는 La Divina Provvidenza(성스러운 섭리)라는 적절한 별
    명을 얻었다.

15 Laura Fermi, *Atoms*; Guerra and Robotti, "Enrico Fermi's Discovery of
    Neutron-Induced Artificial Radioactivity: The Influence of His Beta Decay
    Theory", 398~399.

16 다음의 문헌 참조. Guerra and Robotti, *Enrico Fermi e Il Quaderno Ritrovato*,
    128. 물론 실패로 돌아간 최초의 실험 몇 번에 대해서는 페르미가 기록하지 않았
    을 수도 있지만, 그의 철저한 성격으로 볼 때 그럴듯하지 않다.

17 Rutherford to Fermi, April 23, 1934. EFDG, Box IV L7.

18 CPF I, 641.

19 Noddack, "Uber das Element 93".

20 페르미는 핵분열이 불가능함을 보여주는 계산을 한 적이 있다. 그가 사용
    했던 데이터는 나중에 틀린 것으로 판명되었다. 다음의 문헌 참조. "Emilio
    Segrè's Interview", Voices of the Manhattan Project, June 29, 1983,
    http://manhattanprojectvoices.org/oral-histories/emilio-segr%C3%A8s-
    interview. 윌리엄 자크가 저자에게 알려주었다.

21 그는 1939년 1월까지 자기의 실수를 알지 못했다.

22 세그레는 페르미의 실험이 1934년 10월 22일에 시작했다고 기억했지만, 도무스
    갈릴라에아나에 소장된 노트를 보면 명확히 페르미는 1934년 10월 20일에 시작
    했다.

23 Chandrasekhar, "The Pursuit of Science", 415.

24 Holton, *Victory and Vexation in Science*, 58~59; Orear, *Enrico Fermi*, 32.

25 그날 현장에 많은 사람이 있었기 때문에 도리어 역사가들에게 혼란을 주고 있다.
    그들이 모두 이 일에 대해 회고했고, 세부적으로 모순되는 이야기도 있다.

26 CPF I, 751~752.

27 과학적 돌파구가 열리는 방식에 대한 페르미의 설명에 대해서는 다음의 책 참조. Holton, *Victory and Vexation in Science*, 58~59.

28 Segrè, cited by Metropolis, "The Beginning of the Monte Carlo Method", 128.

29 미리암 마파이Miriam Mafai 책 *Il lungo freddo: storia di Bruno Pontecorvo, lo scienziato che scelse l'URSS* 3장에는 20년쯤 지난 뒤에 파니스페르나가의 청년 세 사람이 이 오류에 대해 어떻게 회상했는지 알려준다.

세그레: 하느님은 알 수 없는 의지로, 핵분열이라는 현상 앞에서 우리 눈을 멀게 했어.

아말디: 우리는 역사적인 실수를 했지.

폰테코르보: 우리는 그냥 운이 없었던 거야.

SISSA 논문을 알려주고 번역해준 안드레아 감바시에게 감사한다.

⑩ 마약 같은 물리학

1 CPF I, 837~1016.

2 이 작전을 책임진 이탈리아의 장군 피에트로 바도글리오는 아비시니아 전쟁 때의 이 침공에 대해 자기의 역할을 과장해서 설명했다. 더 균형 잡힌 설명에 대해서는 다음의 책 참조. Barker, *Rape of Ethiopia*.

3 이 강연은 다음의 책에서 볼 수 있다. Enrico Fermi, *Thermodynamics*.

4 Laura Fermi, *Atoms*, 114.

5 Segrè, *Enrico Fermi*, 90.

6 Painter, *Mussolini's Rome*, 64~65.

7 에토레 마요라나의 수수께끼 같은 실종은 계속에서 역사가들을 매료시켰다. 다음의 책 참조. Magueijo, *A Brilliant Darkness*. 이탈리아의 저술가이자 정치인인 레오나르도 샤샤가 이 사건을 어느 정도 참고해서 쓴 소설이 논란을 일으켰다. 이탈리아 당국은 가끔씩 이 사건의 수사를 재개한다고 발표했지만, 오늘날까지 미제로 남아 있다.

8 제2차세계대전이 끝난 뒤에 비밀 취급 인가를 위한 면담에서, 페르미는 교수직 유지에 필요했기 때문에 1935년에 파시스트당에 가입했다고 말했다. 그러나 그는 1931년 말에 대부분의 다른 학자들과 함께 파시스트 체제에 충성을 맹세했다. 라세티가 1927년에 찍은 사진(148쪽)에서 페르미는 회원 배지로 보이는 것을 달고 있다. 프란체스카 구에라가 이 정보를 제공해주었다.

9 CPF I, 1020.

10 이 가로등 중의 일부는 오늘날에도 오스티엔세 역 근처에서 볼 수 있다.

11 Laura Fermi, *Atoms*, 113.

12 Cannistraro and Sullivan, *Il Duce's Other Woman*.

13 Laura Fermi, *Atoms*, 106ff.

14 Archivio Nazionale, Ministero dell Interno, Polizia Politica, Enrico Fermi folder.

15 그가 목적지에 도착한 지 얼마 지나지 않아서 이탈리아 당국은 그가 돌아오지 않을 것이라고 의심하기 시작했다. EFREG, 16:4.

16 이 정보를 알려주고 국립 문서 보관소 자료를 열람할 수 있도록 해준 마우로 카날리에게 감사한다.

17 조르조 카폰, 저자와의 인터뷰, 2015. 9. 16. 페르미의 누나 마리아는 제목을 숨겨주려고 했지만 그는 거절했다. 그는 유대인이었지만 독일인들이 이탈리아 제독을 건드리지는 않을 것이라고 믿었다.

18 Battimelli, "Funds and Failures", 169ff.

⑪ 노벨상

1 라우라 페르미 인터뷰의 편집하지 않은 녹취록, TWOEF, 6.

2 "Nomination Database", Nobelprize.org, http://www.nobelprize.org/nomination/archive/show_people.php?id=2955. 이 웹사이트를 알려준 칼 그랜딘에게 감사한다. 페르미는 전쟁 뒤에도 두 번 더 추천을 받았고, 이때의 추천 사유는 1938년 노벨상 위원회에 알려지지 않은 업적이었을 것으로 보인다.

3 "Prize Amount and Market Value of Invested Capital Converted into 2015 Year's Monetary Value", Nobelprize.org, updated December 2015, http://www.nobelprize.org/nobel_prizes/about/amounts/prize_amounts_16.pdf.

4 Laura Fermi, *Atoms*, 121~122.

5 "The Nobel Prize in Physics 1938", Nobelprize.org, http://www.nobelprize.org/nobel_prizes/physics/laureates/1938/.

6 Vergara Caffarelli, *Enrico Fermi*, 67~71.

7 〈엔리코 페르미의 세계〉 인터뷰 중에 라우라는 여권에 유대인[Jew]을 뜻하는 J 스탬프가 찍히지 않은 것에 대해 말했지만, 더 이상의 자세한 이야기는 하지 않았다. 1960년대가 되어서도 그녀는 이탈리아를 떠나기 위해 그녀가 했던 일을 자랑스

러워하지 않았다. 라우라 페르미 인터뷰의 편집하지 않은 녹취록, TWOEF, 29.

8 Laura Fermi, *Atoms*, 128~129.

9 시상식을 인터넷에서 볼 수 있다. https://www.nobelprize.org/prizes/literature/1938/award-video/.

10 Laura Fermi, *Atoms*, 132. 반면에 리오나 리비는 페르미가 거의 펄 벅 여사의 무릎 위에 앉을 뻔했다고 넌지시 알렸다. *Uranium People*, 8.

11 CPF I, 1037~1043.

3부 맨해튼 프로젝트

⑫ 신세계

1 Laura Fermi, *Atoms*, 139.

2 "Ocean Travelers", *New York Times*, January 2, 1939, 27.

3 그러나 그는 가끔씩 노래를 부를 때 목소리를 높이기도 했다. 한스 베테의 아내 로즈에 따르면, 그는 물리학자들로 이루어진 합창단을 이끌고 〈클레먼타인〉을 소리 높여 불렀다고 한다. 다음의 문헌 참조. "Rose Bethe's Interview", Voices of the Manhattan Project, June 11, 2014, http://manhattanprojectvoices.org/oral-histories/rose-bethes-interview.

4 나중에는 아이들이 부모들에게 미국 숙어를 가르쳐서 엔리코와 라우라의 미국화를 도왔다. Laura Fermi, *Atoms*, 151.

5 "420 West 116th Street", *Wikicu*, updated February 2, 2014, http://www.wikicu.com/420_West_116th_Street.

6 다음의 문헌에 지적되어 있다. Sparberg, "A Study of the Discovery of Fission".

7 Frisch, *What Little I Remember*, 116.

8 1945년에 스웨덴 왕립 아카데미는 뒤늦게 이 업적으로 1944년의 노벨상을 한에게 수여했다. 한이 인정받을 가치가 있다는 것을 의심하는 사람은 아무도 없지만, 슈트라스만과 마이트너의 기여를 무시한 노벨상 위원회의 결정은 계속해서 논란이 되었고, 때때로 물리학계에서 원한이 얽힌 논쟁이 되기도 했다. 1966년에, 어쩌면 노벨상 위원회의 명백한 실수를 바로잡기 위한 노력으로, 존슨 대통령이 세 사람에게 고귀한 엔리코 페르미상을 수여했다. 원자력 위원회에서 수여하는 이 상은 핵에너지의 발전에 관련된 뛰어난 업적에 주어진다. 다음의 문헌 참조.

Crawford, Sime, and Walker, "A Nobel Tale of Postwar Injustice".

⑬ 원자 쪼개기

1 휠러는 나중에 젊고 영특한 리처드 파인먼의 논문 지도교수가 되어서 양자전기역학의 거대한 문제를 풀도록 용기를 주었다. 더 나중에 그는 "블랙홀"이라는 용어를 만들어냈다. 이것은 무너지면서 밀도가 매우 커져서 빛조차 중력을 이기고 빠져나갈 수 없게 된 천체를 가리키는 말이다. 그는 언제나 은유를 매우 잘 사용했다.

2 Squire, Brickwedde, Teller, and Tuve, "The Fifth Annual Washington Conference on Theoretical Physics", 180~181.

3 Wheeler, *Geons, Black Holes, and Quantum Foam*, 14ff.

4 Ibid. 이 점은 문헌마다 조금씩 다르다. Segrè, *Enrico Fermi*, 106. 모든 문헌이 라비와 램이 참석했다는 점에서 일치한다. 또한, 미국 물리학자들에게 이 소식이 알려진 것은 보어가 프린스턴에서 강연하면서였다고 인정되기도 한다. 역사적 기록으로는 정확한 사건의 순서를 알 수 없지만, 저자는 프린스턴 대학교에서 벌어진 사건의 중심에 있었던 휠러를 따랐다.

5 Wheeler, *Geons, Black Holes, and Quantum Foam*, 17.

6 Allison, "Enrico Fermi, 1901~1954", 129.

7 Laura Fermi, *Atoms*, 157.

8 Festinger, "Cognitive Dissonance". 다음의 문헌도 참조. Pearson, "On the Belated Discovery of Fission", 피어슨은 당시에 아무도 이다 노다크의 제안을 심각하게 받아들이지 않았다는 것이 놀랍다고 본다.

9 American Institute of Physics, "Oral History Interviews: Herbert Lawrence Anderson—Session II", interviewed by Lillian Hoddeson and Alison Kerr, January 13, 1981, https://www.aip.org/history-programs/niels-bohr-library/oral-histories/24508-2. 앤더슨의 말에 따르면, 그는 보어의 설명을 알아듣지 못했지만 페르미는 이 현상을 꽤 분명하게 설명했다고 한다. 이는 명백히 페르미가 핵분열에 대해 알고 있었기 때문이며, 페르미가 램에게 핵분열에 대해 들은 뒤에 앤더슨이 보어를 만난 게 분명해 보인다.

10 Laura Fermi, *Atoms*, 150.

11 CPF II, 1.

12 Close, *Neutrino*, 53~55. 이 연구에 대해 접근 가능한 설명을 이 책에서 볼 수 있다.

13 Squire, Brickwedde, Teller, and Tuve, "The Fifth Annual Washington Conference on Theoretical Physics", 180~181. 핵분열이 일어났다는 소식이 워싱턴 학술회의가 열릴 때에 컬럼비아와 프린스턴을 넘어 더 알려지지 않은 것이 이 이야기에서 가장 큰 수수께끼로 남아 있다.

14 다음의 문헌 참조. GW Astrophysics Group, "Washington Conferences on Theoretical Physics", George Washington Universityand the Carnegie Institute of Washington, http://home.gwu.edu/~kargaltsev/HEA/washington-conferences.html.

15 Weart and Szilard, *Leo Szilard*, 53ff.

16 Ibid., 54.

17 Ibid.

18 Ibid.

19 CPF II, 5.

20 졸리오-퀴리가 자기 결과를 발표한다는 결정을 확고히 하자 피그럼은 4월에 두 논문을 모두 출판하라고 〈피지컬 리뷰〉에 허락했다.

⑭ 해군을 만나다

1 Laura Fermi, *Atoms*, 162.

2 Cronin, *Fermi Remembered*, 54~55.

3 Laura Fermi, *Atoms*, 163.

4 Rhodes, *Making of the Atomic Bomb*, 295.

5 스카일러의 설명은 다음의 책에서 인용함. Strauss, *Men and Decisions*, 237.

6 Ibid.

7 Ibid.

8 Ibid.

9 Weart and Szilard, *Leo Szilard*, 56.

10 Ibid.

11 필립 애벨슨이 국립 과학 아카데미를 위해 건의 경력에 대한 좋은 설명을 썼다. Philip H. Abelson, "Ross Gunn: 1897~1966", in *Biographical Memoirs*

(Washington, DC: National Academies Press, 1998), http://www.nasonline.org/publications/biographical-memoirs/memoir-pdfs/gunn-ross.pdf.

12　American Institute of Physics, "Oral History Interviews: I. I. Rabi—Session II", interviewed by Stephen White, February 21, 1980, https://www.aip.org/history-programs/niels-bohr-library/oral-histories/24205-2.

13　Rigden, *Rabi*, 83. 라비는 나중에 페르미가 자기를 노벨상 후보로 추천했다는 사실을 알게 되었다. 그를 추천한 또 한 사람은 아인슈타인이었다.

14　CPF II, 13.

15　CPF II, 11.

16　CPF II, 13.

17　CPF II, 11.

18　Dresden, "Heisenberg, Goudsmit, and the German 'A-Bomb'", 93~94.

19　Heisenberg, *Physics and Beyond*, 169ff.

20　Ibid., 171.

⑮ 최초의 원자로

1　독일의 원자폭탄 개발 계획에서는 중수를 감속재로 사용했기 때문에 성공하기 어려웠다.

2　Cronin, *Fermi Remembered*, 56ff.

3　아인슈타인을 찾아가는 이 헝가리인들의 매혹적인 이야기에 대해서는 여러 가지 설명이 있다. 그중에서 다음의 책에 나오는 설명이 가장 좋다. Rhodes, *Making of the Atomic Bomb*, 303~307. 저자는 2016년 여름에 그들과 똑같이 아인슈타인의 집을 찾아가보았고, 역시 길을 잘 찾지 못했다.

4　Letter from Albert Einstein to Franklin D. Roosevelt, August 2, 1939, http://www.dannen.com/ae-fdr.html.

5　Kaiser, *No End Save Victory*. 이 책은 진주만 공습 이전에 미국의 전쟁 준비를 위한 루스벨트의 노력을 설명한다.

6　한번은 연구자들이 주말 휴가를 계획하고 있었는데, 실라르드가 독일인들이 핵무기를 만들기 위해 열심히 노력하고 있다면서 연구자들을 질책했다. 연구자들이 주말 휴가를 취소하자, 실라르드는 주말 여행을 다녀오겠다고 말했다. Lanouette, *Genius in the Shadows*, 221.

7 Enrico Fermi, "High Energies and Small Distances in Modern Physics", Charles M. and Martha Hitchcock Lectures, University of California, Berkeley, http://gradlectures.berkeley.edu/lecture/high-energies/. 다음의 문헌도 참조. CPF II, 29.

8 CPF II, 31.

9 Segrè, "Nuclear Physics in Rome", 59.

10 Laura Fermi, *Atoms*, 147~148.

11 CPF II, 1000.

12 Ibid.

13 Fermi, "The Development of the First Chain-Reacting Pile", 22.

14 CFP II, 129ff. 흑연 벽돌은 밑면의 가로세로가 10센티미터에 높이는 30센티미터였고, 무게는 7킬로그램이었다.

15 CPF II, 112.

⑯ 시카고로 가다

1 Hewlett and Anderson, *History of the United States Atomic Energy Commission, Volume I*, 54~55.

2 Laura Fermi, *Atoms*, 168.

3 Compton, *Atomic Quest*, 82.

4 "Freedom of Information Act—Federal Bureau of Investigation(FBI)—1", Leo Szilard Papers, MSS 32:2, Special Collections and Archives, UC San Diego Library, http:// library.ucsd.edu/dc/object/bb6964105q.

5 FBI File 062-HQ-59521, 정보공개법 요청 1358450-000, 2017. 4. 18에 따라 공개됨. 이 문서는 여러 면에서 흥미롭다. 1940년 10월 19일 보고서에는 페르미의 레오니아 이웃에 대한 조사 기록이 있다. 조사원은 페르미 가족이 귀화했다고 잘못된 보고를 했다. 이 보고서에는 H. C. 유리 부인이라는 사람이 나오는데, 의심할 바 없이 해럴드 유리의 부인이고, 그녀는 페르미 가족이 미국화를 위해 애쓰고 있다고 열정적으로 알려주려고 했다. 그녀는 페르미 가족이 "온 집안에" 영어사전을 두고 있다고 조사원에게 말했다.

6 Laura Fermi, *Atoms*, 172.

7 로스앨러모스에서 편지 검열이 계속되었고, 넬라가 정신적인 상처를 입게 되었

다. 그녀가 시카고의 친구에게 보낸 편지가 검열관에 의해 개봉되었고, 페르미의 경호원 존 바우디노가 우연히 알게 되었다. 그녀는 꽤 화를 냈다. Laura Fermi, "The Fermis' Path to Los Alamos", in Badash, Hirschfelder, and Broida, *Reminiscences*, 96.

8 Laura Fermi, *Atoms*, 171.

9 CPF II, 137~151.

10 Laura Fermi, *Atoms*, 187.

11 Ibid., 188.

12 Teller, *Legacy of Hiroshima*, 37.

13 Close, *Neutrino*, 53~55.

14 Wattenberg, "The Fermi School", 88.

15 Ibid.

16 Shils, *Remembering the University of Chicago*.

17 Libby, *Uranium People*, 2.

18 Agnew, "Scientific World Pays Homage to Fermi", 8.

19 CPF II, 328.

20 Weart and Szilard, *Leo Szilard*, 147.

21 스태그 필드는 로버트 메이너드 허친스 총장이 이 학교의 유명하고 인기 있는 미식축구 프로그램을 폐지하던 1939년부터 실제로 사용되지 않았다.

22 Laura Fermi, *Atoms*, 191.

23 예를 들어 다음의 글 참조. https://fas.org/blogs/fas/2013/09/where-does-the-plutonium-come-from/(accessed May 5, 2017). http://nuclearweaponarchive.org/Library/Plutonium(accessed May 5, 2017). 이 과정은 중성자가 아주 많을 때 우라늄에 흡수되면서 일어나는 베타붕괴의 결과이다.

24 Laura Fermi interview, TWOEF, 27. 스타인은 시카고 투자 상담 회사인 스타인 로 앤드 판함Stein Roe & Farnham을 설립했고, 전쟁 뒤에 시카고 북쪽 호숫가의 위네카로 이사했다. 페르미 가족과 스타인 가족은 전쟁 뒤에 친하게 지냈다. 다음의 문헌도 참조. Monica Copeland, "Sydney Stein Jr.", *Chicago Tribune*, October 4, 1991, http://articles.chicagotribune.com/1991-10-04/news/9103300669_1_mr-stein-stein-roe-farnham-susan-stein.

25 Laura Fermi, *Atoms*, 174.

26 Laura Fermi, *Atoms*, 174. Rhodes, *Making of the Atomic Bomb*, 428.

27 이 형태는 주어진 재료의 양적인 면에서도 최적의 구성이었다. CPF II.

28 Allison, "Initiation of the Chain Reaction".

29 CPF II, 216~230.

30 Ibid., 217. 몬테카를로 방법의 선조인 "확률 나무"로 원자로 속에 있는 중성자 100개의 수명을 설명하는 것이 이 강연의 중요한 내용이었다. See ibid., 225.

31 그로브스의 권위는 매우 커서, 구리 재고가 부족해지자 국가가 보유한 은 전체를 전선으로 사용하도록 징발하기도 했다. 전쟁이 끝날 무렵에 이 은은 아주 소량까지 모두 회수되었다.

32 Wilson and Serber, *Standing By and Making Do*, 71. Jane Wilson, a Los Alamos wife. 이 책을 보면 이 이야기가 진실이 아니라는 것을 알 수 있지만, 이 이야기는 진실보다 더 많은 것을 말해준다.

33 코넌트와 그로브스는 1942년 11월 14일이 되어서야 이 계획을 알게 되었다. 코넌트는 이 소식을 듣고 하얗게 질렸다. 그로브스는 바로 전화를 집어 들고 아르곤에서 파일을 지으면 안 된다고 확인했다. 그러나 스태그 필드 지하에서 이미 작업이 시작되었다. Hewlett and Anderson, *History of the United States Atomic Energy Commission, Volume I*, 108. 1942년 11월 14일에 열린 이 회의에서 코넌트의 S-1 위원회는 플루토늄이 자발적으로 분열하는 경향이 있음을 처음 알았는데, 이 사실은 버클리와 시카고의 과학자들이 1년 전에 알아낸 것이었다.

⑰ "우리가 요리하고 있어!"

1 Wattenberg, "December 2, 1942", 22ff esp. 26.

2 이 이야기는 다음의 문헌을 바탕으로 한다. Allardice and Trapnell, "The First Pile"; Wattenberg, "December 2, 1942".

3 Wattenberg, "December 2, 1942", 31.

4 앨러디스와 트랩넬은 이때 어떤 봉을 떨어뜨렸는지에 대해 와튼버그와 일치하지 않는다. 와튼버그는 수직 제어봉을 떨어뜨렸다고 회고했고, 앨러디스와 트랩넬은 전자적으로 제어되는 다른 봉이었다고 썼다. 그러나 페르미가 이 순간에 점심 식사를 하러 가자고 했다는 것에는 양쪽이 일치한다.

5 Segrè, *Enrico Fermi*, 129, 이 책은 이 시간이 오후 2시 20분이라고 기록하고 있지만 많은 설명이 오후 3시 25분이라고 했고, 앨러디스, 트랩넬, 로즈의 공식 설명도 오후 3시 25분으로 기록하고 있다.

6   Holl, *Argonne National Laboratory*, 19.

7   Allardice and Trapnell, "The First Pile"; Segrè, *Enrico Fermi*; and Laura Fermi, *Atoms*, 129, 197. Rhodes, *Making of the Atomic Bomb*, 440. 로즈의 책은 4분 30초라고 썼지만, 이것은 최대 출력으로 운전한 시간일 수 있다. 최대 출력은 겨우 1와트였다.

8   Libby, *Uranium People*, 122.

9   Weart and Szilard, *Leo Szilard*, 146.

10 Compton, *Atomic Quest*, 144.

11 Ibid.

12 Laura Fermi, *Atoms*, 176ff.

13 Laura Fermi, *Atoms*, 179~180. Libby, *Uranium People*, 129.

14 Laura Fermi, *Atoms*, 180.

15 Compton, *Atomic Quest*, 149.

16 Wigner, *Recollections of Eugene P. Wigner*, 241.

17 Allardice and Trapnell, "The First Pile", 44.

18 라우라 페르미는 그가 안전 문제를 가장 크게 신경 썼다고 생각했다. Laura Fermi, *Atoms*, 197.

19 자기 감정을 잘 드러내지 않았던 페르미는 특별히 마음이 흔들릴 때 계산자를 조작하는 익숙한 행동을 하면서 감정을 진정시켰을 수도 있다. 이 가능성을 제시해 준 윌리엄 자크에게 감사한다.

20 Powers, *Heisenberg's War*, 197.

21 CPF I, 892ff.

⑱ 제논-135

1   MED, Book IV, 3.9.

2   MED, Book IV, 3.12ff.

3   Libby, *Uranium People*, 148.

4   Ibid., 163.

5   몇 년 뒤에 페르미의 대학원생 리차드 가윈은 아내 로이스에게 자기가 리비의 두 번째 아이의 출산을 도와야 할지도 모른다고 말했다. 리비가 임신 중에도 연구실에서 무거운 가스통을 들어 올리기를 포기하지 않았기 때문이다. 리비의 첫 아이

와 마찬가지로 두 번째 아이도 병원에서 태어났다. 가원, 저자와의 인터뷰. 2015. 5. 22.

6 파일 50주년 기념 프로그램을 위한 CBS의 넬라 페르미 인터뷰 원본 필름, 1992, 올리비아 페르미, 저자와의 사적인 교신.

7 세라 페르미, 저자와의 대화, 2016. 6. 1. 영국 케임브리지.

8 세그레는 앨리슨과 페르미가 이 교과서에 대해 나눈 대화에 대해 이야기했다. 앨리슨과 페르미는 서로 놀려대기를 좋아했다. 앨리슨은 페르미가 엑스선 회절에 대해서 쓴 박사 논문이 별로 좋지 않은 것이 틀림없다고 했고, 그래서 콤프턴/앨리슨 교과서에 나오지 않았다고 말했다. 페르미는 바로 그렇기 때문에 유명한 교과서가 쓸모가 없다고 맞받아쳤다. Segrè, *Enrico Fermi*, 245n42.

9 Alvarez, *Alvarez*, 117.

10 Arthur Rosenfeld, 저자와의 인터뷰 2014. 5. 7.

11 Allison, "A Tribute to Enrico Fermi", 9.

12 로즈는 1248개라고 했지만, MED, Book IV, part 2, 4.2에는 1260개로 적혀 있다.

13 MED, Book IV, part 2, 4.2~4.3.

14 Rhodes, *Making of the Atomic Bomb*, 121, 451ff. 뒤돌아보면, 전통적인 서사는 이야기의 일부일 뿐이다. 마리안 나랑호Marian Naranjo와 같은 활동가들은 정부의 토지 수용과 사용 과정에서 메사와 주변 지역 주민들이 비참할 정도로 무시당했다는 것을 알리기 위해 노력했다. 다음의 문헌 참조. Dennis J. Carroll, "Santa Clara Activist Works to Find Balance among Disparate Cultures", *Santa Fe New Mexican*, January 10, 2015, http://www.santafenewmexican.com/life/features/santa-clara-activist-works-to-find-balance-among-disparate-cultures/article_202f5cf1-7ec9-5fb4-b5c7-7aec1fbf574c.html.

15 Ulam, *Adventures of a Mathematician*, 162.

16 Serber, *Los Alamos Primer*.

17 Davis, *Lawrence and Oppenheimer*, 182.

18 Malcolm W. Browne, "U.S. Weighed Use of Radioactive Poison in '43, Oppenheimer Letter Shows", *New York Times*, April 19, 1985, http://www.nytimes.com/1985/04/19/us/us-weighed-use-of-radioactive-poison-in-43-oppenheimer-letter-shows.html.

19 Bird and Sherwin, *American Pro-metheus; Monk, Robert Oppenheimer*.

20 Segrè, *Enrico Fermi*, 134.

21 Davis, *Lawrence and Oppenheimer*, 266. 로런스와 오펜하이머에 대한 데이비스의 책은 출판될 때부터 논란이 되었다. 특히 제인 윌슨, 앨리스 스미스, 프랭크 오펜하이머와 같은 사람들이 이 책의 많은 부분의 진위를 의심했고, 직접적인 인용까지 의심을 받았다. 저자의 판단으로는 오펜하이머가 했다는 말은 진실성이 있다고 여겨지며, 오펜하이머가 맨해튼 프로젝트 동료들에 대해 생각했던 것과 잘 일치한다. 다음의 문헌 참조. Wilson, "Lawrence and Oppenheimer", 31~32; Smith, "Dramatis Personae", 445~447; and Oppenheimer, "In Defense of the Titular Heroes", 77~80. 이 참고 문헌을 알려준 윌리엄 자크에게 감사한다.

22 Libby, *Uranium People*, 109.

23 MED, Book IV, vols. 4~6.

24 핸퍼드 시설 건설에서 A, C, E 원자로가 빠진 것은 이상한 일이다.

25 Wigner, *Recollections of Eugene P. Wigner*, 237.

26 Wheeler, *Geons, Black Holes, and Quantum Foam*, 55. "John Marshall's Interview", Voices of the Manhattan Project, 1986, http://manhattanprojectvoices.org/oral-histories/john-marshalls-interview.

27 다음의 문헌 참조. "Shielding of Neutron Radiation", Nuclear Power, http://www.nuclear-power.net/nuclear-power/reactor-physics/atomic-nuclear-physics/fundamental-particles/neutron/shielding-neutron-radiation/. 제논 독작용은 32년 뒤에 소련의 체르노빌 원자로에도 영향을 주었다. 원자로의 연쇄반응이 약해졌고, 운전원은 제논 독작용을 점검하지 않고 제어봉을 코어에서 완전히 빼냈다. 이렇게 해서 노심용융이 일어났고 최악의 핵 참사가 일어났다.

⑲ 메사에서

1 Laura Fermi, *Atoms*, 200~236. 전쟁 중에 로스앨러모스에서 지낸 이야기는 라우라의 책 《원자 가족》에서 가장 인상적인 부분이다. 한 예로, 그녀는 페르미가 아직 오지 않았을 때 로스앨러모스에서 보낸 주말 중 하루에 파이얼스 가족과 함께 프리홀리스 계곡에 있는 아메리카 원주민 유적지에 갔던 이야기를 했다. 이때 운전을 했던 사람은 클라우스 푹스라는 젊은이였는데, 그는 나중에 맨해튼 프로젝트 내내 소련의 스파이 활동을 했다고 고백했다.

2 라우라 페르미는 남편이 주거 등급을 높일 수 있다는 것을 알았다는 낌새를 보이지 않았고, 주거는 군대의 비개인적인 규정에 따라 무작위로 할당되었다고 썼다. 그러나 페르미가 그럴 마음이 있었다면 더 좋은 주거를 달라고 압력을 넣지 않았을 것이라고 생각하기 어렵다. Laura Fermi, *Atoms*, 230. 다음의 문헌도 참조. Laura Fermi, "The Fermis' Path to Los Alamos", 93.

3 파일 건설 50주년 기념을 위한 1992년 CBS의 넬라 페르미와의 인터뷰 원본. 올리비아 페르미, 저자와의 사적인 교신.

4 Laura Fermi, *Atoms*, 227~228, 232~233.

5 MED, Book VIII, Vol. 2, sec. 6.23, VI-8. 한 가지 해결책은 명백히, 오크리지에서 우라늄 동위원소를 분리하듯이 플루토늄 동위원소를 분리하는 것이었다. 그러나 플루토늄이 훨씬 더 농도가 희박하고, Pu-239와 Pu-240의 질량 차는 우라늄 동위원소 사이 질량 차의 3분의 1밖에 되지 않는다. 게다가 이 시점에서 오크리지의 우라늄 분리도 충분한 양의 우라늄을 적시에 확보할 수 있을지 알 수 없었다.

6 MED, Book VIII, vol. 2, sec. 9.

7 파슨스 밑에서 내폭 개념을 옹호한 젊은 물리학자 세스 네더마이어는 키스티아코프스키와의 불화로 옆으로 밀려났다.

8 MED, Book VIII, vol. 2, sec. 6.57. 빠른중성자는 정말로 빠르다. 이 중성자는 분열과 동시에 나오는데, 너무 빨리 나와서 정확한 측정이 불가능하다. 다만 10억 분의 1의 10억 분의 1초 안에 나온다. 다음의 책 참조. MED, Book VIII, vol. 2, sec. 6.70ff. 다음의 문헌 참조. Aurel Bulgac, Piotr Magierski, Kenneth J. Roche, and Ionel Stetcu, "Induced Fission of Pu within a Real-Time Microscopic Framework", March 25, 2016, https://arxiv.org/pdf/1511.00738.pdf. 이 주제에 대한 최신 연구를 알려준 윌리엄 자크에게 감사한다.

9 Segrè, *Enrico Fermi*, 141.

10 제2차세계대전의 이 매혹적인 측면에 관한 역사는 다음의 책 참조. Farmello, *Churchill's Bomb*.

11 Close, *Half life*, 82ff.

12 Segrè, "Nuclear Physics in Rome", 59.

13 Feynman, *Surely You're Joking*, 132. 이 만남에 대한 더 자세한 설명은 다음의 문헌 참조. American Institute of Physics, "Oral History Interviews: Richard Feynman—Session IV", interviewed by Charles Weiner, June 28, 1966, https://www.aip.org/

history-programs/niels-bohr-library/oral-histories/5020-4.

14 Ibid.

15 전쟁이 끝난 뒤에 그는 경제학에 손댔고, 동료 오스카어 모르겐슈테른과 함께 게임 이론이라는 분야를 창시했다.

16 CPF II, 437.

17 Wright, "Fermi in Action", 182.

18 Fermi to Pegram, October 18, 1944, in Pegram Papers, Box 1, Fermi folder.

19 "Computing and the Manhattan Project", Atomic Heritage Foundation, http://www.atomicheritage.org/history/computing-and-manhattan-project.

20 Segrè, *Enrico Fermi*, 140.

21 1945년에 페르미가 했던 중성자물리학 강의 노트는 다음의 책 참조. EFREG, 45:6.

22 Chew, 저자와의 인터뷰, 2014. 5. 6.

23 Segrè, *Enrico Fermi*, 140.

24 Chew, 저자와의 인터뷰, 2014. 5. 6. 페르미 주변 사람들에게 이러한 실내 게임이 아주 인기가 있었던 듯하다. 제2차세계대전이 끝난 뒤에 페르미의 제자 제이 오리어도 비슷한 게임을 했던 일을 회고했다. Orear, "My First Meetings with Fermi", in Cronin, ed., *Fermi Remembered*, 202.

25 Brode, *Tales of Los Alamos*, 79.

26 MED, Book VIII, vol. 2, sec 15.7ff. 건조한 실험 설명만 읽어도 맥박이 빨라지기에 충분하다.

27 Alex Wellerstein, "What Did Bohr Do at Los Alamos?" Restricted Data, the Nuclear Secrecy Project, May 11, 2015, http://blog.nuclearsecrecy.com/2015/05/11/bohr-at-los-alamos/. 다음의 문헌도 참조. Hoddeson, Henriksen, Meade, and Westfall, *Critical Assembly*, 317.

28 Ibid.

29 Pais, *Niels Bohr's Times*, 495ff., 이 책은 보어 가족이 1943년 늦여름에 덴마크를 탈출해서 스웨덴과 런던을 거쳐 뉴욕에 도착할 때까지의 숨 막히는 모험과 그 후의 로스앨러모스에서의 이야기를 알려준다.

30 페르미는 암호명으로 "그레이프 너츠grape nuts"라고 부른 기폭 장치를 좋아했는데, 이 장치는 아직도 비밀로 분류되어 있다.

31 실제로 페르미는 1945년 7월 중순에 트리니티 테스트 직전에 그로브스가 도발했

을 때 이렇게 말했다. Libby, *Uranium People*, 225.

32 Bernstein, *Hitler's Uranium Club*.

33 Powers, *Heisenberg's War; Baggot, First War of Physics*.

34 오늘날로 보면 수천조 달러가 드는 방위 프로젝트를 부통령이 모른다는 것을 상상하기 어렵다. 그러나 루스벨트 대통령은 재임 기간 동안 비밀 엄수로 유명했고, 트루먼에게 굳이 알릴 필요를 느끼지 못했을 수도 있다. 그는 이 전직 미주리주 상원의원과 특별히 가깝지도 않았고, 1945년 4월 12일에 죽기 전까지 몇 번쯤 만났을 뿐이다.

35 Compton, *Atomic Quest*, 219ff. 다음의 문헌도 참조. "Notes of the Interim Committee Meeting, Thursday, 31 May 1945", http://nsarchive.gwu.edu/NSAEBB/NSAEBB162/12.pdf.

36 "Notes of the Interim Committee Meeting", 4.

37 Stimson and Bundy, *On Active Service*. 이 책에는 이 모임에 대한 언급 자체가 없으며, 페르미도 이 모임에 대해 말하거나 쓰지 않았다.

38 리온 시걸이 제시했듯이, 폭탄의 사용에 관한 결정은 표적 선정 위원회Targeting Committee의 영역이고, 임시 위원회의 주요 임무는 전쟁 뒤의 핵 연구를 조직하는 것이었다. 스팀슨이 보고서를 일본에 폭탄을 사용하는 일에 있어서 과학자들의 저항을 무마하는 데 이용했다면, 이것은 부가적인 이득이라고 할 수 있다. Sigal, "Bureaucratic Politics & Tactical Use of Committees".

39 James Franck, Donald J. Hughes, J. J. Nickson, Eugene Rabinowitch, Glenn T. Seaborg, J. C. Stearns, and Leo Szilard, *Report of the Committee on Political and Social Problems Manhattan Project "Metallurgical Laboratory" University of Chicago, June 11, 1945 (The Franck Report)*, US National Archives, Record Group 77, Records of the Chief of Engineers, Manhattan Engineer District, Harrison-Bundy File, folder 76, http://www.dannen.com/decision/franck.html.

40 Atomic Heritage Foundation, "Science Panel's Report to the Interim Committee, June 16, 1945, Top Secret: Recommendations on the Immediate Use of Nuclear Weapons", http:// www.atomicheritage.org/key-documents/interim-committee-report-0.

41 Compton, *Atomic Quest*, 239~241.

42 Wyden, *Day One*, 170~171. 그 뒤에 나오는 모든 설명은 전적으로 콤프턴에 따

른 것이다. 그러나 마크스가 한 말을 부정하기는 어렵다. 그녀가 이 일에 특별한 속셈이 있는 것도 아니고, 그녀의 기억은 나중에 페르미의 행동과 일관된다.

43 스팀슨과 임시 위원회에 제출된 보고서의 날짜는 1945년 6월 16일로 되어 있다. 오펜하이머가 날짜를 당겨 적었거나 페르미의 동의를 받기 전에 적었을 수도 있고, 와이든의 책이 날짜를 잘못 적었을 수도 있다.

44 그들은 1944년 7월 11일에 미국 국적을 취득했다. Laura Fermi, *Atoms*, 175.

45 "A Petition to the President of the United States", US National Archives, Record Group 77, Records of the Chief of Engineers, Manhattan Engineer District, Harrison-Bundy File, folder 76, http://www.dannen.com/decision/45-07-17.html. Leon Sigal, *Fighting to a Finish*, 204.

⑳ 성스럽지 않은 삼위일체

1 Allison, "Scientific World Pays Homage to Fermi", 8.

2 빅터 바이스코프에 따르면 동료 한 사람이 페르미의 농담을 심각하게 받아들여서 폭발 직전에 심리적으로 무너졌다고 한다. Weisskopf, *Joy of Insight*, 149.

3 페르미가 폭발 지점에서 정확히 얼마나 멀리 있었는지에 대해서는 혼란이 있다. 그는 10마일(16킬로미터) 떨어져 있었다고 보고했다. "Trinity Test, July 16, 1945, Eyewitness Accounts—Enrico Fermi", US National Archives, Record Group 227, OSRD-S1 Committee, Box 82 folder 6, "Trinity", http://www.dannen.com/decision/fermi.html. 반면 L. D. P. 킹은 나중에 그들이 폭발 지점에서 1만 야드(9킬로미터) 떨어져 있었다고 보고했다. L. D. P. King interview transcript for 바이스코프의 말은 페르미와 일치한다. *Joy of Insight*, 151.

4 바이스코프는 페르미가 더 정확하게 20킬로톤이라고 말했다고 회고했지만, 페르미 자신은 10킬로톤이라고 회고했다. "Trinity Test, July 16, 1945, Eyewitness Accounts—Enrico Fermi", http://www.dannen.com/decision/fermi.html; Weisskopf, *Joy of Insight*, 152.

5 Rhodes, *Making of the Atomic Bomb*, 677.

6 "Trinity Test—1945", Atomic Heritage Foundation, http://www.atomicheritage.org/history/trinity-test-1945.

7 McMillan, *Atom and Eve*, 86.

8 Steeper, *Gatekeeper to Los Alamos*, 106.

9 Allison, "Scientific World Pays Homage to Fermi", 8.

10 "Key Findings of CDC's LAHDRA Project: Public Exposures from the Trinity Test", CDC's LAHDRA, http://lahdra.org/pubs/reports/Posters/LAHDRA%20 Trinity%20Test%20Poster-%20reduced%20size,pdf.pdf.

11 이 폭발로 핵분열이 일어나지 않은 플루토늄 4.5킬로그램이 넓은 지역에 뿌려졌다.

12 Los Alamos Historical Document Retrieval and Assessment Project, http:// lahdra.org/pubs/pubs.htm. 빅터 바이스코프는 인접 지역 주민들의 위험에 대해 말한 몇 안 되는 참여자 중의 한 사람이다. 그는 카리조조 시가 100킬로미터 떨어진 곳에 있다고 언급했다. 훨씬 더 가까운 곳에 사람이 산다는 것을 그가 알고 있었는지는 불분명하다. Weisskopf, *Joy of Insight*, 150.

13 우라늄 포격 방식인 리틀 보이의 부품들은 미해군의 인디애나폴리스호에 실려 티니언섬으로 운반되었고, 이 배는 얼마 뒤에 침몰했다.

14 히로시마와 나가사키의 사망자 수는 부정확하고 논란거리로 남아 있다. 이 숫자는 확정적이라고 할 수 없다.

15 역사가들은 전쟁을 끝내기 위해 원자폭탄 투하가 꼭 필요했는지에 대해 논쟁을 계속하고 있으며, 히로시마의 폭탄이 전쟁 종식에 필요했다고 인정하는 역사가들 중에는 나가사키에 떨어진 두 번째 폭탄이 단지 첫 번째 도시와 지리적 조건이 크게 다른 도시에서의 효과를 알아보기 위한 것이라고 주장하는 사람도 있다. 역사가들은 일본에 대한 소련의 참전이 미국의 원자폭탄 투하 결정에 미친 영향의 크기에 대해서도 논쟁을 벌이고 있다. 예를 들어 다음의 책 참조. Sigal, *Fighting to a Finish*.

16 Laura Fermi, *Atoms*, 237.

17 Ibid., 244~245.

18 Ibid., 245. 나는 보존된 문헌에서 원래의 편지를 찾지 못했다.

19 CPF II, 440~541.

20 FOIA 09-00015-H, declassified at the request of Professor Alex Wellerstein. 다음도 참조. D. R. Inglis, "Super Lecture No. 1: Ideal Ignition Temperature", http://work.atom landonmars.com/kf/1945%20-%20 Fermi%20Super%20Lectures%20(LANL%20FOIA).pdf.

21 Ibid. 이 문서는 페르미가 작성한 것이 아니라, 이 강연을 들었던 누군가가 필기한 것이다. 그러나, 마지막 문장은 페르미 자신의 유머와 상당히 일치한다.

22 Ugo Amaldi, 저자와의 대화, 2016. 6. 7.

23 Francesco Guerra and Nadia Robotti, 저자와의 대화, 2015. 9. 21, Rome.

24 Conversi, Pancini, and Piccioni, "On the Decay Process of Positive and Negative Mesons"(1945 and 1947).

25 Fermi to Pegram, Brussels, October 22, 1938. Fermi Folder, Papers of George Pegram, Rare Book Collection, Columbia University Libraries.

26 1944년 늦여름에 페르미가 로스앨러모스로 온다는 소문이 퍼지자 물리학자 세 사람이 라우라에게 와서 엔리코가 오자마자 만나야 한다고 주장했다. 페르미는 메사에 도착하자마자 불려 가고 없었다. Laura Fermi, "The Fermis' Path to Los Alamos", 93.

4부 시카고 시절

㉑ 시카고로 돌아오다

1 LFREG, 8:4.

2 Segrè, *Enrico Fermi*, 176.

3 Segrè, *Enrico Fermi*, 175~176.

4 EFREG 2:7, 1951 pocket diary for May 23.

5 Nella Fermi in Orear, *Enrico Fermi: The Master Scientist*, 131.

6 Ibid., 132~133.

7 Sarah Fermi, 저자와의 인터뷰, 2016. 6. 1. Robert Fuller, 저자와의 인터뷰, 2016. 6. 25.

8 Robert Fuller, 저자와의 인터뷰, 2016. 6. 25.

9 Richard Garwin, "Fermi's Mistake?". 이 사진은 2001년에 발행된 미국 기념 우표에도 사용되었다. 틀린 공식이 우표의 왼쪽 위에 겨우 보인다.

10 콤프턴은 세인트루이스에 있는 워싱턴 대학교 총장으로 초빙되었다.

11 Cronin, *Fermi Remembered*, 111~113.

12 Monaldi, "Mesons in 1946". 이 문헌은 파이온 발견 직전의 상황을 다룬다.

13 Interview with James Cronin, October 20, 2014.

14 Dash, *A Life of One's Own*, 316~317.

15 Ibid., 317.

16 메이어 부부가 컬럼비아 대학교에 있을 때 함께 쓴 통계역학의 대표적인 교과서

에 대해 남편인 조지프가 더 많은 기여를 했다고 사람들이 잘못 알고 있는 것을 페르미는 알고 있었다.

17 1963년 노벨상 시상식에서 옌젠은 메이어에게 이렇게 말했다. "나는 하이젠베르크와 보어를 납득시켰습니다. 당신은 페르미를 납득시켰지요. 우리가 다른 사람들에게 신경 쓸 이유가 있을까요? 아시다시피, 당신이 페르미를 납득시켰다는 것이 진정 뭔가를 이룬 것이지요". 다음의 책에 인용됨. Zuckerman, *Scientific Elites*, 184.

18 Gell-Mann, "No Shortage of Memories", 151.

19 *Invention of Cyclotron*(Chicago: Particle University of Chicago, April 16, 2008), http://hep.uchicago. edu/cdf/frisch/p363/InventionOfCyclotron_shiraishi. pdf. 이 프로젝트의 자세한 설명에 대해서는 다음의 문헌도 참조. INSREG, Box 1. 리처드 가윈은 사이클로트론 엔지니어들이 페르미와 함께 정기적으로 아침 회의를 하면서 싱크로트론 건설에서 전자에 대해 토론하던 일을 이야기했다. Garwin, "Working with Fermi", 144.

20 과학사회학자 해리엇 저커먼은 페르미는 노벨상을 받기 전후의 연구가 "대략 필적할 만한" 몇 안 되는 연구자들 중의 한 사람이라고 지적한다. 그녀는 이 판단을 할 때 의심할 바 없이 페르미가 전쟁 전과 후에 맨해튼 프로젝트에서 했던 일도 고려했다. Zuckerman, *Scientific Elites*, 1219~1220.

21 Wattenberg, "Fermi as My Chauffeur", 174. 이 말에서 페르미의 도덕성을 보려는 유혹이 있지만, 더 그럴듯한 설명은 페르미가 함께 탄 사람을 진정시키려고 한 말이라는 것이다.

22 Ibid., 178.

23 CPF II, 568~614.

24 Allison, "Enrico Fermi, 1901~1954", 133. 미국 국립 과학 아카데미를 위해서 새 뮤얼 앨리슨이 쓴 페르미 전기에서, 앨리슨은 페르미가 알벤의 강연에서 전자기 가속의 아이디어를 얻었다고 주장했다. 찬드라세카르는 나중에 여기에 대해 반박했고, 앨리슨에게 편지를 써서 페르미의 아이디어가 먼저라고 알려주었다. 알벤은 나중에야 시카고에서 이 아이디어를 발표했다는 것이다. Chandrasekhar letter to Allison, SCREG, 15:6.

25 아르놀트 조머펠트가 인도에서 했던 강연을 듣고 감명을 받아 이 논문을 쓰게 되었다.

26 찬드라세카르는 페르미에 비해 조금 더 격식을 차리고 학문적으로 우아함을 더

중요하게 생각했다. 그러나 두 사람은 좋은 친구가 되었다. See Wali, *Chandra*, 19~20.

27 SCREG, 15:6.

28 CPF II, 923ff.

29 CPF II, 927ff., 931ff., 970ff.

30 CPF II, 923.

31 Steinberger, *Learning about Particles*, 1~29. 스타인버거가 미국에 와서 페르미와 함께 연구하게 된 이야기가 나와 있다.

32 탐지기가 대기 중에서 높이 있으면 있을수록 더 많은 우주선이 탐지된다. 대기가 우주선 포격의 필터 역할을 하기 때문이다.

33 Steinberger, *Learning about Particles*, 22.

34 Ibid., 23.

35 Ibid.

36 Ibid., 23. 같은 관찰을 한 논문이 존 휠러와 제이미 티옴노Jayme Tiomno, 잠피에트로 푸피Giampietro Puppi에 의해 발표되었다. 스타인버거는 1947년에 브루노 폰테코르보도 이 맥락을 시사하는 관찰을 했음을 지적했다. 그러나 페르미는 이것을 알지 못했거나 무시했다.

37 Jack Steinberger, 저자와의 인터뷰, 2014. 5. 5.

38 그의 1947년 수첩 6월 2일에 램스헤드 호텔이라고 표시되어 있다. EFREG, 2:6.

39 Libby, *Uranium People*, 21. 망막이 다 나은 지 한참이 지난 뒤에도, 페르미는 계속해서 시력을 점검했다. 그의 친구 스타니스와프 울람은 1954년 여름에 남프랑스에서 야외 만찬을 하다가 페르미가 머리를 앞뒤로 움직이면서 별이 전선에 가려졌다가 다시 나타나는 것을 관찰하는 것을 보았다. Ulam, *Adventures of a Mathematician*, 234~235.

40 Gleick, Genius, 255ff. 다음의 책도 참조. Segrè, *Enrico Fermi*, 174. 분량이 많은 과학적 설명에 대해서는 다음의 책 참조. Schweber, *QED and the Men Who Made It*.

41 페르미는 나중에 파인먼 도형의 가치를 인정했다. 예를 들어, 그는 1954년 1월에 컬럼비아 대학교 강연 '고에너지 가속기에서 무엇을 배울 수 있는가?'에서 이것을 사용했다. EFREG, 40:10.

42 EFREG, 19:1. 페르미와 프랑크는 세 가지 연구가 표면적으로 그렇게 다른데도 어떻게 같은 문제를 풀 수 있는지를 뛰어나게 설명한 프리스턴 대학교의 물리학

자 프리먼 다이슨도 함께 언급했다.

43 Segrè, "Nuclear Physics in Rome", 59~60.

44 Nella Fermi in Orear, *Enrico Fermi: The Master Scientist*, 131.

45 Hewlett and Anderson, *A History of the United States Atomic Energy Commission*, 432.

46 1946년의 원자력법은 여전히 미국의 원자력과 무기 개발을 지배하고 있다.

47 Garwin, "Working with Fermi", 145.

48 "Fermi Invention Rediscovered at LASL"; Nicholas Metropolis, "The Beginning of the Monte Carlo Method".

49 CPF II, 978. Ulam, *Adventures of a Mathematician*, 226. 에르고딕계는 주어진 시간에 계가 어떤 상태에 있을 확률이 모든 상태에 대해서 같다. 계가 특정한 상태에 있을 가능성이 다른 상태에 있을 가능성보다 크면, 그 계는 에르고딕성을 갖지 않는다. 이 논문은 카오스 이론의 초기 업적으로 인정된다.

50 페르미의 논문은 테일러만 언급했지만, 이 현상은 레일리 테일러 불안정성으로 더 잘 알려져 있다. 이 성질을 처음으로 탐구한 사람은 G. I. 테일러G. I. Taylor와 레일리 경Lord Rayleigh이었다. 다음의 책 참조. Libby, *Uranium People*, 210ff., 여기에는 이 주제와 무기 테스트와의 관련성을 잘 다루고 있다.

51 Enrico Fermi, *Elementary Particles*.

52 Ibid., 79.

53 CPF II, 825.

54 Brown, Dresden, and Hoddeson, *Pions to Quarks*, 10ff. Pickering, *Constructing Quarks*, 48ff.

55 CPF II, 923.

56 아말디는 1927년부터 1938년까지 11년을 페르미와 함께 일했다. 앤더슨은 1939년 초에 페르미를 만나서 1954년까지 함께 일해서, 거의 15년을 함께 일했다.

57 Dyson, "A Meeting with Fermi", 297.

58 Ibid.

59 Ibid.

㉒ 대중의 시선에서

1 Hewlett and Anderson, *History of the United States Atomic Energy*

Commission, 648.

2 FBI Case File 116-HQ-1255 at National Archives, College Park, MD.

3 Lilienthal, _Journals of David E. Lilienthal_, 2:128.

4 Segrè, _Enrico Fermi_, 164.

5 수소폭탄 개발의 역사에 대해서는 여러 가지 좋은 자료가 있다. 다음의 책 참조. Rhodes, _Dark Sun_; Ford, _Building the H Bomb_. 다음의 책도 참조. US Atomic Energy Agency, _In the Matter of J. Robert Oppenheimer_, passim.

6 데이비드 릴리엔솔의 후임으로 원자력 위원회 의장이 된 루이스 스트라우스는 러시아가 수소폭탄을 개발하기 전에 미국이 먼저 개발해야 한다는 견해를 확실히 했다. 그는 혼자가 아니었다.

7 Rigden, _Rabi_, 205.

8 Ibid.

9 Ibid., 206~207. 이 숙고에 대한 기록은 명확하지만, 이 회의의 의장이었던 릴리엔솔은 조금 다른 회고를 남겼다. 그는 이렇게 썼다. "페르미는 명확한 어투와 어두운 눈빛으로, 수소폭탄을 탐구해야 하지만 그렇다고 그것을 사용할 것인지에 대한 질문을 피할 수는 없다고 생각했다". Lilienthal, _Journals of David E. Lilienthal_, 2:581. 그러나 결국 페르미가 라비의 선언문에 서명했다는 것은 명확하다.

10 Rigden, _Rabi_.

11 Libby, _Uranium People_, 15. 이것은 페르미가 동료들에게 화를 억누르지 못한 아주 드문 사건의 기록이다.

12 Ulam, _Adventures of a Mathematician_, 218; Wheeler, _Geons, Black Holes, and Quantum Foam_, 209; Ford, _Building the H Bomb_, 104~105.

13 트루먼 대통령이 1950년에 일반 자문 위원회를 무시했을 때 텔러가 대통령에게 설명했던 수소폭탄의 개념은 이때와 같이 틀린 것이었다. Ford, _Building the H Bomb_, 105.

14 텔러-울람 발명이라고 부른다. 간략한 설명과 달리 이것은 매우 복잡하다. 이 개념은 오랫동안 높은 등급의 비밀로 분류되었고, 그 면모는 아직도 비밀로 유지되고 있다. 울람과 텔러는 이 비상한 협력을 한 뒤로 거의 서로 말을 하지 않았다. 누가 더 크게 기여했는지를 두고 오랫동안 논란이 있었고, 결코 확정적으로 해결되지 않았다.

15 기폭된 장치는 아주 큰 집만한 크기였고, 텔러와 울람의 감독으로 가윈이 설

계했다. 10메가톤의 에너지를 방출한 이 장치는 일본에 떨어진 폭탄보다 위력이 1000배나 컸다. 이 테스트로 에니웨톡 환초의 많은 부분이 증발해버렸다. 에니웨톡에서는 여러 번의 테스트가 이어졌다. 1970년대에 방사능 제거 작업에 투입된 군인들은 위험한 수준의 방사능에 노출되었다. 다음의 문헌 참조. Dave Philipps, "Troops Who Cleaned Up Radioactive Islands Can't Get Medical Care", *New York Times*, January 28, 2017, https://www.nytimes.com/2017/01/28/us/troops-radioactive-islands-medical-care.html.

16 Richard Garwin, 저자와의 인터뷰, 2014. 5. 22.

17 정통적인 설명은 불행하게도 1952년에 가윈이 아이비 마이크 수소폭탄 설계에서 맡았던 핵심적인 역할을 빠뜨렸다. Rhodes, *Dark Sun*. 좀 더 최근에 나온 것으로 기술적인 내용을 조금 자세히 다루는 책은 다음과 같다. Ford, *Building the H Bomb*. 다음의 문헌은 너무 개인에 치우쳐 있기는 하지만 페르미-가윈 연구에 대해 다채롭게 설명한다. Mayer, "An Indecisive Meeting", Los Alamos Historical Archives M203-62-1-96. 다음의 책도 참조. Ulam, *Adventures of a Mathematician*, 209ff., Wheeler, *Geons, Black Holes, and Quantum Foam*, 104ff.

18 Oppenheimer, "Scientific World Pays Homage to Fermi", 8.

19 See EFREG, 9:16. 2012년에 맨해튼 프로젝트 역사 연구자 앨릭스 웰러스타인이 1954년 오펜하이머 청문회 무삭제판 녹취록을 발견했고, 이 자료에 따르면 레슬리 그로브스는 로젠버그 부부가 소련에 넘긴 자료가 그리 민감하지 않아서 미국에 특별한 피해를 입히지 않았다고 인정했다. 하지만 그는 그들의 처형을 원했다. Wellerstein, "Oppenheimer, Unredacted: Part II".

20 EFREG, 14:22. Darrow to Fermi, May 8, 1951.

21 시카고 대학교 페르미 문서 보관소에 있는 이 주제에 대한 문서를 보면 페르미가 동료들의 의견을 체계적으로 조사하고 기록해서 각자의 견해를 실행 위원회에 보고했다. 다음의 문헌 참조. EFREG, 16:18.

22 미국 물리학회에는 아프리카계 미국인 회원이 많지 않았지만, 아이오와 대학교 천체물리학자이고 지구 주변의 복사 띠를 발견해서 그의 이름이 붙어 있는 제임스 밴 앨런James Van Allen은 아프리카계 미국인 대학원생 로버트 엘리스Robert Ellis를 데리고 있었다. 인종 분리 정책이 적용되는 군함에 엘리스를 태우려고 해군과 맞선 적이 있는 밴 앨런은 듀크 학술회의에도 그를 참가시키려 했을 수 있다. 이 정보를 알려준 미국 물리학 연구소의 그레그 굿에게 감사한다.

23 EFREG, 15:3.

24 "The Loyalty Oath Controversy, University of California, 1949~1951: Resolution Adopted by the Regents of the University of California, April 21, 1950", University of California History, http://www.lib.berkeley.edu/uchistory/archives_exhibits/loyaltyoath/regent_resolution.html.

25 EFREG, 9:19.

26 Wang, "Edward Condon and the Cold War". 다음의 책도 참조. Alice K. Smith, *Peril and a Hope*, passim.

27 오펜하이머 사건의 대표적인 설명은 다음의 책에 나온다. Bird and Sherwin, *American Prometheus*, 487ff. 다음의 책도 참조. Polenberg, *In the Matter of J. Robert Oppenheimer*.

28 텔러에게 영향을 받아서 언론인 제임스 셰플리와 클레이 블레어가 1954년에 출판한 책《수소폭탄The Hydrogen Bomb》은 수소폭탄 개발에서 로스앨러모스와 그 역할을 우회적으로 어렴풋이 비난했다. 페르미의 대학원생 아서 로즌펠드가 이 책을 읽고 페르미에게 알렸다. 페르미는 화를 내면서 로즌펠드에게 페르미의 이름으로 이 책의 함의를 부정하고 로스앨러모스 동료들의 작업을 칭찬하는 성명서의 초안을 작성하게 했다. 2014년 5월에 저자와의 인터뷰에서 로즌펠드는 페르미가 바렌나로 떠나기 전에 기자회견이 열렸다고 기억했지만, 이 책은 1954년 9월 말에서 10월 초에 출판되었고, 출판일은 1954년 10월 4일로 되어 있다. Rosenfeld, "Reminiscences of Fermi", 204~205. EFREG, 16:2.

29 보든이 1952년에 페르미에게 편지를 보내서 소련이 수소폭탄을 개발하는 데 얼마나 걸릴지 물어보았다. 페르미는 "억측"이 아닌 어떤 것도 말할 수 없다고 하면서도, 어쨌든 말해보라고 강요한다면 2~5년이 걸릴 것이라고 대답했다. EFREG, 9:17.

30 Telegdi, "Enrico Fermi, 1901~1954", 126~127.

31 EFREG, 17:1.

32 Wellerstein, "Oppenheimer, Unredacted: Part I" and "Oppenheimer, Unredacted: Part II".

33 US Atomic Energy Agency, *In the Matter of J. Robert Oppenheimer*, 468.

34 Ibid., 710.

35 Ibid., 395.

36 Ibid., 397.

37 Ibid., 398.

㉓ 특허 싸움

1 EFREG, 50:5.

2 EFREG의 수첩들은 이런 메모로 가득하다.

3 TWOEF, notes of Giulio Fermi interview.

4 EFREG, 13:2. 이 편지들은 아주 길어서 읽기가 매우 힘들다.

5 속도는 벡터이고, 크기와 방향을 가진다. 속력은 스칼라이고, 크기만 가진다. 물리학에서 이 차이는 아주 크다.

6 슐루터는 이 편지가 1952년 말에 발송되었을 것으로 보지만, 저자는 발송된 최종 편지를 찾을 수 없었다. Schluter, "Three Reminiscences of Enrico Fermi", 206.

7 Robertson to Fermi, November 10, 1952. EFREG, 13:2.

8 EFREG, 2:2.

9 이 주제에 대해 가장 포괄적으로 다룬 문헌은 다음과 같다. Turchetti, "'For Slow Neutrons, Slow Pay'". 다고스티노와 트라바치는 이탈리아 특허 신청에 포함되었고, 미국 특허 신청에는 들어가지 않았다. 미국 특허 자체가 읽기에 흥미롭다. 이 문서에서 페르미는 당시의 주기율표를 기준으로 92가지 원소 각각의 중성자 포격 결과를 검토했다. 우라늄에 대해 논의하면서, 그는 자신이 초우라늄 원소를 만들었을 수도 있다고 썼지만, 특허가 승인될 당시에는 그(그와 세계의 나머지)가 실수했다는 것을 알고 있었다. 다음의 문헌도 참조. EFREG, 19:2~7.

10 Lanouette, *Genius in the Shadows*, 254. 맨해튼 프로젝트에 참여한 과학자들 중에는 페르미와 실라르드 외에도 전쟁에 관련된 지적 재산을 등록한 사람들이 있었다. 버클리의 시보그가 이끌던 최초의 플루토늄 시료의 생성과 연구를 맡은 팀도 특허를 등록했고, 로런스와 오펜하이머를 비롯해서 동위원소를 분리하는 "칼루트론calutron" 방법을 개발한 사람들도 특허를 등록했다.

11 Turchetti, "'For Slow Neutrons, Slow Pay'", 11.

12 터체티는 이 사건이 페르미가 1951년 1월에 일반 자문위원 임기를 갱신하지 않기로 한 결정적인 계기였다는 몰티즈의 추측을 보고했다. Turchetti, "'For Slow Neutrons, Slow Pay'", 19n. 그러나 페르미가 위원 임기를 갱신하지 않기로 한 주요 원인은 수소폭탄에 관련된 논란 때문이었다. 게다가 앞에서 지적했듯이 시카고 대학교의 사이클로트론이 가동될 예정이었고 페르미는 몇 년 동안 기다렸던 실험 일정에 방해를 받고 싶지 않았다.

13 Reuters, "British Atomic Scientist Believed Gone to Russia", 3, Reuters, "Atomic Scientist, Family Disappear", 34. 그러나 그는 1955년에 모스크바에서 기자회견

을 하면서 처음으로 대중들 앞에 나타났고, 여기에서 그는 소련에 원자폭탄의 비밀을 넘겨주지 않았다고 주장했다.

14 울람은 페르미가 발명가들이 "수천만" 달러를 받을 것이라고 말했다고 회상했다. Ulam, *Adventures of a Mathematician*, 233.

㉔ 빛나는 교사, 사랑받는 스승

1 이 녹음은 매릴랜드 칼리지 파크에 있는 미국 물리학 연구소 닐스 보어 도서관 및 문서 보관소에 있다. File AV_7_54_1.mp3.

2 Telegdi, "Enrico Fermi, 1901~1954", 123. 텔레그디는 영특하지만 아주 변덕스러운 헝가리 물리학자였다. 그는 시카고 대학교 초대 엔리코 페르미 교수였고, 이 학교에서 25년간 가르쳤다. 그런 다음에 그는 모교이고 아인슈타인이 미국으로 오기 전에 재직했던 취리히 연방공과대학ETH으로 돌아갔다.

3 이 기간은 페르미가 망막이 손상되었을 때와 일치한다.

4 Agnew, "Scientific World Pays Homage to Fermi", 8.

5 오랜 세월이 지난 뒤에 리는 이렇게 회상했다. 대학교 당국은 학사 학위에 무관하게 서양 문명의 "위대한 책"들에 대해 탄탄한 지식이 있는 사람만 대학원생으로 받아들였다고 한다. 페르미와 그의 동료들은 리가 중국의 "고전"인 노자, 맹자, 공자 등을 안다고 입학 사정관들을 설득했고, 입학 허가를 받아냈다고 한다. Lee, in Cronin, *Fermi remembered*, 198.

6 Yang, in Cronin, *Fermi remembered*, 241 ff. 리비는 리와 양이 함께 도착했다고 틀린 주장을 한다. 다음의 책 참조. Libby, *Uranium People*, 238.

7 Yang, *Fermi remembered*, 242.

8 Chew, "Personal Recollections", 188.

9 아마 이 시기에 강의 의무가 없었기 때문이었을 것이다.

10 Chew, 저자와의 인터뷰, 2014. 5. 6.

11 Jack Steinberger, 저자와의 인터뷰, 2014. 5. 5.

12 Arthur Rosenfeld, 저자와의 인터뷰, 2014. 5. 6.

13 Ibid. 다음 문헌도 참조. Rosenfeld, "Reminiscences of Fermi", 203~205.

14 그는 2017년 1월 27일에 죽었다. Julie Chao, "Art Rosenfeld, California's Godfather of Energy Efficiency, Dies at 90", http://newscenter.lbl.gov/2017/01/27/art-rosenfeld-californias-godfather-energy-efficiency-

90/?utm_source=Art+Rosenfeld+Dies+at+90&utm_campaign=Rosenfeld-obit&utm_medium=email.

15 Orear, "Notes on Statistics for Physicists", University of California Radiation Laboratory, August 13, 1958, UCRL 8417, https://cds.cern.ch/record/104881/files/SCAN-9709037.pdf.

16 Orear, *Enrico Fermi*.

17 1958년에 세그레와 체임벌린에게 주어진 노벨상은 1970년대에 논란이 되었다. 또 다른 페르미의 대학원생 오레스테 피치오니가 버클리 물리학자들이 실험에 자기의 결정적인 아이디어를 썼지만 논문에 공저자로 자기를 넣지 않았다고 고소했다. 이 소송은 대법원까지 갔지만 공소 시한 만료로 판결이 나지 않았다.

18 Chamberlain, "Brief Reminiscence of Enrico Fermi", 187.

19 EFREG, 9:19.

20 Friedman, interview with author, January 28, 2015.

21 연대순으로, 조지 파웰George Farwell, 제프리 추, 마빈 골드버거, 링컨 울펀스타인Lincoln Wolfenstein, 잭 스타인버거, 오언 체임벌린, 리처드 가윈, 정다오 리, 우리 하버샤임Uri haber-Schaim, 제이 오리어, 존 레이너John Rayner, 로버트 슐루터, 아서 로즌펠드, 호러스 태프트, 제롬 프리드먼이 그 목록에 포함된다. 다음의 문헌 참조. Telegdi, "Enrico Fermi, 1901~1954", 125.

22 그는 마요라나에 대해서도 거의 같은 말을 했다.

23 Fermi to Doty, April 11, 1949. EFREG, 14:13.

24 Joel N. Shurkin, *True Genius: The Life and Work of Richard Garwin, the Most Influential Scientist You've Never Heard Of*(2017). 이 책은 그의 놀라운 인생과 경력에 대한 이야기이다.

25 Yodh, "This Account Is Not According to the Mahabharata!" 251~253. 페르미는 오펜하이머가 인용한 것으로 유명한 책을 이용해 가벼운 농담을 했을 것이다. 오펜하이머는 트리니티 테스트를 한 다음에 〈바가바드기타〉에서 다음의 문구를 인용했다. "나는 죽음이요, 세계의 파괴자가 되었다". 〈바가바드기타〉는 〈마하바라다〉의 두 주요 부분 중의 하나이다.

26 Cronin, 저자와의 인터뷰, 2014. 10. 20.

27 Zuckerman, *Scientific Elites*, 100. 물론 노벨상을 받은 제자 수로만 스승의 능력을 평가하는 것은 편협한 관점이다. 페르미의 제자로 노벨상을 받지 못한 사람들 중에는 캘리포니아 공과대학 총장을 비롯해서 대서양 양안의 아주 유명한 이론가

들과 실험가들이 포함된다.

28 "Physics Tree", Academic Family Tree, http://academictree.org/physics/tree.
php?pid=34756.

29 저커먼도 텔레그디처럼 이 점을 지적했다. Telegdi in Cronin, *Fermi Remembered*,
125. 그러나 텔레그디는 조머펠트가 이론가만을 배출했고 러더퍼드는 실험가만
배출했지만 페르미의 제자들은 페르미 자신의 보편적인 관심을 반영해서 양쪽에
모두 고르게 있다는 점을 지적했다.

㉕ 해외여행

1 이 점을 알려준 조반니 바티멜리에게 감사한다.

2 참석자 목록은 바젤 대학교가 제공해주었다.

3 바젤 대학교가 초록을 제공해주었다.

4 Laura Fermi, *Atoms*, 256.

5 *Il Nuovo Cimento* 6, no. 3, Suppl(January 1949).

6 그는 여전히 아내 테레사와 함께 오래된 카폰가의 집에 살고 있다.

7 Ulam, *Adventures of a Mathematician*, 234~235.

8 Glauber, "An Excursion with Enrico Fermi", 44~46. 그가 강연한 주제는 그의 관
심과 전문 영역을 반영해서 매우 다양했다. 우주 광자 소나기Schein showers, 빠른
중성자의 분극, 나선 은하 팔에서의 우주선 방출, 사이클로트론의 파이온 생성,
별의 구조 등이었다. EFREG, 50:4.

9 Glauber, "An Excursion with Enrico Fermi", 46.

10 데 마르치가家가 기증한 이 저택은 2003년에 복원되어, 마찬가지로 데 마르치가
가 기증한 미술 작품들과 고가구들과 함께 원래의 광채를 되찾았다.

11 페르미와 다른 참석자들이 나오는 2분짜리 영상을 다음의 사이트에서 볼 수 있
다. https://www.youtube.com/watch?v=JGs1lM1KvKA 이탈리아어 내레이션이
붙어 있지만, 페르미의 말하는 부분을 포함한 몇 군데에서는 영어가 들린다. 페르
미는 이때 통증이 있었겠지만 그런 징후를 보이지는 않는다.

12 그의 학생이었고 맨해튼 프로젝트 동료였던 버나드 펠드가 이 노트와 녹음을 정
리해서 일관된 논문으로 정리했고, 논문 선집의 마지막 논문으로 출판했다. CPF
II, 1004ff.

13 기계어는 모든 프로그래밍 언어 중에서 가장 원시적인 언어이고, 초기의 컴퓨터

가 이해하는 유일한 언어이다.

㉖ 집에서의 죽음

1 Wali, *Chandra*, 269~270.

2 Libby, *Uranium People*, 20.

3 Wali, *Chandra*, 269.

4 Ibid., 270.

5 Yang, CPF II, 674

6 Segrè, *Mind Always in Motion*, 251~252.

7 Ibid., 253.

8 Blumberg and Owens, *Energy and Conflict*, 374~375.

9 EFREG, 16:2.

10 Blumberg and Owens, *Energy and Conflict*, 375.

11 Ibid., 375.

12 Teller, "Scientific World Pays Tribute to Fermi", 8.

13 Libby, *Uranium People*, 21.

14 Wigner, *Recollections of Eugene P. Wigner*, 278.

15 Ulam, *Adventures of a Mathematician*, 237~238.

16 Dash, *Life of One's Own*, 333. 마리아 메이어는 이 일을 좀 다르게 기억한다. 엔리코
가 라우라의 책을 자기가 이룬 어떤 것보다 더 자랑스럽다고 말했다고 한다.

17 Ibid.

18 죽음이 가까워지자, 그녀는 방문을 원하는 아말디와 페르시코에게 병문안을 해
도 무의미하다고 알렸다. 그는 모르핀의 영향으로 거의 항상 잠들어 있었기 때문
이다. 아말디 기록 보관소.

19 Wali, *Chandra*, 269ff.; Ulam, *Adventures of a Mathematician*, 234ff.

20 EFREG, 7:7.

21 Allison, "A Tribute to Enrico Fermi", 9~10.

22 Ibid.

23 Segrè, "A Tribute to Enrico Fermi", 12.

24 Anderson, "A Tribute to Enrico Fermi", 13.

25 Chandrasekhar, "The Pursuit of Science", cited in Introduction.

26 LFREG, 2:8.

㉗ 페르미의 유산

1 Cronin, 저자와의 인터뷰, 2014. 10. 20.

2 올리비아 페르미와의 사적인 교신.

3 올리비아 페르미가 할머니의 삶에 대해 쓴 에세이 참조. http://fermieffect.com/laura-fermi/laura-fermis-life/.

4 Libby, *Uranium People*, 190. 리비는 라우라를 크게 비난했다. 엔리코가 살아 있을 때 라우라가 민간 원자력을 지지했다는 것이다. 라우라는 엔리코가 살아 있는 동안에는 이 문제들에 대한 엔리코의 능력을 믿었기 때문이라고 했다. 이제 그가 없으니 그녀는 원자력 개발을 책임지는 사람들을 신뢰하기 어렵게 되었다는 설명이었다.

5 Laura Fermi, *Atoms*, 152~153.

6 "Maria Fermi Sacchetti(age 60)", http:// www.olgiateolona26giugno1959. org/10_lives/Sac_e.html. 다음도 참조. transcript of interview with Laura Fermi, TWOEF, 17.

7 앨리스는 이혼한 뒤에 이름을 올리비아로 바꾸고 조부모의 성인 페르미를 사용했다.

8 미편집 인터뷰 사본을 제공해준 올리비아 페르미에게 감사한다.

9 "Laura Fermi's Life", The Fermi Effect, http://fermieffect.com/laura-fermi/laura-fermis-life/.

10 Sarah Fermi, 저자와의 인터뷰 2016. 6. 1.

11 Garwin, 저자와의 인터뷰 2014. 5. 22.

12 The Fermi Effect(http://fermieffect.com/) and On the Neutron Trail(http://neutrontrail.com/).

13 Fermi and Samra, *Picturing the Bomb*.

14 "The Enrico Fermi Award", US Department of Energy, http://science.energy.gov/fermi.

15 순수주의자들은 편집에 대해 불만을 품을 수도 있다. 논문들 중 몇 편은 책의 맥락에 맞춰 재배열했다.

16 와인버그는 일반 대중을 위해 뛰어난 책을 많이 쓰고 있다. 예를 들어《최종 이

론의 꿈Dreams of a Final Theory》이 그렇다. 그는 최근에 양자론의 결합에 대해 도발적인 책을 썼다. "The Trouble with Quantum Mechanics", New York Review of Books, January 19, 2017, http://www.nybooks.com/articles/2017/01/19/trouble-with-quantum-mechanics/.

17 Brown, Dresden, and Hoddeson, *Pions to Quarks, and Pickering, Constructing Quarks.*

18 군론은 어떤 "기본" 입자도 실제로 기본적이지 않다는 점을 시사한다. 그것들은 진정으로 기본적인 입자인 쿼크로 이루어져 있다.

19 그는 군론에 관한 세미나를 개념의 알파벳 순서로 시작한 것으로 유명하다. 이유를 묻자, 그는 군론은 단지 일련의 정의일 뿐이므로 이 분야의 정의들을 알파벳 순서로 정리를 하나씩 설명하는 것이 의미가 있다고 말했다. Lee, "Reminiscence of Chicago Days", 198~199.

20 물리학자들은 모든 상호작용이 좌우 대칭을 따른다고 믿었다. 말하자면, 입자의 상호작용을 볼 때, 그것이 실제의 상호작용인지 거울에 비친 영상인지 알 수 없다는 것이다. 이것은 약한 상호작용에서는 성립하지 않는다는 것이 알려졌고, 약한 상호작용은 왼쪽 스핀이 우세하다. 이 비대칭성은 정다오 리와 첸닝 양이 1956년에 브룩헤이븐 연구소에서 처음으로 제안했고, 젠슝 우Chien-Shiung Wu가 그해의 나중에 컬럼비아 대학교에서 실험적으로 확인했다. 이 업적으로 리와 양은 1957년에 노벨상을 받았다.

21 Henry Frisch, 저자와의 인터뷰, 2017. 1. 9.

22 Samuel Arbesman and Stephen H. Strogatz, "A Monte Carlo Approach to Joe DiMaggio and Streaks in Baseball", https://arxiv.org/ftp/arxiv/papers/0807/0807.5082.pdf.

23 "Enrico Fermi Prize", *Wikipedia*, last updated November 26, 2016, accessed September 12, 2016, https:// en.wikipedia.org/wiki/Enrico_Fermi_Prize.

24 이 잔류물은 생물학 연구에 예기치 않은 결과를 가져왔다. 이 테스트의 한 가지 부산물로 대기 중에 질량수가 14인 탄소 동위원소가 증가했고, 그 뒤로 모든 생명체가 이 동위원소를 흡수했기 때문에 현대의 생명체에 대한 탄소 동위원소 연대 측정이 더 복잡해졌다.

25 이것을 비롯한 다른 숫자들은 다음의 문헌에서 가져왔다. "The Database on Nuclear Power Reactors", International Atomic Energy Agency, https://www.iaea.org/pris/(accessed September 29, 2016).

26 "Radioisotopes in Medicine", World Nuclear Association, last updated December 28, 2016, accessed February 2, 2017, http://world-nuclear.org/information-library/non-power-nuclear-applications/radioisotopes-research/radioisotopes-in-medicine.aspx. 아말디의 아들 우고는 이 분야에서 많은 연구를 했고, 의학물리학에서 느린중성자 연구의 중요성에 대해서 썼다. 다음의 문헌 참조. Ugo Amaldi, "Slow Neutrons at Via Panisperna", 145~168.

27 로버트 그레이Robert Gray는 이 "역설"이 실제로 외계생명체의 존재에 관한 것이 아니라 은하 간 여행의 가능성에 관한 것이라고 바르게 지적했다. 페르미의 재치 있는 말 "그들은 어디에 있는가?"는 그러한 여행이 가능하다면, 외계인들은 분명히 지금쯤 우리를 방문했을 것이라고 지적한다. 물론, 외계생명체가 존재하지 않는다고 해도 이치에 닿는다. Gray, "The Fermi Paradox".

28 Geoffrey Chew, 저자와의 인터뷰, 2014. 5. 6.; Ugo Amaldi, 저자와의 인터뷰, 2016. 6. 7.

※ 참고문헌 ※

엔리코 페르미의 전기를 쓰려고 하는 사람은 자기가 큰 산을 넘어야 한다는 것을 바로 알 수 있다. 라우라 페르미는 다른 누구보다도 남편을 더 잘 알았고, 어떤 전기 작가도 페르미가 죽은 해에 출간한 그녀의 회고록《원자 가족》보다 그들의 결혼 생활을 더 잘 묘사할 수 없을 것이다. 이 책은 흥미롭고 다채롭지만 독자들은 과학적인 면이 비교적 약하다는 것을 금방 알 수 있다. 예컨대 베타 방사선에 관한 유명한 논문에 대해서는 겨우 한마디만 하고 넘어간다. 또한 몇몇 역사적인 사건들(예를 들어 느린중성자를 발견했던 주말에 금붕어 연못에서 벌어진 에피소드)에 대한 설명은 확증하기가 더 어렵다. 전기 작가가 넘어야 하는 또 다른 산은 에밀리오 세그레이다. 1970년에 출판된《엔리코 페르미: 물리학자Enrico Fermi: Physicist》는 40년이 넘게 고전으로 남아 있다. 세그레는 과학적으로 매우 활동적이던 시기의 페르미를 잘 알았고, 따라서 충분한 권위를 가지고 책을 썼다. 그러나 페르미의 삶에 대해 다시 써야 할 필요가 있다고 주장할 수 있는 몇 가지 요소가 있다. 하나는 세그레의 책이 제이만 효과가 무엇인지, 위그너/요르단 생성 및 파괴 연산자가 무엇인지 모르는 독자에게는 조금 위협적일 수 있다는 점이다. 또 하나는 (내가 정당성을 주장하는 것으로) 세그레의 책이 나온 뒤로 페르미의 유산이 더 커졌다는 것이다. 세 번째는 1970년 이후에 몇 가지 중요한 사실들이 새롭게 알려졌다는 것이다. 한 가지 분명한 예가 베르너 하이젠베르크가 1972년에 했던 증언으로, 페르미가 전쟁 직전인 1939년 여름에 그에게 미국으로 오라고 설득했다는 내용이다. 이것 말고도 많은 사실이 새롭게 알려졌다.

물론, 그의 아내와 그와 가장 친했던 제자가 직접 쓴 것을 능가하는 것을 새롭게 쓴다는 것은 여전히 힘겹다. 그러나 최근에 다른 저자들도 인정한 것처럼 시기는 무르익었다고 생각된다. 엔리코 페르미의 기록 자료는 여러 중요한 도서관에 흩어져 있다. 시카고 대학의 리젠스타인 도서관 기록 보관소는 진정으로 아름답다. 60개가 넘는 상자에 엄청난 양의 자료들이 있는데, 대부분이 페르미의 미국 시절의 기록이다. 이 기록들은 잘 정리되어 있고, 보존 상태도 매우 좋다. 이탈리아의 피사 도무스 갈릴라에아나에도 훌륭한 자료가 소장되어 있다. 페르미가 죽은 뒤인 1955년에 에도아르도 아말디가 페르미와 직접 관련된 로마 대학의 모든 자료를 이곳으로 옮겨놓았다. 다른 중요한 기록 보관소로는 그의 학창 시절에 관련된 기록이 있는 로마 대학교 물리학과 기록 보관소, 스쿠올라 노르말레 수페리오레 기록 보관소가 있다. 코르시니 저택 기록 보관소는 린체이 아카데미와 이탈리아 왕립 아카데미의 모든 기록을 보관하고 있다. 이탈리아 국립 기록 보관소도 있다. 로스앨러모스 역사협회, 미국 물리학 연구소, 미국 국립 기록 보관소, 여러 대학교의 컬렉션, 특히 버클리 밴크로프트 도서관과 컬럼비아 대학교 버틀러 도서관에 중요한 자료가 있다.

1986년에 리처드 로즈가 맨해튼 프로젝트의 역사에 대해서 쓴《원자폭탄 만들기The Making of the Atomic Bomb》는 퓰리처상을 받았고, 이 책은 페르미의 경력에서 중요한 시기를 다루고 있다. 리처드 휼렛과 오스카 앤더슨은 미국의 원자력 프로그램에 대해 접근 가능한 역사를 썼다. 결함이 조금 있지만 이 책은 유용한 자료이다. 미국 육군도 공식적인 역사책을 발간했다. 빈센트 존스가 쓴 이 책은 미국 육군의 제2차세계대전 역사의 일부이다.

또 다른 특별한 자료로 1970년대 후반에 비밀에서 해제된 맨해튼 공병대 공식 보고서가 있다. 이 자료는 https://www.osti.gov/opennet/manhattan_district.jsp에서 확인할 수 있다. 이 보고서는 매우 전문적이며, 개별 참가자의 역할을 특별히 염두에 두지 않았다. X-10과 B 원자로를 다룬 자료에서 페르미의 이름이 나오지 않았지만, 그는 분명히 설계, 건설, 운영에 중요한 역할을 했다. 1994년에 또 다른 중요한 자료로 버클리의 화학자 글렌 시보그가 1939~1946년에 쓴 일기가 출판되었다. 이 시기에 그는 맨해튼 프로젝트에서 중심 역할을 했다. 특히 그의 팀은 플루토늄을 발견했고, 원자로에서 나온 부산물에서 플루토늄을 분리하는 기술을 개발했다. 이 일기는 내가 알기로는 금속 연구소 기술 위원회 심사를 다룬 유일한 기록이며, 이 위원회에서 여러 가지 중요한 기술적 결정이 이루어졌다.

또한 페르미의 삶의 여러 단계에서 그와 친했던 사람들이 쓴 회고록이 있다. 모든 회고록들이 그렇듯이, 이 기록들은 누군가의 업적을 설명하기 위한 목적으로 쓴 것이 아니기 때문에 언제나 신중하게 다루어야 한다. 추억은 때로는 신뢰할 수 없으며, 페르미를 만난 사람들은 그와의 관계를 최대한 좋게 묘사하려고 했을 것이다. 회고록의 일부는 50년대와 60년대에 쓴 것이고, 다른 것들은 페르미 탄생 100주년 기념 선집에 실린 것이다. 그들이 그린 모습은 꽤 일관성이 있어서 전기 작가에게 큰 도움이 된다. 제임스 크로닌이 편집해서 2004년에 출간한《기억 속의 페르미Fermi Rembered》가 나에게 특별히 도움이 되었지만, 독자들은 아래의 참고 문헌에 나오는 다른 자료가 더 도움이 될 수도 있을 것이다.

물론 이탈리아어로 된 자료도 아주 많다. 영어 자료와 함께 이 자료들도 여기에 열거했다. 이탈리아어에 대해 얕은 지식이라도 있으면, 좋은 이탈리어-영어 사전으로 이 자료들을 매우 유용하게 활용할 수 있다. 나는 구급 번역 앱의 도움도 많이 받았다.

페르미 자신도 그의 극적이지만 짧았던 삶에서 일어난 사건들이 지속적인 관심을 받는다는 것을 알면 좋아할 것이다. 두 권으로 된 그의 《논문 선집》이야 말로 진정한 그의 전기라고 볼 수도 있다. 《논문 선집》은 편집상의 오류가 조금 있지만 그를 가장 잘 알았던 제자들과 동료들이 편집한 뛰어난 헌정물이다. 세그레, 라세티, 페르시코, 앤더슨, 리비 등이 역사적이고 과학적인 맥락에서 읽을 수 있도록 논문들을 잘 배열했다. 이 아름다운 두 권의 책은 1950년대까지도 엄청나게 생산적이었던 페르미의 모습을 잘 보여준다. 1권은 주로 이탈리아어로 되어 있고, 그 시기의 가장 중요한 논문들(예를 들어 통계 논문과 베타붕괴 논문)은 인터넷에서 찾을 수 있다.

나는 페르미가 일기를 남기지 않았다고 썼지만 완전히 정확하지는 않다. 그가 손으로 쓴 노트들이 도무스 갈릴라에아나와 리젠스타인 도서관 기록 보관소에 있다. 그는 매일 아침에 물리학에 대한 생각을 끄적였는데, 그가 생각할 수 있는 물리학의 거의 모든 면을 다루어서, 사실상 다른 모든 자료만큼이나 그의 개인적인 삶에 대해 많은 것을 알려준다. 도무스 갈릴라에아나는 기록 보관소에 있는 페르미의 노트를 모두 스캔했고, 이 자료를 조만간 온라인으로 공개한다고 해서 나는 정말로 기쁘다. 이것은 전 세계 학자들이 이용할 수 있는 엄청난 양의 기록 자료가 될 것이다.

내가 책을 쓸 때 도움을 받았던 책들과 기사들을 여기에 정리했다. 어떤 것들은 다른 것들보다 더 중심적이었지만, 하나하나가 모두 내가 그리려고 했던 초상에서 특정한 면을 더해주었다.

약어

CPF I/CPF II   Edoardo Amaldi, Herbert L. Anderson, Enrico Persico, Franco Rasetti, Emilio Segrè, Cyril S. Smith, Albert Wattenberg, eds. *Enrico Fermi: The Collected Papers*. Chicago and Rome: University of Chicago Press and Accademia Nazionale dei Lincei. Two Volumes: Volume I, 1962. Volume II, 1965.

EFDG   Enrico Fermi Archives, Domus Galilaeana, Via Santa Maria 26, 56126 Pisa, Italy.

EFREG   The Enrico Fermi Collection. The Special Collections Research Center, Regenstein Library, University of Chicago, 1100 E. 57th Street, Chicago, IL 60637.

INSREG   The University of Chicago. Institute for Nuclear Studies. Cyclotron. Records, 1946~1952. The Special Collections Research Center, Regenstein Library, The University of Chicago, 1100 E. 57 Street, Chicago, IL 60637.

LFREG   The Laura Fermi Papers. The Special Collections Research Center, Regenstein Library, University of Chicago, 1100 E. 57th Street, Chicago, IL

60637.

MED   Gavin Haddin, ed. *Manhattan District History*, eight books, 1944 onward. See https://www.osti.gov/opennet/manhattan_district.jsp.

SCREG   Papers of Subrahmanyan Chandrasekhar. The Special Collections Research Center, Regenstein Library, The University of Chicago, 1100 E. 57 Street, Chicago, IL 60637.

TWOEF   〈The World of Enrico Fermi〉 Archival notes for documentary of same name produced by Gerald Holton and the Canadian National Broadcasting Company. AIP Neils Bohr Center for the History of Physics, Ellipse Drive, College Park, MD, 20740.

참고도서

Aczel, Amir D. *Uranium Wars: The Scientific Rivalry that Created the Nuclear Age*. New York: Palgrave Macmillan, 2009.

Alvarez, Luis. *Alvarez: Adventures of a Physicist*. New York: Basic Books, 1987.

Amaldi, Ugo. "Slow Neutrons at Via Panisperna: The Discovery, the Production of Isotopes, and the Birth of Nuclear Medicine". In Bernardini et al., *Proceedings of the International Conference "Enrico Fermi and the Universe of Physics"*, 145~168.

Badash, Lawrence, John O. Hirschfelder, and Herbert P. Broida, eds. *Reminiscences of Los Alamos 1943~1945: Studies in the History of Modern Science 5*. Boston: D. Reidel, 1980.

Badoglio, Pietro. *The War in Abyssinia*. London: Methuen, 1937.

Baggot, Jim. *The First War of Physics: The Secret History of the Atom Bomb, 1939~1949*. New York: Pegasus Books, 2010.

Barker, A. J. *The Rape of Ethiopia*. New York: Ballantine, 1971.

Bassani, G. Franco, ed. *Fermi, Maestro e Didatta: Celebrazione del Centenario della Nascita di Enrico Fermi*. Varenna, Italy: Societa di Fisica Italiana, 2001.

Battimelli, Giovanni. *L'eredita di Fermi: Storia fotografica del 1927 al 1959 dagli archive di Edoardo Amaldi*. Rome: Editori Reuniti, 2003.

―――. "Funds and Failures: the Political Economy of Fermi's Group". In Bernardini et al., *Proceedings of the International Conference "Enrico Fermi and the Universe of Physics"*, 169~184.

Bernardini, Carlo. "Enrico Fermi e il trattato di O. D. Chwolson". In Bassani, *Fermi, Maestro e Didatta*, 15~19.

Bernardini, Carlo, and Luisa Bonolis, eds. *Enrico Fermi: His Work and Legacy*. Bologna: Societa Italiana di Fisica, 2004.

Bernardini, Carlo, L. Bonolis, G. Ghisu, D. Savelli, and L. Falera. *Proceedings of the International Conference "Enrico Fermi and the Universe of Physics". Rome, September 29–October 2, 2001*. Rome: Accademia Nazionale dei Lincei and Istituto Nazionale di Fisica Nucleare, 2003.

Bernstein, Jeremy. *Hitler's Uranium Club: The Secret Recordings at Farm Hall*. Woodbury, NY: American Institute of Physics, 1996.

———. *A Palette of Particles*. Cambridge, MA: Belknap Press of Harvard University, 2013.

Bird, Kai, and Martin J. Sherwin. *American Prometheus: The Triumphs and Tragedy of J. Robert Oppenheimer*. New York: Vintage, 2006.

Blumberg, Stanley A., and Gwinn Owens. *Energy and Conflict: The Life and Times of Edward Teller*. New York: G. P. Putnam and Sons, 1976.

Bohr, Niels. "Atomic Stability and Conservation Laws". In *Convegno di Fisica Nucleare*, 119~130.

Bonolis, Luisa. "Enrico Fermi's Scientific Work". In Bernardini and Bonolis, *Enrico Fermi*, 315~393.

Boorse, Henry A., Lloyd Motz, and Jefferson Hane Weaver. *The Atomic Scientists: A Biographical History*. New York: Wiley, 1989.

Born, Max. *Experiment and Theory in Physics*. New York: Dover, 1956.

———. *My Life &My Views*. New York: Charles Scribner's Sons, 1968.

Bosworth, R. J. B. *Mussolini's Italy: Life Under the Fascist Dictatorship, 1915~1945*. New York: Penguin Books, 2006.

Brode, Bernice. *Tales of Los Alamos: Life on the Mesa 1943~1945*. Los Alamos, NM: Los Alamos Historical Society, 1997.

Brown, Laurie M., Max Dresden, and Lillian Hoddeson, eds. *Pions to Quarks: Particle Physics in the 1950s. Based on a Fermilab Symposium*. Cambridge: Cambridge University Press, 1989.

Brown, Laurie M., and Lillian Hoddeson, eds. *The Birth of Particle Physics. Based on a Fermilab Symposium*. Cambridge: Cambridge University Press, 1983.

Bruzzanti, Giuseppe. *Enrico Fermi: The Obedient Genius*. Translated by Ugo Bruzzo. New York: Springer (Birkhauser), 2016.

Cabibbo, Nicola. "Fermi's Tentativo and Weak Interactions". In Bernardini et al., *Proceedings of the International Conference "Enrico Fermi and the Universe of Physics"*, 305~316.

———. "Weak Interactions." In Bernardini and Bonolis, *Enrico Fermi*, 138~150.

Canali, Mauro. *Le spie del regime*. Bologna: Societa editrice il Mulino, 2004.

Cannistraro, Philip V., and Brian Sullivan. *Il Duce's Other Woman*. New York: William Morrow, 1993.

Carr, Alan B. *The Forgotten Physicist: Robert F. Bacher, 1905~2004*. Los Alamos, NM: Los Alamos Historical Society, 2008.

Casalbuoni, Roberto, Giovanni Frosali, and Giuseppe Pelosi. *Enrico Fermi a Firenze: Le "Lezione di Meccanica Razionale" al bienno propedeutico agli studi di Ingegneria: 1924~1926*. Florence: Firenze University Press, 2014.

Chamberlin, Owen. "A Brief Reminiscence of Enrico Fermi." In Cronin, *Fermi Remembered*, 186~187.

Chew, Geoffrey. "Personal Recollections". In Cronin, *Fermi Remembered*, 187~189.

Close, Frank. *Half-Life: The Divided Life of Bruno Pontecorvo, Physicist or Spy*. New York: Basic Books, 2015.

———. *Neutrino*. New York: Oxford University Press, 2010.

Colangelo, Giorgio, and Massino Temporelli. *La banda di via Panisperna: Fermi, Majorana e I fisici che hanno cambiato la storia*. Milan: Ulrico Hoepli, 2014.

Compton, Arthur Holly. *Atomic Quest: A Personal Narrative*. New York: Oxford University Press, 1956.

Conant, Jennet. *Tuxedo Park: A Wall Street Tycoon and the Secret Palace of Science that Changed the Course of World War II*. New York: Simon & Schuster, 2002.

Convegno di Fisica Nucleare Ottobre 1931-IX. Rome: Reale Accademia d'Italia/ Fondazione Alessandro Volta, 1932.

Crease, Robert P., and Charles C. Mann. *The Second Creation: Makers of the Revolution in 20th-Century Physics*. New York: Macmillan, 1986.

Cronin, James W., ed. *Fermi Remembered*. Chicago: University of Chicago

Press, 2004.

Cropper, William H. *The Great Physicists: The Life and Times of Leading Physicists from Galileo to Hawking.* Oxford: Oxford University Press, 2001.

D'Abro, A. *The Rise of the New Physics: Its Mathematical and Physical Theories.* 2 vols. New York: Dover, 1951.

Dardo, Mauro. *Nobel Laureates and Twentieth Century Physics.* New York: Cambridge University Press, 2004.

Dash, Joan. *A Life of One's Own: Three Gifted Women and the Men They Married.* New York: Harper & Row, 1973.

Davis, Nuel Pharr. *Lawrence and Oppenheimer.* New York: Simon & Schuster, 1968.

De Latil, Pierre. *Enrico Fermi: The Man and His Theories. A Profile in Science.* New York: Paul S. Eriksson, 1966.

Del Gamba, Valeria. *Il raggazzo di via Panisperna: L'avventurosa vita del fisico Franco Rasetti.* Turin: Bollati Boringhieri, 2007.

Dyson, Freeman. *From Eros to Gaia.* New York: Pantheon, 1992.

Eiduson, Bernice T., and Linda Beckman, eds. *Science as a Career Choice.* New York: Russell Sage, 1973.

Enz, Charles P. *No Time to Be Brief: A Scientific Biography of Wolfgang Pauli.* New York: Oxford University Press, 2002.

Farmelo, Graham. *Churchill's Bomb: How the United States Overtook Britain in the First Nuclear Arms Race.* New York: Basic Books, 2013.

———. *The Strangest Man: The Hidden Life of Paul Dirac, Mystic of the Atom.* New York: Basic Books, 2009.

Fermi, Enrico. *Collected Papers. Volume I: Italy 1921–1938. Volume II: United States 1939~1954.* Chicago and Rome: University of Chicago Press and Accademia dei Lincei, 1962, 1965.

———. *Elementary Particles.* London: Geoffrey Cumberlege Oxford University Press, 1951.

———. *Notes on Quantum Mechanics.* Chicago: University of Chicago Press, 1961.

———. *Thermodynamics.* New York: Dover, 1956.

Fermi, Laura. *Atoms in the Family: My Life with Enrico Fermi, Architect of the Atomic Age.* Chicago: University of Chicago Press, 1954.

————. "The Fermis' Path to Los Alamos". In Badash, Hirschfelder, and Broida, *Reminiscences*, 96.

————. *Mussolini*. Chicago: University of Chicago Press, 1961.

Fermi, Rachel, and Esther Samra. *Picturing the Bomb: Photographs from the Secret World of the Manhattan Project*. New York: Harry N. Abrams, 1995.

Fernandez, Bernard, and Georges Ripka. *Unravelling the Mystery of the Atomic Nucleus: A Sixty Year Journey, 1896~1956*. Berlin: Springer, 2012.

Feynman, Richard. *"Surely You're Joking, Mr. Feynman!" Adventures of a Curious Character*. New York: Norton, 1985.

Forbes, Nancy, and Basil Mahon. *Faraday, Maxwell, and the Electromagnetic Field: How Two Men Revolutionized Physics*. Amherst, NY: Prometheus Books, 2014.

Ford, Kenneth W. *Building the H Bomb: A Personal History*. Singapore: World Scientific Publishing, 2015.

Franklin, Allan. *Are There Really Neutrinos? An Evidential History*. Cambridge, MA: Perseus Books, 2001.

————. *What Makes A Good Experiment? Reasons and Roles in Science*. Pittsburgh, PA: University of Pittsburgh Press, 2016.

Friedman, Robert Marc. *The Politics of Excellence: Behind the Nobel Prize in Science*. New York: Henry Holt, 2001.

Frisch, Otto. *What Little I Remember*. Cambridge: Cambridge University Press, 1979.

Galison, Peter. *How Experiments End*. Chicago: University of Chicago Press, 1987.

————. *Image & Logic: A Material Culture of Microphysics*. Chicago: University of Chicago Press, 1977.

Gamow, George. *Thirty Years that Shook Physics: The Story of Quantum Theory*. New York: Dover, 1985.

Garwin, Richard. "Working with Fermi at Chicago and Postwar Los Alamos". In Cronin, *Fermi Remembered*, 143~148.

Gell-Mann, Murray. "No Shortage of Memories". In Cronin, *Fermi Remembered*, 149~152.

Gleick, James. *Genius: The Life and Science of Richard Feynman*. New York: Pantheon, 1992.

Glick, Thomas F., ed. *The Comparative Reception of Relativity*. Dordrecht, Holland: D. Reidel Publishing, 1987.

Goodchild, Peter. *J. Robert Oppenheimer: Shatterer of Worlds*. Boston: Houghton Mifflin, 1981.

Greenberg, Daniel S. *The Politics of Pure Science*. 2nd ed. Chicago: University of Chicago Press, 1999.

Gregor, A. James. *Giovanni Gentile: Philosopher of Fascism*. New Brunswick, NJ: Transaction Publishers, 2001.

Groves, Leslie R. *Now It Can Be Told*. New York: Harper, 1962.

Guerra, Francesco, and Nadia Robotti. *Enrico Fermi e Il Quaderno Ritrovato: 20 marzo 1934—La vera storia della scoperta della Radioattività indotta da neutron*. Bologna, IT: Società Italiana di Fisica, 2015.

Hahn, Otto. *My Life. An Autobiography by the Great German Physicist*. London: Macdonald, 1970.

Heisenberg, Werner. *Physics and Beyond: Encounters and Conversations*. New York: Harper Torchbook, 1972.

Herken, Gregg. *Brotherhood of the Bomb: The Tangled Lives and Loyalties of Robert Oppenheimer, Ernest Lawrence, and Edward Teller*. New York: Holt/John McRae, 2002.

Hewlett, Richard G., and Oscar E. Anderson Jr. *A History of the United States Atomic Energy Commission, Volume I: The New World, 1939 / 1946*. University Park: Pennsylvania State University Press, 1962.

Hibbert, Christopher. *Il Duce: The Life of Benito Mussolini*. Boston: Little, Brown, 1962.

Hoddeson, Lilian, Paul W. Henriksen, Roger A. Meade, and Catherine Westfall. *Critical Assembly: A Technical History of Los Alamos During the Oppenheimer Years, 1943~1945*. New York: Cambridge University Press, 1993.

Holl, Jack M., with the assistance of Richard G. Hewlett and Ruth R. Harris. *Argonne National Laboratory 1946~1996*. Urbana: University of Illinois Press, 1997.

Holton, Gerald. *The Scientific Imagination*. 2nd ed. Cambridge, MA: Harvard University Press, 1998.

———. *Victory and Vexation in Science: Einstein, Bohr, and Others*. Cambridge,

MA: Harvard University Press, 2005.

Jammer, Max. *The Conceptual Development of Quantum Mechanics*. New York: McGraw-Hill, 1966.

Johnson, George. *Strange Beauty: Murray Gell-Mann and the Revolution in Twentieth Century Physics*. New York: Alfred A. Knopf, 1999.

Jones, Vincent C. *Manhattan: The Army and the Atomic Bomb, Special Studies, United States Army in World War II*. Washington, DC: Center of Military History, US Army, 1985.

Kaiser, David. *No End Save Victory: How FDR Led the Nation into War*. New York: Basic Books, 2014.

Kragh, Helge. *Quantum Generations: A History of Physics in the Twentieth Century*. Princeton, NJ: Princeton University Press, 1999.

———. *Dirac: A Scientific Biography*. Cambridge: Cambridge University Press, 1990.

Kumar, Manjit. *Quantum: Einstein, Bohr, and the Great Debate About the Nature of Reality*. New York: W. W. Norton, 2008.

Lanouette, William, with Bela Silard. *Genius in the Shadows: A Biography of Leo Szilard, the Man Behind the Bomb*. New York: Charles Scribner's Sons, 1992.

Lee, T. D. "Reminiscences of Chicago Days". In Cronin, *Fermi Remembered*, 197~201.

Libby, Leona Marshall. *The Uranium People*. New York: Crane, Russak/Charles Scribner's Sons, 1979.

Lightman, Alan. *Dance for Two: Selected Essays*. New York: Pantheon, 1996.

Lilienthal, David E. *The Journals of David E. Lilienthal. Volume One: The TVA Years 1939~1945. Volume Two: The Atomic Energy Years 1945~1950*. New York: Harper & Row, 1964.

Lyttelton, Adrian. *The Seizure of Power: Fascism in Italy 1919~1929*. New York: Charles Scribner's Sons, 1973.

MacPherson, Malcolm C. *Time Bomb: Fermi, Heisenberg, and the Race for the Atomic Bomb*. New York: Dutton, 1986.

Magueijo, João. *A Brilliant Darkness: The Extraordinary Life and Mysterious Disappearance of Ettore Majorana, the Troubled Genius of the Nuclear Age*. New York: Basic Books, 2009.

Maltese, Giulio. *Enrico Fermi in America: Una biographia scientifica: 1938~1954.* Bologna: Zanichelli, 2003.

McMillan, Elsie Blumer. *The Atom and Eve.* New York: Vantage Press, 1995.

Mehra, Jagdish. *The Solvay Conferences on Physics.* Dordrecht, Holland: D. Reidel, 1975.

Meier, Carl Alfred, ed. *Atom and Archetype: The Pauli/Jung Letters, 1932~1958.* Translated by David Roscoe. Princeton, NJ: Princeton University Press, 2016.

Miller, Arthur I. *137: Jung, Pauli, and the Pursuit of a Scientific Obsession.* New York: W. W. Norton, 2009.

Monk, Ray. *Robert Oppenheimer: Inside the Center.* New York: Random House, 2013.

Moore, Walter John. *Schrodinger: Life and Thought.* Cambridge: Cambridge University Press, 1989.

Moss, Norman. *Men Who Play God: The Story of the H-Bomb and How the World Came to Live with It.* New York: Harper & Row, 1968.

Nelson, Craig. *The Age of Radiance: The Epic Rise and Dramatic Fall of the Atomic Era.* New York: Charles Scribner's Sons, 2014.

Orear, Jay. *Enrico Fermi: The Master Scientist.* Ithaca, NY: Internet-First University Press (an affiliate of Cornell University), 2004.

——. "My First Meetings with Fermi". In Cronin, *Fermi Remembered,* 201~203.

Painter, Borden W. *Mussolini's Rome: Rebuilding the Eternal City.* New York: Palgrave Macmillan, 2005.

Pais, Abraham. *Inward Bound: Of Matter and Forces in the Physical World.* New York: Oxford University Press, 1986.

——. *Niels Bohr's Times, in Physics, Philosophy, and Polity.* Oxford: Clarendon Press, 1991.

Parisi, Giorgio. "Fermi's Statistics". In Bernardini and Bonolis, *Enrico Fermi,* 67~74.

Peierls, Rudolf E. *Atomic Histories: A Walk through the Beginnings of the Atomic Age with One of Its Pioneers.* Woodbury, NY: American Institute of Physics, 1997.

Pickering, Andrew. *Constructing Quarks: A Sociological History of Particle*

Physics. Chicago: University of Chicago Press, 1984.

Polenberg, Richard, ed. *In the Matter of J. Robert Oppenheimer: The Security Clearance Hearings.* Ithaca, NY: Cornell University Press, 2002.

Pontecorvo, Bruno. *Enrico Fermi: Ricordi d'allievi e amici.* Pordenone: Edizione Studio Tesi, 1993.

———. *Fermi e la fisica moderna.* Naples: La Citta del Sole, 2004.

Powers, Thomas. *Heisenberg's War: The Secret History of the German Bomb.* New York: Penguin, 1994.

Rabi, I. I., Robert Serber, Victor F. Weisskopf, Abraham Pais, and Glenn T. Seaborg. *Oppenheimer: The Story of One of the Most Remarkable Personalities of the 20th Century.* New York: Charles Scribner's Sons, 1969.

Raboy, Marc. *Marconi: The Man Who Networked the World.* New York: Oxford University Press, 2016.

Rhodes, Richard. *Dark Sun: The Making of the Hydrogen Bomb.* New York: Simon & Schuster, 1995.

———. *The Making of the Atomic Bomb.* New York: Touchstone/Simon & Schuster, 1986.

Rigden, John S. *Rabi: Scientist and Citizen.* New York: Basic Books, 1987.

Rosenfeld, Arthur. "Reminiscences of Fermi". In Cronin, *Fermi Remembered,* 203~205.

Rutherford, Ernest, James Chadwick, and C. D. Ellis. *Radiations from Radioactive Substances.* Cambridge: Cambridge University Press, 1930.

Schluter, Robert. "Three Reminiscences of Enrico Fermi". In Cronin, *Fermi Remembered,* 205~207.

Schram, Albert. *Railways and the Formation of the Italian State in the Nineteenth Century.* New York: Cambridge University Press, 1997.

Schweber, Silvan S. *Nuclear Forces: The Making of the Physicist Hans Bethe.* Cambridge, MA: Harvard University Press, 2012.

———. *QED and the Men Who Made It: Dyson, Feynman, Schwinger, and Tomonaga.* Princeton, NJ: Princeton University Press, 1994.

Sciascia, Leonardo. *La scomprosa di Majorana.* Milan: Adelphi, 1997.

Seaborg, Glenn T. *The Plutonium Story: The Journals of Professor Glenn T. Seaborg, 1939~1946.* Columbus, OH: Battelle Press, 1994.

Seaborg, Glenn T., with Eric Seaborg. *Adventures in the Atomic Age: From Watts to Washington*. New York: Farrar, Straus, & Giroux, 2001.

Sebastiani, Fabio, and Francesco Cordella. "Fermi toward Quantum Statistics (1923~1925)." In Bernardini et al., *Proceedings of the International Conference "Enrico Fermi and the Universe of Physics,"* 71~96.

Segrè, Claudio G. *Atoms, Bombs & Eskimo Kisses: A Memoir of Father and Son*. New York: Viking, 1995.

Segrè, Emilio. *Enrico Fermi, Physicist*. Chicago: University of Chicago Press, 1970.

———. *A Mind Always in Motion: The Autobiography of Emilio Segre*. Berkeley: University of California Press, 1993.

———. "Nuclear Physics in Rome." In Stuewer, *Nuclear Physics in Retrospect*, 35~62.

Segrè, Gino, and Bettina Hoerlin. *The Pope of Physics: Enrico Fermi and the Birth of the Atomic Age*. New York: Henry Holt & Co., 2016.

Serber, Robert. *The Los Alamos Primer: The First Lectures on How to Build an Atomic Bomb*. With Introduction by Richard Rhodes. Berkeley: University of California Press, 1992.

Shepley, James, and Clay Blair, Jr. *The Hydrogen Bomb: The Men, the Menace, the Mechanism*. Philadelphia: David McKay, 1954.

Sherwin, Martin J. *A World Destroyed: Hiroshima and Its Legacies*. 3rd ed. Stanford, CA: Stanford University Press, 2004.

Shils, Edward, ed. *Remembering the University of Chicago: Teachers, Scientists, and Scholars*. Chicago: University of Chicago Press, 1991.

Shurkin, Joel N. *True Genius: The Life and Work of Richard Garwin*. Amherst, NY: Prometheus Books, 2017.

Sigal, Leon V. *Fighting to a Finish: The Politics of War Termination in the United States and Japan, 1945*. Ithaca, NY: Cornell University Press, 1988.

Sime, Ruth Lewin. *Lise Meitner: A Life in Physics*. Berkeley: University of California Press, 1997.

Smith, Alice Kimball. *A Peril and a Hope*. Chicago: University of Chicago Press, 1965.

Smith, Alice Kimball, and Charles Weiner, eds. *Robert Oppenheimer: Letters and Recollections*. Stanford, CA: Stanford University Press, 1995.

Smith, Dennis Mack. *Mussolini*. New York: Alfred A. Knopf, 1962.

Smyth, Henry D. *Atomic Energy for Military Purposes*. Princeton, NJ: Princeton University Press, 1946.

Snow, C. P. *The Physicists: A Generation that Changed the World*. Boston: Little, Brown, 1981.

————. *The Two Cultures and the Scientific Revolution*. New York: Cambridge University Press, 1961.

Steeper, Nancy Cook. *Gatekeeper to Los Alamos: Dorothy Scarritt McKibbin, a Biography of a Great Lady of Santa Fe*. Los Alamos, NM: Los Alamos Historical Society, 2003.

Steinberger, Jack. *Learning about Particles: 50 Privileged Years*. Berlin: Springer, 2005.

Stille, Alexander. *Benevolence and Betrayal: Five Italian Jewish Families under Fascism*. New York: Summit Books, 1991.

Stimson, Henry L., and McGeorge Bundy. *On Active Service in War and Peace*. New York: Octagon Books, 1971. Reprint, New York: Harper & Row, 1948.

Strauss, Lewis L. *Men and Decisions*. Garden City, NY: Doubleday, 1962.

Stuewer, Roger H., ed. *Nuclear Physics in Retrospect: Proceedings of a Symposium on the 1930s*. Minneapolis: University of Minnesota Press, 1979.

Telegdi, V. L. "Enrico Fermi: 1901~1954". In Shils, *Remembering the University of Chicago*, 110~129.

————. "Reminiscences of Enrico Fermi". In Cronin, *Fermi Remembered*, 171~173.

Teller, Edward. *The Legacy of Hiroshima*. New York: Doubleday, 1962.

Ulam, Stanislaw M. *Adventures of a Mathematician*. New York: Charles Scribner's Sons, 1976.

United States Atomic Energy Commission. *In the Matter of J. Robert Oppenheimer: Transcript of Hearing before Personnel Security Board, Washington, D.C., April 12, 1954* through May 6, 1954. Washington, DC: US Government Printing Office, 1954.

Van der Waerden, Bartel Leendert, ed. *Sources of Quantum Mechanics*. New York: Dover, 1968.

Veltman, Martinus. *Facts and Mysteries in Elementary Particle Physics*. River Edge, NJ: World Scientific, 2003.

Vergara Caffarelli, Roberto. *Enrico Fermi: Immagini e documenti*. Pisa: La Limonaia, 2002.

———. "Enrico Fermi al Liceo Umberto I di Roma e all'Università di Pisa". In Bassani, *Fermi, Maestro e Diddata*, 8~15.

Wali, Kameshwar C. *Chandra: A Biography of S. Chandrasekhar*. Chicago: University of Chicago Press, 1991.

Wattenberg, Al. "Fermi as My Chauffeur (Fermi at Argonne National Laboratory and Chicago, 1946~1948)". In Cronin, *Fermi Remembered*, 173~180.

Weart, Spencer R., and Gertrude Weiss Szilard. *Leo Szilard: His Version of the Facts. Selected Recollections and Correspondence. Volume II*. Cambridge, MA: MIT Press, 1978.

Weinberg, Steven A. *Dreams of a Final Theory: The Search for the Fundamental Laws of Nature*. New York: Pantheon, 1992.

Weiner, Charles, assisted by Elspeth Hart. *Exploring the History of Nuclear Physics. AIP Conference Proceedings No. 7*. New York: American Institute of Physics, 1972.

Weisskopf, Victor. *The Joy of Insight: Passions of a Physicist*. New York: Basic Books, 1991.

Wheeler, John Archibald, with Kenneth Ford. *Geons, Black Holes, and Quantum Foam: A Life in Physics*. New York: W. W. Norton, 1998.

Wigner, Eugene. *Symmetries and Reflections*. Woodbridge, CT: Oxbow Press, 1979.

Wigner, Eugene P., with Andrew Szanton. *The Recollections of Eugene P. Wigner as Told to Andrew Szanton*. New York: Plenum Press, 1992.

Wilczek, Frank. "Fermi and the Elucidation of Matter". In Cronin, *Fermi Remembered*, 34~51.

Wilson, Jane S., and Charlotte Serber, eds. *Standing By and Making Do: Women of Wartime Los Alamos*. 2nd ed. Los Alamos, NM: Los Alamos Historical Society, 2008.

Wright, Courtney. "Fermi in Action". In Cronin, *Fermi Remembered*, 180~182.

Wyden, Peter. *Day One: Before Hiroshima and After*. New York: Simon & Schuster, 1984.

Yang, Chen Ning. "Reminiscences of Enrico Fermi". In Cronin, *Fermi Remembered*, 241~244.

Yodh, Guarang. "This Account Is Not According to the Mahabharata!" In Cronin, *Fermi Remembered*, 245~253.

Zamagni, Vera. *The Economic History of Italy 1860~1990: Recovery After Decline*. Oxford: Clarendon Press, 1993.

Zuckerman, Harriet. *Scientific Elites: Nobel Laureates in the United States*. New York: Free Press, 1977.

기사

Agnew, Harold. "Scientific World Pays Homage to Fermi". *Santa Fe New Mexican*, January 6, 1955, 8.

Allardice, Corbin, and Edward R. Trapnell. "The First Pile". *International Atomic Energy Agency Bulletin* Special Number 4−0 (December 1962): 41~47. https://www.jaea.org/sites/default/files/publications/magazines / bulletin/bull4−0/04005004147su.pdf.

Allison, Samuel K. "Enrico Fermi, 1901~1954: A Biographical Memoir". In *Biographical Memoirs*, 123~155. Washington, DC: National Academy of Sciences, 1957. http://www.nasonline.org/publications/biographical-memoirs/memoir-pdfs/fermi-enrico.pdf.

———. "Initiation of the Chain Reaction: The Search for Pure Materials". *International Atomic Energy Agency Bulletin Special* Number 4−0 (December 1962): 12~14.

———. "Scientific World Pays Homage to Fermi". *Santa Fe New Mexican*, January 6, 1955, 8.

———. "A Tribute to Enrico Fermi." *Physics Today* 8, no. 1 (January 1955): 9~10.

Anderson, Herbert L. "Meson Experiments with Enrico Fermi". *Reviews of Modern Physics* 27, no. 3 (July 1955): 269~272.

———. "A Tribute to Enrico Fermi". *Physics Today* 8, no. 1 (January 1955): 12~13.

Anderson, Herbert L., and Samuel K. Allison. "From Professor Fermi's Notebooks". *Reviews of Modern Physics* 27, no. 3 (July 1955): 273~277.

Belloni, L. "On Fermi's Route to the Fermi-Dirac Statistics". *European Journal of Physics* 15 (1994): 102~109.

Bernstein, Barton J. "The Atomic Bombings Reconsidered". *Foreign Affairs* 74, no. 1 (January~February 1995): 132~152.

―――. "Crossing the Rubicon: A Missed Opportunity to Stop the H-Bomb?" *International Security* 14, no. 2 (Fall 1989): 132~160.

―――. "Four Physicists and the Bomb: The Early Years, 1945~1950". *Historical Studies in the Physical and Biological Sciences* 18, no. 2 (1988): 231~263.

Bethe, Hans A. "Hans Bethe Reviews Fermi's Work." *Santa Fe New Mexican*, January 6, 1955, 2, 8.

―――. "Memorial Symposium Held in Honor of Enrico Fermi at the Washington Meeting of the American Physical Society, April 29, 1955". *Reviews of Modern Physics* 25, no. 3 (July 1955): 249ff.

―――. "Oppenheimer: Where He Was There Was Always Life and Excitement". Science 155, no. 3766 (March 3, 1967): 1080~1084.

Bretscher, Egon, and John D. Cockcroft. "Enrico Fermi 1901~1954". *Biographical Memoirs of the Fellows of the Royal Society* 1 (November 1955): 68~78.

Brown, Laurie M., and Helmut Rechenberg. "Field Theories of Nuclear Forces in the 1930s: The Fermi-Field Theory". *Historical Studies in the Physical and Biological Sciences* 25, no. 1 (1994): 1~24.

Cambrioso, Alberto. "The Dominance of Nuclear Physics in Italian Science Policy". *Minerva* 23, no. 4 (December 1985): 464~484.

Cassidy, David C. "Cosmic Ray Showers, High Energy Physics, and Quantum Field Theories: Programmatic Interactions in the 1930s". *Historical Studies in the Physical Sciences* 12, no. 1 (1981): 1~39.

Cesareo, Roberto. "Dalla Radioattività Artificiale alla Fissione Nucleare: 1934~1939." *Physis: Rivista Internazionale di Storia della Scienza* XXXVII, fasc. 1 (2000): 209~230.

Chandrasekhar, Subramanyan. "The Pursuit of Science". *Minerva* 22, nos. 3/4 (September 1984): 410~420.

Clark, George W. "Bruno Benedetto Rossi". *Proceedings of the American Philosophical Society* 144, no. 3 (September2000): 329~341.

Cockcroft, John D. "The Early Days of the Canadian and British Atomic Energy Projects." *International Atomic Energy Agency Bulletin* Special Number

4-0 (December 1962): 18~20.

Conversi, Marcello, Ettore Pancini, and Oreste Piccioni. "On the Decay Process of Positive and Negative Mesons". *Physical Review* 68 (1945): 232.

――――. "On the Decay Process of Positive and Negative Mesons". *Physical Review* 71 (1947): 209~210.

Crawford, Elisabeth, Ruth Lewin Sime, and Mark Walker. "A Nobel Tale of Postwar Injustice". *Physics Today* 50, no. 9 (September 1997): 26~32.

Darrigol, Olivier. "The Origin of Quantized Matter Waves". *Historical Studies in the Physical and Biological Sciences* 16, no. 2 (1986): 197~253.

――――. "The Quantum Electrodynamic Analogy in Early Nuclear or the Roots of Yukawa's Theory". *Revue d'histoire des sciences* 41 nos. 3/4 (July~December 1988): 227~297.

Debye, Peter. "The Scientific Work of Enrico Fermi". *Proceedings of the American Academy of Arts and Sciences, The Rumford Bicentennial* 82, no. 7 (December 1953): 290~293.

De Gregorio, Alberto G. "Neutron Physics in the 1930s". *Historical Studies in the Physical and Biological Sciences* 35, no. 2 (March 1995): 293~340.

De Hevesy, George. "The Reactor and the Production of Isotopes". *International Atomic Energy Agency Bulletin* Special Number 4-0 (December 1962): 37.

Dresden, Max. Letter in "Heisenberg, Goudsmit, and the German 'A-Bomb'". *Physics Today* 44, no. 5 (May 1991): 93~94.

Dyson, Freeman. "A Meeting with Fermi". *Nature* 427, no. 6972 (January 22, 2004): 297.

Eklund, Sigvard. "Introduction". *International Atomic Energy Agency Bulletin* Special Number 4 -0 (December 1962): 3~5.

Emelyanov, Vasily S. "Notes on the History of the First Atomic Reactor in the USSR". *International Atomic Energy Agency Bulletin* Special Number 4-0 (December 1962): 25~27.

Etzkowitz, Henry. "Individual Investigators and Their Research Groups". *Minerva* 30, no. 1 (March 1992): 28~50.

Farrell, James T. "Making (Common) Sense of the Bomb in the First Nuclear War". *American Studies* 36 no. 2 (Fall 1995): 5~41.

Farrell, Joseph. "The Ethics of Science: Leonardo Sciascia and the Majorana

Case". *Modern Language Review* 102, no. 4 (October 2007): 1021~1034.

Fermi, Enrico. "The Development of the First Chain-Reacting Pile". *Proceedings of the American Philosophical Society* 90, no. 1 (January 1946): 20~24.

"Fermi Invention Rediscovered at LASL". *The Atom, Los Alamos Scientific Laboratory*, October 1966, 7~11.

Fermi, Laura. "Some Personal Reminiscences". *International Atomic Energy Agency Bulletin* Special Number 4 -0 (December 1962): 38~40.

Festinger, Leon. "Cognitive Dissonance". *Scientific American* 207, no. 4 (1962): 93~107.

Fiege, Mark. "The Atomic Scientists, the Sense of Wonder, and the Bomb". *Environmental History* 12, no. 3 (July 2007): 578~613.

Frisch, Otto R. "Obituary: Prof. Enrico Fermi, For. Mem. R. S". *Nature* 175, no. 4444 (January 1, 1955): 18~19.

Galison, Peter, and Barton J. Bernstein. "In Any Light: Scientists and the Decision to Build the Superbomb, 1952~1954". *Historical Studies in the Physical and Biological Sciences* 19, no. 2 (1989): 267~347.

Gambassi, Andrea. "Enrico Fermi in Pisa". Physics in Perspective 5 (2003): 384~397.

Garwin, Richard L. "Fermi's Mistake?" *Nature* 355 (February 20, 1992): 668.

―――. "Living with Nuclear Weapons: Sixty Years and Counting". *Proceedings of the American Philosophical Society* 52, no. 1 (March 2008): 69~72.

Glauber, Roy. "An Excursion with Enrico Fermi, 14 July 1954". *Physics Today* 56, no. 6 (June 2002): 44~46.

Goldberger, Marvin L. "A Leader in Physics". *Science* 169, no. 3948 (August 29, 1970): 847.

Goldschmidt, Bertrand. "France's Contribution to the Discovery of the Chain Reaction". *International Atomic Energy Agency Bulletin* Special Number 4 -0 (December 1962): 21~24.

Goudsmit, Samuel A. "De ontdekking van de electronenrotatie". ("The Discovery of Electron Spin.") *Nederlands Tijdschrift voor Natuurkunde* 37 (1971): 386. http://www.lorentz.leidenuniv.nl/history/spin/goudsmit. html.

―――. "The Michigan Symposium in Theoretical Physics". *Michigan Alumnus*

Quarterly Review, Spring 1961, 178~182.

Gray, Robert H. "The Fermi Paradox Is Not Fermi's, and It Is Not a Paradox". Guest blog, *Scientific American*, January 29, 2016. https://blogs.scientific american.com/guest-blog/the-fermi-paradox-is-not-fermi-s-and-it-is-not-a-paradox/.

Gross, David J. "On the Calculation of the Fine-Structure Constant". *Physics Today* 42, no. 12 (December 1989): 9~11.

Guerra, Francesco, Matteo Leone, and Nadia Robotti. "When Energy Conservation Seems to Fail: The Prediction of the Neutrino". *Science and Education* 23, no. 6 (June 2014): 1339~1359.

Guerra, Francesco, and Nadia Robotti. "Enrico Fermi's Discovery of Neutron-Induced Artificial Radioactivity: The Influence of His Theory of Beta Decay". *Physics in Perspective* 11 (2009): 379~404.

————. "Enrico Fermi's Discovery of Neutron-Induced Artificial Radioactivity: Neutrons and Neutron Sources". *Physics in Perspective* 8 (2006): 255~281.

————. "Bruno Pontecorvo in Italy". In *Bruno Pontecorvo: Selected Scientific Works*, edited by S. M. Bilenky et al., 527~547. Bologna, Italy: Società Italiana di Fisica, 2013.

Hagar, Amit. "Introduction to the New Edition". In *The Science of Mechanics*, edited by Ernest Mach. New York: Barnes & Noble, 2009. Reprint, Chicago: Open Court Publishing, 1919.

Hahn, Otto. "Enrico Fermi and Uranium Fission". *International Atomic Energy Agency Bulletin* Special Number 4−0 (December 1962): 9~11.

Hanson, Norwood Russell. "Discovering the Positron (I)". *British Journal for the Philosophy of Science* 12, no. 47 (November 1961): 194~214.

————. "Discovering the Positron (II)". *British Journal for the Philosophy of Science* 12, no. 48 (February 1962): 299~313.

Heilbron, John L. "Quantum Historiography and the Archive for History of Quantum Physics". *History of Science* 7 (January 1, 1968): 90~111.

Hewlett, Richard G. "Beginnings of Development in Nuclear Energy". *Technology and Culture* 17, no. 3 (July 1976): 465~478.

Hoddeson, Lillian Hartmann. "The Entry of the Quantum Theory of Solids into the Bell Telephone Laboratories, 1925~1940". *Minerva* 18, no. 3 (Autumn 1980): 422~447.

Holton, Gerald. "Striking Gold in Science: Fermi's Group and the Recapture of Italy's Place in Physics". *Minerva* 12, no. 2 (April 1974): 159~198.

Knight, Amy. "The Selling of the KGB". *Wilson Quarterly* 24, no. 1. (Winter 2000): 16~23.

Konopinski, Emil Jan. "Fermi's Theory of Beta-Decay". *Reviews of Modern Physics* 27, no. 3 (July 1955): 254~257.

Leone, Matteo, Alessandro Paoletti, and Nadia Robotti. "A Simultaneous Discovery: The Case of Johannes Stark and Antonino Lo Surdo". *Physics in Perspective* 6 (2004): 271~294.

Leone, Matteo, Nadia Robotti, and Carlo Alberto Segnini. "Fermi Archives at the Domus Galilaeana in Pisa". Physis: *Rivista Internazionale di Storia della Scienza* XXXVII, fasc. 2 (2000): 501~534.

Ley, Willy. "The Atom and Its Literature". *Military Affairs* 10, no. 2 (Summer 1946): 58~61.

McLay, David B. "Lise Meitner and Erwin Schroedinger: Biographies of Two Austrian Physicists of Nobel Stature". *Minerva* 37, no. 1 (March 1999): 75~94.

Meitner, Lise. "Right and Wrong Roads to the Discovery of Nuclear Energy". *International Atomic Energy Agency Bulletin* Special Number 4-0 (December 1962): 6~8.

Mermin, N. David. "Could Feynman Have Said This?" *Physics Today* 57, no. 5 (May 2004): 10~11.

Metropolis, Nicholas. "The Beginning of the Monte Carlo Method". *Los Alamos Science*, Special Issue (Spring 1987): 125~130.

Monaldi, Daniela. "Mesons in 1946", in *Atti del XXV Congresso Nazionale di Storia della Fisica e dell'Astronomia, Milano, 10~12 novembre 2005*. Milan: SISFA, 2008: C11.1 -C11.6.

Noddack, Ida. "Uber das Element 93". *Angewandte Chemie* 47, no. 37 (1934): 653~655.

Norris, Margot. "Dividing the Indivisible: The Fissured Story of the Manhattan Project." *Cultural Critique*, no. 35 (Winter 1996 - 1997): 5~38.

Oppenheimer, Frank. "In Defense of the Titular Heroes", review of *Lawrence & Oppenheimer*, by Nuel Pharr Davis, *Physics Today* 22, no. 2 (February 1969): 77~80.

Oppenheimer, J. Robert. "Scientific World Pays Homage to Fermi". *Santa Fe New Mexican*, January 6, 1955, 8.

Pauli, Wolfgang. "Remarks on the History of the Exclusion Principle". *Science* 103, no. 2669 (February 22, 1946): 213~215.

Pearson, J. Michael. "On the Belated Discovery of Fission". *Physics Today* 68, no. 6 (June 2015): 40~45.

Reuters. "Atomic Scientist, Family Disappear: Expert from British Staff Said to Be in Moscow Following Arrival in Helsinki", *New York Times*, October 22, 1950, 34.

————. "British Atomic Scientist Believed Gone to Russia," *New York Times*, October 21, 1950, 3.

Schuking, Engelbert L. "Jordan, Pauli, Politics, Brecht, and a Variable Gravitational Constant". *Physics Today* 52, no. 10 (October 1999): 26~31.

Schweber, Silvan S. "The Empiricist Temper Regnant: Theoretical Physics in the United States 1920~1950". *Historical Studies in the Physical and Biological Sciences* 17, no. 1 (1986): 55~98.

————. "Enrico Fermi and Quantum Electrodynamics, 1929~1932". *Physics Today* 55 (June 2002): 31~36.

————. "Shelter Island, Pocono, and Oldstone: The Emergence of American Quantum Electrodynamics After World War II". *Osiris* 2nd series, 2 (1986): 265~302.

Seaborg, Glenn T. "The First Nuclear Reactor, the Production of Plutonium and Its Chemical Extraction". *International Atomic Energy Agency Bulletin* Special Number 4 −0 (December 1962): 15~17.

Segrè, Emilio. "Fermi and Neutron Physics". *Reviews of Modern Physics* 27, no 3 (July 1955): 257~263.

————. "A Tribute to Enrico Fermi". *Physics Today* 8, no. 1 (January 1955): 10~12.

Seidel, Robert W. "A Home for Big Science: The Atomic Energy Commission's Laboratory System". *Historical Studies in the Physical and Biological Sciences* 16, no. 1 (1986): 135 −175.

Seitz, Frederick. "Fermi Statistics". *Reviews of Modern Physics* 27, no. 3 (July 1955): 249~254.

Sigal, Leon V. "Bureaucratic Politics & Tactical Use of Committees: The Interim

Committee & the Decision to Drop the Atomic Bomb". *Polity* 10, no. 3 (Spring 1978): 326~364.

Smith, Alice K. "Dramatis Personae". *Science* 162 (October 25, 1968): 445~447.

Smyth, Henry DeWolf. "Publication of the 'Smyth Report.'" *International Atomic Energy Agency Bulletin* Special Number 4-0 (December 1962): 28~30.

Sparberg, Esther B. "A Study of the Discovery of Fission". *American Journal of Physics* 32, no. 2 (1964): 2~8.

Squire, C. F., Ferdinand Brickwedde, Edward Teller, and Merl Tuve. "The Fifth Annual Washington Conference on Theoretical Physics". *Science*, February 24, 1939, 180~181.

Steiner, Arthur. "Scientists and Politicians: The Use of the Atomic Bomb Re-examined". *Minerva* 15, no. 2 (Summer 1977): 247~264.

————. "Scientists, Statesmen, and Politicians: The Competing Influences on American Atomic Energy Policy 1945 –46". *Minerva* 12, no. 4 (October 1974): 469~509.

Telegdi, Valentine L. "Prejudice, Paradox, and Prediction: Conceptual Cycles in Physics". *Bulletin of the American Academy of Arts and Sciences* 29, no. 2 (November 1975): 25~40.

Teller, Edward. "Scientific World Pays Tribute to Fermi". *Santa Fe New Mexican*, January 6, 1955, 8.

————. "The Work of Many People". *Science* 121, no. 3139 (February 25, 1955): 267~275.

Ter Har, Dirk. "Foundations of Statistical Mechanics". *Reviews of Modern Physics* 27, no. 3 (July 1955): 289~338.

Thorpe, Charles, and Steven Shapin. "Who Was J. Robert Oppenheimer? Charisma and Complex Organization". *Social Studies of Science* 30 no. 4 (August 2000): 545~590.

Turchetti, Simone. "'For Slow Neutrons, Slow Pay': Enrico Fermi's Patent and the U.S. Atomic Energy Program, 1938 –1953". *Isis* 97, no. 1 (March 2006): 1~27.

Wang, Jessica. "Edward Condon and the Cold War Politics of Loyalty". *Physics Today* 54, no. 12 (December 2001): 35~41.

Wattenberg, Albert. "The Fermi School in the United States". *European Journal of Physics* 9 (1988): 88~93.

———. "December 2, 1942: The Event and the People". *Bulletin of the Atomic Scientists* 38, no. 10 (December 1982): 22~32.

Weinberg, Alvin M. "Chapters from the Life of a Technological Fixer". *Minerva* 34, no. 4 (December 1993): 379~454.

Weinberg, Steven A. "The Search for Unity: Notes for a History of Quantum Field Theory". *Daedalus* 106, no. 4 (Fall 1977): 17~35.

Wellerstein, Alex. "Oppenheimer, Unredacted: Part I—Finding the Lost Transcripts". Restricted Data: The Nuclear Secrecy Blog, January 9, 2015. http://blog.nuclearsecrecy.com/2015/01/09/oppenheimer-unredacted-part-i/.

———. "Oppenheimer, Unredacted: Part II—Reading the Lost Transcripts". Restricted Data: The Nuclear Secrecy Blog, January 16, 2015. http://blog.nuclearsecrecy.com/2015/01/16/oppenheimer-unredacted-part-ii/.

Wheeler, John Archibald. "Fission Then and Now". *International Atomic Energy Agency Bulletin* Special Number 4-0 (December 1962): 33~36.

Wigner, Eugene P. "Thoughts on the 20th Anniversary of CP-1". *International Atomic Energy Agency Bulletin* Special Number 4-0 (December 1962): 31~32.

Wilson, Jane. "Lawrence and Oppenheimer". *Bulletin of the Atomic Scientists* (January 1969), 31~32.

Zinn, Walter. "Fermi and Atomic Energy". *Reviews of Modern Physics 27*, no. 3 (July 1955): 263~268.

584